DUDEN

Geographische Namen in Deutschland

DUDEN-TASCHENBÜCHER
Praxisnahe Helfer zu vielen Themen

Band 1
Komma, Punkt und alle anderen Satzzeichen

Band 2
Wie sagt man noch?

Band 3
Die Regeln der deutschen Rechtschreibung

Band 4
Lexikon der Vornamen

Band 5
Satz- und Korrekturanweisungen

Band 6
Wann schreibt man groß, wann schreibt man klein?

Band 7
Wie schreibt man gutes Deutsch?

Band 8
Wie sagt man in Österreich?

Band 9
Wie gebraucht man Fremdwörter richtig?

Band 10
Wie sagt der Arzt?

Band 11
Wörterbuch der Abkürzungen

Band 13
mahlen oder malen?
Gleichklingende, aber verschieden geschriebene Wörter

Band 14
Fehlerfreies Deutsch
Grammatische Schwierigkeiten verständlich erklärt

Band 15
Wie sagt man anderswo?
Landschaftliche Unterschiede im deutschen Wortgebrauch

Band 17
Leicht verwechselbare Wörter

Band 21
Wie verfaßt man wissenschaftliche Arbeiten?

Band 22
Wie sagt man in der Schweiz?

Band 23
Wörter und Gegenwörter

Band 24
Jiddisches Wörterbuch

Band 25
Geographische Namen in Deutschland

DUDEN

Geographische Namen in Deutschland

Herkunft und Bedeutung der Namen von Ländern, Städten, Bergen und Gewässern

von Dieter Berger

DUDENVERLAG
Mannheim · Leipzig · Wien · Zürich

Die Deutsche Bibliothek – CIP-Einheitsaufnahme
Berger, Dieter: Duden, geographische Namen in Deutschland:
Herkunft und Bedeutung der Namen von Ländern, Städten,
Bergen und Gewässern / von Dieter Berger. –
Mannheim; Leipzig; Wien; Zürich: Dudenverl., 1993
(Duden-Taschenbücher; 25)
ISBN 3-411-06251-7
NE: HST; GT

Druck: Hans Rappold Offsetdruck GmbH, Speyer
Bindearbeit: Progressdruck GmbH, Speyer
Printed in Germany
ISBN 3-411-06251-7

Vorwort

Dieses Buch handelt von den geographischen Namen Deutschlands; das sind in erster Linie die Namen der deutschen Städte und größeren Orte, der Flüsse, Seen und Inseln, der Landschaften und Länder und der Gebirge. Das Untersuchungsgebiet ist die Bundesrepublik Deutschland in den seit dem 3. Oktober 1990 bestehenden Grenzen.

Deutsche geographische Namen außerhalb dieser Grenzen, insbesondere in den Landschaften östlich von Oder und Neiße – Namen, die in einem historischen Lexikon wie diesem mit Fug und Recht behandelt werden sollten – konnten leider nicht einbezogen werden, da die vorhandenen Vorarbeiten für eine gleichmäßige Darstellung aller Gebiete nicht ausreichen. In einzelnen Fällen wurden sie aber als Beispiele für etymologisch verwandte Stichwörter mit herangezogen, ebenso wie vergleichbare Namen aus Österreich und der Schweiz.

Unter den Namen aus der Bundesrepublik mußte natürlich eine Auswahl getroffen werden. Städte und andere Siedlungen wurden aufgenommen, wenn sie 10000 oder mehr Einwohner haben oder bei kleiner Bewohnerzahl doch sehr bekannt sind. Für Lücken in der Auswahl muß ich im vorhinein um Nachsicht bitten. Vor allem konnte ich die Um- und Neubenennungen von Gemeinden im Zuge der Verwaltungsreformen nur teilweise erfassen.

Bei den Flüssen wurden die Hauptströme und ihre direkten Nebenflüsse behandelt, außerdem eine Anzahl landschaftsbildender kleinerer Flüsse, bei den Seen, Bergen und Gebirgen nur die bekanntesten. Bei allen Flüssen wurde nach Möglichkeit die Lage von Quelle und Mündung angegeben, bei den Siedlungen die geographische Lage und die politische Zugehörigkeit.

Das besondere Anliegen der Darstellung ist, Ortsgeschichte und Ortsnamenkunde miteinander zu verbinden. Die Entstehung oder Gründung eines Ortes und die Anfänge seiner Entwicklung sollen im Zusammenhang mit den Frühformen seines Namens gesehen werden, so daß der Leser die Möglichkeit hat, sich ein Bild von der historischen Individualität des Ortes zu machen. Hinweise auf Flüsse und alte Verkehrswege lassen die Verknüpfung mit anderen Orten und Landschaften erkennen, wenn das auch meist nicht näher ausgeführt werden kann. Die neuere Entwicklung einer Stadt wird zwar aus Platzgründen nur in Ausnahmefällen angegeben, doch wird wenigstens die Zeit der Stadterhebung und das Jahr einer etwaigen Universitätsgründung genannt. Bei den Ländernamen hingegen liegt das Hauptgewicht auf der Darstellung der territorialen Veränderungen, die den Bedeutungsinhalt des Namens gewandelt haben.

Jeder Namenartikel bringt nach einer knappen Skizzierung der Ortsgeschichte die wichtigsten historischen Belege des Ortsnamens in rückschreitender Zeitfolge und schließt mit der ältesten bezeugten oder erschlossenen Lautform und der etymologischen Erklärung des Namens ab. In Einzelfällen kann dieses Schema variiert werden. Gleichlautende oder verwandte Namen anderer Objekte werden am Artikelende genannt. Auf diese Nebenstichwörter wird im Namenbuch an alphabetischer Stelle verwiesen.

Die historischen Namenbelege wurden auf der Grundlage der wissenschaftlichen Literatur kritisch ausgewählt, wobei vor allem die Lautentwicklung bis zur gegenwärtigen Form des Namens deutlich werden sollte. Nach Möglichkeit wurden die original überlieferten Belege bevorzugt, doch kann dies nicht im einzelnen dokumentiert werden. Das Literaturverzeichnis am Schluß des Buches gibt dem Benutzer Hilfen zu weiterer Forschung.

Besonderen Dank schulde ich – und spreche ihn bewußt gerade an dieser Stelle aus – meinem verehrten Lehrer Professor Dr. Dr. h.c. Adolf Bach, † 1972, dessen Mitarbeiter ich in sechs entscheidenden Jahren meines Lebens sein durfte. Danken möchte ich auch der Dudenredaktion und dem Verlag des Bibliographischen Instituts in Mannheim für die großzügige Unterstützung und die große Geduld, mit der sie die Entstehung dieses Buches in langen Jahren begleitet haben.

Meiner Frau danke ich für mancherlei getreuliche Hilfe und Entlastung und für das kritische Mitlesen der Korrektur, meinem Sohn Lothar in Bonn für die Niederschrift des Literaturverzeichnisses.

Mannheim, 1. Oktober 1993 — Dieter Berger

Inhaltsverzeichnis

Einleitung

Wie entstehen Ortsnamen?

Der Mensch macht sich seine Umwelt zu eigen, indem er ihr Namen gibt (vgl. Genesis 2, 19–20). Er erwirbt sich seine Umwelt als Jäger und Sammler, als Wanderer, Bauer, Fischer, als Stein- und Erzsucher. Er sucht Weide für seine Tiere, Boden für Hacke und Pflug, Wasser für seine Netze, Bäume für sein Haus. Und was er findet, sucht er zu benennen, um es wiederzufinden, um seinen Gefährten davon erzählen zu können und sie zum Mitsuchen anzuleiten.

Er gebraucht Wörter als Namen, um bekannte Begriffe auf Unbekanntes, Neuentdecktes anwenden zu können. Er benennt den neu gefundenen Bach, um ihn von anderen Bächen zu unterscheiden, den Berg, um ihn als Wegweiser und Richtpunkt zu identifizieren, die Waldschlucht, um vor dem Bären zu warnen. Er baut Dämme am Flußufer wie der Biber und nennt den Fluß nach seinem Lehrmeister. Als Bauer teilt er das Ackerland in Gewanne und Fluren ein, um mit den Dorfgenossen Saat und Ernte regeln zu können, denn die Ackerflur ist vielgestaltig, und viele Kleinräume müssen in der Dorfgemarkung unterschieden werden.

Und ebenso müssen auch die Wohnplätze der Nachbarn erkannt und angesprochen werden. Nur sind das alles nicht unbedingt einmalige Schöpfungsakte, sondern die meisten Flur- und Ortsnamen entstehen ohne besondere Absicht aus dem fortgesetzten Gebrauch einer Stellenbezeichnung, die mit der Zeit fest wird. Der Name der Stadt Kiel z. B. ist zuerst im Jahr 1232 in der Fügung *to dem Kyle* bezeugt, die die Lage des Ortes ›an der schmalen Bucht‹ bezeichnet und dem Appellativ mnd. *kīl* ›Keil‹, norw. *kīl* ›Keil, lange, schmale Meeresbucht‹ entspricht. Von älteren Leuten konnte man früher noch hören, sie wollten *nå'n Kiel* (= nach dem Kiel) fahren, doch heute ist diese Beziehung des Stadtnamens verdunkelt, und der Ortsfremde wundert sich, warum eine Wasserfläche vor der Altstadt *Kleiner Kiel* genannt wird. – Aus Stellenbezeichnungen gingen z. B. auch die Ortsnamen auf *-lar* hervor, deren Grundwort als ›Weideplatz‹ oder als ›große Viehhürde‹ gedeutet wird (*Goslar* an der *Gose* l. zur Oker, aus 10. Jh. *Goslare*). Auch wenn ein Gewässername zum Siedlungsnamen wird, wie es bei vielen Namen auf *-bach* und *-ach* geschehen ist, wird damit die Stelle der ersten Ansiedlung bezeugt. Wenn Gewässernamen Bezeichnungen von Wildtieren enthalten, muß dies nicht auf längeres oder wiederholtes Vorkommen der Tiere hinweisen (*Biberach* = Bach, wo es Biber gibt), sondern der Name kann sich auch auf ein besonderes Jagdabenteuer an dieser Stelle beziehen (*Urach* = der Bach, wo ich dem Auerochsen begegnete). Man spricht hier von Ereignisnamen.

Ganz anderer Art sind die Ortsnamen, die mit dem Suffix *-ingen* zu germanischen und deutschen Rufnamen gebildet sind (*Sigmaringen* = bei den Leuten des *Sigimar*). Diese sogenannten Insassennamen sind eigentlich Personengruppennamen, sie wurden erst sekundär zu Siedlungsnamen (vgl. S. 11).

Als soziologische Besonderheiten sind in dieser Übersicht noch die Klosternamen und die Burgennamen zu nennen. Es sind gewählte Namen, die einer bestimmten Motivierung folgen. Bei den Mönchen und Nonnen geht es um Andacht und Gebet und um die Bewährung in lebensnotwendiger Arbeit für den Orden und darüber hinaus – nicht zuletzt für das eigene Heil. Das drücken auch die Namen der Klöster aus. Zwar wurden sie in den älteren Zeiten gewöhnlich mit einem geographischen Namen genannt, z. B. *Fulda, Lorsch, Hersfeld, Tegernsee.* Doch kommt auch sehr früh die Benennung nach dem heiliggesprochenen Stifter vor – in den Schenkungsurkunden wird oft der Heilige als Empfänger der frommen Stiftung genannt: *Sankt Gallen, Sankt Trudpert* im Breisgau. In der Zeit der Mystik kamen bewußt gewählte Klosternamen auf wie 1264 *Marienstern* bei Kamenz, 1299 *Himmelpfort* in Brandenburg, um 1230 *Gnadenthal* in Nassau. Nach seinen Reliquien heißt der Wallfahrtsort *Heiligenblut* in Kärnten. Auf alte Klöster und kleinere Klosterhöfe gehen meist die *Münster* (lat. *monasterium*) oder *Zell* (lat. *cella*) genannten Orte zurück; vgl. die Artikel →Münster und →Zell (Mosel) im Namenbuch. Diese Ortsnamen sind oft mit Flußnamen oder mit den Namen der Begründer zusammengesetzt: *Ilmmünster, Chammünster, Engelbrechtsmünster,* 855 *Hupoldescella* (Bach 1953/54, §§ 384 und 493; 521).

Die Namen der deutschen Burgen spiegeln großenteils das Standes- und Selbstbewußtsein ihrer Erbauer wider (zum Folgenden vgl. Bach 1953/54, §§ 518–520). Bis ins 12. Jh. überwiegen Stellenbezeichnungen mit den Grundwörtern *-stein, -fels, -eck, -burg* (vgl. den Artikel →-berg/-burg im Namenbuch). Sie betonen die verteidigungsstarke Höhenlage der Burgen. Das Grundwort *-au* ›Land am Wasser, Insel‹ bezeichnet Wasserburgen. Namen wie *Rotenburg, Weißenfels* beziehen sich auf die Farbe des Burgfelsens oder des Mauerwerks, andere, wie *Weilburg, Dillenburg, Lahneck,* auf die Lage über einem Fluß. Manchmal wird eine Burg unmittelbar nach dem Fluß genannt: *Burg Eltz, Burg Sayn.* Fürstliche Bauherren gaben ihren Burgen gern den eigenen Namen. So erbaute Erzbischof Balduin von Trier um 1320 an der Lahn und im Hunsrück die Burgen *Balduinstein* und *Balduinseck,* und Landgraf Ludwig I. von Hessen errichtete 1415 die Burg *Ludwigstein* bei Witzenhausen. Bei anderen Bauten wurde nur der Titel genannt: Burg *Grebenstein* bei Hofgeismar (1272) heißt nach dem *Grafen* Ludolf von Dassel, der *Pfalzgrafenstein* im Rhein bei Kaub (1327) nach den *Pfalzgrafen* bei Rhein.

Aus der Bilderwelt der Heraldik kommen jüngere Namen wie *Löwenstein, Leonberg, Greifeneck, Rosenheim* (Burg und Stadt, nach dem Wappen der Grafen von Wasserburg), aus ritterlichen Wertvorstellungen *Minneburg, Ehrenfels, Freudenberg, Stolzenfels,* aber auch *Neidenfels* und *Nideck* (zu mhd. *nīt* ›feindselige Gesinnung, Mißgunst‹) und das gewaltdrohende *Zwingenberg* (nach einer Straßensperre). Eine Entlehnung aus dem Französischen ist der Name *Montfort* für eine Burg in der Nordpfalz (eigtl. ›starker Berg‹, vgl. die *Starkenburg* bei →Heppenheim. Weitere Beispiele enthalten die Artikel →Monschau und Bad →Pyrmont).

Siedlungsnamen in der Geschichte

So aufschlußreich es sein kann, den Motiven für die Entstehung eines Ortsnamens nachzugehen, und so wichtig die Erforschung seiner sprachlichen Herkunft und seiner ursprünglichen Bedeutung ist, so ist damit doch nicht alles gesagt. Aus einem Appellativ oder einer appellativischen Wortfügung oder Zusammensetzung ist ein Eigenname geworden, der Name eines bestimmten, individuellen Ortes. Dieser Eigenname identifiziert den von ihm benannten Ort. Aber er hat – eben als Eigenname – keine lexikalische Bedeutung, er kann nicht (in einem Lexikon) definiert werden. Jeder Versuch einer Beschreibung oder Begriffsbestimmung trifft nicht den Namen, sondern den Ort. Die Stadt *Neustadt an der Weinstraße* z. B. ist keine ›neue Stadt‹, sie wurde bereits um 1220 gegründet und hieß damals bei ihren Bewohnern und den Nachbarn *die neue Stadt.* Der Name wurde fest und blieb durch die Jahrhunderte erhalten; das Beiwort *neu-* hat längst seinen Sinn verloren, aber es gehört zum Eigennamen der Stadt und hat teil an seiner Identifikation. Und umgekehrt ist auch der Artikel, der doch in der Standardsprache nur dem Appellativ zusteht, hier erhalten geblieben: 1235 *Nova Civitas,* 1531 *zu der Nawenstatt,* 1601 *zur Neustadt;* in der Mundart heißt es noch heute *die Naischtatt.*

Solche Bewahrung des Sachbezugs gehört ebenso wie die lautliche und formale Veränderung des Namens zum historischen Bild der Siedlungsnamen. Zwei Beispiele werden das auf S. 16 f. im einzelnen erläutern.

Keltische und römische Namen

Die ältesten für uns heute noch erfaßbaren Siedlungsnamen auf deutschem Boden stammen von den Kelten oder den Illyrern. Sie sind uns in lateinischer, teils auch in griechischer Form von den Römern und von griechischen Geographen überliefert worden. Es sind Städtenamen wie *Sumelocenna* (jetzt *Rottenburg am Neckar*) oder *Ratisbona* (jetzt *Regensburg*). Sie sind zum großen Teil untergegangen und durch neue Namen für die betreffenden Orte ersetzt worden. Andere haben sich nur lautlich verändert und gelten noch heute, z. B. *Rigomagus* (jetzt *Remagen*) und *Lopodunum* (jetzt *Ladenburg*). Im Gegensatz zu den einstämmigen Flußnamen sind die keltischen Siedlungsnamen meist Zusammensetzungen.

Eine wichtige Ausnahme machen jedoch die Namen auf *-acum, -iacum,* die von keltischen oder römischen Personennamen abgeleitet sind und die Zugehörigkeit eines Ortes – meist eines Landgutes in den römischen Provinzen in Gallien und am Rhein – zu seinem Gutsherrn bezeichnen (*Noniācum* aus *fundus Noniācus* ›Grundbesitz des Nonius‹). Im Deutschen enden diese Namen heute auf *-ach* bzw. *-ich: Antunnācum* ›Gut des *Antunnus‹ (jetzt *Andernach*), *Juliācum* ›Gut des Julius‹ (jetzt *Jülich*).

Auch das Latein der römischen Besatzungen hat seine Spuren im deutschen Ortsnamenschatz hinterlassen. Aus den wortreichen Fügungen der amtlichen römischen Städtenamen haben sich in der Alltagssprache einzelne Wörter und Namen erhalten. Die Stadt *Konstanz* am Bodensee heißt im 7. Jh. *Constantia* nach dem Kaiser *Constantius Chlorus,* und der Name *Köln* ist verkürzt aus den Fügungen *Colonia Claudia Augusta Agrippinensium* und *Colonia Agrippinensis,* von denen im 5. Jh. nur das einfache *Colonia* übrigblieb, das dann zu mhd. *Kölne,* mitteld. *Cöllen* wurde. Selbst lateinische Appellative wie das Militärfachwort *castellum* ›Befestigung‹ sind ins Deutsche entlehnt worden und haben sich zu Ortsnamen entwickelt, so im Namen von *Kastel* bei Mainz, 1162 *Kastulo* aus lat. *Castellum Mattiacorum* ›Burg der (germanischen) Mattiaker‹ (vgl. auch den Artikel → Kassel im Namenbuch).

Namen deutscher Herkunft

Wenden wir uns nun den deutschen Siedlungsnamen zu, so ist auch hier festzustellen, daß die ursprünglichste Art der Ortsnamengebung die Stellenbezeichnung ist. Ortsnamen dieser Art können allerdings zu jeder Zeit und wohl in allen Sprachen entstehen. Zwei Beispiele seien genannt, um zu zeigen, was gemeint ist: 1126 *Stenvorde* war die Burg ›an der mit Steinen gesicherten Furt‹ (heute *Steinfurt*, NRW). Der Name entspricht in der Wortbildung dem bei Ptolemäus im 2. Jh. n. Chr. erwähnten Flußübergang *Touliphourdon* an der Weser. Eine andere Stellenbezeichnung ist der Name des Dorfes *Niederkirchen* bei Deidesheim, RP, aus 1430 *hof zu nederkirchen* (= bei der unteren Kirche), womit die alte Pfarrkirche von Deidesheim gemeint war. An diesen beiden Beispielen läßt sich die Entstehung eines Eigennamens aus einer appellativischen Wortfügung beobachten: Die Furt als wichtiger Flußübergang, die Kirche als Kern des alten Ortes sind auffällige Merkmale und darum geeignet, einen Ort identifizierend hervorzuheben. Ein anderes Merkmal sind die an einem Siedlungsplatz wohnenden Personengruppen. Gerade in der germanischen Wanderzeit, in der Zeit der Landnahme, ergab es sich von selbst, nicht den Ansiedlungsort als solchen, sondern die dort wohnende Siedlergruppe als unterscheidendes Merkmal zu nennen – so wie wir noch heute unsere Nachbarn nicht nach ihrer Adresse unterscheiden, sondern mit ihrem Familiennamen nennen *(bei Schmidts, bei Müllers, wir gehen zu Brandts).*

Die Namenkunde spricht hier von Insassennamen und meint damit in erster Linie die Ableitungsformen auf *-ing-* von germanischen und deutschen Personennamen. Dieses Suffix drückt die Zugehörigkeit von Personen zu einer anderen Person aus (Bach 1952, §§ 106, 130 ff.; vgl. auch den Artikel → *-ingen* im Namenbuch). Ein Mann namens *Sigimar* erscheint als Oberhaupt einer Personengruppe (einer Familie oder Sippe, einer Gefolgschaft o. ä.), und diese Gruppe wird nach ihm *die Sigmaringe* (ahd. *Sigimaringa* = die Leute des Sigimar) genannt. Wollte man nun den Ort bezeichnen, an dem diese Gruppe wohnte, dann gebrauchte man den Dativ Plural: *bei den Sigmaringen* (ahd. *[bī den] Sigimaringum, -un, zen Sigimaringun*). Die Präpositionen *bei* und *zu* mit dem Artikel sind erst später hinzugetreten; in der ältesten Zeit wird der Dativ absolut als Lokativ gebraucht. Es gab auch entsprechende Bildungen zu Flußnamen und appellativischen Ortsangaben. *Elbingen* (= bei den am Fluß Elb wohnenden Leuten), *Holzingen* (= bei den Leuten im Holz, d. h. im Wald; Bach 1953/54, § 670). Die Präpositionen fallen später wieder fort, und der Ortsname erstarrt in der Lokativform auf *-en,* die nun zur typischen deutschen Ortsnamenendung wird, und zwar nicht nur bei den Insassennamen. Man denke an geläufige Städtenamen wie *Bremen* (aus 937 *Bremun* = an den Dünenrändern) und *Gießen* (aus 1197 *ze din Gieȥȥen* = an den Bächen) oder an Ortsnamengrundwörter wie *-hausen, -hofen* (= bei den Häusern, den Höfen).

Der Typ der Insassennamen auf *-ingen* war zur Zeit der Völkerwanderung in allen germanischen Siedlungsgebieten verbreitet. Eine andere Art, Siedlungen zu benennen, war damals sicher auch schon bekannt, aber kaum gebräuchlich; sie hat sich erst nach der Wanderzeit voll entwickelt: Man konnte die Siedlung mit dem Grundwort *-heim* als ›Haus, Wohnort, Heimat‹ einer Person bezeichnen (*Sigmarsheim;* Personenname im Genitiv Singular) oder als Wohnort einer Familie (*Sigmaringoheim;* Personenname im Genitiv Plural). In diesen Namenformen wird nicht die (wandernde) Familie oder Gefolgschaft hervorgehoben, sondern die an einem festen Wohnsitz angekommene oder dort seßhaft gewordene Gruppe (vgl. → -heim im Namenbuch). Die Aussage des Namens wird dadurch präzisiert, daß sie sich auf einen festen Ort bezieht. Und dieser ist nun auch für übergeordnete Amtsstellen (die es, z. B. im Frankenreich, inzwischen gibt) besser zu erfassen. Zweifellos hat das Vorbild der römischen Verwaltung mit ihrer schriftlichen Fixierung der Siedlungsnamen im Steuerkataster die Entwicklung auch der deutschen Namenformen gefördert.

Beide Typen der Siedlungsnamen konnten nebeneinander für den gleichen Ort gebräuchlich sein, doch mit der Zeit hat sich ein Ausgleich der Typen vollzogen, der in einigen Landschaften Namen auf *-ingen,* in anderen die Namen aus einem Personennamen mit typischem Siedlungsnamengrundwort begünstigte. So stehen schließlich die Namen der Siedlergemeinschaft vom Typ *Sigmaringen* und die sogenannten echten Siedlungsnamen auf *-heim* (*-hausen, -hofen* u. ä.) mit einem Personennamen im ersten Glied, z. B. *Sigmarsheim, Sigmaringhausen,* in getrennten Gebieten, wenn auch mit unscharfen Randzonen, nebeneinander. Ein Beispiel für die so entstandenen Namenlandschaften bietet die Karte von Adolf Bach, die u. a. den Ausgleich der Ortsnamen auf *-ingen* und *-heim* zwischen Leine und Saale zeigt.

Der Blick auf diese Verhältnisse ist deshalb wichtig, weil man immer noch der alten, längst überholten Meinung begegnet, daß die Verbreitung der Namen auf *-ingen* und *-heim* mit den Siedlungsgebieten der Alemannen und der Franken im 5./6. Jh. zusammenhänge; die *-ingen*-Orte seien

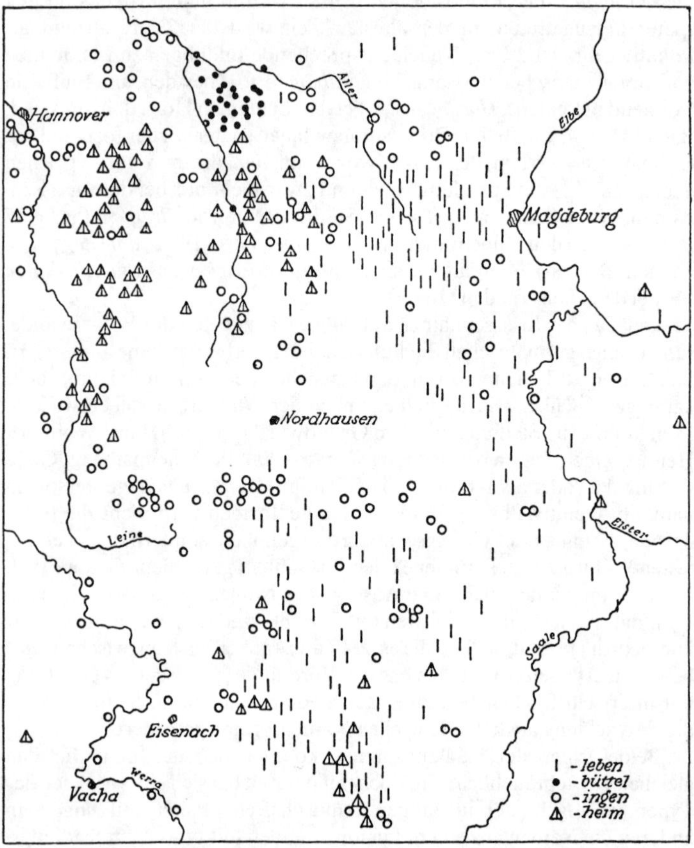

Namenlandschaften zwischen Leine und Saale. Nach A. Bach, Deutsche Namenkunde II, 2, S. 311

alemannisch und die *-heim*-Orte fränkisch. In Wirklichkeit hat hier der sprachliche Ausgleich zwischen den Kulturlandschaften gewirkt. Sehr deutlich zeigt sich das auch im Elsaß, wo die große Zahl der *-heim*-Orte in der Rheinebene zwischen Hagenau und Mülhausen bestimmt nicht auf einer starken fränkischen Siedlung in diesem Raum alemannischer Mundart beruht, wohl aber auf der engen politischen Bindung des Gebiets an den fränkischen Staat des frühen Mittelalters und wortgeographisch gesehen auf einer Strahlung von Norden her, d. h. aus dem fränkisch besiedelten Gebiet der Pfalz und Rheinhessens (Bach 1953/54, § 677 und Karten 54 und 65).

Die im Vorstehenden behandelten Spannungen zwischen den Ortsnamen auf *-ingen* und *-heim* sind ein Teil der großen Auseinandersetzung zwischen römischer und germanischer Welt im frühen Mittelalter. Der Übergang vom alten Personalprinzip der Ortsnamengebung zum Territorialprinzip spiegelt die Tendenz der sozialen Oberschicht wider, die Siedlungen als Grundlage von Verwaltung und Herrschaft auch sprachlich hervorzuheben. Das gilt besonders für die Verhältnisse im merowingisch-karolingischen Frankenreich.

Auch in einem anderen Bereich haben pluralische Personennamen, genauer Personengruppennamen, territorialen Sinn bekommen, nämlich bei Volks- und Stammesnamen wie *die Hessen, die Bayern, die Schwaben,* die zu singularischen Länder- und Staatennamen geworden sind. Wenn es im althochdeutschen Ludwigslied des 9. Jh.s heißt *hier in Vrankōn* ›hier bei den Franken‹ oder um 1195 im Armen Heinrich 31 *ze Swāben* ›bei den Schwaben‹ oder um 1200 im Nibelungenlied 5,3 *dā zen Burgonden, so was ir lant genant* ›da bei den Burgunden, so war ihr Land genannt‹, dann ist jedesmal mit dem Dativ Plural des Stammesnamens das Land gemeint, in dem die Franken, Schwaben, Burgunden wohnen. Wollte man den Dativ nicht benutzen, dann wich man auf Fügungen mit dem Genitiv aus: *ubar Frankōno lant* ›über das Land der Franken‹ (daraus sind heutige Komposita wie *Frankenland, Schwabenland* geworden). Um die Mitte des 13. Jh.s ist dann auch der Singular des Ländernamens belegt: Rudolf von Ems, Weltchronik 2235: *in disim teile Swābin līt, daȝ Alemannia hieȝ ē* (›... liegt Schwaben, das früher Alemannia hieß‹).

Der erste Ausbau des Siedlungslandes in der Zeit der Karolinger und der Sachsenkaiser war auch mit Klostergründungen im Waldland verbunden. Damals entstanden viele der mit *-münster* und *-zell* benannten Orte, und ebenso nahm die Zahl der Eigenkirchen zu, die Grundherren auf ihrem Besitz stifteten und die nach ihnen benannt wurden (z. B. *Geilenkirchen,* NRW, zum fränkischen Personennamen *Geilo*). Allerdings sind viele damals gegründete Siedlungen in den unruhigen Zeiten zerstört und verlassen worden, unter anderem bei den Einfällen der Ungarn und später auch bei dem großen Slawenaufstand von 983. Im 11. Jh. begann eine neue Epoche der Waldrodungen, in der außer den eigentlichen Rodungsnamen

(→-rode, -reut, -ried) auch Siedlungsnamen auf *-hagen, -hain, -scheid, -grün, -hau* entstanden. Diese Grundwörter werden an ihrer alphabetischen Stelle im Namenbuch behandelt.

Ortsname und Ortsgeschichte

Geschichte ereignet sich durch den Menschen. Die Namen der Siedlungen und Länder bleiben über Jahrhunderte erhalten. Auch wenn aus einem Dorf eine große Stadt oder aus einer kleinen Grafschaft ein mächtiges Fürstentum wird, hat das nicht unbedingt einen Namenwechsel zu Folge. Im Gegenteil: der einmal gegebene Name wird fortgeführt und – mehr oder weniger gewissenhaft – in den Urkunden überliefert. Selbst gänzlich neue Bewohnergruppen übernehmen ihn. Und jede neue Generation erlebt die Stadt, in der sie wohnt, auf ihre Weise, fühlt sich mit Häusern, Straßen und Plätzen und mit der umgebenden Landschaft verbunden und sucht im Wiederaufbau nach Zerstörungen und Bränden das gewohnte Bild wiederherzustellen oder es zeitgemäß fortzuentwickeln. Und dies Gefühl der Verbundenheit überträgt sich wie von selbst auf den Namen, der als Ausdruck von Wesen und Werden der Stadt in ständiger Beziehung zu ihr fortlebt.

Hier ist nun der Platz, das Verhältnis von Ortsname und Ortsgeschichte an zwei Beispielen deutlich zu machen. Im ersten Fall geht es um eine Namensübertragung, im zweiten um die Eindeutschung eines römischen Stadtnamens.

1. An einem Übergang über die Erft (l. zum Rhein) westlich von Köln errichteten die Grafen von Jülich im Jahre 1233 eine Burg. Sie lag mitten in der feuchten Flußniederung, erhielt aber den Namen *Bergheim* (1249 *castrum Berchem*), der gar nicht zu ihrer Lage paßte. Die Grafen hatten ihn von einer Siedlung auf der nahen Flußterrasse übernommen, die dort in der Frankenzeit um eine Remigiuskirche entstanden war. Diese Kirche steht am Rande der Terrasse auf einem Hügel, der zwischen zwei Trockenrinnen deutlich hervortritt, so daß also der Name *Bergheim* hier von Anfang an topographisch kennzeichnend war. Die Übertragung des Namens ins Tal war dagegen ohne Rücksicht auf seine wörtliche Bedeutung erfolgt (die ja bekanntlich bei Eigennamen ohne Belang ist). Es gab allerdings doch einen Grund für die Übertragung, denn die Kirche auf dem Berg war seit alters der Sitz eines großen Dekanats, mit dessen Vogtei die Grafen von Jülich im gleichen Jahr belehnt worden waren. Nicht die wörtliche Bedeutung, sondern allein das politische Gewicht des Namens *Bergheim* war also maßgebend gewesen. Die Kirche auf dem Berge ist heute noch die Pfarrkirche der Stadt im Tal, deren Burg übrigens längst verschwunden ist.

2. Die Römerstadt Augsburg ist im 2. und 3. Jh. n. Chr. mit dem Namen *Augusta Vindelicum* bezeugt. Sie heißt *Augusta* zu Ehren des Kaisers

Augustus und erhielt zur Unterscheidung von gleichnamigen Städten zusätzlich den Namen des dort ansässigen Keltenstammes der Vindeliker. Dies ist die erste Erkenntnis, die uns der Name vermittelt. Aus der Stadtgeschichte weiß man, daß hier zwei römische Legionen lagen, deren eine um 9 n. Chr. in eine andere Garnisonstadt verlegt wurde, und daß die Zivilsiedlung in der Zeit des Kaisers Tiberius (14–37 n. Chr.) im geschützten Winkel zwischen den Flüssen Lech und Wertach gegründet wurde. Man erfährt auch, daß hier eine wichtige Straße nach Italien hindurchzog, die die damalige Reichsgrenze an der Donau mit Rom verband. Innerhalb der Stadt entsprach ihr Verlauf der heutigen Maximilianstraße. Sie hieß *Via Claudia Augusta* nach ihrem Erbauer, dem Kaiser *Claudius* (41–54 n. Chr.). Dies ist die zweite Erkenntnis aus der Namenüberlieferung. Als die Alemannen im 3. Jh. über den Limes gekommen waren, war die Römerstadt verlassen, aber ihre Mauerreste waren noch sichtbar. 826 wurde die Stadt *Augusburuc* genannt, die Germanen haben also den römischen Namen unter Zusatz von dt. *-burg* (ahd. *burug* ›Burg, Stadt‹) übernommen, und weitere Belege zeigen die fortgesetzte Eindeutschung: 870 *Augustiburc,* 874 *Augusburc,* 11. Jh. *Augustburg,* 1296 *Auspurch,* 1353 *Avgspurch* (vgl. Reitzenstein ²1991, 44ff.). Die heutige Schreibform ist erreicht mit 1757 *Augsburg.* Dies ist die dritte Erkenntnis: die Formen werden im Sprachgebrauch abgeschliffen, doch versuchen einzelne Schreiber, die Tradition zu wahren und ältere Formen wiederherzustellen.

Als Ergebnis unserer beiden Streifzüge erkennen wir nun: Die Zusammenschau von Stadtgeschichte, topographischen Gegebenheiten und den überlieferten Namensformen hat uns lehrreiche Einblicke in das Werden der beiden Städte vermittelt; Stadtgeschichte und Namenkunde haben sich fruchtbar ergänzt.

Slawische Siedlungsnamen

Nichtdeutsches Sprachgut im deutschen Ortsnamenschatz findet sich nicht nur bei Namen lateinischer und keltischer Herkunft, wie *Mainz, Köln, Augsburg* oder *Kassel.* Auch einige französische Namen sind hier zu nennen, meist für fürstliche Schlösser des 17. und 18. Jh.s, z. B. *Solitude* (wörtlich ›Einsamkeit‹) bei Stuttgart, *Sanssouci* (wörtlich ›ohne Sorgen‹) bei Potsdam, aber auch für die als französische Festung angelegte Stadt *Saarlouis,* die 1680 nach König Ludwig XIV. benannt wurde.

Weit bedeutender aber ist das Erbe der slawischen Ortsnamen im Osten Deutschlands, das uns durch die deutsche Ostsiedlung des Mittelalters zuteil wurde. Als in der Zeit der Völkerwanderung die zwischen Ostsee und Elbe angesessenen germanischen Völker – Goten, Vandalen, Burgunder, Langobarden und andere – ihre Wohnsitze verlassen hatten und nach Süden gezogen waren, besetzten slawische Stämme im 5. und 6. Jh. die freigewordenen Räume. Im 8. Jh. reichten ihre Siedlungen von der Kieler Bucht bis zur Saalemündung und saaleaufwärts bis nach Oberfranken und in die Oberpfalz. Die slawische Bevölkerung gehörte im wesentlichen zwei Sprachgruppen an: Altpolabisch sprachen die Obotriten im heutigen Ostholstein und Mecklenburg und die Liutizen (Wilzen) im heutigen Brandenburg und nördlichen Sachsen-Anhalt; Altsorbisch wurde im heutigen Thüringen und Sachsen gesprochen und in der Lausitz, wo heute noch Niedersorben und Obersorben wohnen. Mit der Zeit kamen auch deutsche Einwanderer in diese Gebiete, Mönche, Bauern, Ritter und Handwerker und natürlich Kaufleute. Städte wie Magdeburg, Halle, Leipzig entstanden. Ein schlimmer Rückschlag für die Deutschen war der große Slawenaufstand von 983, doch späterhin glichen sich die Verhältnisse aus, deutsche Dörfer entstanden oft neben den slawischen und übernahmen meist deren Namen, die dann eingedeutscht wurden.

Eine Besonderheit slawischer Wortbildung, die sich auch in den Ortsnamen zeigt, ist die Fülle von Suffixen, mit denen Ableitungen aus Appellativen und Personennamen gebildet werden (zum Folgenden vgl. Eichler/Walther ²1988, 26ff.). So entstanden eingedeutschte Ortsnamen auf *-itz* aus slawischen Namen mit dem Suffix *-ica, -nica,* z. B. *Sebnitz* aus *Zabeniza, Chemnitz* aus *Caminizi, Kameniz* (eigtl. ein Bachname, wörtlich ›der Steinige‹). Mit *-in, -ina* wurden Stellenbezeichnungen gebildet, die im Deutschen *-en* oder betontes *-īn* ergaben, z. B. *Guben* aus *Gubin, Demmin* aus *Dimine, Dimin.* Die deutschen Endungen *-ow (-au, -a)* gehen vielfach auf slaw. *-ov-* zurück, ein Suffix, das die Zugehörigkeit bezeichnete, z. B. *Beeskow* aus *Besicow, Besecowe* zu asorb. *bezk* ›Holunder‹, also ›Ort mit vielen Holunderbüschen‹, *Glauchau* aus asorb. *Gluchov* zu *gluch* ›stiller Ort, dichter Wald‹, also ›Ort im dichten Wald‹. *Leuna* aus *Lunaw, Lunow* wird zu asorb. *lun* ›Gabelweihe‹ gestellt, es könnte aber auch der mit dieser Vogelbezeichnung identische Personenname *Lun* zugrunde liegen. Es gibt also bei diesen Namen verschiedene Möglichkeiten der Zuordnung, und bei vielen läßt sich heute nicht mehr eindeutig feststellen, ob sie von einem Personennamen oder von einem Appellativ ausgegangen sind. Auch echte Insassennamen treten in den slawischen Siedlungsnamen auf. Sie sind mit dem Suffix *-ici, -ovici* zu einem Personennamen gebildet und benennen – ähnlich wie die deutschen Namen auf *-ingen* – eine zusammengehörige Siedlergruppe. Das Suffix ist bei der Eindeutschung unkenntlich geworden. Hierher gehören z. B. *Kyritz* aus *Chorice, Kiricz,* eigtl. ›die Leute des *Chyr*‹, *Schleiz* aus *Slowicz, Slewicz,* asorb. **Slavici* ›die Leute des *Slava*‹, und *Belzig* aus *Beltiz,* apolab. **Belotici* ›die Leute des *Belota*‹. Weniger auf die Insassen als auf die Siedlung selbst beziehen sich slawische Namen auf *-in,* die von Personennamen abgeleitet sind, z. B. *Bautzen* aus obersorb. *Budysin* ›Siedlung des *Budych* oder *Budyš*‹, *Döbeln* aus asorb. *Doblin* ›Siedlung des *Dobl*‹.

Slawische Ortsnamen konnten auch ohne lautliche und formale Veränderung aus Appellativen entstehen. Das geschah besonders bei Stellenbezeichnungen, die sich ja gewöhnlich auf ein auffälliges Merkmal in der Landschaft beziehen. Der Übergang vom Appellativ zum Eigennamen war hier leicht vollzogen. So wurde etwa eine für die Schiffahrt wichtige Gewässergabelung, apolab. *rostok,* der Anlaß für den Siedlungsnamen *Rostock.* In manchen Fällen liegt dem Namen ein Appellativ zugrunde, das selbst schon ein Ableitungssuffix enthält. So wird *Delitzsch* auf asorb. *Del'c* zurückgeführt, das dem Appellativ *del'c* ›kleiner Berg‹ entspricht, und *Greiz,* älter *Grewcz, Groytz,* fußt auf asorb. *Grod'c* ›Burganlage‹, einer Ableitung von *grod* ›Burg‹.

Gewässernamen

Eines der wichtigsten Dinge, die der siedelnde Mensch braucht, ist das Wasser. Ein Fluß, ein See, ein Bach oder zumindest eine Quelle bietet ihm die Möglichkeit, sich niederzulassen, seine Tiere zu tränken, Acker und Garten anzulegen und zu bewässern. Aber nicht nur als Siedlungsplätze sind die Gewässer wichtig, sondern auch als Wegweiser. Der Mensch kann dem Lauf eines Flusses hinauf oder hinunter folgen, er wird immer wieder auf andere Gewässer treffen, und wo günstige Übergänge sind, werden sich bald mehrere Wege vereinigen oder kreuzen, die die Landschaft erschließen und mit anderen Landschaften verbinden.

Aus dieser menschenverbindenden Eigenschaft der Gewässer heraus wird man verstehen, warum Flußnamen so dauerhaft sind. Siedlungen können verfallen, wenn sie von ihren Bewohnern verlassen werden – der Historiker sagt, sie werden wüst, es sind Wüstungen. Aber Bäche und Flüsse haben Bestand; sie können ihr Bett wechseln und die Richtung ihres Laufes ändern, aber das Wasser, das aus den Bergen kommt, wird in der Ebene nicht abreißen oder versiegen, sondern seinen Weg gemäß den Einflüssen der Schwerkraft und der Bodengestalt fortsetzen, bis es in einem größeren Gewässer aufgeht. Flußnamen sind zwar nicht immer so beständig wie die mit ihnen benannten Flüsse, aber zu den ältesten uns überlieferten geographischen Namen gehören viele noch heute lebendige Namen größerer Flüsse.

Alteuropäische Namen

Mit dem besonderen Blick auf Europa hat die historisch-linguistische Namenkunde die Entwicklung der Flußnamen erforscht. Man hat z. B. für den Rhein festgestellt, daß seine Namensgeschichte in zwei Strängen verlaufen ist (vgl. den Artikel → Rhein im Namenbuch und Krahe 1964, S. 95f.). Lat. *Rhēnus,* griech. *Rhēnos,* it., span. *Reno* beruhen auf kelt. (gall.) *Rēnos,* dagegen führt dt. *Rhein* auf mhd., ahd. *Rīn* zurück, bleibt also im germanischen Sprachbereich. Grundlage für beide Lautformen ist ein vorgeschichtliches **Reinos,* dessen *-ei-* im Gallischen zu *-ē-,* im Germanischen zu *-ī-* wurde. Man hat daraus geschlossen, daß die Kelten und die Germanen den Flußnamen in der Form **Reinos* kennengelernt und ihn dann jeweils in ihren Sprachen umgestaltet haben. Daß aus *-ī-* wieder *-ei-* wurde, ist eine nur deutsche Entwicklung und hat mit dem vorgermanischen *-ei-* nichts zu tun. Die germanische Form *Rīn* ist später durch die Franken ins Französische *(Rhin)* und Englische *(Rhine)* gelangt, wobei das *-h-* der Schreibformen durch die Übernahme der lateinischen Schreibung fest wurde, die den Spiritus asper (das Hauchzeichen) des griechischen Buchstabens ʽP als nachgestelltes *h* umsetzte zu *Rh.*

Man hat die Form **Reinos* als illyrisch oder direkt als indogermanisch interpretiert. Ob die Illyrer im Spiel waren, können wir offenlassen, sie waren Indogermanen wie die Kelten und Germanen. Wichtig ist, daß wir den Flußnamen an ein gleichlautendes Appellativ **rei-no-s* anschließen können, das ›Fluß‹ bedeutet und einem im Mittelirischen nachgewiesenen Substantiv *rīan* ›Meer‹ entspricht, das ebenfalls auf **rei-no-* zurückgeht. Beide Wörter sind mit dem Wortbildungssuffix *-no-* zu der Basis idg. **-erei-* gebildet, die die allgemeine Bedeutung ›fließen‹ hat und mit anderen Suffixen auch in lat. *rīvus* ›Bach‹ und in aind. *rītí* ›Strom, Lauf‹, aengl. *rīð* ›Strom, Bach‹ erscheint. Aus dem deutschen Sprachbereich gehört z. B. mnd. *rīde* ›Wasserlauf‹ (die *Eilenriede* in Hannover!) hierher.

Kommen wir also beim Rhein auf eine appellativische Grundbedeutung ›Fluß, fließen, Wasserlauf‹, dann erhebt sich die Frage, ob sich auch bei anderen Flußnamen solche Grundbedeutungen erschließen lassen. Tatsächlich gibt es eine ganze Reihe indogermanischer Wortbildungen, die sich zwanglos auf fließendes Wasser anwenden lassen, und die Namenforschung hat unter Beachtung bestimmter Regeln ein ganzes System aufstellen können, das den ältesten Flußnamen in Europa zugrunde liegt. Sie verdankt dies vor allem den Forschungen des Tübinger Indogermanisten Hans Krahe (1898–1965) und seiner Mitarbeiter, unter denen hier besonders Wolfgang P. Schmid zu nennen ist (Schmid 1980).

Die alteuropäische Hydronymie, d. h. der Bestand an alteuropäischen Gewässernamen, umfaßt grundsätzlich einstämmige Namen (keine Zusammensetzungen), die aus einer indogermanischen Wurzel, einem angefügten Wortbildungselement (Suffix) und einem Element der Flexion bestehen. Jeder Name ist ein Substantiv, die Wurzeln selbst können natürlich auch zur Grundlage von Verben und Adjektiven werden. In dem oben angeführten Beispiel **rei-no-s* ist *rei* die Wurzel, genauer die aus der Wurzel für die Wortbildung entwickelte Basis. Die Silbe *-no-* ist das Suffix, hier mit dem Konsonanten *-n-* gebildet, und das *-s* ist die Flexionsendung, in diesem Fall für ein männliches Substantiv.

Damit nun ein Gewässername als alteuropäisch gelten kann, ist es nötig, daß er Entsprechungen außerhalb seines eigenen Sprachkreises hat. Ein germanischer Name soll also Entsprechungen im keltischen, baltischen oder slawischen Bereich haben, die den oben geschilderten sprachlichen Aufbau zeigen.

Obwohl alle alteuropoäischen Namen diese altertümliche Struktur aus Wurzel und Suffix haben und ihre Entstehung in die Zeit vor der Ausbildung der indogermanischen Einzelsprachen zu setzen ist, vermeidet man es heute, von einer alteuropäischen Sprachstufe zwischen dem Indogermanischen und den Einzelsprachen zu sprechen. Die alteuropäische Zeit – man setzt sie etwa in die Mitte des zweiten Jahrtausends vor Christus – ist uns nur in den Gewässernamen und den ihnen zugrunde liegenden Appellativwortstämmen faßbar, nicht aber als Sprache vor der Trennung der westindogermanischen Sprachen. Allerdings gehören diese Gewässernamen im europäischen Gebiet nördlich der Alpen zum ältesten dort erhaltenen Sprachgut, nur in Südfrankreich und den Mittelmeerländern haben sie ältere, vorindogermanische Sprachschichten überlagert.

Werfen wir nun einen Blick auf die alteuropäischen ›Wasserwörter‹ und die ihnen zugehörigen Flußnamen, wie sie Hans Krahe erschlossen hat (Krahe 1964, 34ff.). Ein paar Beispiele müssen hier genügen. Die Namen gehen z. T. von verbalen, z. T. auch von substantivischen Begriffen aus, fast immer aber ist Bewegung oder bewegte Masse gemeint.

Die Wurzel **el-/*ol-* ›fließen, strömen‹ lebt noch in Wörtern der heutigen baltischen Sprachen, z. B. lett. *aluõts* ›Quelle‹, lit. *almẽti* ›unaufhörlich strömen‹, lit. *al̃mės, el̃mės* ›Blutserum, Leichenflüssigkeit‹. Dazu gehören Flußnamen wie diese (man vergleiche die Flußnamen im Namenbuch, wo auch die europäischen Entsprechungen angeführt werden):

mit *-m*-Suffix: die *Ilm* r. zur Donau, 821 *Ilma,* 765 *Ilmina*
die *Ilm* l. zur Saale, 1587 *Ilmen,* 1186 *Ilmina*
mit *-nt*-Suffix: die *Elz* r. zum Neckar, 773 *Alantia*
mit *-r*-Suffix: die *Aller* r. zur Weser, 1096 *Alara*
die *Iller* r. zur Donau, 983 *Hilara*
mit *-s*-Suffix: die *Ilse* r. zur Oker, 1108 *Ilsina*
die *Elsenz* l. zum Neckar, 888 *Elisinza*

Mehr im keltischen Bereich ist die Wurzel **ser-/*sor-* ›fließen, strömen‹ verbreitet, aus der Appellative wie aind. *sarā́* ›Fluß, Bach‹ und lat. *serum* ›Milchwasser, Molke‹ stammen. Sie erscheint im Namen der *Saar* r. zur Mosel, 6. Jh. *Sara,* 367 lat. *Sarāvus.*

Ganz allgemein den Sinn ›in Bewegung setzen, erregen‹ hat die Wurzel **er-/*or-,* die z. B. in lat. *orior, oriri* ›sich erheben, aufsteigen, entstehen‹ enthalten ist (vgl. *Orient,* lat. *oriēns [sol]* ›Land der aufgehenden Sonne‹). Aus dieser Wurzel entstand der Flußname *Ara* in Nordspanien, dem deutsche Flußnamen entsprechen wie die *Ahr* l. zum Mittelrhein, 975 *Ara,* die *Ahre* r. zur Nuhne bei Brilon und mit einem *r*-Suffix die *Aare* l. zum Hochrhein in der Schweiz, 788 *Araris.*

Ein substantivischer Begriff liegt z. B. bei der Wurzel **adu-/*adro-* ›Wasserlauf‹ vor, die in den Appellativen awest. *aδu-* ›Bach, Kanal‹, apers. *adu-* ›Wasserkanal‹ auf künstliche Wasserläufe angewandt wird. Hierher gehören die *Eder* l. zur Fulda, lat. 1. Jh. *Adrana,* 800 *Adrina,* und die *Oder* zur Ostsee, 983 *Odera,* um 968 *Adora.*

Heftige und schnelle Bewegung wird mit Flußnamen aus der idg. Wurzel **eis-/*ois-/*is-* ausgedrückt, z. B. im Namen der *Isar* r. zur Donau, 755 *Isura,* 748 *Isara,* anders gebildet in den Namen des *Isonzo* zur Adria in Italien, lat. *Aesontius,* und des *Eisack* l. zur Etsch in Südtirol, 12. Jh. *Ysarcus,* 2. Jh. *Isargus.*

Eine andere Gruppe bilden die Farbwörter, mit denen ins Auge fallende Eigenschaften des Wassers bezeichnet werden. Beispiele hierfür finden sich bis heute auch in jüngeren Flußnamen (z. B. die *Rott* l. zum Inn, 788/800 *Rota* ›die Rote‹, oder die *Schwarzach* l. zur Naab, 1129 *Swarza*). Allerdings darf man diese Adjektive nicht zu wörtlich nehmen. Farbbegriffe wandeln sich mit der Zeit und auch mit den Sprachen, in denen sie weitergegeben werden. Das gilt in besonderem Maße für Farbwörter der indogermanischen Zeit. Die Realprobe läßt sich hier kaum schlüssig anwenden. Die idg. Wurzel **albh-,* aus der z. B. der Flußname *Elbe* stammt, hat zwar die Grundbedeutung ›weiß‹ (in lat. *albus* ›weiß‹, griech. *alphós* ›weißer Ausschlag‹), steht aber in Gewässernamen eher für ›hell, klar‹ und hat dadurch sogar die Bedeutung ›Fluß‹ entwickelt, so in anord. *elfr,* schwed., norw. *elv* ›Fluß‹.

Ähnliches gilt wohl für die Wurzel **arg-* ›klar, glänzend, weiß‹ (in griech. *argós* ›weiß‹ und lat. *argentum* ›Silber‹). Sie ist im appellativischen Bereich nirgends als Wasserbezeichnung nachgewiesen, bildet aber zahlreiche alteuropäische Flußnamen (vgl. den Artikel → Argen im Namenbuch). So kann man wohl auch hier mit einer alten Bedeutungsentwicklung zu ›Fluß‹ rechnen.

Die im Vorstehenden behandelten erschlossenen Wurzelelemente mit ihren verschiedenen Bedeutungen sind aber nur die eine Seite der alteuropäischen Hydronymie. Ebenso wichtig sind die Suffixe, durch die die Wurzeln erst zu Namen werden. Sie bestimmen durch ihre Gestalt, ob ein Name männlich oder weiblich ist, sie geben ihm den Flexionsstamm und machen ihn damit zu einem Bestandteil des syntaktischen Gefüges der Sprache.

In der einfachsten Form der Namenbildung tritt an das Wurzelelement ein feminines *-a,* selten auch ein maskulines *-o-*. Flußnamenstämme auf *-a* sind überall in Europa verbreitet, die Maskulina auf *-o-* kommen fast nur im Süden des Erdteils vor:

fem.: *Sara* (die *Saar* r. zur Mosel), *Nita, Neda* (die *Nied* l. zur Saar), *Alba* (die *Elbe;* die *Aube* r. zur Seine), *Sala* (die *Saale* l. zur Elbe)
mask.: *Avos* (der *Ave* zum Atlantik in Portugal)

Gelegentlich tritt ein *i* oder *j* dazwischen: *Salia* (die *Seille* r. zur Mosel), vor allem aber gibt es Suffixe, die Konsonanten wie *m, n, r* und *s* enthalten, wobei besonders die *-n*-Bildungen hervortreten:

Mit *m*: *Ilm, Ilmene* (die *Ilm* l. zur Saale); mit *n*: *Alna* (die *Alle* l. zum Pregel), *Amana* (die *Ohm* l. zur Lahn), *Isana* (die *Isen* l. zum Inn); mit *nt*: *Alantia* (die *Elz* r. zum Neckar), **Alanta* (mehrfach in Litauen; mit sekundärem Genuswechsel der *Aland* l. zur Elbe); mit *r*: *Adora* (die *Oder* zur Ostsee), *Agara* (die *Eger* l. zur Elbe), *Alara* (die *Aller* r. zur Weser), *Ilara, Ilira* (die *Iller* r. zur Donau), mit *s* und *n*: *Ilsina* (die *Ilse* r. zur Oker); mit *s* und *nt*: *Alsontia* (die *Alsenz* r. zur Nahe).

Grundsätzlich können alle diese Bildungselemente mit jeder der oben angeführten Wurzeln verbunden werden. Die ganze Fülle der Flußnamenwurzeln – von der hier nur ein Ausschnitt gezeigt werden konnte – ist also durch die ständige Wiederkehr der Bildungselemente zu einem großen Namensystem verflochten, das zwar bestimmt nicht als rational durchdachtes Ganzes, wohl aber als eine aus gründlicher Naturbeobachtung und analogischem Denken erwachsene gegliederte Vielfalt vor uns liegt. Der Übergang von appellativischer Bezeichnung eines Gewässers zum Eigennamen (z. B. von idg. **reinos* ›fließendes Wasser, Fluß‹ zum Namen **Reinos* > *Rīn* > *Rhein*) läßt sich historisch kaum festlegen, zumal man auch mit Namenübertragungen rechnen muß (vgl. dazu die Artikel → Rhein und → Elbe im Namenbuch).

Namen auf -apa

Eine besondere Gruppe unter den Gewässernamen bilden die Namen auf *-apa,* deren sprachliche Herkunft in der Namenforschung bis heute umstritten ist. Sie sind im europäischen Nordwesten zwischen der Kanalküste und den Flüssen Werra und Leine verbreitet, fehlen jedoch im alten Siedlungsgebiet der Kelten, d. h. südlich des Mains, der Mosel und der Loire. Ihre heutigen Formen sind durch den Ablaut und die althochdeutsche Lautverschiebung bestimmt: niederländisch und niederdeutsch *-epe, -ep,* mitteldeutsch und oberdeutsch *-aff, -off, -uf, -ef* (Beispiele bietet der Artikel →-apa im Namenbuch). Zweifellos ist *-apa* ein altes Wort für ›Wasser‹, das früh zur Ableitungsendung geworden ist. Man hat es für keltisch oder illyrisch gehalten, oder es wurde in das alteuropäische System einbezogen (Krahe 1964, S. 93 ff.). Doch gibt es auch gute Gründe für eine Herleitung aus dem Germanischen. Es fällt z. B. auf, daß die Namen auf *-apa* ausschließlich Bäche und kleine Flüsse benennen und daß sie besonders häufig zwischen Sieg und Ruhr im Bergischen Land und im Sauerland vorkommen, wo die Siedlung erst in der späten Karolingerzeit nach 800 begonnen hat. Lautgeschichtlich läßt sich germ. *-apa* an die idg. Wurzel **ab-* ›Wasser‹ anschließen, zur der auch air. *ab* ›Fluß‹ und lat. *amnis* aus **abnis* ›Fluß‹ gehören. Die Fragen um das Gewässerwort *-apa* sind wohl noch nicht eindeutig entschieden, doch sollten sie hier für den Leser wenigstens angesprochen werden. Zu Weiterem vergleiche man Dittmaier 1955 und Bach 1952/54, § 424.

Keltische Gewässernamen

Unter den vorgermanischen Gewässernamen tritt in West- und Süddeutschland besonders die Gruppe der keltischen Namen hervor, die sich geographisch nach Westeuropa (Schweiz, Frankreich, die Britischen Inseln) und Oberitalien fortsetzt. In allen diesen Gebieten haben seit etwa 750 v. Chr. Kelten gesiedelt. Während man früher geneigt war, alle geographischen Namen, die nicht erklärbar zu sein schienen, auf das Keltische zurückzuführen, ist man darin heute vorsichtiger geworden. Doch gibt es einige Flußnamen, die einwandfrei keltischer Herkunft sind. Der Name der *Tauber* l. zum Main, 7. Jh. *Dubra,* geht mit Flußnamen wie engl. *Dover* und frz. *Douvre* auf kelt. **dubro-* ›Wasser‹ zurück. Keltisch sind auch Flußnamen wie *Chamb* (l. zum Regen, 1522 *Camp,* zu kelt. **kambo-* ›krumm‹) und *Glan* (r. zur Nahe), der zu breton., kymr. *glan* ›hell, rein, lauter‹ gehört und zahlreiche Entsprechungen in fast allen keltischen Landschaften hat. Ein Flußname wie **Brigantia,* der u. a. dem Namen der Stadt *Bregenz,* lat. *Brigantium,* zugrunde liegt, ist, ganz in alteuropäischer Weise, mit dem Suffix -antia zu gall. **brig[a]* ›Berg‹ gebildet, ähnlich wie 12. Jh. *Brienna* aus **Brigenna,* jetzt *Prien* am Chiemsee, und 1311 *Bregen,* 1331 *Brega* aus **Bregana,* **Brigana,* jetzt die *Breg* r. zur Donau. Diese Flußnamengruppe ist also in altertümlicher Weise zu einem einzelsprachlichen Substantiv gebildet worden, das auch als Grundwort in Zusammensetzungen erscheint, z. B. im 4. Jh. *Boudobriga,* wörtlich ›Berg des Bouduos‹, jetzt *Boppard* am Rhein.

Deutsche Gewässernamen

Was zu Beginn dieses Kapitels (S. 19) über die Beständigkeit der Flußnamen gesagt wurde, gilt natürlich auch für die aus deutschem Sprachgut entstandenen Namen kleinerer Gewässer. Sie sind zwar jünger als die bisher behandelten alteuropäischen und vorgermanischen Namen, aber auch diese Gewässer haben ihre Bedeutung für Siedlung und Verkehr.

Viele Gewässernamen deutscher Herkunft wie *Eberbach, Biberach, Haslach, Steinach, Mühlbach, Ellerbeck* erschließen ihre wörtliche Bedeutung zumindest bei kurzem Nachdenken. Nur darf man *Haslach* nicht an die Tierbezeichnung *Hase* anlehnen, weil es zum *Haselbusch* gehört *(Hasel-ach).* Ebenso hat *Bad Schwalbach* nichts mit der *Schwalbe* zu tun, sondern ist mit mhd. *swal* ›Quelle, schwellendes Wasser‹ gebildet *(Schwal-bach).* Und für das norddeutsche *Ellerbeck* muß man wissen, daß die Erle niederd. *Eller* heißt. Auch bei diesen ›durchsichtigen‹ Namen sind also Fehldeutungen möglich.

Die Namen auf *-bach,* niederd. *-beke, -beck,* niederl. *-beek* sind jünger als die Namen auf *-ach.* Sie sind im deutschen und niederländischen Sprachgebiet die häufigsten Benennungen für kleinere Gewässer. Ihre Bestimmungswörter können Tiere und Pflanzen bezeichnen, aber auch die Farbe des Wassers und seine Eigenschaften: *Schwarzenbach, Grünbach, Reichenbach* (= wasserreicher Bach), *Lützelbach* (zu mhd. *lützel* ›klein‹). Andererseits können sie sich auf den Menschen und seine Tätigkeiten beziehen: *Mühlbach, Hammerbach, Nonnenbach.* Ein *Markbach* (= Grenzbach) wurde namengebend für die Städte →*Marbach* und →*Marburg.*

Die deutschen Namen mit dem Grundwort *-ach* (aus ahd. *aha* ›Wasser‹) gehen mit Entsprechungen im Englischen (aengl. *-ea,* engl. *-ey*) und Skandinavischen (schwed. *-å,* norw. *-aa*) zurück auf germ. **ahwō* ›fließendes Wasser‹, das urverwandt ist mit lat. *aqua* ›Wasser‹. Der Bildungstyp ist gemeingermanisch, nur für got. *ahva* ›Wasser, Fluß‹ fehlen Namenbelege. Die Bestimmungswörter der Namen beziehen sich auf Farben und Eigenschaften des Wassers und die Umgebung des Wasserlaufs, z. B. 1060 *Gruonaha,* jetzt der *Grünbach* r. zur Tauber, 1184 *Laufahe,* jetzt die *Laufach* r. zur Aschaff, 10. Jh. *Affeldrahe* (zu ahd. *affoltra* ›Apfelbaum‹, jetzt die *Effelder Ache* l. zur Itz zum Main). Wie das letzte Beispiel zeigt, tritt *-ach* noch in verschiedenen Formen als selbständiges Namenwort auf, z. B. die *Bregenzer Aach* oder *Ache,* niederd. die *Ibbenbürener Aa.* Meist aber wird *-ach* heute als bloße Flußnamenendung (oder Ortsnamenendung) empfunden, so daß auch die vorgeschriebene Silbentrennung (*Schwarz-ach, Eisen-ach,* vgl. Duden, Rechtschreibung, 20. Auflage, 1991, S. 57, R 181) oft nicht mehr beachtet wird. Entsprechendes gilt für das Grundwort -au, vgl. den Artikel →-au, -aue im Namenbuch. Die z. T. schon althochdeutsche Verkürzung von *-aha* zu *-a* (1016 *Werraha,* jetzt die *Werra* r. zur Weser, 1032 *Swarzaha,* 1074 *Swarza,* jetzt die *Schwarza* l. zur Saale) wird natürlich mit Recht nur als Endung behandelt *(Schwar-za, Wer-ra).*

Nicht vergessen sei an dieser Stelle, daß es bei deutschen Ortsnamen auch ein kollektives Suffix *-ach* gibt (→²-ach), das auf ahd. *-ahi, -ah* zurückgeht und Kollektiva zu Pflanzenbezeichnungen bildet, z. B. im Siedlungsnamen *Aichach* aus ahd. *eihhahi* ›Eichenwald‹. Auch die Endung *-ach* aus lat. *-acum* (→Andernach, →Breisach) darf nicht mit dem Grundwort *-ach* aus ahd. *-aha* verwechselt werden.

Neben den bisher behandelten Komposita mit *-bach* und *-ach* gibt es auch viele einstämmige Gewässernamen deutscher Herkunft. Sie sind z. T. substantivierte Adjektive, z. B. die→Glatt l. zum Neckar, zu ahd. *glat* ›glänzend, hell, klar‹, die →Kahl r. zum Main, 1288 *Kalda,* zu ahd. *kalt* ›kalt‹, besonders aber der verbreitete Flußname *Lauter,* in dem ahd., asächs. [*h*]*lūttar* ›klar, hell, lauter‹ noch in der konkreten Bedeutung ›rein, klar‹ erscheint; vgl. die Artikel→Lauter und→Lauterberg im Namenbuch.

Hinweise für den Benutzer

Die *Betonung* der Stichwörter und der in einem Artikel mitbehandelten Namen wird nur angegeben, wenn sie nicht auf der ersten Silbe liegt. Ein unter den Vokal gesetzter Punkt gibt betonte Kürze an, ein Strich betonte Länge:

Altọ̈tting Münstere̱i̱fel

In schwierigen Fällen wird die Aussprache in eckigen Klammern mit den Aussprachebezeichnungen der Association Phonétique Internationale (Internationale Phonetische Vereinigung) angegeben; vgl. die folgende Tabelle:

Zeichen der Lautschrift für deutsche Aussprache

a	**hạt**	hat
a:	**Ba̱hn**	ba:n
ɐ	**O̱ber**	'o:bɐ
ɐ̯	**U̱hr**	u:ɐ̯
ã	**Pense̱e̱**	pã'se:
ã:	**Gourmand**	gʊr'mã:
a͜i	**we̱i̱t**	va͜it
a͜u	**Ha̱u̱t**	ha͜ut
b	**Bạll**	bal
ç	**ịch**	ɪç
d	**dạnn**	dan
d͜ʒ	**Gịn**	d͜ʒɪn
e	**Metha̱n**	me'ta:n
e:	**Be̱e̱t**	be:t
ɛ	**hạ̈tte**	'hɛtə
ɛ:	**wä̱hle**	'vɛ:lə
ɛ̃	**timbri̱e̱ren**	tɛ̃'bri:rən
ɛ̃:	**Timbre**	'tɛ̃:brə
ə	**hạlte**	'haltə
f	**Fạß**	fas
g	**Gạst**	gast
h	**hạt**	hat
i	**vita̱l**	vi'ta:l
i:	**vi̱e̱l**	fi:l
i̯	**Stu̱die**	'ʃtu:di̯ə
ɪ	**bịst**	bɪst
j	**ja̱**	ja:
k	**kạlt**	kalt
l	**Lạst**	last
l̩	**Na̱bel**	'na:bl̩
m	**Mạst**	mast
m̩	**großem**	'gro:sm̩
n	**Na̱ht**	na:t
n̩	**ba̱den**	'ba:dn̩
ŋ	**lạng**	laŋ
o	**Mora̱l**	mo'ra:l
o:	**Bo̱o̱t**	bo:t
o̯	**loya̱l**	lo̯a'ja:l
õ	**Fondue**	fõ'dy:
õ:	**Fond**	fõ:
ɔ	**Pọst**	pɔst
ø	**Ökono̱m**	øko'no:m
ø:	**Ö̱l**	ø:l
œ	**gọ̈ttlich**	'gœtlɪç
œ̃	**Lundịst**	lœ̃'dɪst
œ̃:	**Parfum**	par'fœ̃:
ɔ͜y	**He̱u̱**	hɔ͜y
p	**Pạkt**	pakt
p͜f	**Pfa̱hl**	p͜fa:l
r	**Rạst**	rast
s	**Hạst**	hast
ʃ	**scha̱l**	ʃa:l
t	**Ta̱l**	ta:l
t͜s	**Za̱hl**	t͜sa:l
t͜ʃ	**Mạtsch**	mat͜ʃ
u	**kulạnt**	ku'lant
u:	**Hu̱t**	hu:t
u̯	**aktuẹll**	ak'tu̯ɛl
ʊ	**Pụlt**	pʊlt
u͜i	**pfu̱i̱!**	p͜fu͜i
v	**wạs**	vas
x	**Bạch**	bax
y	**Myke̱ne**	my'ke:nə
y:	**Rü̱be**	'ry:bə
y̆	**Etui̱**	e'ty̆i:
ʏ	**fụ̈llt**	fʏlt
z	**Ha̱se**	'ha:zə
ʒ	**Geni̱e̱**	ʒe'ni:
ǀ	**beạmtet**	bə'ǀamtət

Die Stichwörter sind alphabetisch angeordnet. Das gilt auch für die Verweise auf Namen, die in einem Artikel mitbehandelt werden. Die Beifügung *Sankt* bei Ortsnamen aus Heiligennamen wird alphabetisch gewertet, weil sie von Anfang an ein fester Bestandteil des Heiligennamens war. Die meist junge Beifügung *Bad* wird dagegen nachgestellt, solche Ortsnamen sind unter dem eigentlichen Namen des Ortes zu suchen:

Sankt Georgen, Sankt Goar, Sankt Peter unter *S,* aber *Bad Nauheim* unter *N, Bad Reichenhall* unter *R.*

Jahreszahlen vor einem historischen Beleg geben dessen Alter an. Ein bis-Strich zwischen zwei Jahreszahlen bezeichnet die Dauer eines Zustandes, ein Schrägstrich besagt, daß ein historisches Ereignis zu einem unbestimmten Zeitpunkt zwischen den beiden genannten Jahren eingetreten ist:

1618–1648 1012/1018

Das *Sternchen* * vor einer historischen Sprachform besagt, daß diese nicht belegt, sondern nur sprachwissenschaftlich erschlossen ist:

lat. *amnis* aus * *abnis* ›Fluß‹

Der *Pfeil* → verweist auf an anderer Stelle behandelte Namen:

Ahrensfelde → Ahrensburg vgl. den Artikel → Mulde

Die Angabe *›Stadtrecht‹* vor einer Jahreszahl besagt nur, daß der behandelte Ort zu dieser Zeit als Stadt nachgewiesen ist. Eine Stadtrechtsurkunde braucht deshalb nicht vorzuliegen.

Abkürzungen

adän.	altdänisch	bzw.	beziehungsweise
aengl.	altenglisch	dän.	dänisch
afries.	altfriesisch	d. h.	das heißt
afrz.	altfranzösisch	dt.	deutsch
ahd.	althochdeutsch	eigtl.	eigentlich
aind.	altindisch	engl.	englisch
air.	altirisch	f.	feminin
aisl.	altisländisch	finn.	finnisch
alem.	alemannisch	FN	Familienname[n]
and.	altniederdeutsch	fries.	friesisch
anord.	altnordisch	frz.	französisch
apers.	altpersisch	gall.	gallisch
apolab.	altpolabisch	galloroman.	galloromanisch
apreuß.	altpreußisch	germ.	germanisch
arab.	arabisch	gleichbed.	gleichbedeutend
aruss.	altrussisch	got.	gotisch
asächs.	altsächsisch	griech.	griechisch
aslaw.	altslawisch	GW	Grundwort
asorb.	altsorbisch	HB	Bremen
awest.	awestisch	HE	Hessen
bayr.	bayrisch	HH	Hamburg
BE	Berlin	hochd.	hochdeutsch
Bed.	Bedeutung[en]	idg.	indogermanisch
Bez.	Bezeichnung[en]	illyr.	illyrisch
BR	Brandenburg	it.	italienisch
BW	Bestimmungswort	Jh.	Jahrhundert
BWÜ	Baden-Württemberg	Jh.s	Jahrhunderts
BY	Bayern	kelt.	keltisch

kymr.	kymrisch	roman.	romanisch
l.	links	RP	Rheinland-Pfalz
lat.	lateinisch	russ.	russisch
lett.	lettisch	s.	südlich
lit.	litauisch	SAC	Sachsen
m.	maskulin	SAN	Sachsen-Anhalt
mdal.	mundartlich	schwed.	schwedisch
mhd.	mittelhochdeutsch	schweiz.	schweizerisch
mir.	mittelirisch	s. d.	siehe dies; siehe dort
mlat.	mittellateinisch	serbokroat.	serbokroatisch
mnd.	mittelniederdeutsch	SH	Schleswig-Holstein
mniederl.	mittelniederländisch	SL	Saarland
MV	Mecklenburg-Vorpommern	slaw.	slawisch
		slowak.	slowakisch
n.	neutral; nördlich	slowen.	slowenisch
nhd.	neuhochdeutsch	s. o.	siehe oben
niederd.	niederdeutsch	sorb.	sorbisch
niederl.	niederländisch	span.	spanisch
NDS	Niedersachsen	s. u.	siehe unten
nordd.	norddeutsch	südd.	süddeutsch
norw.	norwegisch	TH	Thüringen
NRW	Nordrhein-Westfalen	tschech.	tschechisch
ö.	östlich	u. a.	und andere[s]
oberd.	oberdeutsch	u. ä.	und ähnliche[s]
ON	Ortsname[n]	ugs.	umgangssprachlich
österr.	österreichisch	ung.	ungarisch
ostmitteld.	ostmitteldeutsch	urspr.	ursprünglich
PN	Personenname[n]	usw.	und so weiter
poln.	polnisch	vgl.	vergleiche
rhein.	rheinisch	vlat.	vulgärlateinisch
r.	rechts	w.	westlich
port.	portugiesisch	Zus.	Zusammensetzung[en]

A

Aachen, Stadt am Nordrand des Hohen Venns, NRW, entstand um ein seit dem 1. Jh. nach Chr. nachgewiesenes keltisch-römisches Heilbad mit Heiligtum des keltischen Gottes Gran[n]us, wurde um 765 fränkisches Königsgut und unter Karl d. Gr. dessen ständige Residenz; von 936 bis 1531 war A. der Krönungsort der deutschen Könige, Reichsstadt seit 1166; 1870 Gründung der Technischen Hochschule. Der Name *Aachen,* 1211 *Ache,* 972 *Ahha* ist eine Eindeutschung von lat. *aquae* ›die Heilquellen‹ nach ahd. *aha* ›Wasser‹ (→[1]-ach, vgl. ferner →Baden-Baden und →Wiesbaden): 953 *ad Aquas quod dicitur Grani,* 769 *Aquis* (Dativ Plural), 804 *Aquisgrani* ›bei den Heilquellen des Grannus‹. Der französische Name A.s, *Aix-la-Chapelle* (*Aix* aus lat. *Aquis*) bezieht sich auf die karolingische Pfalzkapelle, das spätere Münster. Vgl. auch frz. ON wie *Aix-en-Provence,* lat. im 1. Jh. *Aquae Sextiae,* od. *Aix-les-Bains* (Savoyen), 1011 *Aquis.* Der niederdeutsche und niederländische Name A.s, *Aken,* kehrt wieder im Namen von →Aken an der Elbe.

Aalen, Stadt am Kocher, im Vorland der Schwäbischen Alb, BWÜ, entstand bei einem römischen Kastell, in dem seit Mitte des 2. Jh.s die vorher im Kastell Aquileia (→Heidenheim an der Brenz) stationierte Reitertruppe Ala II Flavia ihren Standort hatte. Das Kastell war 259/60 aufgegeben worden; die Stadt A. wurde wohl um 1241 von den Staufern zur Sicherung der Straße nach Straßburg gegründet. 1360 erhob sie Karl IV. zur Reichsstadt, 1803 kam sie an Württemberg. Der Name um 1545 *Olen, Awlen,* 1488 *Aalen,* 1377 *Aulun,* 1300 *Aelun* hängt vielleicht mit einem vordeutschen Bachnamen – jetzt die **Al,** l. zum Kocher bei Aalen – zusammen, für den historische Belege fehlen. Der Bachname kann auch aus dem Namen der Stadt zurückgebildet

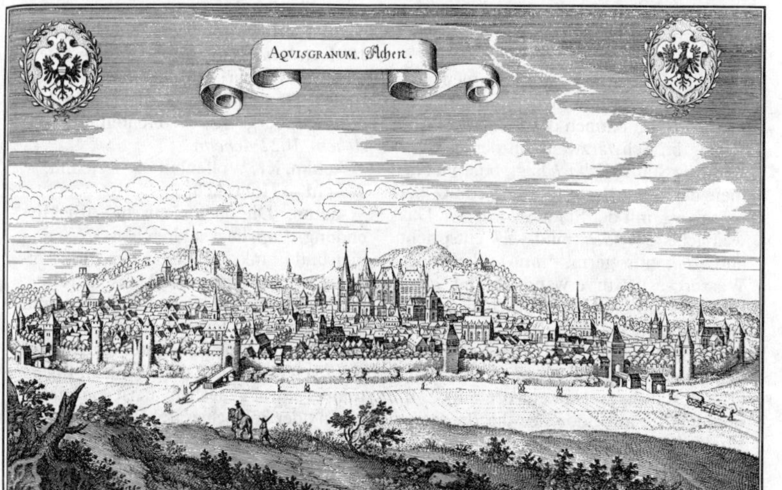

worden sein. Der Name Aquileia hat jedenfalls nichts mit Aalen zu tun.

Aare, die, l. zum Hochrhein, →Ahr, die.

Abenberg, Stadt s. von Schwabach, BY, entstand im 13. Jh. unter der Burg der gleichnamigen fränkischen Dynastenfamilie und kam 1296 an das Bistum Eichstätt; Stadtrecht vor 1299. Der Name 1152 *Abenberg,* 1099 *Auenberg,* 1057/75 *Abinberg* enthält den PN *Abo;* er wurde von der Burg (vgl. →-berg/-burg) auf die Siedlung übertragen.

Abens, die, r. zur Donau, →Abensberg.

Abensberg, Stadt s. von Kelheim, BY, entstand als Siedlung unter einer Burg der Babonen (Grafen von A.), die im 12. Jh. erbaut wurde, und erhielt 1348 Marktrecht, bald nach 1400 Stadtrecht. 1486 kam A. an das Herzogtum Bayern-München. Der Name 1394 *Abensberg,* 1143 *Abensberch,* vor 1138 *Habensperch,* 759 *Abunsna* enthält den Namen der **Abens** (r. zur Donau). Die Burg ist also nach dem Fluß benannt. Dessen Name 1285 *Abens,* um 1000 *Abensa,* 847/63 *Apansa* ist eine vorgermanische Bildung zur Wurzel idg. **ab-* ›Wasser, Fluß‹. An der Mündung der Abens in die Donau lag im 3. Jh. n. Chr. das römische Kastell *Abusina,* dessen Reste oberhalb des Dorfes Eining noch sichtbar sind.

¹-ach, GW von Gewässernamen und aus solchen übernommenen Siedlungsnamen, z. B. im Namen der *Wolfach,* r. zur Kinzig im Schwarzwald, an deren Mündung die Stadt *Wolfach* liegt, oder im Namen der *Schwabach,* l. zur Rednitz bei Nürnberg, mit der Stadt *Schwabach.* Das weibliche GW *-ach,* mhd. *-ach* entspricht ahd. *aha* aus germ. **ahwō* ›fließendes Wasser‹, es ist urverwandt mit lat. *aqua* ›Wasser‹. Im Laufe der Sprachgeschichte ist *-ach* zu einer Ableitungsendung (einem Suffix) geworden; es tritt aber landschaftlich in verschiedenen Formen noch heute als selbständiges Namenwort auf, z. B. oberdeutsch am Bodensee die *Bregenzer Aach* oder *Ache,* die *Radolfzeller Aach,* im Bayerischen Wald die *Große* und die *Kleine Ohe,* Quellflüsse der Ilz, l. zur Donau, niederdeutsch im Münsterland die *Ibbenbürener Aa,* niederländisch die *Aa* zur Dieze in Nordbrabant. Als GW in zusammengesetzten Flußnamen ist ahd. *-aha* oft zu *-a* verkürzt: 1016 *Werraha,* heute die *Werra,* r. zur Weser, 1032 *Suarzaha,* 1074 *Swarza,* heute die *Schwarza,* l. zur Saale. Das GW kann auch ganz verschwinden, z. B. 977 *Sulaha,* jetzt die *Suhl,* r. zur Werra. In Einzelfällen ist *-ach* durch das jüngere *-bach* oder durch *-au* ersetzt worden; vgl. noch →²-ach und den Artikel →-acum.

²-ach. Diese Ableitungsendung (dieses Suffix) war im Gegensatz zu →¹-ach niemals ein eigenständiges GW. Es geht zurück auf ahd. *-ahi* oder *-ah* und bildet neutrale Kollektiva bes. von Baum- und Pflanzenbezeichnungen, die zu Flurnamen und Siedlungsnamen werden konnten, z. B. ahd. *eihhahi,* mhd. *eichach* ›Eichenwald‹ im ON *Eichach,* bayr. →Aichach, mit Umlaut ahd. *Birkehe* ›Birkenwald, -gehölz‹ im ON *Birkig.* Ähnliche Bildungen im appellativischen Wortschatz sind z. B. *Röhricht, Tannicht, Dikkicht.*

Achim, Stadt (seit 1949) im Wesertal sö. von Bremen, NDS, entstand bei einer altsächsischen Kult- und Gerichtsstätte (auf dem Lindenberg) und einer fränkischen Taufkirche. Das Gogericht A. bestand bis 1852 fort. Der Name *Achim,* 1091 *Acheim* steht für **Ahaheim* ›Siedlung am Wasser‹ (zu ahd. *aha* ›Wasser, Fluß‹). Den gleichen Namen hat **Achim** bei Hornberg, Kr. Wolfenbüttel, 1176 *Achem,* 1022 *Acheim.*

Achim, Kr. Wolfenbüttel, →Achim.

Acht →Hohe Acht.

-acum. Die gallorömische Adjektivendung *-ācum* liegt zahlreichen ON in Belgien und Frankreich und in den Rheinlanden zwischen Nahe und Maas zugrunde. Auch am Oberrhein, in Lothringen und der Schweiz treten solche ON auf. Sie bezeichnen urspr. Landgüter der Römerzeit nach dem Namen des [ersten] Eigentümers und sind deshalb meist von lateinischen oder keltischen PN abgeleitet, z. B. *Antunnacum* vom keltischen PN **Antunnus* (heute →*Andernach,* RP), *Epternacum* vom keltischen PN **Epotoros* (heute *Echternach* in Luxemburg). Die erweiterte Adjektivform *-iācum* erscheint z. B. in *Iuliacum* vom lateinischen PN *Iulius* (heute →*Jülich,* NRW). Die ON auf *-[i]ācum* sind ihrer Bildung nach sogenannte Ellipsen: das zugehörige lateinische Substantiv, etwa *fundus* ›Grundstück‹ oder *villa* ›Landgut‹, wird weggelassen und der verkürzte Name ins Neutrum gesetzt, z. B. *Fundus Noniacus* ›Gut des Nonius‹ wurde zu *Noniacum.* Im Deutschen erscheint lat. *-[i]ācum* als *-ach* (→Andernach, →Breisach), als *-ich* (→Zülpich, →Jülich) oder als *-ch, -sch* (→Lorch, ferner **Kirsch** bei Trier, 634 *Cressiacum*); es kann auch ganz abfallen (→Erkelenz); vgl. auch den Artikel →Mainz.

Adenau, Stadt in der Eifel, RP, entstand wohl im 10. Jh. aus einem Hof der Grafen von Are (→Ahr) und kam im 12. Jh. zum Erzstift Köln (Amt Nürburg); Stadtrecht seit 1816, erneuert 1952. 1389 *Adenauw*, 1216 *in Adenowe*, 992 *Adenoua fluvius* ist der alte Name des jetzigen **Adenauer Bachs** r. zur Ahr, bezeichnete aber urspr. wohl die Flußwiese, nicht den Bach; →-au, -aue. Das erste Glied des Namens wird als PN *Ado* erklärt: ›Bach oder Auensiedlung des Ado‹. – Der s. von Adenau 1925/27 als Autorennstrecke angelegte **Nürburgring** heißt nach der ihn überragenden, im 16. Jh. zerstörten kurkölnischen Burg **Nürburg** (1187 *Nuereburch,* 943 *Nore mons*), deren Name das rheinische und westfälische Flurnamenwort *Norre, Nörre, Nür* ›kahler Fels, felsiger Boden‹ enthält, eine Nebenform von *Knorr* ›Baumstumpf, Felsblock‹, mhd. *knorre* ›knotige Verdickung, Auswuchs‹; vgl. den Artikel →Nürnberg.

Adenauer Bach, der, r. zur Ahr, →Adenau.

Adorf →Aue.

Affalterbach bei Marbach →Apolda.

Affoltern am Albis →Apolda.

Ager, die, l. zur Traun in Oberösterreich, →Eger, die.

Ahaus, Stadt im nordwestlichen Münsterland, NRW, entstand um eine Adelsburg des 12. Jh.s und kam 1406 an die Bischöfe von Münster, deren Jagdresidenz es wurde. Der Name 1316, 1139 *Ahus,* 1217 *Ahusen* bedeutet eigentl. ›Hof, Haus an der Aa‹ und benannte urspr. die Burg. Diese *Aa* (zu niederl., westf. *aa* aus ahd. *aha* ›fließendes Wasser‹; vgl. →¹-ach) ist der Oberlauf eines im niederländischen Gebiet *Buurser beek* und *Schipbeek* genannten rechten Zuflusses der Ijssel.

Ahlen, Stadt im südlichen Münsterland, NRW, entstand an einem Schnittpunkt alter Straßen und einer Furt über die Werse (l. zur Ems) um einen Amtshof mit Taufkirche der Bischöfe von Münster; Stadtrecht 1224. Der Name 12. Jh. *Allun,* 1139 *Alen,* 9. Jh. *Alna,* 890 *in Alnon* ist unerklärt. Der Aal im Stadtwappen (Siegel von 1255) ist nur eine volkstümliche Umdeutung des Namens.

Ahr, die, linker Nebenfluß des Mittelrheins, entspringt in der westlichen Eifel, mündet gegenüber von Linz. 975 *Ara* geht auf alteurop. **ara* ›Wasser‹ zurück, das in vielen Flußnamen erscheint, z. B. die **Ahre** (r. zur Nuhne zur Eder, Kr. Brilon), die **Aare** (l. zum Rhein in der Schweiz, 1115 *Area*), der **Ara** (rechts zum Cinca, Nordspanien), der **Ayr** (Zufluß des Firth of Clyde, Schottland, 1197 *Are*). Am Oberlauf der Ahr liegt **Altenahr** (855 *Aro*) mit einer Burg der Grafen von *Are* (9.–13. Jh.), die sich nach dem Fluß nannten, aber in volksetymol. Umdeutung des Namens einen Adler (ahd. *aro*) im Wappen führten. Jünger war die Burg **Neuenahr** am Unterlauf (1231 *Nuenare,* 1372 zerstört), nach der 1858 die Kuranlagen des nahen Dorfes Beul den Namen *Bad Neuenahr* erhielten. 1875 entstand dort die Gemeinde *Neuenahr* (1927 *Bad Neuenahr,* 1969 Stadt *Bad Neuenahr-Ahrweiler;* →Ahrweiler).

Ahre, die, r. zur Nuhne, →Ahr, die.

Ahrensburg, Stadt im nordöstlichen Vorortbereich von Hamburg, SH, wurde im 18. Jh. an Stelle des Dorfes Woldenhorn (s. u.) als kleine Residenz des Grafen Heinrich Carl Schimmelmann erbaut, der das zugehörige Renaissanceschloß A. der Grafen von Rantzau gekauft hatte. Dieses war um 1595 erbaut und nach der älteren Burg des sö. benachbarten Dorfes **Ahrensfelde** benannt worden, die 1306 *castellum Arnesvelde,* aber Ende des 16. Jh.s *arx Arnsburga* genannt wird. Der Name des

Schlosses ging dann auf die neu angelegte Residenz über (die erst 1949 Stadtrecht erhielt). Der alte Dorfname 1195 *Arnesfelde* ist mit dem PN *Arn, Arend* gebildet (vgl. →*-feld*), der bei den erwähnten Namensübertragungen natürlich keine Rolle mehr spielt. Das 1760 abgerissene Dorf **Woldenhorn,** 1314 *Woldehorne,* ist nach einem vorspringenden Waldstück benannt worden (zu mnd. *wold, wōld* ›Wald‹ und *hōrn* ›Horn, keilförmiges Landstück‹).

Ahrensfelde → Ahrensburg.

Ahrn, die, r. zur Rienz zum Eisack (Südtirol), → Öhringen.

Ahrweiler, Stadt an der Ahr, l. zum Rhein, NRW, seit 1969 Teil der Doppelstadt *Bad Neuenahr-Ahrweiler,* entstand auf schon römisch besiedeltem Boden seit dem 9. Jh. um einen Herrenhof der Abtei Prüm und wurde im 13. Jh. neu angelegt und ummauert als wichtiger Stützpunkt des Erzstifts Köln in der Eifel. Es wurde zum Mittelpunkt des Weinbaus und -handels im Ahrtal. Der Name 893 *Arwilre,* 1044 *Arewilre* bedeutet ›Gehöft an der → Ahr‹. Älter ist die Namensform 1162 *Wilre,* 1051 *Wilere,* in der die appellativische Bedeutung von mhd. *wīler* ›Gehöft‹ noch durchscheint, → -weiler.

Aibling, Bad, Stadt w. von Rosenheim, BY, entstand an einer alten Fernstraße, kam als Königsgut im 11. Jh. an das Bistum Bamberg und nach 1200 an die Wittelsbacher; Marktrecht 1230. Seit 1845 besteht das Moorbad. Der Name 1895 *Bad Aibling,* 1517 *Aibling,* 1166 *Aibilingen,* 1078/91 *Eiplinga,* 804 *Epiningas, Eibilingas* ist mit dem Suffix → -ingen abgeleitet von einem germanischen PN **Eipilo* und bedeutet ›bei den Leuten des Eipilo‹.

Aichach, Stadt an der Paar (r. zur Donau), nö. von Augsburg, BY, entstand am Flußübergang in der Nähe der Burg **Wittelsbach,** die als Stammburg des gleichnamigen Adelsgeschlechts im 12. Jh. Mittelpunkt der bayerischen Pfalzgrafschaft war, aber 1208 geschleift wurde, als Pfalzgraf Otto IV. den Staufer König Philipp von Schwaben ermordet hatte und deshalb der Reichsacht verfiel. An Stelle der Burg wurde der Ort im 13. Jh. Sitz eines herzoglichen Landgerichts. Er erhielt 1347 Stadtrecht. Sein Name, um 1120 *Aichach,* 1096/1133 *Eyhach* entspricht ahd. *eihhahi* ›Eichenwald‹ (vgl. den Artikel → ²-ach). Der Name der Burg, 1150 *de* (= von) *Withelispach,* 1158 *de Witelinesbach,* 1116 *Witelinesbahc* ist ein mit dem PN *Widilo, Widilin* gebildeter ursprünglicher Gewässername.

Aisch, die, linker Nebenfluß der Rednitz/Regnitz in BY, entspringt auf der Frankenhöhe, mündet unterhalb von Forchheim. 14. Jh. *Aysch, Eysche, Eisch, Eis* geht zurück auf 1069 *in Eiscam,* 9. Jh. *Eisga, Eisge.* Der vorgerm. Name (vgl. noch die **Eisch,** l. zur Alzette in Luxemburg, mit dem Ort **Eischen,** 12. Jh. *Eysch*) wird mit lit. *áiškus* ›klar‹ zu idg. **aisk-* ›klar, hell, leuchtend‹ gestellt.

Aiterach, die, r. zur Donau, → Aitrach, die.

Aiterbach, der, r. zur Traun, → Aitrach, die.

Aiterhofen → Aitrach, die.

Aitrach, die, rechter Nebenfluß der oberen Donau, entspringt bei Blumberg, mündet ö. von Geisingen, BWÜ. Der mit *-ach,* ahd. *-aha* zusammengesetzte Name, älter auch *Eiterach,* 806 *Eitarhaha* (dazu 773 *Eitrahuntal* ›Tal der Eiterach‹) geht zurück auf ein altgerm. Femininum **Aitra* ›die [An]schwellende‹ (beachte 1394 *Aytra* für die A.). Dies ist eine Adjektivbildung zu idg. **oid-* ›schwellen‹. Namen des gleichen Stammes haben z. B. die **Aiterach,** r. zur Donau bei Straubing, 11. Jh. *Eiteraha,* mit dem Ort **Aiterhofen** (um 1080 *Eitirhoven,* 773 *villa Eitraha*), ferner die **Eitra,** r. zur Haune bei Fulda, 1070 *Eiteraha,* mit anderem GW der **Aiterbach,** r. zur Traun bei Wels, Oberösterreich, 1180 *Aiterpach.* Auf eine *n*-Erweiterung **Aitrana* mit niederd. *ē* für germ. *ai* geht der Name der **Eterna,** l. zur Gande, zurück, 1013 *in Aeterne,* 948 *Eterna* (zu weiterem → Gandersheim). Mit ahd. *eit[t]ar,* asächs. *ētar* ›Eiter, Gift‹, das ebenfalls auf idg. **oid-* ›schwellen‹ zurückgeht, hat der Flußnamentyp **Aitra* trotz des Gleichklangs nichts zu tun.

Aken, Stadt an der mittleren Elbe, SAN, wurde wohl nach 1212 von den askanischen Herzögen von Sachsen-Wittenberg um eine Straßenkreuzung an einem wichtigen Elbübergang planmäßig angelegt und nahm dann eine benachbarte Siedlung bei der urspr. wendischen Burg Gloworp in sich auf; Stadtrecht vor 1270. Der Name 1219 *Aken,* 1227 lat. *in Aquis* (eigentl. ›an den Wassern‹, vgl. → Aachen), 1270 *Aken* ist wahrscheinlich durch niederrheinische Siedler als Übertragung des niederd.-niederl. Namens der Stadt → Aachen mitgebracht worden.

Al, die, l. zum Kocher, → Aalen.

Aland, der, linker Nebenfluß der mittleren Elbe, entspringt als Milde (s. u.) s. von Gardelegen, SAN, heißt im Mittellauf Biese (s. u.) und mündet bei Schnackenburg, NDS. 1186 *Alende,* 1151 *Alant,* 12. Jh. (Fälschung zum Jahre 786) *in rivum Alend* geht zurück auf ein früh übernommenes vorgerm. **Alanta* (*-nt-* wurde zu germ. *-nd-* verschoben). Dies entspricht als Bildung zu idg. **el-/*ol-* ›fließen‹ den unter → Elz (zum Neckar) behandelten, erst später übernommenen südwestdeutschen Flußnamen des Typs **Alantia.* Der Abschnittsname **Biese,** 12. Jh. (Fälschung zum Jahre 786) *Bese* ist unerklärt. Zu **Milde** (1007 *Mildanhovede* ›Quelle der *Milda*‹) vgl. den Artikel → Mulde.

Alb, die, → Schwäbische Alb.

Alb, die, r. zum Rhein bei Karlsruhe; **Alb,** die, r. zum Rhein bei Waldshut, → Elbe, die.

Alf, die, w. von Prüm (Eifel), → Elbe, die.

Alfeld (Leine), Stadt sw. von Hildesheim, NDS, entstand an einer Leinefurt bei einem altsächs. Gogerichtsplatz und wurde im Schutz einer bischöflichen Burg im 13. Jh. zur Stadt. Der Name 13. Jh. *Alvelde,* um 1019 *Alevellon* ist mit dem GW → *-feld[en]* (Dativ Plural ahd. *-feldun*) ›freie Fläche‹ gebildet; das BW gehört vielleicht zu ahd., asächs. *al* ›ganz, gesamt, all‹, der ON könnte sich dann auf den Gerichtsplatz beziehen.

Aller, die, rechter Nebenfluß der Weser, entspringt im W der Magdeburger Börde, SAN, mündet unterhalb von Verden, NDS. 1096 *Alara,* 1069, 786 *Alera,* 1013 *Elere* ist eine alteuropäische Bildung mit *-r*-Suffix zu idg. **el-/*ol-* ›fließen, strömen‹. Ablautend verwandt ist der Flußname → Iller.

Allgäu, das, Landschaft der nördlichen Alpen und des Alpenvorlandes zwischen Bodensee und Lech, zu Bayern, Baden-Württemberg und Österreich gehörend. Vom 9. bis 13. Jh. wurde ein Gebiet kleinerer Ausdehnung zwischen den Alpen im S und der Oberen Argen und der Wertach im N *Albgau* genannt: 839 *Albigoi,* 886 *Albegewi,* 990 *Albegowe.* Es bildete von der Karolingerzeit bis ins 13. Jh. eine eigene Grafschaft. Bis zum 16. Jh. wurde der Gebrauch des Namens A. nordwärts bis zur Linie Wangen – Kißlegg – Memmingen – Kaufbeuren und ostwärts bis zum Lech ausgedehnt. Obwohl territorial vielfach aufgespalten, war das Land im späten Mittelalter ein starkes Wirtschaftsgebiet mit Tuch- und Leinenweberei und einschlägigem Fernhandel. Heute ist es vor allem durch seine Grünland- und Milchwirtschaft und den Fremdenverkehr bekannt. Das Siedlungsbild wird von Einzelhöfen mit geschlossener Hofflur bestimmt. Die sogenannte Vereinödung (Auflösung der Dörfer in Höfe) war im 16. Jh. vom Besitz der Reichsabtei Kempten ausgegangen. Der Name *Alb-, Alpgäu* enthält im ersten Glied den Gebirgsnamen *Alb* oder ahd. *alba* ›Bergweide‹ (vgl. → Schwäbische Alb, die). Durch Assimilation ist daraus die heutige Form *Allgäu* entstanden: 1306 *Algowe,* 1525 *Allgeu.* Zum GW *-gäu* vgl. → -gau.

Alpen, die (Plural), → Schwäbische Alb.

Alsdorf, Stadt im Aachener Steinkohlenbezirk, NRW, entstand um eine Adelsburg, die im 14. Jh. brabantisches Lehen wurde. Der Kohlenbergbau begann um 1852; Stadtrecht 1950. Der Name 1439 *Ailstorp,* 1316 *Aelstrop* (*ai, ae* = *ā*) ist vielleicht mit der kontrahierten Kurzform *A[da]l-* eines PN wie *A[da]lbero, A[da]lbert* gebildet.

Alsenz, die, r. zur Nahe, → Elsenz, die.

Alsfeld, Stadt an der Schwalm, HE, seit dem 11. Jh. bezeugt, im Mittelalter wohlhabende Ackerbürgerstadt; Stadtrecht gen an die Landgrafen von Hessen. Der Name 1285 *Alsveld,* 1259 *Alisvelt,* 1231 *Adelsfeld* enthält wohl den alten deutschen PN *Adalo* (Kurzform von Namen wie *Adalolf* = *Adolf, Adalbero* oder *Adalwin*).

Alster, die, rechter Nebenfluß der unteren Elbe, entspringt bei Henstedt-Ulzburg n. von Norderstedt, mündet in Hamburg mit drei Fleeten (Zweigkanälen). Im 13. Jh. wurde der Fluß in Hamburg durch die Anlage von Mühlenteichen gestaut, um 1625 trennte man das Becken der *Binnenalster* durch eine befestigte Brücke von der *Außenalster.* Der Name *Alster,* 1188 *Alstria,* 11. Jh. *rivum qui Alstra vocatur* (= Gewässer, das *Alstra* genannt wird) ist wohl eine vorgermanische Bildung mit *-str*-Suffix zu idg. **el-*/**ol-* ›fließen, strömen‹, vgl. die Artikel →Weiße Elster und, mit anderem Stamm, →Wilster.

Altdorf b. Nürnberg, Stadt im Vorland der Fränkischen Alb, BY, war im 8. Jh. fränkischer Königshof und gehörte bis 1299 zum Reichsgut um Nürnberg; Stadtrecht 1387. Von 1504 bis 1806 gehörte A. zu Nürnberg. Ein Gymnasium von 1575 wurde 1580 zu einer protestantischen Akademie umgewandelt und war 1623–1809 Universität. Der Name 1266 *Altdorf,* 1129 *Altorf* bezieht sich vermutlich auf das hohe Alter der Siedlung, deren ursprünglicher Name nicht überliefert ist.

Alte Land, das, Teil der Elbmarschen am linken Ufer zwischen Stade und Harburg, der seit dem 11. Jh. von Sachsen und Holländern unter eigenem Recht besiedelt wurde. Es wird durch die Flüsse Lühe und Este (l. zur Elbe) in drei Deichverbände, sogenannte Meilen, unterteilt. Von Stade aus wurde die erste Meile vor 1140, die zweite vor Ende des 12. Jh.s eingedeicht. Auf diese *terrae veterae* folgte im 13. Jh. die dritte Meile r. der Este als *terra nova.* Schon im 14. Jh. galt aber der Name *Altes Land (terra vetera,* mnd. *dat Ōldelant)* für alle drei Bezirke. Landesherren waren bis 1140 die Grafen von Stade, danach die Erzbischöfe von Bremen. Heute hehört das A. L. zu NDS, nur die dritte Meile kam 1937 zu Hamburg.

Altena, Stadt an der Lenne im Sauerland, NRW, entstand unter der gleichnamigen, wohl im 12. Jh. erbauten Burg einer Seitenlinie der Grafen von Berg (Grafen von Altena, später v. d. Mark; →Hamm) und war vom 14. bis 18. Jh. ein gefreites Dorf (eine ›Freiheit‹). Der Name der Burg, um 1160 *Altena,* 1173 *Altana,* ist

wohl ein vordt. Bachname, vgl. **Altena** bei Velbert, 1458 *dy Altenah,* und den Fluß **Altena** (Land van Altena) in Nordbrabant, 1155 *Altena.* Die Erklärung von → Altona (Hamburg) ist hier auszuschließen.

Altena, die, bei Velbert; **Altena** (Fluß in Nordbrabant) → Altena.

Altenahr → Ahr, die.

Altenbeken, Gemeinde und Bahnknotenpunkt im Eggegebirge ö. von Paderborn, NRW, gehörte mit dem Nachbarort **Neuenbeken** zu dem dort gelegenen bischöflichen Hof *Beken* (1036 *Bekena*) im Tal der **Beke** (l. zur Lippe) und wurde 1691 selbständige Pfarrei. Der Name 1541 *Oldenbecke* und *Nienbecke,* 1211 *Aldebekene,* 1036 *Bekena,* 11. Jh. *Bechinun* (für den Hof *Beken*) ist wohl eine Bildung zu asächs. *beki* ›Bach‹.

Altenberg, Burg, → Bergisches Land.

Altenbochum → Bochum.

Altenbrilon → Brilon.

Altenbücken bei Hoya → Bückeburg.

Altenburg, Stadt nahe der Pleiße im östlichen Thüringen, entstand im 10. Jh. bei einem zur Burg ausgebauten sorbischen Ringwall und der zugehörigen Siedlung **Pauritz** (976 *Podegrodici,* asorb. ›die Leute unter der Burg‹), wurde um 1135 Marktort mit Königshof und -pfalz und vor 1192 durch eine planmäßig angelegte Neustadt erweitert; Stadtrecht 1165. Die Burg war schon in slawischer Zeit Mittelpunkt des nach dem Fluß → Pleiße benannten Gaues *Plisni* und später des Reichsterritoriums *Pleißenland.* Seit 1318 gehörte A. mit dem Pleißenland den Wettinern und war 1826–1918 die Hauptstadt des Herzogtums Sachsen-A. Der deutsche Name von Burg und Stadt erscheint zuerst in einer Urkunde Kaiser Ottos II.: 976 *civitas Altenburg.* Er bezieht sich zweifellos auf die von den Deutschen übernommene ›alte Burg‹ der Sorben. Daneben war bis ins 13. Jh. auch der alte sorbische Name für A. gebräuchlich: 1064 *Blisna,* 1132 *in castro* (= auf der Burg) *Plysn, Plizn,* 1145 *Henricus de Plisne.* Zuletzt heißt es zum Jahre 1210: *Aldenburch, que alio nomine Plisne nuncupatur* (= das mit anderem Namen Plisne genannt wird). Zu weiterem vgl. den Artikel → Pleiße.

Altencelle → Celle.

Altendorf → Holzminden.

Altenerding [altn̩'eːɐdɪŋ, ...'ɛrdɪŋ], Pfarrdorf nö. von München, BY, entstand aus einem karolingischen Königshof, den König Arnulf Ende des 9. Jh.s an Salzburg schenkte. Der Name 1546 *Altenerding,* nach 1300 *ze alten Aerding,* 1271 *Altenaerdingen* geht zurück auf 1207 *Erdingen,* 1137 *Aerdingen,* 891 *Ardienga,* vor 800 *Ardeoingas,* er ist mit dem Suffix → -ingen zu dem altbairischen PN **Ardeo* gebildet und bedeutet ›bei den Leuten des Ardeo‹. Der Zusatz *Alten-* kam im 13. Jh. auf, als die Wittelsbacher die benachbarte Stadt → Erding gegründet hatten, die den Namen der älteren Siedlung an sich zog.

Altenessen → Essen.

Altenglan → Glan, der.

Altenkirchen (Westerwald), Stadt an der Wied, RP, entstand in fränkischer Zeit um einen Königshof und eine Kirche nahe der Stelle, wo sich die frühgeschichtliche und mittelalterliche Straße Köln–Frankfurt (heute Bundesstr. 8) von der W–O-Verbindung zwischen Rhein und Fulda (im Mittelalter Köln-Leipziger Straße) trennte. Das ausgedehnte Kirchspiel gehörte seit dem 12. Jh. zur Grafschaft Sayn; Stadtrecht 1314. Der Name 1131 *Aldenkirchen* bezieht sich auf die alte Tradition der urspr. dem hl. Martin geweihten Pfarrkirche.

Altenkrempe → Neustadt in Holstein.

Altenkunstadt → Burgkunstadt.

Altenmarkt (zu Cham) → Cham.

Altenmarkt (zu Osterhofen) → Osterhofen.

Alt[en]mühldorf → Mühldorf a. Inn.

Altenoythe → Friesoythe.

Altenplathow → Genthin.

Altenstadt (zu Geislingen) → Geislingen an der Steige.

Altenstadt bei Schongau → Schongau.

Altenstadt an der Waldnaab → Neustadt a. d. Waldnaab.

Altenstadt bei Weißenburg i. Els. → Deutz.

Altentreptow [...to], Stadt an der Tollense (l. zur Peene) in Vorpommern, MV, entstand bei einer slawischen Burg am

Flußübergang der Straße nach Demmin und wurde nach 1200 als Stadt ausgebaut; Stadtrecht vor 1245. Die Stadt kam 1648 an Schweden, 1720 an Preußen. Der Name *A.* wurde erst 1939 amtlich, die älteren Formen 1254 *Treptowe,* 1245 *Tributowe,* 1191 *Trebutowe,* 1175 *Trybethowe* führen zurück auf apolab. **Trebotov,* eine Bildung zum PN *Trebota.* Der Zusatz *Alten-* erscheint seit 1295 in lat. *Antiquum Treptowe,* mnd. *Olden Treptow,* er diente zur Unterscheidung von dem jüngeren **Treptow** an der Rega, nö. von Stettin (jetzt poln. Trzebiatów).

Altgandersheim → Gandersheim, Bad.

Althen b. Leipzig, → Altona.

Alt-Landsberg → Landsberg a. Lech.

Altlingen → Lingen (Ems).

Altlünen → Lünen.

Altmark, die, Landschaft zwischen der Lüneburger Heide, dem Urstromtal der Aller und der mittleren Elbe, SAN. In frühgermanischer Zeit siedelte zwischen Ohre und Elbe das westgermanische Volk der Langobarden. Nach ihrem Abzug während der Völkerwanderungszeit wurden diese Gebiete im 7. Jh. von den Liutizen und anderen slawischen Stämmen besiedelt. Unter Karl dem Großen kam das Land zum Frankenreich und wurde damit zur Ausgangsbasis für ostwärts gerichtete Unternehmungen der Ottonen und anderer deutscher Fürsten. Durch den großen Slawenaufstand von 983 ging zwar vieles wieder verloren, aber die Reichsgrenze an der Mittelelbe blieb bestehen. Im Jahr 1134 erhielt der Askanier Albrecht der Bär von Kaiser Lothar den Markgrafentitel als Amtslehen. Dieses Amt konnte er, auf askanisches Hausgut gestützt, bald auf die Mark Brandenburg ausdehnen und dadurch auch die deutsche Ostsiedlung über Elbe und Saale hinweg vorantragen. Die Altmark galt hinfort als Teil Brandenburgs, sie wurde zuerst 1310 *Antiqua Marchia Stendalgensis* (= alte Mark von Stendal) genannt. Der Name ist als Gegenbildung zum Namen der Neumark jenseits der Oder anzusehen. Die A. wurde zwar 1807 dem napoleonischen Königreich Westphalen (→ Westfalen) einverleibt, aber 1815 mit der preußischen Provinz Sachsen vereinigt und gehört damit seit 1945 zum Land Sachsen-Anhalt (vgl. den Artikel → Sachsen).

Altmeppen → Meppen.

Altmühl, die, linker Nebenfluß der Donau, BY, entspringt auf der Frankenhöhe, mündet unterhalb von Kelheim. 1329 *Altmül,* 9. Jh. (Kopie 12. Jh.) *Altmule* ist durch Angleichung an ahd. *alt* und ahd. *muli* ›Mühle‹ volksetymologisch umgedeutet worden aus 895 *Alcmona,* 823 *Alchmuna.* Aus dem Flußnamen abgeleitet ist der Name der im 2. Jh. n. Chr. bei Ptolemäus genannten Siedlung *Alkimoennís* (an der Mündung der A.). Die sprachliche Herkunft der beiden Namen ist bisher nicht einwandfrei erklärt.

Altona, Stadtteil von Hamburg (seit 1937/38), entstand zu Anfang des 16. Jh.s als holsteinischer Hafenplatz am rechten Ufer der Unterelbe und fiel 1640 mit der Herrschaft → Pinneberg an die Könige von Dänemark; Stadtrecht 1664, erster Freihafen N-Europas. Der Name 1538 *to dem Altona* bezog sich, wie der bestimmte Artikel zeigt, urspr. wohl auf ein Haus, den Krug des *Joachim van Lo to der Pepermolenbeeke* (= am Pfeffermühlenbach, 1536). Den aus Hamburg kommenden Fuhrleuten war dieser Krug ›allzu nahe‹ (niederd. *al to nā*). Vergleichbare Namen sind z. B. **Holtenau,** Stadtteil von Kiel (1331 *Olthenna*) und **Althen** bei Leipzig (1270/71 *Altena*). Ein Gewässername wie bei → Altena (Sauerland) liegt hier wohl nicht vor. Vgl. auch den Artikel → Alzenau.

Altö̜tting, Stadt in Oberbayern nahe dem Inn, entstand aus einem karolingischen Königshof, dessen Pfalzkapelle (877) der hl. Maria geweiht war und bis heute die Gnadenkapelle der im 15. Jh. entstandenen Marienwallfahrt ist. Mit dem Herzogtum Bayern kam A. 1180 an die Wittelsbacher, und diese gründeten um 1200 die Marktsiedlung **Neuö̜tting,** die 1321 Stadtrecht erhielt. A. dagegen wurde erst 1898 Stadt. – Als erste gemeinsame Nennung beider Orte erscheint 1231 *Vetus Odingen … a porta fori scilicet novi Odingen* (= das alte Odingen … vom Markttor des neuen Odingen). Es folgen 1336 *ze alten Oetyng,* 1399 *Altenoeting,*

1435 *Altötting* bzw. 1285 *Newe Otinge,* 1364 *die Stat zu Oting,* 1474 *zu Newenöting,* 1574 *Neuenötting,* 1832 *Neuötting.* Der alte Name 12. Jh. *Oetingen,* 832 *palacium regium* (= die Königspfalz) *Otinga,* 806 *Otingas,* 785/797 *Aotingas,* 748 *Autingas* ist mit dem Suffix →-ingen zu einem PN *Auto, Oto* gebildet und bedeutet ›bei den Leuten des Auto‹.

Altranstädt → Markranstädt.

Alt Ruppin, Burg, → Neuruppin.

Altwied, Burg, → Wied.

Altwildungen → Wildungen, Bad.

Alz, die, rechter Nebenfluß des Inns, BY, entsteht als Abfluß des Chiemsees, mündet unterhalb von Neuötting. 1600 *Alz,* 1309 *Altz,* 1254 *ultra Altsam fluvium* (= jenseits des Flusses Altsa) sind verkürzt aus älteren Formen wie 1246 *Altusana,* um 1140 *Alzussa,* 832 *Alzissa,* deren Endungen eine Zugehörigkeit bezeichnen. Der Flußname ist wohl keltischer Herkunft, er wird zu air., mir. *alt-* ›Anhöhe, Klippe, Waldtal, Schlucht‹ gestellt und bedeutet etwa ›Fluß, der zwischen hohen Ufern fließt‹.

Alzenau in Unterfranken, Stadt am Westrand des Spessarts, an der Kahl (r. zum Main), BY, entstand wohl im 9. Jh. unter dem Namen **Wilmundsheim* und wurde um 1300 Vorort eines Freigerichts; Stadtrecht 1401 (erneuert 1951). Der Ort gehörte bis 1811 zu Kurmainz und kam 1816 zu Bayern. Der alte Name 953 *Willimundesheim,* 1361 *Wylmutzheym* enthält den PN *Willimund* (→-heim). Er wurde seit dem 14. Jh. verdrängt durch den Namen der neu erbauten mainzischen Burg *Alzenau,* wie folgende Belege zeigen: 1349 *in dem dorfe zu Wilmesheim vnder vnsme nuwen sloße Altzenahe gelegen;* 1487 *Wolmetßheim bey Altzenahe gelegen;* 1515 *Wolmetsheim vel* (= oder) *Alzena.* Den Burgnamen haben wohl unzufriedene Nachbarn erfunden, denen die herrschaftliche Zwingburg ›allzu nahe‹ lag (vgl. den Artikel →*Altona*). In der jetzigen Form, 1529 *Altzenaue,* 1805 *Alzenau,* ist der Name an die Orts- und Flußnamen auf *-au* angeglichen worden.

Alzette, die, r. zur Sauer in Luxemburg, → Elsenz, die.

Alzey, Stadt im Rheinhessischen Hügelland, RP, am Oberlauf der Selz, l. zum Rhein; entstand auf altbesiedeltem Boden (kelt. Siedlung 400 v. Chr., röm. Kastell um 370 n. Chr.) im Schnittpunkt wichtiger Straßen, wurde im 13. Jh. Mittelpunkt des linksrhein. Gebiets der Pfalzgrafschaft (→Pfalz). Bekannt ist der ritterliche Spielmann *Volker von Alzeye* im Nibelungenlied (um 1200). Der Name 14. Jh. *Alczei,* 1072 *Alceia* geht zurück auf lat. *Alteio* (4. Jh.); dazu die röm. Inschrift von 223 *Altiaienses vicani* (= die Dorfbewohner von Alzey). Der bisher unerklärte Name ist möglicherweise illyrisch, also schon vorkeltisch.

Amberg, Stadt an der Vils (r. zur Naab), BY, entstand in karolingischer Zeit als Kaufmannssiedlung am Übergang der Fernhandelsstraße Nürnberg–Prag über die damals schiffbare Vils. Zu diesem ältesten Siedlungskern kam im 11. Jh. ein zweiter um die St.-Georgs-Kirche, der dem Bischof von Bamberg gehörte. Beide Teile wuchsen zusammen und erhielten vor 1294 Stadtrecht. Außer dem Handel war für A. seit 1270 auch der Erzbergbau wichtig (Amberger Hammerwerkseinung seit 1341). Im 14. Jh. wurde A. Residenz des Oberen Fürstentums der pfälzischen Wittelsbacher, der späteren →Oberpfalz, kam aber 1628 wieder zu Bayern. Der Name 1109, 1174 *Amberg,* 1144 *Amberc,* 1034 *Ammenberg* ist mit dem alten deutschen PN *Ammo* gebildet und bedeutet ›Berg oder Burg des Ammo‹.

Ambergau, der, →Ammerland.

Ammer, die, linker Nebenfluß der Isar, BY, entspringt im **Ammergebirge** der Nördlichen Kalkalpen (das nach dem Fluß benannt ist), mündet bei Moosburg. Ungefähr in der Mitte ihres Laufes durchfließt die A. den Ammersee (s. u.) und wird nach ihrem Austritt bis zur Mündung **Amper** genannt. Der heutige Name des Oberlaufs ist jung: 1397 *Ammer.* Alt sind Formen mit *-mp-* oder *-mb-:* 14. Jh. *Amper,* 823 *Ampra,* 775 *Ambre* (lateinischer Genitiv), römisch im 3. Jh. *Ambrae* (lateinischer Lokativ). Früher als der bayerische Fluß *Ammer/Amper* zeigt der **Ammersee** assimilierte Namensformen: 1431 *Amer See,* 1243 *Amirse,* 1158 *Am-*

bersē; vgl. auch den Artikel → Oberammergau. Der Flußname ist mit dem Suffix *-ra* zur indogermanischen Wurzel **ombh-,* **m̥bh-* ›feucht, Wasser‹ gebildet, zu der auch griech. *ómbros,* lat. *imber* ›Regen‹ gehören; sie liegt mehreren englischen, französischen und oberitalienischen Gewässernamen zugrunde. Im Deutschen gehören dazu die **Ammer,** links zum Neckar bei Tübingen (13. Jh. *Ammer*) mit dem alten Gaunamen 8. Jh. *Ambrachgouue,* und die norddeutsche → Emmer, l. zur Weser, sowie das oldenburgische Ammerland und der Ambergau bei Hildesheim (vgl. den Artikel → Ammerland).

Ammer, die, l. zum Neckar; **Ammergebirge,** das, → Ammer, die, l. zur Isar.

Ammerland, das, Gebiet auf der Geest nw. von Oldenburg, NDS. Die schon vorgeschichtlich bewohnte Landschaft wurde im 9. Jh. von Friesen und Sachsen neu besiedelt. In ihrer Mitte gründete Erzbischof Adalbert von Bremen 1057 die Kirche von **Wiefelstede** (1059 *Wiuelunstidi,* wohl zum PN *Wibil;* vgl. → Wiebelskirchen). Der Name 1059 *in pago* (= im Land) *Ammeri,* 1007 *Ambria terra,* 947 *in Ammere* ist wohl eine Bildung zu dem hier untergegangenen Gewässernamen **Ambra* (→ Ammer, → Emmer). Auf eine andere verschwundene *Ambra weist der Name der Landschaft **Ambergau** sö. von Hildesheim: 979 *Ambraga,* 974 *Ambergeuue,* 9. Jh. *Ambergo.*

Ammersee, der, → Ammer, die, l. zur Isar.

Amö̩neburg, Stadt östl. von Marburg, HE, auf dem gleichnamigen Basaltkegel über dem Ohmtal gelegen. Die sehr alte Siedlung (keltisches Oppidum) war unter den Merowingern und Karolingern fränkische Landesfeste an der Kreuzung wichtiger Heerstraßen (Ohmübergang Brükkermühle). Seit dem 12. Jh. mainzisch, wurde sie zum Mittelpunkt der oberhessischen Besitzungen des Erzstifts; 1803 fiel sie an Hessen. Der Name *Amö̩neburg* (1564 *Amaeneburgk*) ist in gelehrter Volksetymologie an lat. *amoenus* ›lieblich, anmutig‹ angeschlossen worden. Er enthält aber die alte Form des Flußnamens → Ohm: 8. Jh. *Amanaburch,* 1111 *Ameneburc* ›Burg an der Ohm‹ (mundartl. heute noch *O̩meneburg*).

Amorbach, Stadt im Odenwald, s. von Miltenberg, BY, entstand bei einem im 8. Jh. gegründeten Benediktinerkloster an der Kreuzung zweier alter Fernstraßen; Stadtrecht 1253 durch die Herren von Durne (→ Walldürn). Seit dem 13. Jh. gehörte A. zum Erzstift Mainz, es kam nach der Säkularisation des Klosters 1803 an die Fürsten von Leiningen und 1816 an Bayern. Das der Maria geweihte Kloster A. ist nicht nach dem hl. Amor benannt, der hier seit dem 15. Jh. verehrt wurde, aber historisch nicht nachzuweisen ist. Sein Name ist erst durch eine Umdeutung des Klosternamens ins Spiel gekommen: 993 *Amerbach,* 1144 *Ammerbach,* 1336 *Amorbach.* Zugrunde liegt wahrscheinlich ahd. *amar* ›Sommerdinkel, Emmer‹. Diese Getreideart wird im östlichen Odenwald seit alters angebaut. Vgl. auch den Artikel → Dinkelsbühl.

Amper, die, l. zur Isar, → Ammer, die, l. zur Isar.

Amrum, nordfriesische Insel w. von Föhr, NDS, gehörte seit dem Mittelalter zu den nordfriesischen **Utlanden** (dem ›Außenland‹ der Marschen, Inseln und Halligen, um 1187 *in Utlandia,* 1231 *Vtland,* 1447 *in anderen vnsen Uthlanden*) und blieb bis 1864 unter dänischer Hoheit. Der Name 1509 *to Ambrum,* 1462 *in Amerum,* 1231 *Ambrum* kann vielleicht als ›Heim (d. h. Siedlung, Land) der *Ambronen*‹ gedeutet werden, eines germanischen Volksstammes, der um 120 v. Chr. mit den Kimbern und Teutonen nach Süden zog; vgl. → -heim.

Andernach, Stadt am linken Ufer des Mittelrheins, RP, entstand im 4. Jh. n. Chr. aus einer keltischen Siedlung und einem Römerkastell, das die Einmündung der römischen Eifelstraße in die Rheintalstraße sicherte. Bis 1167 Reichsbesitz, dann bis 1794 zum Erzstift Köln gehörend. Der Name 10. Jh. *Andarnacha,* 745 *Andernacum* geht zurück auf kelt.-lat. *Antunnacum* (4. Jh.) ›Siedlung des **Antunnus*‹ (kelt. PN); → -acum.

Andweil, Thurgau, → Annweiler am Trifels.

Angeln, Landschaft zwischen Schlei

und Flensburger Förde im östlichen Schleswig, SH. Die erste Nachricht von dem westgermanischen Stamm der *Angeln* (lat. *Anglii, Angli*) gibt Tacitus in der Germania, Kapitel 40, jedoch ohne Angaben über ihre Sitze. Im 8. Jh. nennt der Angelsachse Beda die Landschaft *Angulus* im östlichen Schleswig, aus der die Angeln nach 449 zusammen mit Sachsen und Jüten nach Britannien ausgewandert seien. Um 900 wird diese Landschaft durch schwedische Wikinger wieder besiedelt, im 13. Jh. gehört sie zum dänischen Krongut und wird dann Besitz des holsteinischen Adels. Der Name *Angeln* wird zu dem germanischen Adjektiv ahd. *engi,* älter *angi,* asächs. *engi* ›eng, schmal‹ gestellt; Bedas *Angulus* könnte urspr. im Sinne von ›enges, buchtenreiches Gewässer‹ die → Schlei bezeichnet haben.

-angen → ingen.

Anger, die, r. zum Rhein, → Enger.

Angermünde, Stadt in der südlichen Uckermark, BR, entstand im 13. Jh. als Grenzburg der Markgrafen von Brandenburg an der Straße nach Stettin; Stadtrecht vor 1284. Der Name 1267 *Novin-Tangermunde* (= Neuen-Tangermünde) ist als Namensübertragung von → Tangermünde in der Altmark zu sehen. Wie bei diesem Ort schwindet auch hier das anlautende *t,* und zwar auf Dauer: 1277 *Angermunde,* 1292 *Nova Angermunde,* und 1305 wird in einer Urkunde *Nien Angermunde* dem altmärkischen *Angermunde upper eluen* (= auf der Elbe) entgegengesetzt.

Anhalt, ehemaliges Land des Deutschen Reiches zwischen Fläming und Harz. Das Fürstentum A. hatte sich seit 1212 aus dem Besitz der Askanier um → Aschersleben (bis 1315), → Bernburg, → Köthen und → Dessau entwickelt, wozu 1307 → Zerbst kam. Nach zahlreichen Teilungen blieben um 1800 die Länder der Linien Dessau, Bernburg und Köthen übrig, die 1807 als Herzogtümer dem Rheinbund beitraten und 1863 zum Herzogtum A. mit der Hauptstadt Dessau vereinigt wurden. Dieses war 1918 bis 1945 Freistaat und wurde dann Teil der Provinz (1947 bis 1952 und ab 1990 des Landes) Sachsen-A. (vgl. den Artikel → Sachsen). Namengebend für das Gesamthaus und das Land A. war die Stammburg **Anhalt** bei Harzgerode, die Albrecht der Bär um 1150 erbaut hatte (ihr Vorgänger war ein Rundturm des 11. Jh.s). Ihr Name 12. Jh. *Anehalt* entspricht wohl mhd. *anhalt* ›Anhaltspunkt, Ursache‹, das spätmhd. auch in der Bed. ›Haltepunkt, Station‹ belegt ist. Der Name der Burg bedeutete also ›Stelle, wo man anhält, stehenbleibt‹.

Anhalt, Burg, → Anhalt.

Anklam, Stadt an der Peene in Vorpommern, MV, entstand als Marktort am Flußübergang der Küstenstraße nach Stettin bei einer Burg der Herzöge von Pommern und wurde nach 1200 planmäßig als Stadt angelegt; Stadtrecht 1264, seit 1283 Hansestadt. Der Name 1321 *Anclam,* 1298 *Anchclam,* 1284 *Anclim* geht zurück auf 1272 *Tanclam* neben 1280 *Tanglim* und 1243 *Tanchlim.* Dies ist eine Bildung zu dem altpolabischen PN *Tąglim,* es bedeutet also ›Ort des Tąglim‹. Das anlautende *t-* wurde im 13. Jh. weggelassen, weil man es als Rest der niederdeutschen Präposition *to, te* ›zu, in‹ ansah; vgl. den Artikel → Tangermünde.

Annaberg → Annaberg-Buchholz.

Annaberg-Buchholz, Stadt am mittleren Erzgebirge, SAC. Die 1945 vereinigten Städte waren um 1500 als Siedlungen für den Silberbergbau am Schreckenberg (s. u.) entstanden. **Annaberg,** 1495 nach einer Kapelle der hl. Anna, Schutzpatronin der Bergleute, lat. *mons Sancte Anne* genannt, erhielt 1497 als *Newe Stadt bey dem Schreckenperg* Bergstadtrecht und hieß 1499 *Newenstadt ader Sankt Annabergk.* Der damals begonnene Bau der spätgotischen St.-Annen-Kirche ließ den Namen A. fest werden (der Bergname **Schreckenberg** gehört wohl zu mhd. *schrecken* ›aufspringen‹ in der Bed. ›steil ansteigen‹). Das südlich benachbarte **Buchholz** heißt nach einem Wald: 1501 *Puchholtz, Bucholz,* 1520 *St.-Katharinen-Berg im Buchholz.* 1504–1520 wurde dort die St.-Katharinen-Kirche erbaut. Buchholz erhielt um 1748 Stadtrecht.

Annweiler am Trifels, Stadt im Queichtal, RP, entstand im 11. Jh. um einen alten Herrenhof und diente seit 1117 der Versorgung der staufischen Reichsfeste → Trifels; 1219 freie Reichsstadt, 1410 bis 1792 pfälzisch. Der Name 1086 *Annoville,* 1192 *Anewilre,* 1195 *Anninwilir,* 1591 *Annweiler* bedeutet ›Gehöft des Anno‹ und bezieht sich wohl auf einen fränkischen Siedler; vgl. **Andweil** im Thurgau (Schweiz) aus 846 *Aniwilare,* 1199 *Anwiler;* → -weiler.

Ansbach, Stadt an der Fränkischen Rezat, in Mittelfranken, BY, entstand als Dorf bei einem Benediktinerkloster, das Karl der Große dem Bistum Würzburg schenkte und das im 11. Jh. ein Chorherrenstift wurde. Vor 1221 erhielt A. Stadtrecht. 1331 kam die Vogtei über Stadt und Stift durch Kauf an die Burggrafen von Nürnberg, und seit 1385 war A. Residenz der fränkischen Hohenzollern. Die Fürstentümer A. und Bayreuth fielen 1791 an Preußen und 1805 bzw. 1810 an Bayern. Der Name 1732 *Ansbach,* 1508 *Onsbach,* 1340 *Onelsbach* geht zurück auf 1153/56 *Onoldesbach,* 837 *Onoltespah,* er entspricht dem des **Onolzbaches,** 786 *Onoldisbach,* der in A. in die Fränkische Rezat mündet, und enthält als erstes Glied einen PN **Onold;* er bedeutet also ›(Siedlung am) Bach des Onold‹.

-apa, Historisches GW von Gewässernamen und aus solchen übernommenen Siedlungsnamen, das sehr früh zur Ableitungsendung geworden ist. Dieses auf die idg. Wurzel **ab-* ›Wasser‹ zurückzuführende Wort (vgl. lat. *amnis* aus **abnis* ›Fluß‹ und air. *ab* ›Fluß‹) kann entweder durch Entlehnung aus dem Illyrischen ins Germanische gekommen sein, oder es ist auf indogermanischer Grundlage unmittelbar im Germanischen entstanden. Für diese Möglichkeit spricht unter anderem die geographische Verbreitung der Namen, die vor allem im germanisch besiedelten europäischen NW zwischen der Kanalküste und den Flüssen Werra und Leine vorkommen, im alten Keltenland aber fehlen. Germ. **ap-* für idg. **ab-* tritt heute in folgenden Formen als Zweitglied auf: niederl. und niederd. *-epe, -ep* (die *Hunepe*, r. zur Ijssel; *Lennep* bei Remscheid, NRW), mitteld. und oberd. *-aff, -off, -uf, -ef* (die *Aschaff*, r. zum Main, die *Horloff*, r. zur Nidda, *Ober-* und *Niederwalluf* bei Wiesbaden, *Bad Honnef* im Siegkreis). Eine verkürzte Form enthält der Flußname *Dautphe* (r. zur Lahn w. von Marburg, 8. Jh. *Dudafhero marca*). Die Namen benennen ausschließlich Bäche und kleine Flüsse, und es fällt auf, daß sie bes. häufig zwischen Sieg und Ruhr im Bergischen Land und im Sauerland vorkommen, wo die Besiedlung erst in der Karolingerzeit nach 800 begonnen hat. Vereinzelt tritt *-apa* noch als selbständiges Wort in Flurnamen auf, z. B. *das Aap,* Wiesen bei Recklinghausen, NRW, oder *die Ape,* ein Teich bei Lüdinghausen, NRW.

Apeldoorn, Geldern; **Apeldorn** bei Meppen → Apolda.

Apolda, Stadt im O des Thüringer Bekkens, TH, entstand wohl als altthüringisches Dorf und Vorort des Gaues Husitin und wurde im 12. Jh. Sitz einer mainzischen Ministerialenfamilie; Stadtrecht im 13. Jh., seit 1348 wettinisch. Der Name 1308 *Appolda,* 1171 *Apolda* wurde in dieser kanzleisprachlich latinisierten Form im 16. Jh. fest, die ältere Form 1123 *in Abbolde,* 1119, 1123 *in Appolde* ist mit dem Kollektivsuffix → *-ede* zu asächs. *appul* ›Apfel‹ gebildet und bedeutet ›Ort mit vielen Äpfeln/Apfelbäumen‹. Vergleichbare ON gehen auf asächs. *apuldra,* ahd. *apholtra* ›Apfelbaum‹ zurück, z. B. **Apeldorn** bei Meppen, NDS, 9./11. Jh. *Apuldrun,* und **Apeldoorn** in Geldern, Niederlande, 793 *in Apoldro,* oder **Affoltern** am Albis, Kanton Zürich, 870 *Affaltrahe,* und **Affalterbach** bei Marbach, BWÜ, 978 *Affaltrebach.* Die in diesen ON enthaltene Baumbez. ist mit dem germ. Suffix *-dr[a]* gebildet, das auch in *Holunder, Flieder, Rüster* enthalten ist und auf idg. **deru-* ›Eiche, Baum‹ zurückgeht.

Aquileia → Heidenheim an der Brenz.

Arber, der, → Große Arber, der.

Ardennen, die (Plural), → Eifel, die.

Arendsee → Kühlungsborn, Ostseebad.

Arga, die, l. zum Ebro (Spanien); **Arge,** die, r. zur Laukne (ehem. Ostpreußen), → Argen, die.

Argen, die, Zufluß des Bodensees, entsteht im westlichen Allgäu bei Wangen aus den Quellflüssen **Obere Argen** und

Untere Argen, mündet bei **Langenargen.** Dieser Ort, 770 als Gerichtsstätte *Argona* bezeugt, ist nach dem Fluß benannt. Der Flußname 1172, 1150 *Argun,* 815 in *Argunu,* 798 *Arcuna*, 773 *Arguna* ist eine Bildung zur idg. Wurzel **arg-* ›klar, glänzend, weiß‹ (vgl. griech. *argós* ›weiß‹ und lat. *argentum* ›Silber‹), die mehrfach in alteuropäischen Gewässernamen erscheint. Als Beispiele seien genannt: die **Arga**, l. zum Ebro in Spanien, die **Arge,** lit. Arga, r. zur Laukne im nördlichen Ostpreußen, der **Argens,** griech.-lat. *Argentios,* zum Mittelmeer bei Cannes, und die **Ergolz,** früher *Ergenz*, aus ahd. *Argenza*, l. zum Hochrhein bei Augst, Kanton Basel-land, Schweiz.

Argens, der, zum Mittelmeer (Frankr.), → Argen, die.

Arnsberg, Stadt an der Ruhr im Sauerland, NRW, entstand im 12. Jh. bei der über einer Ruhrschleife errichteten gleichnamigen Burg der Grafen von → Werl, die sich dann Grafen von A. nannten, und fiel 1368 mit der Grafschaft an das kurkölnische Herzogtum Westfalen. Der Name 1102 *Arnesberge* enthält den alten deutschen PN *Arn* (zu ahd. *aro* ›Adler‹), vgl. Kloster **Arnstein** an der Lahn, aus einer Burg des Grafen *Arnold* von Marienfels entstanden (1052 *Arensten;* → -stein), ferner → Arnstadt.

Arnstadt, Stadt an der Gera, TH, entstand in altthüringischer Zeit an der Straße von Mainfranken nach Erfurt und kam vor 954 an das Kloster Hersfeld (Stadtrecht 1266), im 14. Jh. an die Grafen von Schwarzburg (1697 bis 1918 Fürstentum Schwarzburg-[Arnstadt]-Sondershausen). Der Name A. geht zurück auf 1158 *Arnestede,* 954 *Aranstedi,* 704 *Arnestati* und bedeutet ›Wohnstätte des *Arn*‹ (→ -statt, -stedt, -stätten). Zu dem PN vgl. → Arnsberg.

Arnstein, Kloster, → Arnsberg.

Artern, Stadt an der Unstrut, im S der Goldenen Aue, SAN, entstand als altthüringisches Dorf und entwickelte sich im Schutz einer Wasserburg der Grafen von Honstein; Stadtrecht Mitte des 14. Jh.s, seit 1579 kursächsisch. Der Name 1268 *de Artere,* 1252 *de Arteren,* 1136 *Artera* erscheint zuerst um 800 in latinisierter Form als *Aratora.* Diese Bildung zu lat. *arator* ›Pflüger, Ackermann‹ übersetzt vielleicht ein ahd. **Artarum* ›bei den Ackerleuten, Pflügern‹, vgl. ahd. *art* ›Pflügen, Ackerbau‹, *artōn,* mhd. *arten* ›pflügen‹ und ahd. *artāri,* Dativ Plural *artārum* ›Pflüger‹.

Arzberg, Stadt im Fichtelgebirge, nö. von Marktredwitz, BY, entstand vor 1268 als egerländische Bergbau- und Hüttensiedlung und kam 1292 an die Burggrafen von Nürnberg, die späteren Markgrafen von Brandenburg-Bayreuth. Seit 1807/10 gehört es zu Bayern. Erzgewinnung und Hammergewerbe sind seit dem 14. Jh. belegt; Stadtrecht 1408, erneuert 1876. Im 18. Jh. begann die Kunsttöpferei, im 19. Jh. die Porzellanindustrie. Der Name 1451 *Arzberg* (1799 latinisiert *Aeremontum*), 1268 *in Arzperge* enthält mhd. *arze, erze,* ahd. *aruz, arze* ›Erz‹, er bedeutet also ›Erzberg‹.

Aschach, die, r. zur Fränkischen Saale; **Aschaff,** die, r. zum Main, → Aschaffenburg.

Aschaffenburg, Stadt am Main in Unterfranken, BY, seit 1816 bayerisch, im 10. bis 18. Jh. Besitz des Erzbistums Mainz (Renaissanceschloß 1605/14 erbaut). Die ›Burg an der Aschaff‹ (974 *Ascafinburg*) sicherte den ost-westlichen Mainübergang an der Mündung des Spessartflüßchens **Aschaff.** Der Flußname (980 *Ascafa,* 7. Jh. *Ascapha*) ist mit dem GW → *-apa* ›Wasser‹ zu germ. **aska,* ahd. *asc* ›Esche‹ gebildet, bedeutet also ›Eschenbach‹. Vgl. (mit anderem GW) die **Aschach,** r. zur Fränkischen Saale (1059 *Askaha*).

Aschendorf, Stadtteil von Papenburg, NDS, entstand bei der um 800 gegründeten Taufkirche des Emsgaus, kam im 9. Jh. an das Kloster Corvey und 1252 an das Bistum Münster. Der Name 1157 *Aschenthorp,* 10. Jh. *Ascanthorpe,* 9. Jh. *Asikinthorpe* gehört wohl nicht zur Baumbez. *Esche* (ahd. *asc*), sondern zu einem alten deutschen PN *Asiko, Asko;* → -dorf.

Aschersleben, Stadt an der Wipper im nördlichen Harzvorland, SAN, entstand an einer Kreuzung wichtiger Fernstraßen bei einem alten Gaugerichtsplatz und gehörte seit Ende des 11. Jh.s den Grafen von →Ballenstedt, die sich auch Grafen von A. nannten (s. u.). Neben dem Burgflecken, der 1266 Stadtrecht erhielt, entstand auch eine Marktsiedlung der Bischöfe von Halberstadt, denen nach dem Aussterben der Grafenlinie 1315 ganz A. zufiel. Im 14.–15. Jh. war A. Hansestadt. Der Name 1147 *Aschersleve,* 1086 *Asscheresleuo,* 9. Jh. *Ascegereslebe* ist mit dem GW →-leben ›Hinterlassenschaft, Erbe‹ zum PN *Askgēr* (aus ahd. *asc* ›Esche‹ und *gēr* ›Speer‹) gebildet. Der gleiche PN ist im Namen der Stadt **Eschershausen** bei Holzminden, NDS, enthalten: 1179 *Heschereshusen,* 1062 *Aschereshusen,* 9. Jh. *Ascgereshuson.* – Aus latinisierten Formen des Grafschaftsnamens wie 1263 *Ascharia,* 1484 *Ascania* ist – unter mythologisierender Anknüpfung an *Ascanius,* den Sohn des Trojaners Äneas – der Familienname **Askanier** für das Dynastengeschlecht entstanden (→Anhalt, →Brandenburg, →Wittenberg, →Lauenburg).

Askanier, die, Dynastie, →Aschersleben.

Asperg, Stadt w. von Ludwigsburg, BWÜ. Der steil aufragende **Hohenasperg** wurde schon in vorgeschichtlicher Zeit als Fliehburg und Fürstensitz genutzt. Im frühen Mittelalter war er Gauthingstätte und wurde 819 dem Kloster Weißenburg im Elsaß geschenkt. Über die Pfalzgrafen von Tübingen kam der Berg mit seinen Befestigungen 1308 an Württemberg. Eine auf der Hochfläche neben dem Schloß entstandene Siedlung erhielt 1510 Stadtrecht, wurde aber 1535 wegen des Ausbaus der Festung an den Fuß des Berges verlegt. Besonders im 18. und frühen 19. Jh. diente die Festung als Staatsgefängnis. Der Name *Hohenasperg* erscheint seit dem 16. Jh. im Gegensatz zum Namen der Stadt A., die 1573 *Unnder Aschberg* heißt. 14. Jh. *Aschperg,* 13. Jh. *Ascberg, Asperc,* 1181 *in Ascisberc,* 819 *Assesberg* führen wahrscheinlich auf die Baumbez. ahd. *asc*, mhd. *asch* ›Esche‹, doch kann auch ein zum PN-Stamm **Aski-* gebildeter PN zugrunde liegen: ›Burg des Ask‹ oder ›[Burg auf dem] Eschenberg‹. Vgl. den Artikel →-berg/-burg.

Aßmannshausen, Weinbauort am Rhein unter dem Niederwald, HE, entstand um 1100 als Endpunkt einer das Binger Loch umgehenden Straße und war seit dem 14. Jh. selbständige Pfarrei. Der Name 1108, 1128 *Hasemanshusen* bedeutet ›bei den Häusern des Haseman‹ und bezieht sich wohl auf den ersten Ansiedler; →-hausen.

Atens → Nordenham.

Attendorn, Stadt im Sauerland, NRW, entstand um 800 als Bauernsiedlung am Übergang der alten Fernstraße von Köln nach Kassel (Heidenstraße) über die Bigge (l. zur Lenne) und wurde unter Erzbischof Engelbert I. 1222 kurköln. Landstadt. Der Name 1452 *Attendorn,* 13. Jh. *Attenderen,* 1072 *Attendarra* ist nicht sicher erklärt.

Attersee, der, →Eder, die.

-au, -aue, GW von Orts- und Flurnamen, landschaftlich auch von Gewässernamen. Nhd. *Au, Aue* – das auch als selbständiges Namenwort vorkommt – geht zurück auf mhd. *ouwe,* ahd. *ouwa, auwia* ›Land im oder am Wasser, Insel‹, dem afries. *ei* ›Insel‹ und schwed. *ö,* dän. *ø,* anord. *ey* ›Insel‹ entsprechen, ebenso mnd. *ō[ge], ōch, ou[we]* ›Insel, feuchte Wiese‹. Gemeinsame Grundlage dieser Wörter ist ein germanisches Adjektiv **awjō,* **agwjō* ›zum Wasser gehörend, am Wasser liegend‹; verwandt ist das unter →[1]-ach behandelte ahd. *aha* ›Wasser‹. Die Namen auf *-au* weisen also in der Regel auf die Lage der benannten Orte in einer Fluß- oder Seeniederung hin, z. B. werden Flußinseln als Auen bezeichnet (die *Petersau* bei Mainz, die *Ingelheimer Au,* im Bodensee die Inseln *Mainau* und *Reichenau.* Hierher gehören auch die Namen von Wasserburgen wie Schloß *Fürstenau* bei Erbach (Odenwald). Norddeutsche Beispiele sind Meeresinseln wie *Langeoog, Norderney* und *Hiddensee* und die *Greifswalder Oie.* In Gewässernamen erscheint *-au* vor allem in Niedersachsen und Schleswig-Holstein: die *Schwartau*, l. zur Trave, die *Aue*, l. zur Leine bei Wunstorf. – In ON slavischer Herkunft ist *-au* oft für das slawische Suffix *-ov* eingetreten, vgl. →*-ow.*

Aube, die, r. zur Seine, →Elbe, die.

Aue, Stadt an der Zwickauer Mulde,

SAC, entstand als Waldhufendorf bei dem ›Klösterlein‹ **Zelle** (1173 *Cella,* 1547 *dorff zur Zell,* zu mlat. *cella* ›Kammer, Klause‹) und wurde im 15. Jh. als Bergbaugemeinde und Marktflecken ausgebaut. Der Name 1550 *Aue,* 1464 *Awe* bezeichnet urspr. wohl die Landschaft um das Kloster, er entspricht mhd. *ouwe* ›Land am Wasser, Insel‹ (→-au, -aue). Eine Mundartform *ā* von mhd. *ouwe* enthält der Name der Stadt **Adorf** an der Weißen Elster, SAC, 1294 *Adorf, Adorph.* Die um 1290 auf einem Bergsporn angelegte Stadt hat den Namen des älteren, in der Flußaue unter ihr liegenden Dorfes übernommen.

Aue, die (im Oberlauf: *Große Aue*), linker Nebenfluß der Weser, entspringt im Wiehengebirge, mündet oberhalb von Nienburg. Nhd. *Aue* ist verkürzt aus 1158 *Warmanoue,* 1029 *Wermonou.* Dieser Name enthält aber nicht ahd. *warm* ›warm‹, sondern er ist eine alteurop. Bildung mit *m-* und *-n*-Suffix zu idg. **u̯er-, *u̯or-, *u̯r-* ›Wasser, Regen, Fluß‹, vgl. den Artikel →Wurm. Den gleichen Namen hat die **Warmenau**, r. zur Else zur Werre bei Bünde, 13. Jh. *Warmena.* Das GW *-aue* aus ahd. *ouwa* ›Land am Wasser, nasse Wiese, Insel‹ ist wohl in beiden Fällen für die Endung *-a* eingetreten, es hat landschaftlich auch die Bed. ›Wasserlauf‹ entwickelt (mnd. *ouw[e], ou* ›kleiner Fluß‹) und erscheint in Niedersachsen mehrfach als Flußname, z. B. die **Aue,** Unterlauf der Gande ab Gandersheim, 1580 *die Auwe,* und die **Aue**, l. zur Saale zur Leine w. von Hildesheim, 1593 *bei der Awe.*

Aue, die, r. zur Ems, →Zwischenahn, Bad.

Aue, die, Unterlauf der Gande; **Aue,** die, l. zur Saale zur Leine →Aue, die.

Auerbach (zu Bensheim); **Auerbach i. d. OPf.** →Auerbach (Vogtl.).

Auerbach (Vogtl.), Stadt an der Göltzsch (r. zur Weißen Elster) ö. von Plauen, SAC, entstand als planmäßige Anlage um 1300 bei einer Ministerialenburg der Vögte von Plauen und erhielt um 1350 Stadtrecht. 1569 fiel A. an Kursachsen. Der Name 1529 *Aurbach,* 1469 *Awerbach,* 1414 *Uwerbach* geht zurück auf 1348 *Urbach,* 1274 *Cunradus de Urbach.* Er ist eigentl. ein Gewässername und mit mhd., ahd. *ūr* ›Auerochse‹ gebildet: ›Bach, an dem Auerochsen vorkommen‹. Entsprechende Namen haben z. B. **Auerbach i. d. OPf.,** Stadt in der Oberpfalz s. von Bayreuth, BY, 1269 *Aurbach,* 1119 *Vrbach,* und **Auerbach,** Stadtteil von Bensheim a. d. Bergstraße, HE, 795 und 1190 *Urbach.* Vgl. auch →Urach.

Augsburg, Stadt am Lech, BY, seit 1817 Hauptstadt des bayerischen Regierungsbezirks Schwaben [und Neuburg], 1316 bis 1805 freie Reichsstadt. A. wurde etwa 30 n. Chr. im Anschluß an ein römisches Legionslager als Römerstadt gegründet und zur Hauptstadt der Provinz Raetia gemacht (→Ries). Die Stadt, im geschützten Winkel zwischen dem Lech und der von links einmündenden Wertach angelegt, war durch die *Via Claudia Augusta* über den Fernpaß und den Reschenpaß mit Italien verbunden und ebenso nordwärts mit der Donau. Sie wurde zu Ehren des Kaisers *Augustus* (63 v. Chr. bis 14 n. Chr.) benannt und zusätzlich nach dem keltischen Stamm der *Vindeliker,* in dessen Siedlungsgebiet sie angelegt war. So ist sie im 2. Jh. griech. als *Augoústa Ouindelikōn,* im 3. Jh. lat. als *Augusta Vindelicum* bezeugt. Einen entsprechenden Namen hatte das schweizerische Dorf **Augst** am Rhein, ö. von Basel (Kanton Baselland), dessen Name ebenfalls auf lat. *Augusta* zurückgeht; es heißt 15 v. Chr. *Colonia Raurica* (= Raurikische Ansiedlung), im 2. Jh. *Augusta Rauricorum* und 752 *Augusta.* Der unterscheidende Zusatz bezieht sich auf den dort ansässigen keltischen Stamm der *Rauriker.* Vgl. auch den Artikel →Trier *(Augusta Treverorum).* – Das mittelalterliche Augsburg entwickelte sich räumlich entlang der alten Römerstraße. Schwerpunkte waren die Domburg des Bischofs auf dem Boden der ehemaligen Römerstadt und das Benediktinerstift St. Ulrich und St. Afra im Süden des Stadtgebiets; dazwischen entstand am sogenannten Perlach im 11. Jh. eine Kaufleutesiedlung als Keimzelle der Bürgerstadt A. Deren deutscher Name wurde seit dem 9. Jh. durch die Anfügung von ahd. *burg, purch* in der Bed. ›Stadt‹ an das lateinische *Augusta* neu gebildet: 826 *Augusburuc,* 867/70 *Augustiburc,* 9. Jh. *civitas Augustensis id est* (= das ist) *Ogesburc,* 11. Jh. *Augustburg,* 1528 *Augspurg.*

Augst → Augsburg.

Augustusburg, Schloß, → Brühl.

Aurach, die, l. zur Regnitz, → Herzogenaurach.

Aurich (Ostfriesland), Stadt. nö. von Emden, in der ostfriesischen Geest, NDS, entstand als Marktsiedlung bei der Ende des 12. Jh.s gestifteten Lambertikirche und wurde um 1370 zum Sitz der Häuptlingsfamilie tom Brok, der um 1430 die Ukena und Cirksena folgten. 1464 wurde Ulrich Cirksena von Kaiser Friedrich III. mit der Reichsgrafschaft → Ostfriesland belehnt, deren ständige Residenz A. wurde. Es erhielt 1539 Stadtrecht. Der Name *Aurich,* 1496 *Aurig,* 1401 *Awerk,* 1400 *Awreke,* 1392 *Aurike* ist nicht sicher erklärt. Das zweite Glied ist wohl mnd. *rīke* ›Reich‹ im Sinne von ›Bereich, Bezirk, Landschaft‹, im ersten hat man mhd., mnd. *ouwe,* ahd. *ouwa, auwia* ›Land am Wasser, Insel‹ gesehen (vgl. → -au, -aue). Da A. auf einem Geestrükken inmitten wasserreicher Hochmoore gegründet wurde, könnte ein Name wie ›Inselland‹ sinnvoll gewesen sein.

B

Baar, die, Landschaft im Quellgebiet von Donau und Neckar, BWÜ. Der Ausdruck *Baar,* ahd. (alem.) *pāra,* tritt zuerst im 8. und 9. Jh. als GW von Zusammensetzungen auf, deren erstes Glied ein alemannischer PN ist: 769 *Adalhartespara,* 852 *Albunespara,* 741/47 *in Perahtoldes para,* 856 *Berctoldesbara.* Gemeint sind damit Herrschaftsbezirke des alemannischen Adels, der über ausgedehnten Grundbesitz verfügte. Sprachlich wird alem. *pāra,* ahd. **bāra* als Substantiv zu ahd. *beran* ›tragen, hervorbringen‹ gestellt und als ›Ertrag, ertragbringender Grundbesitz, Steuerbezirk‹ gedeutet. Als die Besitzernamen untergegangen waren, blieb das Wort *pāra* erhalten: 843 *in Para,* 880 *in comitatu* (= in der Grafschaft) *Para.* Daraus wurde der heutige Landschaftsname: 1299 *in der Bare,* 1374 *in der Bar,* 1499 *Baar.* Im Jahr 973 kam die heutige Baar im Erbgang an die Zähringer Herzöge und im 13. Jh. an die Grafen von Fürstenberg. Erst 1806 wurde das Gebiet badisch.

Babenhausen, Stadt s. von Hanau am Main, HE, entstand am Unterlauf der Gersprenz, an der Kreuzung dreier alter Handelsstraßen und kam 1255 aus dem Erbe der Herren von Münzenberg an die Grafen von Hanau; Stadtrecht 1295. Von 1458 bis 1736 war B. Residenz der Grafschaft Hanau-Lichtenberg, fiel dann an Hessen-Kassel und 1810 an Hessen-Darmstadt. Der Name 1236 *Babinhus* enthält den alten deutschen PN *Babo* und bedeutet ›bei dem Haus/den Häusern des Babo‹. Dieser PN erscheint mehrfach in ON des 8. und 9. Jh.s, z. B. **Bobenheim am Rhein,** s. von Worms, RP, 8. Jh. *Babenheim* und **Pappenheim** (an der Altmühl, BY), 1035 *Pabinheim,* 914 *Papenheim,* 802 *Papin-, Pappinheim* (zu bair. *Papo* für *Babo*). Bekannt ist auch **Babenhausen** an der Günz, im Regierungsbezirk Schwaben, BY, 1237 als Burg *Babenhusen* der Pfalzgrafen von Tübingen genannt, seit 1537 im Besitz der Augsburger Familie Fugger (Reichsfürstentum Fugger zu B. 1803–1806). Vgl. auch den Artikel → Bamberg.

Babenhausen an der Günz → Babenhausen.

-bach, GW von Gewässernamen und aus solchen übernommenen Flur- und Siedlungsnamen. Die Substantive mhd. *bach,* ahd. *bah* gehen wie mnd. *beke,* asächs. *beki* und niederl. *beek* auf germ. **baki* ›Bach‹ zurück. In den nordischen Sprachen (norweg. *bæk,* schwed. *bäck*) und im Englischen *(beck)* liegt germ. **bakja-* zugrunde. Aus anderen idg. Sprachen ist vielleicht mir. *bual* ›fließendes Wasser‹ (aus **bhogla*) verwandt. Das

Wort *Bach* ist in einigen süd- und mitteldeutschen Landschaften feminin, ebenso niederd. *Beke, Beek, Beck.* Gewässernamen mit dem GW *-bach, -beke* sind im allgemeinen jünger als die Namen mit *-aha* (→ [1]-ach). Im ganzen deutschen Sprachgebiet sind weitaus die meisten Namen kleiner Gewässer mit *-bach, -beke* gebildet. Siedlungsnamen mit *-bach* gehen fast immer auf Gewässernamen zurück, wobei die Größe des Ortes – wie bei *-dorf, -weiler* u. ä. – keine Rolle spielt, vgl. ON wie →Ansbach, →Offenbach, →Einbeck.

Bacharach, Stadt am linken Ufer des Mittelrheins, RP, entstand aus einer fränkisch-merowingischen Siedlung und wurde im 12. Jh. mit der Burg **Stahleck** (1135/43 *Staleke, Staheleck,* zu mhd. *stahel* ›Stahl‹; →-eck) zu einem Mittelpunkt der rheinischen Pfalzgrafschaft (→Pfalz); Stadtrecht Mitte des 14. Jh.s. Der Name 1294 *Bacherach,* 1094 *Bacchararaca,* 1019 *in Bachercho* ist wahrscheinlich keltischer Herkunft, aber nicht sicher gedeutet. Der französische Ort *Baccarat* a. d. Meurthe (1310 *Bacquarat*) ist vermutlich nach B. benannt worden.

Bachem (zu Frechen) →Beckum.

Backnang, Stadt an der Murr r. zum Neckar, BWÜ, entstand an einem Murrübergang unter einer merowingischen Burg des 7. Jh.s, wurde 1067 als Adelssitz genannt und kam Ende des 11. Jh.s an die Markgrafen von Baden. Diese gründeten vor 1116 auf der Burg ein Chorherrenstift. 1245 war B. Stadt, seit 1324 gehörte es zu Württemberg. Der Name 1067 *Baccananc,* 12. Jh. *Baggenanc* enthält ahd. *wang* ›Feld, Wiese, Weide‹ und im ersten Glied wohl einen PN aus dem Stamm von ahd. *bāga* ›Zank, Streit‹. Zum zweiten Glied vgl. →Wangen im Allgäu. Das anlautende *w-* von *wang* wird in Zusammensetzungen oft unterdrückt.

Bad Boll →Boll.

Baden, ehemaliges Land des Deutschen Reiches am Oberrhein, 1806–1918 Großherzogtum, danach bis 1945 Republik B., heute der westliche Teil von →Baden-Württemberg. – Die ältere Linie der Zähringer, eines schwäbischen Adelsgeschlechts, begann mit Hermann I. († 1074), der seit 1061 Markgraf von Verona war, und seinem Sohn Hermann II., der diesen Titel seit 1113 als Markgraf

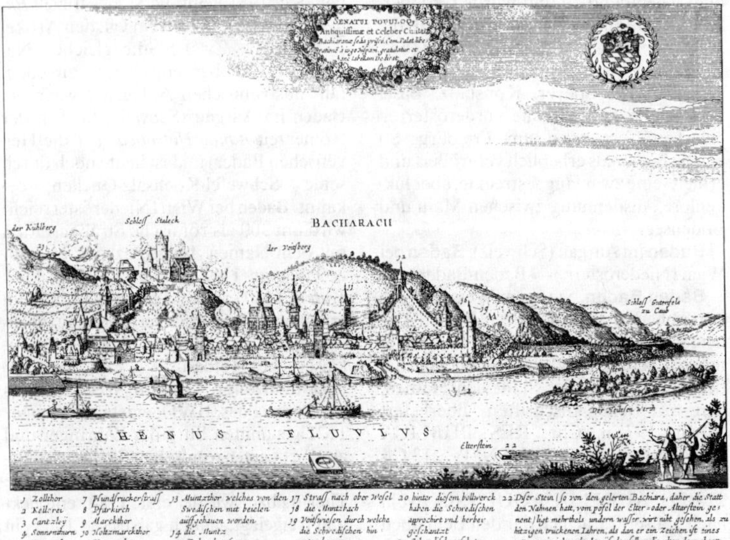

von Baden weiterführte. Im 12. Jh. besaß die Familie die Grafschaften im Breisgau und in der Ortenau und die Burg der Stadt Baden (→Baden-Baden). Die Herzöge von Zähringen kamen urspr. wohl aus der →Baar, sie nannten sich nach der Burg **Zähringen** nö. von Freiburg, die Herzog Berthold II., ein Bruder Hermanns I., um 1080 erbaut hatte. Ihr Hauptstamm ist 1218 ausgestorben. Im 13. Jh. wurde der nördliche Schwarzwald um Pforzheim, Durlach und Ettlingen zum Kerngebiet der Markgrafschaft B., die sich bes. unter Bernhard I. († 1431) zu einem straff verwalteten, bedeutenden Staat entwickelte. Aber die Teilung des Landes 1535 ließ mit Baden-Baden und Baden-Durlach zwei Kleinstaaten entstehen, die zeitweise sogar feindlich gegeneinander standen. Ludwig Wilhelm von B.-Baden (der *Türkenlouis*) erhob 1705 die Festung →Rastatt zu seiner Residenz, Karl Wilhelm von B.-Durlach gründete 1715 →Karlsruhe als neue Residenzstadt. Aber 1771 konnte Markgraf Karl Friedrich von Durlach nach dem Aussterben der älteren Linie beide Länder wieder vereinigen. Er wurde 1803 Kurfürst, schloß sich 1806 dem Rheinbund an und wurde Großherzog. Unter seiner Regierung erhielt B. die rechtsrheinischen Gebiete der Pfalz (bes. Heidelberg und Mannheim), der ehemaligen Bistümer Speyer, Konstanz, Basel und Straßburg sowie die vorderösterreichischen Territorien um Freiburg. So wurde B. damals erheblich vergrößert und erhielt seine zwar langgestreckte, aber lückenlose Ausdehnung zwischen Main und Bodensee.

Baden im Aargau (Schweiz); **Baden** bei Wien (Niederösterr.) →Baden-Baden.

Baden-Baden, Stadt am Westrand des nördlichen Schwarzwaldes, BWÜ. Die heißen Quellen wurden schon in der Römerzeit genutzt, und die zahlreichen Badeanlagen gaben der Stadt den Namen, den römische Inschriften überliefert haben: 197 n. Chr. RES PUBLICA (= Stadtgemeinde) AQUENSIS, 213 CIVITAS (= Bürgerschaft) AQUENSIS, 220/221 AURELIA AQUENSIS (wohl nach Kaiser Caracalla, der den Beinamen *Aurelius* führte). Die umgangssprachliche Kurzform *Aquae* ›die Bäder‹ erscheint in der Ablativform AB AQUIS auf mehreren Meilensteinen des 3. Jh.s. Aus dieser Form ist der deutsche Name übersetzt worden: 987 *in loco Badon nuncupato* (= in dem ›zu den Bädern‹ genannten Ort). Man vergleiche dazu die Artikel →Aachen und →Wiesbaden. Trotz der scharfen Zäsur durch den Alemanneneinbruch von 235 ist also der Name des Ortes erhalten geblieben. Im 12. Jh. erbaute der Zähringer Hermann II. die Burg **Hohenbaden** und nannte sich Markgraf von →Baden. Unter der Burg entstand auf dem Areal der Römerstadt eine Siedlung, die seit 1363 befestigt war und 1388 Stadt genannt wurde. Die Quellen wurden seit etwa 1300 als landesherrliches Regal verliehen und viel besucht. Im 19. Jh. entwikkelte sich die Stadt zum Weltbad. – Nach der Teilung des Landes 1535 blieb Baden der Sitz der älteren Linie des Hauses, die sich nun *Baden-Baden* nannte (eigtl. Markgrafen *von Baden zu Baden*). Nach der Wiedervereinigung 1771 wurde dieser Doppelname als Name der Stadt gebräuchlich, die sich auf diese Weise besser von gleichnamigen Städten unterscheiden ließ. Seit 1931 heißt die Stadt offiziell *Baden-Baden.* (Zu Weiterem vgl. den Artikel →Baden.) – Zwei Städte gleichen Namens sind im oberdeutschen Raum ebenfalls aus römischen Anlagen erwachsen: **Baden** im Aargau (Schweiz) hieß in der Römerzeit *Aquae Helveticae* (= die Helvetischen Bäder) und ist heute noch durch seine Schwefel-Kochsalz-Quellen bekannt. **Baden** bei Wien (Niederösterreich) wird um 300 als römische Straßenstation mit dem Namen *Aquae* bezeugt; es heißt 869 *Padun,* 1112 *Baduon* und um 1142 *Paden.* 1480 erhielt es Stadtrecht und ein redendes Wappen: zwei Badende in einem Bottich. Unter Franz I. war die Stadt kaiserliches Hofbad.

Badenweiler, Ort am Westrand des Schwarzwaldes, BWÜ, entstand bei einer 1122 genannten Burg der Zähringer und am Platz einer römischen Siedlung unbekannten Namens. Das zerstörte römische Thermalbad wurde erst 1784 entdeckt und freigelegt, jedoch gab es seit 1408 ein Badehaus im Ort, der sich im 19. Jh. zu einem internationalen Kurort entwikkelte. Der Name 1399 *Badewilr,* 1371 *Badenwiler* steht für 1159 *Bathen,* 1122 *in castro* (= in der Burg) *Badin,* 1028 *Baden* und bedeutet in dieser Form einfach ›bei den Bädern‹, wie das auch bei →Baden-Baden der Fall war. Der Zusatz *-weiler* ist vielleicht durch die benachbarten Dörfer (jetzt Ortsteile) *Ober-* und *Niederweiler* beeinflußt; vgl. →-weiler. B. wurde im 15. Jh. Sitz einer gleichnamigen Herrschaft, die seit 1444 zum →Markgräfler Land gehörte.

Baden-Württemberg, Land der Bundesrepublik Deutschland im SW des Bundesgebiets. Eine Vereinigung der beiden südwestdeutschen Länder →Baden und →Württemberg wurde bereits 1919 in den verfassunggebenden Landesversammlungen in Stuttgart und Karlsruhe vorgeschlagen. Jedoch war damals die Zeit noch nicht reif. 1933 wurde nur der preußische Regierungsbezirk Hohenzollern dem Reichsstatthalter in Stuttgart unterstellt. Nach der Katastrophe von 1945 galt zunächst das Besatzungsrecht. Die Amerikaner bestimmten in Süddeutschland, die Franzosen im Südwesten. Im Herbst 1945 proklamierte die amerikanische Besatzungsmacht in ihrer Zone das Land Württemberg-Baden (Hauptstadt Stuttgart), dessen nordbadischer Teil eine weitgehende Autonomie erhielt. Die französische Militärregierung errichtete in ihrem Bereich die Länder (Süd-)Baden (Hauptstadt Freiburg) und (Süd-)Württemberg-Hohenzollern (Hauptstadt Tübingen). Ihr Ziel war die Wiederherstellung des Landes Baden, für die auch eine starke Bürgerbewegung im Lande selbst eintrat. Eine Volksbefragung am 9. 12. 1951 ergab jedoch eine deutliche Mehrheit für die Errichtung des sogenannten Südweststaates, die dann die verfassunggebende Landesversammlung mit Wirkung vom 25. 4. 1952 beschloß. Er sollte *Baden-Württemberg* heißen. Eine abschließende Volksabstimmung hat 1970 diese Entscheidung bestätigt. Der lange Zeit umstrittene Doppelname ist inzwischen längst zu einem festen Begriff geworden.

Balingen, Stadt an der Eyach r. zum Neckar, im Vorland der Schwäbischen Alb, BWÜ, entstand um eine Pfarrkirche (heute Friedhofskirche) und wurde 863 zum erstenmal erwähnt. Als Stadt wurde B. 1255 durch Graf Friedrich von Zollern an der Fernstraße Cannstatt–Schaffhausen oberhalb des alten Dorfes neu gegründet und zum Vorort der zollerischen Herrschaft Schalksburg gemacht. 1403 kam B. an Württemberg. Der Name 12. Jh. *Balingin,* 863 *Balginga* geht vermutlich auf einen alemannischen PN zurück, der aber nicht sicher nachgewiesen ist; vgl. →-ingen.

Ballenstedt, Stadt am NO-Rand des Harzes, SAN, entstand am Platz eines altthüringischen Dorfes bei einer im 11. Jh. erbauten Burg des später *Askanier* genannten Grafengeschlechts (→Aschersleben). Seit 1212 gehörte B. zum askanischen Fürstentum →Anhalt, es erhielt 1543 Stadtrecht. Der Name *B.,* 1197 *Ballenstede,* 1073 *Ballenstedi, -steti* ist wohl mit dem alten deutschen PN *Baldo, Ballo* gebildet. Zum GW *-stedi* ›[Siedlungs]platz‹ vgl. →-statt, -stedt, -stätten.

Baltrum, ostfriesische Insel zwischen Norderney und Langeoog, NDS. Der Name 16. Jh. *Baltrum* ist in Anlehnung an die ostfriesische Form *-um* der ON auf → *-heim* gebildet. Die älteren Formen 1398 *Balteringe,* 11. Jh. *Baldratinge* bezeichnen eigtl. die Inselbewohner als ›Leute des *Baldarat*‹ (germanischer PN, →-ingen).

Bamberg, Stadt an der Regnitz, nahe ihrer Mündung in den Main, BY, entstand im 9. Jh. bei einer Burg des ostfränkischen Adelsgeschlechts der *Popponen* (ältere *Babenberger,* s. u.), die 906 von König Konrad I. eingezogen wurde. Über Herzog Heinrich den Zänker von Bayern kam B. 995 an dessen Sohn, den späteren König und Kaiser Heinrich II., der 1007 das Bistum Bamberg gründete, um den Südosten des Reiches und die Slawenmission im Grenzraum zu stärken. Siedlungskern war vor allem die Domburg am Platz der alten Adelsburg, mit Pfalz und Bischofskirche, und die königliche Marktsiedlung auf der Regnitzinsel (973). Das *Fürstbistum Bamberg* kam 1803 an Bayern; seit 1817 ist die Stadt aber Sitz eines Erzbistums. Der Name 1174 *Bamberc, Bamberg,* 1138 *Babenberch,* 973 *Papinberc* bezeichnete urspr. die Burg (902 *ex castro, quod Babenberh dicitur*) und bedeutet eigtl. ›Burg des *Papo* oder *Babo*‹ (→-berg/-burg, vgl. den Artikel → Babenhausen). Ob mit diesem Namen der Stammvater der älteren Babenbergerfamilie gemeint war, muß offen bleiben. Ebenso ist ungewiß, ob die seit dem 12. Jh. *Babenberger* genannten ersten Markgrafen der bayerischen Ostmark (d. h. Österreichs) Nachfahren der alten Familie waren.

Bardengau, der, → Bardowick.

Bardowick [...ˈviːk, ˈ–––], Flecken an der Ilmenau n. von Lüneburg, NDS, entstand wohl im 8. Jh. als Missionsort und Handelsplatz (Wik, s. u.) an der damaligen Slawengrenze, wurde 965 Münzstätte und blühte bis ins 15. Jh., wurde aber von Lübeck und Lüneburg bald überflügelt. B. war Vorort des alten **Bardengaues** (1006 *Bardaga,* 892 *Barthunga, Bardanga*), der nach den vor ihrer Abwanderung in den Süden hier ansässigen *Langobarden* hieß. Der Name *Bardowick,* älter *Bardowiek* (das *-o-* stammt aus der Kanzleisprache) steht für 1124 *Bardewich,* 955 *Bardewic,* mit schwacher Beugung des ersten Gliedes 975 *Bardonwihc,* 8. Jh. *Bardan-, Bardunwich,* 805 *Bardaenowic.* Zweites Glied des ON ist **Wik** (auch: *Wiek*) aus asächs. *wīk,* afries. *wīc* ›Wohnstätte, Siedlung‹, ein Lehnwort aus lat. *vicus* ›Dorf, Gehöft, (auch:) Stadtviertel‹, das in der Frankenzeit über die südlichen Niederlande (niederl. *wijk,* mnl. *wijc* ›Stadtviertel‹) nach Norddeutschland kam und bes. die Niederlassungen der Fernhändler bei oder in den Städten (die Marktgassen) bezeichnete (→ Braunschweig, → Schleswig). In dieser Bed. ist *Wik* heute ein Fachwort der Stadtgeschichtsforschung.

Barmen, Stadtteil von Wuppertal, NRW, entwickelte sich erst spät aus einem landesherrlichen Hofverband im bergischen Amt Beyenburg, erhielt 1808 Stadtrecht und wurde 1929 mit → Elberfeld vereinigt (→ Wuppertal). Der Name B., 1804 *der Barmen,* ist urspr. Plural: 1379 *in den Barmen,* 1166 *Barmen,* 11. Jh. *de Barmon,* er gehört wohl zu niederd. *Berme* ›Deichrand, Böschung‹ (= niederl. *berm,* mniederl. *barm*) und bezieht sich wahrscheinlich auf die Wälle der alten Landwehr. Vgl. auch **Barmen,** Kr. Jülich, 950 *Barma,* das an einer Geländestufe liegt.

Barmen, Kr. Jülich, → Barmen.

Barsinghausen, Stadt (seit 1969) am Deister, NDS, entstand bei einem Augustiner-Doppelkloster (im 15. Jh. nur Frauen, seit 1543 evangelisches Damenstift) der Grafen von Schwalenberg und wurde im 14. Jh. welfisch. Der Name 1193 *Berkingehusen,* 991 *Berchinghusen* (hierher?) weist auf eine alte Ansiedlung der Leute eines **Ber[i]ko* (→-inghausen); die heutige Form mit *-s-* für *-k-* ist wohl durch Zetazismus (→ Celle) entstanden.

Barth, Hafenstadt am Barther Bodden in Vorpommern, MV, entstand bei einer Burg der Fürsten von Rügen und wurde um 1230 als Stadt planmäßig angelegt; Stadtrecht 1255. Der Name 13. Jh. *Bart,* 1178 *Bard* entspricht apolab. *bardo* ›Berg, Hügel‹.

Bassum, Stadt s. von Bremen, NDS, entstand als Siedlung bei dem um 860 von Erzbischof Ansgar gegründeten Kanonissenstift Birxinon, das die Grafen von Hoya 1541/44 in ein (noch bestehendes) evangelisches Damenstift umwandelten. Der Flecken B. kam 1866 zu Preußen und wurde 1929 Stadt. Sein Name, niederd. *Bassen,* geht über 1630 *Barssen,* 1235 *Bersen* zurück auf 988 *Birchisinun,* 937 *Bircsinun,* 9. Jh. *Birxinon,* er beruht wohl auf einem vorgermanischen Gewässernamen (zu idg. **bherǝg-* ›glänzen; weiß‹?). Die heutige Endung *-um* zeigt Angleichung an die ON auf →-heim.

Baumberg → Monheim.

Bautzen (sorb. Budyšin), Stadt an der Spree, in der Oberlausitz, SAC, entstand als Burg des slawischen Gaues Milzane auf der Hochfläche über einer Spreeschleife und wurde um 1000 als deutsche Burg ausgebaut. Sorbische und deutsche Siedlungen um die Burg und an der Spreefurt der Fernstraße Leipzig–Breslau wuchsen zusammen und erhielten um 1215 Stadtrecht. B. gehörte als Reichslehen 1253–1319 zu Brandenburg, dann zu Böhmen und kam 1635 an Kursachsen.

Der Name 1511 *Bawtzen,* 1460 *Pauczen,* 1419 *Bawdissin* geht zurück auf sorbische Formen wie 1319 *Budischin,* 1245 *Budissin,* 1012/18 *Budusin, Budisin,* er ist abgeleitet von dem altsorbischen PN *Budych* oder *Budiš.*

Bayern, Land der Bundesrepublik Deutschland, bis 1945 des Deutschen Reiches. Es hatte sich, in Umfang und Gliederung wechselnd, aber in seinen Kernlanden beständig, aus dem Herzogtum B. entwickelt, das 1623 unter Maximilian I. Kurfürstentum und 1806 unter Max I. Joseph Königreich wurde und sich 1918 zum Freistaat B. wandelte. Die Anfänge der bayerischen Siedlung und Herrschaftsbildung entstanden im 6. Jh. n. Chr. zwischen Lech und Donau, bei den ehemaligen Römerstädten Passau, Regensburg und Salzburg und bei Freising. In → Regensburg stand die Pfalz der Agilolfinger, des ersten bayerischen Herzogsgeschlechts. Unter ihnen wuchs der bayerische Stamm aus verschiedenen germanischen Volkssplittern und unter Einbeziehung romanischer Restgruppen zusammen. Seinen Kern bildeten die westgermanischen Bajuwaren, die um 500 aus Böhmen, Mähren und Pannonien eingewandert waren. Der Name des Herkunftslandes **Böhmen** ist auch in den Volksnamen *Bayern* eingegangen. Ahd. *Beheim,* lat. *Boiohaemum, Boihemum* bedeutet eigtl. ›Boierheim, -heimat‹ und bezieht sich auf das keltische Volk der Boier, das jahrhundertelang in Böhmen gewohnt hatte und dessen Reste im 1. Jh. v. Chr. von den germanischen Markomannen unterworfen wurden. Der alexandrinische Geograph Claudius Ptolemäus (100–160 n. Chr.) nennt die Markomannen *Baino-,* richtiger *Baiochaimai,* d. h. ›Bewohner des Boierlandes‹ (vgl. → -heim), und entsprechend wird der Name der *Bajuwaren,* 6. Jh. *Baiuarii, Baioarii* als Klammerform *Baio[haim]varii* ›Bewohner Baiohaims‹ (= Böhmens) erklärt (das GW *-varii,* germ. **-variōs* ›Bewohner‹ gehört zu germ. **warjan* in asächs. *warōn, waran* ›hüten, bewahren, besitzen, bewohnen‹; vgl. den Stammesnamen *Ampsivarii* ›Anwohner der Ems‹ im Artikel → Ems). – Im 7. Jh. war das Siedlungsgebiet der Bajuwaren schon über die Donau in den bayerischen Nordgau, südwärts über die Alpen und nach Osten bis zur Enns ausgedehnt worden, die Herzöge hatten auch die Missionsunternehmungen der Klöster überall gefördert. Um 738 ordnete Bonifatius die Zuständigkeiten der Bistümer, und 798 wurde Salzburg zum Erzbistum der bayerischen Kirchenprovinz erhoben. Nach der Absetzung Herzog Tassilos III. wurde Regensburg ein Zentrum der ostfränkischen Karolinger (Ludwig der Deutsche 843–876), und um 950 gliederte Otto der Große das Herzogtum Bayern fest in den Reichsverband ein. Damals wurde auch die bayerische Ostmark besiedelt, das spätere **Österreich.** Hier waren 976 die Babenberger Markgrafen geworden. Sie suchten ihr Gebiet (996 *regio Ōstarrīchi*) von B. zu lösen und erreichten, daß es 1156 zum selbständigen Herzogtum erhoben wurde. Im bayerischen Stammland regierten inzwischen Herzöge aus dem Welfenhaus (1020–1139, 1156–1180), deren letzter, Heinrich der Löwe, 1158 die künftige Hauptstadt → München gründete. Nach Heinrichs Sturz 1180 belehnte Kaiser Friedrich Barbarossa die Wittelsbacher mit dem Herzogtum B., allerdings ohne die Ostmark und die Steiermark. Die Familie Wittelsbach (zu ihrem Namen vgl. den Artikel → Aichach) hat bis 1918 in B. regiert. Sie gewann 1214 auch die Pfalzgrafschaft am Rhein. Im Jahr 1255 wurde Oberbayern mit der rheinischen Pfalz von Niederbayern getrennt, und 1329 ließ Kaiser Ludwig der Bayer im Hausvertrag von Pavia die pfälzische Linie mit der Oberpfalz selbständig werden. Diese Linie erhielt im gleichen Jahr die Kurwürde, verlor sie aber 1623 an B. und konnte sie erst im Frieden von 1648 wiedergewinnen. Die zahlreichen späteren Teilungen innerhalb der Linien B. und Pfalz können hier übergangen werden, sie haben sich auf die beiden Landesnamen nicht mehr ausgewirkt. Als die bayerischen Wittelsbacher 1777 ausstarben, trat Pfalzgraf Karl Theodor aus Mannheim das Erbe in München an; von seinem Vetter Pfalzgraf Maximilian Joseph stammen die bayerischen Könige des 19. und 20. Jh.s ab. – In seinem heutigen geographischen Umfang ist B., wie andere deutsche Staaten, durch die napoleonische Zeit bestimmt worden. Die 1803 säkularisierten und mediatisierten geistlichen Fürstentümer wie Würzburg und Bamberg, Passau und Augsburg, Reichsstädte wie Nürnberg, Regensburg, Dinkelsbühl, kleinere Herrschaften wie Ansbach und Bayreuth, sie alle wurden dem großen Staat einverleibt, der zur gleichen Zeit durch den Minister Graf von Montgelas (1799–1817) zu einem modernen, zentral verwalteten Beamtenstaat umgestaltet wurde. Zwar mußte B. damals auch Gebietsverluste hinnehmen, bes. im Südosten und am Niederrhein (Jülich und Berg), wurde aber dafür durch die Rheinpfalz entschädigt (die bis 1945 zu B. gehört hat). Im ganzen gesehen hat B. durch den Zuwachs an Land und Leuten nicht nur seine Grenzen erweitert und abgerundet, sondern auch die Vielfalt seines Volkstums vermehrt. Zu den altbayerischen Gebieten waren Städte und Landschaften mit schwäbischer und fränkischer Bevölkerung gekommen. Die neuen Regierungsbezirke Schwaben, Ober-, Mittel- und Unterfranken wurden 1838 von König Ludwig I. nach dem Vorbild von Ober- und Niederbayern mit den alten Stammesnamen benannt; auch Rheinpfalz und Oberpfalz erhielten ihre historischen Namen. So sollte das bayerische Staatsvolk aus seinen alten Stämmen zusammenwachsen.

Bayreuth, Stadt am Roten Main, BY, entstand als grundherrschaftliche Rodung eines Bamberger Klosters und wird zuerst 1194 genannt. Neben dem Dorf wurde vor 1231 die Stadt B. mit großem Straßenmarkt angelegt, die dann zum Mittelpunkt mehrerer Neusiedlungen wurde. 1248 kam B. durch Erbschaft an die hohenzollerischen Burggrafen von Nürnberg und wurde 1603 Residenz der Markgrafen von Brandenburg-Kulmbach, im 18. Jh. des Fürstentums Bayreuth. 1791 fiel B. an Preußen, 1810 an Bayern. Der Name 1633 *Bayreuth,* 1488 *Bayreut,* 1321 *Beierreut,* 1255 *Beiierriud,* 1194 *Baierrute* ist mit dem Volksnamen *Bayern,* ahd. *Beiera,* und dem GW ahd. *riuti* ›Rodung‹ gebildet, er besagt also, daß bayerische Siedler die erste Rodung angelegt haben; → Bayern, → -rod, -reut, -ried.

Bebra, Stadt an der Fulda, HE, Knotenpunkt der Bahnlinien Kassel–Eisenach und Hannover–Frankfurt. B. war schon in vorgeschichtlicher Zeit ein wichtiger Fuldaübergang. Im 8. Jh. wurde es Besitz der Abtei Hersfeld und kam 1386 an Hessen. Der Orts- und Bachname *Bebra* (mdal. *Bewer,* die Endung *-a* blieb wie bei → Fulda, → Jena in der Schreibtradition der Kanzleien erhalten) geht zurück auf 1182 *Bibera,* 1105 *Biberacha,* 786 *in Biberaho.* Er bedeutet wohl ›Bach, in dem Biber wohnen‹; → Biberach, → ¹-ach.

Beckum, Stadt im Münsterland, NRW, entstand in der Quellmulde der Werse (l. zur Ems) auf schon im 6. Jh. besiedeltem Boden um einen Hof der Bischöfe von Münster und wurde vor 1224 Stadt. Der Name B. geht zurück auf 1188 *Bekehem,* um 1150 *Beke[n]heim* und bedeutet ›Wohnstätte an den Bächen‹, zu asächs. *beki,* niederdt. *Beke* (f.) ›Bach‹; → -heim. Entsprechende ON sind z. B. **Bekum** bei Peine (NDS), 1125 *Bikeheim,* 1189 *Bekem,* und **Bachem** (Stadtteil von → Frechen bei Köln), 866 *Bacheim,* zu ahd. *bah* ›Bach‹.

Bedburdyck bei Grevenbroich → Bedburg.

Bedburg, Stadt an der Erft w. von Köln, NRW, entstand bei einer Burg der Grafen von Sayn und wurde im 13. Jh. zum Sitz der Herrschaft B.-Reifferscheid; Stadt seit 1290. Der Name, dessen Grundwort an *-burg* angeglichen wurde, lautet 1378 *Bedebure,* 893 *in Betbure* und gehört zu ahd. *betabūr* ›Bethaus, Kapelle‹ (vgl. → Büren). Weitere Orte dieses Namens sind z. B. **Bedburg-Hau** bei Kleve, 1138 *Betenbur* (ehemals Kloster der Grafen von Kleve) und **Bedburdyck** [...'di:k] bei Grevenbroich, zur früheren Herrschaft Dyck gehörend.

Bedburg-Hau bei Kleve → Bedburg.

Beerse, die (Nordbrabant); **Beerse** (Provinz Antwerpen) → Bersenbrück.

Beeskow, Stadt an der Spree, sö. von Berlin, BR, entstand um 1250 als Marktort am Übergang der Straße Leipzig–Frankfurt (Oder) im Schutz einer deutschen Adelsburg, die ihrerseits einen slawischen Burgwall des 12. Jh.s fortsetzte; Stadtrecht um 1272. Der Name 1324 *Bezckow,* 1285 *Besikowe,* 1272 *Besicow, Besecowe* wird zu asorb. *bezk* ›Holunder‹ gestellt, er bedeutet urspr. ›Ort, wo Holunderbüsche wachsen‹.

Beihingen → Freiberg am Neckar.

Beilngries, Stadt im Altmühltal, in der Oberpfalz, BY, entstand auf altbesiedeltem Boden an der Mündung der Sulz in die Altmühl, kam 1007 zum Bistum Bamberg und 1016 zum Bistum Eichstätt und wurde vor 1498 Stadt. 1806 kam B. zu Bayern. Der Name 1799 *Beylngries, Beilngries,* 1470 *Peylingries,* 1053 *Pilingriez,* 1007 *Bilingriez* enthält den PN *Bilo* und als GW ahd. *grioȥ* ›Kies, Sand‹, wohl im Sinne von ›Flußgeröll‹.

Beilstein, der, → Bielefeld.

Bekum bei Peine → Beckum.

Belchen, der, zweithöchster Berg des Schwarzwaldes (1414 m), ö. von Badenweiler; 1278 *der berc, dem man sprichet der Belche.* Der Berg heißt nach seinem weithin sichtbaren kahlen Gipfel über dunklem Wald, der Name entspricht mhd. *belche,* ahd. *belihha* ›Bläßhuhn‹, doch ist nicht der Berg nach dem Vogel benannt, sondern beide Benennungen gehen unabhängig voneinander von dem Begriff ›heller Fleck‹ aus, der auch in dem gotischen Pferdenamen *bala* = *Bleß* (Pferd mit Stirnblesse) und in Adjektiven wie lit. *báltas* ›weiß‹, aslaw. *běl-* ›weiß, hell‹ ausgedrückt wird. Verwandt ist auch lat. *fulica* ›Bläßhuhn‹. Der Bergname *Belchen* erscheint auch zweimal in den Vogesen: der **Große Belchen,** frz. *le Grand Ballon,* und der **Elsässer Belchen,** frz. *le Ballon d'Alsace.* Die französischen Namen gehen also von dem Begriff ›Berg mit runder Kuppe‹ aus.

Belzig, Stadt am Fläming, BR, entstand als Burgmannensiedlung bei einer im 12. Jh. auf einem slawischen Burgwall errichteten askanischen Burg, zu der im 13. Jh. noch eine Marktsiedlung kam, die 1269 als Städtchen (oppidum) bezeichnet wird. Der Name 1527 *Beltzigk* ist eingedeutscht aus 1474, 1234 *Beltz,* 1201, 1161 *Beltiz;* dies geht zurück auf apolab. Bělotici ›die Leute des Bělota‹, zum slawischen PN Bělota.

Bendorf, Stadt am rechten Ufer des Mittelrheins, nö. von Koblenz, RP, entstand als merowingische Gründung bei den Resten zweier römischer Erdkastelle und kam 948 in den Besitz der Grafen von Sayn, deren Stammburg auf dem Bergrükken über dem Saynbach (r. zum Rhein) 1152 zerstört, aber als trierisches Lehen wieder aufgebaut wurde. B. wird zwar 1787 ›kleines Städtchen‹ und 1843 ›Stadt‹ genannt, hat aber nie förmliches Stadtrecht erhalten. Der Name 1441 *Bendorff* geht zurück auf 1152 *Bedendorf,* 1112 *Bettendorp,* 1064 *Bethindorp,* er ist wohl durch Umlaut aus *Badindorf* (zum PN *Bado*) entstanden.

Benediktbeuern, Pfarrdorf und Kloster sw. von Bad Tölz, BY, wurde um 740 im Moorgebiet der Loisach als Rodungskloster der Benediktiner gegründet und gehörte seit etwa 800 den Bischöfen von Augsburg. 1275–1422 war es Reichskloster, 1803 fiel es an Bayern. Den Namen 1549 *Benediktbeuern,* um 1240 *Burin sancti Benedicti,* 1043 *monasterium* (= Kloster) *sancti Benedicti* erhielt das Kloster nach einer von Karl dem Großen geschenkten Reliquie des hl. Benedikt. Das GW *-beuern,* 1121 *Buron,* 1078 *Burin,* 817 *Monasterium Buria* ist der Dativ Plural von ahd. *būr* ›Wohnung, Haus‹, er bedeutet ›bei den Häusern‹; vgl. den Artikel → Büren. Das zugehörige Adjektiv *Buranus* (auch *Burensis, Buronensis*) ist durch die *Carmina Burana,* die in B. entstandene mittelalterliche Sammlung der ›Beurener Lieder‹, bekannt geworden. – Das beim Kloster entstandene Dorf B. erhielt seinen heutigen Namen erst 1865; sein alter Name **Laingruben,** 12. Jh. *Lainegreben,* ist mit mhd. *grabe,* Plural *greben* ›Graben‹ und bair. mdal. *laine* ›Gebirgsbach‹ gebildet, er bezeichnete eigtl. die Rinnen, die der Bach ins Gelände gerissen hatte.

Bensberg, Stadt ö. von Köln, NRW, entstand bei einer zuerst im 11. Jh. bezeugten Burg der Grafen und Herzöge von Berg, die als Jagd- und Residenzschloß diente und 1703–1716 durch ein Barockschloß ersetzt wurde. Der Name 1453 *Beynsbergh,* 1433 *Baensburg* (*y* und *e* sind nur Dehnungszeichen), 1363 *Bans-*

bur, 1358 *Beynsbur,* 1165 *Benesbure* ist mit dem GW ahd. *būr* ›Haus‹ zu dem PN *Bēn, Bähn* gebildet, der mdal. für *Bern* (Kurzform von *Bernhard*) steht. Für *-būr* trat im 15. Jh. *-burg* ein. Der Name galt wohl urspr. für eine Siedlung in der Niederung und wurde dann auf den hochgelegenen Burgflecken übertragen, was den Wechsel des Grundwortes zur Folge hatte. B. kam 1815 zu Preußen und wurde 1947 Stadt.

Bensheim, Stadt an der Bergstraße, HE, seit 765 als Besitz des Klosters →Lorsch genannt, 1232–1802 zu Kurmainz (aber 1461–1623 zur Kurpfalz) gehörend; Stadtrecht 1320. Der Ortsname 1113 *Besensheim,* 956 *Basinesheim,* 770 *Basinsheim* ist zum alten deutschen PN *Basino* gebildet (vgl. →Besigheim und den Artikel →-heim).

Bentheim, Bad, Stadt im Emsland, NDS, entstand auf einem Sandsteinrükken unterhalb der gleichnamigen Burg, die (am Platz einer alten Fliehburg?) wohl im 10. Jh. erbaut worden war und im Hochmittelalter an Stelle des benachbarten Schüttorf Mittelpunkt der **Grafschaft Bentheim** wurde. (Die Grafschaft B. ist heute ein niedersächsischer Landkreis, dessen Sitz seit 1945 →Nordhorn ist.) B. wurde 1865 Stadt und erhielt, nach Versuchen im 18. und frühen 19. Jh., in jüngster Zeit ein Schwefelbad. Der Name *Bad B.* (so seit 1979), 1188 *Benetheym,* 1165 *castrum Bintheim,* 1116 *Binitheim* enthält asächs. *binut,* ahd. *binuz* ›Binse‹ (vgl. engl. *bent[grass]* ›Binse‹). Diese Pflanze der Feuchtgebiete erscheint mehrfach in ON, z. B. **Bentlage** (zu Rheine), NRW, 1151 *Benethlage,* 890 *Binutloga* (→Lage) oder **Binswangen** bei Wertingen, BY, 1135 *Pinzwangen* (→Wangen).

Bentlage (zu Rheine) →Bentheim, Bad.

Berchtesgaden, Marktgemeinde in Oberbayern, BY, wurde 1102/05 und erneut 1120 als Propstei der Augustiner-Chorherren gegründet und 1142 zum päpstlichen Eigenkloster erhoben. 1156 erhielt die Propstei mit dem Forst- und Salzregal die Landeshoheit; im 16. Jh. stiegen die Pröpste in den Reichsfürstenstand auf, doch wurde ihr Land 1803 säkularisiert und kam 1809 an Bayern. Der bei dem Stift entstandene Marktort entwickelte sich im 19. Jh. zum Solbad und Luftkurort. Der Name 1461 *Berchtesgaden,* 1266 *Berchtesgadem* geht zurück auf 12. Jh. *Berhtersgadem, Perhthersgadem* und 1121 *Perehtgeresgadem;* er ist mit dem alten deutschen PN *Per[c]htger* und ahd. *gadum, gadem* ›einräumiges Haus‹ gebildet und bezeichnet urspr. wohl das Haus des ersten Ansiedlers.

-berg/-burg. Die germanischen Substantive ahd. *berg* und ahd. *bur[u]g* sind ablautend miteinander verwandt und waren schon früh getrennt. Ihre Bedeutungen haben sich aber gegenseitig beeinflußt. Für beide liegt der Begriff ›hoch, erhaben‹ zugrunde, und *Burg* bedeutet urspr. immer ›befestigte Höhe‹, wie es denn auch zuerst für die vorgeschichtlichen Fluchtburgen im Gebirge gebraucht wurde (vgl. den Artikel →Teutoburger Wald). Als die Germanen die ummauerten Römerstädte und Kastelle kennenlernten, übertrugen sie die Bez. *Burg* auch auf diese Anlagen in der Ebene (vgl. →Augsburg, →Regensburg), und bei den Städten des Mittelalters konnte sowohl der Berg wie die Burg Anlaß der Namengebung sein: *Würzburg* und *Aschaffenburg* stehen neben *Nürnberg, Bamberg* usw. Für die Burgen des Adels waren die befestigten Herrenhöfe der Karolingerzeit das Vorbild. In vielen Fällen haben Burgflecken und Städte die Namen der zuvor dort errichteten Burgen erhalten (→Naumburg, →Arnsberg).

Bergen/Rügen, Stadt im Zentrum der Insel Rügen, MV, entstand bei einem Zisterzienserinnenkloster, das Fürst Jaromar I. 1193 bei seiner Burg Rugard gründete, wurde um 1250 Marktflecken und erhielt 1613 Stadtrecht. Der Name 1306 *Berghen,* 1278 *Berghe* ist übersetzt aus 1250, 1232 slaw. *Gora* ›Berg‹, das auch den lateinischen Formen 1294 *in Montibus,* 1289 *Gora sive Mons in Ruya,* 1242 *in Monte in Ruia* zugrunde liegt. Der Name bezeichnete urspr. das Kloster, dessen Propst um 1200 als *prepositus de Monte* genannt wird. Anlaß zur Benennung war wohl die Lage zwischen Moränenhügeln. Der Zusatz *in Ruya/Ruia* ›in Rügen‹ dient der näheren Bestimmung; vgl. den Artikel →Rügen.

Bergeschingen →Donaueschingen.

Bergheim, Kr. Geldern, →Bergheim (Erft).

Bergheim (Erft), Stadt w. von Köln, NRW. Ein auf der Flußterrasse rechts der Erft um die spätfränkische Remigiuskirche entstandenes Dorf B. *(Bergheimerdorf)* wurde 1872 vereinigt mit der im 13. Jh. um eine Burg der Grafen von Jülich an der Straße Köln–Aachen im Talgrund erbauten Stadt B. Der Name 1249 *castrum Berchem* (im Tal), 1028 *Bercheim* (das Dorf) bezieht sich urspr. wohl auf die Lage der alten Kirche auf einem Hügel, der sich zwischen zwei Trockenrinnen vom Rand des Vorgebirges (→Ville) abhebt. Zur Übertragung des Namens *Bergheim* auf die Burg im Tal vgl. den folgenden Artikel und die Einleitung, S. 16. Rheinische Orte dieses auch sonst häufigen Namentyps sind z. B. **Bergheim,** Kr. Geldern (9. Jh. *Berghem*) und **Berkum** (zu Bad Godesberg; 1143 *Bercheim*); ferner →Rheinberg.

Bergische Land, das, Landschaft zwischen Rhein, Ruhr und Sieg, NRW. Sie ist benannt nach dem früheren *Herzogtum Berg,* dessen Name auf den Stammsitz der ersten Grafen ›vom Berge‹, die Burg **Altenberg** über der Dhünn (Gemeinde Odenthal) zurückgeht. Diese Burg wurde 1133 nach der Erbauung des Schlosses →Burg a. d. Wupper (*in Novomonte* = zum Neuen Berg) in ein Zisterzienserkloster umgewandelt, das bald schon ins Tal verlegt wurde, aber seinen Namen behielt: 1138 *monasterium... de Berghe*) 1203/05 *de Veteri Monte,* 1347 *dat kloister van me Aldeme Berge;* der Altenberger Dom im Dhünntal erinnert noch daran. Auch nach dem Aussterben des ersten Grafengeschlechts (1225) und der späteren Vereinigung des Landes mit Jülich und Kleve blieb der Name für das rechtsrheinische Territorium (seit 1380 Herzogtum) erhalten und wurde 1806 von Napoleon für das neu gebildete *Großherzogtum Berg* des Generals Murat übernommen.

Bergisch Gladbach, Stadt ö. von Köln, NRW, entstand um einen fränkischen Fronhof an der Strunde (r. zum Rhein) und kam im MA an die Grafschaft *Berg.* Der Name 1144 *Gladebach,* 1018 *Gladebeche* (seit 1815 *Bergisch Gladbach*) geht wohl auf den fränkischen Ansiedler zurück, der den älteren Bachnamen **Strunde** (1258 *Strune,* zu germ. **streu-*, **stru-* ›fließen‹) nicht kannte. Er enthält das in germanischen Bachnamen häufige Adj. niederd. *glad,* ahd. *glat* ›glänzend‹ (= nhd. *glatt*). Vgl. noch – außer →Mönchengladbach – ON wie **Gladbach** bei Düren (1171 *Gladebach*), **Gladbeck** (zu Bottrop; um 900 *Gladbeki;* →-bach), **Groß-Glattbach** (zu Vaihingen a. d. Enz; 782 *Glade-, Glatebach*) und die **Glatt,** l. zum Rhein im Kanton Zürich (731 *Glata*).

Bergkamen →Kamen.

Bergstraße, die, Landschaft am Westrand des Odenwaldes zwischen Darmstadt und Heidelberg bzw. Wiesloch, benannt nach der dort entlangführenden Teilstrecke der heutigen Bundesstraße 3. Diese alte, schon von den Römern ausgebaute Heer- und Handelsstraße (im S nach Offenburg und Basel, im N bis Frankfurt fortgesetzt) wird zuerst 795 als *strata publica* (= öffentliche Straße, Staatsstraße) im Lobdengau (→Ladenburg) genannt und heißt 1002 *Montana platea,* 1012 *Platea montium* (lat. *platea* = gepflasterte Straße), 1165 *in Bergstrasen,* 1354 *Bergstrazze.* An ihrer Beherrschung waren vor allem Kurmainz (→Heppenheim, →Lorsch), Kurpfalz und Hessen interessiert.

Bẹrgzabern, Bad, Stadt an der südlichen Haardt, RP, entstand im 12. Jh. wahrscheinlich als Tochtersiedlung von Rheinzabern; im 13. Jh. Besitz der Grafen von Zweibrücken (Stadtrecht 1286), dann zu Kurpfalz. Der Name 1286 *Zabern* (so bis ins 15. Jh.), 1385 *Bergzabern,* 1964 *Bad Bergzabern* beruht wohl auf Übertragung von Rheinzabern her. Er wurde erst nachträglich als *Tabernae Montanae* ins Lateinische übersetzt (der vor 1530 in B. geborene Arzt Jakob Diether nannte sich *Tabernaemontanus*), ist also nicht römischen Ursprungs. Zu weiterem vgl. den Artikel →Rheinzabern.

Berkum →Bergheim (Erft).

Berli̱n, Stadt an der Spree, Hauptstadt von Deutschland, 1945–1990 in West-

und Ost-Berlin geteilt. Keimzelle der Stadt war gegen Ende des 12. Jh.s eine deutsche Kaufmannssiedlung *Berlin* um die Nikolaikirche am nördlichen Ufer eines alten Spreeübergangs (des späteren Mühlendamms im Bezirk Mitte), der eine ebensolche Siedlung *Cölln* am südlichen Ufer bei der Petrikirche (jetzt Petriplatz) gegenüberlag. Unter den Markgrafenbrüdern Johann I. und Otto III. wurden beide Siedlungen um 1230 zur Doppelstadt **Berlin-Cölln** erhoben. Diese gehörte mehreren märkischen Städtebünden und seit 1359 auch der Hanse an. 1470 wurde B. ständige Residenz der brandenburgischen Kurfürsten (Schloßbau seit 1443). Im weiteren Ausbau entstanden vor allem die drei Neustädte Friedrichswerder (seit 1662), Dorotheenstadt (seit 1668) und Friedrichstadt (seit 1688), die urspr. selbständig waren, aber 1709 zur *Königsstadt Berlin* vereinigt wurden. 1700 wurde die Akademie der Wissenschaften und 1809 die Universität gegründet, 1879 folgte die Technische Universität. Als Hauptstadt des Königreichs Preußen wurde B. 1871 Hauptstadt des neuen Deutschen Reiches. Die weitere Entwicklung mit zahlreichen Eingemeindungen und der Errichtung der Stadtgemeinde Groß-Berlin im Jahr 1920 kann hier nur angedeutet werden. – Vordeutsche slawische Siedlungsspuren sind im Bereich der alten Doppelstadt B.-C. nicht gefunden worden. Der Name B. (1244 *Simeon praepositus* [= Propst] *de Berlin,* 1288 *Berlyn*) geht aber wohl auf eine slawische Stellenbezeichnung zurück, die zu apolab. **birl-/*berl-* ›Sumpf‹ gestellt wird. Der Name der südlichen Teilstadt *Cölln* (1237 *Colonia,* 1247 *Colonia iuxta* (= bei) *Berlin,* 1285 *Colne,* 1443 *Colen*) ist sehr wahrscheinlich eine Übertragung des Namens von → Köln am Rhein.

Berlin-Cölln → Berlin.

Bernau bei Berlin, Stadt auf dem Barnim, nö. von Berlin, BR, wurde um 1230 von den brandenburgischen Markgrafen an der Heerstraße nach Stettin gegründet; Stadtrecht vor 1296; 1432 erfolgreiche Abwehr einer Hussitenbelagerung. Der Name 1315 *Barnow,* 1296 *Bernowe* ist wohl deutscher Herkunft (zu mnd. *bāre, bēre* ›Bär‹ oder einem entsprechenden PN; das Grundwort ist dann mnd. *ou[we]* ›Insel, feuchte Wiese‹). Die Formen 1300 *Antiqua Bernow,* 1391 *to Olden Bernowe* sollten B. von der benachbarten kleinen Stadt **Werneuchen** (1247, 1300 *Warnowe,* 1450 *Wernowe*) unterscheiden, die ihrerseits von B. durch die Verkleinerungssilbe *-chen,* mnd. *-ken* unterschieden wurde: 1541 *Bernauiken,* 1572 *Bernäuchen,* 1683 *Werneuchen.* Die beiden ON sind nicht verwandt, denn W. geht zurück auf apolab. *Varnov* zu *varn* ›Rabe‹.

Bernburg, Stadt an der unteren Saale, SAN, entstand im 12. Jh. als Talsiedlung unter einer 1138 genannten askanischen Grafenburg und wurde im 13. Jh. durch eine Neustadt erweitert (Stadtrecht 1279). Eine (gleichnamige) Bergsiedlung bei der Burg geht wahrscheinlich auf den 961 genannten Burgward (Burgbezirk) *Brandanburg* zurück, sie wurde erst 1825 mit der Talstadt vereinigt. Der Name 1199 *Berneborch,* 1138 *Berneburch* kann trotz dieses älteren Namens nicht mit mnd. *bernen* ›brennen‹ verknüpft werden, wahrscheinlich enthält er eine Kurzform des bei den Askaniern häufigen PN *Bernhard.*

Bernkastel → Bernkastel-Kues.

Bernkastel-Kues [...'ku:s], Stadt an der Mosel, RP, 1905 aus zwei Gemeinden vereinigt. Die Stadt **Bernkastel** am rechten Ufer ging aus einer kleinen keltisch-römischen Siedlung hervor und kam 1280 an das Erzstift Trier (Stadtrecht 1291; die damals erbaute Burg **Landshut** erhielt diesen Namen erst nach 1800). 1037 *Berincastel* geht zurück auf lat. *Princastellum* (um 700), dessen erster Teil vielleicht ein keltischer oder vorkeltischer Bachname ist. Von einem römischen Kastell ist nichts bekannt. Die Namensform 12. Jh. *Beronis castellum* war eine gelehrte Relatinisierung, die sich auf den Trierer Propst Adalbero von Luxemburg (11. Jh.) bezog. Das Dorf **Kues,** älter *Cues,* am linken Ufer, der Geburtsort des Kardinals Nikolaus von Kues (Cusanus, geb. 1401), heißt 1147 *Cobesa,* 1030 *Couese;* der Name gehört wohl zu mlat. *covis* ›Schober‹, ahd. *chubisi* ›Hütte‹ (verwandt mit nhd. *Koben* ›Schweinestall‹).

Beromünster (Kanton Luzern) →Münster.

Bersenbrück, Stadt (seit 1956) an der Hase, NDS, entstand bei einem Zisterzienserinnenkloster, das die Grafen von Ravensberg 1231 auf ihrem Hof B. gestiftet hatten. Der Name 1221 *Bersenbrucge* enthält im BW wohl einen (vorgermanischen?) Flußnamen, vgl. die **Beerse** in Nordbrabant und den Ort **Beerse** bei Turnhout, Provinz Antwerpen, 1187 *Berse*. Der Flußname könnte von niederländischen Siedlern an die Hase übertragen worden sein. Das GW →-brück bezeichnet hier einen Knüppeldamm im Fluß.

Besigheim, Stadt an der Mündung der Enz in den Neckar, BWÜ, entstand bei einem königlichen Fronhof, kam 1153 an die Markgrafen von Baden und nach mehrfachem Wechsel 1595 an Württemberg; Stadtrecht um 1220. Der Name 1463 *Besikem,* 1304 *in Besenkain,* 1231 *Basenkein,* 1153 *curtim* (= den Hof) *Basincheim* enthält den alten deutschen PN *Baso* und bedeutet eigtl. ›Siedlung der Leute des Baso‹ (vgl. →-ingheim).

Bethel, Ortsteil von Bielefeld-Gadderbaum, NRW, entstand durch die Gründung einer Anstalt für Epileptiker im Jahre 1865 auf dem Bauernhof Steinkamp, die 1873 durch den Pastor Friedrich v. Bodelschwingh den Namen *Bethel* erhielt. Vorbild war das biblische Heiligtum *Bethel* (heute Bētīn bei Jerusalem), hebr. *Beth-El* ›Wohnsitz Gottes‹ (1. Mose 28, 17–19).

Betzdorf, Stadt an der Sieg, RP, entstand an einer Bachfurt der mittelalterlichen Fernstraße von Siegen über Hachenburg zum Rhein, erhielt seine Bedeutung aber erst im 19. Jh. durch die Eisenbahnlinie Köln–Siegen. Stadtrecht 1953. Der Name 1451 *Betzdorff,* 1382 *Betstorff* (aus **Bettisdorf*) enthält wohl den ahd. PN *Betto*; →-dorf.

Beuel (zu Bonn) →Bühl.

Beuron bei Sigmaringen →Büren.

Biberach an der Riß, Stadt in Oberschwaben, BWÜ, wurde um 1170 von Kaiser Friedrich I. auf dem ehemaligen Besitz der Herren von Bibra gegründet und als Marktsiedlung am Kreuzungspunkt zweier alter Handelsstraßen angelegt: Stadtrecht vor 1258. Als Zentrum der oberschwäbischen Weberei kam die Stadt schnell zu Wohlstand und entwikkelte sich Ende des 13. Jh.s zur Reichsstadt. Im 14. Jh. begann die Herstellung von Barchent, einem Mischgewebe aus Leinen und italienischer Baumwolle, das in ganz Europa verkauft wurde. 1802 kam B. an Baden, 1806 an Württemberg. Der Name *Biberach,* 14. Jh. *Bibera,* geht zurück auf die 1083 zuerst genannten Herren von *Bibra,* er ist urspr. ein Gewässername, zusammengesetzt aus ahd. *bibar,* mhd. *biber* ›Biber‹ und dem zu *-a* verkürzten GW ahd. *-aha* ›Wasser‹, →[1]-ach; vgl. dazu den Artikel →Bebra.

Biburg →Vilsbiburg.

Biebrich (zu Wiesbaden) →Vilsbiburg.

Biedenkopf, Stadt an der oberen Lahn, HE, entstand nach 1180 unter einer Bergfestung der Landgrafen von Thüringen; Stadtrecht vor 1254. B. gehörte seit 1247 zu Hessen, 1648–1867 zu Hessen-Darmstadt (Hauptort des ›Hessischen Hinterlandes‹) und danach zum preußischen Regierungsbezirk Wiesbaden. Der Name des Berges und der Stadt, 1314 *Bydenkapf,* 1233 *Biedenkap,* 1196 *Biedencaph,* wird erklärt als **ze dem bietenden kapf* (= auf dem die Grenze gebietenden, d. h. bezeichnenden Ausschauberg). Das GW ist demnach ahd. *chapf,* mhd. *kapf* ›runde Bergkuppe, Ausguck‹ zu ahd. *kapfēn,* mhd. *kapfen* ›schauen, ausschauen‹, vgl. nhd. *gaffen.*

Bielefeld, Stadt am Teutoburger Wald, NRW. Die 1214 von den Grafen von Ravensberg im Schnittpunkt alter Fernstraßen gegründete Altstadt wurde 1520 mit der südlich angrenzenden, vor 1300 entstandenen Neustadt vereinigt. Der Name B., urspr. eine Stellenbezeichnung (Flurname), ist älter als die Stadt: 1150 *Bylivelt,* 1015 *Bilivelde* (→-feld). Sein erstes Glied ist mehrdeutig: entweder zu mhd. *bīhel, bīl,* ahd. *bīhal* ›Beil‹ (nach der Form des Flurstücks?) oder wie die häufigen Bergnamen **Bilstein, Beilstein** zu einem alten Wort **bīl* ›steiler Fels, Bergkegel‹. Als Flurname kommt *Bielefeld* mehrfach in Westfalen vor.

Biese, die, → Aland, der.

Bietigheim → Bietigheim-Bissingen.

Bietigheim-Bissingen, Stadt an der Enz, n. von Stuttgart, BWÜ, entstand 1975 im Zuge der Gebietsreform durch Vereinigung der Stadt Bietigheim mit der Gemeinde Bissingen. **Bietigheim** wird zuerst 789 genannt, es war um 870 mit einem Fronhof des Klosters Weißenburg verbunden, gehörte seit 1360 zu Württemberg und erhielt 1364 Stadtrecht. **Bissingen** wird 769 erwähnt, es kam 1326 an Württemberg. Der Name *Bietigheim,* 1528/29 *Bietikhain,* 1489 *zu Büttigkein,* 13. Jh. *Bůtenkeim,* 991 *Biutincheim,* 789 *Budincheim* ist mit dem Doppelsuffix -ingheim (→ -inghausen) gebildet und bedeutet eigtl. ›Siedlung der Leute des Buodo‹. Die heutige Namensform ist durch Umlaut vor *-ing-* und mundartliche Entrundung der Stammsilbe entstanden. Der Name *Bissingen* hat sich in ähnlicher Weise entwickelt: um 1355 *Bissingen* geht über 14. Jh. *Büssingen* auf 13. Jh. *Bussingen,* 991 *Bussinga* zurück und bedeutet eigtl. ›bei den Leuten des Buzzo, Buȝȝo‹.

Bilstein, der, → Bielefeld.

Bingen, Stadt an der Mündung der Nahe in den Rhein, RP, entstand aus einer keltischen Siedlung, bei der die Römer wohl schon 11 v. Chr. ein Kastell und eine Nahebrücke zur Sicherung der römischen Rheintalstraße errichteten (die jetzige Drususbrücke stammt aus dem 10. Jh.). 983–1797 gehörte B. zum Erzstift Mainz, 1814 kam es zu Hessen-Darmstadt. Der Name 1023 *Bingin,* 983 *Pinguia,* 8. Jh. *Binga* bzw. *Bingiorum, Binger marca* (›Gemarkung der Binger‹) geht zurück auf lat. *Bingium* (1. Jh. n. Chr.), dessen sprachliche Herkunft unbekannt und auch aus dem Keltischen nicht zu erklären ist. Die ehemalige, 1969 eingemeindete Stadt **Bingerbrück** links der Nahe ist erst um 1860 im Anschluß an den Eisenbahnbau auf dem Boden der preußischen Rheinprovinz entstanden. Ihr Name bedeutet ›[Siedlung an der] Binger Brücke‹.

Bingerbrück → Bingen.

Bingerwald, der, → Soonwald.

Binswangen bei Wertingen → Bentheim, Bad.

Birkenfeld, Stadt im Saar-Nahe-Bergland, RP, entstand auf altbesiedeltem Boden in fränkischer Zeit, gehörte im 13. Jh. den Grafen von Sponheim, deren Burg zuerst 1293 genannt wird; Stadtrecht 1332. Von 1584 bis 1717 war B. Sitz einer Linie der Herzöge von Pfalz-Zweibrükken, von 1817 bis 1937 gehörte es als Landesteil zu Oldenburg. Der Name um 1212 *Birkinvelt,* 1200 *(Ulricus de) Birkinfelt* ist aus einer Geländebez. mit dem Baumnamen *Birke* (ahd. *birka, birihha*) oder mit dem Adjektiv ahd. *birkīn* ›aus Birkenholz, mit Birken bestanden‹ entstanden. Ein entsprechender ON ist z. B. **Birkenfeld** bei Hofheim, Unterfranken, BY, 814 *Birkenefelt* neben *in marku Birchinafeldono* (= im Gebiet der Einwohner von B.); → -feld.

Birkenfeld bei Hofheim → Birkenfeld.

Birth, Hof, → -ede.

Bischofswẹrda (sorb. Biskopicy), Stadt im Lausitzer Bergland, SAC, entstand um 1218 als planmäßige Gründung des Bischofs von Meißen an der über Plauen und Dresden nach Schlesien ziehenden Fernhandelsstraße (Frankenstraße) und am Ufer der Wesenitz, r. zur Elbe. Der Name 1411 *Bischoffswerde,* 1227 *Biscofiswerde* (neben ugs. verkürztem 1530 *Bischwerdt,* 1460 *Bischwerde*) bedeutet ›Werder des Bischofs‹, das zweite Glied ist mnd. *werde* ›eingedeichtes Land‹ aus ahd. *werid* ›Insel‹, es bezeichnet die Lage der Stadt am oder im Fluß. Zur kanzleisprachlichen Namensform *-werda* vgl. → Apolda.

Bissingen → Bietigheim-Bissingen.

Bitburg, Stadt in der westlichen Eifel, RP, entstand aus einer keltischen, von den Römern ausgebauten Straßensiedlung an der Heerstraße Metz–Trier–Köln (im 3. Jh. römisches Kastell) und wurde in merowingischer Zeit Hauptort des *Bitgaus* (8. Jh. *Bedagowa, pagus Bedensis*), des heutigen **Bitburger Landes**. Im Mittelalter gehörte Bitburg zu Luxemburg, später zu Burgund und den habsburgischen Niederlanden, 1815 wurde es preußisch. Der Name 1030 *Bidburgh,* 893 *Bideburhc,* 715 *Bedense castrum* geht zurück auf kelt.-lat. *Beda* (3. Jh.), ist aber wahrscheinlich vorkeltisch und bisher unerklärt.

Bitburger Land, das, → Bitburg.

Bitterfeld, Stadt nahe der unteren Mulde, SAN, entstand Anfang des 12. Jh.s neben einigen slawischen Siedlungen als deutsches Straßendorf in der Muldenaue, etwa gleichzeitig mit einer flämischen Siedlung *(die Alte Stadt)* bei dem Sorbendorf Sernitzk, die später in B. aufging. Der Name 1323 *Bittervelt,* 1298 *Pitervelt,* 1224 *Bitterfeldt* gehört zu mhd., mnd. *bitter* ›bitter‹, seine Entstehung ist aber nicht befriedigend erklärt. →-feld.

Blankenberg bei Hennef →Blankenburg (Harz).

Blankenburg, Bad, Stadt an der Schwarza, TH, entstand im 13. Jh. als Gründung der Grafen von Schwarzburg unter ihrer alten Burg Blankenburg und war 1275–1538 Residenz der Linie Schwarzburg-B., aus der der deutsche Gegenkönig Günther von Schwarzburg (1349) stammte. Der Name *Bad B.* (seit 1911), 1512 *Blanckenburgk,* 1280 *Blankinberc,* um 1200 *Blankenberg* benennt urspr. die Burg (→-berg/-burg), deren heutiger Name *Greifenstein* erst Anfang des 19. Jh.s aufkam. Vgl. →Blankenburg (Harz).

Blankenburg (Harz), Stadt am Nordrand des Harzes, SAN, entstand um 1200 als Gründung der Grafen von B. im Schutz ihrer Burg auf dem **Blankenstein,** einem steilen Kalkfelsen, und kam 1599 an das Herzogtum Braunschweig-Wolfenbüttel. Bis 1945 gehörte B. zum Land Braunschweig. Die Burg, 1158 *Blanchen-,* 1123 *Blankenburch,* ist nach dem hellen Fels benannt (ahd., mhd. *blanc* ›weißglänzend‹). Der Ort (seit 1250 Stadt) heißt 1223 *Blankinburc.* Entsprechende Burgennamen sind z. B. die von Bad →Blankenburg in Thüringen und der Burg **Blankenberg** bei Hennef a. d. Sieg (1183 *Blankenburg,* 1172 *Blankenberg*; →-berg/-burg).

Blankenese (zu Hamburg) →Nordmarsch-Langeneß.

Blau, die, l. zur Donau, →Blaubeuren.

Blaubeuren, Stadt am Südrand der Schwäbischen Alb, BWÜ, entstand als Siedlung im Talkessel der Blau (s. u.), wohin 1085 das kurz zuvor in Egelsee gegründete Benediktinerkloster der Pfalzgrafen von Tübingen verlegt worden war. Bei dem Kloster entstand vor 1122 ein Markt, der 1267 Stadtrecht erhielt. 1447 kam B. an die Grafen von Württemberg. Das Kloster wurde 1536 in eine evangelische Schule umgewandelt, es ist heute theologisches Seminar. Die **Blau** (l. zur Donau in Ulm) entspringt in B. in einer großen Karstquelle, dem **Blautopf.** Dieser ist nach seinem äußerst klaren und dadurch blau erscheinenden Quellwasser benannt (1643 *der blaue Topf*). Der Flußname 1488/89 *Blaw,* 14. Jh. *Blawe, Plau* ist das substantivierte Adjektiv mhd. *blā,* ahd. *blāo* ›blau‹, er begegnet zuerst 1267 in der lateinischen Fügung *in piscaria Cerulei fluminis* (= im Fischteich des dunkelblauen Flusses‹). Der Ort B. selbst hieß urspr. nur *Beuren* (um 1085 *ad Burren,* 1095 *de Buirron* ›bei den Häusern‹; vgl. →Büren). Erst im 12. Jh. wurde zur Unterscheidung von gleichnamigen Orten der Flußname hinzugefügt: 1175/78 *abbas* (= der Abt [von]) *Blabivron,* 1265 in *Blaburrvn,* 1284 *Blauburren,* 15. Jh. *Blaubewren.*

Blautopf, der, →Blaubeuren.

Blieskastel, Stadt an der Blies, SL, entstand bei der Burg der fränkischen Gaugrafen des Bliesgaus (am Gollenstein, dem größten dt. Menhir), kam 1339 an Kurtrier und 1660 an die Grafen von der Leyen. Der Name 902 *Castel,* 1179 *Castele,* 1343 *Castele uf der Bliessen,* 1381 *Blies Castel* bezeichnet urspr. nur die Burg (ahd. *kastel,* Lehnwort aus lat. *castellum;* →Kassel). Ein römisches Kastell hat es hier nicht gegeben. Die **Blies** (r. zur Saar bei Saargemünd) heißt 796 *Blesa,* um 700 *Bleza,* der **Bliesgau** 861 *Bliasahgouwe,* 777 lat. *Blesinsis pagus.* Der Flußname geht vielleicht auf ein roman. **pleisa,* **bleisa* ›Schlucht, enges Bachtal‹ zurück. Das Bliestal ist bis zu 200 m tief in die Kalkhochfläche des Bliesgaus eingeschnitten; vgl. auch die *Blaise,* l. zur Marne in Frankreich, 1210 *Blesia.*

Blocksberg →Brocken.

Blüchertal, das, →Kaub.

Bobenheim am Rhein →Babenhausen.

Bobingen, Stadt auf dem Lechfeld, sw. von Augsburg, BY, entstand bei einer Ministerialenburg des Bistums Augsburg und wurde im 15. Jh. Sitz eines Amtmanns. 1803 kam B. an Bayern, 1969 wurde es Stadt. Der Name 1157 *Bobingen,* 1071 *Pobingin, Bobinga,* 1063 *Popinga* ist mit dem Suffix → *-ingen* von dem PN *Bobo, Poppo* abgeleitet. Gleicher Herkunft, wenn auch in anderer Lautform, ist der Name der ehemaligen Reichsstadt **Bopfingen** (w. von Nördlingen, BWÜ), die vor 1242 durch die Staufer Stadtrecht erhielt und 1803 an Bayern kam: 1188 *Bobphingen,* 1153 *Bophingen.* Vgl. den Artikel → Bamberg.

Böblingen, Stadt am Nordrand des Schönbuchs, sw. von Stuttgart, BWÜ, entstand als alemannische Siedlung bei einer Adelsburg, die um 1240 den Pfalzgrafen von Tübingen gehörte, und wurde von diesen planmäßig als Stadt neu angelegt; Stadtrecht vor 1272. Im 14. Jh. wurde B. an die Grafen von Württemberg verkauft. Der Name *Böblingen* ist die hyperkorrekt verhochdeutschte Form für älteres *Beblingen* (1100 *Bebilingen*), das auf den alemannischen PN *Babilo,* eine Koseform von *Babo*, zurückgeht; vgl. den Artikel → Göppingen.

Bocholt, Stadt im westlichen Münsterland, NRW, entstand auf altbesiedeltem Boden aus einer um 800 gegründeten Pfarrei des Bistums Münster und erhielt 1222 Stadtrecht. Der Name 1142 *Bockholte,* 834 *Buchuldi,* 779 *Bohholt* (dafür ahd. *Buocholt*) bedeutet ›Buchenwald‹ (zu asächs. *bōke,* ahd. *buohha* ›Buche‹; → -holz). Entsprechende ON sind u. a. **Buchholz in der Nordheide** (1627 Buchholtz, 1601 *Bucholz,* 1450 *Bockholte,* um 1250 *Bocholt*), **Buchholz** bei Schwerin (1230 *Bocholt*) und **Bocholt** bei Maaseik, Belgien (1096 *Buocholz*). Vgl. → Bochum und → Buxtehude.

Bocholt bei Maaseik → Bocholt.

Bochum, Stadt im Ruhrgebiet, NRW, entstand im 13. Jh. als Marktsiedlung der Grafen von der Mark bei einer schon im 9. Jh. bezeugten Höfegruppe am Hellweg. Der Name B. (so seit dem 16. Jh.), 1298 *Buchem,* 1150 *Bokheim,* 1041 *Cofbuockheim* enthält die Baumbez. asächs. *bōke,* ahd. *buohha* ›Buche‹ und das GW *-heim* ›Wohnort‹ (→ -heim). Älter bezeugt ist der Stadtteil **Altenbochum** (ehemalige Bauerschaft, 890 *Aldanbuchem*). Der Zusatz *Cof-* von 1041 (1243 *Cobuchem,* jetzt noch mdal. *Kauboukum* für B.), eine Nebenform von asächs. *kō* ›Kuh‹, bezieht sich auf die in B. seit alters betriebene Viehzucht (Unterscheidung gegenüber **Sandbochum,** bei Unna, 1240/50 *Santbochem,* und **Langenbochum,** Stadtteil von Herten, 1090 *Langen Buockheim*). Vgl. auch den Artikel → Buchen (Odenwald).

Bode, die, linker Nebenfluß der Saale, entsteht im östlichen Harz aus den Quellflüssen **Kalte Bode** und **Warme Bode,** mündet bei Nienburg. Namensformen mit *-o-* wie 1334 *over* (= über) *der Bode,* 980 *Boda,* 936 *iuxta fluvium* (= bei dem Fluß) *Bode* stehen neben Formen mit *-a-* wie 1012/18 *Bada,* 994 *usque Badam* (= bis zur B.). Der Name ist wohl germanisch, aber nicht sicher erklärt. Ein Nebenfluß r. zur Bode ist die **Rappbode** im Unterharz mit der 1959 fertiggestellten **Rappbodetalsperre;** ihr Name entstand durch Lautangleichung aus 1209/1227 *Ratbode,* eigtl. ›schnelle B.‹, zu ahd. *[h]rat,* mnd. *rat* ›schnell‹.

Bodensee, der, See am Nordrand der Alpen, vom Rhein durchflossen, anteilig zu Deutschland (BWÜ, BY), Österreich und der Schweiz gehörend. In römischer Zeit wurde er nach der Stadt *Bregenz* (lat. *Brigantium, Brigantia;* → Breg) *lacus Brigantinus* oder *lacus Brigantiae* genannt, z. T. auch *lacus Venetus* nach dem am Obersee siedelnden (?) alten Volk der *Veneter.* Seinen deutschen Namen erhielt der See nach dem Ort **Bodman** am NW-Ende des Überlinger Sees, BWÜ, der in der Merowingerzeit Münzstätte und unter den Karolingern eine wichtige Kaiserpfalz war. Der ON 1550 *Podman,* 1167 *Bodimin,* 887 *Podoma,* 839 *Bodoma* geht zurück auf ahd. *bodam* ›Boden, Grund‹ (hier: ›tief gelegener Siedlungsplatz‹). Als Name des Sees steht 1361 *Bodense,* 1087 *ad lacum* (= an den See) *Bodinse* neben latinisierten Formen wie 1016 *lacus Potamicus,* 890 *Podamicus,* die sich noch deutlich auf *Bodman* beziehen. Diese Namengebung nach einer Ufersiedlung, die schon in *lacus Brigantinus* begegnet, zeigen auch die Namen von Abschnitten des großen Sees: der **Überlinger See,** der **Zel-**

ler See (nach →Überlingen, →Radolfzell). Auf den Durchfluß des Rheins von Ost nach West beziehen sich dagegen die Teilnamen **Obersee** (zwischen Bregenz und Konstanz bzw. Bodman) und **Untersee** (zwischen Konstanz und Stein am Rhein). Nur historisch ist der Name *Konstanzer See* 1550 *Costentzer see,* 1187 *Constantiensis lacus,* er bezog sich wohl auf den Obersee.

Bodman →Bodensee, der.

Bogen, Stadt am linken Ufer der Donau in Niederbayern, BY, entstand bei einer bereits bronzezeitlichen Volksburg als Siedlung des Klosters Niederalteich und wurde im 11. Jh. zum Mittelpunkt der *Grafschaft Bogen.* Diese kam 1242 im Erbgang an die Wittelsbacher, die darauf den weißblauen bogenschen Rautenschild in das bayerische Wappen aufnahmen. Schon vorher erhielt B. Marktrechte, wurde aber erst 1952 zur Stadt erhoben. Der Name 1142, 1108 *Bogen,* 1129 *Pogene,* um 800 *Pogana* entspricht dem des **Bogenbachs** (l. zur Donau), 882 *occidentalis* (= westliche) *Bogana* (ein ›östlicher Bogenbach‹, 882 *orientalis Bogana,* mündet bei Deggendorf). Der Gewässername gehört wohl als Zusammensetzung mit dem verkürzten GW ahd. *-aha* (→[1]*-ach*) zu ahd. *bogo, pogo* ›Bogen, Biegung‹, bezieht sich also auf die Krümmungen des Bachlaufs.

Bogenbach, der, l. zur Donau, →Bogen.

Böheimstein, Burg, →Pegnitz, die.

Böhmen →Bayern.

Böhmerwald, der, tschech. Šumava (für den SO-Teil) und Český les (für den NW-Teil), südwestliches Randgebirge Böhmens, an der Grenze zwischen der Tschechischen Republik und Deutschland bzw. Österreich. Während der Name B. früher für das ganze westböhmische, nordbayerische und oberpfälzische Gebirgsland galt (vgl. den Artikel →Waldmünchen) und bis ins 18. Jh. auch das →Erzgebirge umfaßte, haben sich in der Neuzeit Namen für Teilgebiete herausgebildet: der *Oberpfälzer Wald,* der *Bayerische Wald.* Der Name B. ist also heute nur für das eigentliche bayerisch-böhmische Grenzgebiet und das westliche Böhmen gebräuchlich. Historische Belege sind: 1204 *Boemerwalt,* 1147 *Behaime walt* (zu mhd. *Beheim* ›Böhmen‹), 996 *Boemicus saltus,* 906 *Boemica silva* (zu mlat. *bohemicus* ›böhmisch‹; vgl. Böhmen im Artikel →Bayern). Erwähnt sei noch, daß der B. bei den griechischen Geographen des 1. bis 2. Jh.s n. Chr. *Gabrēta* hýlē ›Steinbockwald‹ heißt (zu kelt. *gabros* ›[Stein]bock‹).

Boitzenburg, Schloß bei Prenzlau, →Boizenburg/Elbe.

Boize, die, r. zur Elbe, →Boizenburg/Elbe.

Boizenburg/Elbe, Stadt sö. von Hamburg, MV, entstand an einem alten Elbübergang bei einem slawischen Burgwall, der Mitte des 12. Jh.s durch eine deutsche Burg ersetzt wurde. Bald nach 1200 wurde B. als Stadt neu angelegt und hatte um 1241 Stadtrecht. Der Name 1216 *Boiceneburch,* 1195 *Boyzeneburg* bezeichnete zuerst den Burgbezirk (1158 *Boyceneburg*). Die Burg ist vermutlich nach dem Fluß **Boize** benannt, der hier in die Elbe mündet und 1251 *Boizena* heißt. Dieser Flußname geht zurück auf **Bōkina,* d. h. ›Buchenbach‹ (zu asächs. *bōke* ›Buche‹). Der Wechsel von *k* zu *z* (Zetazismus; →Itzehoe, →Celle) erscheint mehrfach in holsteinischen und niedersächsischen Flur- und Dorfnamen wie *Boitz, Boitze, Boitzenhagen;* vgl. auch das uckermärkische Schloß **Boitzenburg** sw. von Prenzlau (13. Jh.).

Bolanden; Bolanderhof →Kirchheim-Bolanden.

Boll, Gemeinde sw. von Göppingen, BWÜ, entstand um eine Propstei des Bistums Konstanz und wurde 1321 von den Herzögen von Teck an Württemberg verkauft. Das Schwefelbad im Ortsteil **Bad Boll** ist seit 1477 bekannt. Joh. Christoph Blumhardt richtete 1852 ein religiöses Erweckungs- und Heilungszentrum ein, das seit 1920 der Herrnhuter Brüdergemeine gehört. Der Name 1683 *Boll, Bollerbadt,* 1477 *Boll... die badstub daselbs,* 1155 *Bolla* entspricht dem Appellativ ahd. *bol* ›Knolle, Zwiebel‹, mhd. *bolle* ›Knospe, kugelförmiges Gefäß‹, das in Flurnamen auch die Bed. ›rundliche Bodenerhebung‹

entwickelte. Auf einer solchen *Bolle* steht die Kirche des Ortes.

Bonlanden → Kirchheim-Bolanden.

Bonn, Stadt am Rhein im S der Kölner Bucht, NRW, seit 1949 Hauptstadt der Bundesrepublik Deutschland (noch Regierungssitz bis zum Umzug nach Berlin). Das bei einem keltischen Fischerdorf am linken Ufer um 50 n. Chr. zum Schutze des Rheinübergangs ins Siegtal errichtete römische Legionslager (120 *Castra Bonnensia*) wurde in fränkischer Zeit Sitz der Gaugrafen, verödete aber im 9. Jh. Südlich davon war bei der Grabkirche der römischen Märtyrer St. Cassius und St. Florentius eine Siedlung entstanden, die in karolingischer Zeit *Villa Basilica* genannt wird (nach lat. *basilica* ›Hauptkirche‹). Hier entwickelte sich ein Kanonikerstift, das bald Ansehen und Reichtum gewann, seinen Einfluß aber mit der Pfalzgrafenfamilie der Ezzonen (vgl. den Artikel → Pfalz) und dem Erzstift Köln teilen mußte. Seit dem 12. Jh. waren die Erzbischöfe von Köln Stadtherren, im 17. Jh. wurde B. ihre Residenz. 1786–97 bestand die erste Bonner Universität, und nach dem Übergang der Rheinlande an Preußen wurde 1818 die preußische Rheinuniversität gegründet. – Der Name der Stadt, 977 *Bonna,* 880 *Bunna,* lat. im 1. Jh. *Bonna*, ist keltischen Ursprungs, aber nicht sicher erklärt. Vielleicht gehört er zu kelt. *bona* (= Burg?) in ON wie *Vindobona* (heute: Wien) und Ratisbona (→ Regensburg). Eine gelehrte Erfindung des 10./11. Jh.s ist der angeblich antike Name *Verona (cisalpina* = diesseits der Alpen) für Bonn.

Bonnland → Kirchheim-Bolanden.

Bopfingen → Bobingen.

Boppard, Stadt am linken Ufer des Mittelrheins, RP, entstand aus einer keltischen, später römischen Siedlung an der Rheintalstraße (Kastell im 4. Jh.) und war bis 1306 Reichsbesitz (Hauptort des ›Bopparder Reichs‹), danach kurtrierische Amtsstadt. Der Name 12. Jh. *Boppard,* 1002 *Bochbardon,* 803 *Botbarta,* 754 *in marcu Bodobriginse* geht zurück auf kelt.-lat. (4. Jh.) *Boudobriga, Bodobrica,* das als ›Burg des *Bouduos*‹ gedeutet wird (kelt. PN, das GW ist gall. *briga* ›Berg, Burg‹, mir. *brig* ›Hügel‹, urverw. mit dt. *Berg;* vgl. den Artikel → Breg). Das nicht mehr verstandene GW *-briga* wurde im 9. Jh. durch mlat. **barta* ›Buschwald, Gehölz‹ abgelöst, das auch in südfranzösischen Ortsnamen wie *Labarthe, les Barthes* vorkommt. – Die große Rheinschleife bei Boppard ist **der Bopparder Hamm** (zu rhein. *Hamm* ›Bucht, Außenbogen einer Flußkrümmung‹; → Hamm).

Bopparder Hamm, der, → Boppard.

Borbeck (zu Essen) → Bottrop.

Borghorst, Stadtteil von Steinfurt, NRW, entstand bei einem vor 968 von den hier ansässigen Edlen von B. gegründeten Damenstift und wurde 1512 als freier Wigbold (Flecken) genannt. Seit 1950 Stadt, kam B. 1975 zu → Steinfurt. Der Name 968 *Borchorst,* 974 *Burchurst* bezeichnet urspr. einen Buschwald, → -horst. Sein erstes Glied ist nicht sicher zu deuten (→ Borken); von einer Burg ist nichts überliefert.

Borken, Stadt im westlichen Münsterland, NRW, entstand auf fränkischem Königsgut um eine alte Remigiuskirche am Übergang über die Borkener Aa (l. zur Bocholter Aa zur Ijssel); Stadtrecht um 1220. Der Name 1188 *Borcken,* 12. Jh. *Burken,* 10. Jh. *Burke* ist unerklärt. Der Anschluß an norw.-mdal. *burkne,* aisl. *burkn* ›Farnkraut‹, isl. *burkni* ›Brombeerdickicht‹ bleibt zweifelhaft, da asächs. und mnd. Entsprechungen fehlen; vgl. auch → Borghorst, → Borkum und die ON **Borken (Bez. Kassel),** 8. Jh. *in Burcun,* und **Borken** (zu Meppen), NDS, 969 *in Burgiun,* Anfang 11. Jh. *Burgun* neben *in Burcnun.*

Borken (Bez. Kassel); **Borken** (zu Meppen) → Borken.

Borkum, westlichste der ostfriesischen Inseln, NDS. Der Name 16. Jh. *Borkum,* 1398 *Borkyn,* 1277 *Borkna* geht zurück auf 1. Jh. lat. *Burchana* (Plinius IV, 97), griech. *Boúrchanis* (Strabon VIII, 1), das man zu aisl. *burkn* ›Farnkraut‹, isl. *burkni* ›Brombeergestrüpp‹ gestellt hat; → Borken. Nhd. *Borkum* ist, wie → Baltrum, an die ostfries. ON auf *-um* = *-heim* angeglichen. Einen römischen Namen der Insel, *Fabaria,* nennt Plinius IV, 27 (zu lat. *faba*

›Pferdebohne‹, wohl nach einer auf B. wachsenden wilden Erbsenart).

Borna, Stadt im S der Leipziger Tieflandbucht, SAC, entstand Anfang des 11. Jh.s als Burgweiler der deutschen Reichsburg Tibuzin (die wohl eine slawische Gauburg ersetzt hatte), kam um 1200 an die Markgrafen von Meißen und erhielt vor 1265 Stadtrecht. Der Name 1378 *Borne,* 1331 *Burn,* 1264 *Burne* erscheint zuerst um 1225 latinisiert im lokativischen Dativ Plural als *Bornis, Burnis* ›an den Quellen‹ (zu mnd. *born* ›Brunnen, Quelle‹), er weist also auf die Lage in quellenreicher, fruchtbarer Gegend hin. Die kanzleisprachliche ON-Form *Borna* ist erst Ende des 16. Jh.s belegt (→Apolda).

-borstel, -bostel →Fallingbostel.

Bosenbach, der; **Bosenberg,** der, →Sankt Wendel.

Bottrop, Stadt im Ruhrgebiet, NRW, entstand aus einem alten kirchlichen Mittelpunkt mehrerer Bauerschaften und entwickelte sich durch den Kohlenbergbau seit 1863 zur Stadt (Stadtrecht 1919). Der Name 1150 *Borthorpe,* um 1092 *Borgthorpe* gehört vielleicht als *Borhtthorp zum Namen des Gaus 8. Jh. *Borahtra,* 966 *Borhtergo* (zwischen Bottrop und Soest), den man mit dem germanischen Stamm der Brukterer (lat. *Bructeri,* mlat. *Boructuarii*) verbunden hat. Vgl. auch **Borbeck** (Stadtteil von Essen), das um 1150 *Bordbeke,* im 10. Jh. *Borthbeki,* um 900 *Borahtbeki* heißt. →-dorf.

Brachelen bei Geilenkirchen →Brakel.

Bracht (zu Ratingen) →Velbert.

Brackel (zu Dortmund) →Brakel.

Brake bei Bielefeld →Brakel.

Brake (Unterweser), Stadt in der Wesermarsch, NDS, entstand seit 1623 aus einer Zollstelle der Grafen von Oldenburg; Stadtrecht 1856. Der Name bezeichnete urspr. die *Harrier Brake* (1314 *brake zu Haregen;* dieser ON wohl zu asächs. *horu* ›Sumpf, Schmutz‹), eine Deichbruchstelle (mnd. *brāke,* zu *brēken* ›brechen‹), an der ein östlicher Jadearm zur Weser durchgebrochen war. Sie wurde 1531 zugeschüttet, um die Verbindung nach Stadland und Butjadingen zu verbessern. →Brakel.

Brakel, Stadt sw. von Höxter, NRW, entstand als Marktort am Hellweg und wurde vor 1259 Stadt unter den Herren von B. Seit dem 14. Jh. gehörte B. zum Bistum Paderborn. Der Name 1136 *Brakele,* 836 *Brechal, Bracal* ist eine Bildung zu ahd. *brāhha,* mnd. *brāke* ›Brache; Land, das [neu] umbrochen wird‹. Vgl. **Brackel** (Stadtteil von Dortmund), 980 *Bracla,* und **Brachelen** bei Geilenkirchen, 1170 *Brakle.* Einfaches mnd. *brake* ›Brache‹ erscheint z. B. im Namen von **Brake** bei Bielefeld, 1173 *Brak.*

Bramsche, Stadt an der Hase n. von Osnabrück, NDS, entstand am Haseübergang alter Fernstraßen um einen fränkischen Meierhof mit Taufkirche. Im 13. Jh. Markt- und Gerichtsort des Bistums Osnabrück; Stadtrecht 1929. Der Name 1097 *Bramezche* ist zusammengesetzt aus mnd. *brām* ›Besenginster‹ und mnd. *esch,* asächs. *-eszce* ›Feldflur, Saatland‹. Den gleichen Namen hat **Bramsche** bei Lingen, um 1000 *Bremesge.*

Bramsche bei Lingen →Bramsche.

Bramstedt, Bad, Stadt sw. von Neumünster, SH, entstand aus einem Fronhof (um 1274 *villa Bramsted*) und war alter Markt- und Gerichtsort (Rolandsfigur des 17. Jh.s). Nach Erschließung einer Heilquelle (1872) erhielt es 1910 als *Bad B.* Stadtrecht. Der Name bedeutet ›Ort, wo Ginster wächst‹ (zu mnd. *brām* ›Besenginster‹ und asächs. *stedi* ›Ort, Wohnstätte‹, →-statt, -stedt, -stätten). Den gleichen Namen haben **Bramstedt** sö. von Bremerhaven, NDS, 1072 *Bramstedi* (mit germanischem Opferplatz), und **Bramstedt** bei Bassum, NDS, 1105 *Bramstedi.*

Bramstedt bei Bassum; **Bramstedt** bei Bremerhaven →Bramstedt, Bad.

Brand →Brand-Erbisdorf.

Brandenburg, Stadt an der unteren Havel, BR, entstand an einem schon vorgeschichtlichen Havelübergang als Stammesburg der slawischen Stodoranen, die von den Deutschen *Heveller,* d. h. ›havelländische‹ Slawen, genannt wurden (980 im Gaunamen *Hevellon,* zum Flußnamen →Havel, bezeugt). Die Burg kam zuerst 928 und endgültig 1157 in deutschen Besitz, sie lag auf einer Insel am Platz des späteren Domes und war von slawischen Kiezen (Fischersiedlungen) umgeben. Um 1160 kam eine königliche Altstadt und vor 1197 eine markgräflich askanische Neustadt hinzu, beide wurden erst 1715 vereinigt. Bis ins 16. Jh. war B. die unbestrittene ›Chur- und Hauptstadt‹ der gleichnamigen Markgrafschaft, wurde dann aber von Berlin und später auch von Potsdam überflügelt. Der Name 1012/18 *Brande-, Brandanburg,* 948 *Brendanburg,* daneben 10. Jh. *Brenna-, Brinnaburg, Brennanburg,* ist nicht eindeutig erklärt. Die Formen werden gewöhnlich zum Stamm von ahd., asächs. *brant* ›das Brennen; brennendes Holzscheit‹ bzw. zu den Verben ahd., asächs. *brinnan* ›brennen, verbrennen‹ und ahd. *brennen* ›anzünden‹ gestellt. Ähnliche Namen von Burgen oder Burgruinen wie *Brandenberg, Brandenstein, -fels* sind meist jünger; es kann sich dabei um große Schadenfeuer oder Zerstörungsbrände handeln, aber auch um Brandrodungen in Waldgebieten. Letzteres trifft z. B. zu für **Brannenburg** bei Rosenheim, BY, 12. Jh. *Brandinberc,* 1199 *Prandenberg.* Durch Namensübertragungen erklären sich Beispiele wie →Neubrandenburg und das ostpreußische **Brandenburg** am Frischen Haff (jetzt russ. Uschakowo), das als Deutschordensburg und Sitz einer Komturei 1266 durch Markgraf Otto III. von Brandenburg gegründet worden ist.

Brandenburg, Land der Bundesrepublik Deutschland, bis 3. 10. 1990 der Deutschen Demokratischen Republik (1952 bis 1990 aufgelöst in die Bezirke Potsdam und Frankfurt und Teile der Bezirke Cottbus und Neubrandenburg); bis 1947 preußische Provinz. Die Territorialgeschichte von B., der historischen *Mark Brandenburg,* begann im 12. Jh., als der Askanier Albrecht der Bär die Feste →Brandenburg des verstorbenen Hevellerfürsten Pribislaw-Heinrich eroberte und den Titel *Markgraf von B.* annahm (1157). Albrecht erneuerte auch die Missionsbistümer Brandenburg und Havelberg, die bereits 948–983 bestanden hatten, und zog zahlreiche deutsche und niederländische Siedler in das Land zwischen mittlerer Elbe und Oder. Der Name des alten Hauptortes ging auf das ganze Gebiet über, das w. der Elbe auch die →Altmark und ö. der Oder seit dem 14. Jh. die heute zu Polen gehörende **Neumark** umfaßte (1397 *neuwe mark obir Oder*). Auf die Askanier folgten nach 1319 Markgrafen aus den Häusern Wittelsbach und Luxemburg-Böhmen, und 1356 bestätigte die Goldene Bulle den Markgrafen die Kurwürde. Der Versuch Kaiser Karls IV., B. in die nördliche Expansion des Königreichs Böhmen einzubeziehen, blieb ohne Erfolg. Sein Sohn König Sigismund berief 1411 den Hohenzollern Burggraf Friedrich von Nürnberg zum Verweser und machte ihn 1415/17 zum Markgrafen und Kurfürsten von B. Die Hohenzollern haben in dieser Eigenschaft (und seit 1701 als Könige in bzw. von →Preußen) bis 1918 regiert. Die ehemalige Provinzhauptstadt und seit 1947 Landeshauptstadt von B. ist →Potsdam.

Brandenburg am Frischen Haff →Brandenburg (Stadt).

Brand-Erbisdorf, Stadt im Erzgebirge s. von Freiberg, SAC. Die Bergbausiedlung **Brand** entstand, als um 1500 in der Gemarkung des Bauerndorfs **Erbisdorf** Silbererz gefunden wurde; sie erhielt 1834 Stadtrecht und wurde 1912 mit der Gemeinde E. vereinigt. Der Name 1548 *Brandt,* 1538 *ufm* (= auf dem) *Brande* ist urspr. ein Flurname: 1480 *Brandstutz,* 1441 *Brent, Brendstucz* bezeichnete einen Steilhang (mdal. *Stutz*) bei einer Brandstelle im Gelände. Der Name 1428 *Erbisdorff* ist verkürzt und abgeschliffen aus 1386 *Erlwisdorf,* 1265 *Erlewinsdorph,* 1226 *Herlluwinesdorf* bzw. 1209 *Erlwinesberc;* er enthält den PN *Erlwin,* vermutlich den Namen eines aus Niedersachsen gekommenen Lokators (Ortsgründers; zu asächs. *erl,* aengl. *eorl* ›[Edel]mann‹ und asächs. *wini* ›Freund‹).

Brannenburg →Brandenburg (Stadt).

Braunlage, Stadt im Harz s. des Brokkens, NDS, entstand als Grubensiedlung im Wald wohl im 14. Jh. und erneut ab 1561; im 17. Jh. Marktflecken, 1934 Stadt (heilklimatischer Kurort). Der Name 1648 *Braunlage,* 1518 *Braunlohe* ist eigtl. ein Waldname: um 1260 *Brunenlo.* Er enthält entweder mhd., ahd. *brūn* ›braun‹ oder den Genitiv des PN *Bruno*. Zum GW vgl. → Gütersloh.

Braunschweig, Stadt an der Oker, NDS, entstand seit dem 9. Jh. am Okerübergang alter W-O-Straßen aus 5 Teilsiedlungen (Weichbildern) um die Burg der sächs. Brunonen, die erst im 13. Jh. zu einer Stadt zusammenwuchsen. Ältester Teil war ein Handelsplatz (Wik) am rechten Ufer (später das Weichbild *Altewiek*), der im 11. Jh. auf das linke Ufer verlegt wurde *(Altstadt)*. Um 1150 entstand n. davon die *Neustadt* und nö. der Burg der *Hagen* (Stadtrecht wohl durch Heinrich den Löwen, 1227 bestätigt). Als letztes Weichbild folgte nach 1280 der *Sack*. Im 12. Jh. Residenz Heinrichs des Löwen (1165 Errichtung des Burglöwen) und seit 1250 Hansestadt, war B. 1235–1300 und wieder seit 1753 Hauptstadt des gleichnamigen Herzogtums (s. u.); 1745 Gründung der heutigen Technischen Universität. Der Name *Braunschweig* (so seit 1573) ist (mit Verschiebung der Silbengrenze) verhochdeutscht aus 1563 *Brunswigk*, 1134 *Bruneswich*, 1031 *Brunesguik* ›Wik des Brun[o]‹ (zum GW → Bardowick). Er benannte urspr. den alten Wikplatz nach einem Mitglied des Grafengeschlechts der *Brunonen*. – Das ehemalige Land **Braunschweig** (bis 1918 Herzogtum) ist 1235 als Herzogtum *B.-Lüneburg* auf welfischem Eigengut entstanden und blieb in wechselnder Gestalt und Benennung bis zur napoleonischen Zeit erhalten (vgl. auch → Lüneburg, → Wolfenbüttel, → Göttingen, → Celle). Mit der Neubildung des Landes 1813 setzte sich der Landesname *Braunschweig* endgültig durch. 1946 ging das Land in → Niedersachsen auf.

Braunschweig (Land) → Braunschweig.

Breg, (auch:) *Brege*, die, rechter Quellfluß der Donau im südlichen Schwarzwald, BWÜ, entspringt n. von Furtwangen, vereinigt sich bei Donaueschingen mit der Brigach zur Donau. 1331 *Bregen*, 1234 *Brega* führen über **Bregana* zurück auf kelt. **Brigana*, eine Ableitung mit dem Suffix *-ana* von kelt. **brig[a]* ›Berg‹; vgl. → Brigach. Der Stamm **brig-* tritt mehrfach in keltischen Fluß- und Ortsnamen auf, z. B. im Namen der Stadt **Bregenz** am Bodensee, der Landeshauptstadt Vorarlbergs, Österr., 12. Jh. *Braginza*, 1064 *Preginza* aus lat. *Brigantium*, griech. *Brigántion;* vgl. auch den Artikel → Prien am Chiemsee.

Bregenz → Breg, die,

Brẹhna, Stadt nö. von Halle (Saale), SAN, entstand im 11. Jh. um eine wettinische Grafenburg und wurde Hauptort der Grafschaft B.; Stadtrecht 1274. Der Name 1451 *Brehne*, 1190, 1166 *Bren*, 1145 *Brena*, 1045 *(Graf Thimo de) Brene* wird zu aslaw. *brnije* ›Kot‹ gestellt, das mehrfach in slaw. Gewässernamen vorkommt. Als Grundform ist **Brenno* oder **Bren* anzunehmen. Entsprechende ON sind z. B. *Brenna* (bei Kattowitz) und **Brinnis** (Kr. Delitzsch, 1349/50 *Brynis, Brinnis*) sowie die Wüstung *Breene* auf Rügen (1316 *van Brene*).

Breisach am Rhein, Stadt im Breisgau, BWÜ, entstand auf schon vorgeschichtlich besiedeltem Boden, auf einem Berg zwischen mehreren Rheinarmen. Ein dort um 369 errichtetes Kastell Kaiser Valentinians I., das bereits um 400 von den Römern aufgegeben worden war, hat als Burg bis ins Mittelalter fortbestanden. Die Lage an einem günstigen Rheinübergang förderte die wirtschaftliche Bedeutung des Ortes, war aber auch die Ursache für mehrfache Zerstörungen. Seit 1002 gehörte B. den Bischöfen von Basel, die im 12. Jh. auf dem Berg eine Kaufmannsstadt anlegten. Sie war im 13./14. Jh. Reichsstadt (Bau des gotischen Stephansmünsters), kam aber um 1330 mit Teilen des → Breisgaus zu Österreich und fiel 1648 an Frankreich, das die Stadt 1665 zur Festung ausbaute. Seit 1805 gehörte B. zu Baden. – Der Name 1507 *Breysach*, 1416 *Brysach*, 1237/54 *Brisach*, 1012/18 *Brizach* geht zurück auf 10. Jh. *ad Prisacam, Brisaga* und auf die erste römische Nennung 4. Jh. *Monte Brisiaco* (= auf dem Berg Brisiacus). Es liegt also ein römischer ON auf *-iacus* vor (→ -acum), der von dem gallischen PN *Brisios* abgeleitet ist und an die deutschen Namen auf *-ach* angeglichen wurde (vgl. z. B. → Andernach). Gleicher Herkunft ist der Name von **Bad Breisig** (s. von Remagen, RP), 1276 *Brisege,* 1215 *in Briseche,* 1041 *ecclesia* (= Kirche) *in Brisiaco.*

Breisgau, der, Landschaft am Oberrhein zwischen Rhein und Schwarzwald, BWÜ. Der B. wird um 400 zum erstenmal genannt und war in der Karolingerzeit eine Grafschaft. Im 11. Jh. kam diese an die Markgrafen von Baden und 1190 an ihre Seitenlinie, die Markgrafen von Hachberg. 1318 wurde die Landgrafschaft im Breisgau an die Grafen von Freiburg verpfändet. Gegen deren Widerstand konnten die Habsburger im 14. und 15. Jh. das Gebiet an sich bringen. Seit 1805 gehört der B. zu Baden. Der Name *Breisgau,* 1486 *Brißgow,* 1016 *Prisgauue,* 790 lat. *in Brisigavia* steht im Zusammenhang mit dem von → Breisach: 839 *Brisachgaouue,* 890 *Prisahgouve,* als Adjektiv 845 *infra pago Prisachgauginse.* Ableitungen zeigen die beiden ältesten Belege in der kürzeren Form: 4. Jh. *Brisgavi seniores, Brisgavi juniores.* Damit sind Angehörige römischer Hilfstruppen gemeint. Zum GW *-gawi, -gau* vgl. den Artikel → -gau.

Breisig, Bad, → Breisach.

Bremen, Hafenstadt an der Weser, bildet mit → Bremerhaven das Bundesland **Freie Hansestadt Bremen** (so zuerst 1806). Die Stadt entstand seit Ende des 8. Jh.s auf dem Dünenzug am rechten Ufer. Eine Kaufmannssiedlung am Weserübergang unterhalb des Domes (Gründung des Bistums unter dem Angelsachsen Willehad 787, Erzbistum seit 845) wuchs mit der Bischofsstadt und später mit der stromabwärts auf dem Steffensberg entstandenen Fischer- und Schiffersiedlung zusammen. Marktrecht 888 und 965, Stadtrecht um 1200, Hansestadt seit 1358, Reichsfreiheit 1541 (bestätigt 1646), seit Ende des 18. Jh.s Aufstieg zum Welthandelsplatz. – Der Name *B.,* 937 *Bremun,* 858 *Bremon,* 9. Jh. *in Brema* gehört zu asächs. *bremo* ›Rand‹ und bezeichnet die Lage der karolingischen Domburg auf der Düne (vgl. nhd. *verbrämen* ›mit einem Rand verzieren‹, mhd.

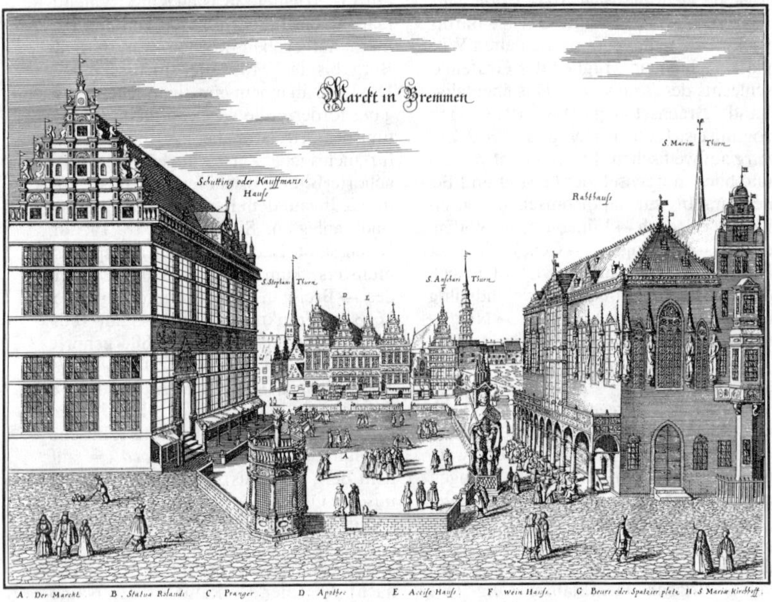

A. Der Marckt. B. Statua Rolandi. C. Pranger. D. Apothec. E. Accise Hauss. F. Wein Hauss. G. Beurs oder Spatzier platz. H. S. Mariae Kirchhoff.

brem ›Einfassung, Rand‹). Den gleichen Namen hat z. B. **Bremen** (zu Ense, Kr. Soest), NRW, 1080 *Bremo.* Der Name der Bremer Vorstadt **Utbremen,** 1157 *in Utbrema,* bedeutet ›das außerhalb gelegene Bremen‹ (asächs. *ūt* ›außen, aus‹).

Bremen (zu Ense) → Bremen.

Bremerhaven [...'ha:fn̩], Hafenstadt an der Wesermündung, HB, wurde 1827 von dem bremischen Bürgermeister J. Smidt gegründet, der das Gelände n. der Geestemündung durch einen Staatsvertrag mit Hannover erworben hatte. Der neue *Bremer Haven* wurde 1830 eröffnet und bald erweitert, die Siedlung erhielt 1851 Stadtrecht. Trotz mehrfacher Vergrößerungen blieb B. durch die (seit 1866 preußischen) Städte Lehe und Geestemünde eingeengt, die 1924 zur Stadt **Wesermünde** vereinigt wurden. 1939 ging B. mit Ausnahme der Häfen in Wesermünde auf, aber 1947 kam diese Stadt durch Besatzungsrecht an Bremen zurück und nahm darauf den alten Namen *Bremerhaven* an. – Der Name **Lehe,** 1188 *Lede,* 1187 *Leda* entspricht asächs. *lēda* ›Leitung‹, mnd. *lēide* ›Leitung, Wasserlauf‹, ostfries. *leye, leda* ›Weg‹; die sehr alte sächsisch-friesische Siedlung lag auf einem schmalen Geestausläufer. Die Stadt **Geestemụ̈nde** wurde in Konkurrenz zu B. 1845 in der Mark des Dorfes **Geestendorf** (12. Jh. *Gestenthorpe*) gegründet, sie heißt nach dem Fluß **Geeste** (r. zur Weser), dessen Name 1406 *uppe de Ghestene,* 1399 *gheest, geest,* 1357 *gest* wohl zu niederd. *Geest,* mnd. *gēst* ›hochgelegenes, trockenes Land im Küstengebiet‹ gehört.

Bremervörde [...'fø:ɐ̯də] Stadt an der Oste, NDS, entstand an einem schon vorgeschichtlichen Flußübergang im Moorgebiet bei einer um 1000 erbauten Wasserburg, die 1219 zur Residenz der Bremer Erzbischöfe gemacht wurde; um 1300 Marktflecken, 1852 Stadt. Der Name *B.* (seit 1635), 1155 *Vorden* ›an der Furt [der Bremer]‹ entspricht mnd. *vōrde, vȫrde* ›Durchfahrt, Furt‹. Den gleichen Namen hat z. B. **Voerde (Niederrhein),** sö. von Wesel, NRW, benannt nach der Wasserburg *Haus Voerde,* 14. Jh. *Vorde.* Zu weiterem → Fürth.

Brend, die, r. zur Fränkischen Saale, → Brenz.

Brenz, die, linker Nebenfluß der Donau in BWÜ und BY, entfließt dem **Brenztopf,** einer großen Karstquelle in Königsbronn auf der Schwäbischen Alb, mündet bei Lauingen. 1150/65 *iuxta fluvium* (= bei dem Fluß) *Brenze, in pago Brenzegewe* (der Brenzgau), 774 latinisiert *super fluvium Brancia* führt wohl zurück auf eine Bildung mit *-s-* zu germ. **brandi,* Gen. **brandjōs* ›Quelle, Quellfluß‹, das selbst zu idg. **bhrendh-/ *bhrondh-* ›aufschwellen; schwanger‹ gehört. Verwandt ist der Name der **Brend** (r. zur Fränkischen Saale bei Bad Neustadt), 1161 *Brende.* Für die Brenz war wohl deren großer Quelltopf in Königsbronn namengebend.

Bretten, Stadt im Kraichgau, BWÜ, wuchs aus drei frühmittelalterlichen Siedlungskernen zusammen und war im 12. und 13. Jh. Hauptort der gleichnamigen Grafschaft. Seit 1219 gehörte es den Grafen von Eberstein; Stadtrecht vor 1282. Nach mehreren Verpfändungen kam B. 1349 an die Kurpfalz und 1803 an Baden. 1497 wurde der Reformator Philipp Melanchthon in B. geboren. Der Name 1590 *Bretta,* 1504 *Prethenn* ist mit verkürzter Endung entstanden aus 1323 *Brethain,* 9. Jh. *Bretaheim,* 8. Jh. *Bretheim,* 767 *Breteheim.* Es liegt also ein ON auf → -heim zugrunde, dessen erstes Glied wohl eine Dialektform **brēt* von ahd., mhd. *breit* ›breit, weit, groß‹ ist; vgl. auch die Belege für B. 1309 *Breideheim,* 1266 *Breitheim.*

Brigach, die, linker Quellfluß der → Donau im südlichen Schwarzwald, BWÜ, entspringt bei St. Georgen, vereinigt sich bei Donaueschingen mit der Breg zur Donau. 1306 *in der Brigine,* 1234 *an der Brigen,* 1095 *Brigana,* 1083 *Brichena* gehen, wie beim Nachbarfluß → Breg, auf eine Ableitung mit dem Suffix *-ana* von kelt. **brig[a]* ›Berg‹ zurück. Die heutige Form mit dem verdeutlichend angefügten deutschen Flußnamen-GW → ¹-ach ›Wasser‹ erscheint erst im 16. Jh.: 1514 *in der Prygach.*

Brilon, Stadt im nordöstlichen Sauerland, NRW, wurde um 1217 zur Sicherung der westfälischen Besitzungen des

Erzbistums Köln als Stadt gegründet und übernahm seinen Namen von einer älteren, dem Erzstift Magdeburg gehörenden Pfarrei: 1184 *Briloin,* 973 *Brilon* (jetzt **Altenbrilon** n. von B.). Der erste Bestandteil dieses Namens ist unerklärt, der zweite ist wohl *-loun, -lōn,* Dativ Plural von mnd. *lō,* ahd. *loh* ›Gehölz‹, vgl. → Iserlohn.

Brinnis, Kr. Delitzsch, → Brehna.

Brocken, der, höchster Berg des Harzes (1142 m), sw. von Wernigerode, SAN. Der B. ist seit dem 16. Jh. von vielen Besuchern bestiegen worden (u. a. von Goethe, Gleim, Heine); er ist in der Sage bekannt als Treffpunkt der Hexen und Geister in der Walpurgisnacht. Der nur unsicher überlieferte Name B. ist verkürzt aus 1490 *Brackenberg,* 1438 *Brockenberge,* 14. Jh. *Brochelsberg,* er gehört vielleicht zu mhd. *brocke,* nhd. *Brocken* ›abgebrochenes Stück‹ (nach den zahlreichen auf dem Berge verstreuten Granitbrokken?). Auf eine Nebenform mit *bl-* für *br-* geht wohl der zweite Name **Blocksberg** zurück, 1485 *Blokkesberghe,* der bes. auf den sogenannten Hexentanzplatz angewandt wird, so in dem Hexenbuch von Joh. Praetorius *Blockes Berges Verrichtung,* Leipzig 1668, das auch Goethe als Quelle benutzt hat.

Brohl, Brohlbach, der, l. zur Mosel; **Brohl, Brohlbach,** der, l. zum Rhein, → Waldbröl.

Broich, Burg, → Mülheim a. d. Ruhr.

Brölbach, der, r. zur Sieg, → Waldbröl.

Bruchsal, Stadt am Westrand des Kraichgaus, BWÜ. Ein im 10. Jh. genannter fränkischer Königshof wurde 1056 von Kaiser Heinrich III. dem Bistum Speyer geschenkt. Bei der 1090 erbauten bischöflichen Burg entstand eine städtische Siedlung, die im 14. Jh. ummauert wurde. 1725 verlegte Fürstbischof Damian Hugo von Schönborn seine Residenz in das neuerbaute Barockschloß B., und 1803 kamen Schloß und Stadt an Baden. Der Name 1426 *Brůchssal,* 1361 *Brůchsel,* 1248 *Bruchsella,* 976 *Bruohsele* ist mit ahd. *bruoh,* mhd. *bruoch* ›Sumpfland, Moor‹ gebildet. Das zweite Glied *-sal, -sel* wird gewöhnlich zu ahd. *sal,* asächs. *seli* ›einräumiges Haus, Halle, Wohnung‹ gestellt und *Bruchsal* als ›Haus im Sumpfland‹ erklärt. Doch sind ON mit diesem GW vor allem im niederdeutschen und niederländischen Gebiet verbreitet, im Oberdeutschen aber selten.

Bruck → Fürstenfeldbruck.

-brück, -brücken: ON mit diesem GW bezeichnen gewöhnlich Stellen, an denen ein Fluß oder Bach auf einer Brücke überschritten werden kann. Solche Brückenorte liegen oft an alten Handelsstraßen: *Saarbrücken, Zweibrücken, Innsbruck.* Das Substantiv mhd. *brücke, brucke,* ahd. *brucca,* asächs. *bruggia* bezeichnet aber urspr. nicht die hölzerne oder steinerne Flußbrücke, sondern den Knüppeldamm oder Bohlenweg in sumpfigem Gelände oder auch einen mit Bohlen befestigten Hafendamm. Es ist verwandt mit nhd. *Prügel,* mhd. *brügel* ›Knüppel‹. Bes. die norddeutschen ON auf *-brück, -brücken* wie *Osnabrück, Bersenbrück* müssen in diesem Sinn verstanden werden, aber auch ein ON wie **Spachbrücken** (zu Reinheim im Odenwald, HE), 1090 *Spachbrucka,* dessen BW zu ahd. *spahha* ›Reisig‹ gehört; vgl. auch den Artikel → Quakenbrück.

Brückenau, Bad, Stadt am Südrand der Rhön, im Tal der Sinn (r. zum Main bei Gemünden), BY, entstand als Zoll- und Brückenort des Klosters Fulda am Sinnübergang der Straße nach Hammelburg; Stadtrecht 1310. Nach der Entdekkung einer Stahlquelle 1747 errichtete Fürstabt Amand von Buseck das Bad, das nach 1816 durch König Ludwig I. von Bayern stark gefördert wurde. Der Name *Bad Brückenau* (seit 1970), 1667 *Brückenau,* 1294 *Bruckenau* (zu mhd. *brücke, brucke,* ahd. *brucca* ›Brücke‹) bezeichnet den Ort nach seiner ursprünglichen Lage in der Flußaue bei der Sinnbrücke.

Brühl, Stadt am Vorgebirge bei Köln, NRW, entstand als befestigter Mittelpunkt des erzbischöflichen Grundbesitzes s. von Köln im Bereich eines alten Wildparks. An Stelle der 1689 zerstörten Wasserburg erbaute Kurfürst Clemens August 1725–1750 das Barockschloß **Augustusburg.** Der Name *Brühl* entspricht dem Appellativ ahd. *broil, bruil,* mhd. *brüel* ›grundherrliche Wiese, eingehegter Wildpark‹, einem Lehnwort aus gall.-

mlat. *bro[g]ilus* ›eingehegtes Gehölz‹ (vgl. gleichbed. niederl. *breugel, bruil* u. altfrz. *breuil*). Als Orts- und Flurname ist B. in W- und S-Deutschland verbreitet, jetzt meist in der Bed. ›fette, sumpfige Wiese‹; vgl. z. B. **Brühl** bei Schwetzingen, BWÜ, 1268 *Brüwel,* und **Brühl** bei Regensburg, BY, 11. Jh. *Prüle,* ferner → Waldbröl.

Brühl bei Regensburg; **Brühl** bei Schwetzingen → Brühl.

Brunsbüttel, Stadt an der Mündung des Nord-Ostsee-Kanals in die Elbe, SH, entstand vor 1000 als Wurtsiedlung im südlichen Dithmarschen und wird 1286 als Kirchort bezeugt. Dieser mußte mehrmals verlegt werden. 1762 wurde zwischen den Deichen der *Neue Koog* angelegt, der später als eigene Gemeinde *Brunsbüttel-Eddelaker Koog* und seit 1907 **Brunsbüttelkoog** genannt wird. Durch den Kanalbau seit 1895 wuchs seine Bedeutung; er erhielt 1949 Stadtrecht und wurde 1970 mit dem Kirchort B. und anderen Dörfern zur Stadt *Brunsbüttel* vereinigt. Der Name, 1286 *Brunesbutle,* ist mit dem GW *-büttel,* ›Anwesen, Wohnsitz‹ (→ Wolfenbüttel) und dem PN *Brun* gebildet. Zu Koog ›eingedeichtes Land‹ vgl. den Artikel → Cuxhaven.

Brunsbüttelkoog, der, → Brunsbüttel.

Brunshaupten → Kühlungsborn, Ostseebad.

Buchen (Odenwald), Stadt am Ostrand des Odenwalds, BWÜ, wird zuerst im 8. Jh. mit Besitz des Klosters Lorsch genannt und gehörte im 12. Jh. den Edelherren von Dürne; Stadtrecht um 1250. Um 1300 kam B. an das Erzstift Mainz, 1806 fiel es an Baden. Der Name 1487 *Buchen,* 1367 *Buchem* ist verkürzt aus 1374 *Bucheym,* 8. Jh. *Buohheimer marca* und *Bucheim,* er bedeutet etwa ›Wohnort im Buchenwald‹; vgl. → Bochum.

Buchholz → Annaberg-Buchholz.

Buchholz bei Schwerin; **Buchholz in der Nordheide** → Bocholt.

Buchloe [...lo:ə], Stadt nö. von Kaufbeuren, BY, entstand als Markt, besaß 1280–1382 städtische Rechte und kam 1803 mit dem Bistum Augsburg an Bayern. Als Bahnknotenpunkt entwickelte es sich wirtschaftlich und wurde 1954 wieder Stadt. Der Name 1517 *Buchloe,* 15. Jh. *Buchlow* geht zurück auf 12. Jh. *Bůchlon,* 1153/1162 *Bocholon,* eine Zusammensetzung aus ahd. *buohha* ›Buche‹ und dem Dativ Plural von mhd. *lō, lōch,* ahd. *lōh* ›Gebüsch, Wald, Gehölz‹; der Name bedeutet also ›in/bei den Buchengehölzen‹; vgl. den Artikel → Gütersloh.

Bückeberge, die, → Bückeburg.

Bückeburg, Stadt am N-Fuß des Wesergebirges, NDS, bis 1945 Hauptstadt des Landes → Schaumburg-Lippe; entstand um 1300 bei einer Wasserburg der Grafen von Schaumburg, wurde 1365 Flecken, 1608/09 Stadt und Residenz. Den Namen ihrer Burg hatten die Schaumburger von der im 12. Jh. zerfallenen alten **Bückeburg** bei → Obernkirchen (1185 *Bukaburg,* 1167 *castrum Buceburg*) übernommen, die ebenso wie die dort liegenden **Bückeberge** (1182 *Buckiberge silva*) nach dem altsächsischen Gau *Bucki* heißen. Dessen Name gehört zu mhd. *gebucke* ›Gebück, verflochtene Heckenschutzwehr (aus jungen Hainbuchen)‹ ebenso der von **Bücken** (937 *Bukkiun*) und **Altenbücken** (1069 *Aldinbuggin*) bei Hoya. Bei Bad Ems an der Lahn ist 1517 das *Emser Gebück* bezeugt. Das zugrunde liegende Verb mhd. *bücken, bucken* ist eine Intensivbildung zu mhd. *biegen,* ahd. *biogan* ›biegen, beugen, krümmen‹.

Bückeburg bei Obernkirchen → Bükkeburg.

Bücken bei Hoya → Bückeburg.

Büdingen, Stadt am SW-Hang des Vogelsbergs, HE; entstand aus einem fränkischen Königshof (ehem. Remigiuskirche um 850) und wurde im 12. Jh. Besitz der Herren von Büdingen, später der Herren (Grafen) von Isenburg; 1816 kam B. mit der Grafschaft an Hessen-Darmstadt. Der erst spät bezeugte, aber sicher alte Name (15. Jh. *Büdingen, Bodingen,* 1216 *Buotengen,* 1190 *Bodingen,* 1131 *Budingen*) enthält den alten deutschen PN *Bodo* oder *Budo;* → -ingen.

Buer (zu Gelsenkirchen) → Büren.

Bühl, Stadt am Westfuß des nördlichen Schwarzwalds, BWÜ, wird zuerst 1283 erwähnt und kam aus Adelsbesitz 1386 an die Markgrafen von Baden. Das Marktrecht von 1403 ließ den Ort zum wirtschaftlichen Mittelpunkt der Vorgebirgslandschaft werden, die ›Bühler Frühzwetschgen‹ werden seit Mitte des 19. Jh.s exportiert. Der Name *Bühl,* 1580 *Buhel,* 1412 *Bühell,* 1283 *in banno* (= im Gerichtsbezirk) *Bühel* entspricht mhd. *bühel,* ahd. *buhil* ›Hügel, Anhöhe‹. Das Wort, bayerisch auch *Bichl, Pichl,* erscheint häufig in Orts- und Flurnamen, vgl. auch **Beuel** (Stadtteil von Bonn, NRW), 1156 *Buele,* in dessen heutigem Namen nhd. *eu* hyperkorrekt für *ü* eingetreten ist.

Bünde, Stadt im Ravensberger Land, NRW, entstand um eine karolingische Pfarrkirche des 9. Jh.s, die zum Stift Herford gehörte, und kam im 14. Jh. an die Grafschaft Ravensberg. Der Name 1222 *Bunde,* 1152 *Buinidi,* 1039 (853) *Buginithi* ist mit dem asächs. Suffix *-ithi* (→ -ede) wohl zur Wortfamilie des starken Verbs mnd. *būgen,* aengl. *būgan* ›biegen‹ gebildet.

Büraburg → Fritzlar.

Büren, Stadt an der Alme (l. zur Lippe), NRW, wurde vor 1194 von den Edelherren von B. bei ihrer Burg als Stadt gegründet und der Lehenshoheit der Bischöfe von Paderborn unterstellt. 1153 *Buren* ist der Dativ Plural von ahd. *būr* ›kleines Haus, Kammer‹ (= nhd. *Bauer* ›Vogelkäfig‹) und bedeutet ›bei den Häusern‹. Entsprechende ON sind von Friesland bis in die Schweiz und nach Bayern verbreitet. Vgl. → Ibbenbüren, **Buer** [buːɐ̯] (seit 1928 zu Gelsenkirchen, 1147 *Buron*), **Büren,** Kanton Bern (817 *Purias,* 828 *Puirron*), **Beuron** bei Sigmaringen (1157 *Buron,* 850 *Purron*), ferner → Benediktbeuern, → Blaubeuren, → Kaufbeuren und **Dornbirn** in Vorarlberg, Österreich, 895 *Torrinpuirron,* 1098 *Dorrenburren,* zu ahd. *thurri, durri* ›dürr, trocken‹ oder zu einem PN *Torro, Toro.*

Büren, Kanton Bern, → Büren.

Burg, Stadt am Rande der Elbniederung nö. von Magdeburg, SAN, entstand im 12. Jh. als Marktsiedlung flämischer Tuchmacher bei einem dt. Burgward des 10. Jh.s und hatte schon früh städtische Rechte. Die Burg lag vermutlich in der Oberstadt und deckte den Übergang mehrerer Straßen über die Ihle (r. zur Elbe). Der Name, im 13. Jh. mnd. *Borch,* 1176 *Burch,* 948 *civitas Burg,* zeigt noch den alten Sinn ›Wallburg, befestigte Siedlung‹ (→ -berg/-burg). Die jüngere Bed. ›Adelsburg‹ hat das Wort dagegen im Namen der Stadt **Bürgel** bei Jena, TH, wo 1133 ein Benediktinerkloster im Schutz einer Höhenburg gegründet wurde, die damals *Burgelīn* ›Bürglein‹ hieß (1363 *Burgeln,* 1485 *zcu Burgell*).

Burg a. d. Wupper, Stadt s. von Remscheid, NRW, entstand bei der gleichnamigen, im 12. Jh. erbauten Burg der Grafen von Berg, die ihren Sitz von Altenberg a. d. Dhünn (→ Bergisches Land) hierher verlegt hatten. Der Name *Burg* (so seit dem 15. Jh.) ist verkürzt aus 14. Jh. *zo der Nuwerburch,* 1225 *Novum Castrum, Castrum de Monte,* 1160 *in Novomonte* ›zum Neuen Berg‹ (Gegensatz zum Stammsitz *Altenberg*).

-burg/-berg → -berg/-burg.

Burgdorf, Stadt nö. von Hannover, NDS, entstand im 13. Jh. bei einer Burg der Bischöfe von Hildesheim am Übergang über die Aue (l. zur Fuhse zur Aller); Stadtrecht um 1400. Der Name 1295 *in Borchdorpe,* 1260/79 *castrum Borchdorp* (zu mnd. *borch, borg* ›Burg‹) bezieht sich auf diesen Bau, der 1420 zu einer braunschweigischen Festung erweitert wurde.

Bürgel bei Jena → Burg.

Burghausen, Stadt an der Salzach, sö. von Altötting, BY, wird zuerst 1025 als Witwengut der Kaiserin Kunigunde genannt und entstand als Flußufersiedlung und Zollstätte an der Salzachstraße unter einer Burg, die vom 13. bis 16. Jh. zur größten Burganlage Deutschlands ausgebaut wurde. Seit 1164 Wittelsbacher Besitz, war B. 1253–1505 Residenz der Herzöge von Niederbayern; Stadtrecht um 1130. Der Name 1349 *Purchhausen,* um 1100 *Burchhusen,* 1025 *Burchusun* ist mit ahd. *-husun* ›bei den Häusern‹ gebildet, wobei der Hinweis auf die Burg als unterscheidender Zusatz hinzutrat; → -hausen.

Burgkunstadt, Stadt am Main, w. von Kulmbach, BY, entstand unter einer Burg der Grafen von Schweinfurt und kam im 11. Jh. an das Bistum Bamberg. Die Burg wurde Sitz eines bambergischen Amtes, der Ort wird 1325 als Stadt genannt. Seit 1803 gehört B. zu Bayern. Der Name 1152 *Cunenstat, Constat,* 1059 *castrum*

(= die Burg) *Chunstat* enthält den PN *Kuono, Kuno* und bedeutet ›Wohnstätte des Kuno‹ (→-statt, -stedt, -stätten). Er wurde von dem s. des Mains gelegenen alten Pfarrdorf **Altenkunstadt** her übertragen, das im 9. Jh. als *Cunstat* bezeugt ist. 1288 wird angegeben: *in Kunstat veteri et nouo* (= im alten und neuen Kunstat), 1299 *Burkkunstat* und im 15. Jh. *Altenkunstat … Burkkunstat.* Die unterscheidende Benennung nach der Burg ist also bald fest geworden.

Burglengenfeld, Stadt an der Naab, BY. Bei dem seit Anfang des 12. Jh.s genannten Ort wurde eine Adelsburg erbaut, die 1205 als *castrum Lengenvelt* bezeugt ist. Sie wurde 1255 von Herzog Ludwig dem Strengen von Oberbayern zum Verwaltungssitz seiner Besitzungen links der Donau gemacht. Der Ort erhielt darauf Marktrecht. Von 1505 bis 1806 gehörte er zum Fürstentum Pfalz-Neuburg; Stadtrecht 1542. Der Name um 1133 *Lenginuelt,*1123 *Lengenfelt* geht auf eine Stellenbezeichnung ›am langen Feld‹ zurück. Zur Unterscheidung von dem gleichnamigen Ort bei Amberg erhielt er den Zusatz *Burg-*: 1356 *Purcklengefelt,* 1484 *Burcklengfeld,* 1702 *Burglengenfeld.*

Burgschwalbach → Schwalbach, Bad.

Burgstädt, Stadt im Mittelsächsischen Hügelland, SAC, wurde um 1300 als Marktsiedlung der Burggrafen von Altenburg bei der Kirche des alten Dorfes *Burkersdorf* (1283 *Burkirstorff*) gegründet und erhielt vor 1378 als *stetil* (= Städtchen) städtische Rechte. Aus Fügungen wie 1378 *Burkirstorff vor dem stetil,* 1518 *stetlein Burckerßdorff* entwickelte sich über 1619 *Burckstadt, Borckstedt* im 17. Jh. der heutige Name, der im ersten Glied an das Wort *Burg* angeglichen worden ist. Der alte Name enthielt dagegen eine Kurzform des PN Burkhart; →-dorf.

Burg Stargard, Stadt sö. von Neubrandenburg, MV, entstand nach 1240 bei einer Burg der Markgrafen von Brandenburg, die diese an Stelle einer alten slawischen Burg erbaut hatten, und wurde Hauptort des Landes Stargard ö. des Tollensesees; Stadtrecht 1259. Seit 1304 gehörte B. St. zu Mecklenburg. Der Name 1244 *Staregart,* 1236 *Staregarde* ist slawischer Herkunft und bedeutet ›alte Burg‹ (zu apolab. *stary* ›alt‹ und *gard* ›Burg‹; vgl. den Artikel →Oldenburg in Holstein). Den Zusatz *Burg* erhielt die Stadt nach 1933, um sie von gleichnamigen Orten zu unterscheiden, z. B. **Stargard in Pommern** (jetzt poln. Stargard Szczeciński), Stadt sö. von Stettin, Polen, oder **Preußisch Stargard** (jetzt poln. Starogard Gdański), Stadt s. von Danzig, Polen, im 8. Jh. slawische Siedlung, 1309–1466 zum Deutschen Orden, 1772–1918 zu Preußen gehörend.

Burscheid, Stadt im Bergischen Land, s. von Solingen, NRW, entstand wohl schon im 9. Jh. als Kirchort bei einem fränkischen Königshof. Die Kirche steht auf einem Bergrücken, das GW *-scheid* ist deshalb hier als ›Wasserscheide‹ zu verstehen. Der Name 1180 *Bursceith,* 1283 *Burscheyt* zeigt in den Belegen 1384 *Borscheyt,* 1573 *Borschet* Kürze der ersten Silbe, die also wohl nicht zu ahd. *būr* ›einräumiges Haus‹ gehört, sondern zu mhd. *burc,* ahd. *buruc* ›Burg‹.

Büsingen am Hochrhein, Ort in einer zu BWÜ gehörenden deutschen Exklave. Der wirtschaftlich nach Schaffhausen (Schweiz) ausgerichtete Ort wurde zuerst 1087 genannt, er entstand um eine Michaelskirche, die zu den ältesten christlichen Kultstätten am Hochrhein zählt. Als österreichisches Lehen kam B. 1463 an eine Schaffhauser Familie und fiel 1805 an Württemberg, 1810 an Baden. Der Name 1445 *zu Büsingen,* 1111 *villa* (= Dorf) *B*ů*singin,* 1087 *curtis* (= Hof) *B*ů*singa* ist eine Ableitung auf →-ingen zu dem alemannischen PN *B*ů*so* und bedeutet ›bei den Leuten des Bouso‹.

Büsum, Gemeinde in Norderdithmarschen, SH; ehemalige Insel, die allmählich nach NO wanderte und 1585 durch einen Damm und mehrere Eindeichungen mit dem Festland verbunden wurde. Die im 12. Jh. genannte Kirche wurde dreimal verlegt. Seit 1828 ist B. Seebad. Die hochdeutsche Namensform *Büsum* ist wohl durch Angleichung an nordfriesische ON wie *Olversum, Wollersum* (mit *-um* aus →*-heim*) entstanden. 1281 *in Busen,* 1168 *Biusne* ist eine Bildung zu niederd. *Büse* ›Binse‹, einer Nebenform von *Bēs, Bies,* mnd. *bēse* ›Binse‹. Der Beleg 1208 *totam terram quae dicitur Busin* (= das ganze Land, das *Busin* genannt wird) zeigt, daß mit dem Namen urspr. die ganze mit Binsen bewachsene Insel gemeint war.

Butjadingen, Halbinsel zwischen der Unterweser und dem Jadebusen, NDS, historisch der östliche Teil des in Sturmfluten untergegangenen alten friesischen Landes Rüstringen (→Wilhelmshaven). Der Name 1475 *Butegadingen,* 1410 *land to Butenjaden,* fries. 1314 *Boith-Jatha* enthält im ersten Teil mnd. *būten* (aus **bī ūten*) ›außen, außerhalb‹. Ihm entspricht 15. Jh. *Boven* (aus **bī ōven*) *Jade,* fries. 1314 *Bova-Jatha* ›oberhalb der Jade‹ für das westliche Gebiet; beide Benennungen wurden von Friesland, also von W her gegeben.

-büttel →Wolfenbüttel.

Butzbach, Stadt am Westrand der Wetterau, HE; entstand in der Nähe eines Limeskastells (›Hunnenburg‹) und ist seit dem 8. Jh. bezeugt; Stadtrecht 1321, seit 1479 hessisch. Der Name 1307 *Butspach,* 821 *Bodespach,* 779 *Botinesbach* enthält wohl den PN *Boti[n],* der auch in der Nebenform des ON 10. Jh. *Buotesfad,* 773 *in Botisphaden* (mit dem GW ahd. *phad* ›Pfad, Weg‹) erscheint.

Bützow ['bʏtso, 'by:tso], Stadt an der Warnow sw. von Rostock, MV, entstand um 1230 in einem slawischen Burgbezirk (1171 *terra Butissowe*) als deutsche Stadt der Bischöfe von Schwerin. B. war 1239–1540 Residenz der Bischöfe und kam dann an Mecklenburg. Der Name 1229 *Buczowe,* 1171 *Butissowe* ist mit dem Zugehörigkeitssuffix *-ov-* zu einem slawischen PN **Butis, *Budis* gebildet; →-ow.

Buxtehude, Stadt an der Este (l. zur Elbe), NDS, entstand im 10. Jh. auf der Geest als Umschlagplatz zwischen Land- und Wasserweg (Estehafen). Dies ist der jetzige Stadtteil *Altkloster,* genannt nach einem im 12. Jh. gestifteten Frauenkloster. Das heutige B., auf das der Name der alten Siedlung überging, wurde n. davon um 1285 von Erzbischof Giselbert von Bremen als Wasserfestung im Moor gegründet; es erhielt 1328 Stadtrecht und wurde 1369 Hansestadt. Der Name 1265 *Buxtehude,* 1197 *Buxethehuthe* geht (mit *x* aus *chs*!) zurück auf 1135 *Buchstadihude,* 959 *Buochstadon.* Er enthält ahd. *buohha* ›Buche‹ und ahd. *stado* ›Ufer, Gestade‹, wozu als Bez. des Hafens mnd. *hūde* ›Stapelplatz [am Wasser], Fährstelle‹ (eigtl. ›Bergungsplatz‹, zu *Hut, hüten*) trat. Die Geest s. und w. von Buxtehude ist heute noch bewaldet. Zum GW *-hude* vgl. **Harvestehude** [...vɛ...] (jetzt zu Hamburg) an der Alster.

C

Calau (sorb. Kalawa), Stadt in der Niederlausitz, BR, entstand nach 1200 bei einer deutschen Burg neben einer älteren sorbischen Siedlung und erhielt vor 1279 Stadtrecht. Der Name 16. Jh. *Kalau, Calau,* 1328 *Calow,* 1279 *civitas Calowe* (= Stadt C.) geht zurück auf asorb. *kalov* ›sumpfige Stelle‹ zu asorb. *kal* ›Sumpf‹. Vgl. den Artikel →Kahla.

Calbe (Saale), Stadt an der unteren Saale, SAN, entstand bei einem Königshof am Flußübergang der alten Straße Magdeburg–Halle und kam im 10. Jh. an das Erzbistum; Stadtrecht im 12. Jh. Der Name 1108 *de Calue,* 1105 *in Calven,* 10. Jh. *Caluo, Calua,* 961 *Calveri burgowarde* ›Burgward der Calver‹ gehört zu ahd. *chalo,* flektiert *chalwēr* ›kahl‹ (vgl. engl. *callow* ›kahl‹) und bed. eigentl. ›kahle Stelle‹. Die hochd. Schreibung mit *-b-* erscheint zuerst in 1174 *civitas Calbe.* Den gleichen Namen hat wohl die Stadt **Kalbe (Milde)** in der Altmark, SAN, die auf einer Talsandinsel in der sumpfigen Niederung der Milde (Oberlauf des →Aland) entstanden ist: 1012/18 *Calva, Calwo,* 1453 *Calve uppe der Milde.* Vgl. auch →Calw.

Callenberg → Lichtenstein i. Sa.

Calw [kalf], Stadt an der Nagold, BWÜ, entstand als Burgflecken unter der gleichnamigen, im 11. Jh. genannten Burg der Grafen von C. (→ Hirsau) und kam 1308 und 1349 an Württemberg; Stadtrecht um 1277. Der Name 1163 *Chalba,* 1139 *Calva,* 1075 *Chalawa* und *Calwa* wird als ›kahle Stelle‹ erklärt (zu ahd. *chalo, chalw-* ›kahl‹, vgl. → Calbe [Saale]) und bezeichnete urspr. wohl den Platz, an dem die Burg errichtet wurde.

Cannstatt, Bad, seit 1905 Stadtteil von → Stuttgart, BWÜ, entstand bei einem schon vorgeschichtlich genutzten Neckarübergang, der im 1. Jh. n. Chr. durch ein römisches Kastell des Neckarlimes gesichert wurde. Der Ort wird vor 709 zum erstenmal genannt, er war die bedeutendste Gerichtsstätte im alemannischen Herzogtum. 1291 kam C. an Württemberg; Stadtrecht 1330. Der Name *Stuttgart-Bad Cannstatt* (seit 1933), 1480 *Canstatt, Cantstatt,* 12. Jh. *Cannestat,* 1146 *Candestat,* 1105/20 *Candstat,* 746 *Condistat,* vor 709 *in Chanstada* ist nicht eindeutig erklärt. Unbestritten ist nur das GW *-statt* aus ahd., mhd. *stat* ›Ort, Stätte, Wohnstätte‹ (→ -statt, -stedt, -stätten). Das erste Glied kann ein alter deutscher PN **Kant, Canto* sein (vgl. **Gansheim** bei Donauwörth, BY, um 1060 *Kandesheim*), dann wäre C. die ›Wohnstätte des Kant‹, oder es liegt kelt. *Condāte* ›Zusammenfluß‹ vor, das sich auf die Mündung des Nesenbachs gegenüber von C. beziehen kann. Dann wäre *-statt* ein Zusatz zur Verdeutlichung des nicht mehr verstandenen keltischen Ortsnamens; vgl. auch den Artikel → Koblenz.

Castrop → Castrop-Rauxel.

Castrop-Rauxel, Stadt im Ruhrgebiet, NRW, entstand 1926 durch Vereinigung der Stadt **Castrop** mit dem Amt **Rauxel** und anderen Gemeinden. C. (seit 1902 Stadt) ging aus einem Hof des 9. Jh.s hervor, der seit 1236 zur Grafschaft Kleve gehörte. Der Name *Castrop* (so seit dem 14. Jh.), 1188 *Castorp,* 834 *villa Castorp[a]* hat als Grundwort asächs. *thorp,* westf. *-trup, -trop* ›Dorf‹ (→ -dorf); der Name *Rauxel* (so seit dem 15. Jh.), 1334 *Roucsel,* 1266 *Roukessele* gehört zu asächs. *seli* ›Halle, einräumiges Gebäude‹. Die ersten Glieder beider Namen sind unerklärt.

Celle ['t͜sɛlə], Stadt an der Aller, NDS, wurde 1292 von Herzog Otto dem Strengen von Lüneburg auf einer Insel zwischen Aller und Fuhse gegründet und erhielt 1301 Stadtrecht. Der Herzog verlegte damit den Standort von Burg und Stadt aus dem 3 km stromaufwärts gelegenen Altencelle an diese für Zoll und Handel günstigere Stelle. 1378–1705 war C. die Residenz des Fürstentums (Herzogtums) Lüneburg. Der Name *Celle,* im 14. Jh. *Nigenzelle* (= Neu-Celle), ist vom alten auf den neuen Ort übertragen worden. **Altencelle,** 1150 *Zhele,* um 990 *Kellu* (vgl. das w. benachbarte **Westercelle,** 1013 *Wester Kiellu*), war um 986 als Burg der Brunonen (→ Braunschweig) gegründet worden und hatte seit 1249 Stadtrecht. Der Name gehört wohl zu ahd. *kella,* mhd., mnd. *kelle* ›Schöpflöffel‹, das mhd. auch in der Bed. ›Tümpel im Fluß zum Fischfang‹ belegt ist, also eine Stelle in der Aller bezeichnen konnte (vgl. niederl. *kil,* älter *kille* ›tiefere Stelle im Fluß, Tümpel‹). Der Wechsel von *k* zu *z* [t͜s] vor hellem Vokal (sog. Zetazismus) ist eine Eigentümlichkeit des westlichen Altniederdeutschen (→ Zeven, → Itzehoe, → Lübeck). 1013 *Kiellu* zeigt eine Übergangsschreibung.

Cham [ka:m], Stadt am Regen, BY, entstand im Grenzgebiet zwischen dem Oberpfälzer und Bayerischen Wald und dem Böhmerwald an einer alten Völker- und Handelsstraße, die durch die Cham-Further Senke nach Böhmen zog. Eine seit dem 10. Jh. bezeugte umwallte Reichsburg wurde Mittelpunkt der Mark Cham (1056 *Kamba marchia*), die nach dem Aussterben der Markgrafen 1204 an die Wittelsbacher fiel. Als älteste Siedlung bei der Reichsburg gilt der südlich des Regens gelegene Ort **Altenmarkt,** 1135 *Altinmarchit,* ein ›neuer Markt‹ wird 1210 bezeugt: *in novo foro Chambe,* er erhielt 1293 Stadtrecht. Der Name 1398 *Cham,* 1350 *Chamb,* um 1040 *Chamba,* 819 *Chambe* entspricht dem des Flusses die **Chamb,** der oberhalb der Stadt von rechts in den Regen mündet: 1522 *Camp,* 1086 tschech. *Chub.* Der Flußname gehört zu kelt. **kambo* ›krumm‹, ebenso wie der Name des **Kamp,** l. zur Donau in Niederösterreich, 791 *Cambus;* vgl. auch den Artikel →Kempten. – Nach der Chamb ist auch der Ort **Chammünster** sö. von Cham benannt (819 *ad Chambe,* 1262 *ecclesiam* (= die Kirche) *Mvnster sive* (= oder) *Chamb,* 1390 *Chammunster*). Hier bestand vom 9. bis 10. Jh. ein Kloster, das bes. die Mission in Böhmen betrieb. Zum GW mhd. *munster, münster* ›Klosterkirche‹ vgl. den Artikel →Münster.

Chamb, die, r. zum Regen, →Cham.

Chammünster →Cham.

Chemnitz ['kɛm...], 1953–1990 **Karl-Marx-Stadt,** Stadt am Fuß des Erzgebirges, SAC, entstand um 1150 als Kaufmannssiedlung bei einem von Kaiser Lothar III. um 1136 gegründeten Benediktinerkloster an der Straße nach Böhmen, wo diese den Fluß **Chemnitz** (r. zur Zwickauer Mulde) durchquerte. 1216 war Ch. Reichsstadt innerhalb des staufischen Pleißenlandes, 1254 bzw. 1308 kam es an die wettinischen Markgrafen von Meißen. Im 19. Jh. wurde Ch. infolge der starken Industrialisierung ein Zentrum der deutschen Arbeiterbewegung, was dann auch zu der Umbenennung von 1953 (s. o.) führte. Der Name *Chemnitz* (mit *Ch-* seit etwa 1630), 1590 *Kemnitz,* 1401 *Kempnicz,* 1254 *Kemeniz,* 1235 *Cameniz,* 1143 *Kameniz* hatte zuerst das Kloster bezeichnet, und dieses war nach dem Fluß benannt worden. Er heißt 1285 *fluvius Kemenitz,* 1174 *in Kamenizam fluvium,* 1012/18 *in Caminizi fluvium.* Asorb. *Kamenica* ›Steinbach, steiniger Bach‹ ist eine Bildung zu asorb. *kameń* ›Stein‹ (→Kamenz).

Chemnitz, die, r. zur Zwickauer Mulde, →Chemnitz.

Chiemsee ['ki:m...], der, größter bayerischer See, im Alpenvorland w. von Traunstein, BY. Der Name 1523 *Khiemsee,* 1213 *Chimse,* 1025/1041 *Chemisseo,* 891 *Chiemincseo,* 790 *Chiminsaeo* ist mit dem GW ahd. *sēo* ›See‹ zum Namen des Dorfes **Chieming** am Ostufer gebildet, das 1165 *Chiemingin,* 804 *Chieming* hieß. Der Dorfname seinerseits ist mit dem Suffix →*-ingen* von einem PN **Chiemo* abgeleitet. Nach dem Dorf wurde auch das umliegende Land **Chiemgau** genannt: 798 *Chimingaoe,* 8. Jh. *Chiemgov, Chiemingen pagus,* 931 *Chimincgowe,* 1062 *Kiemigouwe.* Die beim Westufer liegende **Fraueninsel** mit dem Kirchdorf **Frauenchiemsee** ist nach den Nonnen des dortigen Benediktinerinnenklosters benannt. Dieses wurde um 770 von Herzog Tassilo III. von Bayern zusammen mit einem Männerkloster gegründet und der heiligen Maria geweiht. Beide Klöster wurden 907 von den Ungarn zerstört. Das Nonnenkloster wird auf verschiedene Weise benannt: nach dem See 1062 *abbatiam* (= die Abtei) *Kiemisse,* 1488 *Frawen Kyembsee,* nach der Insel um 1200 *Nunnenwerde,* 1589 *Frauenwörd* (zu mhd. *werde* ›Flußinsel‹). Die heutige Namensschreibung erscheint zuerst in 1689 *Frauenchiemsee.* Vereinzelt kann das erste Glied des Namens sich auch auf die heilige Maria beziehen: 1498 *Vnser lieben Frawen Chiembssee.* Das Männerkloster hieß im 8./9. Jh. *Augia S. Salvatoris* (= Aue des hl. Erlösers). Nach der Zerstörung wurde es 1130 auf der großen Nachbarinsel (der **Herreninsel**) als Propstei der Augustiner-Chorherren wieder errichtet und nach ihnen **Herrenchiemsee** genannt. Dieses Stift bestand bis 1803. Das von König Ludwig II. von Bayern 1873 auf der Herreninsel erbaute Neue Schloß hat mit dem Kloster nichts zu tun.

Christiansdorf →Freiberg.

Christnach (Luxemburg) →Kreuznach, Bad.

Clausthal →Clausthal-Zellerfeld.

Clausthal-Zellerfeld, Bergstadt im Oberharz, NDS, entstand 1924 durch Vereinigung der Bergstädte **Clausthal** und **Zellerfeld,** die bis ins 18. Jh. zwei verschiedenen welfischen Fürstentümern angehört hatten. Z. entstand als Siedlung des Klosters Cella, das um 1200 an der alten Harzstraße Goslar–Osterode den Bergbau begonnen hatte, aber um 1300 einging. Erst im 16. Jh. begann der Bergbau wieder, Z. erhielt 1532 Stadtrecht, das benachbarte C. wurde 1554 ›freye Bergstadt‹. *Zellerfeld* ist nach dem Kloster *Cella* benannt, dessen Name in den Belegen stets mit Präposition erscheint: 1357 *monasterii in Celle,* 1271 *to sente Mathiese to der Tzelle,* 1174 *ecclesia de Cella.* Da auch der **Zellbach** (r. zur Innerste, jetzt *Zellerfeldertalswasser*) urspr. *Cella* heißt (1531 *die Zcell,* 1340 *inter Cellam et*...), ist wohl das Kloster nach seiner Lage an diesem Bach benannt; zur möglichen Deutung von Cella vgl. den Artikel →Celle (lat. *cella* ›Klause‹ hat wohl nur mitgewirkt). Der ON *Clausthal* (1560 *im Clußdale,* 1554 *auf dem Clausberge,* abweichend 1340 *im Kluvigesdale*), der den PN *Claus, Nikolaus* enthält, ist historisch ungeklärt. Die Bergakademie Clausthal, heute Technische Universität, wurde 1775 gegründet.

Cloppenburg, Stadt im Oldenburgischen Münsterland, NDS, entstand bei einer vor 1297 erbauten Burg der Grafen von Tecklenburg, die den Verkehr zwischen Osnabrück und Emden und die Flämische Straße von Bremen nach Brügge kontrollierte. 1400 kam C. an Münster und erhielt 1435 Stadtrecht. Der Name der Burg 1297 *Cloppenborg* ist wahrscheinlich als Trutzname zu mnd. *kloppen* ›klopfen, schlagen, verprügeln‹ gebildet, in Analogie zu Namen wie *Schauenburg* (→Schaumburg-Lippe); entsprechend wird der Name der gleichfalls tecklenburgischen **Schnappenburg** bei Barßel (sw. von Westerstede) mit mnd. *snappen* ›schnappen, erbeuten‹ gebildet sein.

Coburg, Stadt n. von Bamberg, in Oberfranken, BY. Der im 11. Jh. zuerst genannte Ort wird 1217 als *burgus* bezeichnet und war wohl von Anfang an als städtische Siedlung angelegt. 1248 kam C. an die Grafen von Henneberg und wurde bald danach Münzstätte, 1333 erhielt es das Recht der Reichsstadt Schweinfurt. Seit 1353 gehörte es den Wettinern und wurde um 1600 zur Residenz der ernestinischen Linie *Sachsen-C.,* die sich seit 1826 *Sachsen-C. und Gotha* nannte. Durch einen Volksentscheid kam die Stadt schließlich 1920 zu Bayern. Der Name 1186 *Choburc,* 1182 *Chonburch,* 1056 *Coburg* ist nicht ausreichend erklärt (zu ahd. *kō* ›Kuh‹?). Auch der Beleg von 1217 *Choburg quod antiquitus dicebatur Trufalistat* (= das vor Zeiten Trufalistat genannt wurde) hat die Frage nach dem Namen nicht beantworten können.

Cochem, Stadt an der Mosel, RP, entstand in fränkischer Zeit wohl am Platz einer vordeutschen Siedlung; es kam aus dem Besitz der Pfalzgrafen Ende des 13. Jh.s an das Erzstift Trier und 1815 an Preußen. Der Name 1505 *Cochem,* 1143 *Cochema,* 866 *Cuchuma* ist wohl eine kelt. Bildung zu idg. **keu-k* ›biegen, sich krümmen‹ (vgl. den Flußnamen →Kocher) und bezieht sich auf die Lage Cochems an einer Moselschleife, die heute der **Cochemer Krampen** heißt (rhein. *Krampen* ›Haken, hakenförmiges Feld, Flußkrümmung‹ aus ahd. *kramph,* asächs. *krampo* ›Haken, Klammer‹).

Cochemer Krampen, der, →Cochem.

Coesfeld ['ko:s...], Stadt im westlichen Münsterland, NRW, entstand an einer Straßengabelung bei einer durch Bischof Liudger von Münster um 800 gegründeten Kirche und wurde 1197 bischöfliche Stadt. Der Name, eine alte Stellenbez. (→-feld), ist nicht sicher erklärt: 1118 *Cosfelt,* 1030 *Cosvelda,* 9. Jh. *Coasfelt.*

Colonia [Ulpia] Traiana →Xanten.

Corvey ['kɔrvai̯], Stadtteil von Höxter, ehemaliges Benediktinerkloster, gegründet 822 als Tochterkloster der westfränkischen Abtei Corbie a. d. Somme (Frankreich) am Übergang des →Hellweges über die Weser, ö. der Siedlung Huxori (→Höxter); entwickelte sich als Reichsabtei bald zum bedeutendsten Kloster im Sachsenland, Reichsfürstentum bis 1802/06. Der Name 9. Jh. *Corbeia Nova,* 833 *Corbegia* ist übertragen von *Corbie* a. d. Somme (657/61 *Corbeia,* wohl zum gall.-lat. PN *Corbus* ›Rabe‹).

Coswig, Stadt an der Elbe nw. von Dresden, SAC, entstand als bischöflich meißnisches Dorf bei einer Adelsburg und kam 1557 an Kursachsen; seit 1939 Stadt. Der Name 1496 *Cossewigk,* 1378 *Kozwig, Kossewig,* 1350 *Koswik, Koczewicz* gehört wohl zu asorb. *kos* ›Amsel‹ und bedeutet dann ›Gegend, wo Amseln vorkommen‹. Den gleichen Namen hat **Coswig (Anhalt),** Stadt an der Elbe w. von Wittenberg, SAN, im 12. Jh. als Burgward der Fürsten von Anhalt bei einer sorb. Fischersiedlung entstanden, Stadtrecht

1315: 15. Jh. *Cos[s]wig, -wik,* 1320 *Kozwik,* 1187 und 1215 *Cossewiz* (Kopie des 16. Jh.s für **Cossewik*).

Coswig (Anhalt) → Coswig.

Cottbus (sorb. Chośebuz), Stadt an der mittleren Spree, BR, entstand am Platz eines altsorbischen Burgwalls im 10. Jh. als deutsche Burg und Sitz einer kaiserlichen Burggrafschaft, der späteren Herrschaft C. Eine Marktsiedlung am Übergang der Straße von Magdeburg nach Glogau wurde um 1230 zur Stadt erweitert. 1445/55 kam C. an Brandenburg. Der Name 1494 *Cottebus,* 1326 *Kottbuz,* 1156 (Burggraf) *Heinricus de Chotibuz,* um 1150 (Kirche und Markt) *Cotibus* ist zu dem altsorbischen PN **Chotěbud* gebildet und bedeutet ›Ort des *Chotěbud*‹. Gleicher Herkunft ist der Name von → Gadebusch.

Coudekerke (Frankreich) → Kaltenkirchen.

Crailsheim, Stadt an der Jagst, BWÜ, entstand wohl im 6. Jh. als fränkisches Dorf an einer Jagstfurt, kam 1289 in den Besitz der Herren von Öttingen und 1310 in den der Grafen von Hohenlohe. 1338 erhielt C. das Stadtrecht von Schwäbisch Hall. Es war hohenlohische Amtsstadt, wurde aber mehrfach verpfändet und fiel 1399 an die Burggrafen von Nürnberg, die späteren Markgrafen von Brandenburg-Ansbach. Im 18. Jh. blühte C. durch seine Jahrmärkte, 1791 fiel es mit der Markgrafschaft an Preußen. Der Name 1399 *Krawlsheim,* 1388 *Kreulsheim,* 1310 *Crawelsheim,* 1178 *Chrowelsheim,* 1136 *Croweleshеim* ist nicht sicher erklärt. Es kann ein PN **Krawel,* **Krowel* zugrunde liegen (vielleicht der Beiname eines frühen Bewohners?), oder der Ort ist nach einem Eisengerät mit gekrümmten Spitzen genannt, dem *Kräuel,* mhd. *kröuwel, krewel,* ahd. *krouwil.* Das um 1500 geschnittene Stadtsiegel zeigt drei Kesselhaken, wie man sie für offene Feuerstellen gebrauchte; sie wurden ebenfalls *Kräuel* genannt. Die heutige Schreibung des Ortsnamens mit *-ai-* ist wohl als Kanzleischreibung entstanden.

Crimmitschau, Stadt an der Pleiße im Zwickauer Hügelland, SAC, entstand um 1200 als deutsches Reihendorf und Sitz der gleichnamigen Herrschaft und kam 1413 an die Wettiner; Stadtrecht 1414. Die seit 1429 bezeugte Tuchmacherei führte im 18./19. Jh. zum Aufbau der Textilindustrie. Den Namen 1414 *Crymitschaw,* 1225 *Crimatsowa,* 1212 *(Heinricus de) Crematzowe* soll die erste Grundherrenfamilie von einem Dorf C. bei Schmölln (1140 *Crimazhove,* später wüst geworden) mitgebracht haben. Er enthält wahrscheinlich einen slawischen PN **Krimas* und bedeutet ›Siedlung des *Krimas*‹.

Culm an der Weichsel (Polen) → Kulmbach.

Cuxhaven [kʊks'ha:fn̩], Hafenstadt an der Elbmündung, NDS, entstand Ende des 16. Jh.s aus einer Reihensiedlung am Stromdeich und einer durch Eindeichungen gewonnenen Hafenanlage. Hafen und Ort wurden ständig ausgebaut (1890 Fischerei-, 1896 Amerikahafen, 1907 Stadtrecht), und seit 1816 ist C. auch Seebad. Urspr. hamburgisch, wurde es 1937 an Preußen angeschlossen, doch gehört der Amerikahafen seit 1961 wieder zu Hamburg. Der Name 1570 *Kuckeshaven,* um 1700 *Koogshaven* enthält im ersten Glied niederd. *Koog* ›eingedeichtes Land‹, das als Lehnwort über mnd. *koch* auf gleichbed. mniederl. *kooch,* fries. *kăch, kŭch* zurückgeht. C. bedeutet also eigtl. ›Hafen im Koog‹. Als Fachwort der Deichbaukunst erscheint *Koog* bes. an der schleswig-holsteinischen Westküste in zahlreichen Namen für dem Meere abgerungene Marschsiedlungen. Genannt seien nur die Namen **Friedrichskoog** und **Kronprinzenkoog** (bei Meldorf). Vgl. auch den Artikel → Brunsbüttel.

D

Dachau, Stadt an der Amper, nw. von München, BY, entstand vor 800 als Siedlung in der Flußniederung und wurde im 11. Jh. Sitz der Grafen von Scheyern-D., die 1152–1182 als Herzöge von Meranien (d. i. Kroatien und Dalmatien) großes Ansehen hatten. Ihre Nachfolger wurden die Wittelsbacher, doch blieb D. Mittelpunkt eines bayerischen Landgerichtsbezirks; Marktrecht im 13. Jh., Stadtrecht 1937. Der Name 1142/1155 *Dachau,* 1130 *Dachowe,* 805 *Dahauua* ist eine Zusammensetzung aus ahd. *dāha* ›Lehm‹ und ahd. *ouwa* ›Insel, Land am Wasser‹, er bezeichnet also die Lage des Ortes in der ›lehmigen Aue‹; → -au, -aue.

Dagebüll → Niebüll.

Damgarten → Ribnitz-Damgarten.

Damsdorf → Ludwigsfelde.

Darmbach, der, r. zum Landgraben zum Rhein, → Darmstadt.

Darmstadt, Stadt an der Bergstraße, HE, bis 1945 Landeshauptstadt von Hessen, entstand vermutlich aus einem Jagdhaus des frühmittelalterlichen Reichsforstes Dreieich (vgl. den Artikel → Dreieich) und kam Mitte des 13. Jh.s an die Grafen von Katzenelnbogen; Stadtrecht 1330. Seit 1479 gehörte D. zu → Hessen, war 1567–1806 Residenz der Landgrafschaft Hessen-D. und danach bis 1918 des Großherzogtums Hessen; 1836 wurde die Technische Hochschule gegründet. Der Name 14. Jh. *Darmestat, Darmstat,* 1280 *Darmistat* geht zurück auf 11. Jh. *Darmundestat.* Der mit ahd. *stat* ›Stätte, Stelle‹ gebildete ON bedeutet ›Wohnstätte des Darmund‹, und der hier genannte Mann könnte ein Wildhübner (Forstwart) in der Dreieich gewesen sein. Doch das bleibt eine Vermutung. – Der Name des durch D. fließenden **Darmbachs** (meist *der Darm,* 1759 *Darm flus,* 1520 *die Bach*) ist erst nach dem ON gebildet worden.

Datteln, Stadt im N des Ruhrgebiets, NRW, entstand um eine 1147 genannte Pfarrkirche am Handelsweg Dortmund–Münster, erhielt 1593 Markt-, 1936 Stadtrecht. Der Name 1234 *Dattelen,* 1147 *Datlen* zeigt in der 1155–68 bezeugten Form *Datilo* das Grundwort ahd. *loh* ›Gehölz, Hain‹ (→ Gütersloh). Der erste Bestandteil ist unerklärt.

Daun, Stadt in der Eifel, RP, entstand auf schon zur Römerzeit besiedeltem Boden als Talsiedlung einer Adelsburg (Herren v. Daun seit 1136 bezeugt) und kam im 14. Jh. an Kurtrier. Der Name 1643 *Dhaun,* 1421 *Dhune,* 1075 *Duna* geht wahrscheinlich auf kelt. *dūnum* ›Berg, Burg, Befestigung‹ zurück, ebenso wie der der Burg **Dhaun** bei Kirn an der Nahe (1215 *in Duna,* 1221 *de Dune*). Entsprechendes gilt für **Thun** in der Schweiz, dessen Name auf *Dunum* zurückgeführt wird.

Deggendorf, Stadt an der Donau in Niederbayern, BY, entstand an einem alten Flußübergang (im ältesten Stadtteil **Ufer;** dessen Name ist wohl über mhd. *uover* ›Ufer‹ umgebildet aus mhd., ahd. *urvar* ›Überfahrt‹). Ein dort nachgewiesener bayerischer Herzogshof wurde nach 788 fränkischer Königshof und kam im 10. Jh. an das Stift Niedermünster in Regensburg. Die Altstadt D. wurde 1002 von den Babenbergern angelegt, die Neustadt 1246 durch Herzog Otto II. von Bayern gegründet; Stadtrecht 1316. Der Name 1376 *Deggendorf,* 1180 *Tekendorf,* 1002 *Deggindorf* ist mit einem PN *Takko* oder *Daggo, Dago* gebildet, der im Genitiv den Umlaut *a* zu *e* zeigt; → -dorf.

Delbrück, Stadt w. von Paderborn, NRW, entstand Anfang des 13. Jh.s als Kirchdorf des Bistums Paderborn und war Mittelpunkt des bis 1808 in bäuerlicher Selbstverwaltung bestehenden **Delbrücker Landes** (1415 *land to der Delbruge*). Der Name 1250 *Delbrugge,* 1219/20 *Thelebrugge* bedeutet ›Bohlenbrücke‹ und bezeichnet eigtl. einen Bohlendamm im Sumpfgelände (→-brück; zu mnd. *dele* ›dickes Brett, Tenne‹, vgl. aengl. *ðelu* ›Planke‹ und *ðelbrycg* ›Plankenbrücke‹ im ON *Thelbridge,* Devonshire).

Delbrücker Land, das, → Delbrück.

Delitz bei Bad Lauchstädt → Delitzsch.

Delitzsch, Stadt n. von Leipzig, SAC, entstand um eine slawische Wallburg und kam im 12. Jh. an die Wettiner. Der Name 1460 *Delitzsch,* 1378 *Delcz, Deliczs,* 1207 *Dieliz,* um 1182 *Delicz* geht zurück auf asorb. **děl'c* ›Hügel‹. Die Wallburg lag auf einem Hügel neben dem heutigen Schloß, der im 15./16. Jh. *Spitzberg* hieß (z. B. 1537 *das wüste Burglehen zu Delitzsch, der Spitzebergk genannt*). Ein entspr. ON ist z. B. **Delitz** bei Bad Lauchstädt, 1145 *Delze.*

Delme, die, l. zur Ochtum zur Weser, → Delmenhorst.

Delmenhorst, Stadt w. von Bremen, NDS, entstand vor 1285 bei einer Wasserburg im Tal der Delme (l. zur Ochtum zur Weser), die die Grafen von Oldenburg zur Kontrolle der Flämischen Straße Lübeck–Bremen–Brügge erbaut hatten; Stadtrecht 1371. Der Name 1617 *Delmenhoerst* (*oe* = *ō*), 1294 *Delmendehorst,* 1254 *Delmenehorst* zeigt im ersten Glied vielleicht eine alte Form **Delmana* oder **Delmenda* des Flußnamens **Delme,** dessen weitere Herkunft dunkel ist. Das GW ahd., asächs. *hurst,* mnd. *horst* ›Gebüsch, Buschwald‹ bezeichnet oft Siedlungen im Moorland; →-horst. Vorläufer der Burg D. war ein Hof *de Horst,* den Graf Otto I. von Oldenburg 1235 erworben hatte.

Demmi̱n, Stadt an der Peene in Vorpommern, MV, entstand an einer wichtigen Straßenkreuzung bei einer alten slawisch-pommerschen Landesburg und wuchs schon um 1070 zur Handels- und Gewerbestadt heran. Die Neuanlage als deutsche Stadt mit lübischem Recht folgte 1236–1249; seit 1283 gehörte D. der Hanse an; 1648 kam es an Schweden, 1720 an Preußen. Der Name 1320 *Demmin,* 1236 *Demin,* 1180 *Dimmine,* 11. Jh. *civitas/urbs Dimine, Dymine* wird zu apolab. *dym* ›Rauch, Dunst‹ gestellt, es beruht wohl auf der Pluralform **Dyminy* ›(Ort der) Rauchschwaden, der Dünste‹.

Dessau, Stadt nahe der Mündung der Mulde in die Elbe, SAN, bis 1945 Hauptstadt des Landes → Anhalt. Der Ort entstand bei einem slawischen Fischerdorf im Bereich des Burgwards *Kühnau* (jetzt Stadtteil **Großkü̱hnau,** 1147 *Cuine,* 945 *Quina,* H. u.), am Übergang mehrerer Straßen über die Mulde, und entwickelte sich im Schutz einer askanischen Burg um 1200 zum Marktflecken. Seit dem 15. Jh. war D. ständige Residenz der Fürsten von Anhalt-D. Der Name 1297 *Dessow,* 1275 *Dissowe,* 1228 *Dessouwe,* 1213 *de Dissowe* ist nicht sicher erklärt, wahrscheinlich liegt eine Ableitung auf slaw. *-ov-* von dem slaw. PN *Dyš, Deš* oder *Zdyš, Zdeš* vor.

Detmold, Stadt am NO-Rand des Lippischen Waldes, NRW, bis 1947 Hauptstadt des Landes Lippe; entstand um eine Ende des 8. Jh.s bei einem alten Gerichtsplatz (s. u.) erbaute Kirche u. wurde wohl im 13. Jh. von den Edelherren zur Lippe (→ Lippstadt) zur Stadt erhoben, die es als Grafen um 1613 zu ihrer Residenz machten. Der Name 1421 *Detmolde* (mit Angleichung des *t* 1462 *Depmolde,* so noch mdal. *Deppel*), 1263 *Detmele,* 8. Jh. *Theotmalli* bedeutet ›Volksgerichtsstätte‹ (aus ahd. *thiot* ›Volk als polit. Verband‹ u. ahd. *mahal* ›Versammlungsplatz, Gerichtsstätte‹). Gleichbed. sind die Namen von **Kirch**- u. **Rothenditmold** (zu Kassel), 11. Jh. *Diethmelle, Thietmali* bzw. 1123 *Dethmelle*).

Deutsche Weinstraße, die, → Weinstraße.

Deutz, Stadtteil von Köln (seit 1888), entstand bei einem 1003 am Platz eines römischen Kastells gegründeten erzbischöflichen Kloster, dem Hauptort des rechtsrheinischen Archidiakonats D. Das Römerkastell, um 310 erbaut, war als Brückenkopf der römischen Rheingrenze vorgelagert. Der Name *Deutz* geht über 869/70 *Diuza,* 8. Jh. *Diutia* zurück auf lat. *Divitia* (um 310), das man als Ableitung von einem kelt.-röm. PN *Divitius erklärt hat. Da aber in D. keine keltische Besiedlung nachzuweisen ist, denken andere an eine röm. Bildung zu lat. *dīves* ›reich, glänzend, prächtig‹, dīvitiae ›Reichtum‹, also an einen soldatensprachlichen Wunschnamen wie um 300 *Concordia* ›Einigkeit‹ (für *Altenstadt* bei Weißenburg im Elsaß).

Dhaun bei Kirn → Daun.

Dhron, die, rechter Nebenfluß der Mosel, entspringt zwischen Hoch- und Idarwald, mündet bei Neumagen-Dhron. 1222 *Drōna,* 949 *Drogana* geht zurück auf lat. *Drahōnus, Drabōnus* (4. Jh.), das man wegen der zweiten Form zu dem alteuropäischen Flußnamenwort **drouos* ›Flußlauf‹ (→ Trave) gestellt hat; vgl. auch den Artikel → Traben-Trarbach.

Dieburg, Stadt nördl. des Odenwaldes, HE; entstand bei einer Wasserburg (1169 *castrum Dieteburg*) im Gebiet des römischen Straßenknotenpunktes *vicus vetus Ulpius* (= altes Dorf des Ulpius, heute die Vorstadt *Altenstadt*); Stadtrecht 1277. Von 1310 bis 1803 gehörte D. zu Kurmainz. Der Name 1262 *Dippurg,* 1254 *Ditpurg,* 1169 *Dieteburg* ist mit ahd. *diet, thiot* ›Volk, Leute‹ (→ Detmold) gebildet und vielleicht verkürzt aus **Dietwegburg* ›Burg am Dietweg‹, d. h. an der Heerstraße, Römerstraße. → -berg/-burg.

Diepholz, Stadt an der oberen Hunte, NDS, entstand vor 1350 bei der im 12. Jh. erbauten Wasserburg der Edelherren, späteren Grafen von D.; Stadtrecht 1380. Bis 1585 war D. Residenz der gleichnamigen Grafschaft, deren Name im heutigen Landkreis **Grafschaft Diepholz** fortlebt, und kam dann an Braunschweig-Lüneburg. Die hochd. Namensform *Diepholz* (seit Mitte des 16. Jh.s) geht zurück auf 1182 *Thiefholte,* 1160 *Thyefholt.* Zweites Glied ist asächs., mnd. *holt* ›Gehölz‹; das erste Glied ist unerklärt, man beachte den Moornamen um 1080 *Divbroc,* der bei Damme sö. von D. lokalisiert wird.

Dießen a. Ammersee, Markt sö. von Landsberg a. Lech, BY, entstand am SW-Ufer des Sees als Dorf der Grafen von Andechs bei zwei von ihnen gestifteten Klöstern; Marktrecht 1326. Der Name 1336 *Diessen,* 1039/1053 *Diezen,* 1057/1062 *Diezvn* ist eigtl. eine Stellenbez. ›bei den rauschenden Wassern‹, er gehört zu mhd. *dieȝe* ›Schall, Wirbel‹, ahd. *waȝȝerdieȝȝo* ›Wasserfall‹, die ihrerseits aus dem Verb mhd., ahd. *dieȝen* ›tosen, brausen‹ abgeleitet sind.

Dietfurt a. d. Altmühl, Stadt in der Oberpfalz w. von Regensburg, BY, entstand an einem alten Flußübergang, wurde 1305 wittelsbachisch und 1416 Stadt. Der Name 1433 *Dietfurt,* 1194 *Dietfurten,* 1144 *Deituorten* ist mit ahd. *diot* ›Volk, Menschen‹ und ahd. *furt* ›Furt‹ gebildet und bedeutet soviel wie ›allgemein benutzter Flußübergang‹. Entsprechende Namen haben z. B. **Dietfurt** im Kanton St. Gallen, Schweiz, an der Thur (l. zum Hochrhein), um 1099 *Dietfurt,* und **Ditfurt** nö. von Quedlinburg, SAN, an der Bode (l. zur Saale), 1155 *Thietforde,* 974 *Deotfurdi,* ferner → Salzdetfurth.

Dietfurt, Kanton St. Gallen, → Dietfurt a. d. Altmühl.

Diez, Stadt an der Lahn, RP, entstand in fränkischer Zeit an einer Lahnfurt, vermutlich im Anschluß an eine germanische Fluchtburg (auf dem Schloßberg), wurde im 11. Jh. Mittelpunkt der gleichnamigen Grafschaft (Stadtrecht 1329) und kam 1386 an Nassau (seit 1607 Nassau-Diez). Der Name 1329 *Dietze,* 1107 *Diedisse,* 790 *Theodissa* ist eine Bildung zu ahd. *theoda, thiota* ›Volk‹, germ. **theuda* ›Volksgemeinde‹ mit der Bed. ›die zur Volksgemeinde gehörende [Burg]‹.

Dill, die, rechter Nebenfluß der Lahn in Hessen, entspringt nw. von Dillenburg, mündet bei Wetzlar. 1300 *Dille* ist verkürzt aus *Dillena* (1048), *Dilina* (790 verderbt *Filina*). Herkunft und Bed. des Namens sind ungeklärt.

Dillenburg, Stadt an der Dill in Hessen, seit dem 13. Jh. eine Burg und Residenz der Grafen von Nassau, Geburtsort Wilhelms von Oranien (1533–84). 1255 *Dillenberg,* seit dem 14. Jh. auch *Dillenburg,* enthält die alte Form *Dillena* des Flußnamens → Dill.

Dillingen a. d. Donau, Stadt in Schwaben, BY, entstand wohl als fränkische Siedlung bei einer Martinskirche und war um 1100 Sitz der Grafen von D.; Stadtrecht vor 1258; in diesem Jahr kamen Burg und Stadt an das Bistum Augsburg und waren dann vom 15. bis 18. Jh. Residenz und Verwaltungssitz des Bistums. 1554 wurde in D. eine Universität gegründet, die bis 1804 bestand und später bis 1971 als Philosophisch-Theologische Hochschule fortgeführt wurde. Der

Name 1264 *Dillingen,* 1151 *Dillinga,* 1084 *Tillingen, Dilingin,* 973 *Dilinga* geht ähnlich wie der von → Dillingen/Saar auf einen deutschen PN zurück, der aber hier als **Dilo, *Dillo* anzusetzen ist.

Dillingen/Saar, Stadt im Kr. Saarlouis, SL, entstand in der Nähe einer zerstörten römischen Siedlung an der römischen Saartalstraße (**Crutisium* oder *Contiomagus*?, jetzt der Stadtteil Pachten), gehörte zu Lothringen, später zu Nassau-Saarbrücken. Gründung der Eisenhütte 1685. Der Name 1447 *Dullingen,* 1317 *Dillinga,* um 950 *Dullinga* enthält den alten deutschen PN *Dullo od. Dolleo; → -ingen. Der Name des 1936 eingemeindeten Ortes **Pachten,** 1264 *Pachte,* um 950 *Pahta* ist vielleicht als Entlehnung aus vlat. *pacta* ›Pacht[land]‹ (zu lat. *pactum* ›Vertrag‹) zu erklären.

Dingelstädt, Stadt im Eichsfeld, TH, entstand im Tal der oberen Unstrut an der Straße Mühlhausen–Heiligenstadt und kam 1294 an das Erzstift Mainz. Die Namensbelege 1188 *Thingelstat,* um 1155 *Dingilstat* beziehen sich zwar auf Besitz des Klosters Fulda im 9. Jh., doch scheint 1163 *Dingested* die ältere Namensform zu sein. Sie bedeutet ›Gerichtsstätte‹ (zu ahd., asächs. *thing* ›Gerichtsversammlung‹ und asächs. *stedi* ›Ort, Stelle‹); in D. bestand ein altes, seit 1309 bezeugtes Landgericht. Der ON könnte nachträglich an Bildungen mit PN wie *Dingolf, Dingolt* angelehnt worden sein, vgl. den Artikel → Dingolfing. Ungeklärt ist, wie der Name von **Dingelstedt** bei Oschersleben, SAN, einzuordnen ist: 1195 *Dingenstide,* 1181 *Diggelstede,* 993 *Dingelstede.*

Dingelstedt bei Oschersleben → Dingelstädt.

Dingolfing, Stadt an der Isar in Niederbayern, BY, entstand im Zentrum des altbayerischen Stammesgebietes bei einem karolingischen Königshof und einer Johanneskirche, die zu den ältesten Kirchen in Altbayern gehört. Zu dieser alten Unterstadt am Isarübergang kam 1251 eine wittelsbachische Oberstadt mit einer Burg; Stadtrecht 1274, gemeinsame Ummauerung im 14. Jh. Der Name 1220/1230 *Dingolving,* 1114 *Dingoluingen,* 833 *Tinguluinga,* 773 *Thinolfingas* ist mit dem Suffix → *-ingen* zu dem PN *Thingolf, Thingulf, Dingolf* gebildet.

Dinkelsbühl, Stadt an der Wörnitz (l. zur Donau) in Mittelfranken, BY, entstand um eine alte Fernstraßenkreuzung zwischen Schwaben und Nürnberg am Wörnitzübergang, war im 12. Jh. eine der staufischen Städte und wurde 1273 Reichsstadt (bis 1803). Der Name 1319 *Dinkelsbuhl,* 1251 *Dinkelspuhel,* 1180 *Tinkelspuhel* kann als ursprünglicher Flurname (GW ist ahd. *buhil* ›Hügel‹) im ersten Glied entweder einen PN wie *Dingolt* oder *Dingolf* enthalten oder ahd. *dinkil* ›Dinkel, Speltweizen‹, die Bez. einer alten Weizenart (vgl. dazu den Artikel → Amorbach). Folgt man der zweiten Möglichkeit, dann ist das *-s-* nicht als Genitivzeichen, sondern als Gleitlaut (Fugen-s) zu werten.

Dinklage → Lage.

Dinslaken, Stadt n. von Duisburg, NRW, entstand bei einer grundherrlichen Burg im sumpfigen Tal des Rotbaches (r. zum Rhein), die 1220 an die Grafschaft Kleve fiel; Stadtrecht 1273. Der Name 1524 *Dinselake,* 1249 *Dinslake,* 1163 *Dincelachen* enthält mnd. *lake* ›stehendes Altwasser (eines Flusses)‹, ahd. *lahha,* mhd. *lache* ›Pfütze, Lache‹; der erste Bestandteil wird zu ahd. *dinsan* ›ziehen, sich ausdehnen‹ (in nhd. *gedunsen*) gestellt und der Name als **to der dinsenden lake* ›zur aufquellenden Lache‹ erklärt.

Dippelsdorf (zu Weißenfels) → Dippoldiswalde.

Dippoldiswạlde, Stadt im östlichen Erzgebirge, SAC, entstand Ende des 12. Jh.s als Waldhufendorf bei einer Burg der Markgrafen von Meißen und wurde nach 1200 zur Stadt ausgebaut. Der Name 1288 *Dippoldiswalde,* 1218 *Dipoldes-, Dipoldiswalde* enthält den PN *Dietbald.* Neben der vollen Form, die in der Kanzleisprache erhalten blieb, treten mdal. verkürzte Formen auf wie 1453 *Dippelswalde,* 1546 *Dipwalde.* Man vergleiche dazu den ON **Dippelsdorf** (jetzt Stadtteil von Weißenfels, SAN), der 1121 *Dipoltistorf* lautete.

Ditfurt bei Quedlinburg → Dietfurt a. d. Altmühl.

Dithmarschen ['dɪt..., 'di:t...], Landschaft zwischen Eider und Elbe an der

Westküste von SH, wurde als nördlichster Sachsengau im 9. Jh. missioniert (erste Kirche in → Meldorf) und kam im 11. Jh. an den Erzbischof von Bremen. Die Besiedlung des Landes hatte auf der Geest begonnen (ON auf -stedt, 2.–4. Jh. n. Chr., vgl. → -statt, -stedt, -stätten); die Marsch wurde zuerst auf Wurten (aufgeschütteten Erdhügeln) besiedelt, die mit Dämmen erweitert und im 10. Jh. durch einen Seedeich verbunden wurden. Schließlich konnte man langgestreckte Marschhufendörfer anlegen. Die Bauernrepublik D. konnte ihre Selbständigkeit lange Zeit bewahren, wurde aber 1581 zwischen Schleswig-Holstein und Dänemark aufgeteilt. 1866 fiel D. mit Schleswig-Holstein an Preußen. – Der Name Dithmarschen, mnd. im 13. Jh. *Detmerschen,* lat. im 12. Jh. *Thetmarsia,* wird auf Grund des Belegs 1059 *Thietmaresca* als Zusammensetzung von asächs. *mersc* aus **maresca* ›Sumpfland, Marsch‹ und asächs. *thiad* ›groß, viel‹ (eigtl. ›Volk‹) erklärt und bedeutet demnach eigtl. ›Großes Sumpfland‹. Die früher versuchte Deutung als ›Gau des Thietmar‹ (nach der im 9. Jh. bezeugten Namensform *Thiatmaresgaho*) ist aus sachlichen und lautgeschichtlichen Gründen weniger wahrscheinlich.

Ditzingen, Stadt nw. von Stuttgart, BWÜ, entstand im 8. Jh. als alemannisches und fränkisches Dorf auf beiden Seiten der Glems (l. zur Enz), die hier die Grenze zwischen Franken und Schwaben und zwischen den Bistümern Speyer und Konstanz bildete. Den zweigeteilten Ort erwarben die Grafen von Württemberg zwischen 1308 und 1438 vollständig; Stadterhebung 1966. Der Name 13. Jh. *Tizzingen, Ditzingen,* 12. Jh. *Dizzingun,* 902 *in Dicingon,* 769 *Tizingen* enthält den alten deutschen PN *Tiz[z]o;* vgl. → -ingen.

Döbeln, Stadt an der Freiberger Mulde, SAC, entstand bei einer sorbischen Siedlung und einer im 10. Jh. erbauten deutschen Wasserburg in der Mulde und wurde nach 1200 durch die Markgrafen von Meißen als Stadt ausgebaut. Der Name 1554 *Dobeln,* 1332 *Döbelin,* 981 *Doblin* ist mit dem Zugehörigkeitssuffix *-in* von dem asorb. PN *Dobl* abgeleitet.

Doberan, Bad, Stadt im Küstengebiet w. von Rostock, MV, entstand aus einer altslawischen Siedlung, bei der 1171 ein bedeutendes Zisterzienserkloster gegründet wurde; seit 1218 Marktflecken, erst 1879 Stadt. Ende des 18. Jh.s wurde D. Moor- und Mineralbad. Der Name 1929 *Bad Doberan,* 1171 *Doberan, Dobran* geht zurück auf apolab. *Dobrań* und bedeutet eigtl. ›Ort des *Dobran*‹. Der slawische PN gehört zum Stamm *dobry-* ›gut‹.

Doberlug-Kirchhain, Stadt und Bahnknotenpunkt in der Niederlausitz, BR, entstand 1950 durch Vereinigung der Städte Doberlug (bis 1939 *Dobrilugk*) und Kirchhain. **Doberlug,** urspr. ein sorbisches Dorf, wurde durch sein um 1200 erbautes Zisterzienserkloster zum Mittelpunkt der deutschen Besiedlung in der Niederlausitz. 1664 entstand die planmäßig angelegte Neustadt. Der Name 1228 *Dobirlug,* 1199 *Doberluch,* 1012/18 *Dobraluh* (bei Walther von der Vogelweide um 1210 *Toberlū*) bedeutet eigtl. ›gute Wiese‹ (zu slaw. *dobry* ›gut‹ und *lug* ›sumpfige Wiese‹; vgl. → Lauchhammer). – Das Angerdorf **Kirchhain** wurde um 1200 von deutschen Siedlern angelegt und nach seiner Pfarrkirche benannt: 1234 niederdt. *Kyrkhagen, Kyrhagin,* später hochdt. *Kyrchhain;* → -hagen, -hag. Es entwickelte sich im 14./15. Jh. zur Stadt.

Donau, die, europäischer Strom, entsteht bei → Donaueschingen aus der Vereinigung der Schwarzwaldflüsse → Brigach und → Breg, durchfließt oder berührt die Staaten Deutschland, Österreich, Slowakei, Ungarn, Kroatien, Serbien, Rumänien, Bulgarien, Ukraine und mündet in das Schwarze Meer. Der deutsche Name 1763 *Donau,* 1401 *Donaw,* um 1301 *Tuonawe,* um 1020 *Tůnowa* ist mit dem GW ahd. *-owe, -ouwe* ›Aue, Fluß‹ gebildet (→ -au, -aue), in Landschaftsnamen wie 790 *Tonachgaoe,* 868 *Donahgewe* ›Donaugau‹ auch mit ahd. *aha* ›fließendes Wasser‹ (→ ¹-ach). Zugrunde liegt der antike Name des Stromes lat. *Danubius, Danuvius* (so bei Caesar, Tacitus u. a.), griech. *Danoúbios, Danoúios* (bei Strabon), der mit einem *-io-*Suffix von idg. **dānu-* ›Flüssigkeit, Fluß‹ abgeleitet ist. Gleicher Herkunft sind z. B. der Name des schottischen Flusses *Don* (zur Nordsee bei Aberdeen) und die russischen Flußnamen *Don, Dnjepr* und *Dnjestr.* Ein anderer alter Name der Donau ist griech. *'Istros,* lat. *Hister;* er gehört zu der unter →Isar behandelten Wurzel idg. **eis-/*is-* ›sich heftig bewegen‹.

Donaueschingen, Stadt am Zusammenfluß von Breg und Brigach zur Donau, BWÜ, entstand als frühalemannische Siedlung und wurde 889 zuerst genannt, als König Arnulf dem Kloster Reichenau dort Güter schenkte. Der Ort kam 1488 an die Grafen von Fürstenberg, die seit 1653 in D. residierten und 1716 in den Fürstenstand erhoben wurden. 1806 kam D. an Baden. Der Name 1506 *Tunaw Eschingen,* 1357 *Tunaweschingen,* 1292 *Tůnöeschingen* steht für 1309 *Eschinge,* 1306 *ze Eschingen,* 889 *villa Esginga,* er ist wohl zur Baumbez. mhd. *asch, esche,* ahd. *ask* ›Esche‹ gebildet und bedeutet eigtl. ›Ort, wo Eschen stehen‹; →-ingen. Der Zusatz des Flußnamens dient zur Unterscheidung von gleichnamigen Orten wie **Bergöschingen** (ö. von Waldshut), 1558 *Eschingen am berg,* 1294 *Eschinun* (zum Adjektiv mhd. *eschīn* ›mit Eschen bewachsen‹), **Riedöschingen** (bei Donaueschingen), 1357 *Rieteschingen* (zu mhd. *riet* ›mooriges Gelände‹, vgl. →Ried). **Wutöschingen,** 1525 *Eschingen im Wuthenthal* (nach dem Flußnamen *Wutach*). Zum Ersatz von *-e-* durch *-ö-* vgl. den Artikel →Göppingen.

Donauwörth, Stadt an der Mündung der Wörnitz in die Donau, BY, entstand am Donauübergang einer alten Rompilgerstraße, die die von →Augsburg kommende römische Via Claudia nach N fortsetzte. Der Ort war Königsgut und erhielt von Otto III. Marktrecht, das Konrad II. 1030 auf Münz- und Zollrecht erweiterte. 1191 wurde D. von den Staufern als Reichsgut eingezogen, blieb aber zwischen ihnen und den Wittelsbachern lange strittig, bis es 1465 Reichsstadt wurde. 1714 kam es aber doch zu Bayern. Zum erstenmal erscheint D. 1030 mit der Stellenbez. *in loco Ueride* (= auf der Flußinsel; zu ahd. *warid, werid* ›Insel‹, vgl. →-werth). In den Belegen 1121/26 *Werde,* 1139 *Werda* ist der ON fest geworden, doch zur Unterscheidung von gleichlautenden Namen wird bald ein Zusatz nötig: 13. Jh. *Swebishewerd* (= das Schwäbische Werth), 1266 *Swaebischwerde,* 1401 *Swebischenwerde off der Donaw.* Schließlich setzt sich die Benennung nach dem Flußnamen durch: 1389 *Tůnaw Werde,* 1478 *Thonawerd,* 1623 *Thonauwört,* 1771 *Donauwörth.*

Donnersberg, der, Bergstock in der Nordpfalz, mit keltischem Ringwall. Der D. ist ein Wetterberg, an dessen Höhe sich die von W kommenden Gewitter brechen. Er ist aber nicht nach dem Donner (ahd. *thonar,* in Zusammensetzungen stets ohne Fugen-s) benannt, sondern nach dem germanischen Gewittergott *Donar:* 1418 *Donersberg,* 1129 *Tunersberch,* 869 *Thoneresberg.* Für diese Erklärung spricht auch die um 1830 bezeugte, heute verschwundene römische Inschrift I O M (= *Iovi optimo maximo*) auf dem Gipfelfelsen, dem *Königsstuhl* (687 m). Die Römer setzten Donar ihrem Gott Jupiter gleich.

-dorf, GW von Siedlungsnamen. Das gemeingermanische Wort mhd., ahd. *dorf,* mnd. *dorp,* asächs. *thorp,* engl. *thorp,* aisl. *þorp* bezeichnet eine bäuerliche Siedlung, z. T. auch einen Einzelhof; niederl., westfries. *terp* bedeutet meist ›Wohnhügel‹. Nur got. *þaurp* hat die Bed. ›Acker‹. Die germ. Ausgangsform *þurpa, þarpa* entspricht lit. *trobà* ›Haus, Gebäude‹, kymr. *tref* ›Wohnung‹ und lat. *trabs* ›Balken‹, so daß als Grundbed. des Wortes ›Balkenbau, Haus‹ wahrscheinlich ist. Als GW von ON ist *-dorf* im ganzen deutschen Sprachgebiet verbreitet, zum großen Teil schon seit der Landnahmezeit. In einigen Fällen ist *-torp, -dorf* durch Akzentverlagerung zu *-trop, -trup, -druf* verändert worden, z. B. in →Bottrop, →Ochtrup, →Ohrdruf.

Dorf Erbach →Erbach.

Dormagen, Stadt (seit 1969) am linken Ufer des Niederrheins, NRW, entstand am Platz eines römischen Kastells des Niedergermanischen Limes und gehörte im MA zur Grafschaft Jülich. Der Name 1537 *Durmagen,* 1155 *Turremage* geht zurück auf kelt.-lat. *Durnomagus* (3. Jh.) und enthält wohl den kelt. PN *Turnus.* Zum Grundwort kelt. *magos* ›Ebene, Feld‹ →-magen.

Dörnbach bei Rockenhausen; **Dörnig-**

heim bei Hanau am Main; **Dorn-Dürkheim** bei Worms → Bad Dürkheim.

Dörrenbach, Ort bei Bad Bergzabern, RP, wurde 992 dem Kloster Selz (Elsaß) geschenkt und gehörte im 15. Jh. zur leiningischen Herrschaft Guttenberg. Sein befestigter Kirchhof wurde 1525 Hauptfeste der Herrschaft. 1684 bis 1814 stand D. unter französischer Oberhoheit. Der Name 1828 *Dörrenbach,* 1468 *Derrenbach,* 1379 *Dürrenbach,* 993 *Turrenbach* ist mit ahd. *thurri, durri* ›dürr, trocken‹ gebildet und bezeichnet eigtl. einen wasserarmen, oft ausgetrockneten Bach.

Dorsten, Stadt an der Lippe, NRW, entstand im 12. Jh. aus zwei alten Bauerschaften an einem Lippeübergang und war im 15./16. Jh. Sitz der Freigrafen des Vestes → Recklinghausen. Der Name 12. Jh. *Durstene,* 890 *Durstinon* ist unerklärt.

Dortmund, Stadt im Ruhrgebiet, NRW, entstand in fränkischer Zeit bei einem karolingischen Königshof und entwickelte sich durch die günstige Lage an der Kreuzung des → Hellwegs u. einer N–S-Fernstraße schon im 10. Jh. zur freien Reichsstadt (bis 1803); im 12. Jh. Hansestadt (um 1252 Gründung der Stadt **Memel** mit Dortmunder Recht, sie sollte urspr. *Nova Tremonia* = *Neudortmund* heißen). Der Name 1222 *Dortmunde,* 952 *Drudmunde,* 927 *Trutmenni,* 890 *Throtmanni* ist ein alter Gewässername mit dem Grundwort asächs. *-manni, -menni, -minni* ›Wasser‹, das auch in ON wie **Menne** (bei Warburg; 9. Jh. *Menni*) u. → Dülmen erscheint und vielleicht zu air. *mōin* ›Sumpf‹ u. lat. *manāre* ›fließen, strömen‹ gehört. Das erste Wortglied *thrut-* ist nicht sicher gedeutet.

Drachenfels, der, Berg u. Burgruine im Siebengebirge, NRW; die im 12. Jh. als Grenzfeste gegen die Grafschaft Sayn erbaute Burg war Sitz eines kurkölnischen Burggrafengeschlechts, dem seit dem 14. Jh. auch das linksrheinische **Drachenfelser Ländchen** (um Berkum u. Nd.-Bachem, jetzt Gemeinde Wachtberg) gehörte. Der Name 1212 *Drakinvelz,* 1176 *Drachenvels* gehört zu ahd. *trahho,* mhd. *trache* ›Drache‹. Das Alter der mit dem Berg verbundenen Drachensage ist unbekannt. Vgl. in der Pfalz den Berg **Drachenfels** bei Weidenthal (mit Drachensage) und die Felsenburg **Drachenfels** (1217 *Drachenvels*) bei Busenberg.

Drachenfels bei Busenberg, Burg; **Drachenfels,** der, bei Weidenthal; **Drachenfelser Ländchen,** das, → Drachenfels, der.

Drau, die, r. zur Donau, → Trave, die.

Dreieich, Stadt bei Langen, s. von Frankfurt am Main, HE, entstand 1977 durch Vereinigung der Städte Dreieichenhain und Sprendlingen mit anderen Orten und wurde nach dem karolingischen Reichsforst und späteren Wildbann *Dreieich* benannt. Der Wildbann hat sich nach einer Beschreibung von 1338 zwischen Rhein, Main und Odenwald erstreckt, sein Mittelpunkt (Sitz eines Vogtes) war die Wasserburg *Hagen,* bei der Ende des 12. Jh.s eine Siedlung *zu dem Hane* entstand, die 1256 Stadtrecht erhielt und bis 1841 *Hayn in der Dreieich,* dann **Dreieichenhain** hieß. Der Name des Forstes, 977 *Trieich forestum,* geht vermutlich auf eine auffällige, in drei Stämmen gewachsene Eiche in der Mark Langen zurück, die 834 als *Drieichlāhha* erwähnt wird (zu ahd. lāhha, mhd. lāche ›Grenzzeichen‹). – Der ON **Sprendlingen**, 977 *Sprendelincon,* ist mit dem Suffix → -ingen wohl zu einem PN **Sprendilo* gebildet.

Dreieichenhain → Dreieich.

Dresden, Stadt an der Elbe, Hauptstadt des Bundeslandes Sachsen (1952–1990 des Bezirks D. der DDR). In dem 1004 genannten slawischen Gau Nisani, der 1144 an die wettinische Mark Meißen kam, erbauten die Markgrafen am Elbufer neben einem sorbischen Dorf eine Burg, die den Elbübergang der aus dem Reich nach O ziehenden Frankenstraße sichern sollte (Elbbrücke 1275 genannt, seit 1287 Steinbrücke). Südlich der Burg entwickelte sich ein Marktflecken, der den Namen der sorbischen Siedlung übernahm und 1216 als *civitas* (= Stadt) bezeichnet wird. Das Dorf blieb außerhalb der Stadtmauer, es wurde in der Folgezeit *Altendresden* genannt. Ein anderes sorbisches *Altendresden* entstand vor 1370 r. der Elbe vor der Brücke, es erhielt 1403 Stadtrecht. 1550 wurde es als *Neu-*

dresden in die alte Stadt l. der Elbe eingemeindet und nach einem Brand 1685 durch die jetzige *Neustadt* erweitert. Inzwischen war D. 1547 Hauptstadt des Kurfürstentums Sachsen und 1485 Residenz der albertinischen Linie der Wettiner geworden (vgl. den Artikel →Sachsen). Kurfürst Friedrich August I. wurde 1697 polnischer König, und die Stadt erhielt durch prächtige Bauten die ihrem Rang entsprechende Gestalt. Die heutige Technische Universität wurde 1828 gegründet. – Namenwechsel wie die oben erwähnten sind typisch für die Entwicklung größerer Städte, und das Nebeneinander von appellativischer Bezeichnung eines Stadtteils *(die Altstadt, die Neustadt)* und zeitweise festen Stadtteilnamen *(Altendresden, Dresden-Neustadt)* können interessante Einblicke in die Namenwelt und ihr Verhältnis zur Sprachwirklichkeit geben. Der Name der Stadt *Dresden* gehört zu asorb. *dręzg[a]* ›Wald‹, er ist eigtl. ein Bewohnername und geht zurück auf obersorb. **Drežd'ane* ›die Siedler am [Auen]wald‹; vgl. das entsprechende tschech. *Drážd'any.*

Driburg, Bad, Stadt am O-Rand der Egge, NRW, entstand im 13. Jh. als bischöfliche Stadt unter der Iburg, einer urspr. sächsischen Volksburg, die 799 von Karl d. Gr. den Bischöfen von Paderborn übergeben und um 1200 ausgebaut worden war. Seit dem 18. Jh. Bad. Der Name 1262 *Triborg,* 1253 *Driburch* ist wohl durch Anwachsen des Artikels aus **te der Iburg* ›zur I.‹ entstanden, vgl. den **Ibrugger Hof** bei Gütersloh, 1276 *mansus Dribrugge.* Die **Iburg,** 1148 *Yburch,* 8. Jh. *Iuburg* (*u* = *v,* gesprochen ['i:f...]), ist nach der *Eibe* (Taxus baccata), ahd. *īwa, īga* benannt. ›Eibenberge‹ gibt es mehrfach in niedersächsischem Gebiet, z. B. der **Yberg** bei Bad Pyrmont und die **Iburg** bei Bad Iburg s. von Osnabrück (1070 *Iburg*).

Drọ̈mling, der, Niederung zwischen oberer Alle und Ohre, NDS und SAN, vom Mittellandkanal durchzogene alte Moorlandschaft. 1193 *Trümelinge* geht zurück auf 10. Jh. *Thrimining.* Dies ist als Bildung auf *-ing* zu einem asächs. **thriminni* ›Dreigewässer‹ gedeutet worden (asächs. *thri-* ›drei-‹ und *-minni* ›Wasser‹, →Dortmund). Der Name hätte dann soviel wie ›[Sumpf] mit drei Ausflüssen‹ bedeutet.

Düben/Mulde, Bad, Stadt am Südrand der Dübener Heide, SAC, entstand im 10. Jh. bei einer auf dem Steilufer der Mulde gelegenen deutschen Burg und kam 1275 an die Wettiner; Stadtrecht im 15. Jh., seit 1915 Eisenmoorbad. Der Name 1555 *Dieben,* 1267 *Diben* (die heutige Schreibung mit *ü,* zuerst 1749 *Düben,* ist hyperkorrekt), geht zurück auf 1220 *Dybene* (*y* = *i*), 1012/18 *Dibni,* das wahrscheinlich eine Bildung zu asorb. *dyb* ›Stange‹ (im Sinn von ›Bauholz‹ o. ä.) ist.

Duderstadt, Stadt im Eichsfeld, NDS, entstand als Marktsiedlung im Schnittpunkt alter Straßen um einen Hof König Heinrichs I. (urspr. fränk. Reichshof) und wurde zum Hauptort der ›Goldenen Mark‹, eines niedersächsischen Grenzgebiets gegen Thüringen. Stadtrecht vor 1247. Von 1347 bis 1802 gehörte D. zu Kurmainz (→Eichsfeld). Im Namen 1344 *Duderstadt,* 1184 *Duderstad,* 974 *Duderstedi,* 929 *Tutersteti* ist das GW asächs. *stedi* ›Ort, Stelle‹ erst spät zu *-stadt* geworden (→-statt, -stedt/stätten). Das BW ist unerklärt, vielleicht liegt ein vorgermanischer Gewässername zugrunde.

Dudweiler Stadt im Sulzbachtal, SL, entstand in fränkischer Zeit in der Nähe einer Römerstraße, gehörte seit etwa 1100 zur Grafschaft Saarbrücken; Steinkohlenbergbau seit dem 16. Jh. Der Name 1542 *Dudweiller,* 1316 *Dudewilre,* 977 *Duodonisvillare* enthält den alten deutschen PN *Dudo* und bedeutet ›Gehöft, Weiler des Dudo‹. Der gleiche Name liegt zugrunde bei **Duttweiler,** Kreis Neustadt a. d. W., RP, 965 *Dudenwilre;* →-weiler.

Duisburg ['dy:s...], Stadt an der Ruhrmündung, NRW. Die Altstadt D. entstand unmittelbar am Rhein (der sich später nach W verlagerte) bei einer fränkischen Königspfalz, die den Beginn des →Hellwegs schützte. Zuerst Reichsbesitz, kam D. 1290 an Kleve. Der Name 1003 *Tuisburg,* 890 *Diusburg* ist nicht sicher erklärt, möglicherweise wurde er von einer Merowingerpfalz *Disbargum* (verlesen für ...*burgum*?) übertragen, die man in *Duisburg* bei Löwen (Belgien) vermutet. Eine Beziehung zu dem röm. Götternamen *Hercules Deusoniensis* (= Donar?) besteht für das erst in fränk. Zeit gegründete rheinische D. nicht. – Nicht verwandt ist der Name von **Duisdorf** (Stadtteil von Bonn), 804 *Dudenestorp,* der den PN *Dūdīn* enthält.

Duisdorf (zu Bonn) → Duisburg.

Dülmen, Stadt sw. von Münster, NRW, entstand an einer alten Fernstraßenkreuzung bei einem Hof mit Kirche des Bischofs von Münster; Stadtrecht 1311. Der Name 1142 *Dulmene,* 890 *Dulmenni, -minni* gehört wohl zu ahd. *dola* ›Röhre, Abzugskanal, Rinne‹, mnd. *dole* ›Graben‹; zum GW *-menni* ›Wasser‹ vgl. den Artikel → Dortmund.

Dümmer, der, (auch: Dümmersee, der), von der Hunte durchflossener See s. von Diepholz, NDS. 1002 *Dumeri,* 965 *Diummeri* ist mit ahd. *mari, meri*, asächs. *meri* ›stehendes Gewässer, Binnensee‹ gebildet. Das erste Glied *diumme, dumme* gehört wohl zu westfälisch *dummerig* ›feucht, dumpfig‹ und norw. mdal. *dumma* ›Unklarheit in der Luft, Nebeldecke‹. Gleicher Herkunft ist der Name des Weilers **Dummerten** (zu Holzhausen bei Lübbeke), 1151 *Dumere.*

Dummerten (zu Holzhausen b. Lübbeke) → Dümmer, der.

Düren, Stadt an der Rur (r. zur Maas), NRW, entstand um einen merowingischen Königshof, den Karl d. Gr. 774 zur Pfalz machte, wurde Reichsstadt, kam aber 1246 an Jülich. 12. Jh. *Duren,* 774 *in Dura palatio publico* (= in der öffentlichen, d. h. kaiserlichen Pfalz Dura), 748 *villa Duria* ist wohl ein alter Name der Rur. Man hat ihn mit dem Namen des *Duero* in Spanien, port. *Douro,* und der schweizerischen *Thur,* l. zum Hochrhein, zur idg. Wurzel *dheu- ›laufen, rinnen‹ gestellt. Der von Tacitus für 70 n. Chr. genannte keltische ON *Marcodurum* ›Pferdestadt‹ hat mit D. nichts zu tun.

Dürkheim, Bad, Stadt am Haardtrand, RP, wurde 1035 von Kaiser Konrad II. dem benachbarten salischen Familienkloster Limburg (zu dessen Namen → Limburg a. d. Lahn) geschenkt und gehörte später zur Grafschaft Leiningen-Hardenburg; seit 1847 Solbad. Der Name *Bad Dürkheim* (so seit 1905), 1559 *Durckheym uf der Hardt,* 1404 *Dorenckem,* 1035 *Dorenkheim* geht zurück auf 946 *Thuringeheim,* 778 *Turincheim* ›Wohnort der Thüringe‹ und weist auf eine Ansiedlung von Thüringern durch die fränkischen Könige; vgl. auch **Dorn-Dürkheim** bei Worms, 825 *Thuringoheim,* 1299 *Durrendurckheim* (zu mhd. *durre* ›trocken, dürr‹), **Rheindürkheim** (zu Worms), 1026 *Duringeheim,* 812 *Durincheim,* und **Türkheim,** Kr. Colmar im Elsaß, 896 *Thurincheim,* ferner **Dörnbach** bei Rockenhausen, 1355 *Dorngebach,* 1315 *Duringebach.* In all diesen Namen liegt mit großer Wahrscheinlichkeit der Genitiv Plural ahd. *Thuringo* und damit der Volksname *Thüringe* zugrunde.

Dürrenberg, Bad, Stadt (seit 1946) an der Saale w. von Leipzig, SAN, entstand als Saline bei einer 1763 erschlossenen Solquelle, die seit 1845 für ein Solbad genutzt wird, und ist jetzt Wohnstadt der Leunawerke. Der Name 1815 *Dürrenberg* bezeichnete urspr. das Rittergut (1710 *auf dem dürren Berge*), auf dessen Gelände die Quelle erschlossen wurde. Seit 1938 heißt der Ort *Bad D.*

Düssel, die, r. zum Rhein, → Düsseldorf.

Düsseldorf, Stadt am Niederrhein, seit 1946 Hauptstadt von NRW, 1815–1945 preußisch, im 15.–18. Jh. Residenz der Grafen (Herzöge) von Berg. Stadtrechte seit 1288. Der Name *Dusseldorp* (1159), *Dussillendorp* (1288) bedeutet ›Dorf an der **Düssel**‹. Dieser Bach (r. zum Rhein) heißt 1555 *Duissel[bach],* 1361 *Dussele,* 1065 *Tussale.* Sein Name wird auf ein germ. **thusila* zurückgeführt, das mit ahd. *dōsōn,* nhd. *tosen* ›brausen, rauschen‹ verwandt ist, er bedeutet also eigentl. ›rauschendes Wasser‹.

Duttweiler, Kr. Neustadt a. d. W., → Dudweiler.

E

Eberbach, Stadt am Neckar im Odenwald, BWÜ, entstand im 11. Jh. als Weiler bei einer Burg des Bischofs von Worms, die später mehrfach erweitert wurde. 1227 erhielt sie König Heinrich VII. zu Lehen, der spätestens 1231 die Stadt E. gründete. Diese erhielt 1346 das Recht der Reichsstadt Wimpfen, wurde aber mehrfach verpfändet und fiel schließlich 1806 an Baden. Der Name 1330 *Eberbach purch und stat,* 1227 *castrum* (= die Burg) *Eberbach,* 1196 *Eberbach* ist mit ahd. *eber, ebur* ›männliches Wildschwein‹ gebildet und eigtl. ein Gewässername (→-bach), vgl. den Ort **Erbach (Rheingau),** um 1060 *Eberbach,* und die mit dem GW → ¹-ach gebildeten Flußnamen **Ebrach** (bei Wasserburg am Inn, BY, 845 *Eparaha*), **Rauhe Ebrach** (l. zur Regnitz, 1297 *Ebrach*) und **Reiche Ebrach** (l. zur Regnitz, 1069 *Ebera*).

Ebermannstadt, Stadt an der Wiesent (r. zur Rednitz), in der Fränkischen Schweiz, BY, entstand auf einer Insel zwischen zwei Flußarmen, erhielt 1323 Stadtrecht und kam im 14. Jh. an das Bistum Bamberg. Der Name 1481 *Ebermanstatt,* 1349 *Ebermanstat* hat sich durch lautliche Angleichung für älteres 1143 *Ebermaristat,* 981 *Ebermarestad* herausgebildet. BW ist der PN *Ebermar.* Das GW kann ahd. *stat* ›Stätte, Stelle‹ oder ahd. *stado* ›Ufer, Gestade‹ sein; vgl. -statt, -stedt, -stätten.

Ebern, Stadt an der Baunach (r. zum oberen Main), in Unterfranken, BY, entstand an einer von Nürnberg nach Erfurt führenden Handelsstraße und gehörte zum Bistum Würzburg; es wird 1230 als Stadt genannt (Gelnhäuser Recht 1335). Der Name 1216 *Ebern* ist der Dativ Plural von ahd. *ebur, eber* ›männliches Schwein‹ und bedeutet ›bei den Ebern‹. Wahrscheinlich hängt er mit der Schweinezucht zusammen.

Ebersbach (sorb. Habrachćicy), Stadt an der oberen Spree, im Lausitzer Bergland, SAC, entstand um 1200 als deutsches Waldhufendorf, gehörte seit 1597 der Stadt Zittau und wurde im 17. Jh. zum Weberdorf; Stadtrecht 1925. Der Name 1546 *Ebersbach,* 1430 *Ebirsbach,* 1306 *Eversbach* enthält wohl nicht die Tierbez., sondern, wie das Genitiv-*s* zeigt, die Kurzform *Eber* eines PN wie *Eberhard* oder *Eberwin.*

Ebersberg, Stadt ö. von München, BY, entstand an der alten Salzstraße bei einer im 9. Jh. von den Grafen von Sempt erbauten Burg, die 934 Sitz eines Chorherrenstifts wurde. Dieses wurde vor 1040 in ein Benediktinerkloster umgewandelt, das bis etwa 1300 Reichsabtei war und später den Jesuiten übergeben wurde. Der bei dem Kloster entstandene Ort erhielt 1343 Marktrecht. Als Gründer des Stifts wird 934 ein Graf Eberhard genannt, anderseits erzählt die Sage von einem Eber, der dem Grafen Sigihart gezeigt habe, wo das Kloster stehen solle. Da es für den Namen *Eberhard* die Kurzform *Eber* gibt, sind im Grunde beide Erklärungen des Klosternamens möglich.

Eberswalde → Eberswalde-Finow.

Eberswạlde-Fịnow, Stadt am Nordrand des Barnims, nö. von Berlin, BR, entstand 1970 durch Vereinigung zweier Städte im Finowtal. **Eberswalde** ging hervor aus einer markgräflichen Burgsiedlung zu Anfang des 13. Jh.s an der Straße Berlin–Stettin, wurde 1254 Stadt und im 14. Jh. um eine planmäßig angelegte Neustadt erweitert. Der Name 1434 *Nyenstad alias Ewerswald,* 1375 *Eberswalde vel Nova Civitas,* 1276 und öfter nd. *Everswolde* schließt wohl an den Namen der früheren Burg an, deren Bereich 1300 als *campus Eversberch* genannt wird. (Zum ersten Glied vgl. den Artikel → Ebersbach.) – Die Stadt (seit 1935) **Finow** war 1928 durch Vereinigung des Dorfes **Heegermụ̈hle** (1294 *in Heghermole;* wohl zu mnd. *heger* ›Bewohner eines Hagendorfes‹) mit anderen Siedlungen entstanden und nach dem benachbarten **Niederfinow** benannt worden. Dieses ist 1288 als *civitas Vinow* bezeugt und heißt nach dem gleichnamigen Bach (1294 *aqua Vino*), dem heutigen **Finowkanal.** Der Gewässername ist mit mnd. *ven, vēn* ›sumpfiges Grasland‹ gebildet.

Ebrach, die, l. zum Inn, → Eberbach.

Echterdingen → Leinfelden-Echterdingen.

-eck, GW von Burgennamen, das auf die exponierte Lage einer Burg hinweist, bes. im Gebirge und über Flüssen; *Sooneck, Waldeck, Lahneck, Rheineck.* Ahd. *ekka, egga* (Fem.), mhd. *ecke, egge* (Fem. und Neutr.) bedeutet eigtl. ›Schneide‹, dann ›Spitze, Ecke, Kante‹ und ›Winkel‹. Burgennamen auf *-eck* sind wie die auf *-fels* und *-stein* vom Rheinland nach N und O gewandert; vgl. z. B. den Burgnamen → Waldeck.

Eckartsbẹrga, Stadt w. von Naumburg, SAN, entstand als Marktsiedlung mit dem Geleitsrecht auf der alten West-Ost-Königsstraße (via regia) Erfurt–Merseburg im Schutze einer von Markgraf Ekkehard II. von Meißen 998 erbauten Burg; Stadtrecht vor 1292. Diese Burg, die eine karolingische Anlage, die *Altenburg,* ersetzte, wurde nach Ekkehard benannt: 1066 *Ekkihartesbergae* (lokativischer Genitiv), 1074 *Eggehardesberc.* Der Name erscheint verkürzt als 1288 *Ekkardsberg,* 1350 *Eckersperg,* 1382 *Egkirsberge.* Die heutige Namensform mit *-a* stammt aus der Kanzleisprache.

Ecker, die, r. zur Oker, → Oker, die.

Eckernfọ̈rde, Hafenstadt an der Eckernförder Bucht der Ostsee, SH, entstand im Schutz einer Adelsburg als Fischersiedlung auf einer Nehrung am SW-Ende der Bucht und wurde Anfang des 13. Jh.s planmäßig als Stadt angelegt. Es gehörte immer zu Holstein. Der Name 1288 *Eckerneuorde,* 1197 *(Godescalcus) de Ekerenvorde* bezeichnete urspr. die Burg nach ihrer Lage an der Furt, die die Nehrung mit dem Nordende der Bucht verband. Er bedeutet eigentlich ›Eichhörnchenfurt‹ (zu mnd. *ēkeren* ›Eichhörnchen‹ und *vōrt, vōrde* ›Durchfahrt, Furt‹). Die Burg hieß aber auch *Eckernburg* (1617 *Eckerenborch,* 1231 dän. *Ykærnæburgh*), so daß der ON E. auch als ›Furt bei der Eichhörnchenburg‹ gedeutet werden kann.

-ede. Das aus asächs. *-ithi,* ahd. *-idi* entstandene Suffix bildet Kollektivnamen zu Substantiven, Adjektiven und Verben. Es ist meist stark verkürzt und dann nur in alten Namensformen zu erkennen: 12. Jh. *Birkethe* ›wo viele Birken stehen‹, heute ein Hof **Birth** in Velbert, NRW. Als Beispiele vergleiche man die Artikel → Apolda, → Bünde, → Friesoythe. Aus dem appellativen Wortschatz gehören Bildungen wie *Getreide,* mhd. *getregede* ›Bodenertrag‹, ahd. *gitregidi* ›Ertrag, Einkünfte‹ (zu *tragen*) oder *Gebäude,* ahd. *gebūwida* ›Wohnung‹ (zu *bauen*) hierher.

Eder, die, linker Nebenfluß der Fulda, entspringt am Ederkopf im Rothaargebirge, mündet bei Grifte s. von Kassel; im Mittellauf 1908–14 zum **Edersee** (Edertalsperre) aufgestaut. 1344 *Eder,* 1028 *Adara* ist verkürzt aus 800 *Adrina,* lat. im 2. Jh. *Adrana,* das wohl eine alteuropäische Bildung zu idg. **ad[u]-*, **ad-ro-* ›Wasserlauf‹ ist; vgl. avest. *aδu-* ›Bach, Kanal‹. Verwandt sind u. a. die Namen der *Adda* (l. zum Po, Oberitalien, lat. *Adua*), des **Attersees** (890 *Atarsee* aus **Adraseo*) in Oberösterreich und der → Oder.

Edersee, der, → Eder, die.

Egeln, Stadt an der Bode nw. von Staßfurt, SAN, entstand als Marktort (jetzt Stadtteil *Altenmarkt*) am Bodeübergang bei einer Burg König Heinrichs I. und wurde um 1200 durch eine Neustadt rechts der Bode erweitert. Der Name *E.* (so seit dem 15. Jh.), 1057 *Egelen,* 1049 *Egolon* ist wohl vom Namen des Baches die **Ehle** (r. zur Bode) abgeleitet, der als **Egula* zu ahd. *egala,* mhd., mnd. *egel[e]* ›Blutegel‹ gestellt wird; er bedeutet demnach ›bei den Leuten am Egelbach‹.

Eger, die, tschech. Ohře, linker Nebenfluß der Elbe in Bayern und der Tschechischen Republik, entspringt am Nordhang des Schneeberges im Fichtelgebirge, mündet bei Leitmeritz, tschech. Litoměřice. Nach der E. ist das historische **Egerland** in NW-Böhmen benannt und die deutschböhmische Stadt **Eger,** tschech. Cheb, die

1061 *Egire* hieß. Der Flußname 1561 *Eger,* 1260 *Egra* geht zurück auf 9. Jh. *Agara,* eine alteuropäische Bildung mit dem Suffix *-ara, -ira* zur Wurzel idg. **ag̑-* ›treiben, in Bewegung setzen‹, die auch den Verben griech. *ágein,* lat. *agere* ›treiben, führen‹, anord. *aka* ›fahren‹ zugrunde liegt. Gleicher Herkunft sind z. B. die Namen der **Ager** (l. zur Traun in Oberösterreich, 810 *Agira*) und der **Eger** (r. zur Wörnitz, BY, 760 und 819 *Agira*). Ein Beispiel aus Frankreich ist die *Aire* (r. zur Aisne, 8. Jh. *Ageira,* 11. Jh. *Agira*).

Eger, tschech. Cheb; **Eger,** die, r. zur Wörnitz; **Egerland,** das, → Eger, die.

Eggenfelden, Stadt an der Rott (l. zum Inn), BY, wurde um 1140 als Sitz eines Ministerialen der Grafen von Ortenberg genannt und kam 1259 an die Herzöge von Niederbayern, die dem Ort 1328 Marktrechte verliehen; 1901 wurde E. zur Stadt erhoben. Der Name 1423 *Eggenfelden,* 1401 *Ekenvelden,* 1394 *Ecenuelden* steht für 12. Jh. *Ettineuelth,* 1160/80 *Ettenuelden* und um 1140 *(Rewin von) Etinvelt.* Der Ort ist nach einem Ansiedler *Eto* oder *Etto* benannt; → -feld.

Ehe, die, r. zur Ems, → Emden.

Ehingen (Donau), Stadt am Südrand der Schwäbischen Alb, BWÜ, entstand als Talsiedlung an der Schmiech (l. zur Donau in E.) und wurde vor 1253 durch die benachbarten Grafen von Berg als Stadt auf der Höhe neu gegründet. Nach deren Aussterben 1343 kauften die Grafen von Habsburg die Stadt; 1806 fiel sie an Württemberg. Der Name 1267 *Ehingen,* 961 *Ehinga,* 787 *in Heigen/Heingen marca* (lies *He-i…, He-in…*) ist mit dem Zugehörigkeitssuffix → -ingen zu einem PN *Aho* gebildet.

Ehle, die, r. zur Bode, → Egeln.

Ehrenbreitstein, ehemalige Festung und Stadtteil von → Koblenz am rechten Rheinufer, RP, entstand um 1000 als Burg eines rheinischen Edlen und wurde bald danach kurtrierische Landesfestung, um 1450 Residenz des Kurfürsten; 1816–32 wurde E. von Preußen zur stärksten deutschen Festung ausgebaut. Der Name *Ehrenbreitstein* ist eine Umdeutung aus 1019 *Erembrechtstein,* er enthält den alten deutschen PN *Erinbrecht,* wohl den Namen des Erbauers der ersten Burg.

Ehrenfriedersdorf, Stadt im mittleren Erzgebirge, SAC, entstand Ende des 12. Jh.s als Waldhufendorf und entwikkelte sich durch den Abbau von Zinnerz zur Bergstadt (1460 *stetlein*). Der Name 1481 *Ernfriderstorff* (im ersten Glied an nhd. *Ehre* angelehnt), 1473 *Irnfridestorff,* 1339 *Erinfritstorf* ist mit dem verkürzten PN *Irminfrid* gebildet; → -dorf.

Eibenstock, Stadt im Erzgebirge, sw. von Aue, SAC, entstand vor 1200 als Bauerndorf der Herrschaft Schwarzenberg und entwickelte sich durch Zinn- und Eisenerzabbau zur Bergstadt (1555 *stedlin*). Der Name 1464 *Eibenstog,* 1390 *zum Ybenstoke,* 1370 *Iben-, Ybenstok* war urspr. eine Stellenbezeichnung, die etwa ›am Eibenstumpf‹ bedeutete (zu mhd. *īwe,* ahd. *īwa* ›Eibe‹ und mhd. *stock* ›Baumstamm, -stumpf‹).

Eichsfeld, das, Gebiet zwischen Harz und unterer Werra, durch die Flußtäler von Leine (zur Aller) und Wipper (zur Unstrut) in das obere (TH) und das untere Eichsfeld (NDS) geteilt. Im Mittelalter Besitz des Erzbistums Mainz. Der Name 1436 *amme Eyßfelde,* 1330 *Eckesuelt,* 1294 *Eichsvelt,* 950 *Aikesfeld,* 897 *in pago Eichesfelden* ist nicht sicher erklärt. Möglicherweise liegt ein früherer Flußname **Eichisa* für den Oberlauf der Unstrut zugrunde.

Eichstätt, Stadt an der Altmühl, in der Fränkischen Alb, BY, entstand um 740 in einem zwischen Franken und Bayern strittigen Gebiet als Klostergründung des Bonifatius mit dem Angelsachsen Willibald als Abt, der kurz darauf erster Bischof des neu gebildeten Bistums Eichstätt wurde. Die um die Marienkirche und das Bischofskloster entstehende dörfliche Siedlung erhielt vor 912 Markt- und Stadtrecht. Durch die via publica (öffentliche Straße) war diese Bischofsstadt mit den ostfränkischen Mainlanden und über die schiffbare Altmühl mit dem bayerischen Zentrum Regensburg verbunden. Im 11. Jh. kam eine bürgerliche Siedlung um den Marktplatz hinzu. Das Bistum E. bestand bis 1803 und wurde 1827 als bayerisches Landesbistum neu errichtet. Der

Name 1799 *Eichstätt,* um 1488 *Aichstet,* 1354 *Eyhstet,* 1053 *Eichstat,* 762 *Achistadi* ist mit ahd. *eih* ›Eiche‹ und *stat* ›Stätte, Stelle, Ort, Platz‹ gebildet. Er ist urspr. eine Stellenbez., die schon vor der Gründung des Klosters gebräuchlich war: ›Ort, wo Eichen stehen‹; (→-statt, -stedt, -stätten).

Eider, die, Fluß in SH, entsteht in Ostholstein, 20 km s. von Kiel, mündet bei Tönning in die Nordsee. Namensformen wie 1412 *op de Eydere,* 1340 *de Eider,* 1231 dän. *Eydær,* 12. Jh. *fluvius Eidorus, ad Eydoram* gehen zurück auf 11. Jh. *Egdoram fluvium,* 9. Jh. *Aegidora,* 808 *Egidoram fluvium.* Setzt man als zweites Glied dieser latinisierten Formen asächs. *dor* ›Tor‹ an, dann ergibt sich als mögliche Ausgangsform asächs. *Egidor* ›Fluttor, Meerestor‹ (zu asächs. *ēgi ›Flut, See‹). Diese Form wird gestützt durch den altnordischen Namen der Eider, um 1200 *Ǣgisdyra,* der mit anord. *ægir* ›Meer‹ und *dyrr* ›Tür, Tor‹ gebildet ist. Die Benennung müßte von dem Mündungstrichter der Eider ausgegangen sein, in den der Flutstrom weit hinauf eindringen konnte.

Eiderstedt, Halbinsel an der Nordseeküste, n. der Eidermündung, SH, bestand urspr. aus drei Inseln, die erst im 11. und 12. Jh. miteinander und 1489 mit dem Festland verbunden wurden. Nach den friesischen Bewohnern wurde E. auch *Frisia minor* oder *Eiderfriesland* genannt. Der Name 1332 *in Eydersteth,* 1284 *de Eyderstath,* 1238 dän. *Eydærstath,* 1195 *de Eydurstathe* bedeutet ›Eidergestade‹ und galt somit wohl zuerst für das Land um →Tönning. Das GW mnd. *stade* ›Ufer‹ wurde zu mnd. *-stede* ›Stätte, Ort‹ umgedeutet, so daß der Landschaftsname sich an die häufigen Siedlungsnamen auf *-stedt* anglich (→-statt, -stedt, -stätten).

Eifel, die, Teil des Rheinischen Schiefergebirges l. des Rheins und n. der Mosel, NRW, RP. Das bis ins frühe Mittelalter zu den im W. anschließenden **Ardẹnnen** (Belgien und Frankreich) gerechnete Gebirge (bei Caesar *Arduenna silva* ›der Wald Arduenna‹, 748 *in Ardenne,* 770 *Ardinna,* zu kelt.-ir. *ard* ›hoch, groß‹, vgl. lat. *arduus* ›hoch‹) erhielt seinen heutigen Namen vom karolingischen **Eifelgau** her, dem Gebiet um die Quellen der Flüsse Ahr, Kyll, Urft und Erft: 1051 *Eiffila,* 846 *in pago* (= im Gau) *Eifla,* adjektivisch 975 *Aiflensis pagus,* 762 *in pago Efflinse.* Die Herkunft des Namens ist umstritten. Die beste Lösung hat wohl H. Dittmaier (1961) vorgeschlagen, der *Eiffila* als Assimilationsform von **Aik-fil* = Eichen-Ville deutet. Als **Ville** ['fɪlə], älter *Vele, Vile,* zu idg. **pelə-* ›breit und flach; ausbreiten‹ ist der flache Höhenzug w. von Köln, zwischen Rhein und Erft, bekannt, der heute auch *Vorgebirge* genannt wird. Die Römerstraße Köln–Trier querte die Ville und das Erfttal und stieg dann zur Hochfläche der Eifel hinauf. Es lag nahe, die beiden einander ähnlichen Landschaften mit dem gleichen Namen zu benennen und die zweite durch die vorgesetzte Baumbez. ahd. *eih* aus germ. **aik-* ›Eiche‹ zu unterscheiden; dann wäre die Eifel als ›mit Eichenwald bedeckte [Hoch]fläche‹ benannt worden.

Eifelgau, der, →Eifel, die.

Eilenburg, Stadt an der mittleren Mulde, SAC, entstand bei einer von König Heinrich I. am Platz einer slawischen Wallburg erbauten Burg und kam um 1000 an die Wettiner; Stadtrecht vor 1221. Der Name 1545 *Eilenburgk,* 1376 *Eylburg,* 1314 *Ileborch,* 1229 *Ylinburch,* 961 *Ilburg* gehört weder zu mhd. *īlen* ›eilen‹ noch zum Vogelnamen *Eule* (mhd. *iuwel, iule*); wahrscheinlich liegt eine Bildung zu asorb. *il* ›Lehm‹ vor, die mit dem GW *-burg* eingedeutscht wurde, ähnlich wie bei der Obotritenburg *Ilow* nö. von Wismar, die im 12. Jh. als *Ylowe* und *Ilinburg* bezeugt ist.

Einbeck, Stadt im Leinebergland, NDS, entstand um 1200 bei einem Ende des 11. Jh.s gegründeten Kollegiatstift der Grafen von Katlenburg und entwickelte sich dank günstiger Lage an der Leinetalstraße zur Gewerbe- und Hansestadt (1368). Auf das weithin exportierte Einbecker Starkbier (seit 1351 bezeugt) geht das seit dem 17. Jh. in Bayern gebraute *Bockbier* (älter *Aimbock, Oambock, ampokhisch pier*) zurück. Der Name 1418 *Einbeck,* 1139 *Einbecke,* 1158 *Einbike,* vom 12. bis 16. Jh. meist *Embeke, Eymbeke* u. ä., 1103/06 *Enbiche* ist ein alter

Gewässername, der wahrscheinlich das heutige *Krumme Wasser* (so seit 1582), l. zur Ilme zur Leine, bezeichnete. Sein Grundwort ist mnd. *beke,* asächs. *-beki, -biki* ›Bach‹, der erste Namensteil ist nicht sicher erklärt.

Eisbach, der, l. zum Rhein bei Worms, → Eisenberg.

Eisch, die, l. zur Alzette; **Eischen** → Aisch, die.

Eisenach, Stadt am NW-Fuß des Thüringer Waldes, TH, entstand bei einer fränkischen *Peterskirche* (noch Flurname!) am alten Übergang der Straße Frankfurt–Leipzig über die Hörsel (r. zur Werra) und wurde um 1150 w. der ersten Ansiedlung planmäßig als Stadt der Landgrafen von → Thüringen angelegt (→ Wartburg); Stadtrecht um 1240 und 1283. Der Name 15. Jh. *Eyssenach,* um 1150 *Isinacha,* 1129 *Ysenache* geht vielleicht auf einen Bach mit Eisenoxid führendem Wasser zurück, er könnte aber auch als Siedlungsname übertragen sein von dem Ort **Eisenach** bei Trier, RP (1168 *Isenach,* 762 *Issenacha,* zu ahd. *īsan, īsarn* ›Eisen‹ und *aha* ›Wasser, Fluß‹, → [1]-ach). Vgl. den Artikel → Eisenberg.

Eisenach bei Trier → Eisenach.

Eisenberg, Stadt im östlichen Thüringen, TH, entstand als Kaufmannssiedlung an der Straße Weimar–Jena–Altenburg, wurde 1171 ummauert, 1189 zerstört und sö. davon als planmäßige Marktsiedlung im Schutz einer markgräflichen Burg neu aufgebaut; Stadtrecht vor 1219. Der Name *Eysen-, Eisenberg* (seit 1467), 1198 *Isenberg,* 1166 *Isinberg* ist mit mhd. *īsen* ›Eisen‹ gebildet und weist vermutlich auf alten Eisenbergbau hin. Den gleichen Namen hat z. B. die Stadt (seit 1963) **Eisenberg (Pfalz),** RP, 16. Jh. *Eißenberg,* 1362 *Ysenburg,* 9. Jh. *Isanburc;* sie liegt am **Eisbach** (mundartl. *die Eis,* l. zum Rhein bei Worms), der 1400 *Yserbeche,* 1016 *Isena,* 8. Jh. *Isina* und 771 *Isenade* (lies: *Isenahe*) heißt und mehrere Fundstellen vorgeschichtlicher und römerzeitlicher Eisengewinnung aufweist. Vgl. den Artikel → Eisenach.

Eisenberg (Pfalz) → Eisenberg.

Eisenhụ̈ttenstadt, Stadt am Westufer der mittleren Oder, s. von Frankfurt, BR, entstand 1961 durch die Vereinigung der Stadt Fürstenberg/Oder und der Gemeinde Schönfließ mit der 1950 bis 53 ausgebauten Wohnstadt *Stalinstadt* des seit 1950 errichteten Eisenhüttenkombinats Ost der DDR. Die Stadt wurde also nach dem Kombinat benannt. – 1250 hatte Markgraf Heinrich der Erlauchte von Meißen die Stadt **Fürstenberg/Oder** als Oderzollstätte der Niederlausitz gegründet. Sie wurde nach ihm benannt und erhielt 1286 Magdeburger Recht. Der Name 1480 *Fürstinbergk,* 1293 und 1316 *Vurstenberg,* 1286 *Forstenberg* ist mit mnd. *vörste, vürste* ›Fürst‹ (eigtl. ›der erste, vorderste‹) gebildet. Fürstenberg ist heute der Stadtteil E.-Ost. Der Name **Schönfließ,** 1416 *Schonenflysze,* 1316 *Schonenflyt* gehört zu mhd. *vliez,* mnd. *vlēt* ›Bach, Wasserlauf‹.

Eisleben (amtlich: *Lutherstadt E.*), Stadt im östlichen Harzvorland, SAN, entstand aus einer altthüringischen Siedlung und im Schutz einer ottonischen Burg als Marktort und kam im 12. Jh. an das Bistum Halberstadt, im 14. Jh. an die Grafen von Mansfeld; Stadtrecht wohl Ende des 12. Jh.s. E. ist Geburts- und Sterbeort Martin Luthers (1483–1546). Um 1513 wurde w. der Altstadt die Neustadt E. als Bergstadt gegründet, und seit dem 17. Jh. entwickelte sich E. zum Zentrum des Mansfelder Kupferbergbaus. Der Name 1541 *Eysleben,* 1524 *Eißleben,* 1195 *Ysleve,* 994 *in oriente Islevo* ist mit dem GW → -leben ›Hinterlassenschaft, Erbe‹ zu einem germ. PN *Iso* (Kurzform von *Isanbert* o. ä.) gebildet, eine Variante 1045, 1046 *Gisleva, -levo,* 1179 *Iesleve* ist wohl als Bildung mit unorganischem *j*-Anlaut zu erklären.

Eislingen/Fils, Stadt im Vorland der Schwäbischen Alb, BWÜ, entstand 1933 durch Vereinigung der Gemeinden Groß- und Klein-Eislingen auf beiden Seiten der Fils. **Groß-Eislingen** gehörte zu den 861 genannten Stiftungsgütern des Klosters Wiesensteig, es kam nach der Reformation zu Württemberg, das **Klein-Eislingen** schon 1492 fast ganz besaß. Im 19. Jh. wurden beide Orte Industriegemeinden. Der Name 1440 *Großeißlingen,* 1437 *zu KleynIßlingen… zu Grossen Ißlingen,*

1401 *Ysningen... ze Ysningen daz man nempt Klain Ysningen,* 1275 *Iseningen,* 861 *in pago... Filiuuisgauue... in villa nuncupata Isininga* (= in dem Isininga genannten Dorf) ist mit dem PN *Isino* gebildet; vgl. →-ingen. Der Flußname →Fils wurde erst 1933 amtlich hinzugefügt.

Eiterfeld →Gersfeld.

Eitorf, Ort an der Sieg, NRW, entstand aus einem urspr. pfalzgräflichen Hof, zu dessen Waldmark auch die Dörfer **Mühleip** und **Obereip** (1487 *Eyppe,* 1555 *Overeep*) gehörten. Der Name E., 1145 *Eichtorp,* 1144 *Eidthorph* entstand durch Angleichung des *p* aus **Eipdorp* ›Dorf an der Eip‹ (jetzt der **Eitorfer Bach,** links zur Sieg). Der wohl vordt. Flußname ist unerklärt.

Eitorfer Bach, der, l. zur Sieg, →Eitorf.

Eitra, die, r. zur Haune, →Aitrach, die.

Elbe, die, Strom, der am Riesengebirgskamm in Böhmen, Tschechische Republik, entspringt und unterhalb Hamburgs in die Nordsee mündet. Der Flußname erscheint im 1. und 2. Jh. n. Chr. als lat. *Albis* und *Albia,* griech. *'Albis,* er geht zurück auf idg. **albh-* ›weiß‹ (vgl. lat. *albus* ›weiß‹), das in Flußnamen die Bed. ›helles Wasser‹ entwickelt hat, die sich aber sehr früh zu der allgemeinen Bed. ›Fluß‹ wandelte (vgl. das Appellativ anord. *elfr,* schwed., norweg. *elv* ›Fluß‹). Aus dem idg. Farbadjektiv war also ein alteuropäisches Wasserwort geworden. So steht der Flußname *Elbe* in einer großen Gruppe alteuropäischer Gewässernamen, von denen hier nur einige genannt seien: die **Alb,** r. zum Rhein sw. von Waldshut, 983 *Alba,* die **Alb,** r. zum Rhein bei Karlsruhe, 1110 *Alba,* die **Alf,** w. von Prüm (Eifel), 817 *Alba,* die **Elbe,** r. zur Lahn bei Limburg, 1048 *Elbene,* die **Aube,** r. zur Seine, Frankreich, kelt.-lat. *Albis,* 877 *Alba.* Man beachte auch die westpfälzischen Bachnamen **Wald-, Stein-** und **Moosalbe.** – Aus dem Germanischen entlehnt ist der slawische Name der Elbe, tschech. *Labe* (zuerst im 11. Jh. belegt).

Elberfẹld, Stadtteil von Wuppertal, entstand in frühfränk. Zeit um einen Herrenhof an der wichtigen Straße Köln–Hagen, der bald an die Erzbischöfe von Köln kam. Seit dem 15. Jh. bergisches Amt, entwickelte E. zusammen mit →Barmen ein bedeutendes Garngewerbe (Garnbleiche mit Wupperwasser) und wurde 1610 Stadt. 1929 wurden beide Städte vereinigt, →Wuppertal. Der Name E. (so seit 1720), 1420 *Elvervelde,* um 1160 *Elueruelde* enthält wahrscheinlich einen westfränkischen PN **Albiro, *Alviro* (mit Umlaut **Elvero*) und bedeutet ›Feld[siedlung] des Elvero‹; →-feld.

Ellwangen (Jagst), Stadt am Oberlauf der Jagst, n. von Aalen, BWÜ, entstand als Handwerkersiedlung bei einem Benediktinerkloster, das die Brüder Hariolf und Erlolf 764 als Eigenkloster gegründet hatten und das 1215 Reichsabtei wurde. 1460 wurde das Kloster in ein Chorherrenstift unter einem Fürstpropst umgewandelt, 1802/03 kam es an Württemberg. Der Ort E. wurde nach 1136 zur Stadt erhoben (1201 *civitas* genannt). Der Name 12. Jh. *Eleswangen, Elwangin* enthält als zweites Glied ahd. *wang* ›Feld, Wiese, Weide‹, ein Wort, das schon früh nicht mehr verstanden wurde (vgl. den Artikel →Wangen im Allgäu). Das erste Glied ist ahd. *elaho* ›Elch‹, und so ergab sich in der Vita des Klostergründers Hariolf (vor 859 geschrieben) die Umdeutung des Namens zu *Elehenfanc;* man erzählte von einer Jagd, bei der dort ein Elch gefangen worden sei. Als ›Elchwiese‹ wird man den Namen jedenfalls deuten können, denn der Elch kam damals als wanderndes Großwild auch in Süddeutschland vor.

Elm, der, bewaldeter Höhenzug sö. von Braunschweig, NDS. Der Name 1400 *vor dem Ellem,* 1311 *in Elmone,* 1152, 997 *Elm* gehört zu asächs. *elm* ›Ulme, Ulmenwald‹. Vgl. **Elm** bei Bremervörde, 1111 *Elma* aus **Elm-aha* ›Ulmenbach‹, und **Elm** (zu Schlüchtern, HE), 793 *Elmaha;* →Elmshorn.

Elmshọrn, Stadt am Ostrand der Elbmarschen, SH, entstand am Übergang einer alten Handelsstraße über die schiffbare Krückau (r. zur Elbe) und kam 1726 an Holstein, 1867 an Preußen; Stadtrecht 1870. Der Name 1141, 1164 *Elmeshorne* ist mit mnd. *hörn* ›vorspringende Ecke‹ gebildet, das BW ist wohl asächs. *elm,* mnd. *elm[e]* ›Ulme‹. Es liegt also eine Stellenbez. ›Ulmeneck, vorspringendes Ulmengehölz‹ zugrunde.

Elsässer Belchen, der, →Belchen, der.

Elsava, die, r. zum Main, →Obernburg a. Main.

Else, die, l. zur Werre zur Weser →Ilsenburg.

Elsenz, die, linker Nebenfluß des Neckars, entspringt am Eichelberg bei Sinsheim, mündet bei Neckargemünd. 988 *Elisenza, Elizinza.* Am Oberlauf das Dorf **Elsenz** (888 *Elisinza*). Die zugrundeliegende alteuropäische Form **Alisantia* erscheint auch in französischen Flußnamen wie *Auzance, Alsance,* im Namen der **Alsenz** (r. zur Nahe, 775 *Alisencia,* 893 *Alsontia*), der **Alzette** (r. zur Sauer in Luxemburg; 968 *Alsoncia*) u. a. Man hat den Namen zu der vorgerm. Baumbez. **alisa* ›Erle‹ gestellt, doch liegt eher ein alteuropäisches Wasserwort zugrunde. Zu Weiterem vgl. die →Elz (r. zum Neckar).

Elsenz →Elsenz, die.

Elster, Bad; Elsterwerda →Weiße Elster.

Eltville am Rhein [ɛlt'vɪlə, '– – –], Stadt im Rheingau, HE, entstand aus einer alemannischen Siedlung der Völkerwanderungszeit und war seit dem 11. Jh. im Besitz der Erzbischöfe von Mainz (Stadtrecht 1332); 1813 zu Nassau, 1867 zu Preußen. Der Name 1252 *Eltevile,* um 1060 *Eldevile* geht zurück auf lat. *Alta villa* (1060 bis Ende des 13. Jh.s). Dies ist, wie die mundartl. Form *Elfel* (dafür im 15. Jh. und noch bei Goethe *El[l]feld,* mit dt. *f* für lat. *v*) zeigt, kein Name aus der Römerzeit, denn lat. *villa* ›Landgut‹ hätte sonst zu →*-weil* werden müssen. Wahrscheinlicher ist, daß ein alter dt. Name **Hohstat* ›hochgelegene Wohnstätte‹ von Mainzer Geistlichen als *Alta villa* latinisiert wurde; dabei stand **Hohstat* wohl für älteres **Hohstad* ›hohes Gestade‹. Die Latinisierung kann zur Unterscheidung des Ortes von →Höchst am Main (ahd. *Hostat, Hohstedi*) gedient haben.

Eltz, Burg, →Elz, die, l. zur Mosel.

Elz, die, rechter Nebenfluß des Oberrheins im Schwarzwald, entspringt westl. von Triberg, mündet bei Nonnenweier. 1335 *Elza* ist verkürzt aus 1234 *Elzach,* 763 *Helzaha fluvium.* Am Oberlauf die nach dem Fluß benannte Stadt **Elzach,** 1318 *Elzahe,* 1275 *Alza.* Der vorgerm. Flußname beruht auf einer *-t*-Erweiterung der idg. Wz. **el-/*ol-* ›treiben, sich bewegen, fließen‹ (→Elz, r. zum Neckar), seine Grundform **Altia* wurde unter Anfügung von ahd. *-aha* ›Wasser, Fluß‹ eingedeutscht; →¹-ach.

Elz, die, (auch:) *Elzbach,* der, linker Nebenfluß der Mosel, entspringt in der Hohen Eifel, mündet bei Moselkern. Um 1120 *Eilza,* 943 *Elza.* Die Nebenform *Elenze* (um 1100) weist auf alteuropäische Entstehung, vgl. die →Elz (r. zum Neckar) aus *Alantia.* Nahe der Mündung des Elzbachs liegt die in gotischem Stil erbaute Burg **Eltz** (12.–16. Jh.).

Elz, die, (auch:) *Elzbach,* der, rechter Zufluß des Neckars im südl. Odenwald, BWÜ. 1554 *Elz,* 1416 *Ellentz.* An der Mündung liegt das Dorf **Neckarẹlz,** 1572 *Neckarelntz,* 1138 *in villa Elinza,* 773 *in villa Alantia.* Dazu gehört noch der Volksname *BRIT[TONES] ELANT[IENSES]* in einer lat. Inschrift des 2. Jh.s n. Chr., gefunden im römischen Limeskastell Neckarburken am Unterlauf des Elzbachs. Der Flußname *Alantia* wird mit entsprechenden Namen in Italien, Spanien und dem Baltikum als alteuropäische Bildung zu idg. **el-/*ol-* ›treiben, sich bewegen, fließen‹ gestellt. Zur gleichen Wurzel gehören die →Elz (r. zur Mosel), der →Aland (l. zur Elbe), mit anderer Bildungsweise die →Elsenz (l. zum Neckar), die →Elz (r. zum Oberrhein) u. a. Flußnamen.

Elzach →Elz, die, r. zum Oberrhein.

Emden, Stadt am Ausgang des Dollarts in die Außenems (Nordsee), NDS, entstand um 800 als Handelsniederlassung (Wik) an der Mündung des Flüßchens Ehe in die Ems, wurde im 11. Jh. Münzstätte und um 1200 Hafen für die Englandfahrt. 1458–1561 Residenz der Reichsgrafschaft →Ostfriesland, kam E. 1744 zu Preußen und gehörte 1815–1866 zu Hannover. Der Name *E.* geht zurück auf 1312 und 10. Jh. *Emutha,* 9. Jh. *Amuthon,* das den Ort nach seiner Lage ›an der Mündung der *Ee*‹ kennzeichnete (zu asächs. *mūth,* afries. *mūtha* ›Mündung‹). Der Flußname **Ehe,** älter *Ee* entspricht afries. *a, e,* ahd. *aha* ›Wasser, Fluß‹. Die *n*-lose nordseegerm. Form des Grundworts (→ Münden) erscheint auch in niederländischen *(Dixmuiden,* 1089 *Dicasmutha)* und in englischen ON *(Portsmouth, Plymouth)* sowie in den Namen von **Müden an der Aller** (Mündung der Oker) und **Müden an der Örtze** r. zur Aller (1022 *Mutha;* Mündung der Wietze).

Emmendingen, Stadt an der Elz r. zum Oberrhein, BWÜ, entstand als alemannische Siedlung, war im 11. Jh. Besitz der Zähringer und kam 1415 an die Markgrafen von Baden; Marktrecht 1418, Stadtrecht 1590. Der Name 1542 *Ementingen,* 1419 *Emetingen,* 1299 *Emmutingen* geht zurück auf 1184 *Anemotingen,* 1094 *Anemutinga.* Er ist mit dem Ableitungssuffix → ingen zu dem sonst nicht belegten PN *Anemuot* gebildet.

Emmer, die, linker Nebenfluß der Weser, entspringt n. von Bad Dri̥burg, mündet bei Emmerthal-Emmern s. von Hameln. 1495 *up de Emmer,* 1488 *upp der Emmere,* 9. Jh. (zu 784) *super fluvium Ambra* steht neben Formen mit *n*-Suffix wie 9. Jh. *Embrine,* 1065 *Ambrinna,* 1403 *up de Emmerne.* Der ON **Emmern** hat das *n* bewahrt: 1371 *to Emmeren,* 1365 *to Emberne,* 1215 *Arnoldus de Emberen.* Über den vordeutschen Gewässernamen Ambra vgl. den Artikel → Ammer.

Emmerich, Stadt am rechten Ufer des Niederrheins, NRW, entstand um eine vom hl. Willibrord um 700 errichtete Kirche im Bereich eines fränkischen Oberhofs, erhielt 1233 Stadtrecht und fiel 1372 an Kleve. Der Name *Emmerich,* 970 *Embrick,* 828 *in villa Embrici* enthält wahrscheinlich den latinisierten Genitiv des fränk. PN *Embriko,* d. h. den Namen des ersten Hofbesitzers. Vgl. auch **Hochemmerich** (zu Rheinhausen), um 900 *in Embrikni* (zur Verkleinerungsform **Embrikīn* des PN *Embriko*).

Emmern → Emmer, die.

Ems, die, Fluß in NW-Deutschland, entspringt in der Senne (Münsterland) und mündet bei Emden in den Dollart und weiter in das Wattenmeer beiderseits von Borkum (Fahrwasser *Westerems* und *Osterems*). Die Ems wird mehrfach von Kanälen gekreuzt oder benutzt (z. B. **Dortmund-Ems-Kanal** 1892/99, **Ems-Vechte-Kanal** vor 1895, **Ems-Jade-Kanal** 1887). 1088 und 946 *Emisa* geht zurück auf 1. Jh. lat. *Amisia,* daneben gr. *Amasía,* das als alteuropäische Bildung zu der Wurzel **am-* ›Graben, Flußbett‹ gestellt wird (vgl. gr. *amára* ›Wassergraben, Kanal‹, alban. *amë* ›Flußbett‹). Ähnlich gebildet sind die Namen des **Emsbachs** (l. zur Lahn bei Dietkirch), 1468 *dy Emese,* 805 *Emisa,* 795 *Hemisa,* und der **Emse** (l. zur Hörsel zur Werra), die beide auf **Amisa* zurückgehen. Vgl. ferner den Artikel → Ohm. An der nordd. Ems siedelte der von Tacitus genannte germanische Stamm der *Am[p]sivarii* (›Emsanwohner‹, zu *germ. *-variōs* ›Verteidiger, Bewohner‹; vgl. den Artikel → Bayern).

Ems, Bad, Stadt an der Lahn, RP, entstand am Platz eines römischen Kastells beim Übergang des Limes über die Lahn und gehörte zuerst dem Koblenzer Kastorstift, seit dem 13. Jh. je zur Hälfte den Grafen von Nassau und von Katzenelnbogen. Seit dem 14. Jh. ist es als Bad bezeugt. Der Name *Bad Ems* (so seit 1912), 15.–18. Jh. *E̱mbs, E̱mptz, Eimbß,* 1354 *Eumtze,* 959 *Ouminci,* 880 *in Aumenzu* geht zurück auf germ.-lat. *Aviomonte* (inschriftl. um 220 n. Chr.); dies ist wahrscheinlich der Name des Römerkastells und wird als ›Auburg‹ erklärt (germ. **awjō,* ahd. *ouw[i]a* ›[Land am] Wasser‹ und lat. *mons* ›Berg‹, das hier in Analogie zu seiner germanischen Entsprechung die Bed. ›Burg‹ angenommen hat; → -berg/-burg). Der Bestandteil *ouw-* erscheint weitergebildet im alten Namen des heutigen **Emsbachs** (r. zur Lahn): 959 *Ouwuza,* 1357 *Autze,* 1570 *Augsbach,* 1805 *Austerbach;* erst seit dem 16. Jh. heißt der Bach nach der Siedlung *Eimser Bach, Emsbach.* Der Name von Bad Ems ist nicht mit dem bekannten Flußnamen → Ems verwandt.

Emsbach, der, r. zur Lahn, → Ems, Bad.

Enger, Stadt w. von Herford, NRW, entstand bei einem von Königin Mathilde, der Gattin Heinrichs I. aus dem Geschlecht des Sachsenherzogs Widukind, vor 947 gegründeten Stift. Der Ort kam 1408 an die Grafschaft Ravensburg und im 17. Jh. an Brandenburg. Im 13. Jh. hatte E. Marktrecht, wurde aber erst 1721 Stadt. Der Name 1550 *Enger,* 1094 *Angara,* 947 *Angari* ist entweder ein alter Gewässername (vgl. die →Anger, r. zum Rhein bei Duisburg, 876 *Angero,* 1289 *Angera*), oder er gehört zu ahd., asächs. *angar* ›Grasplatz, Anger‹. Zu dem alten Landschaftsnamen **Engern** an der mittleren Weser (1065 *Engeren,* 978 *Angeron,* eigtl. ›bei den *Angarii, Angri,* d. h. den Anger-, Wiesenbewohnern‹) besteht keine unmittelbare Beziehung, da der Ort E. zum alten Gau Westfalen gehörte.

Engern →Enger.

Ennepe, die, linker Nebenfluß der Volme zur Ruhr, entspringt im Sauerland, mündet bei Hagen. 1325 *Enepe,* 1235 *Ennepe* ist eine nicht eindeutig erklärte Bildung mit dem Grundwort →*-apa* ›Wasser‹. Die Stadt **Ennepetal**, NRW, wurde erst 1949 aus den Gemeinden **Milspe** (1325 *Milsepe,* aus **Milisa* mit nachträglich angefügtem *-epe*) und **Voerde** (um 1150 *Forði* ›Furt‹) geschaffen; aber schon in französischer Zeit um 1810 gab es hier eine ›Munizipalität Ennepe‹, die nach dem Fluß benannt war.

Ennepetal →Ennepe.

-ens →-ingen.

Enz, die, linker Nebenfluß des Neckars in BWÜ, entspringt mit zwei Quellflüssen, der **Großen** und der **Kleinen Enz,** im nördlichen Schwarzwald, mündet bei Besigheim. 1293 *Enze,* 1288 *aqua que vocatur* (= das Gewässer namens) *Enzze,* 835 *in flumine* (= in dem Fluß) *Enzin,* 766/852 *in pago Enzingowe* (= im Enzingau) führen zurück auf vorgerm. **Antia* und **Antina,* die mit verwandten Wörtern wie aind. *ánta-ḥ* ›Ende, Grenze, Rand‹, air. *étan* ›Stirn‹, got. *andeis,* ahd. *anti, enti* ›Ende‹ zur Wurzel idg. **ant-* ›Vorderseite, Stirn‹ gestellt werden. Man kann also für den Flußnamen von einer Grundbed. ›Grenzbach‹ ausgehen.

Eppingen, Stadt ö. von Bruchsal, BWÜ, entstand als fränkische Siedlung und wurde zuerst 985 als Reichsbesitz erwähnt. 1219 war es *civitas* (= Stadt) und um 1282 war es Reichsstadt. Es wurde jedoch mehrfach verpfändet und gehörte 1462–1803 zur Kurpfalz, seitdem zu Baden. Der Name 1424 *Eppingen,* 1101 *Eppingun,* 986 *Ephingon* ist mit dem Suffix →-ingen von dem alten deutschen PN *Eppo* abgeleitet.

Erbach, Stadt an der Mümling im hessischen Odenwald, entstand bei der um 1200 gegründeten Burg der Schenken (seit 1532 Grafen) von Erbach und kam mit der gleichnamigen Grafschaft 1806 an Hessen. Den Namen (1303 *Erpach,* 1345 *Ertpach*) haben die Burgherren von ihrem ursprünglichen Sitz am nahen *Erdbach* (r. zur Mümling; 1095 u. 1113 *Ertpach,* heute **Dorf Erbach**) auf die neue Burg übertragen. Der Bach heißt so, weil er eine Strecke weit unter der Erde fließt.

Erbach (Rheingau) →Eberbach.

Erbisdorf →Brand-Erbisdorf.

Erdbach, der, r. zur Mümling, →Erbach.

Erding ['eːɐdɪŋ, 'ɛrdɪŋ], Stadt nö. von München, BY, wurde um 1228 von den Wittelsbachern als Stadt an der Fernstraße Schongau–München–Landshut gegründet. Die neue Siedlung entstand in der Gemarkung des älteren Nachbarortes, dessen Name auf sie übertragen wurde (1231–1237 *Ardingen, Aerdingen,* vor 1300 *Aerding,* 1393 *Erding*) und der seitdem →*Altenerding* genannt wird.

Erf, die, l. zum Main bei Miltenberg; **Erfa,** die, Bach bei Friedrichswerth bei Gotha, →Erfurt.

Erft, die, linker Nebenfluß des Rheins, entspringt s. von Bad Münstereifel, mündet bei Neuss. Der Name geht zurück auf 1028, 1051 *Arnefe,* 973 *Arnapha,* um 700 *Arnefa* (daneben 795 *Arnapa,* mit Angleichung an die Flußnamen auf →-apa), er ist wohl eine Weiterbildung **Arnava* zu alteuropäisch **ara* ›Wasser‹, vgl. den Artikel →Ahr. Am Mittellauf der Erft wurde 1969 durch Vereinigung mehrerer Gemeinden die Stadt **Erftstadt** geschaffen.

Erftstadt →Erft, die.

Erfurt, Stadt an der Gera, im Thüringer Becken, 1948–1952 und wieder seit 1990 Hauptstadt des Landes →Thüringen, 1952–90 des DDR-Bezirks Erfurt. E. entstand als befestigter Ort an einem schon vorgeschichtlichen Verkehrsknotenpunkt und wurde von Bonifatius zum Missionszentrum bestimmt. Das von ihm 741 gegründete Bistum E. ging aber schon 755 im Erzbistum Mainz auf. Die Stadt blieb mit ihrem Umland bis 1802 mainzisch und fiel dann – endgültig 1815 – an Preußen (preußischer Regierungsbezirk E. 1816 bis 1944). Die städtische Universität E. bestand von 1392 bis 1816. – Die Stadt entwickelte sich zwischen dem Petersberg im W (Peterskloster um 706 gegründet) und der Gera, die in mehreren Furten und später auf Brücken überschritten wurde. Ältester Marktplatz war wohl der Domplatz (Kirchen St. Marien und St. Severi), von wo die Hohe Straße nach NO und die Marktstraße nach O zum Fluß lief. Rechts der Gera siedelten sich vor 1100 Kaufleute an (Kaufmannskirche, Anger). – Der Name 1350 *Erffurt, Erfort,* 1244 *Erphort* ist verkürzt aus 1108 *Erphesfurt,* 1115 *Erpesvord,* 932, 805 *Erpesfurt,* 802 *Erfesfurt,* 742 *Erphesfurt* (niederd. und hochd. Formen stehen nebeneinander!). Man hat ihn mit großer Wahrscheinlichkeit als ›Furt durch die **Erphesa*‹ gedeutet und damit einen alten Abschnittsnamen der Gera erschlossen, der als Bildung zu ahd. *erph* ›dunkelfarbig, bräunlich‹ neben ähnlichen Flußnamen wie z. B. **Erf** oder *Erfa* (l. zum Main bei Miltenberg, 1243 *Erphe*) und **Erfa** (Bach bei Friedrichswerth bei Gotha, 1154 *Erpha*) steht.

Ergolz, die, l. zum Hochrhein (Kanton Baselland), → Argen, die.

Erkelenz, Stadt im N der Jülicher Börde, NRW, entstand aus einer Marktsiedlung an der Kreuzung alter Fernstraßen und geht wahrscheinlich auf ein römisches Landgut zurück. 1224 *Erkelence,* 966 *Herklenze* wird als **[H]erculencia,* Kurzform von **[H]erculentiăcum* ›Hofgut des *Herculentius*‹ gedeutet (→ -ācum). Dieser lat. PN ist in rheinischen Inschriften bezeugt.

Erkrath, Stadt (seit 1966) ö. von Düsseldorf, NRW, entstand aus einer Rodungssiedlung des 11./12. Jh.s (→ -rod, -reut, -ried). 1308 *Erckeroide,* 1148 *Everekrothe* enthält den alten deutschen PN *Everik* oder *Everrik* (= *Eberich*). Bei E. liegt das → Neandertal.

Erlangen, Stadt an der Mündung der Schwabach in die Regnitz, BY, kam als bäuerliche Siedlung aus Königsgut 1002 an das Bistum Würzburg, 1017 an das Bistum Bamberg und wurde 1367 an den Böhmenkönig Karl IV. verkauft. Es erhielt 1374 Markt- und Münzrecht und 1398 Stadtrecht. 1402 wurde E. an die Burggrafen von Nürnberg verkauft. Die Lage der ältesten Siedlung ist umstritten. Nach 1686 legte Markgraf Christian Ernst von Bayreuth für hugenottische Neusiedler eine planmäßige Neustadt an, die 1701–1812 den Namen *Christian-Erlang* trug. 1743 wurde die von Bayreuth nach E. verlegte Universität eröffnet. Der Name 1063 *Erlangen,* 1002 *Erlangon* ist urspr. eine Stellenbez., die mit ahd. *erila* ›Erle‹ und dem GW ahd. *-wang, -ang* ›Feld, Wiese, Weide‹ (→ Wangen) gebildet ist, also ›mit Erlen bewachsenes Gelände‹ bedeutet.

Ernstthal → Hohenstein-Ernstthal.

Erpeler Ley, die, → Loreley.

Erzberg bei Eisenerz in der Steiermark → Erzgebirge, das.

Erzgebirge, das, tschech. Krušné hory, sächsisch-böhmisches Grenzgebirge in Deutschland und der Tschechischen Republik. Es wurde seit Mitte des 12. Jh.s von NW her besiedelt, wobei neben der bäuerlichen von Anfang an die bergmännische Erschließung stand (Anlage der Bergstadt → Freiberg 1168–1218). Bis ins 18. Jh. wurde das Gebirge *Böhmerwald, Böhmisches Gebirge* u. ä. genannt (vgl. den Artikel → Böhmerwald), der heutige Name erscheint seit dem 16. Jh. zuerst appellativisch und im Plural, z. B. in der kursächsischen Amtsbez. *Hauptmann der Erzgebirge,* 1565 *Hauptmann vf den Erzgebirgen.* Erst 1815 enthält eine Landkarte den Landschaftsnamen *das Erzgebirge.* Der Ausdruck ist also offensichtlich zuerst in der Bergverwaltung gebraucht worden, um ›Gebirge mit Erzvorkommen‹ zu bezeichnen. Einen entsprechenden Namen hat z. B. der **Erzberg** bei der Stadt Eisenerz in der Steiermark, Österreich. – Als alter Name des Erzgebirges ist für das Jahr 805 ahd. **Fergunna** überliefert; dies führt wie got. *fairguni* ›Gebirge‹ und aengl. *firgen* ›Waldhöhe‹ zurück auf idg. **Perkunia* ›Eichwald‹, und gleicher

Herkunft ist lat. (kelt.) *Hercynia silva* als Gesamtbenennung der deutschen Mittelgebirge. Die angeführten Wörter lassen vermuten, daß auch in *Fergunna* die Bed. ›Waldgebirge‹ die ältere Bed. ›Eichwald‹ verdrängt hatte. Ein skandinavischer Name für das E. ist anord. **Myrkviðr,** asächs. im 10. Jh. *Miriquido,* wörtl. ›Dunkelwald‹, eine Bildung zu anord. *myrkr,* asächs. *mirki* ›dunkel, finster‹ und anord. *viðr,* ahd. *witu,* aengl., asächs. *widu,* engl. *wood* ›Holz, Wald‹.

Eschborn, Stadt (seit 1970) w. von Frankfurt a. Main, HE, wird zuerst 770 als Besitz der Klöster Lorsch und Fulda genannt; seine Kirche war Sitz eines Dekanats im Niddagau; eine um 1050 errichtete Turmburg wurde Stammsitz der Herren von →Kronberg. Der Name E. geht zurück auf 1008 *Aschenbrunnen,* 9. Jh. *Askebrunnen,* 8. Jh. *Ascobrunne,* er ist mit ahd. *asc* ›Esche‹ und dem GW *-brunn,* ahd. *-brunno* gebildet und bedeutet eigtl. ›mit Eschen umstandene Quelle‹; vgl. →Eschenbach.

Eschenbach i. d. OPf., Stadt im Oberpfälzer Hügelland, nö. von Bayreuth, BY, kam wohl 1125 an die Wittelsbacher und wurde 1285 kirchlich dem Kloster Speinshart unterstellt. Als böhmischer Pfandbesitz erhielt es 1358 Stadtrecht und kam nach 1400 wieder an die Pfalz. Der Name 1326 *Eschenbach monachorum* (= E. der Mönche), 1204/1224 *Eschenbach,* um 1170 *Eskenbach* ist urspr. ein Bachname mit dem BW mhd. *asch, esche,* ahd. *asc* ›Eschenbaum‹. Der häufige ON hat oft unterscheidende Zusätze, z. B. *Windischeschenbach* (vgl. den Artikel →Wendland) oder **Wolframs-Eschenbach** in Mittelfranken (1253 *Eschenbach,* 1917 als vermutlicher Geburtsort des mittelhochdeutschen Dichters Wolfram von Eschenbach [um 1170/80 bis um 1220] mit dessen Namen versehen). Vgl. ferner ON wie →Eschwege, →Eschweiler und den Bachnamen *Aschaff* im Artikel →Aschaffenburg.

Eschershausen bei Holzminden →Aschersleben.

Eschlohn →Stadtlohn.

Eschwege, Stadt an der Werra, HE, entstand um einen Königshof und ein reichsfreies Stift des 10. Jh.s, zuerst thüringisch, seit 1264 (endgültig 1433) hessisch; Stadtrecht um 1250. Der Name 1188 *Eschenwege,* 1070 *Askinewage,* 974 *Eskiniwach* bedeutet ›von Eschen umstandenes Wasser‹ (zu ahd. *wāg, wāc* ›Wasser, Flut, See‹). Der Königshof lag am Rande der sumpfigen Werraniederung.

Eschweiler, Stadt nö. von Aachen, NRW, entstand auf schon in röm. Zeit besiedeltem Boden um einen karolingischen Königshof mit Kirche am linken Ufer der Inde (l. zur Rur) und kam 1420 an Jülich. Der Name 1226 *Eschwilre,* 930 *Ascwilra,* 9. Jh. *fundus regius Ascvilaris* bedeutet ›Eschengehöft‹ (zu ahd. *ask* ›Esche‹ und dem unter →-weiler behandelten Grundwort).

Esens, Stadt im ostfries. Harlinger Land, NDS, entstand vor 1150 um eine Kirche des hl. Magnus und wurde um 1300 Hauptort des →Harlinger Landes; Stadtrecht Anfang des 17. Jh.s. Der Name 1425 *Ezense,* 1310 *Eselinge* ist zu einem friesischen weiblichen PN *Esele* gebildet, er zeigt den im Friesischen normalen Wandel von *-ingi* zu *-endse, -ens,* vgl. **Schortens** bei Wilhelmshaven, 1400 *Schortinse,* 1190 *Scrotinghe,* zum PN *Scroet.*

Espelkamp, Stadt n. von Lübbecke, NRW, entstand nach dem 2. Weltkrieg als Vertriebenensiedlung auf dem Gelände einer ehemaligen Munitionsfabrik, die 1938/39 im Wald der Gemeinde E. erbaut worden war; Stadtrecht 1959. Der Dorfname erscheint zuerst 1221 im Namen der Mindener Ministerialenfamilie *de Aspelecampe.* Sein erster Teil *Aspelo* bedeutet ›Espengehölz‹ (zu ahd. *aspa* ›Espe‹ und mnd. *lō* ›lichter Wald‹; →Gütersloh), der zweite ist mnd. *kamp* ›eingefriedigtes [Acker]land‹ aus lat. *campus* ›Feld[stück]‹.

Essen, Stadt im Ruhrgebiet, NRW, entstand auf altbesiedeltem Boden um zwei karolingische Klöster (Reichsabteien bis 1802/03): das Benediktinerkloster Werden am linken Ruhrufer und das um 850 n. der Ruhr am →Hellweg gegründete Frauenstift E. Die hier seit dem 10. Jh. entstandene Marktsiedlung erhielt im 13. Jh. Stadtrecht. Das erst 1915 eingemeindete **Altenessen** (um 1500 *to Allenes-*

sen) war der außerhalb dieser Stadt gebliebene nördliche Teil der Klostergemarkung. Der Name *Essen* (so seit 1500), 1216 *Essende,* 1142 *Esnide* geht zurück auf 1074 *Astnithi,* 874 *Astnide* ›Ort, wo Schmelzöfen stehen‹, eine Bildung mit dem kollektiven Suffix asächs. *-ithi* (→ ede) zu mnl. *ast* ›Dörrofen, Schmiedeherd‹ (verwandt mit nhd. *Esse* aus ahd. *essa* ›Herd des Metallarbeiters‹). Metallverarbeitung ist in E. seit alters bezeugt. Entsprechende belg. u. niederl. ON sind z. B. *Assende* bei Gent, 1199 *Hasnetha,* und *Asten* bei Eindhoven. Nicht verwandt ist der Name von **Bad Essen** ö. von Osnabrück, 1068 *Essene,* und von **Essen** bei Quakenbrück, 968 *Assini.*

Essen bei Quakenbrück; **Essen, Bad,** → Essen.

Esslingen am Neckar, südöstliche Nachbarstadt von Stuttgart, BWÜ, entstand als frühalemannische Siedlung an einem alten Neckarübergang und wurde 777 als Sitz einer Cella (eines Tochterklosters) der Abtei St. Denis bei Paris genannt (später die Esslinger Stadtkirche St. Dionysius); Marktrecht durch Karl den Großen, Stadtrecht 1212 durch Friedrich II. Ende des 13. Jh.s wurde E. Freie Reichsstadt, und im 14. und 15. Jh. war es als Mitglied des Schwäbischen Städtebundes Hauptgegner der Grafen von Württemberg, fiel aber 1802/03 selbst an Württemberg. Der Name 1535 *Esslingen, Eßlingen,* im 13. Jh. *Ezzilingen, Eczelingen,* um 1106 *Ezelingin,* 866 *Hetsilinga,* 856 *Ezelingas* ist mit dem Suffix → -ingen zu dem PN *Azzilo* gebildet. Die Belege *Hetsilinga* und *Eczelingen* weisen auf eine Aussprache mit [ts], doch hat sich die Lautung [s] durchgesetzt (1180 *Esselingen*).

Eterna, die, l. zur Gande, → Aitrach, die.

Ettal, Ort und Kloster im Ammergebirge, n. von Garmisch-Partenkirchen, BY. Das Kloster wurde 1330 von Kaiser Ludwig dem Bayern aufgrund eines Gelöbnisses gestiftet, es sollte neben 30 Benediktinern 12 verheiratete Ritterpaare im Dienst der Gottesmutter aufnehmen. Durch die Lage an der Alpenstraße nach Rom (vgl. den Artikel → Augsburg) hatte E. für Ludwig auch politische Bedeutung. Der Name 1796 *Ettal, Etal,* 1349 *ze ůnser frawen Eetal,* 1333 *sinem nuwen closter ze sant Maryen ze dem Etal,* 1330 *monasterio dicto Etal* (dem Etal genannten Kloster) enthält im ersten Glied mhd. *ē, ēwe* ›Recht, Gesetz, Ehe‹; das Kloster ist also nach dem Gelübde des Kaisers benannt. Die Ritterstiftung wurde freilich nach seinem Tode (1347) nicht fortgeführt.

Ettlingen, Stadt s. von Karlsruhe, BWÜ, entstand am Platz einer Römersiedlung an der römischen Rheintalstraße und ihrer Abzweigung nach Cannstatt und wurde 788 als Besitz des Klosters Weißenburg zuerst erwähnt. 1191/92 erhielt es durch die Staufer Stadtrecht und wurde von ihnen befestigt. 1219 kam E. an die Markgrafen von Baden und 1535 an ihre Linie Baden-Baden. Der Name 1370 *Etlingen,* 1288 *Ettilingen,* um 1150 *Etiningun,* 788 *in Ediningom* ist eine Ableitung auf → -ingen von dem PN *Etini* und bedeutet ›bei den Leuten des Etini‹.

Euskirchen, Stadt an der Erft, NRW, entstand auf altbesiedeltem Boden aus einer merowing. Höfegruppe mit Kirche. 1311 *Euskirgen,* 1302 *Eustkirken* (*eu* wurde wie *ö* gesprochen, so noch mdal. *Öskirche*), 1190 *Owiskirken,* 1054 *Oweskirike* enthält nicht das ahd. Feminin *ouwa* ›Aue‹, sondern wahrscheinlich einen fränkischen PN des Stammes *Awi-,* Genitiv *Awes;* vgl. → -kirchen. Der gleiche PN ist wohl in **Ober-** u. **Niederaußem** bei Köln, 1305 *Oushem* aus **Auwesheim,* enthalten.

Eutin, Stadt in der Holsteinischen Schweiz, SH, wurde von Graf Adolf II. von Schaumburg mit holländischen Ansiedlern gegründet und 1156 durch Bischof Gerold von Lübeck als Markt ausgebaut; Stadtrecht 1257. Im 14. Jh. wurde E. Sitz des Bistums Lübeck, das seit der Reformationszeit evangelisches Fürstentum war und 1774 mit dem Herzogtum Oldenburg vereinigt wurde. 1937 kam das Gebiet zu Preußen. Der Name *Eutin* (so seit 1560) geht zurück auf 1215 *Utin,* Ende des 12. Jh.s *in Uthine* und *pagus Utinensis* (= der Gau E.), er ist mit dem altpolabischen Männernamen *Uta* gebildet und bezeichnete urspr. wohl die slawische Palisadenburg auf der Fasaneninsel im Großen Eutiner See, der gegenüber die erwähnte holländische Ansiedlung entstand.

Exten; Exter, die, l. zur Weser, →Externsteine, die.

Externsteine, die, in einzelne Türme zerklüftete Felsgruppe im Teutoburger Wald s. von Detmold, NRW, urspr. vielleicht eine german. Kultstätte, im 11./12. Jh. in ein christl. Heiligtum umgewandelt. Der Name 1093 *Agisterstejn,* 1126 *Egesterenstein* bedeutet entweder ›Elsternstein‹ (zum Vogelnamen ahd. *agastra,* mnd. *egester,* westf. *Eekster* ›Elster‹), oder es liegt ein ehem. Bachname **Agistra* zugrunde, vgl. die **Exter** (15. Jh. *Eckersten*), links zur Weser bei Rinteln, mit dem Ort **Exten,** 896 *Achriste* (für **Agistre*). Dort liegt die 1969 aus 12 Dörfern gebildete Großgemeinde **Extertal.**

Extertal →Externsteine, die.

F

Fachdorf; Fachingen →Vacha.

Falkenberg/Elster; Falkenberg/Oberpfalz →Falkenstein/Vogtl.

Falkenhagen →Falkensee.

Falkensee, Industrie- und Gartenstadt im westlichen Vorortbereich von Berlin, BR, entstand 1923 durch Vereinigung der um 1200 angelegten Dörfer Falkenhagen und Seegefeld; Stadtrecht 1961. Der Name F. wurde aus den Anfangsteilen der beiden Dorfnamen gebildet. **Falkenhagen,** 1355 *dorff Falckenhagen,* 1336 *stagnum* (= See) *Valkenhaghen,* war ein nach dem Greifvogel benanntes Hagendorf (→-hagen). Der Name **Seegefeld,** 1375 *Segefelt,* 1265 *Segeuelde,* ist wohl mit mnd. *sēge* ›langgestreckte sumpfige Stelle, Flußniederung‹ gebildet; →-feld. Für den neuen Namen *Falkensee* wurde vereinfachend nur die erste Silbe verwendet.

Falkenstein am Donnersberg; **Falkenstein,** Burg in der Oberpfalz, →Falkenstein/Vogtl.

Falkenstein/Vogtl., Stadt im östlichen Vogtland, SAC, entstand als Burgweiler bei einer um 1200 erbauten Ministerialenburg und kam 1389 an die Markgrafen von Meißen; Stadtrecht um 1460. Der Name 1460 *Valkensteyn,* 1267 *(Johannes de) Valkinstein* ist ein typischer ritterlicher Burgenname, vgl. z. B. die Burg **Falkenstein** bei dem gleichnamigen Markt in der Oberpfalz, BY, 1118 *Valkenstein,* oder die ehemalige Reichsburg **Falkenstein** am Donnersberg, RP. Diese wurde um 1127 erbaut (1135 *Sigebold von Valkenstein*), doch ist der spätere Burgfelsen bereits 1019 als *scopulum* (= Fels) *Falckenstein* bezeugt. Mit anderm GW gehört auch **Falkenberg/Elster,** BR, hierher (Bahnknotenpunkt ö. von Torgau, 1962 Stadt), dessen Name 1314 *Valkinberc,* 1234 *(Hartmann von) Valkenberch* urspr. einen dort gelegenen Rittersitz bezeichnete. Auch der Markt **Falkenberg** bei Tirschenreuth in der Oberpfalz, BY, ist nach einer Burg benannt: 1154 *(Pilegrin de) Valcinberch.*

Fallingbọstel, Stadt (seit 1949) in der Lüneburger Heide, NDS, entstand im 10. Jh. als Hofsiedlung und wurde um 1300 Hauptort einer welfischen Vogtei. Der Name 13. Jh. *Valingeborstelde,* 990 *Vastulingaburstolde* bedeutet ›Hausstätte der Leute des Fastulo‹ (der PN gehört zu ahd. *fasti* ›fest, standhaft‹). Das ON-Grundwort **-borstel, -bostel,** älter *-burstal,* auch *-burstalde,* ist zusammengesetzt aus ahd. *būr* ›einräumiges Haus, Vorratsraum‹, mnd. *būr* ›Haus, Ansiedlung, Gemeinde‹ und ahd. *stal* ›Ort, Stelle‹. Dieser ON-Typ ist in einem begrenzten niederd. Gebiet zwischen Kiel, Minden und Braunschweig verbreitet und bezeichnete meist kleinere Orte und Einzelhöfe, z. B. **Hohenbọrstel** am Deister (zu Barsinghausen), um 1106 *Hoenburstel,* oder **Großbọrstel** (zu Hamburg), genannt 1184.

Fehmarn, Ostseeinsel zwischen der Kieler und der Mecklenburger Bucht, SH, war im 11. Jh. von Slawen bewohnt und wurde um 1143 mit deutschen Bauern besiedelt. Seit 1231 gehörte die Insel zum Herzogtum Schleswig, 1866 kam sie an Preußen. Der Name 1259 *de Vemeren,* 1231 dän. *Ymbria,* Ende des 12. Jh.s *Vemere,* Ende des 11. Jh.s *insulae… quarum prima Fembre vocatur* (= Inseln…, deren erste *Fembre* genannt wird) ist nicht sicher gedeutet. Die Herleitung aus slaw. *ve morju* ›im Meere‹ wird heute abgelehnt, eher liegt ein germanisches **Fimber* zugrunde, das zu asächs. *fimba* ›Haufe‹ und aisl. *fimbul* ›groß‹ gehören kann (also: ›größte Insel‹?).

Fehrbellin, Stadt s. von Neuruppin, BR, entstand in slawischer Zeit als Vorort des **Ländchens Bellin,** (1294 *terra Bellyn*), einer Hochfläche am Rande des sumpfigen Rhinluchs, wurde im 12. Jh. Sitz eines deutschen Burgwards und im 13. Jh. Städtchen. Der Name 1499 *Bellyn,* 1305 *Bellin,* 1216 *Bellin* wird von slaw. *bělу* ›weiß, hell‹ abgeleitet und als ›helle, glänzende Stelle im Gelände‹ gedeutet. Der Übergang über den Rhin (r. zur Havel) war besonders im 17. und 18. Jh. mehrfach umkämpft (Sieg der Brandenburger über die Schweden 1675). Bei der Rhinfähre war um 1550 eine Neustadt entstanden, für die im 17. Jh. der heutige Name *Fehrbellin* (= *Bellin* an der Fähre) aufkam.

Feichten a. d. Alz → Feuchtwangen.

-feld, Grundwort von Siedlungs- und Flurnamen. Das westgermanische Substantiv mhd. *velt,* ahd., asächs. *feld,* niederl. *veld,* engl. *field* geht auf die idg. Wurzel **pel[ə]-* ›platt, eben, breit‹ zurück und ist z. B. verwandt mit aslaw. *polje* ›Feld‹ (im Landesnamen *Polen*). In Namen bedeutet es meist ›offene Fläche, Ackerfeld‹, in NW-Deutschland (wie niederl. *veld*) ›weite Fläche mit Heide, Bruch und Moor‹. In Siedlungsnamen erscheint z. T. der Dativ Singular: (Berlin-)*Lichterfelde, Leinefelde.* Der Dativ Plural *-felden,* ahd. *feldun* hat sich in den ON erhalten, vgl. → -hausen, → -hofen. Eine schwäbische Pluralform ist *die Filder* als Name einer fruchtbaren Hochebene s. von Stuttgart (→ Filderstadt).

Feldberg, der, höchster Gipfel (1493 m) des Schwarzwaldes, sö. von Freiburg im Breisgau, BWÜ. 1373 *der Veltperg,* 1065 *mons* (= der Berg) *Veltberch,* 983 *mons Veltperch.* Der Name enthält ahd. *feld* ›freies, flaches, unbewachsenes Land‹, er bezieht sich auf das waldfreie Gipfelplateau. Das gleiche gilt für den **Großen Feldberg** (878 m; 1043 *mons Veltperc*), die höchste Erhebung im Taunus, nw. von Frankfurt am Main, HE. Diesem ist der **Kleine Feldberg** (825 m) vorgelagert. – Der unterm Gipfel des Schwarzwaldberges liegende **Feldsee** wird 1122/32 *lacus ad* (= am) *Veltperk* genannt. Sein heutiger Name ist als Klammerform aus *Feld[berg]see* zu verstehen.

Feldsee, der, → Feldberg.

Fellbach, Stadt im nordöstlichen Vorortbereich von Stuttgart, BWÜ, entstand auf schon in der Römerzeit besiedeltem Boden bei einer Adelsburg, kam 1191 an die Staufer und vor 1291 an Württemberg. Es war schon im Mittelalter ein bedeutendes Weindorf, wurde 1811 Marktflecken und entwickelte sich um 1900 zum Industriestandort. 1933 wurde es Stadt. Der Name 1121 *Velbach* ist wohl verkürzt aus **Velwinbach* und wäre dann zu ahd. *felwa* ›Weidenbaum‹ zu stellen.

Feucht bei Nürnberg → Feuchtwangen.

Feuchtwangen, Stadt am Ostrand der Frankenhöhe, sw. von Ansbach, BY, entstand um 1000 bei einem wohl im 8. Jh. gestifteten Benediktinerkloster, das vor 1197 zum Kanonikerstift wurde. F. war im 13. Jh. zeitweise Reichsstadt, wurde aber mit dem Stift an die Burggrafen von Nürnberg verpfändet. Mit der Markgrafschaft Ansbach kam es 1791 an Preußen, 1806 an Bayern. Der Name 1404 *Feuchtwangen,* 817 *Fiuhctinwanc* ist mit dem GW *-wang* ›Feld, Wiese, Weide‹ zu ahd. *fiuhtīn* ›mit Fichten bestanden‹ gebildet, bedeutet also eigtl. ›mit Fichten bewachsenes Gelände‹. Stammwort (Basis) des Adjektivs ist ahd. *fiuhta,* eine Nebenform von ahd. *fiohta,* mhd. *viehte* ›Fichte‹ (vgl. den ON → Viechtach). Auf ahd. *fiuhta* beruhen auch die Namen des Ortes **Feichten a. d. Alz,** Oberbayern (1290 *Vaeuhten,* 815 *Fiuhtan,* eigtl. ›bei den Fichten‹) und **Feucht** bei Nürnberg, Mittelfranken

(1308 *Feucht,* 1296 *Fewht,* 1183/1195 *Fůhte*).

Fichtelberg → Fichtelgebirge.

Fichtelgebirge, das, Gebirge zwischen dem Frankenwald, dem Erzgebirge und dem Oberpfälzer Wald, BY. Der Name *Fichtelgebirge* ist jung, er wurde erst im 19. Jh. gebräuchlich. Älter ist die Benennung mit dem GW *-berg,* die zuerst bei den Geographen des 16. Jh.s erscheint: 1542 in der Schrift von Caspar Brusch ›*Des Vichtelbergs... gründliche Beschreibung*‹, 1544 in der ›Cosmographia‹ von Sebastian Münster als *Viechtelberg.* 10 Jahre früher kennt Sebastian Franck den Namen noch nicht, schreibt aber in seinem ›Weltbuch‹: *In disem land ist ein dannreicher berg.* Das neutrale Substantiv *Fichtel* kommt (neben *Eichel, Lindel*) in bayerischen Flurnamen vor, mit dem Suffix *-el* bezeichnet es kollektiv ein Gehölz aus Bäumen gleicher Art. Der *Vichtelberg* (zu mhd. *viehte* ›Fichte‹) ist also ein ›Berg, wo es viele Fichten (Tannen) gibt‹. Vgl. auch den ON → Viechtach. Den Namen **Fichtelberg** trägt auch der höchste Berg im deutschen Teil des Erzgebirges (bei Oberwiesenthal, SAC).

Fichtelnaab, die, r. zur Waldnaab, → Naab, die.

Filder, die, → Filderstadt.

Filderstadt, Stadt sw. von Esslingen am Neckar, BWÜ, entstand 1975 im Zuge der Gebietsreform durch Zusammenschluß von fünf Gemeinden auf den Fildern, der Ebene zwischen den Tälern von Aich und Neckar und dem → Schönbuch. F. hieß zuerst *Filderlinden,* doch setzte sich bald die heutige Namensform mit *-stadt* durch. – Der Landschaftsname **die Filder** ist ein alter Nominativ Plural von ahd. *feld* ›Feld, offenes Land‹: 1267 *in pago qui dicitur uf Vildern* (= in dem Gebiet, das *uf Vildern* genannt wird), 1292 *uf den Vildern.*

Fils, die, rechter Nebenfluß des Neckars, entspringt auf der Schwäbischen Alb bei Wiesensteig, mündet bei Plochingen. 1482 *an der Vylse,* 1472 *an der Vils,* 1299 *fluvii dicti Vilse* (= des Vilsa genannten Flusses), 861 *Filisa,* dazu die Landschaftsnamen 998 *in pago Viluesgeuui,* 861 *Filiuuisgauue* (*uu* = *w*) führen zurück auf germ. **Felwisa* ›Weidenfluß‹. Dieser Name ist mit dem Flußnamensuffix *-isa* zu der in ahd. *felawa,* mhd. *velwe* ›Salweide‹ bezeugten germanischen Baumbez. (eigtl. ›Sumpfbaum‹) gebildet. Die bayerischen Flüsse namens → Vils gehören vielleicht nicht unmittelbar in diesen Zusammenhang.

Finne, die, Höhenzug am NW-Rand des Thüringer Beckens, zwischen Unstrut und Saale. 1382 *Vyn,* 1166 *Vinne,* 1106 *Vin silva* (= der Wald Vin). Die Herkunft des Namens ist umstritten. Man hat ihn zu kelt. *penn* ›Kopf, Gipfel‹ gestellt, er müßte dann vor der Germanischen Lautverschiebung entlehnt worden sein, in der anlautendes *p* zu *f, v* wurde. Andere Forscher haben *Vinne* als germanische Form von lat. *pinna* ›Feder, Fischflosse‹ angesehen. Der Bergkamm kann mit der Rükkenflosse eines Fisches verglichen werden.

Finow; Finowkanal, der, → Eberswalde-Finow.

Finsterwạlde (sorb. Grabin), Stadt in der Niederlausitz, BR, entstand als Marktsiedlung bei einer Adelsburg des 13. Jh.s, erhielt im 15. Jh. Stadtrecht und kam 1625 an Kursachsen, 1815 an Preußen. Der Name 1376 *Fynsterwalde,* 1326 *Vinsterwalde* steht für 1301 *castrum et oppidum* (= Burg und Flecken) *Dinstirwalde,* 1282 *Dynsterwalde* und folgt damit der lautlichen Entwicklung des Adjektivs *finster* ›dunkel‹, bei dem mhd. *vinster,* ahd. *vinstar* neben gleichbed. mhd. *dinster,* ahd. *dinstar* steht (vgl. auch mniederl. *deemster* ›dunkel‹). Die heutige Form ist wahrscheinlich durch Dissimilation (anlautendes *d* vor *t* wurde zu *f*) entstanden. – Zum sorbischen ON *Grabin* vgl. den Artikel → Grabow.

Fläming, der, Landrücken n. und ö. der mittleren Elbe im SW des Landes Brandenburg, zwischen Belzig und Jüterbog in den *Hohen* und *Niederen Fläming* untergliedert. Der F. ist ein sandiges Hügelland mit Getreide- und Kartoffelanbau und ausgedehnten Kiefernwäldern. Er wurde seit dem 12. Jh. durch Kolonisten vom Niederrhein und aus den Niederlanden besiedelt und nach ihnen lat. *Flamingia,* d. h. ›Land der *Flamingi,* der *Fläminge*‹

genannt (vgl. mhd. *Vlæminc* ›der Flame‹). Von gleicher Herkunft ist der Name des Ortes **Flemmingen** sw. von Naumburg, SAN. Hier wurden vor 1140 fünfzehn flämische Kolonisten angesiedelt, die von Bischof Udo I. von Naumburg und von seinem Nachfolger Wichmann, dem späteren Erzbischof von Magdeburg, besondere Förderung erhielten. Der Name *Flemmingen* mit der Erläuterung *Hollandrenses* ›die Holländer‹ erscheint hier schon 1140 als Insassenname, er wird 1161 als Name des Dorfes bezeugt.

Flemmingen → Fläming, der.

Flensburg, Hafenstadt an der Flensburger Förde der Ostsee, SH, wurde wohl um 1169 im Schutz einer alten Burg gegründet. Ältester Teil ist der Nordermarkt mit der Marienkirche. Im 11./14. Jh. kam der Südermarkt mit einem Franziskanerkloster und der Nikolaikirche hinzu; um 1260 wurde F. Stadt. Es gehörte zu Schleswig, unterstand aber seit 1460 dem dänischen König und kam schließlich 1864 an Preußen. Der Name *Flensburg,* 1284 *Flensaaburgh,* 1196 *Flensborgh* ist wohl mit einem Gewässernamen **Flensaa,* dän. **Flenså* gebildet, der seinerseits den Genitiv von adän. *flen* ›Gabelspitze‹ enthält und sich vielleicht auf den spitzen Innenteil der Förde bezog. Der Name der Stadt würde dann ›Burg an der *Flensaa*‹ bedeuten (zu *-aa* aus ahd. *-aha* ›Wasser‹ vgl. → [1]*-ach*). Die nach der Stadt **Flensburger Förde** genannte Meeresbucht wird 1585 als *Flensborger Wyck* bezeichnet (zu mnd., adän. *wīk* ›Bucht‹, vgl. → Wyk auf Föhr), sie heißt aber 1574 mnd. *(na der) Flenßborger Vorden,* 1416 *(in den) Vlensborger vord.* Das niederd. Substantiv die **Förde,** mnd. *vörde, vȫrde, vört* bedeutet eigtl. ›Durchfahrt, Durchgang, Furt‹, es hat aber unter dem Einfluß des stammverwandten Wortes dän. *fjord,* aisl. *fjǫrðr* schon früh die Bed. ›tief einschneidende, schmale Meeresbucht‹ angenommen (vgl. die Artikel → Kiel, → Eckernförde und → Föhr).

Flensburger Förde → Flensburg.

Flöha ['flø:a], Stadt am Erzgebirge, SAC, entstand im 12. Jh. als Bauerndorf und kam 1323 an die Markgrafschaft Meißen; Stadtrecht 1933. Der Name 1539 *die Flöhe,* 1449 *zcur Floye,* 1445 *Fleye,* 1399 *zcu der Flaw* bezeichnet die Lage des Ortes an der Mündung der **Flöha** (r. zur Zschopau); der Flußname, 1497 *die Flewe,* 1365 *die Flawe,* ist wohl durch Angleichung einer asorb. Bildung **Plava* (zu asorb. *plaviti* ›schwemmen, flößen‹, → Plauen) an das wurzelverwandte mhd. *vlǣjen, vlöuwen* ›spülen, waschen‹ entstanden. Ein Ort **Plaue,** 1378 *Plauwe* liegt an der Zschopau 3 km s. von Flöha.

Flöha, die, r. zur Zschopau, → Flöha.

Föhr, nordfriesische Insel im Wattenmeer vor der Westküste Schleswigs, SH, gehörte zu den Utlanden (→ Amrum) und blieb bis 1864 unter dänischer Hoheit. Der Name 1352 *in Foer,* 1231 *Føør,* 1198 *Ford* geht wohl über afries. **Fēr,* mnd. *För* auf germ. **Foria* zurück, das als Bildung zum Stamm von ahd., asächs. *faran* ›sich fortbewegen, gehen, fahren‹ etwa die Bed. ›Zufahrt, Durchlaß‹ hatte.

Forchheim, Stadt an der Regnitz in Oberfranken, BY, entstand auf altbesiedeltem Boden als merowingische Siedlung bei einem Königshof, der im 9. Jh. zu einer karolingischen Kaiserpfalz ausgebaut wurde. Die Lage an der damaligen Slawengrenze und an einer wichtigen europäischen Nord–Süd-Straße machte F. zum Schauplatz großer Fürsten- und Kirchenversammlungen im 9. bis 11. Jh. Im Jahr 1007 schenkte Kaiser Heinrich II. F. an das neue Bistum Bamberg, dessen zweite Residenz es später wurde. Der Name 1017 *Forchheim,* 1002 *Forecheim,* 805 *Foracheim* enthält als erstes Glied die Baumbez. ahd. *for[a]ha* ›Föhre‹; → -heim. Entsprechende ON kommen im oberdeutschen Gebiet mehrfach vor, z. B. **Forchheim** sw. von Karlsruhe, BWÜ (1110 *Vorhheim,* 8. Jh. *Forcheim*), und **Forchheim** bei Emmendingen, BWÜ (um 976 *Forrecheim,* 763 *Forcheim*).

Forchheim bei Emmendingen; **Forchheim** sw. von Karlsruhe → Forchheim.

Förde, die, → Flensburg.

Forst/Lausitz (sorb. Baršć), Stadt an der Lausitzer Neiße, BR, entstand gegen 1200 am Neißeübergang der Salzstraße Halle – Glogau bei einem altsorbischen Dorf (*Alt-Forst,* erst 1875 eingemeindet) und entwickelte sich im Schutz einer

Adelsburg zur Markt- und Tuchmachersiedlung; Stadtrecht vor 1346. Der Stadtteil Zasieki am rechten Neißeufer ist seit 1945 polnisch. Der Name 1346 *Forst, zu dem Forste* ist zuerst im Namen einer Ritterfamilie bezeugt: 1298 *Wiboldus de Vorste, von dem Vorste,* 1249 *Wernherus de Forst.* Er entspricht ahd. *forst,* mhd. *vorst, vorest* ›herrschaftlicher Wald‹. Doch kann auch ein zu asorb. *bor* ›Nadelwald, Kiefernwald‹ gebildeter slawischer ON an mhd. *vorst* angeglichen worden sein.

Franken, historische Landschaft im Gebiet des oberen und mittleren Mains, am Kocher und an der Jagst, BY, BWÜ. Was wir heute *Franken* nennen, ist nur ein kleiner Teil des einstigen **Fränkischen Reiches,** das vom 5. bis 10. Jh. das Werden der europäischen Staatenwelt entscheidend beeinflußt hat. Größer ist schon das Gebiet der fränkischen Mundarten, die an allen deutschen Sprachstufen teilhaben (Nieder-, Mittel- und Oberfränkisch). Der Stamm der Franken hat sich im 3. Jh. n. Chr. östlich des Niederrheins ausgebildet, er drang seit dem 4. Jh. in das damals noch römische Rhein- und Moselland und in das heutige Belgien ein, eroberte das Pariser Becken und verdrängte die Reste römischer Staatlichkeit in Gallien. Um 500 begründete der Merowingerkönig Chlodwig das fränkische Großreich, das von der Kanalküste bis Augsburg reichte und auch Alemannien und Aquitanien umfaßte. Daß Chlodwig zum römischen Christentum übertrat, förderte die Integration der romanischen Führungsschichten in das Reich, aber auch die Romanisierung der Franken im Westen. Als Nachfolger der Merowinger haben die Karolinger das Reich ausgebaut und unter Karl dem Großen das abendländische Kaisertum begründet. Doch setzten sich nach Karls Tod die auseinanderstrebenden Kräfte durch; aus dem westfränkischen Reichsteil entstand Frankreich, aus dem ostfränkischen Deutschland. – Das deutsche Frankenland um den Main ist nach seinen Bewohnern benannt. Seit dem 6. Jh. hat es zum Merowingerreich gehört, und um 720 war es fränkische Königsprovinz. Die Franken hatten sich also von Mainz und Frankfurt her nach Osten ausgedehnt. Auch nach dem Ende der Karolinger blieb Franken Reichsland, so daß hier kein fränkisches Stammesherzogtum entstehen konnte. Dafür entwickelte sich eine Vielzahl geistlicher und weltlicher Territorien mit oft gegensätzlichen Interessen. Erst die Schaffung des Fränkischen Reichskreises um 1500 führte zu einem neuen Gesamtbewußtsein. Die napoleonische Neuordnung nach 1803 gliederte Franken an Bayern und zu kleineren Teilen an Württemberg und Baden an. – Der Stammesname *Franken,* lat. im 3. Jh. *Franci, Francones,* ahd. *Franchun,* aengl. *Francan,* anord. *Frakkar,* wurde wie andere Stammesnamen (→ Bayern, → Hessen, → Schwaben) im Dativ Plural zum Landesnamen: ahd. *in Vrankōn,* mhd. *da ci Frankin* (daneben im Genitiv Plural ahd. *Francōno lant* ›Frankenland‹). Im 13. Jh. erscheint *Ōstirvranchin* ›Ostfranken‹ für das Land am Main. Der Name *Franken* beruht wohl auf einem germanischen Adjektiv **franka-* ›mutig‹, das als *-k-*Ableitung zu dem in got. *fram* ›weiter‹, aisl., ahd. *fram* ›vorwärts‹ belegten Adverb gestellt wird, vgl. aengl. *fram* ›tüchtig, keck‹, aisl. *framr* ›vorwärtsstrebend, ausgezeichnet‹.

Frankenberg, Stadt an der Zschopau, SAC, entstand nach 1150 als Waldhufendorf unter einer Adelsburg und wurde nach Erzfunden um 1200 zum Bergstädtchen; Stadtrecht 1282. Die Burg kam 1292 an die Markgrafen von Meißen. Der Name 1350 *Frankinberg,* 1214 *Vrankenberch,* 1206 *Henricus de Frankenberc* ist wohl mit dem Volksnamen *Franken* gebildet, wie der Name des benachbarten Ortes **Sachsenburg** mit dem der *Sachsen.* Die Namen würden sich dann auf die ersten Ansiedler im 12. Jh. beziehen.

Frankenberg-Eder, Stadt am rechten Ederufer, HE, wurde um 1230 unter einer Burg der Landgrafen von Thüringen als Stützpunkt gegen die Erzbischöfe von Mainz gegründet; Stadtrecht um 1236; im 13. Jh. hessisch. Der Name 1243 *Frankenberg* läßt vermuten, daß bereits in der Karolingerzeit hier eine fränkische Grenzburg gegen die Sachsen stand. Dafür spricht auch, daß auf dem Frankenberg die frühgeschichtliche ›Große Nordstraße‹ von Frankfurt her mit einer von Köln kommenden Ost-West-Verbindung zusammentraf.

Frankenhausen, Bad, Stadt ö. von Sondershausen, SAN, entstand vor 900 auf fränkischem Reichsgut in Thüringen (Solquellen 998 genannt, seit 1818 Solbad), gehörte seit dem 11. Jh. mehreren Grafenfamilien und 1346–1918 den Grafen (Fürsten) von Schwarzburg(-Rudolstadt); Stadtgründung vor 1219, Neustadt um 1300 angelegt. Die Schlacht bei F. 1525 war das Ende des Bauernkriegs in Thüringen (Hinrichtung Thomas Müntzers). Der Name *Bad F.* (seit 1927), 12. Jh. *Franchenhusen,* 998 *Franconhus* kennzeichnet den Ort als Ansiedlung von Franken; →-hausen.

Frankenthal (Pfalz), Stadt in der Vorderpfalz, RP, wird zuerst 772 als fränkisches Dorf im Wormsgau genannt. Um 1119 gründete der Kämmerer Erkenbert von Worms hier ein Augustiner-Chorherrenstift, 1125 seine Gemahlin Richlindis ein Chorfrauenstift. Das Dorf ging in den beiden Klöstern auf, die *Großfrankenthal* und *Kleinfrankenthal* genannt wurden. Im 15. Jh. wurden sie beide aufgelöst. Ein neuer Abschnitt begann 1561, als Kurfürst Friedrich III. niederländische Glaubensflüchtlinge in F. ansiedelte, denen bald auch wallonische und westfälische Reformierte folgten. F. blühte auf und erhielt 1577 Stadtrecht. Der Name 772 *Franconadal,* 792 *Frankondal* bedeutet ›Tal[siedlung] der Franken‹; die älteste Siedlung lag unmittelbar am Rhein, der später seinen Lauf änderte.

Frankfurt am Main, Stadt in Hessen; seit dem Mittelalter zentrale Messe- und Handelsstadt, reichsfrei seit 1372; Wahlort und seit 1562 Krönungsort der deutschen Könige. Frankfurt entstand am Mainübergang zwischen der Oberrheinebene und der Wetterau, auf schon in vorgeschichtlicher und römischer Zeit besiedeltem Boden. Keimzellen waren ein merowingischer Königshof und die im 9. Jh. erbaute Pfalz, die auf dem Hügel n. des Mainübergangs lagen, wo später auch der Kaiserdom entstand. Die Furt ist, wie später die Sachsenhäuser Brücke, das nördliche Ende der römischen und frühgeschichtlichen →Bergstraße, die dann über Heddernheim in die Wetterau fortgesetzt wurde. Der Name 888 *Frankenfurt,* 794 *Franconofurd* ›Furt der Franken‹ (lat. *Francorum vadum*) bezieht sich also auf die Furt bei dieser fränkischen Sied-

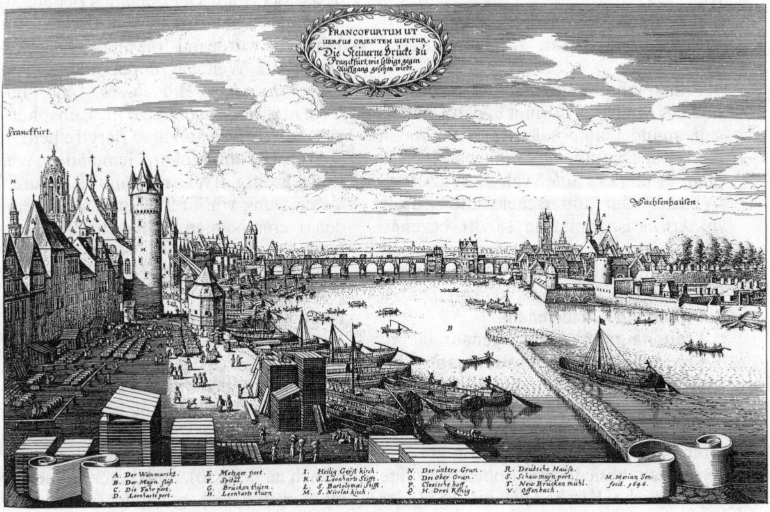

lung. Der am linken Ufer vorgelagerte Stadtteil **Sachsenhausen** (Hospital und Komturei des Deutschen Ritterordens seit etwa 1200) hat nichts mit umgesiedelten Sachsen aus der Zeit Karls des Großen zu tun. Es gibt dort keine alten Funde und der Ort ist erst 1193 als *Sassinhusen* bezeugt. Vielleicht liegt hier der alte deutsche PN *Sahso* (= der Sachse) zugrunde, also der Eigenname eines Bewohners.

Frankfurt/Oder, Stadt an der mittleren Oder ö. von Berlin, BR, 1952–90 Hauptstadt des gleichnamigen Bezirks der DDR, entstand um 1225 als deutsche Marktsiedlung am Oderübergang der von Frankfurt am Main und Leipzig herkommenden, nach Polen führenden Fernstraße. Die Stadterweiterung durch die askanischen Markgrafen (Stadtrecht vor 1253) förderte in F. auch den Nord–Süd-Handel zwischen Schlesien und der Ostsee. F. war 1368–1518 Hansestadt, seine Universität bestand 1505–1811 (bis zur Verlegung nach Breslau). Der Name der Stadt, 1253 mnd. *Vrankenvorde,* 1258 *Vrankinfort,* später hochd. *Franchenvurt, Franckfurt,* ist wohl schon durch die ersten Ansiedler von → Frankfurt am Main her übertragen worden.

Fränkische Alb, die, → Schwäbische Alb.

Fränkische Reich, das, → Franken

Fränkische Rezat, die, l. zur Rezat, → Rezat, die.

Fränkische Saale, die, rechter Nebenfluß des Mains, entspringt in den Haßbergen, mündet unterhalb von Gemünden a. M. Zur Deutung des Namens 716, 777 *Sala,* 1328/29 *Sale* vgl. den Artikel → Saale. Der unterscheidende Zusatz *fränkische* ist zuerst im 18. Jh. bezeugt. Am Oberlauf bei Bad Königshofen liegt der nach dem Fluß benannte Marktflekken **Saal,** 776/796 *Sala,* 796 *in Salu.*

Frauenalb → Herrenalb.

Frauenaurach → Herzogenaurach.

Frauenchiemsee; Fraueninsel, die, → Chiemsee.

Fraulautern → Saarlouis.

Frechen, Stadt am Vorgebirge, w. von Köln, NRW, entstand auf schon in römischer Zeit besiedeltem Boden um eine karolingische Kirche, die bis 1553 der nordfranzösischen Abtei Saint-Bertin in Saint-Omer gehörte. 1107 *Frekene,* 941 *Vrechana,* 721 *Frekena* ist wohl urspr. der Name des heutigen, vom Vorgebirgsrand kommenden **Frechener Bachs.** *Vrechana* kann mit dem Flußnamensuffix *-ana* von dem germ. Adjektiv **freka* ›gierig‹ (in ahd. *freh* ›ungezähmt‹, aengl. *frec* ›gierig‹) abgeleitet sein. Vgl. den ähnlich gebildeten Flußnamen → Fuhse.

Frechener Bach, der, → Frechen.

Freden → Vreden.

Freiberg, Stadt im östlichen Erzgebirge, bei der Freiberger Mulde, SAC, entstand unter Markgraf Otto dem Reichen von Meißen aus dem Waldhufendorf **Christiansdorf** (1183 *Christianesdorph*), als dort 1168 Silber gefunden wurde und zugewanderte Bergleute aus dem Harz eine Siedlung **Sächsstadt** (›Stadt der Sachsen‹, d. h. Niedersachsen), 1241 *civitas Saxonum,* aufbauten. Um 1180 schloß sich w. davon eine Handwerker- und Kaufmannssiedlung an, und die aus diesen Teilen zusammengewachsene Altstadt wurde 1210–1218 durch eine in Gitterform planmäßig angelegte Neustadt *(Oberstadt)* ergänzt. Das Stadtrecht (vor 1227) und das erweiterte Bergrecht von 1346/75 machten F. zur ersten freien Bergstadt Deutschlands (jeder Zugewanderte hatte freies Schürfrecht). Im Jahr 1765 wurde in F. die älteste Bergakademie der Welt gegründet. Der Name 1218 *Friberch,* 1221 *Vriberch,* 1466 *Freiberg, Freyberg,* zu mhd. *vrī* ›frei, unabhängig‹, bezieht sich auf diese Bergfreiheit.

Freiberg am Neckar, Gemeinde n. von Ludwigsburg, BWÜ, entstand 1972 durch Vereinigung von drei kleineren Gemeinden. Deren Namen **Beihingen** (1585 *Beyingen,* 13. Jh. *Bihingen,* 844 *in... Biginga,* zum PN *Bīho*), **Geisingen** (1570 *Geissingen,* 12. Jh. *in Gisingen,* zum PN *Gīso*) und **Heutingsheim** (1602 *Heuttingshain,* 1293 *Hutingesheim,* zum PN **Huting*) wurden aufgegeben, und der neue Ort erhielt den Namen einer historischen Ortsherrschaft des Dorfes Beihingen, nämlich der Herren von Freyberg. Deren Stammburg war die Burg **Freyberg** bei Hürbel (ö. von Biberach an der Riß), und dieser Name (zu mhd. *vrī* ›frei, nicht gebunden‹) wurde mit einer kleinen Schreibänderung auf die neue Gemeinde übertragen.

Freiberger Mulde, die, r. zur Mulde, →Mulde, die.

Freiburg im Breisgau, Stadt an der Dreisam (l. zur Elz zum Rhein), BWÜ, wurde 1120 durch die Zähringerherzöge Berthold III. und Konrad I. als Kaufmannsstadt gegründet, um den Austritt der Handelsstraße von Schwaben nach Burgund aus dem Schwarzwald zu sichern. Die Stadt wurde mit ungewöhnlichen Freiheiten begabt (u. a. freie Schultheißen- und Pfarrerwahl). Im 13. bis 15. Jh. blühte die Stadt bes. durch den Silberbergbau im Schwarzwald. Nach dem Aussterben der Zähringer 1218 kam F. an die Grafen von Urach, die sich Grafen von F. nannten, konnte sich aber 1368 loskaufen und schloß sich darauf den Habsburgern an. 1454 wurde die Universität gegründet. 1678–1697 gehörte F. zu Frankreich (Festungsbau durch Vauban), dann wieder zu Österreich, und kam 1805 zu Baden; 1821 wurde die Stadt Sitz eines Erzbischofs. Der Name 1498 *Freyburg im Preysgew,* 1258 *Friborch,* 1236 *Frybuorg,* 1152 *Friburch in episcopatu Constantinensi* (= im Bistum Konstanz) ist mit dem Adjektiv mhd. *vrī* ›frei, nicht gebunden, unbeschränkt‹ gebildet, das sich auf die von den Gründern gewährten städtischen Freiheiten bezieht. Eine Stadt gleichen Namens, **Freiburg,** auch *Freiburg im Ụchtland* oder *Üechtland* ['y:ɛçt…] genannt, frz. Fribourg, gründete Berthold IV. von Zähringen 1157. Sie trat 1481 der Schweizerischen Eidgenossenschaft bei und ist seit 1803 Hauptstadt des Kantons Freiburg. Zu nennen ist auch die Stadt **Freyburg/Unstrut,** nw. von Naumburg, SAN, die Ende des 12. Jh.s am Flußübergang der Frankenstraße Erfurt–Merseburg durch die Landgrafen von Thüringen angelegt wurde und 1292 *civitas* (= Stadt) genannt wird. Eine Tochtersiedlung dieser Stadt ist wahrscheinlich **Freiburg in Schlesien,** poln. Świebodzice, das 1242 als *Vriburg* bezeugt ist und seit 1742 zu Preußen gehörte.

Freiburg in Schlesien; Freiburg (im Üchtland) →Freiburg im Breisgau.

Freie Hansestadt Bremen →Bremen.

Freienwạlde, Bad, Stadt am Westrand des Oderbruchs, BR, entstand Anfang des 14. Jh.s an einer Straßenkreuzung mit Übergang über die Alte Oder, war brandenburgische Zollstätte und im 17. Jh. Station des großen Postkurses von Ostpreußen nach Cleve; Stadtrecht 1375. Das Eisen- und Moorbad besteht seit 1683 bzw. 1840. Der Name 1925 *Bad Freienwalde,* 15. Jh. *Freien-, Freyenwalde,* 1316 mnd. *Vrienwolde* kennzeichnet den Ort als Siedlung der ostdeutschen mittelalterlichen Ausbauzeit; →-wald, -walde.

Freie und Hansestadt Hamburg → Hamburg.

Freie und Hansestadt Lübeck →Lübeck.

Freihung →Freyung.

Freilạssing, bayerische Grenzstadt an der unteren Saalach bei Salzburg, BY, entstand um 1100 als Siedlung bei dem ehemaligen Königshof **Salzburghọfen** (1169 *Salzburchoven,* 908 *Salzpurchof*), der 908 dem Kloster St. Peter in Salzburg geschenkt worden war. Beide Orte kamen 1810 zu Bayern. Nach der Eröffnung der Bahnlinie München–Salzburg (1860) wurde F. Grenzbahnhof und Zollstelle und entwickelte sich zur Industriegemeinde, in der Salzburghofen 1923 als Ortsteil aufging. 1954 wurde F. Stadt. Der Name 1600 *Freilassing,* 1597 *Freylassing* ist durch Anfügen des Suffixes *-ing* (→ingen) entstanden aus 1590 *Freylassen,* um 1350 *Vreylazz[en],* 1332 *Vreyloz,* 1219/1234 *Frilaz,* 1125/1147 *Frilaz.* Dies wird zu ahd. *frīlāʒ* ›Freigelassener‹ gestellt und auf den ersten Ansiedler bezogen. Doch kann auch mhd. *vrīlāʒ* ›Freilassung‹ zugrunde liegen, das hier als Bez. einer abgabenfreien Weide gedeutet wird.

Freising, Stadt an der Isar in Oberbayern, BY, entstand als Siedlung der bayerischen Landnahmezeit auf dem linken Hochufer der Isar, wo um 700 die Burg der bayerischen Herzöge erbaut wurde. Der fränkische Wanderbischof Korbinian gründete hier ein Oratorium (später →Weihenstephan), und 739 errichtete Bonifatius das Bistum Freising, das unter Bischof Arbeo (764–783) seine erste Blütezeit hatte und nach der Säkularisation von 1803 seit 1818 durch das Erzbistum

München und Freising fortgeführt wird. – Zu der karolingischen Stadt auf dem Freisinger Domberg kam um 1000 die Untere Stadt mit einem Markt (Markt- und Münzrecht 996). Der Name 1290 *Freising,* 1287 *Freisingen,* 1261 *Frisinge,* 777 *Frisinga* geht zurück auf 770 *Frigisingun,* 744 *Frigisinga,* er ist mit dem Suffix *-ing[en]* zu einem altbayerischen PN **Frīgis* (wohl Kurzform von *Fridugis*) gebildet und bedeutet eigtl. ›bei den Leuten des Frigis‹ (→-ingen).

Freital, Stadt sw. von Dresden, an der Weißeritz (l. zur Elbe), SAC, entstand 1921 in einer Talweitung (Döhlener Bekken) durch Zusammenschluß der Dörfer Deuben, Döhlen und Potschappel, denen 1922 bis 1974 weitere neun Orte folgten. Der Name 1921 *Freital* wurde nach dem Vorbild der Bergstadt →Freiberg gewählt, da im Döhlener Becken seit 1542 und besonders seit Anfang des 18. Jh.s Bergbau auf Steinkohle betrieben worden ist.

Frei-Weinheim →Ingelheim am Rhein.

Freren →Vreden.

Freudenberg am Main →Freudenberg (Westf.)

Freudenberg (Westf.), Stadt nw. von Siegen, NRW, entstand Ende des 14. Jh.s als Talsiedlung einer Grenzburg der Grafen von Nassau; Stadtrecht 1456. Der Name 1423 *zom Freudenberghe* (die Burg), 1476 *in valle Freudenburg,* seit 1482 *Freudenberg* ist ein typischer Burgenname (zu mhd. *vröude* ›Frohsinn, Freude‹; vgl. →Monschau). Ein anderes Beispiel ist **Freudenberg** am Main w. von Wertheim (1200 castrum Frouwedenberch), das unter einer 1190 erbauten Grenzburg des Bistums Würzburg entstanden ist und bis 1555 zur Grafschaft Wertheim gehörte.

Freudenstadt, Stadt im Schwarzwald, BWÜ, wurde 1599 durch Herzog Friedrich I. von Württemberg gegründet und durch seinen Baumeister Heinrich Schickhardt im Stil einer Idealstadt der Renaissance erbaut: drei, später vier Häuserzeilen um einen riesigen Marktplatz, die innerste Zeile mit Arkaden geschmückt. Ein für den Platz geplantes Schloß blieb ungebaut. Bewohner der Stadt waren zunächst Bergleute für den Silberbergbau, später auch Handwerker aller Art und vor allem evangelische Glaubensflüchtlinge aus Kärnten und der Steiermark. Im Jahr 1945 wurde die Stadt fast völlig zerstört, aber bald wiederaufgebaut. Den Namen *Freudenstadt* erhielt die Gründung 1601, er sollte die Dankbarkeit und Zufriedenheit der Bewohner ausdrükken.

Freyberg bei Hürbel →Freiberg am Neckar.

Freyburg/Unstrut →Freiburg im Breisgau.

Freyung, Stadt im Bayerischen Wald, BY, entstand als Rodungssiedlung an der **Goldenen Steige,** lat. *Semita Aurea,* einer von Passau her durch den Böhmerwald ziehenden Handelsstraße, die wohl nach dem gewinnbringenden Salztransport benannt worden ist. Der Name 1389 *Freyung,* 1357 *in der Freiung,* 1254/1265 *Freyung* entspricht dem Appellativ mhd. *vrīunge* ›Befreiung von Handelsbeschränkungen oder Abgaben‹ und bezeichnet hier den von solchen Lasten befreiten, privilegierten Ort. Den gleichen Namen hat der Markt **Freihung** n. von Amberg (Oberpfalz, BY), 1606 *Freihung,* 1550 *Freyung,* wo die Ansiedlung von Bergleuten durch Freiheiten gefördert worden ist.

Friedberg, Stadt ö. von Augsburg, BY, wurde 1264 auf dem Steilabfall über der Lechniederung bei der gleichnamigen Festung als Stadt gegründet, um die herzogliche Zollstelle an der Lechbrücke zu schützen. Vorgänger waren die Burg und der Ort **Winzenburg,** 12. Jh. *Winzenburch* (zum PN *Winzo*). Hauptgegner war das nahe Augsburg. Zu Anfang des 15. Jh.s wurde F. zur bayerischen Grenzfestung ausgebaut. Der Name 1264 *Fridberch,* 1279/1284 *Frideberch* enthält mhd. *vride, vrit* ›Friede, Sicherheit‹, hier wohl im Sinne des Landfriedens, den die Anlage der Burg sichern sollte (→-berg/-burg).

Friedberg, Stadt in der Wetterau, HE, auf einem Basaltrücken im Schnittpunkt alter Fernstraßen gelegen. Die staufische Reichsburg und die davon getrennte Reichsstadt Friedberg entstanden Ende des 12. Jh.s, doch sind Burg- und Stadtbereich schon in der Römerzeit als *castellum in monte Tauno* (= Kastell auf dem Berg Taunus; 1. Jh. n. Chr.) und Hauptort der *civitas* (= Stadtgemeinde) *Taunensium* (2. Jh.) bezeugt. Den Namen (→Taunus) übernahmen die Römer von einer keltischen Siedlung am gleichen Platz. Der dt. Name 1219 *Frideberg,* 1218 *Vretheberch,* 1216 *Wridburg* gehört zu ahd. *fridu* ›Schutz, Sicherheit‹, er bedeutet also ›Schutzburg‹.

Friedrichroda, Stadt am Nordrand des Thüringer Waldes, TH, entstand an der alten Paßstraße Gotha–Schmalkalden als frühe Rodungssiedlung der ludowingischen Grafen von der Schauenburg; Stadtrecht 1597 als ›Bergstadt‹ (Abbau von Eisenstein); seit 1837 Luftkurort. Der Name 1510 und 1209 *Friderichrode,* 11. Jh. *Friderichisrot* weist auf einen Ortsgründer namens *Friedrich;* →-rod, -reut, -ried.

Friedrichsburg, Zitadelle, →Mannheim.

Friedrichshafen, Stadt am Bodensee, BWÜ, entstand 1811 durch Vereinigung der ehemaligen Reichsstadt Buchhorn mit dem säkularisierten Kloster Hofen und wurde nach König Friedrich I. von Württemberg benannt. Dieser hatte zwischen beiden Orten eine Neustadt angelegt und entwickelte am Bodenseeufer einen Handels- und Industrieplatz. 1898 überließ König Wilhelm II. dem Grafen Zeppelin ein Ufergelände zum Aufbau einer Luftschiffswerft. 1908 wurde die Werft an die heutige Stelle verlegt. Ein Motorenwerk (Maybach) und eine Flugzeugfabrik (Dornier) kamen später hinzu. Im zweiten Weltkrieg wurde F. total zerstört, aber wiederaufgebaut. – **Buchhorn** war im 9. Jh. Sitz des bedeutenden Grafengeschlechts der Ulriche, kam 1089 an die Welfen und 1189 an die Staufer. Im 13. Jh. erhielt es Stadtrecht und wurde 1275 Reichsstadt. Seit 1810 gehörte es zu Württemberg. Der Name 886 *Buochihorn,* 839 *Buachihorn* kennzeichnet die Lage der Siedlung auf einer in den See vorspringenden Landspitze (mhd., ahd. *horn*; vgl. **Romanshorn** am Bodensee, Schweiz, 779 *Rumanishorn,* zu einem PN lat. *Romanus* oder dt. *Hrōdman*). Das erste Glied des Ortsnamens *Buchhorn* ist mhd. *buoch* ›Buchenwald‹. Die ursprüngliche Stellenbezeichnung bedeutet also ›mit Buchenwald bestandene Landspitze‹. Zum Namen des Klosters *Hofen* (seit 1830 Schloß **Hofen**) vgl. den Artikel →-hofen.

Friedrichskoog →Cuxhaven.

Friedrichstein, Schloß, →Wildungen, Bad.

Friesoythe [...'ɔytə], Stadt im N des Oldenburger Münsterlandes, NDS, entstand als Marktsiedlung bei einer um 1200 erbauten Burg der Grafen von Tecklenburg, die den Land- und Wasserweg nach Ostfriesland beherrschte (→Cloppenburg); Stadtrecht um 1366, Beitritt zur Hanse um 1470. Der Name 1582 *Frieß Oitha,* 1322 *Vrysoyte,* lat. *Oytha frisica* unterscheidet F. als ›friesisches Oythe‹ von dem nahegelegenen Ort **Altenoythe,** 948 *Oete,* der um 1000 als *Ogitdi, O[i]di* bezeugt ist. Wahrscheinlich liegt hier eine Geländebez. mit dem Kollektivsuffix asächs. *-ithi* vor (→-ede), deren erstes Glied aniederl. *ō* ›Weideland am Wasser‹, mnd. *ō, ooch* ›Insel, feuchte Wiese‹ entspricht. Der Name *Oythe* könnte also ›Gegend mit vielen Inseln‹ bedeuten.

Fritzlar, Stadt an der Eder, HE, entstand bei einer Ederfurt am Schnittpunkt alter Straßen um ein Kloster, das Bonifatius 724 im Schutz der merowingischen Landesfestung **Büraburg** (8. Jh. *Buriaburg,* zu ahd. *būr* ›Haus‹) gegründet hatte. Das Kloster war seit der Karolingerzeit in königlichem Besitz, die Königspfalz wurde ein wichtiger Stützpunkt der ottonischen und salischen Kaiser. Seit dem 11. Jh. gehörte F. zum Erzbistum Mainz, es wurde Anfang des 12. Jh.s als Kaufmannsstadt neben dem alten Siedlungskern planmäßig neu gegründet und blühte bes. im 13. u. 14. Jh. Auch war es der Mittelpunkt der mainzischen Territorialpolitik gegenüber den Landgrafen von Hessen. 1802/03 fiel die Stadt an Hessen-Kassel. Der Name 13. Jh. *Fritslar,* 8. Jh. *Frideslare* ist mit ahd. *fridu* ›Schutz, Sicherheit, Einfriedigung‹ gebildet, er weist vielleicht auf eine germanische Kultstätte hin; →-lar. Vgl. auch den ON →Friedberg.

Frohse, Burg, → Schönebeck (Elbe).

Fuhse, die, linker Nebenfluß der Aller, NDS, entspringt bei Salzgitter-Salder, mündet in Celle. Der spätbezeugte Name 1368 *Vusene* ist nicht sicher erklärt; möglich wäre eine Bildung mit *n*-Suffix zum Stamm von asächs. *fūs* ›schnell, eifrig, willig‹, das zu asächs. *fundōn* ›vorwärts gehen, streben, eilen‹ gehört.

Fulda, die, linker Quellfluß der Weser, entspringt an der Waserkuppe, vereinigt sich bei → Münden mit der Werra. 751 *Uulta,* 807 *Fuldaa,* 823 *Vultaha* ist zusammengesetzt aus ahd. **fulta* = asächs. *folda* ›Erde, Land‹ (verwandt mit ahd. *feld* ›Feld‹) und ahd. *aha* ›Wasser‹, es bedeutet also eigtl. ›Landfluß‹. Die nach dem Fluß benannte Stadt **Fulda** (772 *Fulda,* seit dem 12. Jh. auch *Fulde,* mdal. *Foll*) entstand in altem Siedlungsgebiet (fränk. Königshof um 500) bei dem 744 von dem Bonifatiusschüler Sturmius gegründeten Benediktinerkloster, das im 8./9. Jh. eines der wichtigsten Kulturzentren Deutschlands war. Es wurde 1220 zur Fürstabtei und 1752 zum Fürstbistum erhoben, erhielt 1734 eine Universität (heute philosophisch-theologische Hochschule). Die Stadt F. hatte um 1114 Stadtrecht erhalten, sie war ein bedeutender Umschlagplatz an der Handelsstraße Frankfurt–Leipzig. 1816 kamen die Stadt und das Bistumsterritorium an Kurhessen.

Fulda (Stadt) → Fulda, die.

Fülgen, Hof, → Kühlungsborn, Ostseebad.

Fürstenau, Stadt ö. von Lingen, NDS, entstand im 14. Jh. als Marktsiedlung bei der 1344 erbauten Wasserburg des Osnabrücker Bischofs Gottfried von Arnsberg, erhielt 1402 Weichbildrecht und 1642 Stadtrecht. Der Name 1642 *Fürstenaw,* 1547 *Furstenowe,* 1382 *Vorstenowe* benannte urspr. die Burg, seinen Übergang auf den Ort zeigt der Beleg 1402 *wicbolde tor* (= Weichbild zu, bei der) *Verstenouwe;* er gehört zu mnd. *vörste* ›Fürst‹ und *ouwe* ›Insel, Land am Wasser‹, → -au, -aue). Den gleichen Namen hat z. B. Schloß **Fürstenau** in Steinbach (jetzt zu Michelstadt, HE), eine gegen 1300 vom Mainzer Erzbischof erbaute Wasserburg, die seit 1350 bzw. 1454 den Grafen von Erbach gehört.

Fürstenau, Schloß (zu Michelstadt), → Fürstenau.

Fürstenberg/Oder → Eisenhüttenstadt.

Fürstenfeld → Fürstenfeldbruck.

Fürstenfeldbrụck, Stadt an der Amper, w. von München, BY. Der Markt **Bruck** gilt als Gründung Herzog Heinrichs des Löwen, der hier den Amperübergang der Salzstraße München–Landsberg angelegt haben soll. Der Ort erhielt 1306 Marktrecht. Ein von Herzog Ludwig dem Strengen 1258 gestiftetes Kloster wurde 1263 auf das dem Herzog gehörende **Fürstenfeld** bei Bruck verlegt und nach diesem Grundstück benannt. Seit etwa 1400 gehörte Bruck dem Kloster; dieses wurde 1803 säkularisiert, und 1814 erhielt Bruck Stadtrecht. Der Doppelname *Fürstenfeldbruck* erscheint 1678, wurde aber erst 1908 offiziell. Er ist eine kopulative Zusammensetzung wie Elberfeld-Barmen (→ Wuppertal). Ältere Formen des Namens sind z. B. 1481 *Brugk an der Ammer,* 1472 *Pruck prope* (= bei) *Fürstenfeld,* um 1140 *iuxta pontem* (= bei der Brücke) *sancti Stephani* bzw. 1416 *Fürstenfeld* und 1263 *Vurstenvelt* (= Feld des Fürsten, d. h. des Herzogs).

Fürstenwạlde/Spree, Stadt sö. von Berlin, BR, wurde 1252/58 von den Markgrafen von Brandenburg an einer alten Spreefurt planmäßig angelegt und mit einer Burg gesichert; Stadtrecht 1285. Stadt und Burg kamen 1354 an die Bischöfe von Lebus, deren Residenz F. 1385–1598 war. Der Name 1272 *Furstenwalde,* 1298 *Vorstenwolde* kennzeichnet die Stadt als fürstliche Gründung; → -wald, -walde.

Fürth, Nachbarstadt von Nürnberg, BY, entstand wohl im 8. Jh. am Übergang der Straße von Frankfurt am Main nach Regensburg über die Rednitz und wurde vor 1050 zum Markt mit Zoll- und Münzrecht. 1007 wurde der Ort von Heinrich II. dem Domkapitel zu Bamberg geschenkt, doch hatten auch die Burggrafen von Nürnberg und später die Ansbacher Markgrafen Rechte in der Stadt. 1791 fiel F. mit der Markgrafschaft an Preußen, 1805/06 aber an Bayern; Stadtrecht 1808 bzw. 1818. Im 19. Jh. entwickelte sich F. zur Industriestadt. 1835 wurde die erste deutsche Eisenbahn auf der Strecke Nürnberg–Fürth eröffnet. Der Name 13. Jh. *Fürth,* 1238 *Fürthe,* 1062 *Vurte,* 907 *Furt* entspricht ahd. *furt* ›Furt, Überfahrtsstelle‹. Der wichtige Flußübergang wurde also namengebend für den Ort; vgl. den Artikel → Frankfurt am Main. Der Umlaut entstand aus Formen im Dativ Singular: 1007 *Furti,* 1031 *Phürt.* Vgl. ON wie → Fürth (Odenwald), → Wipperfürth und → Bremervörde.

Fürth, Ort im hessischen Odenwald, im 8. Jh. Besitz des Klosters → Lorsch, 1232–1803 zu Kurmainz gehörend. Der Name, 11. Jh. *ad, in Furden* ›an der Furt‹, 795 *Furte,* bezieht sich auf einen alten Übergang über die Weschnitz (r. zum Rhein); → Fürth (Bayern).

Furth i. Wald, Stadt in der Cham-Further Senke, BY, entstand vor 1100 an der alten Völkerstraße nach Böhmen, wo diese die Chamb überschreitet (vgl. den Artikel → Cham) und wurde um 1330 durch die bayerischen Herzöge zur Stadt ausgebaut, indem man die Siedlung samt der Straße aus dem Flußtal an den Berghang verlegte. Bis ins 18. Jh. war F. eine wichtige bayerische Grenzfestung. Der Name 1888 *Furth i. Wald,* 1518 *Furt vor dem walt,* 1397 *Furtt in dem wald,* 1086 *Uurte* entspricht mhd. *vurt,* ahd. *furt* ›Überfahrtsstelle‹ (vgl. → Fürth), der unterscheidende Zusatz weist auf die Lage im oder vor dem Böhmerwald.

Furtwangen, Stadt an der Breg im südöstlichen Schwarzwald, BWÜ, entstand an einer Furt im oberen Bregtal, wo sich die Straßen von Freiburg, Triberg und Donaueschingen kreuzten, und wird zuerst 805 genannt. Um 1200 wurde die Siedlung durch Rodungen des Klosters St. Georgen erweitert. Sie unterstand bis 1325 der Herrschaft Triberg und bis 1806 dem Kloster St. Georgen. Im 17. Jh. begannen Glasbläser und andere Handwerker im Ort zu arbeiten, und um 1640 wurde die erste Schwarzwälder Uhr hergestellt; das neue Gewerbe breitete sich bes. in F. und Neustadt aus. 1873 wurde F. zur Stadt erhoben. Der Name 1347 *Furtewangen,* 1179 *ecclesia* (= die Kirche) *Furtwangen* steht für 805 *Wangen.* Der Zusatz weist also auf die besondere Lage des Ortes hin. Zum GW vgl. den Artikel → Wangen im Allgäu.

Füssen, Stadt im Allgäu, BY, am Austritt des Lechs aus den Nördlichen Kalkalpen. Der Sankt-Galler Missionar Magnus (volkstümlich St. Mang) gründete 748 eine Zelle, aus der noch im 8. Jh. das nach ihm benannte Benediktinerkloster St. Mang entstand. Ein etwa gleichzeitiger fränkischer Königshof kam im 12. Jh. in den Besitz des Klosters und entwickelte sich zu einer Siedlung, die im 13. Jh. zur Stadt wurde. 1310 kam F. an das Bistum Augsburg und 1803 an Bayern. Füssens Geschichte beginnt aber schon in der Römerzeit. Eine römische Inschrift des 3. bis 5. Jh.s nennt einen *praepositus militum Fotensium* (= Offizier der Soldaten von F.), und ein im 5. Jh. bezeugtes römisches Etappenkastell *Foetibus* ist durch Grabungen auf dem Füssener Schloßberg bestätigt worden. Beide Zeugnisse werden als Latinisierungen von germ. **fōt* ›Fuß‹ (vgl. gleichbed. got. *fōtus* und asächs. *fōt*) angesehen. Die späten mittelalterlichen Namensbelege 1144/1147 *Fozen,* 1188 *Fôzin,* 1206 *Fuozzen,* 1366 *Füzzen,* 1424 *Füssen* enthalten den Dativ Plural von ahd. *fuoz, fouz,* mhd. *vouȝ* ›Fuß‹. Gemeint ist damit, daß der Ort F. ›zu Füßen (des Gebirges)‹ liegt. Ein romanisches Gegenstück ist z. B. der Name der italienischen Alpenregion *Piemonte,* dt. **Piemont** [pi̯eˈmɔnt], eigtl. ›ad pedes montium‹ (≙ zu Füßen, am Fuß des Gebirges); vgl. auch den Namen des pfälzischen Ortes **Fußgọ̈nheim** bei Ludwigshafen, RP, der am Fuß der Haardt liegt: 1343 *Fußgeinheim,* 1291 *Geigenheim* (zum PN *Gago*).

G

Gadebusch, Stadt nw. von Schwerin, MV, entstand als Burgwall und Hauptort eines obotritischen Gaues und kam 1181 in deutschen Besitz; Stadtrecht vor 1285 durch Fürst Borwin von Mecklenburg. Im 16. und 17. Jh. Residenz der Herzöge von Mecklenburg-Schwerin. Der Name 1514 *Gadebusch,* 1358 *Godebusch* ist an dt. *Busch* angelehnt, er geht zurück auf 1354 *Gadebuz,* 1225 *Godebuz, Chotebuz,* 1154 *provincia* (= der Gau) *Godebuz* und bedeutet ›Ort des Chotěbud‹. Der gleiche PN erscheint auch im Namen von → Cottbus.

Gaggenau, Stadt an der Murg im nördlichen Schwarzwald, BWÜ, entstand als Flußufersiedlung im Waldland und entwickelte sich früh zum Gewerbe- und Industrieort (markgräfliches Eisenwerk, Glashütte). 1922 wurde G. zur Stadt erhoben. Der Name 1583 *Gackhennauw,* 1399 *Gagknow,* 1288 *Gakenouwe* ist mit dem GW → -au, -aue zu dem PN *Gacko* gebildet: ›Auensiedlung des Gacko‹.

Gande, die, r. zur Leine, → Gandersheim, Bad.

Gạnderkesee, Großgemeinde bei Delmenhorst, NDS, entstand als Dorf bei einer frühgeschichtlichen Fluchtburg im Tal der Welse (l. zur Delme). Der Name G. ist umgebildet aus 1057 *Ganderkeserde,* 9. Jh. *Gandrikesarde,* er enthält den alten deutschen PN *Ganderik;* das GW *-arde* entspricht wohl mnd. (westfäl.) *art,* niederl. *ard* ›Pflugland, Ortsgemarkung‹. ON auf *-arde* sind allerdings sonst nur aus den Niederlanden bekannt, z. B. **Oudenaarde** s. von Gent, Belgien, 1148 *Aldenarda,* das erste Glied ist niederl. *oud* ›alt‹.

Gandersheim, Bad, Stadt an der Gande (r. zur Leine), NDS, entstand aus einer Kaufmannssiedlung (Wik) an der Kreuzung der von Frankfurt und Köln kommenden Fernstraßen, im Schutz einer Burg des sächs. Grafen Liudolf und des 852 von ihm gegründeten Kanonissenstifts G., das bes. zur Zeit der Sachsenkaiser blühte. Marktrecht 990, Stadtrecht im 13. Jh., seit 1932 *Bad G.* Der Name *G.* bezeichnete urspr. den 4 km n. an der oberen Gande gelegenen Stammsitz der Liudolfinger und Hauptort der sächs. Mark G. (um 800 *marcha Gandesheim,* 956 *in Gandereshemia marcu*), das heutige **Altgandersheim** (1007 *Aldangandesheim,* 1271 *apud Antiquam Gandersem*). Als das Stift 852 zunächst in Brunshausen errichtet wurde, erhielt es den Namen jenes Hauptortes, der dann noch im 9 Jh. auf den endgültigen Sitz der Abtei an der genannten Straßenkreuzung überging. Der Name erscheint in drei Varianten: 999, 956 *Ganderesheim,* 973 *Gantheresheim* steht neben 1004, 968, 877 *Gandesheim* und 11. Jh. *Gandenesheim.* Für den zugrundeliegenden Flußnamen **Gande,** 10. Jh. *Ganda* sind also auch die erweiterten Formen **Gand-ara* und **Gand-ana* zu erschließen. Seine Herkunft ist nicht sicher erklärt, vielleicht gehört er zu einem nichtidg. Stamm **gand-* ›Geröll, Kies‹, den man z. B. im Namen der flandrischen Stadt **Gent** (9. Jh. *Gend, Ganda,* 7. Jh. *Gandavum*) gesehen hat. Auf einen Gewässernamen **Gandara* weisen auch die ON **Kirch-** und **Hohengandern** (Kr. Heiligenstadt, TH) und **Niedergandern** (Kr. Göttingen, NDS), 1287 *Gandera, Gandara,* 11. Jh. *Gandera.* – Zu bemerken ist noch, daß die Gande bis ins 10. Jh. als Nebenbach der Eterna galt: 948 *monasterium Canderesheim situm iuxta fluvium Eternan.* Seither ist es umgekehrt, unter Einfluß des berühmten Namens *G.* wurde der Name *Gande* auch auf den Unterlauf der Eterna ausgedehnt. Der Name *Eterna* verschwand und wurde erst im 18. Jh. in der historischen Form neu belebt (zu seiner Deutung vgl. den Artikel → Aitrach).

Gangloffsömmern → Sömmerda.

Gansheim bei Donauwörth → Cannstatt, Bad.

Garching b. München, Ort im nördlichen Vorortbereich von München, BY, entstand wohl als Dorf der Landnahmezeit, war bis 1945 reine Agrarsiedlung und entwickelte sich dann zur Wohn- und Industriegemeinde (1957 Errichtung des ersten Forschungsreaktors in der Bundesrepublik). Der Name 1494 *Garching,* 1315 *Gerching,* um 1300 *Garchingen* geht zurück auf 1260 *Gauriching,* 1113/1121 *Gourichingin,* 1020/1035 *Gouvirihhinga* und ist zu einem PN **Gowirich* gebildet (→-ingen). Gleicher Herkunft ist der Name des Ortes **Garching a. d. Alz,** sö. von Mühldorf am Inn, um 1138 *Gourchingen,* 8. Jh. *Gourichingen.*

Garching a. d. Alz →Garching b. München.

Gardelegen, Stadt an der Milde in der Altmark, SAN, entstand an der Kreuzung alter Fernstraßen bei einer Burg des 11./12. Jh.s und gehörte seit etwa 1160 den Markgrafen von Brandenburg; Stadtrecht vor 1241. Der Name 1287 *de Gardelegin,* 1188 *Gardelege,* 1133 *de Gardenloghe* geht zurück auf 1187 *Gardenleve,* 1160 *Gardenlove,* um 1053 *Gardeleue,* es liegt also urspr. ein ON auf →-leben (*-leve, -love*) ›Hinterlassenschaft, Erbe‹ vor, dessen erstes Glied wahrscheinlich ein germ. PN *Gardo* ist (zu asächs. *gard* ›eingefriedigtes Grundstück, Wohnung, Haus‹). Da der Laut [*v*] zwischen Vokalen (*-leve, -leue*) in der niederdt. Mundart nur schwach artikuliert wurde, konnte das ebenso schwach als Ach-Laut [x] gesprochene *g* dafür eintreten, das dann in der hochdt. Schreibung *Gardelegen* fest wurde.

Garmisch →Garmisch-Partenkirchen.

Garmisch-Partenkirchen: Markt am Oberlauf der Loisach, BY, wurde 1935 aus zwei Gemeinden vereinigt. Das Dorf **Garmisch** entstand wohl zur Zeit der bayerischen Landnahme und war Mittelpunkt eines kleinen Siedlungsraumes in der zu Freising gehörenden Grafschaft Werdenfels. Sein Name 1536 *Garmisch* geht zurück auf 1535 *Germißgaw,* 1305 *Germansgawe,* 1065/75 *Germarisgowi* und 802 *Germareskauue,* er ist mit ahd. *gouwe, -gawe* ›Gau, Wohngebiet‹ zu dem PN *Germar* gebildet, der u. a. auch in →Germersheim erscheint. Der Ort **Partenkirchen,** seit 1305 Markt, entstand am Platze einer ehemaligen römischen Straßenstation, die im 3. Jh. als *Part[h]ano* (lateinischer Ablativ) bezeugt ist. Ihr Name wird zu dem lateinischen Völkernamen *Parthi* (= die Parther) oder zu einem PN *Partus* gestellt. Der Name 1315 *Partenchirchen,* 1156/57 *Barthinchirche* ist mit dem GW *-kirchen* (= bei der Kirche) zu diesem lateinischen ON gebildet worden, wobei offen bleibt, wie weit der Gewässername **Partnach** (r. zur Loisach) eigtl. ›Ache von Parthanum‹, an dieser Namengeschichte beteiligt ist; vgl. → [1]-ach.

Garstedt →Norderstedt.

-gau, GW von Landschaftsnamen. Mhd. *gou, göu* ›Land[schaft], Gegend‹, ahd. *gewi, gouwi,* asächs., afries. *gā, gō,* got. *gawi* ›Land, Umgegend‹, aengl. *gē* (in ON) ›Landschaft‹ gehen wahrscheinlich zurück auf germ. **gawja* aus **ga-awja* ›Land am Wasser‹, eine Kollektivbildung zu dem unter →-au, -aue behandelten Wort. Wie die angegebenen Bedeutungen zeigen, sind die Gaunamen des Mittelalters in erster Linie als Namen für natürliche Landschaften zu sehen. Erst sekundär wurden sie, bes. in der Verwaltungsorganisation des Frankenreichs, als Namen für politische Bezirke (Gaugrafschaften) benutzt. Weitaus die meisten alten Gaunamen sind mit Flußnamen zusammengesetzt: *Rheingau, Saargau, Kraichgau, Elsenzgau.* Zu anderen Bestimmungswörtern vgl. z. B. →Breisgau, →Allgäu. Das Substantiv *der Gau* und seine umgelautete Nebenform *das Gäu* kommen auch als selbständige Appellative vor, sie bezeichnen dann in der Regel das offene Land im Gegensatz zum [Berg]wald.

Geeste, die, r. zur Weser; **Geestemünde; Geestendorf** →Bremerhaven.

Geesthacht, Stadt an der Elbe oberhalb von Hamburg, SH, entstand um 1200 als Kirchdorf am Abhang der holsteinischen Geest über dem Elbtal. Es war lange Zeit gemeinsamer Besitz von Lübeck und Hamburg, dann von Hamburg allein, und wurde 1937 preußisch; Stadtrecht 1924. Der ursprüngliche Name um 1216 *in Hachede* ist mit dem Kollektivsuffix →-ede zu mnd. *hach* ›Hecke, Einfriedigung, eingefriedigter Platz‹ gebildet, bedeutet also etwa ›in den Heckenhöfen‹; →-hagen. Eine Strombettverlagerung der Elbe zerstörte im 13. Jh. den Ort, der dann an zwei Stellen auf der Geest und in den Elbmarschen s. des Flusses wieder aufgebaut wurde. Die beiden Siedlungen wurden nun als *Geesthacht* (1401 *Gesthachede*) und **Marschạcht** (älter *Marschhacht*) unterschieden (zu den ersten Gliedern dieser Namen vgl. die Bemerkung zu *Geeste* (unter →Bremerhaven) und den Artikel →Dithmarschen).

Geilenkirchen, Stadt im Selfkant, NRW, entstand am linken Ufer der Wurm bei einer schon in der Römerzeit benutzten Furt, die durch eine Wasserburg der Grafen von Heinsberg gesichert war. Der Name 1271 *Geilinkirchen,* 1170 *Gēlenkirchen* bezieht sich urspr. auf eine Holzkirche, die wohl ein Franke namens *Geilo* errichtet hatte (vgl. →-kirchen).

Geisenheim, Stadt im Rheingau, HE, entstanden als Umschlagplatz der Rheinschiffe am Beginn des ›Kaufmannswegs‹, der die Binger Stromschnellen umging (→Lorch); seit dem 11. Jh. mainzisch (Stadtrecht 1144). Der Name 1484 *Geisenheym,* 1128 *Gisinheim,* 772 *Gisenheim* enthält den altdt. PN *Giso* (Kurzform von Namen wie *Giselbert, Giselher*). →-heim.

Geisingen →Freiberg am Neckar.

Geislingen an der Steige, Stadt am Fuß der Schwäbischen Alb, BWÜ, entstand als alemannische Siedlung am Platz des heutigen Stadtteils Altenstadt (s. u.), wurde aber um 1250 durch die Grafen von Helfenstein 2 km weiter östlich als Stadt neu angelegt. Die Lage am Albaufstieg einer wichtigen Reichsstraße nach Italien brachte den Grafen bedeutende Zolleinkünfte, doch verkauften sie G. schon 1396 an die Reichsstadt Ulm. Der Name 1424 *Geyßlingen,* 1320/52 *Gyslingen, Geislingen,* 1279 *Giselingen* ist mit dem PN *Gisilo* gebildet; vgl. →-ingen. Er galt urspr. für die Vorgängersiedlung **Altenstadt** (1108 *[Mechthildis de] Giselingen,* 12. Jh. …*de Gislingen,* 1275 *Altengiselingen,* 1295 *ze der Alten Statt,* 1382 *Altenstat das dorff;* Grundwort ist mhd. *stat* ›Ort, Stelle, Wohnstätte‹; →-statt, -stedt, -stätten). – Den amtlichen Zusatz *an der Steige* erhielt G. erst nach 1903 zur Unterscheidung von zwei gleichnamigen Orten am Kocher und im Ries; der Name **Geislinger Steige** wird zwar besonders für den 1847–50 angelegten Ingenieurbau der Eisenbahn im engen Tal der Rohrach (l. zur Eyb zur Fils) gebraucht, er tritt aber bereits 1396 als Flurname auf: *in Gislinger staige,* und die an der Rohrach liegende **Steigmühle** wird schon 1415 als *mulin vnder* (= unter) *der Staig* genannt (dies zu mhd. *steige* ›steile Straße‹).

Geislinger Steige →Geislingen an der Steige.

Geistingen →Hennef (Sieg).

Geithain, Stadt nö. von Altenburg, SAC, entstand an der Straße Altenburg–Rochlitz als deutsches Dorf mit Burg bei einer altsorbischen Siedlung; Stadtrecht um 1335. Der Name um 1490 *Geythain,* 1477 *Geytan,* 1306, 1361 *Gytan* ist mit Anlehnung an das ON-GW *-hain,* mdal. *-hān* (→-hagen) eingedeutscht aus 1301 *Gythen,* 1209 *vetus villa* (das slawische Altdorf) *Giten,* 1186 *villa superior* (= Oberdorf) *Chiten;* er beruht auf asorb. *Chyteń, Chytań,* einer Bildung zum PN *Chyten, Chytan,* die die Zugehörigkeit des Ortes zu seinem Gründer ausdrückt.

Geldern, Stadt an der Niers (r. zur Maas) im Niederrheinischen Tiefland, NRW, entstand um eine wohl im 10. Jh. erbaute Burg, die zum Stammsitz der Grafen von Geldern wurde. (Diese residierten später in Nimwegen, aus der Grafschaft G. wurde die niederl. Provinz *Gelderland.*) Der Name 1167 *Geldren,* 1104/05 *Gellera,* um 997 *in loco qui Gellere dicitur* bezeichnet urspr. das erhöhte Siedlungsland an der sumpfigen Niers, vielleicht war es als **Geldara* der Name für diesen Abschnitt des Flusses. Seine sprachliche Herkunft und Bedeutung sind umstritten.

Gelnhausen, Stadt an der Kinzig, HE, wurde um 1170 an der Stelle eines älteren Dorfes als staufische Reichsstadt (Markt an der Straße Frankfurt–Leipzig) gegründet, gleichzeitig mit der Barbarossapfalz auf der Kinziginsel. 1435 wurde G. an Kurpfalz und Hanau verpfändet, 1803 kam es zu Kurhessen. Der Name *Gelnhusen, -hausen* (seit dem 15. Jh.), 1233 *Gei-*

linhusen, 1158 *Gelenhusen,* 1133 *Geilenhusen* enthält wahrscheinlich den im frühen Mittelalter häufig belegten alten deutschen Frauennamen *Geila, Gela* (Kurzform von *Gertrud.* Schon die frühe Bezeugung des Ortsnamens spricht gegen die Benennung nach einer angeblichen Geliebten Kaiser Friedrich Barbarossas). →-hausen.

Gelsenkịrchen, Stadt an der Emscher (r. zum Niederrhein) im Ruhrgebiet, NRW, entstand 1928 durch Vereinigung der Städte G., Buer und Horst und hieß bis 1930 *G.-Buer* […bu:ɐ̯]. Das alte G. war als Kirchdorf am linken Emscherufer um einen Oberhof des Stiftes Essen entstanden. Der Name 1265 *Gelsting-, Gelstenkerken,* um 1150 *Geilistirinkirkia* (verschrieben für **Gele-stēn-kirka?*) wird als ›Kirche aus gelben Steinen‹ gedeutet. Zum ON *Buer* s. unter →Büren; **Horst** (1223 *Huorste*) bedeutet ›Gestrüpp, Buschwald‹ (→-horst).

Gemünd (zu Schleiden); **Gemünden a. Main** →Münden.

Gent (Belgien) →Gandersheim.

Genthi̱n, Stadt am Elbe-Havel-Kanal, SAN, entstand bei der seit 1144 zum Erzstift Magdeburg gehörenden slawischen Siedlung *Plote* (1144 *Ploten,* jetzt Stadtteil **Altenplathow**) im Schutz einer deutschen Wasserburg der Herren von Plotho. Der 1171 zuerst genannte Marktort G. ist vermutlich von Niederländern gegründet worden, sein Name 1655 *Genthien,* 1368 *Gentyn,* 1171 *Gentien* wird erklärt als Namensübertragung von dem flämischen Ort *Gentinnes* bei Ypern (1354 *Gentines,* 1194 *Genetines,* 1100 *Genitines*).

Georgsmarienhụtte, Stadt s. von Osnabrück, NDS, entstand bei einer Eisenhütte, die 1856 in die Gemarkung der Bauerschaft **Malbergen** (1147 *Malebergen,* zu ahd. *mahal* ›Versammlungsplatz, Gerichtsstätte‹) verlegt worden war und zu Ehren von König Georg V. von Hannover und seiner Gemahlin Königin Marie den Namen *Georgsmarienhütte Bergwerks- und Hüttenverein* erhalten hatte. 1970 vereinigte sich G. mit vier anderen Gemeinden und erhielt Stadtrecht.

Gera, Stadt an der Weißen Elster, TH, 1952–1990 Hauptstadt des Bezirks Gera der DDR, entstand auf altbesiedeltem Boden und wird Ende des 10. Jh.s als Vorort des gleichnamigen Gaues an der Weißen Elster genannt (s. u.). Es war Sitz einer Vogtei des Stifts Quedlinburg, die im 13. Jh. an die Vögte von Weida und 1550 an das Haus Reuß (→Vogtland) überging, dessen jüngere Linie bis 1918 in G. residierte. Als Stadt wurde G. planmäßig nach 1200 bei der Burg der Vögte und in der Nähe einer altsorbischen Siedlung angelegt. Der Name 1201 *Gera* entspricht dem Landschaftsnamen 1171 *Gera,* 1121 *Geraha pagus,* 995 *Gera terminus.* Ihm liegt ein alter Gewässername zugrunde (zu *-a, -aha;* vgl. →[1]-ach), der sich nicht mehr lokalisieren läßt; vgl. den Flußnamen **Gera** (r. zur Unstrut n. von Erfurt), 1133 *Geraha,* 1108 *Gerahe,* und den ON →Groß-Gerau (HE). Möglich ist eine Herleitung dieser Gewässernamen von idg. **gher-* ›gurgeln, knarren, schwatzen‹ oder **gher-* ›reiben; Geröll, Kies‹.

Gera, die, r. zur Unstrut, →Gera.

Geretsri̱e̱d, Stadt (seit 1970) nw. von Bad Tölz, BY, entstand wohl im 11. Jh. als Rodungssiedlung im oberen Isartal. Es entwickelte sich um 1950 durch die Ansiedlung von Heimatvertriebenen, bes. Sudetendeutschen, auf dem Gelände zweier demontierter Munitionsfabriken zum Industriestandort. Der Name 1740 *Geretsried,* 1628 *Geroltsriedt,* 1315 *Gerhartsried,* 1083 *Gerratesriet* bedeutet ›Rodung des Gerrat‹ (zu ahd. *riod,* mhd. *riet* ›Rodung‹ und dem PN *Gerrat;* vgl. →-rod, -reut, -ried).

Gerlingen, Stadt im westlichen Vorortbereich von Stuttgart, BWÜ, entstand als alemannische Siedlung und kam 1308 an Württemberg; Stadterhebung 1958. Der Name 1486 Gerlingen entstand durch Dissimilation *(rr* wird zu *rl)* aus 1304 *Gerringen,* 902 *in Geringon,* 814 *in Gerringa,* 797 *Gerringen,* er enthält den PN *Gerri;* vgl. →-ingen. Nahe bei G. liegt das ehemalige herzogliche Lustschloß →Solitude.

Germering →Germersheim.

Germersheim, Stadt am linken Ufer des Oberrheins, RP, entstand am Platz einer um 426 n. Chr. bezeugten römischen Siedlung *Iulius vicus* an der Mündung der

Queich in den Rhein. Der Ort war bis ins 14. Jh. Reichsbesitz und wurde 1276 von König Rudolf von Habsburg zur Reichsstadt erhoben, kam jedoch im 14. Jh. als Pfandbesitz an die Kurpfalz. Seit 1816 bayerisch, erhielt G. 1834–1855 Festungsanlagen, die um 1920 wieder geschleift wurden. Der Name 1128, 1090 *Germersheim* enthält den alten deutschen PN *Germar,* der auch in den Namen von **Germering** bei München (um 864 *Kermaringon*), **Germersleben** bei Wanzleben (10. Jh. *Germeresleva,* vgl. →-leben) und *Garmisch* (→Garmisch-Partenkirchen) erscheint.

Germersleben →Germersheim.

Gernrode, Stadt am Nordrand des Harzes s. von Quedlinburg, SAN, entstand im 11./12. Jh. bei dem von Markgraf Gero († 965) in seiner Burg G. gegründeten Kanonissenstift, das 961 Reichsabtei geworden war; Marktrecht vor 1207, Stadtrecht 1549. Das Stift wird 961 lateinisch als *urbs Geronisroth* ›Burg G.‹ zuerst genannt und seine Lage *in loco qui Rode dicitur* ›an dem Ort, der Rode heißt‹ angegeben; es ist also eine nach dem Gründer *Gero* benannte Rodungssiedlung. Die heutige Namensform, zuerst 1348 *to Ghernrode,* entspricht den alten deutschen Formen 1136 *Gerenroth,* 999 *in Gerenrodun,* 961 *Geronrod;* →-rod, -reut, -ried.

Gersdorf →Neugersdorf.

Gersfeld, Stadt in der Hohen Rhön, am Oberlauf der Fulda, HE, kam als alter Besitz des Klosters Fulda 1435 an die Herrschaft Ebersberg. 1806 fiel es an Bayern, 1866 an Preußen. Der Name, 1435 und 944 als *Geresfeld,* 1359 aber als *Geroldisfeld* bezeugt, kann einen alten männlichen PN enthalten; doch kann auch ein untergegangener Flußname **Gērisa* zugrunde liegen, eine Weiterbildung des unter →*Gera* behandelten Namens. Vgl. die Namen der Nachbarorte →Hünfeld an der Haune und **Eiterfeld** an der Eitra (845 *Eitrahafeldon marcha*). Der Oberlauf der →Fulda heißt örtlich *das Gersfelder Wasser.*

Gersthofen, Stadt am Lech, im nördlichen Vorortbereich von Augsburg, BY, entstand als Alemannensiedlung an der Via Claudia Augusta im 6./7. Jh. und gehörte seit 969 zum Besitz des Augsburger Domkapitels. Im 20. Jh. Entwicklung zur Industriegemeinde; Stadtrecht 1969. Der Name 1424 *Gersthofen,* 1143 *Gershouen* geht zurück auf 969 *Gerfredeshoua,* er bedeutet also ›bei den Höfen des Gerfred‹; →-hofen.

Geseke, Stadt sw. von Paderborn, NRW, entstand bei einem fränkischen Königshof am Hellweg und erhielt im 10. Jh. ein Kanonissenstift St. Cyriakus; Stadtrecht um 1217. Das Stift bestand bis 1823. Der Name 13. Jh. *Jeseke,* 1077 *in Gesecho,* 952 *Gesiki,* 833 *Geiske* ist nicht sicher erklärt, er kann eine Kollektivbildung zu niederd. *Siech, Siek* aus mnd. *sīk* ›feuchte Niederung, sumpfige Stelle‹ sein, vgl. ahd. *gisig* ›See, Sumpf‹, oder, wenn die Anfangsbetonung ursprünglich ist, eine Bildung zu ahd. *gesan* ›strudeln, schäumen, gären‹. Im Bereich von G. soll es viele Quellen gegeben haben.

Giebichenstein, Burg, →Halle (Saale).

Giengen an der Brenz [ˈgɪŋən], Stadt sö. von Heidenheim, BWÜ, entstand nw. der heutigen Stadt als alemannisches Dorf (im 14./15. Jh. als *alten Giengen, Altangiengen* erwähnt), entwickelte sich aber dann als Burgweiler bei einer Adelsburg des 11. Jh.s und wurde um 1147 Mittelpunkt der staufischen Güter im Brenztal; Stadtrecht um 1250. Seit 1307 zählte G. zu den zwölf alten schwäbischen Reichsstädten, es kam 1803 an Württemberg. Der Name *Giengen* bleibt trotz einiger Schreibvarianten konstant: 16./17. Jh. *Giengen,* 1438 *Gingen,* 1399 *der Stat zu Gyngen,* 1293 *in Giengen,* 1187 *Gingen,* 1078 *de Giengin.* Er wurde auf **Gigingen* und den PN *Gigi* oder *Gigo* zurückgeführt; vgl. →-ingen. Ein ähnlicher Name ist der von **Gingen an der Fils,** nw. von Geislingen an der Steige, 1734 *Gingen,* 1289/98 *Giengen, Gyengen,* 915 *Ginga;* er wird allerdings auf einen PN *Gingo* zurückgeführt, wobei die Form **Gingingen* durch Verschmelzung (Haplologie) zu *Gingen* verkürzt worden wäre.

Gießen, Stadt an der Lahn, HE, entstand im 12. Jh. bei einer Wasserburg der Grafen von Gleiberg und erhielt 1248 Stadtrecht. Seit 1265 ist die Stadt hessisch,

1604 fiel sie an die Landgrafen von Hessen-Darmstadt, die 1607 die Universität gründeten. Der Name *Gießen,* 13. Jh. *zu den Giessen,* 1196 *burc ze din Giezzen,* eigtl. ›an den Bächen‹, bezieht sich auf die Lage der Burg und des Ortes im alten Mündungsfächer der Wieseck (l. zur Lahn), er gehört zu ahd. *giezo,* mhd. *gieze* ›Wasserlauf, Flußarm‹, einer Bildung zu ahd. *giozan,* mhd. *giezen* ›gießen, sich ergießen, strömen‹.

Gifhorn, Stadt an der Aller, NDS, entstand am Übergang der alten ›Salzstraße‹ Lüneburg–Braunschweig über das Allertal, wo sie sich mit der ›Kornstraße‹ Magdeburg–Celle kreuzte, im Schutz einer braunschweigischen Wasserburg des 13. Jh.s; Stadtrecht vor 1370. Der Name 1429 *Ghifhorn,* 1265 *Gifhorn,* 1213 *[tom] Gefhorne* ist urspr. eine Stellenbez., die die Spornlage der Siedlung im Winkel zwischen Aller und Ise kennzeichnet (zu mnd. *horn* in der Bed. ›Spitze, keilförmiges Landstück‹). Das erste Glied *Gef-, Gif-* ist unerklärt.

Gingen an der Fils → Giengen an der Brenz.

Gitter → Salzgitter.

Gladbach, Kr. Düren, → Bergisch Gladbach.

Gladbach, der, l. zur Niers, → Mönchengladbach.

Gladbeck (Ruhrgebiet) → Bergisch Gladbach.

Glan, der, rechter Nebenfluß der Nahe, entspringt am N-Rand des Westrichs, mündet bei Odernheim. 1546 *uf dem Glan,* um 1330 *ubi Lutra intrat Glanum* (= wo die Lauter in den Glan fließt), 1147 *Glan.* Dazu der Ort **Altenglan** (am Mühlbach, einem früheren Glanlauf), 992 *Aldenglane,* 870 *Glena.* Der Name G. geht mit zahlreichen Entsprechungen im alten keltischen Siedlungsgebiet (Irland, Frankreich, Spanien, Süddeutschland) zurück auf kelt. *glan* ›rein, hell‹ (= ir., breton., kymr. *glan* ›rein‹). Die Glan-Bäche sind also wie die deutschen Lauter-Bäche nach ihrem hellen Wasser benannt. Hierher gehören u. a.: die **Glan,** l. zur Salzach in Salzburg, 8. Jh. *Glana,* die **Glan,** r. zur Gurk bei Klagenfurt, 1065 *Glana,* die **Glonn,** l. zur Mangfall bei Bad Aibling, 1073 *Glone,* 774 *Clana,* die **Glonn,** l. zur Amper w. von Freising, 784 *Clana.* Dagegen können norddt. Beispiele wie die **Glane,** r. zur Ems bei Telgte, 1088 *Glano,* oder der **Glanebach,** l. zur Hunte bei Wildeshausen, um 1000 *Glana,* auch germanischer Herkunft sein, vgl. norweg. *glane* ›hell‹, das mit dem keltischen Wort verwandt ist.

Glan, die, r. zur Gurk; **Glan,** die, l. zur Salzach; **Glane,** die, r. zur Ems; **Glanebach,** der, l. zur Hunte, → Glan, der.

Glatt, die, l. zum Rhein im Kanton Zürich, → Bergisch Gladbach.

Glatzer Neiße (ehem. Schlesien) die, l. zur Oder, → Lausitzer Neiße.

Glauchau, Stadt an der Zwickauer Mulde, SAC, wurde im 13. Jh. auf dem Hochufer über slawischen Fischersiedlungen bei der gleichnamigen, seit 1170 bezeugten Burg der Reichsministerialen von Schönburg als Stadt planmäßig angelegt; Stadtrecht vor 1479. Die Herrschaft Schönburg ging 1740 (endgültig 1878) in Sachsen auf. Der Name 1474 *Glauchaw,* 1377 *Gluchaw,* 1256 *castrum* (die Burg) *in Gluchowe* 1240 *(Heinricus de) Gluchowe* war urspr. wohl ein Waldname: asorb. *Gluchov* zu *gluch* ›stiller Ort, dichter Wald‹.

Glewe → Neustadt-Glewe.

Glücksburg (Ostsee), Stadt nö. von Flensburg, SH. Herzog Johann der Jüngere von Sonderburg erbaute 1582 am Platz eines abgerissenen alten Zisterzienserklosters ein Wasserschloß, das 1622 Residenz der Herzöge von Schleswig-Holstein-Sonderburg-Glücksburg wurde. Der Name 1597 *Lucksborg,* 1663 *Glucksburg* (zu mnd. *gelükke, lükke* ›Glück, günstiges Geschick‹) geht wohl auf den Wahlspruch des Erbauers ›Gott gebe Glück mit Frieden!‹ zurück, er bedeutet also ›glückbringende Burg‹; vgl. → Glückstadt. Der bei dem Schloß gelegene Ort G. ist seit 1872 Otseebad und erhielt 1900 Stadtrecht.

Glückstadt, Stadt an der Unterelbe, SH, wurde 1616 von König Christian IV. von Dänemark als Hafenstadt und Festung an der Mündung des Rhin in die Elbe gegründet. Der Name 1672 *(unserer Veste) Glückstadt,* 1617 *[eine Stadt,] die*

Glückstadt genannt werden soll war als gutes Omen bes. für den Wettbewerb mit Hamburg gedacht. – Zum Flußnamen Rhin vgl. die Artikel → Rhein und → Rheinsberg/Mark.

Gmund a. Tegernsee; Gmunden (Oberösterreich) → Münden.

Goch, Stadt im Niederrheinischen Tiefland, NRW, entstand wohl schon in fränkischer Zeit am Niersübergang der Straße Köln–Nimwegen, erhielt um 1229 Stadtrecht und kam 1473 an Kleve. Der Name 15. Jh. *Goche, Goych,* 11. Jh. *Gohhe* wird als **Gōki,* d. h. als lat. Genitiv eines fränkischen PN **Gōk* (= asächs. *gōk,* ahd. *gouh* ›Kuckuck‹) gedeutet, vgl. ON wie **Gochsheim** bei Schweinfurt, 796 *Gohhesheim.*

Gochsheim → Goch.

Godesberg, Bad, Stadtteil von Bonn (seit 1969), entstand auf schon vorrömisch besiedeltem Boden um mehrere kirchl. Fronhöfe am Fuße des dem germ. Gott Wodan, später dem hl. Michael geweihten **Godesberges,** der 1210 durch eine Burg des Erzbischofs von Köln befestigt wurde. Seit 1790 Mineralquellen, daher 1926 amtl. *Bad Godesberg.* Stadtrecht 1935. Der Name 1372 *Gudesberch,* 1143 *Guodenesberg,* 947 *Wodenesberg,* um 800 *in Guodanes monte* enthält den Gottesnamen *Wodan* und entspricht dem der Stadt **Gudensberg** bei Fritzlar, HE, 1150 *Guodenesberg,* 1189 *Wodenesberch.* Vgl. auch **Gutenswegen** bei Magdeburg, 10. Jh. *Vodenesvege,* 937 *Watanesweg* (zu ahd. *wec* ›Straße‹).

Goldene Aue, die, von der Helme durchflossene Agrarlandschaft am Südrand des Harzes, TH und SAN. Bis ins 12. Jh. war die Helmeniederung unterhalb von Heringen stark versumpft. Sie wurde in der Stauferzeit unter Konrad III. und Friedrich I. von flämischen Siedlern urbar gemacht und durch Marschhufendörfer erschlossen. Typische ON wie *Katharinenrieth, Martinsrieth* sind mit ahd. *riot,* mhd. *riet* ›Rodung‹ gebildet. Der Landschaftsname G. A. kommt seit dem 15. Jh. vor, zuerst belegt in 1445 *Guldinowe,* jetzt die [Güldene-]Au-Mühle s. von Gersbach, Kr. Nordhausen. Das Adj. *golden* steht hier bildlich für ›fruchtbar, ertragreich‹, vgl. den **Goldenen Grund** (15. Jh.) bei Limburg an der Lahn.

Goldener Grund → Goldene Aue.

Goldene Steige, die, → Freyung.

Göppingen, Stadt an der Fils im Vorland der Schwäbischen Alb, BWÜ, entstand als alemannische Siedlung, erhielt um 1150 von den Staufern Stadtrecht und wurde 1319 württembergisch. Nach dem großen Stadtbrand von 1782 wurde G. durch Herzog Karl Eugen in klassizistischem Stil völlig neu aufgebaut. Die Namensschreibung 1435 und 1324 *Göppingen* steht bis in die Neuzeit in Konkurrenz mit der ursprünglichen Form 1766 *Statt Geppingen,* 1271 *de Geppingen,* 1154 *apud* (= bei) *Geppingin.* Das *-ö-* ist hyperkorrekt, dem Namen liegt der altdeutsche PN *Geppo* zugrunde; vgl. → -ingen. Ein Stadtteil von G. ist der frühere Burgflecken → Hohenstaufen.

Görlitz (sorb. Zhorjelc), Stadt an der Lausitzer Neiße, in der Oberlausitz, SAC, entstand am Neißeübergang der Hohen Straße Leipzig–Breslau, wo diese sich mit der alten Straße Stettin–Frankfurt/Oder–Prag kreuzte. Bei einem 1071 genannten altsorbischen Dorf und einer zuerst für 1126/31 bezeugten böhmischen Burg wurde die Stadt G. um 1215 gegründet und um 1250 durch eine Neustadt erweitert; 1303 Bestätigung des Magdeburger Stadtrechts. Im 14. Jh. war G. führend im Lausitzer Sechsstädtebund und erwarb ein großes Landgebiet. 1635/48 fiel die Stadt an Kursachsen, 1815 an die preußische Provinz Schlesien. 1945 kamen die Stadtteile rechts der Neiße zu Polen (poln. *Zgorzelec*). – Der Name G., 1474 *Görlicz,* im 13. Jh. *Gorlez, Gorlicz* neben *Zgorliz,* 1071 *villa Goreliz* ist eine Bildung zu westslaw. *zgorěti* ›durch Brand roden‹ (Wortstamm **gor-* ›brennen‹).

Gose, die, l. zur Oker, → Goslar.

Goslar, Stadt am Nordrand des Harzes, NDS, entstand wohl in karolingischer Zeit als Kaufmannssiedlung (Wik) am Beginn der Harzstraße und wurde 1005/15 unter Heinrich II. an Stelle von Werla Standort einer Kaiserpfalz (Silberbergbau vor 968 begonnen). Im 13. Jh. wurde G. Mitglied der Hanse, 1340 freie Reichsstadt. Der Name um 1150 *Goslere,* 1031

Goslari, 1019 *Gosilare* bezeichnet die Lage an dem Harzfluß **Gose** (l. zur Oker); →-lar. Der Flußname, 1185 *Gosa,* wird zu idg. **gheus-, *ghus-* ›sprudeln‹ gestellt, das auch in engl. *to gush* ›hervorströmen‹ und isl. *gusa* ›sprudeln‹, *geysir* ›Springquelle‹ zugrunde liegt. Die Gose hat ein starkes Gefälle.

Gotha, Stadt im Thüringer Becken, TH, entstand auf altbesiedeltem Boden als Dorf bei einem fränkischen Königshof und kam um 1100 in den Besitz der Thüringer Landgrafen, die Ende des 12. Jh.s die Altstadt G. an der Fernstraße Frankfurt–Leipzig anlegten und sie bald durch eine Neustadt erweiterten. Seit dem 13. Jh. war G. eine der wettinischen Residenzen, zuletzt 1826–1918 für das Herzogtum Sachsen-Coburg und Gotha (→Thüringen). Der Name 13. Jh. *Gotha, Gota,* 1109 *de Gotaa, Gotaha,* um 800 *in villa* (= im Dorf) *Gothaho,* 775 *Gothaha* wird als Gewässername oder Stellenbezeichnung (→ [1]-ach) zu asächs. *gota* ›Wasserrinne, Graben‹ gestellt; vgl. den Artikel →Göttingen.

Göttingen, Stadt an der Leine, NDS, entstand im 12. Jh. am rechten Ufer als planmäßig um ein Straßenkreuz angelegter welfischer Marktort, w. des 953 zuerst genannten Dorfes *Gutingi;* Stadtrecht vor 1230, ab 1353 Hansestadt. Eine vom Herzog um 1293 gegründete Neustadt wurde 1319 mit der Altstadt vereinigt. Seit 1235 gehörte G. zum Herzogtum Braunschweig-Lüneburg (1286–1463 Fürstentum Göttingen) und kam 1635 an Calenberg (→Hannover). 1737 wurde die hannoversche Landesuniversität G. eröffnet. – Der Dorfname *Gutingi* ist auf die Stadt übertragen worden: 1229 *Gotinge,* 1254 *Gottingen,* 1447 *Göttingen.* Er gehört kaum zu germ. *guða-,* asächs. *god* ›Gott‹ oder zu einem davon abgeleiteten PN, kann aber eine alte Stellenbez. sein, die als *-ingi-*Ableitung von asächs. *gota* ›Wasserrinne‹ (aus **guta,* zu *giotan* ›gießen‹) gebildet ist. Der Dorfname hätte dann urspr. ›die Leute an der Wasserrinne‹ bedeutet.

Grafenau, Stadt im Bayerischen Wald, n. von Passau, BY. Der erst im 13. Jh. genannte Ort entstand an der Kleinen Ohe (l. zur Ilz zur Donau) und war eine wichtige Station für den Salzhandel nach Böhmen; Stadtrecht 1376. Der Name 1613 *Grafenau,* 1396 *bey der Grafenaw,* 1376 *Marckht genandt Grauenau* bezeich-

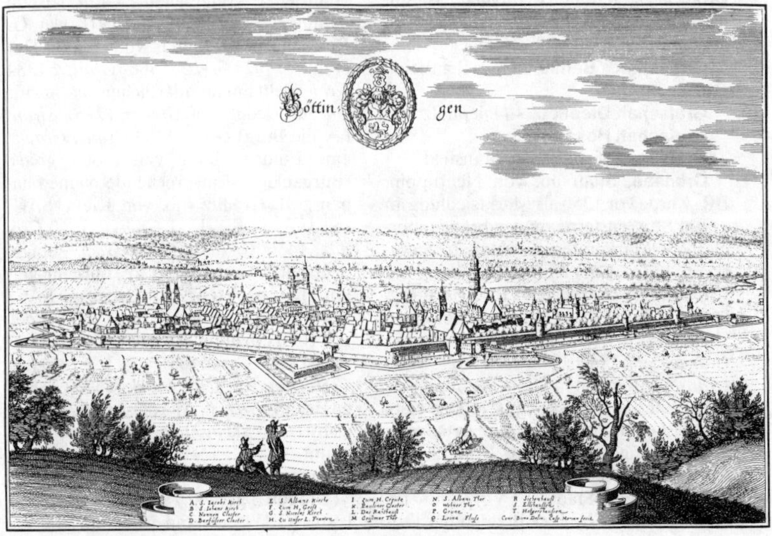

net den Ort als ›die Au der Grafen‹ (zu mhd. *ouwe,* ahd. *ouwa* ›Land am oder im Wasser‹. Der Ort war nacheinander im Besitz mehrerer Grafengeschlechter und gehörte seit 1255 den Wittelsbachern.

Gräfenhainichen, Stadt in der Dübener Heide, SAN, entstand wahrscheinlich im 13. Jh. als Rodungssiedlung um eine Burg der Grafen von Anhalt (→-hagen) und kam nach 1350 als Stadt an die Markgrafen von Meißen, in deren Kanzlei zuerst der unterscheidende Zusatz *Gräfen-* oder *Albrechts-* erscheint (nach Graf Albrecht II. von Anhalt, † 1362). Jung ist auch die Verkleinerung des Namens mit der ostmd. Endung *-ichen.* Entwicklung der Formen: 1285 *de Indagine* (mlat. *indago* = mhd. *hagen*), 1325 *mit deme Hayn,* 1369 *Albrechtishayn,* 1381 *Gravinalbrechtishayn,* 1400 *den Hayn, den man nennet des Grefin Heynchin,* 1410 *Grevenhenychin,* 1531 *Henichen* (so noch in der Mundart: *Hänichin*).

Grafing b. München, Stadt ö. von München, BY, entstand bei einem Herrenhof der Grafen von Kling, der Anfang des 13. Jh.s an die Wittelsbacher kam; seit 1270 Markt genannt, Stadtrecht 1953. Der Name um 1400 *Grafing,* um 1205 *Graevingen,* um 1110 *Gravingin* ist mit dem Zugehörigkeitssuffix →-ingen zu ahd. *grafo, gravo* ›Graf‹ gebildet.

Grafschaft Bentheim →Bentheim, Bad.

Grafschaft Diepholz, →Diepholz.

Grafschaft Hoya →Hoya.

Grafschaft Mansfeld →Mansfeld.

Gransee, Stadt nö. von Neuruppin, BR, wurde vor 1250 als Marktsiedlung an einem Straßenstern von den brandenburgischen Markgrafen gegründet; Stadtrecht 1262. Der Name 1499/1500 *zu Cransehe* ist im zweiten Glied nachträglich an den des gleichnamigen Sees angeglichen worden. Die älteren Formen 1373 *Gransoge,* 1285/1290 *Granzoye,* 1262 *Gransoyge* enthalten das GW mnd. *oie* ›Aue, Land am Wasser, Insel‹. Das erste Glied ist nicht sicher erklärt, man hat aber an den rügenslawischen PN 12. Jh. *Granza* gedacht (›Insel des *Granza*‹?).

Greifswald, Stadt in Vorpommern, nahe dem Greifswalder Bodden der Ostsee, MV, entstand bei einer 1197 bezeugten Salzquelle als deutsche Kaufleute- und Handwerkersiedlung, zu der nach 1200 eine planmäßige Stadtanlage durch das benachbarte Zisterzienserkloster Eldena kam. 1249 ging G. an die Herzöge von Pommern über; Stadtrecht 1250. Seit 1281 war G. Hansestadt, 1456 wurde die Universität gegründet. 1648 fiel die Stadt an Schweden, 1815 an Preußen. Der Name nhd. *Greifswald* erscheint zuerst in niederdeutscher Lautform: 1264 *Grypswold,* 1255 *Gripeswalt,* 1250 *in Grifeswolde,* 1248 *Gripheswald.* Er enthält im ersten Glied den Namen des Fabeltiers mnd. *grīp, grīpe* ›Greif‹, des Wappentiers der pommerschen Herzöge, deren Familie auch selbst *die Greifen* genannt wurde. Das zweite Glied *-wald,* mnd. *-wold* weist auf die waldreiche Umgebung in der Gründungszeit hin.

Greiz, Stadt an der Weißen Elster, im nördlichen Vogtland, TH, entstand in einem Talkessel, wo auf steilem Berg *(Schloßberg)* eine slawische Fluchtburg mit Burgweiler lag. Die deutsche Siedlung (wohl des 12. Jh.s) wurde um 1300 Stadt, sie gehörte seit 1240 der Plauenschen Linie der Vögte von Weida, die sich seit Heinrich I. von Plauen († 1292) Reuß nannte (→Vogtland). Bis 1918 war G. Residenz der Fürsten von Reuß. Der Name 1802 *Greiz,* 1566 *Graitz,* 1384 *Graicz* geht mit mundartlichem *-ei-, -ai-* für *-eu-* zurück auf 1350 *Greucz,* 1225 *castrum* (= die Burg) *Groiz,* 1209 *Graitz, Groytz,* eine Eindeutschung von asorb. *grod'c* ›Burganlage‹. Entsprechende Namen haben z. B. **Gröditz** (nö. von Riesa, SAC; seit 1967 Stadt), 1551 *Grödyß,* 1540 *Grodiß,* 1436 *Groditz,* 1383 *Grodis,* eingedeutscht aus asorb. *grodišče* ›Burganlage‹, und **Groitzsch** (sw. von Leipzig, SAC; wettinische Stadtanlage um 1200 bei der um 1080 erbauten Burg des Grafen Wiprecht von Groitzsch); 1411 *Groiczsch,* 1350 *Greutsch,* 1170 *Groisc,* 1073 *Groisca* aus asorb. *grod'sk.* Alle diese Orte wurden also nach slawischen Wallburgen genannt.

Gremsmühlen →Malente.

Greven ['gre:vn̩], Stadt im Münsterland, NRW, entstand wohl um 800 als fränkische Gründung an einem alten Emsübergang mit Schiffslände, wurde im 13. Jh. Markt und 1949 Stadt. Der Name 1116 *Greven,* um 1150 *Graven,* 890 *Greuaon* wird zu mnd. *grave,* and. *gravo* ›Graben‹ gestellt und bezieht sich vielleicht auf eine fränkische Befestigung auf der Flußterrasse.

Grevenbroich [gre:vn̩'bro:x], Stadt an der unteren Erft, NRW, entstand als niederfränkisches Dorf in der Flußschlinge an einem schon von den Römern benutzten Erftübergang und wird wohl zuerst 962 als *Brouche* erwähnt. Der Name 1394 *Broiche,* 13. Jh. *castrum... de Bruche* entspricht niederd. *brōk,* ahd. *bruoh* ›Sumpf, Morast‹ (vgl. →Bruchsal); der Zusatz *Greven-* (Genitiv von mnd., mniederl. *grēve* ›Graf‹) bezieht sich auf die Zugehörigkeit (seit 1307) zu Jülich: 1404 *de Grevensbroycke,* 1411 *zu des Grevenbroiche.* Vgl. dazu **Grevenmacher** a. d. Mosel (Luxemburg), 1052 *Machera* (zu lat. *maceria* ›Mauer, Fischwehr‹), 1376 *Greuenmachern,* nach den Grafen von Luxemburg.

Grevenmacher a. d. Mosel →Grevenbroich.

Grevesmu̲hlen [gre:vəs...], Stadt in Mecklenburg, w. von Wismar, MV, entstand im 12. Jh. an der Küstenstraße als slawisches Dorf, das nach 1200 auch von Deutschen besiedelt wurde; Stadtrecht vor 1261. Der Name 1362 *Greuesmolen* ist durch Anlehnung an mnd. *grēve* ›Graf‹ umgedeutet worden aus 1260 *Gnevesmolen,* 1230 *in Gnevesmulne,* er enthielt urspr. den altpolabischen PN *Gnev-,* den wohl ein früherer slawischer Ansiedler führte. Das zweite Glied entspricht mnd. *möle,* mniederl. *mole[ne],* asächs. *muli* ›Mühle‹.

Griesbach im Rottal →Griesheim.

Griesheim, Stadt im Hessischen Ried, w. von Darmstadt, entstand als Pfarrdorf und wuchs nach 1945 durch die Ansiedlung von Heimatvertriebenen zur Wohn- und Industriegemeinde heran; Stadtrecht 1965. Der Name 1368 *Grießheim,* 1173 *Grizheim* ist mit ahd. *grioȥ, crīȥ* ›Sand, Kies‹ gebildet und kennzeichnet die Lage des Ortes in den sandigen Randflächen des oberrheinischen Tieflands (ehemaliger Truppenübungsplatz *Griesheimer Sand*). Den gleichen Namen hat der Frankfurter Stadtteil **Griesheim** am rechten Mainufer. In Siedlungsnamen aus Gewässernamen erscheint ahd. *grioȥ* mehrfach, z. B. bei der Stadt **Griesbach im Rottal,** sw. von Passau, BY, 1112 *Grizpach.* Vgl. auch die Artikel →Beilngries und →Lenggries.

Griesheim (zu Frankfurt) →Griesheim.

Grimma, Stadt an der oberen Mulde, SAC, entstand im Schutz einer markgräflichen Burg bei einer slawischen Fischersiedlung, als um 1150 die Straße Leipzig–Meißen an den hiesigen Muldeübergang verlegt worden war. Gegen 1200 wurde G. als Stadt auf dem hochwassergefährdeten Talboden angelegt und vor 1240 ummauert. Der Name 1231, 1283 *Grimma,* 1243 *Grymm,* 1160 *Grimme, Grymme* ist als Stellenbez. zu asorb. **grim-* ›tiefgelegenes, von Wasser und nassen Wiesen umgebenes Gelände‹ gebildet. Zur lat.-kanzleisprachlichen Endung *-a* vgl. →Apolda. – Gleicher Herkunft ist der Name der Stadt **Grimmen,** w. von Greifswald, MV, die um 1250 durch die Fürsten von Rügen an einer Straßenfurt der Trebel (l. zur Peene) angelegt wurde und 1267 als Stadt lübischen Rechts genannt wird: 1325 *Grimmen,* 1279 *Grimmenn* (mit Angleichung an die deutsche ON-Endung *-en*) geht zurück auf die slawische Form 1272 *Grymme,* 1267 *Grimme.*

Grimmen →Grimma.

Gröditz; Groitzsch →Greiz.

Grömitz, Ostseebad an der Lübecker Bucht, SH, wird um 1286 als Kirchdorf erwähnt und erhielt vor 1440 Stadtrecht, das aber bald wieder verloren ging. 1839 begann die Entwicklung von G. zum Seebad mit der Errichtung einer Badeanstalt. Der Name des Ortes geht auf einen slawischen Gewässernamen zurück: 1307 *iuxta* (= bei) *Grobenitz,* 1238 *ad rivum qui Grobenize dicitur* (= an dem Bach, der *Grobenize* genannt wird), 1237 *Grobenezze.* Dieser Bachname ist eine altpolabische Bildung zu slaw. **grob* ›Graben‹.

Gronau (Westf.), Stadt im nw. Münsterland, NRW, entstand aus einem münsterischen Burglehen (1365 *Hus to Boc-*

holte; vgl. →Bocholt), das im 15. Jh. als Burg *thor Gronouwe* zum Witwensitz der Grafen von Bentheim-Steinfurt wurde. Ein 1487 genannter Burgflecken (Wigbold) entwickelte sich im 17./18. Jh. zum Textilgewerbeort, der 1815 an Preußen kam; Stadtrecht 1898. Der Name 1487 *Gronau,* 1371 *Gronowe* ›grüne Au‹ bezeichnete die Burg nach ihrer Lage in der Wiesenniederung. Das gleichnamige **Gronau (Leine),** NDS, 1298 *Gronowe,* wurde Ende des 13. Jh.s als hildesheimische Festung auf einer Insel in der Leine gegründet.

Gronau (Leine) →Gronau (Westf.).

Großborstel (zu Hamburg) →Fallingbostel.

Große Arber, der, höchster Berg der ostbayerischen Gebirge, im Hinteren Bayerischen Wald (1457 m). Die heutige Form des Bergnamens ist durch hyperkorrekte Umsetzung der unverstandenen Mundartform *Äwe* entstanden. Diese geht zurück auf älteres *Atweich,* 16. Jh. *Ötwöch, Hädweg* und letzten Endes auf ahd. 1040 *Haduit,* 1029 *Hadauit,* 1009 *Hadawich.* Der Name läßt sich als **Haduwih* ›Kampfheiligtum‹ deuten, eine Zusammensetzung aus ahd. *hadu-* ›Kampf‹ und dem in asächs. *wīh* ›Tempel‹ und asächs., ahd. *wīh* ›heilig‹ bezeugten germanischen Wortstamm. Daß der Berg eine solche heilige Stätte trug, ist jedenfalls nicht auszuschließen.

Große Aue, die, →Aue, die.

Große Belchen, der, →Belchen, der.

Große Enz, die, →Enz, die.

Große Feldberg, der, →Feldberg, der.

Groß-Eislingen →Eislingen/Fils.

Großenhain, Stadt an der Großen Röder, n. von Meißen, SAC, entstand als deutsche Kaufmannssiedlung bei einem slawischen Dorf und wurde um 1200 von den Markgrafen von Meißen im Schutz einer Burg planmäßig zur Stadt ausgebaut; Stadtrecht vor 1254. Der deutsche Name 1224 *Hagen, Hayn* (zu mhd. *hagen* ›Hecke, Verhau‹) ist aus dem sorbischen Namen übersetzt worden: 1205 Ozzec, 1207 *Ozcek* entspricht asorb. *osěk* ›Verhau, Hag‹. 1239 heißt es: *Ozeck quae nunc in Hain vocitatur* (= das jetzt Hain genannt wird). 1255 wurde der Ort *Marcgrevinhain* genannt, die heutige Form erscheint erst 1663 als *Großen Hain.* Vgl. den Artikel →Oschatz.

Große Soon, der, →Soonwald.

Große Vils, die, r. zur Vils, →Vils, die.

Groß-Gẹrau, Stadt im Hessischen Ried zwischen Rhein und Main; entstand in der Nähe eines ehemaligen Römerkastells und kam 1479 mit der Obergrafschaft Katzenelnbogen an Hessen; Stadtrecht seit 1398. Der Name 1368 *Gerau,* 1341 *Groizen Gera,* 1319 *major et minor villa Gera* (das benachbarte Dorf **Klein-Gerau**), 1002, 910 *Geraha marca* ist ein alter Gewässername: 1258 *in aquam... Geraha* (heute der *Mühlbach* oder die *Gerauerlach,* Zuflüsse des Rheins). Vgl. den ON **Neckargẹrach,** BWÜ (976 *Geraha*), und den Artikel →*Gera,* TH, mit dem dort behandelten Flußnamen →Gera (r. zur Unstrut).

Groß-Glattbach (zu Vaihingen a. d. Enz) →Bergisch Gladbach.

Großjena →Jena.

Großkühnau →Dessau.

Großọstheim, Markt sw. von Aschaffenburg, BY, entstand auf altbesiedeltem Boden wohl als fränkische Gründung bei einer 827 genannten Pfarrkirche und war seit dem 13. Jh. Vorort des mainzischen Bachgaues. Der Name 780/799 *Ostheim* (zu ahd. *ōst* ›im Osten‹) galt in dieser Form bis ins 18. Jh., den Zusatz (1774 *Groß Ostheim*) erhielt der Ort zur Unterscheidung von dem ebenfalls im Landkreis Aschaffenburg liegenden Pfarrdorf *Kleinọstheim;* vgl. →-heim.

Groß Räschen, Stadt n. von Senftenberg, BR, entstand als urspr. sorbisches Dorf in einem Waldgebiet der Niederlausitz, das heute weitgehend dem Braunkohlenbergbau gewichen ist. Der Ort wuchs im 20. Jh. zur Arbeiterwohnstadt an und erhielt 1965 Stadtrecht; 1925 wurde Klein Räschen eingemeindet. Der spät bezeugte Name 1529 *Groß Reschen,* 1442 *Grossen und Cleynen Reischen* geht zurück auf 1370 *Magnum et Parvum Redschin,* das als asorb. **Radišin* ›Wohnort des **Radiš, *Radeš*‹ zu deuten ist.

Großrö̤hrsdorf, Stadt an der oberen Großen Röder (l. zur Schwarzen Elster) w. von Bischofswerda, SAC, entstand um

1200 als großes Waldhufendorf der Herrschaft Pulsnitz, wurde um 1400 markgräflich und entwickelte sich seit 1680 zum Bandweberdorf; Stadtrecht 1924. Der Name 1584 *Grosrörsdorff,* 1517 *Grosruerßdorff* ist verkürzt aus 1445 *Großen Rudigerstorff,* 1350 *Grozen Rudigersdorf,* er enthält den alten deutschen PN *Rudiger, Rüdiger;* →-dorf. Der Zusatz *groß[en]* unterscheidet den Ort vom Nachbarort **Kleinröhrsdorf** und dem weiter südlich liegenden **Dürrröhrsdorf** (dies zu mhd. *dürre, durre* ›dürr, trocken, mager‹.

Großsachsenheim → Sachsenheim.

Großtissen → Illertissen.

-grün, GW von Siedlungsnamen im spätmittelalterlichen Rodungsgebiet, bes. im Fichtelgebirge, im Vogtland, in NW-Böhmen und Thüringen. Grundlage des Wortes ist ahd. *gruoni,* mhd. *grüene* (Feminin) in der Bed. ›dem Wald abgerungene, sich begrünende Fläche‹. Als Beispiele seien genannt: *Bischofsgrün* im Fichtelgebirge, *Leupoldsgrün* bei Hof und *Heinrichsgrün,* tschech. *Jindrichovice* im Egerland. Vgl. den Artikel →-rod, -reut, -ried.

Grünstadt, Stadt sw. von Worms, RP, entstand in fränkischer Zeit bei einem königlichen Hofgut und einem Hof des Klosters Weißenburg und kam im 16. Jh. an die Grafen von Leiningen, die es 1556 zum Marktflecken erhoben und nach 1690 zur Residenz machten. Der Name 1551 *Grünstadt,* 1362 *Grinstad,* 1351 *Grindestat,* 1214, 1209, 991 *Grindestat* geht zurück auf 800 *Grimdeostat,* er enthält den alten deutschen PN *Grimdeo* (assimiliert *Grindeo*) und wurde erst im 16. Jh. über *Grinstad* zu nhd. *Grünstadt* verändert; vgl. →-statt, -stedt, -stätten.

Grünwald, Stadtrandsiedlung auf dem Hochufer der Isar s. von München, BY, entstand wohl in der Landnahmezeit und ist im 11. und 12. Jh. unter dem Namen *Derbolfinga, Derbolfingen* bezeugt (zu einem PN **Derbolf,* vgl. →-ingen). Der heutige Name, 1313 *Grůnwald,* bezeichnete urspr. die mittelalterliche Burg des Ortes nach ihrer Lage im Wald: 1288 *von dem Grvͦnemwalde.*

Guben (sorb. Gubin), Stadt an der Lausitzer Neiße, BR, entstand um 1200 am rechten Neißeufer bei einer altslawischen Siedlung und entwickelte sich als Brükkenort an der Kreuzung wichtiger Fernhandelsstraßen; Stadtrecht 1235 durch die Markgrafen von Meißen. G. gehörte zur Niederlausitz und kam 1635 zu Kursachsen, 1815 zu Preußen. Die Altstadt r. der Neiße fiel 1945 an Polen (poln. *Gubin*). Die Stadtteile am linken Ufer, urspr. eine Klostervorstadt (Benediktinerinnenkloster um 1200 bis 1563), entwickelten sich nach 1945 zur selbständigen Industriestadt (Chemiefaserwerk 1964). – Der Name 1528 *Gubben,* 1421 *Guben,* 1336 *Gubin,* 1306 *Ghobbyn,* 1207 *Gubin* gehört zu asorb. *guba* ›Mündung‹ und bezieht sich auf die Lage der alten slawischen Siedlung an der Mündung der Lubst (poln. Lubsza) in die Neiße.

Gudensberg → Godesberg, Bad.

Gummersbach, Stadt im Bergischen Land, NRW, entstand in karolingischer Zeit um eine Pfarrkirche des Kölner Severinstifts und kam im 12. Jh. an die Grafen von Berg, 1287 an die von der Mark. Der Name 1647 *Gummersbach* steht für 1363 *Gummeresbracht,* 1109 *Gumeresbraht,* d. i. ›Bracht des *Gummār* od. *Gundmār*‹. Mhd. *bracht,* ahd. *brahti* (zu *gibrachjan* ›einkerben, markieren‹) bezeichnete ein durch Grenzzeichen abgestecktes Waldstück, das einer Person zur Rodung und Nutzung übereignet wurde. Entsprechende bergische ON sind z. B. **Nümbrecht** (1131 *Nuenbret* ›neue Bracht‹) und → Velbert.

Gundringen (Lothringen); **Guntalingen** (Kanton Schaffhausen) →-ingen.

Günz, die, rechter Nebenfluß der Donau in Bayern, mündet bei Günzburg, entsteht bei Erkheim, nnö. von Memmingen durch die Vereinigung ihrer Quellflüsse, der **Westlichen** und der **Östlichen Günz,** die ihrerseits bei Obergünzburg, nnö. von Kempten (Allgäu) entspringen. 1574 *Günz,* 1469 *Göntz,* 1401 *Güncze,* 1273 *Gvͤnze, Guinze* gehen zurück auf lat. *Gontia* (vgl. den Artikel → Günzburg). Der Name wird als Bildung mit dem Suffix *-ntia* zur Wurzel idg. **gheu-* ›gießen‹ gestellt. Der Fluß wurde namengebend für die Günzeiszeit.

Günzburg, Stadt an der Mündung der Günz in die Donau, BY. Bei einem römischen Reiterkastell des 1. Jh.s n. Chr., das den Donauübergang sicherte, hatte sich eine Zivilsiedlung entwickelt, die auch das Ende der Römerherrschaft um 400 überstand. Ihr Nachfolger ist das wohl aus karolingischem Königsgut erwachsene, zuerst 1065 genannte heutige G. Es kam Ende des 13. Jh.s zur Markgrafschaft Burgau und erhielt 1328 Stadtrecht. Im 14. Jh. wurde es Hauptstadt der inzwischen habsburgischen Markgrafschaft und kam mit ihr 1805/06 an Bayern. Der Name 1424 *Güntzburg,* 1154 *Gunzeburch,* 1065 *Gunceburg* geht zurück auf spätrömische Formen wie 5. Jh. *Guntiae* (lat. Lokativ), 297 *...usque ad Danuvii transitum Contiensem* (= bis zum Donauübergang von **Contia*). Eine römische Inschrift des 2./3. Jh.s *...Gontiae sacr(um)* (= der Gontia geweiht) bezieht sich wohl auf die Flußgöttin der Günz. Der Flußname wurde auf die Siedlung übertragen, und ähnlich wie bei →Aschaffenburg wurde das GW ahd. *-burch, -burg* hinzugefügt, um den befestigten Siedlungskern zu kennzeichnen. – Den gleichen Namen wie G. hat der Markt **Obergünzburg** w. von Kaufbeuren, der bei den Quellen der Günz und an der alten Römerstraße von Kempten nach Augsburg liegt. Er ist urkundlich zuerst um 1130 im Namen des kemptischen Dienstmannengeschlechts *de Gunziburch* bezeugt und wird 1454 *Güntzburg* und 1791 *Günzburg* genannt; der unterscheidende Zusatz *Ober-* erscheint erst 1462: *...in Ober Guntzburger pfarr;* er ist aber bis heute nicht ortsüblich geworden.

Gunzenhausen, Stadt an der Altmühl in Mittelfranken, BY, entstand am Flußübergang einer alten Straße von Würzburg nach Eichstätt und kam 823 an das Kloster Ellwangen, 1368 an die Burggrafen von Nürnberg; Stadtrecht im 13. Jh. Der Name 1304 *Gunzenhausen,* 1183/1145 *Guncenhusen,* 823 *Gunzinhusir* enthält den PN *Gunzo;* →-hausen.

Güstrow [...tro], Stadt in Mecklenburg, s. von Rostock, MV, wurde 1226/28 im Anschluß an ein slawisches Dorf von Fürst Heinrich von Rostock als Burg und Stadt gegründet und war im 13.–17. Jh. Residenz verschiedener Linien der mecklenburgischen Herzöge. Der Name um 1500 *Güstrow,* 1305 *Guzstrow,* 1226 *Gustrowe* bezeichnete zuerst das slawische Dorf, er wird zu apolab. *guscer* ›Eidechse‹ gestellt und als ›Ort, wo es Eidechsen gibt‹ erklärt.

Gutenfels, Burg, →Kaub.

Gutenswegen →Godesberg, Bad.

Gütersloh, Stadt sö. von Bielefeld, NRW, entstand um einen bischöfl. Meierhof mit Kirche und wurde später zwischen dem Bistum Osnabrück und der Grafsch. Tecklenburg geteilt. Der Name 1184 *Gutherslo* bedeutet ›Wald des *Guther* (= *Gunther?*). Das GW ahd. *lōh* ›Hain‹, mnd. *lō* ›Gehölz, Wald‹ entspricht *aengl. leah* ›Wald, aufgeteilter Grund, Wiese‹ (in ON wie *Leigh, Eastleigh*), mnl. *lō* (im ON *Waterloo*) und ist urverwandt mit lat. *lucus* ›lichter Wald, Hain‹. Vgl. →Oldesloe, →Iserlohn, →Brilon, →Werl und als süddeutsches Beispiel →Buchloe.

H

Haan →Hagen.

Haar, die, (auch:) Haarstrang, der, Höhenzug zwischen Ruhr und Möhne einerseits und dem Hellweg anderseits, NRW. 12. Jh. *pagus Hare,* 13. Jh. *upper* (= auf der) *Hare* entspricht mnd. (westfäl.) *hare* ›Anhöhe‹, dessen Herkunft ungeklärt ist; vgl. auch →Haren, →Rothaargebirge. Die junge Namensform *Haarstrang* bezieht sich auf die langgestreckte Gestalt des Höhenzugs.

Haard, die →Haardt, die.

Haardt, die, der Ostrand des Pfälzer Waldes, RP, der von der Rheinebene her als geschlossener Höhenzug erscheint. Zuerst bezeugt im Namen des 1971 nach Neustadt a. d. Weinstraße eingemeindeten Dorfes **Haardt:** 1262 *Hart,* 1338 *die Hart,* 1445 *uff der Hart,* noch heute mundartl. *uff de Haardt.* Seit dem 15. Jh. werden Orte wie →Neustadt und →Dürkheim nach der Lage am Berghang benannt: 1414 *Neunstat an der hart,* 1516 *Dürckhaym an der Hartt,* 1559 *...uf der Hardt.* Ahd. *hard,* mhd. *hart* ›Bergwald, waldiger Höhenzug‹ bedeutet im Mhd. auch ›Heide, Trift, Viehweide [im Bergwald]‹, es ist als Gebirgs- und Flurname weit verbreitet, vgl. z. B. die **Haard** bei Recklinghausen, Münsterland, od. die **Hardt** bei Ebingen, Schwäbische Alb; vgl. auch →Spessart und →Harz. Dasselbe Wort ist aengl. *haraþ* ›Bergwald‹; weitere Zusammenhänge, auch die Beziehung zu nd. *Haar* ›Anhöhe‹ (→Haar, →Rothaar) sind ungeklärt.

Haardt (zu Neustadt) →Haardt, die.

Hadamar, Stadt n. von Limburg an der Lahn, HE, entstand an einem alten Fernstraßenkreuz und wird 832 als Mittelpunkt einer Mark genannt, die dann im 13. Jh. in den Besitz der Grafen von Nassau kam. 1303–1394 war H. Residenz der Linie Nassau-H.; Stadtrecht 1324. 1557 kam H. an die Grafen von Nassau-Dillenburg und war 1607–1711 Residenz der jüngeren Linie Nassau-H. (großes Renaissanceschloß 1612–1629). Die Stadt wurde um die gleiche Zeit in Gitterform um zwei große Marktplätze neu angelegt. Der Name 1100 *Hadamar,* 832 *Hatimero marca* (= Mark der Einwohner von H.) ist zusammengesetzt aus ahd. *hadu-* ›Streit‹ und ahd. *mari, meri* ›stehendes Gewässer, Sumpf, Meer‹. Der altertümliche Name bedeutet etwa ›Streitwasser‹ und bezieht sich wohl auf einen dort ausgetragenen Kampf. Vgl. auch den Artikel →Weimar. Gleicher Herkunft wie H. ist der Name der Stadt **Hemer** im Sauerland, NRW, um 1126 *Hathemare,* 1072 *Hademare.* Man vergleiche auch den Namen des **Landes Hadeln** am linken Ufer der Elbmündung, NDS, 11. Jh. *Hathelen, Hadeloha,* 10. Jh. *Hathalaon,* mit dem GW ahd. *lōh* ›Hain, Gehölz‹, also ›Streitholz‹.

Haddeby, Dorf an der Schlei gegenüber von Schleswig, SH, entstand wohl im 11. Jh. als kleiner Hafen nach dem Untergang der Wikingersiedlung Haithabu, mit der sein Name aber nicht direkt zusammenhängt. Der Name 1412 *in Haddebu,* 1285 *Haddebooth,* 13. Jh. *in Hadæboth* ist nicht restlos erklärt, könnte aber ›Buden von *Hedeby*‹ bedeuten, und dieser Wüstungsname, 12. Jh. *Heidibo,* 11. Jh. *apud* (= bei) *Heidibam,* geht zurück auf 10. Jh. *Haithaby,* in Runenschrift *haiþabu* (*þ* = *th* in englischer Aussprache), das als ›Heideort‹ zu verstehen ist und zu dän. *hede* ›Heide‹ und *by* ›Siedlung, Dorf, Stadt‹ gehört. Die Runeninschrift ist richtig als *Heþaby* zu lesen, doch hat sich die falsche Aussprache **Haithabu** durchgesetzt. Die Wikingerstadt war vom 9. bis 11. Jh. ein bedeutender Umschlagplatz für den Handelsverkehr zwischen Nord- und Ostsee.

Hadeln, Land, →Hadamar.

Hafenlohr →Lohr a. Main.

Hagen, Stadt im westlichen Sauerland, NRW, entstand im Winkel zwischen der Ennepe und der Volme um eine alte Kirche (wohl Urpfarrei) und einen Oberhof des Erzbischofs von Köln und kam 1392 an die Grafen von der Mark (seit 1398 Grafen von Kleve). Der Name 10. Jh. *Hagene,* 1186 *Hagne* bedeutet eigtl. ›im Hagen‹ und entspricht ahd. *hagan* ›Dornstrauch‹, mhd. *hagen* ›Einfriedigung, umhegter Ort‹, vgl. →-hagen. Den gleichen Namen trägt z. B. die Stadt **Haan** bei Düsseldorf (um 1300 *Hagene,* 1292 *Haen,* die Kirche ist seit dem 10. Jh. bezeugt).

Hagenau b. Kalbe; **Hagenau** (frz. Haguenau) im Elsaß →Hagenow.

-hagen, -hag, GW von Siedlungsnamen in Rodungsgebieten des 10. bis 13. Jh.s, die eingefriedigte Plätze und Siedlungen im ehemaligen Waldland bezeichneten. Die Appellativa ahd., mhd. *hac,* Genitiv *hages,* und ahd. *hagan,* mhd. *hagen* bedeuten beide ›[Dorn]gebüsch, Einfriedigung, eingefriedigter, umhegter Ort‹. Die mit *-hagen, -hag* gebildeten ON sind bes. in Mittel- und Norddeutschland vom Rheinland bis nach Brandenburg und Pommern verbreitet, das GW zeigt sich vielfach kontrahiert in den Formen **-hain, -hahn** (vgl. die Artikel →Doberlug-Kirchhain und →Großenhain). Auch eingliedrige Namen wie *Hahn* und →Haan gehören hierher. Im ersten Glied erscheint mhd. *hagen* z. B. in den ON →Hagenow und →Hanau, eine Verkleinerungsform ist →Hainichen. Die Rodungssiedlungen standen oft unter einem besonderen Recht, das man *Hagenrecht* oder *Hägerrecht* (in mittellateinischer Übersetzung *ius indaginis*) nannte und das den Genossen Freiheit von Abgaben und Frondiensten gewährte.

Hagenow [...no], Stadt im westlichen Mecklenburg, entstand um 1180 als deutsches Dorf bei einer Burg der Grafen von Ratzeburg, kam 1201 an die Grafen von Schwerin und entwickelte sich im 14. Jh. zur kleinen Stadt (1370 *oppidum*); volles Stadtrecht erst 1754. Der Name 1316 *Haghenow,* 1194 *in Hachenowe,* 1190/95 *Hagenowe* ist mit mhd., mnd. *hagen* ›Dornhecke, Einfriedigung, umhegter Ort‹ und mnd. *ō[ge], ōch* ›Aue, Land am Wasser‹ gebildet und wurde dabei an die slawischen ON auf *-ov* (deutsch *-ow*) angeglichen. Möglich ist auch eine ON-Übertragung, etwa von dem altmärkischen Dorf **Hagenau** bei Kalbe (Milde). Den gleichen Namen hat z. B. auch **Hagenau** (frz. Haguenau) im Unterelsaß, Frankreich, 1144 *Hagenowe.*

Haidenaab, die, r. zur Naab, →Naab, die.

-hain, -hahn →-hagen, -hag.

Hainichen, Stadt in Sachsen, nö. von Chemnitz, entstand im 12. Jh. um einen Rastplatz an der alten Salzstraße von Halle nach Böhmen, erhielt nach 1200 Markt- und vor 1342 Stadtrecht. Der Name 1360 *Haynichen,* 1282 *Heynnechyn,* 1276 *Heynichen* ist die ostmitteldeutsche Verkleinerungsform zu mhd. *hagen, hain* ›Dornhecke, eingefriedigter Ort‹ (→-hagen, →Gräfenhainichen).

Haithabu →Haddeby.

Halberstadt, Stadt im nördlichen Harzvorland, SAN, entstand an der Kreuzung alter Straßen nach Magdeburg und Halle, wurde um 820 Sitz des Missionsbistums für die slawischen Gebiete; Markt- und Münzrecht 989, Stadtrecht vor 1105. Der Name 946 *Halverestat,* 941 *Halberestat,* daneben 1014 *Haluerstedi,* 1012/18 *Halverstidi,* ist mit ahd. *-stat,* asächs. *-stedi, -stidi* ›Stelle, Platz‹ wahrscheinlich zu einem Flußnamen **Halvara* gebildet, der ein alter Name der heutigen Holtemme (l. zur Bode; →Holzminden) sein kann. Den gleichen Namen hat die **Halver,** l. zur Volme bei Lüdenscheid, NRW, mit den Orten **Halver,** 11. Jh. *Halvara,* und **Halverscheid,** 11. Jh. *Halverscetha.* Zum GW vgl. →-statt, -stedt, -stätten.

Haldensleben, Stadt am Mittellandkanal, SAN, entstand 1938 durch Vereinigung von Neu- und Althaldensleben. Alt-H., ein Dorf des frühen Mittelalters, ist im 10. Jh. als Burgwardort an der Ohre (l. zur Elbe) bezeugt. Neu-H. wurde um 1150 von Heinrich dem Löwen gegründet und erhielt nach Zerstörung und Wiederaufbau 1224 Magdeburger Stadtrecht (seit 1304 *Neu-H.* genannt). Der Name 1121 *Haldeslebe,* 973 *Haldesleva* geht zurück auf 968 *Hooldesleva,* 966 *Hahaldeslevo* ›Besitz, Erbe des *Hahald*‹ (→-leben). Dieser germ. PN (im 5./6. Jh. burgund. *Hanhavaldus*) gehört zu germ. **hanha-* ›stark, schnell‹ und *waldan* ›walten, herrschen‹. Er erscheint auch in den Namen von **Hohlstedt** bei Apolda, TH, 957 *Haholtestat,* und **Haltingen** bei Lörrach, BWÜ, 838 *Haholtinga;* vgl. ferner den Artikel →Heilsbronn.

Halle-Neustadt, Stadt am Westrand von Halle (Saale), SAN, wurde seit 1964 auf hallischem Boden w. der Saale aufgebaut, um als Wohnstadt für die Industriebevölkerung im Raum Halle – Merseburg – Bitterfeld zu dienen. 1967 wurde es zur selbständigen Stadt. Der Name zeigt, daß hier urspr. nur eine ›Neustadt‹ als Stadtteil von Halle (Saale) entstehen sollte. Vgl. die Artikel →Neustadt a. d. Aisch und folgende.

Haller, die, l. zur Leine, →Springe.

Halle (Saale), Stadt an der mittleren Saale, 1945–1952 Hauptstadt des Landes Sachsen-Anhalt, 1952–1990 des Bezirks Halle der DDR. Der Ort entstand im 10./11. Jh. um die Salzquellen ›im Thale‹ am rechten Saaleufer und um den benachbarten Alten Markt, einen Schnittpunkt wichtiger Fernstraßen. Ob ein 806 gegen die Sorben errichtetes fränkisches Kastell *super ripam fluminis Salae ad locum, qui vocatur Halla* (= am Ufer des Saaleflusses bei einem Ort, der Halla genannt wird) schon bei den Talquellen lag oder 2 km flußabwärts am Platz der später von König Heinrich I. erbauten Burg **Giebichenstein,** ist ungeklärt. Die schon in der Bronze- und Eisenzeit genutzten Solquellen an diesem Ort (961 *civitas Giuicansten,* 973 *Gibikonstein cum salina sua,* zum PN asächs. *Giviko,* ahd. *Gibicho*) sind um 1000 versiegt, der Name *Halla* könnte dann auf die jüngeren Quellen im Tal übertragen worden und zum Namen der neuen Ansiedlung geworden sein: 1064 *Hallae* (lat. Lokativ ›in Halle‹), 1121 *Halla,* 1308 *iuxta* (= bei) *Hal.* Man hat den ON, der wohl erst durch die Franken an die Saale kam, zu ahd., asächs. *halla* ›Halle, halboffener, von Säulen getragener Bau‹ gestellt und als ›Halle zum Salzsieden‹ gedeutet. Jedoch ist diese Herleitung ebenso ungewiß wie das Verhältnis des Femininums *halla* zum Neutrum mhd. *hal* ›Saline‹; vgl. Bad → Reichenhall. – Die Salzgewinnung war in H. durch Jahrhunderte ein Vorrecht der patrizischen Pfännerschaften (der Eigentümer der Siedepfannen), für die die *Halloren* genannten Siedeknechte arbeiteten. Die Stadt trat um 1280 der Hanse bei und erreichte 1310 für 160 Jahre die völlige Unabhängigkeit vom Landesherrn, dem Erzbischof von Magdeburg. Doch gewann der Erzbischof die Macht zurück. 1680 fiel H. an Kurbrandenburg, das 1694 die Universität gründete. Um die gleiche Zeit errichtete A. H. Francke seine sozialen Stiftungen (Schulen und das Waisenhaus).

Halle (Westf.), Stadt am S-Rand des Osnings, NRW, entstand Anfang des 13. Jh.s bei einer Kirche des Bischofs von Osnabrück, kann aber als Salzwerk schon älter sein. Der Name 1146, 1241 *tor Halle* (1347 Flurname *tho der Halle*) entspricht mhd. *hal[le]* ›Salzwerk, Salzquelle‹; vgl. → Halle (Saale). Die Salzquellen sind im 17. Jh. versiegt. H. gehörte zur Grafschaft **Ravensberg,** die nach der gleichnamigen,

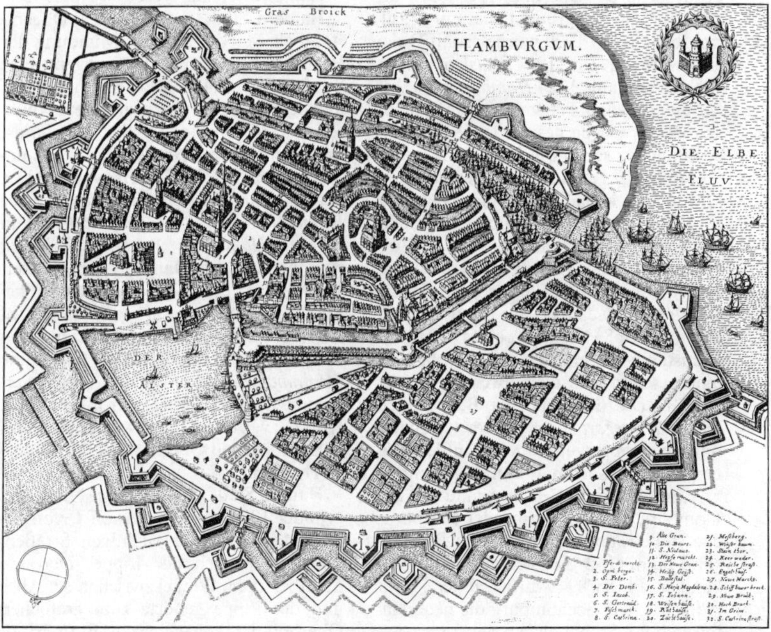

5 km nw. gelegenen Burg (1021 *Ravensberg,* zum alten deutschen PN *Hraban* ›Rabe‹) benannt war.

Halligen, die, → Hooge.

Haltern, Stadt n. von Recklinghausen, NRW, entstand um einen alten Haupthof des Bischofs von Münster an einer wichtigen Brücke über die Lippe; Stadtrecht 1289. Der Name 15. Jh. *Halteren,* 1140 *Halatra,* 948 *Halahtra,* 890 *in Halahtron* ist nicht sicher erklärt. Man hat ihn zu aengl. *halh, healh* ›Ecke, Winkel‹ gestellt. Mit dem bei Tacitus genannten römischen Kastell *Aliso* (germ. **Alisōn-* ›Erlenbach‹?) hat H. wahrscheinlich nichts zu tun, obwohl auch hier ein Legionslager (11 vor bis 16 nach Chr.) ausgegraben wurde.

Haltingen → Haldensleben.

Halver, die, l. zur Volme; **Halver; Halverscheid** → Halberstadt.

Hamborn (Stadtteil von Duisburg, NRW), entstand um ein Prämonstratenserstift, das die Herren von Hochstaden 1136 bei ihrem Oberhof Havenburn an der Emscher gegründet hatten. 1911 wurde H. Stadt, 1929 wurde es mit Duisburg vereinigt (bis 1934 *Duisburg-Hamborn*). Der Name 1224 *Hamburne,* 10. Jh. *Havenburn, -burnen* bedeutet wahrscheinlich ›Born, Quelle des *Haƀo*‹ (Kurzform des alten deutschen PN *Haƀerīc*).

Hamburg, Hafenstadt an der unteren Elbe, als **Freie und Hansestadt Hamburg** zugleich Land der Bundesrepublik Deutschland. Die Stadt entstand im Anschluß an das um 825 auf der Geestzunge zwischen Alster und Elbe erbaute Grenzkastell *Hammaburg,* das Ludwig der Fromme vor 834 zum Sitz eines Missionserzbistums für Nordeuropa erhob; dies mußte schon 847 nach Bremen verlegt werden. Die Burg und der Burgflecken (*vicus St. Ansgarii,* nach dem ersten Erzbischof benannt) wurden 845 von den Dänen und 983 nochmals von den Wenden zerstört, doch im 11. Jh. entstand nw. der Domburg die Altstadt mit der Marktkirche St. Petri und s. davon an der *Reichenstraße* um 1140 die Siedlung der Fernhändler. 1188/89 wurde unter Graf Adolf III. von Schaumburg die neue Hafenstadt um St. Nikolai an der Alster (jetziges Nikolaifleet) gegründet, die 1215 mit der Altstadt vereinigt wurde. Um 1300 war H. freie Stadt, seit 1460 Reichsstadt und trat schon um 1350 der Hanse bei. Der Name *H.* geht zurück auf 1175 *Hammenburg,* 12. Jh. *Hammanburch,* 9. Jh. *Hamaburg* und 834 *Hammaburg.* Er bezeichnete urspr. die karolingische Wallburg auf der Geestzunge, sein erstes Glied ist zu ahd. *hamma* ›Hinterschenkel, Kniekehle‹ in der übertragenen Bed. ›Winkel, Krümmung, Bucht‹ gestellt worden (also ›Burg über der Flußkrümmung‹), doch könnte auch eine ältere Form des gleichfalls weiblichen mnd. *hamme* ›umfriedetes Stück Weideland‹ vorliegen. Vermutlich gehört dazu auch der Name des 4 km östlich auf dem Geestrücken gelegenen alten Dorfes **Hamm** (jetzt Stadtteil von H.), für den alte Belege fehlen. Anderer Herkunft ist dagegen der rhein.-westfäl. männliche Flurname *der Hamm* ›Bucht, Flußkrümmung‹; vgl. den Artikel → Hamm.

Hamel, die, r. zur Weser, → Hameln.

Hameln, Stadt an der Weser, NDS, entstand als Marktort an der Mündung der Hamel (s. u.) und am Flußübergang alter Straßen bei einem altsächsischen Dorf und dem wohl im 8. Jh. gegründeten fuldischen Missionskloster St. Bonifatius; Stadtrecht nach 1200, seit 1277 braunschweigisch, 1426–1572 Hansestadt. Der Name 1250 *Hamelen,* 1158 *de* (= von) *Hamele,* 10. Jh. *de monasterio* (= vom Kloster) *Hamala,* 9. Jh. *de Hamelon* ist zum Namen der **Hamel** (r. zur Weser, 1309 *Hamele*) gebildet, deren Quelle bereits 1180 als *Hamelspring* genannt wird (jetzt **Hamelspringe,** Stadtteil von Bad Münder; → Springe). Der Bachname **Hamala* gehört wohl zu ahd. *hamel* ›verstümmelt‹, mhd. *hamel* ›schroffe Anhöhe, Klippe‹; vgl. den Artikel → Hammelburg.

Hamelspringe (zu Bad Münder) → Hameln.

Hamm, Stadt an der Lippe, NRW, gegründet 1226 von Graf Adolf I. von Altena-Mark an einer wichtigen Straßenkreuzung südlich der Lippe. Der alte Stadtbezirk im Winkel zwischen der Ahse und der Lippe gehörte zum gräflichen Oberhof der benachbarten Burg **Mark**

(1174 *van ther Marka,* 1193 *Marcha,* zu ahd. *marcha,* asächs. *marka* ›Grenze, gemeinschaftlicher Landbesitz, Gemarkung‹), nach der die Grafschaft *Mark* (1202–1461) benannt wurde. Im Namen der Stadt *Hamm* (so seit 1718), älter *zum Hamm, der Hamm,* 1248 *in Hammone* lebt die ursprüngliche Stellenbezeichnung 1188 *iuxta Hammonem* ›bei, in der Flußkrümmung‹ fort; noch im 19. Jh. hieß es mdal. *im Hamme.* Dem Wort entspricht rhein. *der Hamm* (→Boppard, →Zell), mniederl. *ham[me]* ›Bucht, äußerer Bogen einer Flußkrümmung‹, vgl. **Hamm a. d. Sieg,** 1131 *Hamne,* 1316 *Hamme,* ferner →Hamburg (834 *Hammaburg*). Die Grundform **hamna-* ist wahrscheinlich eine Nebenform von mnd. *havene* ›Hafen, Meeresbucht‹.

Hamm (zu Hamburg) →Hamburg.

Hamm a. d. Sieg →Hamm.

Hammelburg, →Stadt an der Fränkischen Saale, BY, entstand um 700 als fränkischer Königshof am Flußübergang der Straße von Fulda nach Würzburg und kam 777 durch Schenkung Karls d. Gr. an das Kloster Fulda. Bei der im 12. Jh. errichteten Brücke entwickelte sich eine städtische Siedlung, die 1303 Gelnhäuser Stadtrecht erhielt. Der Name 1328 *Hamelburg,* 1282 *Hamilnburg,* 923 *Hamulunburg,* 777 *Hamalumburg,* 716 *ad Hamulo castellum* bezeichnete urspr. die Burg, d. h. wohl den befestigten Königshof, er ist mit dem Adjektiv ahd. *hamel* ›verstümmelt‹ gebildet, das sich vermutlich auf die unregelmäßige Form des Burghügels bezog; vgl. den Artikel →Hameln.

Hanau am Main, Stadt ö. von Frankfurt, HE, entstand um eine mainzische Inselburg zwischen Kinzig und Main und war seit 1168 im Besitz der Herren von Dorfelden, die 1429 Grafen von Hanau wurden; Stadtrecht 1303; 1597 Gründung der schachbrettförmigen Neustadt mit flämischen und wallonischen Flüchtlingen (Seidenweber und Goldschmiede). Der Name 1640 *Hanau,* 1299 *Hanauwe,* 1234 *Hagenowe,* 1143 *Hagenowa* bezeichnete urspr. die mit Wald bestandene, vermutlich eingehegte Flußinsel (zu mhd. *hagen* ›Einfriedigung, eingefriedigter Platz‹ und ahd. *ouwa* ›Land am Wasser, Insel‹); vgl. den ON →Hagenow.

Hanfbach, der, l. zur Sieg, →Hennef (Sieg).

Hannọver [...fɐ], Stadt an der Leine, seit 1946 Hauptstadt des Landes Niedersachsen, entstand im 11. Jh. als Marktsiedlung mit Kirche bei einem grundherrlichen Hof am Leineübergang der Handelsstraße Hildesheim–Bremen. Stadtrecht durch Heinrich den Löwen vor 1189; 1235/41 zum Herzogtum Braunschweig-Lüneburg, 1368 Hansestadt. Der Name 1193 *Hannovere,* um 1150 *vicus Honovere* bezeichnete den Marktort (Wik) nach seiner Lage ›am hohen Ufer‹ der Leine (zu mnd. *hō, hōch* ›hoch‹ und *over* ›Ufer‹. Den gleichen Namen haben z. B. **Hannö̩ver** bei Berne (Wesermarsch, 1331 *in Honovere;* **Hahnöfersạnd** (Elbinsel sw. von Blankenese) und die engl. Stadt *Heanor* (Derbyshire), 1236 *Henovere* zu aengl. *[æt] hēan ofre* ›auf dem hohen (Berg)rücken‹. – Nach der Stadt H. heißt das ehemalige Kurfürstentum (1814–1866 Königreich) **Hannover,** das im 17. Jh. aus dem welfischen Teilfürstentum Calenberg (benannt nach der gleichnamigen welfischen Feste bei Sarstedt) hervorging, dessen Residenzstadt H. 1636 geworden war. Es war 1714–1837 in Personalunion mit dem Königreich Großbritannien verbunden und wurde 1866 zur preußischen *Provinz Hannover.*

Hannover, Kurfürstentum; **Hannöver; Hahnöfersand** →Hannover.

Hardt, die, →Haardt, die.

Haren (Ems), Stadt n. von Meppen, NDS, entstand am linken Ufer der Ems bei einem im 9. Jh. genannten Hof des Klosters Corvey und einer damit vielleicht identischen Adelsburg (1304). Nach Vereinigung mit Altharen erhielt H. 1965 Stadtrecht. Der Name um 1370 *Haren,* um 900 *Harun,* zu asächs. *hara* ›Anhöhe‹, bezeichnet die erhöhte Lage über dem Fluß. Vgl. den Gebirgsnamen →Haar.

Harle, die, zum Watt, →Harlinger Land.

Harlinger Land, das, Marschenlandschaft an der ostfries. Küste, NDS, benannt nach der **Harle,** einem Zufluß des

Watts, der zwischen Spiekeroog und Wangerooge in die Nordsee mündet. Die Harlebucht, seit 1600 durch Deiche und Polder (Groden) zu Marschland gemacht, reichte im Mittelalter bis Wittmund. Der Name 11. Jh. *pagus Herloga,* 14. Jh. *terra Herlingia* ist mit dem *-ing*-Suffix der Einwohnernamen (→Stedingen) zum Flußnamen *Harle* gebildet, dessen Herkunft ungeklärt ist.

Harvestehude (zu Hamburg) →Buxtehude.

Harz, der, nördlichstes deutsches Mittelgebirge, zwischen dem Thüringer Bekken und dem norddeutschen Tiefland, im W vom Tal der Leine, im O. vom Tal der Saale begrenzt; NDS, TH und SAN. Das Gebirge gliedert sich in den Oberharz im W und den Unterharz im SO, eine besondere Einheit bildet das Brockenmassiv (→Brocken, der, 1142 m) in der Mitte. Die Besiedlung war bes. im Oberharz durch den Bergbau bestimmt, der um 968 bei Goslar begann und nach 1200 auch auf der Hochfläche von →Clausthal-Zellerfeld in Gang kam. Der Name *Harz* erscheint zuerst in 781 *Hart* und um 870 *Harz,* er entspricht dem Appellativ ahd. *hard* ›Bergwald, waldiger Höhenzug‹ (vgl. den Artikel →Haardt, die). Die auffällige Form *Harz,* mit dem *z*-Auslaut, wird als Rückbildung aus dem Namen der →Harzburg erklärt. Doch müßte man zuerst klären, wie die Genitivformen 12. Jh. *Harcesburh,* 1073 *Harzesburc* zustande kamen. Ein älterer Name des Gebirges ist vielleicht lat. *silva Bacenis* (Caesar, Bellum Gallicum VI, 10), dem ein germanisches *Boconia* ›Buchenwald‹ (im 7. Jh. für die Umgebung von Fulda) entsprechen würde. Doch liegt hier wohl eine Verwechslung vor. Vgl. auch den Artikel →Melibokus.

Harzburg, Bad, Stadt am N-Rand des Harzes, NDS, entstand im 14. Jh. unter einer 1064 von Heinrich IV. erbauten, 1180 von Friedrich I. verstärkten Reichsburg, die 1547 an Braunschweig-Lüneburg kam. Eine 1569 entdeckte Salzquelle wurde bis 1849 durch die Saline *Juliushall* (benannt nach Herzog Julius) und seit 1851 als Solbad genutzt; Stadtrecht 1894. Der Name *Bad H.* (seit 1894), 14. Jh. *Harzburg,* 1338 *Neustadt unter der Harzburg* bezeichnete urspr. die Burg als wichtigste Feste im Harz: 12. Jh. *Harces-, Hartesburh,* 1187 *Hartesburch,* 1073 *Harzesburc.* Vgl. den Artikel →Harz.

Harzgerode, Stadt im Harz s. von Quedlinburg, SAN, entstand als Markt- und Münzstätte des Klosters Nienburg (Saale) aus einer Rodungssiedlung des 10. Jh.s und kam im 13. Jh. an die Fürsten von Anhalt; Stadtrecht 1338. Der Name 993 *Hazacanroth,* 1035 *Hazechenrode,* 1170 *Hazzekenrothe,* 1326 *Hazekerode,* 1384 *to Hatzkerode* bedeutet ›Rodung des *Hazako*‹ (der PN ist wohl eine Koseform von Namen mit ahd. *hadu-* ›Kampf‹); →rod, -reut, -ried. Er wurde erst spät an den Gebirgsnamen *Harz* angeglichen: 17. Jh. *Har[t]zgerode,* 1710 *Hartzigerode.*

Hase, die, rechter Nebenfluß der Ems, NDS, entspringt im Teutoburger Wald nw. von Bielefeld, mündet bei Meppen. Der Name 8. Jh. *Hasa* (auch: *Asa, Assa*) gehört zu dem in ahd. *hasan* ›grau, glänzend‹, aengl. *hasu* ›graubraun‹ bezeugten Farbadjektiv. Der Flußname erscheint auch im Namen des altsächs. *Hasegaus* (890 *Hasgoa, Hasgo,* 8. Jh. *Hasugo*) und in dem des germ. Stammes der *Chasuarier* (bei Tacitus *Chasuarii,* bei Ptolemäus *Kasoúaroi,* wörtlich ›Hase-Anwohner‹). Vgl. auch →Osnabrück.

Haselünne, Stadt an der Hase ö. von Meppen, NDS, entstand an einem alten Flußübergang wichtiger Fernstraßen bei einem Hof des Klosters Corvey, der um 1200 eine Burg der Grafen von Ravensberg wurde; Stadtrecht vor 1220. Der Name 1496 *Haselonne,* 1486 *Luenne,* 1107 *Lunni* ist wohl eine Bildung zu ahd., asächs. *lun* ›Achsnagel, Lünse‹, eigtl. ›runder Stock‹ (vgl. aisl. *hlunnr* ›Rollstab für Fahrzeuge‹). Man nimmt an, daß hier Rundhölzer im flachen Flußbett zum Hinüberrollen von Lasten dienten. Den gleichen Namen haben **Lünne,** Kr. Lingen (früher *Alten-* und *Plantlünne*) an der Großen Aa, 12. Jh. *in Lunnen,* vor 890 *in Lunni,* und **Leunen** bei Venraij, niederl. Provinz Limburg, um 1153 *Lunni.*

Haslach im Kinzigtal →Haßloch.

Haßberge, die, →Haßfurt.

Haßfurt, Stadt am Main, oberhalb von

Schweinfurt, BY, entstand wohl in karolingischer Zeit als Furtsiedlung an der Mündung der Nassach in den Main und wird zuerst 1230 als befestigter Ort erwähnt. 1243 wird H. als Stadt des Bistums Würzburg genannt. Die Pfarrkirche der im 13. Jh. angelegten Neustadt löst um 1339 die ältere Marienkirche der Altstadt ab, die dann um 1390 als *Ritterkapelle* des mainfränkischen Adels neu erbaut wird. Der Ortsname 1432 *Hassfurt,* 1303 / 1313 *Hasfurt,* 1230 *Hasefurth* entspricht dem Namen der zugehörigen Landschaft **Haßgau,** 814 *Hasagewe,* und dem der **Haßberge** zwischen Fränkischer Saale, Baunach und Main. Das BW dieser Namen wird zu dem in asächs. *hasu* ›grau‹, aengl. *hasu* ›graubraun‹ bzw. ahd. *hasan* ›grau, glänzend‹ bezeugten germanischen Adjektiv gestellt. Eine mittelbare Beziehung zum Tiernamen *Hase,* ahd. *haso* (eigtl. ›der Graue‹) ist denkbar, aber nicht nachgewiesen (vgl. die Artikel → Ochsenfurt und → Schweinfurt).

Haßgau, der, → Haßfurt.

Haßlau → Wilkau-Haßlau.

Haßloch, Ort sw. von Ludwigshafen a. Rh., RP, bezeugt seit dem 8. Jh., im MA Besitz der Grafen von Leiningen. Der Name 1590 *Hasloch,* 991 *Haselach* geht zurück auf 773 *Hasalaha,* d. h. auf einen Bachnamen (›der durch Haselgebüsch fließende Bach‹). Dieser Namentyp ist sehr häufig, vgl. z. B. **Haslach im Kinzigtal** (Schwarzwald), 1099 *Hasela,* oder **Kirchhasel** bei Hünfeld, Hessen, 800 *Hasalaha.* Doch kann bei solchen Namen statt *-aha* ›Bach‹ (→ [1]-ach) auch die kollektive Endung *-ahi* (→ [2]-ach) zugrunde liegen (ahd. *hasalahi* ›Haselgebüsch‹), z. B. 817 *Lanchasalachi* ›im langen Haselgebüsch‹, heute **Landschlacht,** Kanton Thurgau (Schweiz).

Hattingen, Stadt an der Ruhr s. von Bochum, NRW, entstand bei einem Hof des Klosters Deutz (urspr. Königshof?) an einer alten Straße von der Wupper zum Hellweg; im 14. Jh. Stadtrecht der Grafen v. d. Mark. Der Name wurde erst spät an die ON auf → *-ingen* angeglichen. 15. Jh. *Hatnecke,* 1300 *Hattenege,* 1019 *Hatneghen* enthält das Grundwort *-egge* ›Höhenrücken, Kamm‹ (zu mnd. *egge* ›Kante, Ecke‹). Der alte Ortskern liegt auf dem Hochterrassenrücken über dem Ruhrtal. Der erste Bestandteil **Haten-* ist unerklärt.

-hau, GW von Siedlungs- und Flurnamen mit der Bed. ›Schlag im Forstbetrieb, geschlagener Waldteil‹, wurde im Riesen- und Erzgebirge und in NO-Bayern für Orte im Rodungsgebiet gebraucht. Mhd. *hou* ›Hieb; Hiebabteilung im Wald‹ entspricht dem heutigen Forstwort *Schlag.* Als Beispiele seien genannt: → Olbernhau und das schlesische *Schreiberhau* (poln. Szklarska Poręba). Eine kollektive Nebenform ist *-häu, -gehäu,* bayr. *-ghei, -kay* in ON wie *Kohlhäu* oder 933 *Kihei,* jetzt *Kay* bei Tittmoning, BY.

Hausberge → Porta Westfalica.

-hausen, GW von Siedlungsnamen mit der Bed. ›bei den Häusern‹. Das gemeingermanische Substantiv mhd., ahd., asächs. *hūs,* got. *-hūs,* engl. *house,* schwed. *hus* geht auf die idg. Wurzel *[s]keu-* ›bedecken, umhüllen‹ zurück, die auch bei dt. *Scheune* zugrunde liegt. Die deutschen ON auf *-haus, -hausen,* niederd. *-husen* entstanden zum großen Teil in der fränkischen Ausbauzeit, sie sind überwiegend mit PN gebildet. Der Singular *-haus* bezeichnete gewöhnlich ein einzelnes [Wohn]gebäude, seit dem 13./14. Jh. auch ein festes Haus (eine Burg). In den ON ist eine alte Form des Dativ Plural fest geworden, vgl. auch die Artikel → Husum und → Sankt Goarshausen, ferner → -inghausen.

Haussömmern → Sömmerda.

Havel ['ha:fəl], die, rechter Nebenfluß der Elbe, entspringt in der Mecklenburgischen Seenplatte, mündet unterhalb von Havelberg, SAN. 1161 *Hauela,* 981 *Havela,* 8. Jh. *Habola* (slawisiert 1204 *Obula*) ist eine *-l-*Ableitung von dem in mnd. *haf* ›Meer, Bucht‹ (daraus nhd. *Haff* ›Küstenbucht‹), aengl. *hæf,* schwed. *hav* ›Meer‹ bezeugten germ. **hafa-* ›Meer‹; die H. hat ihren Namen von den zahlreichen Seen, die sie durchfließt. Die Stadt **Havelberg,** 1157 *Havelberch,* 995 *Hauelunberge,* 967 *Hauelberg,* entstand bei einer um 930 erbauten Reichsburg und war seit 948 Bischofssitz (im Wendenaufstand 983 zerstört, 1148 neu errichtet); 1150 Neugründung als brandenburgische Marktsiedlung auf einer Havelinsel.

Havelberg → Havel, die.

Hechingen, Stadt im Vorland der Schwäbischen Alb, BWÜ, wird zuerst 786 als Dorf bei einer Martinskirche genannt. Im 11. Jh. errichteten dort die Grafen von Zollern eine Burg und bauten die Siedlung planmäßig aus; Stadtrecht vor 1342. Nach der Zerstörung der Burg Zollern wurde die Stadtburg Hechingen Residenz der Grafschaft (zu weiterem vgl. den Artikel → Hohenzollern). Der Name um 1154 *Hechingen,* 1134 *Hachingen,* 786 *Hahhingum* ist mit dem Suffix → *-ingen* zu einem PN des Stammes ahd. *Hah-* (aus germ. **hanha-* ›stark, schnell‹) gebildet.

Hedemünden → Holzminden.

Heegermühle → Eberswalde-Finow.

Hegau, der (mdal. *das Hegi*), Landschaft nw. des Bodensees, BWÜ. Das durch seine Vulkankegel gekennzeichnete Gebiet (das früher im N bis über die Donau reichte) war eine der Kernlandschaften des alten Herzogtums Schwaben (vgl. den Artikel → Hohentwiel). Es kam um 1180 an Kaiser Friedrich I., entwickelte sich politisch um 1400 zur Landgrafschaft und gehörte seit 1465 zu Vorderösterreich. 1810 kam der H. zu Baden. Der Name 1093 *Hegouva,* 1067 *Hegowe,* 787 als Adjektiv *Egauinssis pagus,* ist mit ahd. *gouwi,* mhd. *gou, göu* ›Gau‹ wohl zu dem Bergnamen 1189 *Hewin,* um 1050 *Hewa* gebildet (heute der **Hohenhọ̈wen** oder **-hẹwen** bei Engen im Hegau). Der Bergname ist wahrscheinlich vordeutsch.

Heide, Stadt in Dithmarschen, SH, entstand im 15. Jh. an einer alten Wegekreuzung und entwickelte sich zum Tagungsort der dithmarsischen Landesversammlung und Sitz der 48 Regenten, seit 1580 des herzoglichen Landvogts für Norderdithmarschen; Stadtrecht 1869. Der Name *Heide* (zu mnd. *heide, heyde* ›sandige, wildbewachsene Fläche‹) ist urspr. eine Stellenbez. für den Ort der politischen Versammlungen, deren erste 1434 *up de Heyde tho Rusdorpe* stattfand (um 1350 *Rustorp,* 1447 *in... Rustorpe,* jetzt der Stadtteil **Rüsdorf;** wohl zu niederd. *Rüsch* ›Binse‹).

Heidelberg, Stadt am unteren Neckar, BWÜ, entstand am Fuß des Königstuhls auf dem Schuttkegel eines Baches und im Schutz einer Burg des 11. Jh.s und kam vor 1170 aus dem Besitz des Bistums Worms an Pfalzgraf Konrad, den Halbbruder Kaiser Friedrichs I. Vorausgegangen waren im 1. und 2. Jh. n. Chr. mehrere römische Kohortenkastelle, die das Straßennetz am östlichen Rande der Rheinebene sicherten, und eine römische Zivilsiedlung unbekannten Namens mit Neckarbrücke und mit zahlreichen Töpferwerkstätten. All dies ist vor 260 durch Alemanneneinfälle zerstört worden. Die mittelanterliche Stadt wurde auf dreieckigem Grundriß in die Ostspitze der ebenen Talsohle gesetzt und durch die in der Mitte laufende gerade Hauptstraße erschlossen. Das Schloß war 1225–1720 Residenz der Pfalzgrafen bei Rhein. 1386 wurde die Universität gegründet. 1689 und 1693 wurden Schloß und Stadt durch französische Truppen zerstört. – Der Name der Stadt ist erst spät bezeugt: 1196 *Heidelberch,* 1225 *Heidilberc.* Er bezieht sich wahrscheinlich auf das Vorkommen der Heidelbeere (oberd. mdal. *die Heidel*) an den bewaldeten Berghängen.

Heidenau, Stadt an der Elbe oberhalb von Dresden, SAC, entstand als Dorf bei einem Gut der Burggrafen von Dohna und kam 1402 an die Mark Meißen. Ende des 19. Jh.s wurde H. Industriestandort und erhielt nach der Eingemeindung mehrerer Nachbarorte 1924 Stadtrecht. Der Name 1460 *Hedenawe,* 1388 *Heydenaw,* 1347 *in Heydenowe* ist mit dem GW mhd. *ouwe, owe* ›Wasser, von Wasser umflossenes Land‹ zum Namen eines Ritters *Heide* gebildet, der zur Familie der Burggrafen gehörte und wohl der Gründer des Ortes war.

Heidenheim an der Brenz, Stadt in der östlichen Schwäbischen Alb, BWÜ, entstand als alemannisches Dorf bei einem ehemaligen römischen Vicus (s. u.) und wurde im 12./13. Jh. durch einen befestigten Burgflecken unter der Burg **Hellenstein** ergänzt, der 1356 Markt- und Stadtrecht erhielt. Die Burg (1150 *Hælenstain,* 1310 *Hæilenstein,* 1312 *Hellestain,* zu mhd. *hæle, hæl* ›schlüpfrig, glatt‹: ›Burg auf dem glatten Felsen‹) wurde Mittel-

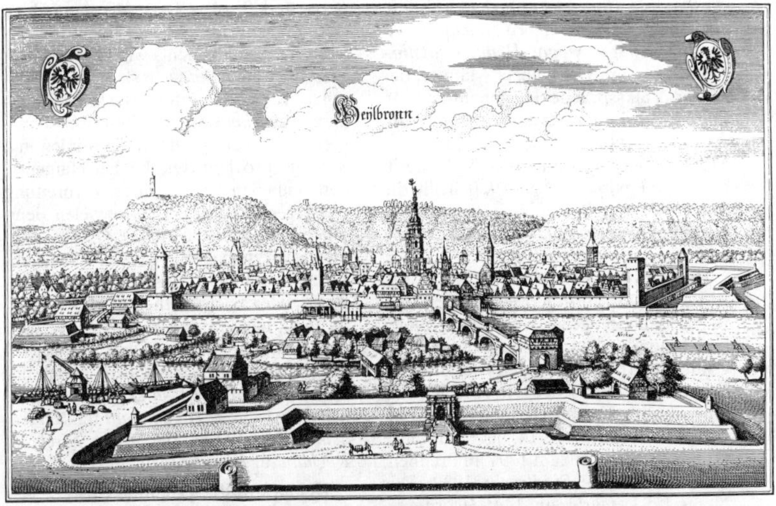

punkt der Herrschaft H., die 1536 an Württemberg kam. – Der römische Vicus hatte zu einem Reiterkastell gehört, das unter Kaiser Domitian (81–96) zur Sicherung des Albübergangs errichtet worden, später aber nach → Aalen verlegt worden war. Es wird mit der im 4. Jh. bezeugten römischen Straßenstation **Aquileia** identifiziert, deren Name vielleicht von der gleichnamigen Römerstadt am Golf von Triest (Italien) hierher übertragen wurde. – Der Name *Heidenheim,* 1434 *Heydenheim an der Brentz gelegen,* 1388 *ze Haidenhain,* 1216/20 *Heidenheim,* um 800 *Heidenheim* ist mit dem GW → *-heim* zu dem alten deutschen PN *Heido* gebildet. Gleicher Herkunft ist der Name des Marktes **Heidenheim** in Mittelfranken, BY, um 1163 *Heidenheim,* 8./9. Jh. *Heidanheim,* nicht dagegen der Name von → Marktheidenfeld.

Heidenheim, Markt, → Heidenheim an der Brenz.

Heilbrọnn, Stadt am Neckar, BWÜ, entstand auf altem Kulturboden als alemannische Ansiedlung bei einer germanischen Kultstätte (s. u.) und wurde nach 496 fränkisches Königsgut, an dem im 8. Jh. das Bistum Würzburg große Anteile erhielt. 1225 stifteten die Herren von Dürn (→ Walldürn) den ehemaligen Königshof als Sitz der Kommende H. des Deutschen Ritterordens; er hieß seitdem *Deutschhof.* Auch das Kloster Hirsau hatte großen Besitz in H., der aber von Kaiser Friedrich I. eingezogen wurde. Der Name 13. Jh. *Heylprunn,* 1037 *Heiligbrunen,* 932 *Heilacbrunnen,* 889 *fiscus dominicus* (= Königsgutbezirk) *Heiligbrunno* benannte urspr. die ›heilige Quelle‹ in einer Waldschlucht an der heutigen Kirchbrunnenstraße, die in fränkischer Zeit christianisiert wurde.

Heiligenhạfen, Stadt am Fehmarnsund, SH, wurde um 1254 von den Grafen von Schauenburg planmäßig als Hafenplatz angelegt und erhielt 1305 Stadtrecht. Heute ist die Stadt Fischereihafen und Seebad. Der Name 1344 *in Hilghenhauene,* 1341 *in Havene,* 1259 *Hilgenhaue* (zu mnd. *hillich* ›heilig‹ und *hāvene* ›Hafen‹) könnte sich auf ein altes (vorchristliches?) Heiligtum beziehen.

Heiligenstadt, Heilbad, Stadt an der Leine im Eichsfeld, TH, entstand in fränkischer Zeit um einen Herrenhof der Erzbischöfe von Mainz und eine Martinskirche (960 Chorherrenstift) und wurde zum Vorort des Eichsfeldes; Stadtrecht 1227. Der Name 1232 *Helliginstat,* 1128 *Heile-*

chestat, 973 *Heiligenstat* bedeutet ›Stätte der Heiligen‹: 1144 *in loco Sanctorum Virorum, qui lingua vulgari Heilingestat nuncupatur* (= am Ort heiliger Männer, der in der Volkssprache H. genannt wird). Die Martinskirche bewahrte die im 9. Jh. aus Mainz übertragenen Reliquien der Märtyrer Aureus und Justinus (heute in der Ägidienkirche). Seit 1950 heißt die Stadt als Kneippbad offiziell Heilbad H.

Heiligkreuzsteinach → Neckarsteinach.

Heilsbronn, Stadt sw. von Nürnberg, BY, wurde 1132 durch Bischof Otto I. von Bamberg als Zisterzienserabtei gegründet und besonders durch Schenkungen der Grafen von Abenberg gefördert. Deren Erben, die fränkischen Hohenzollern in Nürnberg und Ansbach, hatten im Münster des Klosters vom 14. bis 17. Jh. ihre Grablege. Der Ort kam 1791 an Preußen, 1806 an Bayern; Stadtrecht 1932. Der Name 1793 *Heilsbronn,* 1446 *Heilspronn,* 1263 *Hailsbrvnnen* ist im christlichen Sinn als ›Brunnen des Heils‹ (1440 *Fons Salutis*) umgedeutet worden aus 1146 *Halsbrunnen,* 1132 *Halesprunnen,* er geht zurück auf 1142 *Haholdesbrunnen,* enthielt also urspr. den PN *Hahold* (vgl. den Artikel → Haldensleben).

-heim, GW von Siedlungsnamen. Das gemeingermanische Substantiv mhd., ahd. *heim* ›Haus, Wohnort‹, asächs. *hēm* ›Wohnort‹, engl. *home,* schwed. *hem* ›Haus, Wohnung, Heimat‹, got. *haims* ›Dorf‹ hat verschiedene Bedeutungen entwickelt, doch ist die Bed. des gotischen Wortes die ursprüngliche, sie gilt wohl auch für die deutschen ON auf *-heim,* die in der Regel alte Gruppensiedlungen bezeichnet haben. Auch die verwandten Wörter anderer idg. Sprachen haben diese Bed.: altpreuß. *caymis,* lit. *kaíma* ›Dorf‹ und griech. *kṓmē* ›Dorf‹ gehen wie dt. *Heim* auf die idg. Wurzel **k̑ei-* ›liegen; Lager‹ zurück. Feste Siedlungsnamen auf *-heim* gab es in der germanischen Frühzeit noch nicht, sie traten erst nach der Wanderzeit auf und blieben dann bis ins Mittelalter üblich. Meist sind sie mit PN im ersten Glied gebildet. Die auffälligen Gruppen mit gegensätzlichen Bestimmungswörtern *(Nord-, Süd-, Ost-, West-, Berg-* und *Tal-)* weisen auf planmäßige Gründungen in der Frankenzeit hin. Jedoch kann man nicht, wie es früher oft geschah, alle *-heim*-Orte als fränkisch ansehen. Über das Verhältnis der Siedlungsnamen auf *-heim* zu den alten Insassennamen auf *-ingen* wurde in der Einleitung, S. 13 gesprochen. Die beiden Namentypen schließen sich in ihrer Verbreitung meist gegenseitig aus. – In vielen deutschen Landschaften gibt es *-heim*-Namen mit verkürztem GW. Statt *-heim* erscheint z. B. *-um* oder *-em* (*Bochum, Beckum, Bachem*) oder auch einfaches *-en* (*Buchen, Bretten*), das in der Mundart sogar zu *-e* abgeschwächt wird: *Ebbele* für *Eppelheim, Schriese* für *Schriesheim.* Auch der Ersatz von *-m* durch *-n* kommt gelegentlich vor: 1388 *ze Haidenhain* für *Heidenheim* an der Brenz oder 13. Jh. *Kirchain, Kilchain* für *Kirchheim* unter Teck.

Heinersreuth → Helmbrechts.

Heinsberg, Stadt im Selfkant, NRW, entstand am linken Rande des Rurtals unter der gleichnamigen Burg der Herren von H. (1085–1190), die selbst auf einen befestigten fränkischen Königshof zurückging; Stadtrecht 1254. Der Name 1194 *Heinesberg,* 1140 *Heinisberg* enthält ebenso wie der des im 13. Jh. in H. aufgegangenen Hofes *Heininkhusen* (1277) die Kurzform *Hein[o]* des PN *Heinrich* (älter *Heimerich*). Vgl. auch **Heinsberg,** Kr. Olpe, 1178 *Heines-,* 1144 *Heymesberg.*

Heinsberg, Kr. Olpe, → Heinsberg.

Helgoland, Nordseeinsel in der Deutschen Bucht, SH, zuerst Ende des 11. Jh.s von dem Geschichtsschreiber Adam von Bremen genannt, der sie als *Halagland, Heiligland* mit germ. *Fosetisland* (8. Jh. *Fositesland* ›Land des [Gottes] *Fosite*‹) gleichsetzt. Dieser Gerichtsgott – sein altnordischer Name *Forseti* wird als ›Vorsitzer‹ gedeutet – soll auf Helgoland ein Quellenheiligtum gehabt haben. – Die Insel fiel 1490 an die Herzöge von Gottorf, 1714–1807 war sie in dänischem, danach in britischem Besitz und kam 1890 im Tausch gegen die afrikanische Insel Sansibar an das Deutsche Reich. Der Name *Helgoland* geht zurück auf 1498 *to Hilghelande,* 1483 *up Hyllege lande,* 1306 *de*

(= von) *Heylegeland;* er wird, wie schon im 11. Jh., als ›heiliges Land‹ erklärt.

Hellenstein, Burg, →Heidenheim an der Brenz.

Hellweg, der, Landstrich zwischen Haarstrang und Lippe, von Dortmund bis Paderborn, NRW, benannt nach der alten, von der Ruhrmündung (Duisburg) über Essen, Dortmund, Soest zur Weser ziehenden Fernstraße (heute z. T. Bundesstraße 1), die im Mittelalter die wichtigste Verbindung zwischen Flandern und Ostdeutschland war. Der Name H. war im Rheinland und in Westfalen als Bezeichnung öffentlicher Landwege sehr häufig (z. B. 1048 *Hileweg* bei Betzdorf a. d. Sieg, 1280 *Helewech,* ein Hof im Kr. Wiedenbrück). Er ist nicht sicher erklärt. Mhd. *helle* ›Hölle‹ und die Deutung ›Totenweg‹ scheiden aus lautlichen Gründen und auch deshalb aus, weil es sich immer um Handels- und Heerstraßen handelt.

Helmbrechts, Stadt im Frankenwald, sw. von Hof, BY, entstand im 13. Jh. als Rodungssiedlung in der Herrschaft Schauenstein und wurde 1338 mit dieser an die Burggrafen von Nürnberg verkauft. H. erhielt 1449 Hofer Stadtrecht. Im 19. Jh. entwickelte sich aus der Hausweberei eine starke Textilindustrie. Der ON *Helmbrechts* ist der Genitiv des PN *Helmbrecht,* bei dem ein Substantiv wie *Hof* oder *Reuth* zu ergänzen ist (ein sogenannter elliptischer ON, eigtl. **Helmbrechts Hof*). Wenn gelegentlich der bestimmte Artikel auftritt, gehört er grammatisch zu der weggelassenen Siedlungsbez.: 1531... *auf den Helmbrechts zue,* 1441 *Helmbreß bei dem Hofe,* 1398 *zum Helmbrechts,* 1232 *Helmbrehtes.* Unverkürzte Rodungsnamen in der Nachbarschaft sind z. B. **Heinersreuth** und **Konradsreuth.**

Helmstedt, Stadt ö. von Braunschweig, NDS, entstand als Marktsiedlung bei dem gleichnamigen, kurz nach 800 von Werden an der Ruhr aus gegründeten Benediktinerkloster, das als Missionszelle bei dem altsächsischen Dorf Helmonstedi begonnen hatte. Als Station an der Straße Braunschweig–Magdeburg (jetzige Bundesstraße 1) erhielt H. vor 1247 Stadtrecht und wurde 1426 Hansestadt. 1490 kam es zum Herzogtum Braunschweig. 1576 gründete Herzog Julius die Universität, die bis 1810 bestand. Der Name um 1150 *Helmenstide, Helmenstad,* 1012/18 *Helmanstidi,* 952 *Helmonstedi* enthält wohl einen PN *Helmo;* zum GW →-statt, -stedt, -stätten.

Hemar →Hadamar.

Hennef (Sieg), Ort an der unteren Sieg, NRW, entstand im 10. Jh. in der Nähe des fränkischen Dorfes **Geistingen** (heute Ortsteil von H., 799 *Geistinge,* zu mnd. *gēst* ›Sandboden‹) und wurde nach seiner Lage am **Hanfbach** (l. zur Sieg, 948 *Hanpha fluvius*) benannt: 948 *in Hanapham,* 1166 *Hanepha,* 1215 *Henefe.* Der mit →*-apa* gebildete Flußname wird zu germ. **hanan* ›singen, tönen‹ (dazu ahd. *hano* ›Hahn‹) gestellt.

Hennigsdorf, Stadt (seit 1962) an der Havel, nw. von Berlin, BR, entstand wohl um 1200 als deutsches Dorf und wurde im 19. Jh. Industriestandort (seit 1917 Lokomotivbau). Der Name 1590 *Hennigkstorf,* 1438 *Hennyngestorff,* aber 1375 *Heynekensdorp, Henekendorf,* enthält den deutschen PN *Heineke, Heneke,* der als Koseform zu *Heinrich,* niederd. *Henrik* gehört und sich vermutlich in der Schreibtradition mit dem PN *Henni[n]g* (zu *Heinrich* oder *Johannes*) vermischt hat.

Heppenheim, Stadt an der Bergstraße, HE, entstand als fränkische Siedlung und war seit dem 8. Jh. im Besitz des Klosters →Lorsch. Von 1232 bis 1803 war H. kurmainzische, im 15. bis 17. Jh. zeitweise kurpfälzische Amtsstadt und erhielt 1318 Stadtrecht. Der Name 1113 *Heppenheim,* 773, 755 *Hepphenheim* enthält wohl den alten deutschen PN *Heppo;* →-heim. – Verwaltungssitz der kurmainzischen Besitzungen an der Bergstraße war seit 1232 die Burg **Starkenburg** über H., schon 1265 wird das *officium castri* (= Amt der Burg) *Starkenburg* erwähnt. Das Amt behält seinen Namen, obwohl der Amtmann und Burggraf noch im 13. Jh. in den neuerbauten Amtshof in H. umzieht. Als 1803 die mainzischen Gebiete an Hessen-Darmstadt fielen, wurde aus dem *Amt Starkenburg* die hessische *Provinz Starkenburg,* die unter diesem Namen bis 1933 bestanden hat.

Herborn, Stadt im Dillkreis, HE, entstand am Übergang der alten Fernstraße Köln–Leipzig über die Dill und war Mittelpunkt der *Herborner Mark,* die als Reichslehen im 12. Jh. an die Grafen von Nassau kam; Stadtrecht 1251. Von 1584 bis 1812 bestand in H. eine reformierte Hohe Schule. Der Name 1307 *Herborn,* 1251 *villa Herberin,* 1231 *Herberen,* 1048 *Herbore marca* ist nicht sicher gedeutet. Eine Zusammensetzung mit mitteld., niederd. *Born* ›Brunnen‹ scheidet wegen der Endung *-en* und der heutigen Mundartform *Herwern* aus.

Herbrechtingen, Stadt s. von Heidenheim an der Brenz, BWÜ, entstand als alemannische Siedlung und kam 774 aus karolingischem Besitz an den Abt Fulrad von St.-Denis (bei Paris), der hier ein Eigenkloster gründete. 1125 wurde der Ort staufisch, er erhielt 1171 ein Augustiner-Chorherrenstift und das Marktrecht. Im 17. Jh. wurde er württembergisch. Der Name 1724 *Herbrechtingen,* 1252/56 *Herbrehtingen* geht zurück auf 866 *Harbrittinga,* 777 *cella qui dicitur* (= ein Kloster, genannt) *Haribertingas* (mit romanischer Schreibung *Aribertingas*) und um 774 *villa nostra* (= unser Hof) *Hagrebertingas.* Der Name bedeutet also: ›bei den Leuten des Hariberht, Haribert‹. Vereinfachte Nebenformen wie 1453 *zu Herbarting,* 1537 *Herwartingen* sind nur vorübergehende Kanzleischreibungen.

Herdecke, Stadt an der Ruhr nw. von Hagen, NRW, entstand bei einem um 810 gegründeten Kanonissenstift an der alten Handelsstraße Köln–Dortmund; Marktrecht seit 1355 (im 17.–19. Jh. berühmter Kornmarkt, daher auch *Kornherdecke* genannt). Der Name 1483 *Herdecke,* 1214 *Herreke* ist wohl eine mit mnd. *reke* ›Reihe‹ im Sinne von ›[Wald]streifen, Grenzrain‹ gebildete ursprüngliche Stellenbez. Nach dem Stift wird H. mehrfach genannt, z. B. 1275 *Nunherrike* (= Nonnen-H.) und 1790 *Marienherdicke.*

Herford, Stadt an der Werre (l. zur Weser), NRW, entstand um ein 823 gegründetes adliges Damenstift (Reichsabtei 1147–1803) am Schnittpunkt alter Fernstraßen in der von Aa und Werre gebildeten Talmulde; Stadtrecht um 1170. Der Name 1290 *Hervord,* 892 *Heriford,* 838 *Herivurth* (zu ahd. *heri* ›Heer‹ und *furt* ›durchfahrbare Stelle im Fluß‹) bezieht sich urspr. wohl auf eine von fränkischen Heeren benutzte Furt durch die Aa (l. zur Werre).

Hermsdorf, Stadt (seit 1969) w. von Gera, TH, entstand nach 1150 als Rodungssiedlung des nahen Klosters Lausnitz (jetzt Bad Klosterlausnitz). Der Name 1256 *Hermesdorp* (neben 1378 *Hermansdorff*) enthält wohl eine Kurzform des alten deutschen PN *Hermann.*

Herne, Stadt im Ruhrgebiet, NRW, entstand als Kirchdorf bei einem 890 genannten Hof der Abtei Werden und unterstand dem Gericht der Herren von **Strünkede** (1150 *Strunkethe,* wohl eine Kollektivbildung zu mnd. *strunk* ›Stumpf, dicker Stengel‹); Stadtrecht 1897. Der Name, um 1150 *Hernen,* geht auf den Hofnamen 890 *Haranni* zurück, der wohl eine Bildung zu mnd. *hare* ›Anhöhe‹ (→ Haar) ist.

Herrenạlb, Bad, Stadt s. von Karlsruhe im Tal der Alb (r. zum Oberrhein), BWÜ, entstand bei einem Zisterzienserkloster, das Graf Berthold III. von Eberstein und seine Gattin Uta 1149 gestiftet hatten. Das Kloster konnte bald ein geschlossenes Territorium aufbauen und wurde im 13. Jh. Reichskloster, fiel aber 1496/97 an Württemberg. 1535 wurde es reformiert, 1643 zerstört. Die 1791 errichtete bürgerliche Gemeinde H. erhielt 1839 Marktrecht und wurde 1887 Stadt. Der Name *Herrenalb* übersetzt den lateinischen Namen 1497 *Alba Dominorum.* Bei der Gründung war das Kloster nach dem Fluß genannt worden: 1149 *in Alba* (zu dem Flußnamen 1110 *Alba* vgl. den Artikel → Elbe). Als Gegenstück zu H. hatten Graf Eberhard III. von Eberstein und seine Mutter Uta 1180/85 vier Kilometer flußabwärts das Frauenkloster **Frauenạlb** gegründet, das 1193 als *ecclesia sancte Marie* (= Kirche der hl. Maria) bezeichnet wurde, aber 1252 *Alba* und 1341 *zu Frowen Albe* heißt. Es fiel 1535 an die Markgrafschaft Baden-Baden und wurde 1802 aufgelöst.

Herrenchiemsee, Kloster; **Herreninsel,** die, → Chiemsee.

Herrnhut, Stadt im Lausitzer Bergland,

sö. von Löbau, SAC, entstand seit 1722 als Handwerkersiedlung böhmischer und mährischer Exulanten (Glaubensvertriebener) auf der Grundherrschaft Berthelsdorf des Grafen Nikolaus Ludwig von Zinzendorf (1700–1760) und wurde zur Keimzelle der von Zinzendorf 1728 gegründeten evangelischen Brüdergemeine; Stadtrecht 1929. Mit dem Namen 1791 *Herrnhuth,* 1759 *in des Herrn Huth* wurde die Siedlung unter die Hut, d. h. den Schutz Gottes gestellt.

Hersbruck, Stadt an der Pegnitz in Mittelfranken, BY, entstand am Flußübergang der alten Straße Forchheim–Regensburg, der im 11. Jh. durch eine Burg des Bamberger Bischofs gesichert wurde. Der Ort erhielt 1057 Markt- und Münzrecht und um 1357 Stadtrecht. Seit dem 13. Jh. war der W-O-Verkehr auf der Prager Straße für die Stadt wichtig geworden, die 1504 an Nürnberg fiel. Seit dem 18. Jh. ist H. Mittelpunkt des Hopfenanbaus im sogenannten *Hersbrucker Gebirge.* Der Name 1547 *Hersbruck,* 1266 *Herspruck* geht zurück auf 1219 *Hederichisbruc,* 1011 *Haderichesprucga,* er bedeutet eigtl. ›Brücke des Haderich‹ und weist damit auf die Wichtigkeit des alten Pegnitzübergangs hin.

Hersfeld, Bad, Stadt an der Fulda, HE, entstand als Marktsiedlung an der Straße Frankfurt–Leipzig bei einer vom heiligen Lull nach 769 gegründeten Benediktinerabtei, die 775 Reichskloster wurde. Stadt und Stift wurden im 16. Jh. hessisch. Der Name 775 *Hairulfisfelt,* 778 *Heriulfisfelt,* 1005/06 *Heresfeld* enthält den alten deutschen PN *Hariulf;* → -feld.

Herten, Stadt w. von Recklinghausen, NRW, entstand als Bauerschaft bei der 1376 genannten Wasserburg der Herren von H., die Ministerialen des Klosters Werden waren und nach einem Klosterhof des 11. Jh.s heißen. Im 19. Jh. Kohlenbergbau, Stadtrecht 1936. Der Name 1286 *Hertene,* um 1150 *Herte,* 11. Jh. *Hertene* ist unerklärt.

Herzberg am Harz, Stadt an der Sieber (r. zur Oker), NDS, entstand nach 1300 unter einer Burg, die als Jagdschloß 1157 an Heinrich den Löwen gekommen war und bis 1866 welfisch blieb (Residenz der Herzöge von Braunschweig-Grubenhagen, seit 1617 der Herzöge von Calenberg, → Hannover); Stadtrecht 1929. Der Name 1546 *Hertzberg,* 1337 *Hertesberghe* (für die Siedlung), 1157 *Hirzesberch,* 1154 *Heritesberch* (für die Burg) enthält ahd. *hireȝ, hirz,* asächs. *hirot* ›Hirsch‹. Den gleichen Namen hat **Herzberg (Elster),** BR, 1290 *Hertz[e]berg,* 1238 *Hirtsbergh,* benannt nach der 1184 errichteten Burg der Grafen von Brehna an der Schwarzen Elster; Stadtrecht vor 1238. Vgl. auch → Hirschberg.

Herzberg (Elster) → Herzberg am Harz.

Herzogenaurach, Stadt w. von Erlangen, BY, entstand im 8. Jh. als fränkischer Königshof und wurde 1021 von Kaiser Heinrich II. dem Bistum Bamberg geschenkt. Ein im 11. Jh. bei der Pfarrkirche angelegter Straßenmarkt entwickelte sich zur städtischen Siedlung; Stadtrecht um 1346. Der Name 1401 *Herzogenaurach,* 1303 *Herzoh Urah* steht für 1126 *Vrahe* und 1021, 1002 *Uraha.* Der Königshof war nach dem Fluß **Aurach** (l. zur Regnitz), 1000 *Uracha,* benannt, dessen Name mit ahd. *ūro,* mhd. *ūr[e]* ›Auerochse‹ gebildet ist (= Bach, wo Auerochsen vorkommen; vgl. den Artikel → Urach). Der um 1300 erscheinende Zusatz *Herzog[en]-* bezieht sich wohl auf eine lokale Tradition der Sage vom Herzog Ernst, er dient der Unterscheidung von gleichnamigen Orten an demselben Fluß: **Münchaurach** (1344 *Műnch Aurach,* 1256 *Urach* nach dem dortigen Benediktinerkloster) und **Frauenaurach** (so um 1300 nach dem dortigen Dominikanerinnenkloster).

Herzogenrath, Stadt im Aachener Industrierevier, NRW, entstand unter einer Adelsburg des 11. Jh.s an der Wurm (l. zur Rur), gehörte vom 12. bis 18. Jh. zum Herzogtum Limburg bzw. zu den österr. Niederlanden; 1792 französisch, 1814 preußisch; Stadtrecht 1282 und wieder 1919. Der Name 1445 *Hertzogen Raide (ai = ā),* 1282 *des hertzogen Rode* bezeichnet die Stadt nach dem Landesherrn (vgl. den französischen Namen von H., frz. *Rolduc,* 15. Jh. *Rode-le-Duc*). Die urspr. Namensform, um 1225 *Rodhe,* 11. Jh.

Rode, ist in der Mundart heute noch üblich. → -rod, -reut, -ried.

Herzogtum Lauenburg → Lauenburg/Elbe.

Hessen, Land der Bundesrepublik Deutschland, entstand 1945 – zuerst *Großhessen* genannt – durch Vereinigung der preußischen Provinzen Kurhessen und Nassau (1868–1944 Provinz Hessen-Nassau) mit dem Volksstaat Hessen (s. u.), wobei aber → Rheinhessen und 4 nassauische Kreise zu → Rheinland-Pfalz kamen. Der Landesname H. (lat. seit dem 10. Jh. *Hassia*) ging hervor aus dem Dativ Plural des Stammesnamens *die Hessen* (mhd. *daʒ lant ze Hessen* ›bei den Hessen‹, 1074 *Hessun provincia*), der seinerseits von dem westgerm. Stammesnamen *die Chatten* (lat. 1.–3. Jh. n. Chr. *Chatti*) abgeleitet ist: 750 *ad Chassos,* mlat. *Hassi, Hassii, Hessiones.* Die sprachliche Herkunft des Völkernamens *Chatten* ist noch ungeklärt. – Ausgangsraum für die Landesentwicklung war die alte Grafschaft Hessen (897 *Hessa*) an Eder, Fulda und oberer Lahn, die 1122–1247 mit der Landgrafschaft Thüringen verbunden war. Mit Heinrich I. aus dem Hause Brabant beginnt die Dynastie der Landgrafen von H., deren Politik im Wettstreit mit dem Erzstift Mainz zum Main und Mittelrhein hin ausgerichtet war und so den Landesnamen H. nach S ausbreitete (1450 Erwerb der Grafschaft Ziegenhain mit Nidda, 1479 der Grafschaft Katzenelnbogen mit St. Goar/Braubach und Darmstadt. Philipp der Großmütige (1504–67) teilte dieses hessische Gesamtland unter seine Söhne auf, woraus schließlich die Landgrafschaften H.-Kassel (1803–66 Kurfürstentum, dann an Preußen) und H.-Darmstadt (1806–1918 Großherzogtum, dann Volksstaat H.) hervorgingen (s. o.).

Hessen-Nassau → Nassau.

Hettstedt, Stadt an der Wipper l. zur Saale, SAN, entstand als altthüringisches Dorf (→ -statt, -stedt, -stätten) und kam im 12. Jh. zur Herrschaft Arnstein, später an die Grafen von Mansfeld. Der Bergbau in dem nahen **Kupferberg** (1223 *mons qui cupreus dicitur*) begann wohl schon vor 1200; Stadtrecht vor 1283. Der Name 1378 *Hettstete,* 1223 *Hezstide, Hetstide,* 1046 *locus Heizstete* ist nicht sicher erklärt, vielleicht ist er mit ahd. *heiz, heiʒ,* asächs. *hēt* ›heiß‹ oder mit dem Verb ahd. *heizen, heiʒen* ›heiß machen‹ gebildet und könnte bedeuten ›heiße Stätte‹, ›Stelle, an der etwas heiß gemacht (geschmolzen?) wird‹.

Heutingsheim → Freiberg am Neckar.

Hiddensee, Ostseeinsel w. von Rügen, MV. Die langgestreckte Insel wurde 1308 durch eine Sturmflut von Rügen getrennt, ihr Name ist aber sicher älter. Sein zweites Glied ist volksetymologisch an dt. *See* angeglichen worden, die eigentliche Namensform *Hiddens-ö,* um 1190 dän.-lat. Hithinsø, enthält den nordischen PN *Hedin* und dän. *ø* ›Au, Insel‹ (dem gleichbed. mnd. *ō, oie, ōch* entspricht).

Hildburghausen, Stadt an der oberen Werra, TH, entstand wohl in fränkischer Zeit an einem alten Werraübergang und wurde im 13. Jh. durch Graf Berthold VII. von Henneberg als Stadt ausgebaut. Von 1680 bis 1827 war H. Residenz eines ernestinischen Teilherzogtums. Der Name 1391 *Hilpurgehusen,* 1324 *Hiltpurghusen,* 1234 *Hilteburgehusin,* 1194 *Hildeburgishusen* weist auf eine Frau *Hildburg, Hildiburg* als Ortsgründerin; → -hausen. Der gleiche Frauenname erscheint in 1185 *Hildeburgehusen,* jetzt **Hilperhausen** (zu Niederaula bei Hersfeld, HE).

Hilden, Stadt sö. von Düsseldorf, NRW, entstand um einen wohl schon merowingischen Hof des Erzbischofs von Köln an der Itter (r. zum Rhein); Stadtrecht 1861. Der Name 1345 *Hilden,* 1292 *Heelden,* 1176 *Helethen,* um 1169 *Helden* ist eine Bildung zu ahd. *hald* ›geneigt‹ (vgl. nhd. *Halde* ›Abhang‹) und bezieht sich auf die Lage der urspr. Siedlung am Abhang der Flußterrassen.

Hildesheim, Stadt sö. von Hannover, NDS, entstand am Übergang des → Hellwegs über die Innerste (r. zur Leine) aus einer Kaufmannssiedlung (Wik) des 8. Jh.s (heute: *Alter Markt*) und der s. davon erbauten Domburg des um 815 von Kaiser Ludwig dem Frommen gegründeten Bistums H. Namengebend für die Siedlung war wohl ein älteres Dorf (Straßenname *Altes Dorf* beim heutigen

Hauptbahnhof). Unter den Bischöfen Bernward (993–1022) und Godehard (1022–1038) entwickelte sich H. räumlich nach O hin, wo um 1030 am Schnittpunkt des Hellwegs mit einer Straße zur Ostsee die Andreaskirche und ein neuer Markt entstanden; Stadtrecht um 1217, Beitritt zur Hanse 1367. Der Name *Hildesheim* (so seit Anfang des 13. Jh.s) ist verkürzt aus 12. Jh. *Hildinisheim,* 1022 *Hildenes-hem,* 1004 *Hiltenesheim.* Er enthält den alten deutschen PN *Hildin* oder *Hildini* (zu ahd. *hiltia* ›Kampf‹). Den gleichen Namen wie H. haben **Hillesheim** in der Eifel, RP, 675 *Hildenesheim,* und **Hillesheim** bei Alzey, RP, 893 *Hildensheym.*

Hillesheim in der Eifel; **Hillesheim** b. Alzey → Hildesheim.

Hilperhausen (zu Niederaula) → Hildburghausen.

Hindelang, Markt im Oberallgäu, ö. von Sonthofen, BY, entstand bei einer um 1170 genannten Adelsburg im Tal der Ostrach (r. zur Iller). Die Burg wurde zum Mittelpunkt einer Talherrschaft, wechselte aber um 1360 den Besitzer. Die Lage an der Salzstraße über das Oberjoch und der Betrieb mehrerer Hammerschmieden führte zu wirtschaftlicher Blüte; 1477–1802 gehörte das Tal den Bischöfen von Augsburg, die 1660 in H. ein Jagdschloß erbauten. Der Name 1566 *Hindelang,* 1531 *Hindenlang underm Joch* geht über 1350/1388 *Hündelange* zurück auf 12. Jh. *Hundilanc, Hundinlanc;* dies ist der Name der ältesten Besitzerfamilie, es wird als ursprünglicher Flurname ›Feld des **Huntilo*‹ gedeutet (zu ahd. *wang, -ang* ›Feld‹ vgl. den Artikel → Wangen im Allgäu).

Hinterrhein, der, r. zum Rhein, → Rhein, der.

Hinterzarten → Kirchzarten.

Hirschberg, Stadt an der Saale, TH, entstand um 1200 als Burgflecken bei einer Adelsburg, die vor 1296 Reichsburg wurde. Sie kam nach mehreren Verpfändungen 1359 an Karl IV., der das Vogtland für Böhmen erwerben wollte. Doch blieben zuletzt die Fürsten von Reuß im Besitz von H., das dann 1920 zum Land Thüringen kam. Der Flecken H. hatte 1479 Stadtrecht erhalten. Der Name 1296 *Hirzsberc,* 1158 *Hirzberch* ist mit mhd. *hirȝ* ›Hirsch‹ gebildet, er bezieht sich also auf die Lage der Burg im Waldland. Er war als Burgenname sehr beliebt, vgl. z. B. **Hirschberg** bei Arnsberg, NRW (jetzt zu Warstein), benannt nach einer Burg der Grafen von Arnsberg, die später Jagdschloß der Kölner Kurfürsten war. Bekannt ist **Hirschberg im Riesengebirge,** Polen (poln. Jelenia Góra), das Ende des 13. Jh.s als Mittelpunkt eines Rodungsbezirks gegründet wurde und vor 1299 Stadtrecht erhielt (1281 *Hyrzberc*). Ein ›junges‹ Beispiel ist schließlich **Hirschberg a. d. Bergstraße,** BWÜ, das 1975 durch Vereinigung der Orte Leutershausen und Großsachsen entstand und nach der nahegelegenen, 1329 zerstörten Burg H., 1152 *Hirzberg* benannt wurde. Vgl. auch → Herzberg.

Hirschberg (zu Warstein) bei Arnsberg; **Hirschberg a. d. Bergstraße; Hirschberg im Riesengebirge** (ehem. Schlesien) → Hirschberg/Saale.

Hitdorf → Monheim.

Hochemmerich (zu Rheinhausen) → Emmerich.

Hochspeyer → Speyer.

Höchst, Stadtteil von Frankfurt am Main (seit 1928), entstand als Stützpunkt des Erzbischofs von Mainz an der Niddamündung; Stadtrecht 1356. 1803 kam H. an Nassau, 1866 wurde es preußisch; 1863 wurden die Farbwerke gegründet. Der Name *Höchst, Hoechst* (16. Jh.) geht zurück auf 1100 *Hochstedin,* 1090 *Hosteden,* 790 *Hostat* und bezeichnet die erhöhte Lage am Ufer, vgl. ON wie **Höchstadt an der Aisch** (9. Jh. *in loco Hohenstat qui situs est iuxta ripam fluminis Eisga* = im Ort Hohenstat, der am Ufer des Flusses Aisch liegt) und **Höchstädt an der Donau** (1081 *Hohstetin*); das Grundwort kann ahd. *stat* ›Ort, Stätte‹ oder ahd. *stad, stado* ›Ufer, Gestade‹ sein. Vgl. auch → Hannover und den Artikel → -statt, -stedt, -stätten.

Höchstadt an der Aisch; Höchstädt an der Donau → Höchst.

Hochwald, der, Höhenrücken im westlichen Hunsrück, RP und SL. Er wird 1184 als *Howald* genannt und hat Höhen um 700/800 Meter (Erbeskopf 818 m).

Hof, Stadt an der oberen Saale, im bayerischen Teil des Vogtlandes, entstand um einen Königshof, der in der Stauferzeit Sitz eines Reichsvogtes im Regnitzland wurde (1304 *advocatus provincialis in curia Regnitz*). Dieses reichseigene Land wurde nach dem Fluß **Regnitz,** r. zur Saale in Hof, benannt, und auch die Siedlung selbst hatte urspr. diesen Namen: um 1194 *Reginzi, Regenzi,* um 1160 *Rekinzi* (der Flußname ist mit dem slawischen Suffix *-nica* wahrscheinlich zu alttschech. und obersorb. *rak* ›Krebs‹ gebildet). Um 1230 wurde neben der alten Hofsiedlung eine Neustadt gegründet, die 1319 Stadtrecht erhielt. Da der Name *Regnitz* das ganze Land bezeichnete, wurde die Siedlung als Platz des Königshofes davon unterschieden, so daß zuletzt der Name *Hof* allein übrigblieb: 1288 *zum Hof und uf dem lande zu Regnitz,* 1323 *opidum dictum* (= die Stadt genannt) *Raegentzhof,* 1553 *Hofregnitz an der Saal,* 1553 und 1607 *Hof im Vogtlande,* 19. Jh. *Hof in Bayern.*

-hofen, GW von Siedlungsnamen mit der Bed. ›bei den Höfen‹. Die Grundbed. des altgermanischen Substantivs mhd., ahd., asächs. *hof,* aengl. aisl. *hof* ist nicht sicher geklärt, man stellt es zur idg. Wurzel **keu-p-* ›biegen, Wölbung, Höhlung‹, entweder im Sinn von ›Gebäude auf einer Anhöhe‹ (vgl. norw. *hov* ›Anhöhe, heidnischer Tempel‹) oder ›geflochtener Zaun, eingehegter Raum‹, aus der sich die Bed. ›Gehöft, Gebäudekomplex‹ entwickelte. Die deutschen ON auf *-hof, -hofen* entstanden wie die auf → *-hausen* schon in der frühen Ausbauzeit. Sie können aber auch jünger sein, der Typ ist heute noch lebendig. Wie bei *-hausen* ist die Namensform *-hofen* (ohne Umlaut) fest geworden. Vgl. auch → Hof und → -inghofen.

Hofen, Schloß, → Friedrichshafen.

Hofheim am Taunus, Stadt in Hessen; entstand wahrscheinlich als merowingische Siedlung in der Nähe eines römischen Limeskastells des 1. Jh.s n. Chr.; 1352 Stadt, später zu Kurmainz. Der spät bezeugte Name, 1263 *Hoveheim,* bezieht sich vermutlich auf einen fränkischen Herrenhof. Vgl. ON wie **Hofheim** bei Worms, RP (1141 *Hoveheim*), und **Hofheim** in Unterfranken, BY (9. Jh. *Houeheim*).

Hofheim (bei Worms); **Hofheim** (Unterfranken) → Hofheim am Taunus.

Hohe Acht, die, höchster Berg der Eifel (747 m), ö. von Adenau, RP. 992 *Accha,* 943 *Mons Achon.* Der Name wird zu gall. *acaunum* ›Stein, Fels‹ (zu idg. **ak-u-* ›scharf, kantig; Stein‹) gestellt. Das nahegelegene Dorf **Acht** heißt nach einem Bach 1110 *Akada,* 10. Jh. *Akeda,* der an der Hohen Acht entspringt. Die beiden Namen hängen zweifellos zusammen.

Hohenasperg, der, → Asperg.

Hohenbaden → Baden-Baden.

Hohenborstel → Fallingbostel.

Hohenburg, die, → Lenggries.

Hohengandern → Gandersheim, Bad.

Hohenhöwen, -hewen, der → Hegau, der.

Hohenmọlsen, Stadt nw. von Zeitz, SAN, entstand bei einem frühgeschichtlichen Ringwall, der noch im 11. Jh. als Befestigung genannt wird (1000 *munitio Milsin*), und wurde vor 1236 Städtchen *(oppidum).* Der Name 1709 *Hohen-Mölßen,* 1616 *Mölßen* ist eine hyperkorrekte Umbildung von 1378 *Melsen, Melsyn,* 1350 *Milsen,* 1164 *de* (= von) *Milsin.* Er geht wohl auf einen vordeutschen Gewässernamen **Milsina* zurück, eine Bildung zur idg. Wurzel **mel-* ›mahlen, zerreiben; Sand, Kies‹, die auch in dt. *Mehl* und *mahlen* zugrunde liegt. Vgl. die Artikel → Meldorf und → Milseburg.

Hohenstaufen, der, Berg vor dem Steilrand der Schwäbischen Alb, nö. von Göppingen, BWÜ. Der aus Weißjura bestehende, kegelförmige Berg trägt die Reste der 1525 im Bauernkrieg zerstörten Stammburg des staufischen Herrscherhauses, die um 1079 von dem ersten Staufer Friedrich von Büren erbaut wurde. Der zuerst um 1157 bezeugte Name *in castro* (= in der Burg) *Stoyphe* bzw. *Friderico de Stouphin* ist vom Berg auf die Burg übertragen worden, die zuerst 1360 als *Hohenstouffen* von dem unten liegenden Burgflecken (1300 *des markts Staufen*) unterschieden wurde. Der Name entspricht dem Appellativ ahd. *stouf, stouph* ›Becher‹, mhd. auch ›hochragender Felsen‹, bzw. seiner Nebenform ahd. **stoufo,* mhd. **stoufe.* Der Berg wird einem umgedrehten Becher verglichen. Seit 1844 heißt auch der Flecken *Hohenstaufen,* er ist seit 1971 Stadtteil von Göppingen. – Weitere Beispiele für diesen ausgeprägten Berg- und Burgennamen sind etwa **Staufen im Breisgau,** BWÜ, 1240 *in castro Stouphen,* 8. Jh. *Stoufen,* und das pfälzische **Stauf** (Stadtteil von Eisenberg), um 1038 *Sthouf,* um 1010 *in castello Stoufenburc.*

Hohenstein → Hohenstein-Ernstthal.

Hohenstein-Ernstthal, Stadt im Zwikkauer Hügelland, SAC, entstand 1898 durch Vereinigung zweier Städte aus dem 16. und 17. Jh. **Ernstthal** war 1679 als Weberstädtchen angelegt und nach seinen Gründern, Christian Ernst und August Ernst von Schönburg, benannt worden. **Hohenstein** hatten die Schönburger bereits 1513/17 als Bergstädtchen gegründet, als man dort Silbererz gefunden hatte. Es erhielt 1521 Stadtrecht, der Bergbau ging aber um 1600 ein. Der Name H. bezeichnete urspr. ein Jagdrevier bei einem herausragenden Felsen: 1411 *dy jagt uf dem Hohensteyne,* 1419 *uff dem Hoinstein;* 1517 wird *der Berckmeister zum Hoenstein* genannt. Entsprechende ON sind meist als Burgennamen entstanden, z. B. **Hohnstein** bei Sebnitz, SAC (böhmische Ritterburg nach 1200 auf einem Vorsprung des Elbsandsteingebirges; 1353 *castrum Hohenstein;* die Burgsiedlung ist seit 1588 Stadt) oder die Burg **Honstein** bei Neustadt (Harz), TH (auf einem Porphyrfelsen, seit 1182 Sitz der gleichnamigen Grafschaft).

Hohentwiel, der, Bergkegel im Hegau, bei Singen, BWÜ. Der schon vorgeschichtlich bewohnte, seit dem 10. Jh. mit einer Burg gesicherte Berg hat in den Kämpfen um das alemannische Herzogtum eine wechselvolle Rolle gespielt. König Konrad I. überwand zwar die Grafen Erchanger und Berchtold (914–917), aber Herzog Burchard III. (954–973) und seine Gattin Herzogin Hadwig († 994) konnten ihren Besitz wahren. Im 16. Jh. kam die Burg an Herzog Ulrich von Württemberg, um 1549 wurde sie zur Landesfestung ausgebaut, aber 1800 geschleift. Der Name 10. Jh. *Tviel, Twiela* geht zurück auf 1005 *Duellum, de monte Duello.* Er wird als keltisch angesehen, ist aber nicht sicher erklärt.

Hohenzollern, der, Berg vor dem Steilrand der Schwäbischen Alb, s. von Hechingen, BWÜ. Der aus Weißjura bestehende, kegelförmige Berg trägt das im 19. Jh. erneuerte Stammschloß der seit 1061 bezeugten Grafen von Zollern, die sich seit dem 14. Jh. *Hohenzollern* nennen. Sie teilten sich um 1214 in eine schwäbische und eine fränkische Linie. Aus der fränkischen Linie, den Burggrafen von Nürnberg, entwickelte sich das Haus Brandenburg-Preußen (→ Brandenburg [Land], → Preußen). Die schwäbische Linie teilte sich 1575 in die Linien *H.-Hechingen* (bis 1869) und *H.-Sigmaringen* (beide 1623 gefürstet) sowie die Linie *H.-Haigerloch* (bis 1634). Sowohl Hechingen wie Sigmaringen verzichteten 1849 auf ihre Souveränität, ihre Territorien bildeten 1850 bis 1945 als *Hohenzollersche Lande* einen preußischen Regierungsbezirk, der dann in das Bundesland Baden-Württemberg eingegliedert wurde. Das heutige Schloß H. ist die dritte Burg auf dem Zollernberg, es wurde 1850–1867 als neugotisches Bauwerk errichtet. – Der Name des Berges, um 1187 *Zolre,* 1150 *Zollern,* um 1099 *Zolro,* ist wahrscheinlich keltischer Herkunft, aber nicht sicher erklärt.

Hohe Venn ['ho:ə'fɛn], das, Teil der → Eifel s. von Aachen, NRW und östliches Belgien (frz. *Hautes Fagnes*). Das bes. zwischen Eupen und Malmedy von Mooren durchzogene Gebiet hat seinen Namen von mniederl. *veen,* mhd. *fen,* ahd. *fenna, fenni* ›Sumpf, Morast‹. Dieses Wort ist in Flur- und Siedlungsnamen am Niederrhein (1018 *Vene,* bei Düsseldorf, 1359 *open Vynne,* bei Kempen), in Ostfriesland (Fehnsiedlungen, z. B. *Rhauderfehn* bei Leer) wie in Brandenburg und Mecklenburg vertreten. Auch der **Venusberg** bei Bonn verdankt seinen Namen nur der studentischen Umdeutung eines älteren *Vennsberg* ›Moorberg‹.

Hohlstedt → Haldensleben.

Hohnstein → Hohenstein-Ernstthal.

Holland → Holz-, -holz.

Holstein → Schleswig-Holstein.

Holtemme, die, l. zur Bode, →Holzminden.

Holtenau (zu Kiel) →Altona.

Holz-, -holz. Im Ortsnamen bedeutet mhd., ahd. *holz,* mnd., asächs. *holt,* niederl. *hout* meist ›Wald, Gehölz‹, vgl. ON wie →Buchholz, →Bocholt und Flußnamen wie →Holtemme. Namen wie *Holzkirchen* können sich auch auf das Holz als Baustoff beziehen, sonst bedeuten sie ›Kirche im Wald‹. Die niederländische Provinz **Holland,** 1064 *Hollandt,* um 960 *Holtland,* wurde urspr. als ›Waldland, waldreiches Land‹ bezeichnet; vgl. auch den Artikel →Schleswig-Holstein.

Holzkịrchen, Ort nö. von Bad Tölz, BY, wird seit Mitte des 11. Jh.s als Marktort des Klosters Tegernsee genannt (ältere Nennungen sind unsicher) und wurde im 19. Jh. Bahnknotenpunkt an der Strecke München–Rosenheim. Der Name 1551 *Holzkirchen,* 1157/1163 *Holzchirchen* enthält als BW ahd. *holz* in der Bed. ›Baum, Wald‹; gemeint ist also eine ›Kirche am oder im Wald‹, nicht eine aus Holz gebaute Kirche; vgl. →-kirchen. Entsprechendes gilt für **Holzkịrchen** bei Marktheidenfeld, BY, 775 *Holzkiricha,* wo seit dem 8 Jh. ein zu Fulda gehörender Benediktinerkonvent bestand.

Holzkirchen bei Marktheidenfeld →Holzkirchen.

Holzminde, die, r. zur Weser, →Holzminden.

Holzmịnden, Stadt an der Weser nw. des Sollings, NDS, entstand um 1200 als Gründung der Grafen von Everstein an der vom Niederrhein kommenden Handelsstraße und übernahm den Namen einer älteren Nachbarsiedlung, die später **Altendorf** hieß (1275 *antiqua villa;* 1922 in H. eingemeindet); Stadtrecht 1245. Der Name 9 Jh. *in Holtesmeni,* 1196 *in Holtesminnen,* um 1473 *Holtesmynde,* 1542 *Holtzminda* ist im zweiten Teil an den der Stadt →Minden angeglichen worden, er bezeichnet urspr. den Bach die **Họlzminde,** r. zur Weser in H., 1410 *Holtesmynne,* 1588 *Holtzmunde,* 1715 *Holtzminne.* Sein erstes Glied ist asächs. *holt* ›Holz‹ in der Bed. ›Wald‹, das zweite ist, wie im ON →Dortmund, altes *-manni, -menni, -minni* ›Wasser‹, das mehrfach in Fluß- und Ortsnamen vorkommt, z. B. **Hedemụnden** an der Werra, 1017 *Hademinni* (›Streitfluß‹, zu ahd. *hadu-* ›Kampf‹?). Im zweiten Glied an das benachbarte →Münden angeglichen. Auch der Name der **Họltemme** (l. zur Bode), SAN, 1369 *Holtempne,* 814 *Holtemna* kann durch Metathese aus **Holtmanni* entstanden sein.

Homberg (Kr. Alsfeld); **Homberg** (Niederrhein) →Homberg (Bez. Kassel).

Homberg (Bez. Kassel), auch: *Homberg a. d. Efze,* Stadt am Nordrand des Knülls, HE, entstand als Doppelstadt *(Altstadt* und *Freiheit)* unter einer Burg des 12. Jh.s; seit 1190 thüringisch, dann hessisch, 1536 zu einer Stadt vereinigt. Der Name 1162 *Hoheberg,* 1190 *Hoinberg,* 1459 *Homberg* kennzeichnet die Lage der Burg auf steilem Basaltkegel, vgl. ON wie **Homberg** (Kr. Alsfeld), Burg und Stadt auf einem Basaltberg über der Ohm (1065 *zi dero Hohunburch*); ferner Bad →Homburg v. d. H. und →Homburg im Saarland. Anders **Homberg (Niederrhein),** seit 1975 Stadtteil von Duisburg (13. Jh. *in Homberge,* 9. Jh. *in Hohonberg*). Hier gibt es keine Burg, sondern der Ort selbst ist nach seiner erhöhten Lage auf der Flußterrasse benannt.

Homburg, Stadt n. von Zweibrücken, Saarland, entstand unter einer im 10. Jh. an der Fernstraße Metz–Worms errichteten Reichsburg auf dem *Hohenberg,* nach der sich im 12. Jh. eine lothringische Grafenfamilie nannte. Der Name von Burg und Stadt (1679–97 französische Festung) wechselt von 1172 *Hoemberc,* 1275 *Homburch,* 1278 *Hohenburg* zu 1351 *Homberg,* 1328 *Homburg;* →-berg/-burg.

Homburg vor der Höhe, Bad, Stadt am Fuß des Taunus, HE, entstand in der Nähe von Salzquellen, die schon die Römer nutzten, aus der Talsiedlung *Dietigheim* (769 *Tidenheim,* 782 *Ditincheim* ›Heim der Leute des *Dido*‹) und der im 12. Jh. erbauten Burg *Hohenberg* (13. Jh. *Hohin-, Hoinberg,* seit dem 14. Jh. *Homberg, -burg [vor der Höhe]*). Der Ort erhielt Stadtrechte im 14. Jh., seit 1502 ist er hessisch (Landgrafschaft Hessen-Homburg 1622–1866), seit 1834 Bad. Zum Gebirgsnamen *Höhe* →Taunus. Nördl. von

Homburg die um 1900 wiederaufgebaute **Saalburg,** ein römisches Limeskastell des 1.–3. Jh.s n. Chr. Ihr Name (1604 *Saalburg*) ist nicht sicher gedeutet, er bezeichnete urspr. wohl ein königliches Jagdhaus der Frankenzeit und wurde erst im 18. Jh. auf die Kastellruine übertragen.

Honnef am Rhein, Bad, Stadt am rechten Ufer des Mittelrheins, NRW, entstand im 8./9. Jh. um eine fränkische Pfarrkirche und wuchs allmählich mit den umliegenden 7 Honschaften (Verwaltungsbezirken) zusammen; Stadtrecht 1863, seit 1938 Badeort (1960 amtl. *Bad H. a. Rh.*). Der Name 16. Jh. *Honnef,* 1396 *Honfe* geht zurück auf 922 *Hunapha.* Dies ist ein mit →*-apa* ›Wasser‹ gebildeter Bachname, dessen erstes Glied zu germ. **hun-* ›braun, morastig‹ gestellt wird; vgl. den niederl. Bachnamen *Hunnepe* (zur Ijssel bei Deventer, 996 *Hunnepe*). – Unter den Stadtteilen von B. H. ist bes. **Rhöndorf** bekannt (1102 *Roendorp,* 795 *Rondorp*[ere], wohl zum alten deutschen PN *Hrōdo*).

Honstein → Hohenstein-Ernstthal.

Hooge, Hallig vor der Westküste Schleswigs, SH. Der Name 1593 *Hoge,* 1412 *van deme Hoge* ist substantiviertes mnd. *hō, hōch* ›hoch, hochragend‹ und entstand wohl unter Auslassung von mnd. *ō, ōch* ›Insel‹ aus der Fügung *de hōge [ōch]*; vgl. Inselnamen wie → Langeoog und → Norderney. Die **Halligen** sind kleine Inseln im Wattenmeer, die bei Sturmfluten überschwemmt und durch den Schlick allmählich erhöht werden. Die Höfe ihrer Bewohner stehen auf Warfen (Warften, künstlich erhöhten Wohnplätzen). Das Wort *Hallig,* nordfries. *Halig,* 1509 *in den Halligen,* 1491 *in den Halghen,* geht zurück auf mnd. *hallich, halg,* es ist verwandt mit engl. *hill* und lat. *collis* ›Hügel, Erhebung‹. Vgl. auch → Nordmarsch-Langeneß.

Horn → Horn-Bad Meinberg.

Horn-Bad Meinberg, Stadt s. von Detmold, NRW, entstand 1970 durch Vereinigung der Stadt H. mit Bad M. und 14 anderen Gemeinden. **Horn,** im 11. Jh. Besitz des Klosters Corvey, erhielt vor 1248 lippisches Stadtrecht. Sein Name 1151 *Hornen,* 1031 *Hornan* entspricht einer weiblichen Nebenform von ahd., asächs. *horn* in der Bed. ›Landspitze, spitz zulaufendes Landstück‹. **Bad Meinberg** gehörte ebenfalls zu Corvey, es ist seit dem 18. Jh. Heilbad. Sein Name 1326 *Mejenberg,* 1106 *Meginbergen,* 9. Jh. *in Meynburghun* wird zu ahd. *magan* ›Kraft, Stärke, Vermögen‹ gestellt, das in ON soviel wie ›groß‹ bedeutet; eine Angabe ›bei den großen Burgen‹ könnte sich auf sächsische Volksburgen des 8. Jh.s beziehen.

Hornsömmern → Sömmerda.

-horst, GW von Siedlungs- und Flurnamen mit der Bed. ›Gestrüpp, Buschwald; kleine, bewachsene Erhöhung im Moor‹. Das bes. in Westfalen und Niedersachsen verbreitete Wort, ahd., asächs. *hurst, horst* (Feminin), niederl. *horst* bezeichnet oft Siedlungen im Sumpfland. Wahrscheinlich durch Übertragung des Appellativs ist es schon im Mittelalter auch am Oberrhein zur Namenbildung verwendet worden.

Horst → Gelsenkirchen.

Höxter, Stadt an der Oberweser, NRW, wurde zuerst 822 bei einer wohl von der Würzburger Mission errichteten Kilianikirche genannt und 823 dem Kloster Corvey geschenkt. Dank seiner günstigen Lage am Weserübergang des → Hellwegs, der sich hier mit der Straße nach Bremen kreuzte, entwickelte sich der Ort rasch und konnte sich im Wettbewerb mit der Siedlung Corvey durchsetzen (1115 erste Weserbrücke und Marktrecht, um 1250 Stadt mit Dortmunder Recht). 1533 nahm H. die Reformation an und blieb unabhängig bis ins 17. Jh., mußte sich aber 1674 dem Bischof von Münster unterwerfen. 1813 kam H. an Preußen. Der Name 1764 *Höxter,* 1404 *Hoxar,* 1147 *de Huxere,* 822 *villa* (= das Dorf) *Huxori* ist eine altertümliche Bildung mit dem Kollektivsuffix *-ari, -eri,* deren Stammwort nicht geklärt ist (mniederl. *hoec,* mnd. *hōk* ›Ecke, Winkel‹, nach der Lage am Strom?). Vgl. den Namen 9. Jh. *Hugseli, Huxeli* (zu asächs. *seli* ›Halle, Haus‹) für eine ehemals bei H. gelegene Wüstung.

Hoya ['ho:ja], Stadt (seit 1929) an der Weser s. von Verden, NDS, entstand als Handelsplatz an einer Weserschleife und wurde mit der 1233 genannten gleichnamigen Burg zum Sitz der **Grafschaft Hoya** (heute Landkreis, →Syke), die 1582 an Braunschweig-Lüneburg fiel. Der Name 13. Jh. *Hoye, Hoie,* Anf. 12. Jh. *in vico Hogen* ist wohl eine Bildung zu ahd., asächs. *hōh* ›hoch‹ (nach der erhöhten Lage der Siedlung).

Hoyerswẹrda (sorb. Wojerecy), Stadt an der Schwarzen Elster, in der Oberlausitz, BR, wurde um 1230 durch Graf Hoyer I. von Friedeburg als Herrschaftssitz inmitten sorbischer Siedlungen gegründet und nach ihm benannt; es erhielt 1423 Stadtrecht und wurde Ende des 19. Jh.s zum Zentrum des lausitzischen Kohlenbergbaus. Seit 1955 wurde die Neustadt H. als Wohnstadt für die Mitarbeiter des Braunkohlenkombinats **Schwarze Pumpe** (Kr. Spremberg) errichtet. Das Kombinat ist nach einer alten Fuhrmannsschenke im benachbarten Dorf Terpe benannt. Der Name 1577 *Hoierschwerda,* 1371 *Hogirswerde,* 1268 *Hoyerswerde* ist mit mnd. *werd* ›Insel, Halbinsel‹ gebildet, was wohl auf eine Wasserburg als ersten Sitz des Gründers Graf *Hoyer* weist. Zur kanzleisprachlichen Endung *-a* vgl. →Bischofswerda.

Humbeeck (Belgien) →Montabaur.

Hümmling, der, Hügelland ö. der Ems und n. der Hase, NDS, ein altbesiedeltes freies Bauernland mit vielen Großsteingräbern der jüngeren Steinzeit, das sich erst 1394 dem Bischof von Münster unterstellte. Der Name 1297 *uppen* (= auf den) *Homelingen* (Plural), 1280 *Humeling* wird zu norw. *humul* ›kleiner, runder Stein‹ und niederl.-mdal. *hummel* ›grober Kies‹ gestellt, er könnte sich auf den kiesigen Boden der langen Höhenrücken dieser Landschaft beziehen.

Hünfeld, Stadt westl. der Rhön, HE. Der Ort ist zuerst als Tochterkloster und Fronhof des Klosters Fulda bezeugt; Stadtrecht 1310. Der Name 1195 *Hünevelt,* 825 *Hunafeld* bezeichnet eigentlich das breite Flußtal (781 *campus Unofelt*) der **Haune** (rechts zur Fulda; 1003 *Hunaha,* 789 *Huna*). Der Flußname ist nicht sicher gedeutet (zu germ. *hun ›braun, morastig‹? Vgl. →Honnef).

Hungen, Stadt sö. von Gießen, HE, war im 8. Jh. Besitz des Klosters Hersfeld, seit dem 15. Jh. der Grafen von Solms[-Braunfels]; 1806 kam H. zu Hessen-Darmstadt. Der Name 782 *Hoinge, Houngun,* 1183 *Hohungen* enthält – trotz der Lage des Ortes im Horlofftal – vermutlich ahd. *hōh* ›hoch‹. Es könnte eine Bildungsweise wie bei →Langen vorliegen.

Hunnesrück →Hunsrück, der.

Hunsrück, der, Teil des westlichen Rheinischen Schiefergebirges zwischen Rhein, Mosel und Nahe; Teilgebiete von W. nach O: →Hochwald, Idarwald (→Idar-Oberstein), →Soonwald. Der Name *Hunsrück* bezeichnete urspr. nur die Gegend um Simmern und Kirchberg; 1400 *Hunsruck,* 1074 *Hundesrucha* bedeutet eigtl. ›Hundsrücken‹ (zu ahd. *hunt* ›Hund‹ u. ahd. *hrucci, rukke* ›Rücken‹). Andere Deutungen (z. B. zu ahd. *hūn* < *hohun,* Dativ von *hōh* ›hoch‹ oder zu rhein. *Hunn,* ahd. *hunto* ›Vorsteher einer Hundertschaft‹) sind bloße Vermutungen. Das Bild des Hundsrückens erscheint häufig in rheinischen u. nordwestdt. Geländenamen, z. B. **Hunnesrück,** Dorf bei Kreiensen, NDS, und die Flur *Hunsrück* in Waldhilbersheim bei Bingen, RP, 1320 *Dorsum canis.*

Hunte, die, linker Nebenfluß der unteren Weser in NDS, entspringt auf der Südseite des Wiehengebirges, mündet bei Elsfleth nw. von Bremen. 1158 *Hunta,* 876 *Hunta* ist eine Bildung zum Stamm des in engl. *to hunt,* aengl. *huntian* ›jagen‹ bezeugten Verbs, das seinerseits von aengl. *hentan* ›verfolgen, angreifen‹ abgeleitet ist. Der Flußname könnte sich auf den Fischfang beziehen, vgl. den niederl. Namen *Honte* für die Westerschelde.

Husum, Stadt an der Nordsee im südlichen Nordfriesland, SH, entstand wohl im 13. Jh. auf der Geest und erhielt während der Flutkatastrophen des 14. Jh.s durch den Einbruch eines Meeresarms freien Zugang zur See; Marktrecht 1465, Stadtrecht 1603 durch die Herzöge von Gottorf. Der Name 1438 *to Husem,* 1434 *bynnen Huseme,* 13. Jh. *iuxta* (= nahe bei) *Hwsænbro* (mit dän. *bro* ›Brücke‹) ist mit dem altfriesischen und altdänischen Dativ Plural *-um* von *hus* ›haus‹ gebildet, der in den mittelniederdeutschen Urkunden zu *-em[e]* abgeschwächt, aber in der Kanzleisprache wieder aufgenommen wurde. *Husum* bedeutet also ›bei den Häusern‹; die älteste Siedlung bestand aus drei getrennt liegenden Dörfern.

I

Ibbenbü̱ren, Stadt w. von Osnabrück, NRW, entstand auf Königsgut der Karolingerzeit und war Mittelpunkt eines Missionsbezirks. Es kam im 9. Jh. an das Stift Herford, später an die Grafen von Tecklenburg. Der Name 1189 *Ybbenburen,* 1146 *Hibenburen* bedeutet ›bei den Häusern des *Ibbo*‹ (zum Grundwort vgl. → Büren) und enthält einen im 10.–12. Jh. mehrfach belegten alten deutschen PN.

Ibrugger Hof, der, bei Gütersloh, → Driburg, Bad.

Iburg, die, bei Bad Driburg; **Iburg,** die, bei Bad Iburg, → Driburg, Bad.

Idar; Idarbach, der, l. zur Nahe, → Idar-Oberstein.

Idar-Oberstein, Stadt an der Nahe, RP, entstand 1933 durch Vereinigung der Städte Idar u. Oberstein. Die alte Herrschaft Oberstein war trierisches Lehen und kam 1817 zu Oldenburg (→ Birkenfeld). Beginn der Edelsteinschleiferei im 15. Jh. Der Stadtteil **Idar** (1321 *Yder*) heißt nach dem **Idarbach** (links zur Nahe; 959 *Hiedraha,* 826 *Hidera;* → ¹-ach), der aus dem **Idarwald** (Teil des → Hunsrücks) kommt. Der Gebirgsname ist schon im 7. Jh. bezeugt (633 *Ieder silva*), aber unerklärt. Der Stadtteil **Oberstein** heißt nach der im 14. Jh. erbauten ›neuen Burg‹: 1323 *de Oversteine,* 1330 *daz Husz zum Obernsteyne, ...daz da gebuwet ist... uber der burg zum steyne.* Mit *Ober-* wird also die höhere Lage der neuen Burg gegenüber der alten (1075 *de Steyna,* 1158 *de Steyne*) bezeichnet; → -stein.

Idarwald, der, → Idar-Oberstein.

Idstein, Stadt im Taunus, HE, entstand bei einer Burg des 11. Jh.s in der Nähe der alten Fernstraße Frankfurt–Köln und war seit dem 12. Jh. mainzisches Lehen der Grafen von Nassau. Der Name von Burg und Stadt, 1453 *Itstein,* 1242 *Etkenstein,* 1102 *Etichestein* enthält den alten deutschen PN *Eticho;* → -stein.

Ijssel, die, → Rhein, der.

Iller, die, rechter Nebenfluß der Donau, entsteht aus mehreren Quellbächen bei Oberstdorf, mündet sw. von Ulm. 1454 *Yller,* 1373 *Iler,* 1155 *Hillara,* 1059 *Ilara* ist eine alteuropäische Bildung mit *-r*-Suffix zu idg. **el-* ›fließen, strömen‹; → Aller.

Illertịssen, Stadt (seit 1954) im unteren Illertal, BY, entstand wohl als alemannische Siedlung und wird zuerst für 954 als *oppidum* (= Städtchen) genannt. 1181–1520 gehörte es den Grafen von Kirchberg, danach der Memminger Patrizierfamilie Vöhlin und kam 1756 an Bayern. Der Name 1541 *Illerthissen,* 1526 *Yllerthisen,* 1494 *Tüßen,* 1239 *in vico* (= im Dorf) *Tussin,* 954 *Tussa* wurde früher zu ahd. *diezen* ›tosen, brausen‹ gestellt (vgl. → Dießen am Ammersee), doch geht er eher auf die germanische Wurzel **þaus-,* **þus-* ›Schwall, anschwellende Bewegung, Tumult‹ zurück, genauer auf eine Weiterbildung **þusjō* mit der Bedeutung ›Wasserschwall‹ (vgl. auch den Artikel → Düsseldorf). Der Zusatz *Iller-* unterscheidet I. von gleichnamigen Orten wie **Großtịssen** (bei Saulgau, BWÜ, um 1096 *Tussin*) und **Rißtịssen** (an der → Riß, BWÜ, 838 *Tussa, Tussin*).

Ilm, die, r. zur Donau bei Neustadt, → Ilmenau, die.

Ilm, die, l. zur Saale, → Ilmenau.

Ilmenau, die, linker Nebenfluß der unteren Elbe, NDS, entspringt s. von Uelzen, mündet nw. von Winsen. Der Fluß bildete die Westgrenze des slawischen Vordringens im 7.–9. Jh. der Name *Ilmenau,* älter auch *Elmenau,* 1139 *Elmenowe,* 10. Jh. *Elmanau,* gehört wohl nicht zu ahd., aengl. *elm* ›Ulme‹ (→ Elmshorn), sondern er beruht auf einer vorgermanischen *m-* und *n-*Erweiterung von idg. **el-/ *ol-* ›fließen, strömen‹. Gleicher Herkunft ist der Name der *Ilm,* l. zur Saale in Thüringen, mit der Stadt → Ilmenau, und der **Ilm,** r. zur Donau bei Neustadt, BY, (821 *Ilma,* 765 *Ilmina*), mit dem Pfarrdorf **Ilmmünster,** 1020/1036 *Ilminamunistuiri,* 912/932 *ad monasterium Ilmina* (= beim Kloster an der Ilm).

Ilmenau, Stadt an der Ilm (l. zur Saale), TH, entstand zuerst als Dorf bei einer Wasserburg der Grafen von Käfernburg, wurde mit dieser 1290 zerstört und zu Anfang des 14. Jh.s weiter westl. an der Straße Erfurt–Nürnberg von den Grafen von Schwarzburg neu gegründet; Stadt seit 1341. Der Stadtname *Ilmenau,* 1273, 1383 *Ilmena,* bewahrt die volle Form des verkürzten Flußnamens **Ilm** (1587 *die Ilmen,* 1378 *Ylmenaw,* 1186 *Ilmina*); vgl. auch **Stadtilm** (15 km nö. von I., ebenfalls eine schwarzburgische Gründung): 1441 *Stadilmen,* 1396 *Ilmen,* 1234 *Ilmene.* Zur Herkunft des Flußnamens vgl. → Ilmenau, die, l. zur Elbe.

Ilmmünster → Ilmenau, die.

Ilse, die, l. zur Oker, → Ilsenburg.

Ilsenburg, Stadt (seit 1959) am Nordrand des Harzes, SAN, entstand bei einer Burg über der Ilse (s. u.), die Kaiser Otto III. 998 den Bischöfen von Halberstadt zur Errichtung eines Benediktinerklosters schenkte. Das Kloster, das bes. im 11. Jh. blühte, kam im 15. Jh. an die Grafen von Stolberg-Wernigerode und wurde zur Residenz ausgebaut. Im Dorf entstand ein Hüttenwerk. Der Name 1187 *Ilseneburg,* 1184 *Illsinburch,* 1003 *Elisenaburg,* 995 *Elysynaburg* bezeichnete urspr. die ottonische Burg, er ist gebildet mit dem alten Namen des Harzflusses **Ilse** (l. zur Oker), 1003 *Ilsina,* 995 *Elisina.* Dieser Flußname kann als ›Erlenbach‹ mit einem *n-*Suffix von germ. **alisō* ›Eller, Erle‹ abgeleitet sein (vgl. mnd. *else* ›Eller‹), doch gehört er eher zu den unter → Elsenz und → Elz behandelten alteuropäischen Gewässernamen, für die als weiteres Beispiel hier auch die **Else** (l. zur Werre zur Weser) genannt sei, die im 13. Jh. *Elsene* heißt.

Immenstadt i. Allgäu, Stadt im Illertal, am Alpenrand, BY, wird im 13. Jh. als Dorf unter der ehemals welfischen Burg Rotenfels genannt und kommt 1332 an die Grafen von Montfort; Stadtrecht vor 1360. Der Name 1530 *Ymmenstat,* 1373 *Ymmestat* steht für älteres *Immendorf:* 1360 *in der stat zu Ymmendorff,* 1269 *Immendorf.* Das GW *-dorf* wurde also nach der Stadterhebung aufgegeben, es kommt aber bis 1618 gelegentlich noch vor. BW ist der PN *Immo, Ymmo;* vgl. → *-dorf.*

-in, Eindeutschungssuffix von Siedlungsnamen, die auf slawische ON zurückgehen. Es erscheint als betontes *-in* vor allem in SAN, BR und MV und kann verschiedene slawische *-n-*Suffixe ersetzen. Oft ist es auch an die deutsche ON-Endung *-en* angelehnt worden. Beispiele: *Demmin* aus apolab. *Dymin,* **Dyminy* (zu *dym* ›Rauch, Dunst‹), *Schwerin* aus apolab. *Zwerin* (zu *zvěř* ›wildes Tier‹). *Düben* aus asorb. *Dibni* (zu *dyb* ›Stange‹).

Inde, die, l. zur Rur, → Innerste, die.

Ingelheim am Rhein, Stadt in RP, 1939 durch Zusammenschluß der Gemeinden Ober- und Nieder-Ingelheim und Frei-Weinheim geschaffen. Diese entstanden in frühfränkischer Zeit auf schon römisch besiedeltem Boden; der karolingischen, später staufischen Kaiserpfalz in Nd.-I. ging wohl ein römischer Gutshof voraus. 1375 kam der *Ingelheimer Grund* (sieben Ortschaften im Selztal) aus Reichsbesitz an die Kurpfalz. Der Name 1390 *Ingelnheim,* 774 *Ingilinhaim* enthält wohl den PN des ersten germanischen Siedlers *Ingilo* (Koseform von *Ingo*). Nebenformen wie 823 *Engilinhaim,* lat. 1047 *Angelica sedes* ›Sitz der Engel‹ sind gelehrte Umdeutungen ohne Grundlage. Bei **Frei-Weinheim** (1391 *Wienheim,* 772 *Winhinheim* zum PN *Wino*?), dem Rheinhafen des Ingelheimer Grundes, bezieht sich der Zusatz *Frei-* (15. Jh.) auf die alten Privilegien des Gebietes.

-ingen, Ableitungsendung (Suffix), von Siedlungsnamen, mit der eine Zugehörigkeit ausgedrückt wird. Meist sind diese Namen von einem alten deutschen PN abgeleitet, z. B. *Büdingen* aus 1196 *Bodingen,* zum PN *Bodo,* oder *Eppingen* aus 1101 *Eppingun,* zum PN *Eppo.* Sie bezeichnen eine Personengruppe, die gemeinsam am Ende der Wanderzeit eine

Siedlung angelegt hat und nach ihrem Anführer (dem Sippenältesten oder dem Gefolgsherrn) *Bodinga* (= die Leute des Bodo) genannt wird. Der Dativ *Bodingen* bedeutet hier ›bei den Leuten des Bodo‹, aus dem Gruppennamen für die Insassen der Siedlung ist nun ein Ortsname geworden (vgl. dazu die Einleitung, S. 13). Solche Gruppennamen auf *-ing-* gibt es schon seit mittelhochdeutscher Zeit nicht mehr, sie sind durch Einwohnernamen auf *-er* und *-inger* verdrängt worden (*die Bremer, die Göttinger*). Der Name des Anführers erscheint überwiegend als Kurz- oder Koseform eines Vollnamens, doch gibt es auch *-ingen*-Namen auf der Basis eines zweigliedrigen Vollnamens, z. B. *Sigmaringen* zum PN *Sigimar.* Sie erscheinen meist im Dativ Plural (831 *Cuntheringun* zum PN *Gunther,* jetzt *Guntalingen* bei Schaffhausen, Schweiz) und im Nominativ Plural (1180 *Gonderinga* zum gleichen PN, jetzt *Gundringen* an der Nied in Lothringen, Frankreich). Diese Vielfalt der Flexionsformen ist in der Neuzeit meist zugunsten der Standardform *-ingen* ausgeglichen worden, neben der besonders in Hessen und Thüringen die Variante **-ungen,** älter auch **-angen,** vorkommt (vgl. die Artikel →Meiningen, →Melsungen, →Usingen). In Bayern ist *-ingen* im 12./13. Jh. teilweise zu *-ing* geworden (→Freising, →Garching), im Friesischen wurde *-ingi* zu **-ens** (→Esens). – Namen auf *-ing-* können aber auch als Stellenbezeichnungen entstanden sein, die einen Ort nach einem sachbezogenen Merkmal benennen. Hierher gehören z. B. Bad→Wildungen ›bei den Leuten in der Wildnis‹ oder ON mit Adjektiven wie *Grüningen* und *Breitungen,* in denen Gewässernamen wie *Gruonach, Breitach* zugrunde liegen können (eigtl. = am grünen/breiten Bach).

-inghausen, -ingheim, -inghofen, -ingerode. Ortsnamen, in denen typische Siedlungsnamengrundwörter wie *-hausen, -heim* mit der *-ing*-Ableitung eines Personennamens zusammentreffen, können als Fügungen entstanden sein, deren erstes Glied ein Insassenname auf *-ing-* im Genitiv Plural war: *Sigmaringoheim* ›Siedlung der Leute des Sigmar‹. Der Vokal der Genitivendung wurde ausgelassen, so daß eine scheinbare Endung *-ingheim* u. ä. entstand. Dieser Bildungstyp kam bes. in Norddeutschland vor. Solche Namen konnten aber auch entstehen, wenn ein alter, zum ON gewordener Insassenname wie *Sigmaringen* neben den jüngeren ON-Formen auf *-hausen, -heim, -hofen* für den gleichen Ort gebräuchlich blieb. Es kam dann zu einer Namenkreuzung (Kontamination): *Sigmaringen* neben *Sigmarsheim* ergab die neue Form *Sigmaringheim.* Aus Vorgängen dieser Art sind also ON wie →Lüdinghausen, →Bietigheim, →Wernigerode entstanden. – Bei den Namen auf *-inghausen* kommen im Bergischen Land (NRW) Gruppen vor, deren PN durch Stabreim verbunden sind, ein Hinweis auf Verwandtschaft der Namensträger (vgl. den Artikel →-leben).

Ingolstadt, Stadt an der Donau in Oberbayern, BY, entstand auf schon von Kelten und Römern besiedeltem Boden in der frühen Landnahmezeit und wurde im 8. Jh. als fränkisches Königsgut aus dem bayerischen Herzogtum ausgesondert. Den 806 bezeugten Königshof schenkte Ludwig der Deutsche 841 mit zwei Kirchen dem Kloster Niederaltaich. – Die Stadt I. legten die Wittelsbacher um 1250 planmäßig am linken Donauufer an, sie blühte bes. im 14. und 15. Jh. durch den Salz- und Weinhandel und als Residenz des Teilherzogtums Bayern-I. (bis 1445). 1472 wurde die Universität eröffnet, die dann 1802 nach Landshut und 1826 nach München verlegt worden ist. Der Name 1533 *Ingolstat,* 1472 *Ingolstadt,* 1148 *Ingoltestat,* 841 *Ingoldesstat,* 806 *Ingoldestat* ist mit dem PN *Ingold, Ingolt* und ahd. *stat* ›Stätte, Stelle, Ort‹ gebildet; vgl. →statt, -stedt, -stätten.

Inn, der, rechter Nebenfluß der Donau, entspringt nw. des Malojapasses in den Rätischen Alpen (Graubünden, Schweiz), mündet als deutsch-österreichischer Grenzfluß in Passau (BY). Der Name *Inn,* rätoroman. *En,* 1060 *In,* 1025 *Hin* geht über mlat. *Inus, Enus* zurück auf lat. *Enus,* griech. Énos (in anderer Schreibung lat. *Aenus,* griech. *Aínos.* Der Name ist wohl keltischen Ursprungs, er wird zu mittelir. *en* ›Wasser‹ und *enach* ›Sumpf‹ gestellt.

Innerste, die, rechter Nebenfluß der Leine, NDS, entspringt im Harz s. von Clausthal-Zellerfeld, mündet bei Sarstedt. 1577 *Innerste,* 1567 *Inderste* geht zurück auf 1313 *Indistria,* 1065 *Entrista,* 1013 *Indrista.* Dies ist eine vorgermanische Bildung mit *st*-Suffix zu der erweiterten nasalierten Form **ind-r-* von idg. **oid-* ›schwellen‹, die auch in baltischen Flußnamen wie lett. *Indra* (zur Düna), lit. *Indrajà* vorliegt und – ohne *r*-Erweiterung – im Namen der **Inde,** l. zur Rur bei Jülich, NRW, 834 *Inda,* erscheint.

Isar, die, rechter Nebenfluß der Donau, entspringt in Österreich im Karwendelgebirge, mündet bei Plattling unterhalb von Deggendorf, BY. 1628 *Isar,* 1226 *Iser,* 819, 748 *Isara,* 755 *Isura* ist eine alteuropäische Flußnamenbildung mit *-r-*Suffix zur Wurzel idg. **eis-/*ois-/*is-* ›sich heftig, schnell bewegen‹. Gleicher Herkunft sind z. B. die Namen der **Iser,** tschech. *Jizera,* r. zur Elbe in Böhmen, Tschechische Republik (1297 *Gizera*) und der **Isère,** l. zur Rhone in Frankreich (lat. *Isara,* 1143 *Isera*); mit anderer Bildungsweise auch die Namen der **Isen,** l. zum unteren Inn, BY (748/760 *Isana*), mit dem Markt **Isen** bei Wasserburg, BY, (um 1152 *Isene,* 769 *Isana*) und der **Ise,** r. zur Aller, NDS, (1209 *Ysne,* um 1008 *Isunna,* 1007 *Isunda*); vgl. auch den Artikel → Isny. Schließlich ist hier noch die niederländische *Ijssel* zu nennen, vgl. den Artikel → Rhein.

Isen, Markt; **Isen,** die, l. zum unteren Inn, → Isar.

Isenburg, die, → Neu-Isenburg.

Iser, die, r. zur Elbe (Tschechische Republik), → Isar.

Iserbach, der, r. zum Saynbach zum Rhein, → Neu-Isenburg.

Isère, die, l. zur Rhone (Frankreich), → Isar.

Iserlohn, Stadt im Sauerland, NRW. Die älteste, vor 1050 als Münzstätte genannte Siedlung um eine alte Pfarrkirche wurde im 13. Jh. durch Graf Engelbert I. von der Mark an einen höheren Platz verlegt und als feste Stadt neu gegründet. Der Name 1215 *Iserenlon,* 1165 *Iserloyn,* 1124 *Loun,* vor 1050 *Loon* enthält den Dativ Plural von mnd. *lō* (= ahd. *loh*) ›Wald, Gehölz‹ und als unterscheidenden Zusatz (vgl. → Stadtlohn) mnd. *īser* ›Eisen‹. In dem Waldgebiet um I. wurden seit alters Eisen und Galmei gegraben, wodurch in der Stadt ein blühendes Metallgewerbe entstand. Zum Grundwort mnd. *lō* vgl. → Gütersloh.

Ismaning, Ort im nördlichen Vorortbereich von München, BY, entstand wohl zur Landnahmezeit und wurde 1319 durch Kaiser Ludwig den Bayern dem Hochstift Freising verkauft, das hier eine reichsunmittelbare Grafschaft errichtete. 1803 fiel diese an Bayern. Der Name 1583 *Ismaning,* um 1060 *Ismaningen,* 806/809 *Isamanninga* ist mit dem Suffix → -ingen zu einem sonst nicht bezeugten PN **Isaman* gebildet; er bedeutet also ›bei den Leuten des Isaman‹.

Isny, Stadt im westlichen Allgäu, an der **Isnyer Aach,** l. zur Unteren Argen, BWÜ, wurde, wohl am Platz einer älteren Siedlung, im Jahr 1171 von den Grafen von Altshausen planmäßig als Marktflecken ausgebaut und erhielt 1238 Stadtrecht. Im 13. Jh. an die Truchsessen von Waldburg verpfändet, konnte sich die Stadt 1365 loskaufen und wurde Reichsstadt. 1806 fiel sie an Württemberg. Der Name *Isny,* 1168 *Ysne, Ysni,* 1126 *Isininun,* ist aus einem Flußnamen abgeleitet: 1290 *Isine,* 1171 *Hisinina* lassen auf eine Grundform **Isina* schließen, die als alteuropäische Bildung zu den unter → Isar genannten Flußnamen *Isen* und *Ise* gehört. Vermutlich ist **Isina* der ältere Name der Isnyer Aach.

Isnyer Aach, die, l. zur Unteren Argen, → Isny.

Ith, der, Höhenzug sö. von Hameln, NDS. Der Name, um 1000 *Igath mons,* ist mit kollektivem Suffix *-ath* zum Baumnamen *Eibe,* ahd. *īwa, īga,* asächs. *īch,* gebildet, er bedeutet also ›Eibenwald‹.

-itz, Eindeutschungssuffix von Siedlungsnamen, die auf slawische ON zurückgehen. In der Endung *-itz* sind verschiedene slawische *-c*-Suffixe zusammengefallen, z. B. *-ica, -nica, -ovica* in slawischen Stellenbezeichnungen (*Chemnitz* aus *Kameniz* zum asorb. Flußnamen *Ka-*

menica ›Steinbach‹; *Sebnitz* aus *Sebnicz* zu asorb. *Zabnica* ›Froschbach‹) oder *-ici* in Personengruppennamen (*Schleiz* aus *Slowicz* zu **Slavici* ›die Leute des Slava‹). Durch Verschiebung der Silbengrenze erscheinen diese Namen im Deutschen oft scheinbar mit konsonantischem Anlaut: *-witz, -nitz, -litz.*

Itzehoe […'ho:], Stadt an der Stör, r. zur Elbe, SH, entstand in einer Flußschleife bei einer 810 am rechten Ufer erbauten Karolingerburg, mit der die Franken zum erstenmal jenseits der Elbe Fuß gefaßt hatten; Stadtrecht 1238 durch Graf Adolf IV. von Schauenburg. Im 19. Jh. (1846) begann von I. aus der Widerstand der holsteinischen Stände gegen die dänischen Versuche, die Herzogtümer zu trennen (vgl. den Artikel → Schleswig-Holstein). Der Name 1226 *Idzehoe,* 1196 *de Ezeho,* 12. Jh. *apud Ekeho oppidum* (= bei der Stadt Ekeho) ist nicht eindeutig erklärt, er kann ›Eichwald‹, aber auch ›Flußbiegung bei den Eichen‹ bedeuten, wobei *-ho* als ›Flußschleife‹ oder als ›Wald‹ gedeutet wird. Der Übergang von *Ek-* ›Eiche‹ zu *Ez-* wird als Zetazismus, d. h. Wandlung von *k* zu *z* vor hellem Vokal, erklärt, vgl. den Artikel → Celle.

J

Jade, die, Zufluß der Nordsee bzw. des Jadebusens, NDS, entspringt n. von Oldenburg, mündet bei Varel. Der Name 13. Jh. *Jatha,* 11. Jh. *Jaden* ist unerklärt. Der Jadebusen entstand seit dem 13. Jh. durch die Einbrüche mehrerer Sturmfluten in das friesische Land Rüstringen (→ Wilhelmshaven); durch Landgewinnungen erhielt er seit dem 16. Jh. seine heutige Form. Vgl. den Artikel → Butjadingen.

Jagst, die, rechter Nebenfluß des Neckars, BWÜ, entspringt südöstl. von Ellwangen, mündet gegenüber von Bad Wimpfen. 1371 *Jagst,* 1024 *Jagas* (dazu der Gauname 768 *Jagesgouwe*) ist ein vorgermanischer, wohl keltischer Flußname. Die Grundform **Jagasa* wird zu idg. **i̯eg-* ›Eis‹ gestellt (vgl. anord. *jaki* ›Eisstück‹, mittelir. *aig* ›Eis‹, schweiz. mdal. *Jäch, Gicht* ›Reif‹). Der Name würde dann ›kalter, eisiger Fluß‹ bedeuten. Das auslautende *-t* ist wie bei *Obst* (mhd. *obeʒ*) und *Axt* (mhd. *ackes*) erst in spätmittelhochdeutscher Zeit angefügt worden.

Jena, Stadt an der Saale, TH, entstand in fränkischer Zeit als Straßendorf am linken Ufer bei einem alten Saaleübergang und wurde um 1200 zur Stadt erhoben. 1331 kam J. an die Wettiner, 1557 wurde die Universität gegründet. Der Name J. erscheint mit kanzleisprachlichem *-a* zuerst in 1442 *Jhena,* 1516 *Jena,* sonst mit *-e* oder ohne Endung: 1252, 1350 *Jene,* 1366, 1377 *Jehen,* mit *g* für *j* in 1145, 1176, 1236 *Gene.* Der älteste Beleg 9. Jh. *Jani* (im Hersfelder Zehntregister) wird zu mhd. *jān,* ahd. *jāni* ›Reihe gemähten Grases oder Getreides‹ gestellt. Dieses Wort, das eigtl. den Gang des Mähers durch den Acker und die dabei entstehende langgestreckte Fläche bezeichnet, ist (wie entsprechendes schwed. mundartliches *ån* ›Ackerstreifen‹) eine germanische Bildung zu idg. **ei̯-, *iē-* ›gehen‹. Der ON *Jani* bezieht sich wahrscheinlich auf den Weinbau, der auf dem Muschelkalkboden von J. schon früh betrieben worden ist. Noch im 18. Jh. nannte man die im Weinberg abgeteilten Streifen, die jeder für sich gedüngt wurden, *Jahne.* Vermutlich dasselbe Wort liegt wohl dem Namen von **Großjena** (gegenüber von *Kleinjena* an der Unstrut bei Naumburg) zugrunde, das 1012/18 *Geni,* 1033 *Gene* heißt.

Jessen/Elster, Stadt an der unteren Schwarzen Elster, BR, entstand am Flußübergang einer Straße in die Niederlausitz bei einer 1290 genannten Burg; Stadtrecht vor 1350. Der Name 1378 *von dem Jessen,* 1354/58 *Jessenn,* 1283 *Jezen* ist verkürzt aus 1265 *Jezant,* 1217 *Jezzant* (noch 1317 *daz hus zu dem Jezzende, Jessende*). Diese Formen führen auf einen vorslawischen, germanischen Gewässernamen **Jesant-* ›die Schäumende, Sprudelnde‹, eine Bildung zu dem in ahd. *jesan* ›gären, sprudeln‹ bezeugten germanischen Verb. Der Name ist also viel älter als die mittelalterliche Siedlung.

Jever ['je:fɐ, 'je:vɐ], Stadt nw. von Wilhelmshaven, NDS, entstand auf einem Geestsporn über der Marsch, war bis ins 16. Jh. Hafen der Küstenschiffahrt und im 11. und 12. Jh. Münzstätte der Billunger (1182 *denarius Gauariensis* ›jeverscher Denar‹); Stadtrecht 1536; seit 1370 Hauptort der Herrschaft J., des heutigen **Jeverlandes,** die 1575 und erneut 1818 an Oldenburg kam. Der Name 1497 *Jever,* 1290 *de Jeveren,* 1230 *in Gevere,* 1158 *Geuere* ist nicht sicher erklärt, er könnte vorgermanisch sein.

Jeverland, das, → Jever.

Johanngeorgenstadt, Stadt im westlichen Erzgebirge, SAC, entstand als Siedlung böhmischer Glaubensflüchtlinge und wurde 1654 planmäßig als Bergstädtchen angelegt. Kurfürst Johann Georg I. von Sachsen verlieh ihm 1656 das Stadtrecht und seinen Namen *Johann-Georgen-Stadt.*

Juist ['jy:st], ostfriesische Insel zwischen Borkum und Norderney, NDS. Der Name 1642 *Juyst,* 1398 *Just* gehört wohl zu mnd. *gūst, güst* ›trocken, dürr, unfruchtbar‹.

Jülich, Stadt an der Rur, NRW, entstand als römischer Straßenknotenpunkt am Rurübergang der Straße Köln–Tongern, war im 4. Jh. Kastell und später fränkische Burg und Vorort des **Jülichgaus** (998 *Julihgewe*), aus dem die Grafschaft J. (seit 1356 Herzogtum) hervorging; Stadtrecht 1238. Der Name 1545 *Guilich,* 1094 *Guliche,* 945 *Julicha* geht zurück auf lat. *Iuliăcum* (4. Jh.) ›Siedlung des Julius‹ (→-acum). Der röm. Geschlechtsname *Iulius* war auch unter Galliern und Ubiern häufig, so daß *Iuliăcum* keinem bestimmten Volk zuzuweisen ist. Mit Julius Cäsar hat J. nichts zu tun.

Jülichgau, der, → Jülich.

Jura, der, → Schwäbische Alb.

Jüterbog, Stadt im Niederen Fläming, BR, entstand als altsorbisches Dorf mit einem Burgwall, wurde im 12. Jh. deutscher Burgbezirk und nach 1170 durch Erzbischof Wichman von Magdeburg als Stadt ausgebaut; Stadtrecht vor 1174. J. kam 1636 zu Kursachsen und 1815 zu Preußen. Der Name 1390 *Jutrebok,* 1194 *Juterbock,* 1174 *Jutterbogk,* 1012/18 *Jutriboc* hat – trotz des Bocks im Stadtwappen – nichts mit diesem Tier zu tun und geht auch nicht auf einen angeblichen slawischen ›Gott des Morgens‹ zurück, sondern der Ort ist nach seiner Lage an einem Ostabhang benannt; asorb. *jutriboc* ›Morgenseite‹ gehört zu asorb. *jutro* ›Morgen, Osten‹ und *bok* ›Seite, Flanke, Abhang‹.

K

Käferlohe → Kevelaer.

Kahla, Stadt an der Saale, s. von Jena, TH, entstand bei einer slawischen Siedlung und einer im 12. Jh. bezeugten Burg der Grafen von Weimar-Orlamünde und kam 1396 an die Wettiner; Stadtrecht vor 1299. Die Porzellanfabrikation begann 1848. Der Name *Kahla* (mit kanzleisprachlicher Endung *-a,* → Apolda), 1486 *Kahl, Kahel,* 13. Jh. *Kale, Kalle,* 1184 *Cale* gehört kaum zu ahd. *chalo, chalw-* ›kahl‹ (→ Calw, → Calbe), sondern eher zu asorb. *kal* ›Sumpf‹ (→ Calau).

Kaimt → Zell (Mosel).

Kaiserslautern, Stadt am N-Rand des Pfälzer Waldes, RP, an der **Lauter** r. zum Glan, entstand um einen fränkischen Königshof an der wichtigen, schon von den Römern ausgebauten Straße von Metz nach Worms. 1276 wurde K. freie Reichsstadt, 1375 fiel es an die Kurpfalz. Friedrich Barbarossa hatte nach 1152 die Kaiserpfalz erbaut, nach der der Ort 1237 *Lutra imperialis,* 1322 *Kayserslutern,* 1537 *Keyserslautern* heißt. Daneben galt bis 1800 – mundartlich bis heute – einfaches *Lautern,* zuerst im lateinischen Nominativ des Flußnamens: um 800 *villa Luthra,* 985 *Luthara,* 1214 *apud* (= bei) *Lutra,* seit dem 13. Jh. im deutschen Dativ: 1297 *Lutern,* 1518 *Lautern.* Entsprechend wird der Fluß genannt: 9. Jh. *Lutera,* 1336 *uff der Lutern.* Zur Unterscheidung von gleichnamigen Flüssen wird er gelegentlich auch *Waldlauter* genannt. Zur Erklärung des Flußnamens vgl. den Artikel → Lauter, l. zum Oberrhein.

Kaiserstuhl, der, Gebirgsstock im südlichen oberrheinischen Tiefland, nö. von Breisach, BWÜ. Das in der vorgeschichtlichen und in der Römerzeit nur an den Rändern besiedelte Bergland wurde erst bei der alemannischen Landnahme dichter besetzt. Weinbau wird seit dem 2. Jh. betrieben. Mächtigstes Geschlecht waren die Herren von Üsenberg, Erbschenken des Bistums Basel. Ihnen folgten nach 1400 die Herzöge von Österreich und die Markgrafen von Hachberg und von Baden. Erste Belege für den Namen sind 1304 *Keiserstuol* und die Nachricht vom Bau einer Peter-und-Pauls-Kapelle 1333 *in sede imperiali.* ›Sitz des Kaisers‹ ist hier bildlicher Ausdruck für die eindrucksvolle Größe des Berges. Der Name blieb seitdem unverändert: 1352 *in monte* (= auf dem Berg) *Keiserstůl,* 1441 *Keyserstul.*

Kalbe (Milde) → Calbe (Saale).

Kalmit, die, höchster Berg des Pfälzer Waldes, sw. von Neustadt a. d. Weinstraße, RP. Der Name kommt in Rheinhessen und der Pfalz mehrmals vor, z. B. die **Kleine Kalmit** bei Landau, 1678 *bei der kallmiten,* 1457 *off der kalmytten,* 1345 *uf die Kalmutte;* er wird erklärt als Zusammensetzung aus dem westgermanischen Adjektiv ahd. *chalo* (= engl. *callow*) ›kahl‹ und westgerm. **munti,* **mundi* ›Berg mit Schutzanlage‹, in dem sich germ. **mund* f. ›[Rechts]schutz‹ (ahd. *munt*) und das Lehnwort **munti* m. ›befestigter Berg‹ (aus lat. *mōns* ›Berg‹) vermischt haben. Vgl. auch den Artikel Bad → Ems.

Kalte Bode, die, → Bode, die.

Kaltenkirchen, Stadt (seit 1974) n. von Hamburg, SH, entstand wohl im 13. Jh. bei einer 1301 erstmals erwähnten Kirche. Der Name 1506 *in Kolden Kercken,* 1316 *tho der Koldenkerken* ist mit mnd. *kōlt* ›kalt‹ und *kerke* ›Kirche‹ gebildet. Das Adjektiv kann sich auf das örtliche

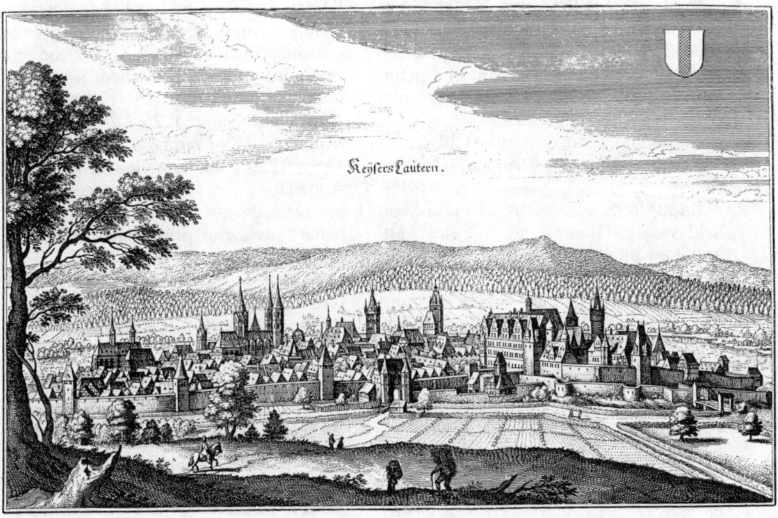

Klima oder auf die einsame Lage der ursprünglichen Siedlung beziehen, doch tritt *kalt* auch in Wüstungsnamen als Bez. für verlassene Gebäude auf. Vergleichbar sind z. B. ON wie *Kaldenkirchen,* Stadtteil von → Nettetal, NRW, und das flämische **Coudekerke** bei Dünkirchen, Nordfrankreich, 1067 *Coudekerka.*

Kamen, Stadt nö. von Dortmund, NRW, entstand im Schnittpunkt alter Straßen um eine Eigenkirche (12. Jh.) und eine Burg (1243) der Grafen von Altena-Mark; Stadtrecht vor 1248. Der Name 1188 *Kamene,* 1179 *Kamena,* 11. Jh. *Camine* wird zu gall.-lat. *camminus* ›Steinweg, Römerstraße‹ gestellt, das im Mlat. auch als Bezeichnung nichtrömischer Straßen vorkommt. Den gleichen Namen führen die benachbarten Orte **Bergkamen** (1285 *Berchkamene;* seit 1966 Stadt) und **Südkamen** (1486 *Zuytcamen;* jetzt zu Kamen gehörend).

Kamenz (sorb. Kamjenc), Stadt an der Schwarzen Elster, am Nordrand des Lausitzer Berglandes, SAC, entstand um 1200 bei einer altsorbischen Siedlung und einer deutschen Adelsburg an der Elsterfurt der Hohen Straße Leipzig–Breslau, kam mit der Oberlausitz 1319 als freie Stadt zum Königreich Böhmen und 1635 zu Kursachsen. Im 14. Jh. war K. Mitglied des Lausitzer Sechsstädtebundes. Der Name 1454 *Camencz,* 1225 *Kamenz* ist eine Bildung zu asorb. *kameń* ›Stein‹ und meint hier wohl das steinige Gelände; vgl. den Artikel → Chemnitz.

Kamp, die, l. zur Donau, → Cham.

Kamp-Lintfort → Kempen (Niederrhein).

Kappeln, Stadt an der Schlei, nö. von Schleswig, SH, entstand bei einer St.-Nikolai-Kapelle, die seefahrende Kaufleute am Westufer der → Schlei erbaut hatten, und wurde nach dieser benannt: 1357 *in Capell,* 1406 *Cappele,* 1462 *Cappel,* 1870 erhielt der Ort Stadtrecht.

Karlburg → Karlstadt.

Karl-Marx-Stadt → Chemnitz.

Karlsburg, die, → Karlsruhe.

Karlsruhe, Stadt im Oberrheinischen Tiefland, BWÜ, bis 1945 Hauptstadt des Landes Baden. K. wurde 1715 durch Markgraf Karl Wilhelm von Baden-Durlach als Schloß und neue Residenz auf einer Lichtung im Hardtwald gegründet und durch ein vom Schloßturm ausgehendes radiales System von 32 Straßen mit dem umliegenden Waldland verbunden. Nur die neun südlichen Straßen wurden im 18. Jh. bebaut und durch zwei Zirkelstraßen und die von Ost nach West laufende *Lange Straße* – seit 1879 *Kaiserstraße* – verbunden. Benannt wurde die ›Fächerstadt‹ nach ihrem Gründer, sie hieß 1715 *Carols-Ruhe,* später *Carlsruhe, Karlsruhe.* Ein Namensvorläufer war die **Karlsburg** in Durlach (seit 1938 zu Karlsruhe), deren Wiederaufbau zur Residenz der Markgraf wegen des Spanischen Erbfolgekriegs hatte abbrechen müssen. Sie ist 1572 als *Carolspurg* bezeugt und hieß nach ihrem Erbauer, Markgraf Karl II. (1555–1577).

Karlstadt, Stadt am Main, unterhalb von Würzburg, BY, wurde um 1200 von dem Würzburger Bischof Konrad von Querfurt planmäßig als Stadt angelegt und nach Kaiser Karl dem Großen benannt (sein Bild steht im Stadtsiegel von 1277). Der Name 1219 *Karlstat,* 1225 *Karlestat,* 1801 *Karlstadt* wurde im Anschluß an die ältere Siedlung **Karlburg** gewählt, deren Burganlage auf einem Bergsporn über dem linken Mainufer gegenüber von K. liegt. Diese Burg heißt allerdings nicht nach dem Kaiser. Sie geht zwar auf einen fränkischen Königshof und eine Volksburg des frühen 8. Jh.s zurück, ihr Name 1226 *Karelburc,* 1159 *Karleburc,* 889 *Charlaburc,* 823 *in Karloburgo* ist aber mit dem Genitiv Plural des Appellativs ahd. *karl* ›Mann‹ gebildet, er bezieht sich auf die fränkischen Wehrbauern als die ursprünglichen Bewohner der Burg.

Kassel, Stadt an der Fulda, HE, entstand aus einer fränkischen Befestigungsanlage des 10. Jh.s; Stadtrecht um 1180; seit 1277 Residenz der Landgrafen (1803 Kurfürsten) von Hessen, 1866 zu Preußen. Der Name 913 *Chassalla, Chassella,* 1152 *Cassele,* 1308 *Cassel* geht zurück auf ein fränkisches *castella, cassela* ›Befestigung‹, das die Franken als militärisches Fachwort aus gleichbed. lat. *castellum* entlehnt haben. Römische Funde gibt es in

Kassel ebensowenig wie in den gleichnamigen rechtsrheinischen Orten **Oberkassel** bei Bonn (1144 *Cassela*) und **Niederkassel** (bei Troisdorf, 9. Jh. *Cassele,* 1246 *Cassela inferior*), die wohl gleichfalls fränkische Gründungen sind. Vgl. dagegen den Artikel → Bernkastel-Cues.

Kaub, Stadt am rechten Ufer des Mittelrheins, RP, entstand im frühen Mittelalter an einem alten Rheinübergang und kam Ende des 13. Jh.s aus dem Besitz der Herren von Falkenstein an die Pfalzgrafen. Der Name 16. Jh. *Caub,* 1433 *Kawbe,* 1250 *Cuoba,* 983 *Cuba* ist unerklärt und wahrscheinlich vorgermanisch. Die von Kaiser Ludwig dem Bayern um 1326 erbaute Zollburg im Rhein heißt nach den damaligen Landesherren **Pfalzgrafenstein,** kurz *die Pfalz* (zu mhd. *stein* ›festes Haus‹). Die alte Burg *Cube* über der Stadt (erbaut vor 1252) erhielt ihren jetzigen Namen **Gutenfels** im 16. Jh. zur Erinnerung an die vergebliche Belagerung durch Landgraf Wilhelm von Hessen (1504). Nach dem Rheinübergang des Schlesischen Korps in der Neujahrsnacht 1814 heißt das rechtsrheinische *Holzbachtal* über Kaub **Blüchertal.**

Kaufbeuren, Stadt an der Wertach (l. zum Lech), BY, entstand aus einem karoling. Königshof, ging im 12. Jh. aus dem Besitz der Welfen an die Staufer über u. wurde 1286 freie Reichsstadt. Der Name 1313 *zu Kaufpeurn,* 1303 *Koufburon,* 1240 *des Königs Stadt Bůeron,* 1116 *Burron* enthält das unter → Büren behandelte Grundwort ahd. *būr* ›Haus‹ und den erst im 15. Jh. fest gewordenen unterscheidenden Zusatz mhd., ahd. *kouf* ›Handel, Geschäft‹, der sich auf den Salz- und Getreidehandel und das Leinwandgewerbe der Reichsstadt bezog. Vgl. den Artikel → Benediktbeuern.

Kehl, Stadt am Oberrhein, gegenüber von Straßburg, BWÜ, entstand als Fischerdorf am Rheinufer und gewann seit dem 14. Jh. Bedeutung als Rheinübergang nach Straßburg. Es hatte bes. in Kriegszeiten viel zu leiden (1680 von Marschall Créqui zerstört, 1680–1688 Bau der französischen Vaubanfestung). Markgraf Karl-Friedrich von Baden-Durlach erhob K. 1774 zur Stadt, aber 1796, 1870, 1945 kamen neue Besetzungen und Zerstörungen über K. Der Name 1665 *Kehl,* 1576 *Keuln,* 16. Jh. *Kaile, Keyle* steht für 1341, 1326 *Kenle.* Dies entspricht dem Appellativ mhd. *kanel, känel,* ahd. *kanali* ›Röhre, Rinne, Kanal‹, einem Lehnwort aus gleichbed. lat. *canālis.* Wahrscheinlich wurde ein Altwasser des Rheins mit diesem Wort bezeichnet. Auf das gleiche Lehnwort geht wohl auch der Name des Ortes **Kellen** bei Kleve, NRW, 1069 *Kennele,* zurück.

Kelheim, Stadt an der Mündung der Altmühl in die Donau, BY, entstand als Marktsiedlung zwischen zwei Flußübergängen und kam früh an die Wittelsbacher, die den Ort um 1206 zur Stadt ausbauten (Straßenkreuz und rechteckige Ummauerung). Der Name um 1205 *Kelheim,* 1135 *Kelahaim,* um 1100 *Chelihaim,* 863/885 *Cheleheim* enthält ahd. *chela* ›Kehle‹, das auch einen Geländeeinschnitt, z. B. einen Hohlweg oder eine Schlucht, bezeichnen kann; vgl. → -heim.

Kellen bei Kleve → Kehl.

Kellinghusen, Stadt sw. von Itzehoe, SH, entstand als Kirchdorf am Ufer der Stör, wurde 1740 Flecken und 1877 Stadt. Zwischen 1740 und 1840 blühten hier bekannte Fayencemanufakturen. Der Name 1347 *Kellinghusen,* 1260 *Tzellingchusen* (mit Zetazismus, vgl. → Celle), 1221 *Schelinghusen* geht zurück auf 1148 *Kerleggehuse* (*gg* = *ng*), er bedeutet eigtl. ›bei den Häusern der *Kerlinge,* d. h. der Leute eines *Karl*‹; → -inghausen.

Kelsterbach, Stadt am unteren Main, HE, war im 9. Jh. Reichsbesitz (Bannforst Dreieich), und kam 1600 zu Hessen-Darmstadt; im 18./19. Jh. Porzellan- u. Fayencemanufaktur; Stadt seit 1952. Der Name 1137 *Kelsterbach,* 883 *Gelstrebah* gehört wohl zu mhd. *gelster* ›laut erklingend‹, bedeutet also ›rauschender Bach‹.

Kembs (Oberelsaß) → Kempten (Allgäu).

Kempen b. Heinsberg; Kempenland, das, → Kempen (Niederrhein).

Kempen (Niederrhein), Stadt nw. von Krefeld, NRW, entstand als Pfarrdorf bei einem erzbischöflichen Hof in der urspr. königlichen *Kempener Mark* und wurde Mittelpunkt des kurköln. Amtes K.;

Stadtrecht 1294. Der Name 13. Jh. *(de) Kempene,* 10. Jh. *Campinni,* 9. Jh. *in Campunni* bezeichnet urspr. die ganze Mark, die durch ›Kämpe‹ (eingehegte Felder) verschiedener Grundherren in einem großen Waldgebiet entstanden war. *Campunni* ist eine Kollektivbildung zum Lehnwort *Kamp* aus lat. *campus* ›Feld‹. Vgl. auch **Kempen** bei Heinsberg (1255 *Kempene*) und das belgisch-niederländische **Kempenland** (niederl. *de Kempen,* frz. *la Campine*) zwischen Maas und Schelde, ferner den Namen des 1122 gegründeten Zisterzienserklosters *Kamp* (1178 *de Kampe,* 1122 lat. *Campus*), heute die Stadt **Kamp-Lintfort** nw. von Duisburg.

Kempten (Allgäu), Stadt an der Iller, BY, entstand als Flußufersiedlung am Übergang einer alten Rompilgerstraße über die Iller, neben einem 752 von St. Gallen gegründeten Benediktinerkloster, das als karolingisches Eigenkloster im 11. Jh. reichsunmittelbar wurde und seit 1361 Fürstabtei war. Auch die Siedlung wurde 1340 Reichsstadt mit Ulmer Recht. 1802/1803 fielen Stadt und Abtei an Bayern und schlossen sich 1811 zusammen. – Die Siedlungsgeschichte von K. hat aber viel früher begonnen. Unter Kaiser Tiberius war am rechten Illerufer in der Nähe der keltischen Siedlung *Cambodunum* eine römische Stadt angelegt worden, die im 3. Jh. von den Alemannen zerstört und danach am linken Ufer wieder aufgebaut wurde. An diese Tradition schloß die Klostergründung an. Der Name *Kempten* (so 1355), 1263 *Kemptun,* 1063 *Kembeten,* 981 *de Kembeduno,* 844 *Campidona* führt zurück auf 3. Jh. lat. *Camboduno,* 1. Jh. griech. *Kambódounon.* Dieser keltische ON ist mit dem GW *-dūnum* ›hochgelegener Ort, Burg‹ und dem BW **cambo-* ›krumm‹ gebildet, bedeutet also ›Burg an der [Fluß]krümmung‹. Das gleiche Adjektiv enthalten auch die ON **Kleinkęms** (bei Lörrach, BWÜ, 1086 *Kambiz,* und **Kembs** (Oberelsaß, Frankreich), 757 *Campiduna sive* (= oder) *Chambeti,* 3. Jh. *Cambeten.*

Kerpen, Stadt w. von Köln, NRW, entstand bei einem karolingischen Königshof an der Römerstraße von Köln nach Aachen und erhielt um 1050 ein Kollegiatsstift, dessen Propst bis ins 14. Jh. vom König ernannt wurde. Eine Reichsburg in K. wurde 1122 durch den Erzbischof von Köln zerstört. Das Stadtrecht wurde vor 1600 bestätigt und 1939 erneuert. Der Name um 1300 *Kerpene,* 13. Jh. *Carpena,* 12. Jh. *Cerpene* ist wahrscheinlich eine Bildung zu lat. *cárpinus* ›Hainbuche‹. Ein Ort gleichen Namens ist **Kerpen,** Kreis Daun in der Eifel, RP, das im 15. Jh. *Cerpeinne,* 1299 *Karpena in Eifflia* und 893 *Karpenne* heißt und zuerst 871 als *villa kerpinna in pago eiflense* bezeugt ist. Hier ist wohl lat. *carpinus* mit einem kollektiven *-nn*-Suffix weitergebildet worden.

Kerpen bei Daun → Kerpen b. Köln.

Ketternschwalbach → Schwalbach, Bad.

Kevelaer ['ke:vəla:ɐ], Stadt (seit 1949) und Wallfahrtsort (seit 1642) nw. von Geldern, NRW; zuerst 1300 als *villa Kevelar* bezeugt, 1379 *Keveler.* Das Grundwort *-lar* (›Großhürde‹, → -lar) ist hier wohl vom Namen des benachbarten älteren Pfarrdorfs **Keylaer,** 1144 *Keilar,* übernommen worden (dies zu niederrhein. mundartl. *Kei* ›Schaf‹, also: ›Schafhürde‹). Ein **Keverlar* (zu mhd. *kever,* mniederl. *kēver* ›Käfer‹) ergäbe keinen Sinn, eher ist an ursprüngliches **Keverlo* ›Gehölz mit Käfern‹ zu denken, vgl. ON wie **Keveloh** (Gut sö. von Essen, um 1000 *Keverlo*) und **Käferlohe** bei Schäftlarn, Oberbayern, 1164 *Cheverloch* (zu ahd. *lōh* ›Gehölz, Wald‹, vgl. den Artikel → Gütersloh).

Keveloh; Keylaer → Kevelaer.

Kiel, Hafenstadt an der Kieler Förde der Ostsee, seit 1949 Hauptstadt des Bundeslandes → Schleswig-Holstein. Graf Adolf IV. von Holstein gründete die Stadt um 1240 und legte sie in Gitterform um den Markt und die Nikolaikirche auf einer Halbinsel an, die zwischen der Förde und einem Seitenarm große Sicherheit bot und auf der Landseite durch die Grafenburg geschützt war. 1242 erhielt K. lübisches Stadtrecht, seit Ende des 11. Jh.s gehörte es der Hanse an, blieb aber immer von den Landesfürsten abhängig. 1665 gründete Herzog Christian Albrecht von Gottorf die Universität. Der Name *Kiel,* 1318 *der stadt tome* (= an dem) *Kyle,*

13. Jh. *in Kyl, in Kylo,* 1232 *to dem Kyle* ist eigtl. eine Stellenbez., er bezieht sich auf die **Kieler Förde,** die erst 1416 nach der Stadt *Kylre vorde* heißt, in älteren Belegen aber um 1270 *iuxta Kil, prope Kylo* (= nahe beim *Kiel*) und 1224 *stagnum* (= Teich, See) *Kyl* genannt wird. Das entspricht mnd. *kīl* ›Keil‹, norw. *kīl* ›Keil, lange, schmale Seebucht‹, anord. *kīll* ›schmale Bucht‹. Der Name meinte das innere, eng zulaufende Ende der Förde. Noch heute heißt der von Dämmen eingeschlossene Seitenarm am Rande der Altstadt *Kleiner Kiel.* Zu *Förde* vgl. den Artikel → Flensburg.

Kieler Förde, die, → Kiel.

Kirchditmold (zu Kassel) → Detmold.

-kirchen, GW von Siedlungsnamen mit der Bedeutung ›bei der [Pfarr]kirche‹. Ahd. *kiricha, chirihha* wird zu mhd. *kirche,* asächs. *kirika* zu mnd. *kerke;* dem hochdt. ON *Neunkirchen* ›bei der neuen Kirche‹ entspricht gleichbed. niederdt. *Nienkerken.* Die verkürzte Form *-kirch* (→ Leutkirch) tritt vor allem im Oberdeutschen auf. Wenn das erste Glied ein PN ist, handelt es sich gewöhnlich um Kirchen, die ein Grundherr auf seinem Eigenbesitz gestiftet hat (sogenannte Eigenkirchen). Namen wie *Holzkirchen, Steinkirchen* können sich auf den Baustoff beziehen, doch kann *Holzkirchen* auch eine Kirche ›im Holz‹, d. h. im Wald sein.

Kirchgandern → Gandersheim, Bad.

Kirchhain → Doberlug-Kirchhain.

Kirchhasel → Haßloch.

Kirchheimbolanden, Stadt am Donnersberg, RP, entstand in fränkischer Zeit (714 *Kirchheim;* → -heim) und kam im 13. Jh. als Reichslehen an die Herren von Bolanden (12.–14. Jh.). Zur Unterscheidung von gleichnamigen Orten wird Kirchheim 1308 *Kircheim prope castrum Bolanden,* 1397 *Kircheim bei Bolanden* und seit 1828 *Kirchheimbolanden* genannt. Der Zusatz bezieht sich auf die südlich benachbarte Burg **Bolanden** bei dem gleichnamigen Dorf (erbaut um 1206). Deren Vorgängerin war eine Wasserburg *Alten-Bolanden* (so 1214), heute der Weiler **Bolanderhof.** Der ON *Bolanden* bezeichnete also auf engstem Raum nacheinander drei Siedlungen. Seine ursprüngliche Form ist 1128 [Werner von] *Bonlande,* 1135 *in bonlande,* 1284 [von] *Bonlanden,* sie gehört wohl zu ahd. *bōnlant* ›Bohnenfeld‹, ist also eigentlich ein Flurname. ON dieses Typs kommen in Süd- und Mitteldeutschland mehrfach vor, vgl. z. B. **Bonlanden** bei Stuttgart (12. Jh. *Bonlandim*) und das ehemalige Dorf **Bonnland** bei Hammelburg (812 *Bonlant,* 9. Jh. *Bonlantum*).

Kirchheim unter Teck, Stadt im Vorland der Schwäbischen Alb, BWÜ, entstand als alemannische Siedlung bei einer frühen Martinskirche, am Albaufstieg einer Römerstraße, und war im 10. Jh. Reichsgut. Um 1180 wurde es durch die Herzöge von Teck, eine Seitenlinie der Zähringer, zur Stadt ausgebaut, im 14. Jh. kam es an Württemberg. Der Name 13. Jh. *Kirchheim, Kirchain,* auch *Kilchain,* 12. Jh. *Chilcheim,* 960 *Chiriheim* ist mit ahd. *chirihha, kirihha* und der Nebenform *chilihha* ›Kirche‹ gebildet, der Ort ist also nach seiner frühen Missionskirche benannt. – Die Lageangabe *unter Teck* erscheint zuerst 1560: *die Statt Kürchen under Teckh.* Die Burg **Teck** liegt etwa 7 km s. von K. auf einem Vorsprung am Steilhang der Alb, sie war bis ins 14. Jh. Mittelpunkt der gleichnamigen Herrschaft und wurde 1525 zerstört. Benannt ist sie nach dem Berg *die Teck:* 13. Jh. *Tecke, Decke, Tekche,* um 1193 *dux* (= Herzog) *Albertus de Tecke,* 1152 *castrum Thecche.* Man hat vermutet, daß der Berg ein vorgeschichtlicher Feuersignalberg war, sein Name könnte dann zu der Wurzel idg. **dheguh-* ›brennen, Brand, Feuer‹ gestellt werden.

Kirchtroisdorf → Troisdorf.

Kirchzarten, Ort im Schwarzwald, nö. von Freiburg im Breisgau, BWÜ, war im 8. Jh. mit seiner St.-Gallus-Kirche der Mittelpunkt der weitläufigen Besitzungen, die das Schweizer Kloster St. Gallen im Schwarzwald hatte, und wurde Ende des 15. Jh.s Sitz der Talvogtei für die Freiburger Güter im Dreisamgebiet. Der Name 1613 *vogt zue Kürchzarten,* 1464 *Kirchzarten* steht für ältere Belege in alemannischer Lautung: 1320 *Kilchzarten in Zartendal,* 1298 *Kilzarten* und ohne den Zusatz 16. Jh. *Zarthen,* 1145 *apud* (= bei)

Zartun, 854 *villa* (= das Dorf) *Zartuna,* 765 *Zarduna.* Dies ist der Name einer keltischen Stadt, die der Geograph Ptolemäus im 2. Jh. n. Chr. als *pólis Taródounon* erwähnt und die nach einem keltischen PN oder Flußnamen genannt ist: ›Burg des Taros‹ oder ›Burg am Bach Taros oder Tara‹; zu kelt *-dunum* ›Burg‹ vgl. den Artikel →Kempten (Allgäu). – Es gibt mehrere Orte des gleichen Namens bei Freiburg, so das 1974 nach K. eingemeindete Dorf **Zarten,** 1484 *Zarta,* 13. Jh. *villa Zartun,* und das als heilklimatischer Kurort und Wintersportplatz bekannte **Hinterzarten** oberhalb des Höllentals, das 1554 als *hinder der Straß in der Zartten* umschrieben wird und daher wahrscheinlich seinen unterscheidenden Zusatz bekam (der dann vermutlich Freiburger Studenten zu dem ›italianisierten‹ Scherznamen *Popo dolce* veranlaßte).

Kirsch bei Trier →-acum.

Kissingen, Bad, Stadt an der Fränkischen Saale, BY, wird zuerst 801 als agrarische Siedlung erwähnt und hat bereits 823 zwei Salinen, in denen Salz gewonnen wird. Im 13. Jh. stand hier eine Burg der Grafen von Henneberg, der Hochstiftsvögte von Würzburg, die es zur Stadt ausbauten; Stadtrecht 1330. Seit dem 18. Jh. werden die Salinen als Heilquellen genutzt. 1802/1803 kam K. an Bayern. Der Name 1581 *Kyssingen,* 1394 *Kissige,* 1290 *castrum cum oppido* (= Burg und Städtchen) *Kitziche,* 907 *Kizicha,* 801 *Chizziche* ist nicht sicher erklärt; man dachte an keltische Herkunft, doch liegt wegen der Salzquellen die Herleitung aus dem Slawischen näher (obersorb. *kisać, kissacż* ›säuern‹?). Die Angleichung an die deutschen ON auf →*-ingen* zeigt sich schon in den Belegen 822 *Chizzinge* und *Kizzingen,* die allerdings nur in Kopien des 9. und 12. Jh.s überliefert sind.

Kitzingen, Stadt am Main, sö. von Würzburg, BY, entstand um 1000 an einem wichtigen Mainübergang (Brücke vor 1300) und bei einem im 8. Jh. zuerst genannten Benediktinerinnenkloster, das als karolingische Gründung galt und mit Königsgut verbunden war. 1443–1629 gehörte K. den Markgrafen von Kulmbach, 1814 kam es an Bayern. Die Siedlung K. wurde auf rechtwinkligem Grundriß ausgebaut und erhielt um 1300 Stadtrecht. Der Name 1299 *Kitzingen,* 1169 *Kizzingen,* 1007 *Kitzingun,* um 814 *Chitzinga* ist mit dem Zugehörigkeitssuffix →-ingen zum PN *Chitzo, Chizo* gebildet.

Kleine Enz, die →Enz, die.

Kleine Feldberg, der, →Feldberg.

Klein-Eislingen →Eislingen/Fils.

Kleine Kalmit, die, →Kalmit, die.

Kleine Vils, die, l. zur Vils, →Vils, die.

Klein-Gerau →Groß-Gerau.

Kleinkems →Kempten (Allgäu).

Kleinochsenfurt →Ochsenfurt.

Kleinostheim →Großostheim.

Kleinsachsenheim →Sachsenheim.

Kleintroisdorf →Troisdorf.

Klenow →Ludwigslust.

Kleve ['kle:və], Stadt im westlichen Niederrheinischen Tiefland, NRW, entstand aus einer Marktsiedlung unter der im 10. Jh. begonnenen Burg und einer n. davon 1242 gegründeten gräflichen Stadt, die 1341 vereinigt wurden. Seit 1400 Kanalverbindung zum Rhein. Die Burg, um 1056 bis 1609 Sitz der Grafen (seit 1417 Herzöge) von Kleve, liegt auf einem bes. nach O steil abfallenden Hügel, ihr Name **Schwanenburg** bezieht sich auf die im 12. Jh. mit K. verbundene brabantische Sage vom Schwanenritter (Lohengrinsage). Der Name K. (bis 1935 *Cleve*), 1134 *Clive,* 1092 *Cleve,* bezeichnet urspr. den Burghügel nach seinem Steilhang, er gehört zu mnd. *klēf, klif* ›steiler Geestabfall, Klippe‹; vgl. z. B. das **Rote Kliff** auf Sylt.

Klingenmünster →Klingenthal/Sa.

Klingenthal/Sa., Stadt im oberen Vogtland, SAC, entstand Ende des 16. Jh.s als Siedlung um ein *Hellhammer* genanntes Hammerwerk. Der Name 1604 *Klingenthal,* 1791 *Klingenthal olim* (= ehemals) *Hellhammer* hat eine ältere Stellenbez. verdrängt: 1591 *in der Helle,* 1542 *Hehlegrundt* (zu *Helle, Hölle* ›tief eingeschnittenes Tal‹?). Daß der Ort nach einem Hammerwerksbesitzer Nikol *Klinger* benannt wurde, bleibt zweifelhaft, eher ist an das Verb *klingen* ›tönen‹ zu denken (nach dem Pochen der Hämmer), vielleicht auch an *Klinge,* mhd. *klinge,* ahd. *klingo* ›rauschender Gebirgsbach, Talschlucht‹, das z. B. im Namen des Ortes **Klingenmünster** bei Bergzabern, RP, enthalten ist: 1283 *Clingenmunster,* 1080 *Clynga, Clingen,* eigtl. ›Kloster an der *Klinge,* dem *Klingbach*‹.

Klostermansfeld → Mansfeld.

Klötze, Stadt in der westlichen Altmark, SAN, entstand als Burgsiedlung bei einer brandenburgischen Wasserburg und wird 1371 als Städtchen genannt. Der Name 1454 *Klotze,* 1344 *Cloetz,* 1311 *castrum* (= Burg) *Clotze* kann auf westslaw. *klot* ›Balken‹ zurückgehen oder zu dem damit nicht verwandten Wort mhd. *kloz,* mnd. *klotz* ›Holzklotz, Baumstumpf‹ gehören, er weist also wohl auf die Lage der Burg im Waldgebiet hin.

Koblenz, Stadt an der Mündung der Mosel in den Rhein, RP, entstand in römischer Zeit als Kastellsiedlung am Moselübergang der röm. Rheintalstraße, wurde im 5. Jh. fränkisch und kam 1018 in den Besitz des Erzbischofs von Trier. Seitdem war es ein Schwerpunkt und um 1450–1794 die ständige Residenz (→ Ehrenbreitstein) des Kurstaats an Mosel und Lahn. 1815–1945 war K. die Hauptstadt der preußischen Rheinprovinz. Der Name *Koblenz* (bis 1926: *Coblenz*), 1526 u. 1331 *Coblentz,* 1430 *Covelentz,* 1301 *Couelenze,* 842 *in Confluente castello* geht zurück auf lat. *[supra* oder *apud] Confluentes* (2.–4. Jh.) ›über, an dem Zusammenfluß (von Mosel u. Rhein)‹. Diese Bezeichnung ist möglicherweise eine lateinische Lehnübersetzung aus gall. *Condate* ›Mündungsort‹, vgl. den Artikel → Cannstatt. Auf römerzeitlichem *ad Confluentes* beruht auch der Name des Schweizer Ortes **Koblenz** an der Mündung der Aare in den Hochrhein. – Der Name des Stadtteils **Lützelkoblenz** links der Mosel (1070 *Confluentia minor*) enthält ahd. *luzzil,* mhd. *lützel* ›klein‹.

Koblenz (Schweiz) → Koblenz.

Kochbrunnen, der, → Wiesbaden.

Kochel am See → Kochelsee.

Kochelsee, der, von der Loisach durchflossener See s. des Starnberger Sees, BY, zuerst im 11. Jh. als *Chochelse* bezeugt. Er ist nach dem an seinem Ostufer liegenden Ort **Kochel am See** benannt, genauer nach dem vom 8. bis 10. Jh. dort bestehenden Benediktinerinnenkloster, das Bonifatius 752 geweiht hat. Es wurde 955 beim Einfall der Ungarn völlig vernichtet (vgl. Lechfeld im Artikel → Lech). Der ON 1459 *Kochel,* 1292/1301 *Chocheln,* 11. Jh. *Chohalun* wird zuerst in Annalen des 11. Jh.s zum 8. Jh. als *Chochalon* erwähnt. Dies Wort ist der alte Dativ Plural von bair. mdal. *die Köcheln*, einem Wort, das spitze, kleine, von Gras und Bäumen bewachsene Hügel im Moor bezeichnet, wie sie gerade im Sumpfgebiet des Kochelsees vorkommen. *Köchel* gehört wohl als Verkleinerungsform zu westmitteldeutsch *der Kocke* ›spitzer [Heu]haufen‹. Die weitere Herkunft dieses Wortes ist unbekannt.

Kocher, der, rechter Nebenfluß des Neckars, entspringt auf der Schwäbischen Alb, mündet bei Bad Friedrichshall. Bis ins 16. Jh. heißt der Fluß *Kochen* (1024 *Chochina,* 795 *Cochane*), vgl. die ON **Kochendorf** (zuerst 1262) und **Unter-, Oberkochen** (um 1150 *Chochen*). Die heutige Form *Kocher* (zuerst 1504, aber vereinzelt schon im 10. Jh. *Cochara*) ist wohl unter dem Einfluß des Namens → *Neckar* (älter: *Necker*) fest geworden. Der wahrscheinlich keltische Flußname wird zu idg. **keu-k* ›biegen, sich krümmen‹ gestellt, vgl. den Artikel → Cochem und die engl. Flußnamen *Cocker* (Lancashire) und *Coker* (Somerset), aus altbrit. **Kūkkrā* ›die Krumme‹.

Kohlenbach, der, l. zum Weißen Main, → Kulmbach.

Köln, Stadt am Rhein, NRW, entstand am linken Ufer auf schon vorgeschichtlich besiedeltem Boden aus dem Hauptort der 38 v. Chr. von den Römern angesiedelten germanischen Ubier (*Oppidum Ubiorum* mit dem Zentralheiligtum *Ara Ubiorum* = Altar der Ubier) und dem n. anschließenden römischen Lager für 2 Legionen (9 n. Chr., um die jetzige Hohe Straße s. des Doms). Die als Tochter des Germanicus hier geborene jüngere Agrippina ließ 50 n. Chr. als Gattin des Kaisers Claudius die Stadt zur *colōnia* (Ansiedlung mit römischem Bürgerrecht) erheben. Um 100 wurde K. Hauptstadt der Provinz Niedergermanien *(Germania Secunda),* im 4. Jh. Sitz eines Bischofs. Karl

d. Gr. erhob 795 das Bistum K. zum Erzbistum. Die Universität K. wurde 1388 gegründet und 1919 erneuert. – Der amtliche römische Name der Stadt, *Colōnia Claudia Ara Agrippinensium,* bezog sich auf den Kaiser und auf das Ubierheiligtum, das nun als ›Altar der Agrippinenser‹ (der durch Agrippina zu römischen Bürgern gewordenen Einwohner) bezeichnet wurde. Der lange Name wurde im 4. Jh. (332) zu *[Colōnia] Agrippina,* nach 450 zu *Colōnia* gekürzt. Diese lateinische Form, auf die der frz. Name K.s, *Cologne,* zurückgeht, erscheint mit Anfangsbetonung eingedeutscht als mhd. *Kölne,* mitteld. *Cöllen,* niederl. *Keulen* ['kø:lən]. Der alte Kölngau hieß 1005 *Colingouwe.* Im Zuge der dt. Ostsiedlung wurde der Name Kölns um 1200 an die Spree übertragen, wo die Doppelstadt *Berlin-Cölln* entstand (→Berlin).

Königsbrunn, Stadt auf dem Lechfeld, s. von Augsburg, BY, entstand seit 1836 bei einem Brunnen, den die bayerische Regierung 1833 an der Straße Augsburg–Landsberg zur Erfrischung der Reisenden angelegt und dann nach König Ludwig I. benannt hatte (1840 *Königsbrunn*). Die Siedlung entwickelte sich nach dem zweiten Weltkrieg zur Industriegemeinde; Stadtrecht 1967.

Königsee, Stadt w. von Saalfeld, TH, entstand um 1200 als planmäßige Gründung der Grafen von Schwarzburg bei einem alten (urspr. königlichen?) Hochgericht mit Pfarrkirche; Stadtrecht um 1250. Der Name 1658 *Königssee,* 1368 *Konigssehe,* 1199/1224 *Kunigesse* enthält als Grundwort vielleicht ahd. *sēo,* mhd. *sē* ›See‹. Allerdings sind erst 1547 zwei Teiche bei dem Gerichtsplatz bezeugt, so daß die Deutung ›See des Königs‹ unsicher bleibt.

Königslutter am Elm, Stadt ö. von Braunschweig, NDS, entstand bei einer 1135 von Kaiser Lothar III. gegründeten Benediktinerabtei (vorher Kanonissenstift); Marktrecht vor 1318, Stadtrecht um 1400. Der Name 1318 *forum* (= Markt) *Luttere,* 1136 *Lūtere,* 1143 *Luthara* ist der des Baches **Lutter** (l. zur Schunter zur Oker; vgl. den Artikel →Lauterberg im Harz). Der Zusatz *Königs-,* zuerst 1252 *Konnigesluttere,* 1348 *Regale Luttere,* erinnert an den in der Stiftskirche begrabenen König und Kaiser Lothar, † 1137.

Königssee → Königssee, der.

Königssee, der, See in den Berchtesgadener Alpen, BY, entwässert durch die Königsseer Ache zur Salzach. An seinem Nordende liegt der Ort **Königssee,** vor 1454 *Kunigsee,* 1133 *Chunigesse;* der See selbst, 1629 *Königsee,* 1568 *Künigsee,* wird 1594 auch *Sandt Bartholomeen See* und 1796 *Bartholomäus- oder Königssee* genannt (nach der 1697 erbauten Kirche St. Bartholomä). Der ältere Name *K.* ist mit ahd. *kuning* ›König‹ gebildet.

Königstein im Taunus, Stadt am Südfuß des Hochtaunus, HE, entstand als Talsiedlung unter einer wohl staufischen Burg des frühen 13. Jh.s, die auf steilem Bergsporn über der alten Fernstraße Frankfurt–Köln liegt; 1581–1803 mainzische Festung, dann zu Nassau. Der Name 1215 *Kunegestein,* 1280 *Kunincsteyn,* seit 1313 *Königstein* bezieht sich auf den deutschen König als Oberherrn der alten Burg.

Königstein / Sächsische Schweiz, Stadt im Elbsandsteingebirge, SAC, entstand als Burgflecken im Elbtal unter dem gleichnamigen Tafelberg, auf dem um 1200 eine Burg des Königs von Böhmen erbaut worden war. K. wird 1379 Städtchen genannt und kam 1409 an die Wettiner; die Burg wurde im 16./17. Jh. zur sächsischen Landesfestung ausgebaut. Der Name 1445 *stetlin Konigstein,* 1379 *der Kunigstein mit dem stetil,* 1336 *Chunigstein,* 1241 *in Lapide regis* ist von der Königsburg auf den Ort übertragen worden; → -stein.

Königswinter, Stadt am rechten Ufer des Mittelrheins, NRW, entstand um eine fränkische Remigiuskirche und war vom 12. bis 18. Jh. Burgflecken der kurkölnischen Burg **Drachenfels** (1149 *Drachenvelis,* nach dem Fabeltier, mhd. *trache*); Stadtrecht 1889. Der Name 1402 *zu Coninxwinteren,* 1297 *Kunincswintre,* 1015 *Winetre,* 893 *Wintre,* 882 *in Winitorio* geht wahrscheinl. auf spätlat. **vinitorium* ›Winzerort‹ (zu lat. *vinitor* ›Winzer‹) zurück. Der junge Zusatz *Königs-* ist vielleicht eine Erinnerung an früheres Königsgut in K. Das rheinaufwärts am linken Ufer gelegene **Oberwịnter** hieß früher *Lützelwinter:* 1177 *in minori Wintre,* 10. Jh. *Lucelen Winteren* (zu ahd. *luzzil* ›klein‹). Die gleichnamigen Orte wurden durch Namenszusätze unterschieden.

Königs Wusterha̲usen, Stadt (seit 1935) an der Dahme (l. zur Spree), BR, entstand als slawisches Dorf mit Burg am Übergang über die sumpfige Notteniederung. Die Burg kam im 14. Jh. in deutschen Besitz: 1320 *hus to Wosterhuse,* 1375 *castrum Wusterhuse* mit den Dörfern *slavica* und *theutonica Wusterhuse* (= wendisch und deutsch W.). Mitte des 17. Jh.s fiel die Herrschaft W. an den Kurfürsten, die Burg wurde zum Jagdschloß ausgebaut und dann besonders von König Friedrich Wilhelm I. bevorzugt. So kam es zur heutigen Namensform (zuerst 1775 *Königs- oder Wendisch Wusterhausen*). Der alte Name *Wusterhuse[n], -hausen* bezog sich urspr. auf die slawische Burg. Er ist eingedeutscht aus apolab. **Vostrožno,* einer Bildung zu *vostrog* ›mit Palisaden befestigter Platz‹. Den gleichen Namen hat z. B. **Wusterhausen/Dosse** (an der Dosse r. zur Havel, w. von Neuruppin, BR), 1375 *Wusterhusen,* 1232 *Wustrehuse.* Auch **Ostritz** (sorb. Wostrowe) s. von Görlitz, SAC, gehört hierher. Es heißt 1441 *Ostricz,* 1334 *Ostrosin,* 1007 *castellum Ostrusna.*

Könnern, Stadt s. von Bernburg, SAN, entstand im 11. Jh. bei einer Burg der Erzbischöfe von Magdeburg an der Straße Halle–Magdeburg. Der Name 1602 *Cönnern,* 1509 *Konner,* 1079/1102 *Conre,* 1012 *Coniri* wird trotz des lautlich abweichenden ältesten Belegs auf sorb. **Koňary* ›bei den Pferdehaltern‹ (altsorb. *koňaŕ* ›Pferdehalter, Pferdezüchter‹ zu *kóń* ›Pferd‹) zurückgeführt.

Konradsreuth → Helmbrechts.

Konstanz, Stadt am Ausfluß des Rheins aus dem Bodensee, BWÜ, entstand auf altbesiedeltem Boden bei einem um 300 n. Chr., errichteten römischen Kastell, das wahrscheinlich auf dem Münsterberg gestanden hat. Um 590 wurde K. in den römischen Mauern zum Sitz eines Bistums erhoben, um 900 folgte eine

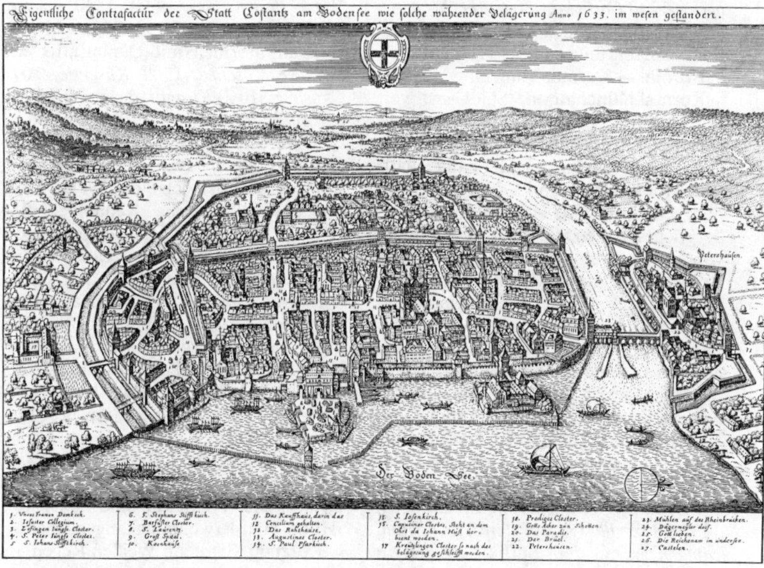

Kaufleutesiedlung um St. Stephan, und in der Stauferzeit war K. mehrfach Tagungsort kaiserlicher Hoftage. 1237 wird die Stadt als Reichsstadt genannt, und 1414–1418 tagte hier das 16. allgemeine Konzil. 1526 nahm K. die Reformation an, mußte sich aber 1548 dem Kaiser unterwerfen; es war dann bis 1806 eine österreichische Landstadt und fiel zuletzt an Baden. Der Name 1475 *Constantz,* 1237 lat. *Constancia civitas* (= die Bürgerschaft K.), 980 *Constantiae* (lateinischer Genitiv), um 700 *civitas Constantia* ist urspr. der Name des Römerkastells, das zu Ehren des römischen Kaisers Constantius Chlorus (des ersten oder zweiten dieses Namens) benannt war. Im Mittelalter wurde der Stadtname meist in vereinfachter Lautform geschrieben: 1251 *Costinze, Chostanze,* 1300 *Costentz,* 1579 *Costantz;* in der Mundart heißt die Stadt (zuerst 1353) *Kostnitz.*

Korbach, Stadt im Kreis Waldeck, HE, entstand im Schnittpunkt alter Fernstraßen aus einem fränkischen Königshof der Karolingerzeit und gehörte seit 1227 den Grafen von Waldeck; Stadtrecht vor 1188. Der Name 1537 *Corbach*, 1513 *Corbecke*, 1240 *Corbyke*, 980 *Curbechi* ist ein mit asächs. *biki* ›Bach‹ (→-bach) gebildeter Bachname unbekannter Herkunft.

Korntal → Korntal-Münchingen.

Korntal-Münchingen, Stadt sw. von Ludwigsburg, BWÜ, entstand 1975 durch Vereinigung der Stadt Korntal mit der Gemeinde Münchingen. Der ritterschaftliche Hof **Korntal** kam 1333 an die Johanniter, er wurde 1555 zur Hälfte württembergisches Lehen, das u. a. die Familie von Münchingen besaß. 1819 erwarb ein Brüderkollegium aus Leonberg das Gut und errichtete dort eine Gemeinde und mehrere Schulen; Stadterhebung 1958. Der Name 1297 *in Korntal* bezieht sich auf den Getreideanbau des alten Hofes und seine Lage in einer Talmulde. Der Ort **Münchingen** gehörte seit Anfang des 12. Jh.s der gleichnamigen Adelsfamilie, die 1891 ausstarb. Sie saß im Alten (1304) und im Neuen Schloß (18. Jh.). Der Name 1466 *Münchingen,* 1293 *de Minchingen,* 1137/38 *in villa* (= auf dem Hof) *Munichingen* ist mit dem Suffix →-ingen zu ahd. *munih* ›Mönch‹ gebildet, doch bleibt offen, ob damit Klosterleute (= bei den Leuten der Mönche) oder ein Ortsgründer mit dem Beinamen ›Mönch‹ gemeint war; vgl. den Artikel → München.

Kornwẹstheim, Stadt im nördlichen Vorortbereich von Stuttgart, BWÜ, entstand wohl im 8. Jh. als fränkische Siedlung und fiel 1303 an Württemberg. Um 1900 entwickelte es sich zur Industriegemeinde. Der Name 784/804 *in uilla* (= im Dorf) *Westheim,* 12. Jh. *Westheim* bezeichnet die westliche Lage des Ortes, doch fehlt ein direktes Gegenstück **Ostheim.* Zur Unterscheidung von gleichnamigen Orten wurde dem Namen im 15. Jh. mhd. *korn* ›Getreide, Roggen‹ hinzugefügt, wodurch das Haupterzeugnis des Bauerndorfes hervorgehoben wurde: 1472 *zu Kornwesthein,* 1478 *Westhein genant Kornwesthein* (zur Nebenform *-hein, -hain* vgl. den Artikel →-heim).

Kösen, Bad, Stadt an der Saale oberhalb von Naumburg, SAN, entstand aus einer altsorbischen Fischer- und Flößersiedlung, die seit dem 12. Jh. zum Kloster Pforta gehörte; seit 1730 Solegewinnung, nach 1813 Solbad; Stadtrecht 1868. Der Name *Bad K.* (seit 1935), 1540 *Koesen,* 1345 *de Kosene,* 1138 *in Cusne* geht zurück auf Formen mit Dentalsuffix wie 1217/18 *Cosence,* 1209 *Kusende,* 1074 *Chusinza,* 1040 *Kusenti,* die zu einem alteurop. Stamm **kŭs-* ›wallen, wogen‹ gestellt werden, vgl. lett. *kûsât* ›wallen, sieden‹ und den illyrischen Flußnamen *Cusus* (bei Tacitus), jetzt die **Waag** l. zur Donau, Tschechische Republik, 1086 *Wag* (zu ahd. *wag* ›Woge‹, eigtl. ›wogender Fluß‹). Danach könnte *Kusenti* urspr. ein alter Abschnittsname der Saale sein.

Köthen, Stadt sw. von Dessau, SAN, entstand am Platz eines altsorbischen Dorfes als askanische Marktsiedlung bei einer Wasserburg, die im 13. Jh. Sitz der Linie Anhalt-K. wurde. Der Name 1553 *Coethen,* 1450 *stad Kothen,* um 1200 (auf Münzen) *Kotene civitas,* im 11. Jh. *Cothin* ist wohl slawischer Herkunft (zu **kot* ›Flechtwerk‹?), wahrscheinlich wurde ein altsorbischer Name an mnd. *kōte, kǟte* ›Hütte, Häuslerwohnung‹ angeglichen.

Kötzting, Stadt am Weißen Regen, im

Bayerischen Wald, BY, erscheint zuerst Ende des 11. Jh.s als Hauptort der Grundherrschaft des oberbayerischen Klosters Rott am Inn im bayerisch-böhmischen Grenzland (Markgrafschaft →Cham). Kurz nach 1255 erhielt K. Marktrecht, erst 1953 wurde es zur Stadt erhoben. Bekannt ist der Brauch des Kötztinger Pfingstrittes. Der Name 1417 *Kötzting,* 1408 *Chötzing,* nach 1301 *Choesting,* um 1140 *Khostingen* enthält wohl den slawischen PN *Kost;* das deutsche Zugehörigkeitssuffix →*-ingen* ist vermutlich für älteres slawisches *-ici* eingetreten. Der Name bedeutete also ›bei den Leuten des Kost‹.

Kraichbach, der, →Kraichgau.

Kraichgau, der, offenes, fruchtbares Hügelland zwischen Schwarzwald und Odenwald, BWÜ, benannt nach dem **Kraichbach,** r. zum Oberrhein bei Ketsch, 1488 *die Kraich.* Der Gau, 1594 *Kreüchgau,* wird zuerst im 8. Jh. erwähnt: 773 *Chrehgauui,* 769 *Creichgowe.* Der Flußname ist vorgermanisch, aber nicht sicher erklärt.

Krakau, Burg, →Krefeld.

Krefeld, Stadt im westlichen Niederrheinischen Tiefland, NRW, entstand aus einem Adelsgut im Besitz der Grafen von Moers, der *Herrlichkeit Krefeld;* Stadtrecht 1373. Zur Großstadt wurde K. erst seit 1929 durch den Zusammenschluß mit **Uerdingen** (1929–1940 Doppelname *K.-Uerdingen*); 11. Jh. *Urtinge,* 855 *in Urðingi,* nicht sicher erklärt). Der Name *Krefeld,* 1376 *Creyvelt,* 1166 *Creinvelt,* 1105 *Krinvelde,* bed. ›Krähenfeld, Sammelplatz von Krähen‹, zu mnd. *kreye, krege,* asächs. *krāja* ›Krähe‹. Die gräfliche Burg in K. heißt *Krakau,* 1406 *zo Kraikouwen,* d. h. ›Krähenkoben‹ (zu mnd. *koven* ›Koben, Käfig‹).

Krempe, Stadt nö. von Glückstadt, SH, entstand um 1200 an der **Kremper Au** (l. zur Stör), die damals schiffbar war, und wurde zum Hauptort der Kremper Marsch; Stadtrecht 1250/1271. Der Name 1306 *civitatis* (= der Stadt) *Crimpe,* 1288 *de Krempa,* um 1234 *in Crimpa* ist abgeleitet von dem des Flusses (1652 *Kremp,* 1237 *in fluuio Crimpe*), der seinerseits wohl nach seinen Krümmungen heißt, vgl. mnd. *krimpen* ›einschrumpfen‹, das ablautend mit nhd. *Krampe* ›Haken, Klammer‹ und *krumm* verwandt ist. Eine andere Kremper Au, 13. Jh. *Crempine,* fließt bei →Neustadt in Holstein. Ihr Name ist slawischer Herkunft.

Kremper Au, die, zur Ostsee, →Neustadt in Holstein.

Kremper Au, die, l. zur Stör, →Krempe.

Kremsmünster (Oberösterreich) →Münster.

Kreuznach, Bad, Stadt an der Nahe, RP. Die älteste, urspr. keltisch-römische Siedlung im Bereich eines römischen Kastells des 4. Jh.s, zuletzt im Besitz der Rheingrafen vom Stein, wurde im 13. Jh. von der 500 m oberhalb beiderseits der Nahebrücke errichteten Neugründung der Grafen von Sponheim aufgesogen, die den alten Namen übernahm. Die Salzquellen im Nahetal werden erst seit 1817 zu Bädern genutzt. Der Name *(Bad) K.,* 1517 *Creutznach,* 1225 *Crucenache,* 822 *in villa Cruzenacus* (neben 819 *Cruciniacum*) enthält den keltoromanischen PN **Crucinus* (weniger wahrscheinlich **Crucinius;* →-acum). Mit dem Wort *Kreuz* hat er nichts zu tun. Den gleichen Namen hat **Christnach** bei Waldbillig, Luxemburg: 778 *Crucinach,* 10. Jh. *in villa Crucinaco,* 1394 *Crüssenach* wurde erst im 18. Jh. an *Christ* angeglichen.

Kreuzwertheim →Wertheim.

Kronach, Stadt in Oberfranken, BY, entstand aus einem Fronhof der Markgrafen von Schweinfurt am Zusammenfluß der Rodach (r. zum Main) mit ihren rechten Nebenflüssen Haßlach und Kronach und kam 1122 an das Bistum Bamberg. Als Mittelpunkt der Bamberger Besitzungen im Frankenwald erhielt K. Anfang des 14. Jh.s Stadtrecht. Die über der Stadt 1125 erbaute Burg Rosenberg wurde bes. im 15. und 16. Jh. zu einer starken Festung ausgebaut. Der Name 1411 *Kronach,* 1383 *Cronach,* 1180 *Chranaha,* 1122 *Chrana* bezeichnete urspr. den Fluß **Kronach,** er ist mit ahd. *aha* ›fließendes Wasser (→ [1]-ach) zu ahd. *krano* ›Kranich‹ gebildet; vgl. →Kronberg.

Kronach, die, r. zur Rodach zum Main, →Kronach.

Kronberg (Ts.), Stadt am Taunus, nw.

von Frankfurt am Main, HE, entstand als planmäßige Anlage unter der 1230 zuerst bezeugten gleichnamigen Burg der Reichsministerialen von Eschborn-K. und erhielt 1330 Stadtrecht. Ende des 14. Jh.s kam eine Neustadt hinzu. Als die Herren von K. 1704 ausstarben, wurde die Stadt mainzisch. 1802 kam sie an Nassau und 1866 an Preußen. Der Name *Kronberg* (mit *K-* seit 1934), 1330 *Cronberg,* 1230 *Cronenberg* gehört wohl nicht zu mhd. *kron[e]* ›Kranz, Krone‹, sondern zu einer Nebenform mhd. *kruon* von mhd. *kran, krane* ›Kranich‹. Einen entsprechenden Namen hat z. B. **Kronenburg,** Kreis Schleiden, NRW, 1166 *Cronberg, Cruonberg,* 1277 *Cronenberg,* 16. Jh. *Cronenburgh.* Vgl. auch den Artikel →Kronach.

Kronenburg →Kronberg (Ts.).

Kronprinzenkoog →Cuxhaven.

Krumbach (Schwaben), Stadt nahe der unteren Günz, BY. Der zuerst Mitte des 12. Jh.s genannte Ort kam 1301 mit der Markgrafschaft Burgau zu Österreich und wurde 1805 bayerisch; Marktrecht um 1370, Stadtrecht 1895. Der Name 12. Jh. *Crummenbach, Crumbenbach,* 1156 *Crumbach* ist urspr. ein mit ahd. *krumb, chrumb,* ›gekrümmt, verdreht‹ gebildeter Gewässername, der auch im Namen des ö. von K. liegenden Heilbades **Krumbad** (wohl aus **Krum[bach]bad*) erscheint.

Krumbad →Krumbach (Schwaben).

Kues →Bernkastel-Kues.

Kühlungsborn, Ostseebad, Stadt an der Mecklenburger Bucht, nw. von Bad Doberan, MV, entstand 1938 durch Vereinigung der Fischerdörfer Arendsee und Brunshaupten mit dem Hof Fülgen, wobei der neue ON an den Namen des Küstenwaldes *die Kühlung* anknüpfte (dies zu nhd. *kühl, kühlen*?). **Arendsee,** 1260 *Arnesse* ist wohl die ›Siedlung eines *Arn* am See‹, **Brunshaupten,** 1219 *Bruneshovede* enthält den PN *Brun* und mnd. *hövet* ›Landspitze‹ (eigentl. ›Haupt‹). Der Hofname **Fülgen** ist nicht sicher erklärt.

Kulmbach, Stadt am Weißen Main, BY, entstand als bäuerliche Siedlung, erhielt im 12. Jh. Stadtrecht und war seit dem 15. Jh. Residenz der Markgrafen von Brandenburg-Kulmbach; 1792 kam K. zu Preußen, 1810 zu Bayern. Der ON *Kulm-, Culmbach* (so seit 1531), 1270 *Culmnach,* 1174 *Culminaha* (→[1]-ach, →-bach) beruht auf dem alten Namen des heutigen **Kohlenbachs** (l. zum Weißen Main, 1466 *Culmach,* 1338 *Kulmna*) und bedeutet ›Bergbach‹. Bestimmungswort ist ein aus dem Slawischen entlehntes ahd. **culm* ›Hügel, Bergkuppe‹ (vgl. russ. *cholm,* tschech. *chlum* ›Hügel‹ und den polnischen ON *Chelmno* = **Culm** an der Weichsel). Das slawische Wort ist seinerseits entlehnt aus gleichbed. altgerm. **hulma* (asächs., aengl. *holm* ›Anhöhe‹, mnd. *holm* ›Insel‹).

Künzelsau […s|au̯], Stadt am Kocher, BWÜ. Der 1098 zuerst genannte Ort kam nach 1100 in den Besitz mehrerer Adelsfamilien. Unter Beteiligung von Kurmainz wurde 1489 ein Ganerbenvertrag geschlossen, der bis 1802 bestand, als die Fürsten von Hohenlohe alle Anteile erworben hatten. 1806 fiel Hohenlohe an Württemberg. K. war seit 1413 Marktflecken, wurde aber erst 1767/69 nach Vollendung der Ringmauer als Stadt angesehen. Der Name 1098 *Cunzelshowe* ist mit dem alten deutschen PN *Gunzilo* gebildet, GW ist mhd. *ouwe,* ahd. *ouwa* ›Land im oder am Wasser, Insel‹ (→-au, -aue). Der Name galt urspr. wohl für die Wasserburg K., die im 17. Jh. zu einem Schloß der Fürsten von Hohenlohe umgebaut wurde.

Kupferberg, der, →Hettstedt.

Kürnach; Kürnbach →Querfurt.

Kusel, Stadt nw. von Kaiserslautern, RP, entstand aus einem fränk. Königshof des 6./7. Jh.s, der mit seinem Umland dem Kloster St. Remigius in Reims geschenkt wurde *(Remigiusland),* kam später zur Grafschaft Veldenz und im 15. Jh. zum Herzogtum Pfalz-Zweibrücken. Der Name 1488 *Kusel,* 1363 *Cuszelin,* 1270 *Cusela,* 9. Jh. *Cosla* ist ein vordt. Bachname (der **Kuselbach,** im Oberlauf *Pfeffelbach* genannt, l. zum Glan bei Altenglan), der nicht sicher gedeutet ist.

Kuselbach, der, l. zum Glan, →Kusel.

Kyll, die, linker Nebenfluß der Mosel, entspringt am N-Abhang der Schneifel (Schnee-Eifel, nw. von Prüm), mündet nahe bei Trier. Die Belege 1157 *Chile,* 893 *Kila* (für den Ort **Stadtkyll** am Oberlauf), 801 *ad Kilaspringun* (für die Quelle), 800 *prope Kilibergo* (**Kyllburg,** auf schon früh befestigtem Bergsporn über einer Flußschleife am Mittellauf) ergeben als Grundform des Flußnamens *Kila,* der im lateinischen Moselgedicht des Ausonius (4. Jh.) die Form *Celbis* oder *Gelbis* entspricht. Die Herkunft des Namens ist ungeklärt.

Kyllburg, die, → Kyll.

Kyritz, Stadt nö. von Havelberg, BR, entstand als Mittelpunkt eines slawischen Burgbezirks und wurde Anfang des 13. Jh.s von den magdeburgischen Herren von Plotho als Stadt gegründet; Stadtrecht 1237, seit 1358 Hansestadt. Der Name 1325 *Kyriz,* 1298 *Kirica,* 1232 *Kyrisz* geht vermutlich auf einen PN *Chyr* zurück, der im Alttschechischen belegt ist. Der ON bedeutet dann ›Leute des Chyr‹.

L

Laboe, Ostseebad am Ostufer der Kieler Förde, SH, entstand als slawisches Dorf und gehörte im 13. Jh. zum Kloster Preetz. Zu Anfang des 20. Jh.s wurde es Seebad; 1929 wurde hier das Marineehrenmal errichtet. Der Name *Laboe* entstand, wohl unter Anlehnung an dän. *ø* ›Insel‹, aus 1346 *Lybode,* um 1270 *Lebodne,* 1240 *Lubodne.* Er wird entweder als ›Schwanenbucht‹ zu apolab. *l'ebed* ›Schwan‹ gestellt oder als apolab. **L'ubotyna* ›Ort des L'ubota‹ aus einem PN **L'ubota* hergeleitet.

Ladenburg, Stadt am unteren Neckar, BWÜ, entstand wohl als keltische Siedlung und wurde im 1. Jh. n. Chr. unter römischer Herrschaft Hauptort des germanischen Stammes der Neckarsueben *(Suebi Nicretes).* Im 2. und 3. Jh. entwikkelte sich der Ort zu einer bedeutenden städtischen Siedlung im Schnittpunkt mehrerer Straßen, die aber 259/60 von den Alemannen erobert und zerstört wurde. Um 500 wurde L. Hauptstadt des fränkischen **Lobdengaues.** Ein fränkischer Königshof kam in den Besitz der Bischöfe von Worms, doch gehörte die Stadt seit 1385 zur Hälfte der Kurpfalz. 1803 wurde sie badisch. Der Name 1504 *Ladenburg, Laudemburg,* 1283 *Laudenburg,* 1253 *Lautemburg* geht zurück auf 1228 *Loptenburg,* 1160 *Lobedenburk,* 798 *civitas* (= die Stadt) *Lobedunburg in pago Lobedungouve* (= der Lobdengau), und dieser mit ahd. *-burg* ›befestigte Stadt‹ erweiterte Name steht für kelt.-lat. *Lupodunum* (4. Jh.), 8. Jh. *Lobuduna.* Man hat den Namen als ›Burg des *Lopos*‹ gedeutet, doch ist dieser keltische PN nicht gesichert, und auch die Lautentwicklung der frühen ON-Formen ist nicht geklärt. Zu kelt. *dunum* vgl. den Artikel → Daun.

Lage, Stadt an der Werre (l. zur Weser), nw. von Detmold, NRW, entstand aus einem Kirchdorf des 13. Jh.s, das um 1480 Weichbild (Stadt mit minderem Recht) wurde und 1836/43 Stadtrecht erhielt. Der Name 1530 *Wibbolt tor Lage,* 14. Jh. *to der Laghe* geht, wie der Artikel zeigt, auf eine Stellenbezeichnung zurück. Niederd. *lage* ›freie, offene Fläche zwischen Wäldern‹ kommt in zahlreichen Orts- und Flurnamen Westfalens und des westlichen Niedersachsen vor, vgl. z. B. **Wittlage** bei Osnabrück (jetzt zu Bad Essen) und **Dinklage** bei Vechta, 1257 *Thinglage* (eigtl. ›Gerichtsplatz‹, zu asächs. ahd. *thing* ›Gericht[sversammlung]‹).

Lahn, die, rechter Nebenfluß des Mittelrheins, entspringt am Lahnkopf im Rothaargebirge, mündet gegenüber von Koblenz. Der Name, bis ins 18. Jh. meist *Lohn,* 1343 *die Lone,* 1257 *in Logna,* 881 *Logana* (daneben mit *-aha* erweiterte Formen wie 8. Jh. *Loganaha, Logenehe,* → [1]-ach) geht wahrscheinlich auf vorgerm. **Lugana* zurück. Dies kann zu der idg. Wurzel **leug-* ›biegen, winden, drehen‹ gestellt werden und würde dann ›die sich Windende‹ bedeuten, vgl. griech.

lygízõ ›biege, winde, drehe‹, lit. *lùgnas* ›geschmeidig, biegsam‹ und den litauischen Flußnamen *Lùginas,* ferner das Substantiv nhd. *Locke,* ahd. *loc.* Möglich wäre auch die Herleitung von idg. **leug-/ *lug-* ›schwärzlich, Sumpf‹, vgl. lit. *liũgas* ›Morast‹, russ. *luža* ›Sumpf, Pfütze‹ und den altgriechischen Flußnamen Lýginos (im nördlichen Balkan). Die erste Deutung ist wegen der vielen Krümmungen im Mittel- und Unterlauf der Lahn wahrscheinlicher. Mit dem Flußnamen →Leine besteht wohl keine Verwandtschaft, vgl. aber den Artikel →Leinefelde.

Lahneck, Burg, →Lahnstein.

Lahnstein, Stadt an der Mündung der Lahn in den Rhein, RP. Die 1969 vereinigten Städte Ober- und Niederlahnstein sind beide aus fränk. Königsgut entstanden, hatten aber bis zum Anfall an Nassau 1803 verschiedene Herren. **Niederlahnstein** rechts der Lahn war seit 1047 trierisch, in **Oberlahnstein** am linken Ufer setzte sich der Erzbischof von Mainz erst um 1200 durch (Erbauung der Burg **Lahneck,** 1245 *Lonekke*). Der Name 1347 *Oberlainstein (ai = ā),* 1250 *superior Lonsten,* 978 *Logenstein* bzw. 1330 *Nyderlaynsteyn,* 1197 *inferior Logenstein,* 1047 *Logenstein* bedeutet ›Steinhaus an der Lahn‹ und bezieht sich auf einen im Mittelalter noch benutzten spätrömischen Burgus (Wachtturm) des 4. Jh.s in Niederlahnstein (→-stein).

Lahr, Stadt am Westrand des Schwarzwaldes, BWÜ, entstand am Ausgang des Schuttertals, wo die Paßstraße aus dem Elsaß zum Kinzigtal hinüberging und die Herren von Geroldseck um 1250 eine Tiefburg errichtet hatten. Auch ein Kloster mit Spital wurde 1259 an der Straße gegründet. Die Siedlung erhielt vor 1300 Stadtrecht. 1497 und abermals 1803 kam L. zu Baden. Der Name 1274 *Lare,* 1215 *(Heinricus de) Lare* gehört zu den altertümlichen Bildungen mit →-lar in der Bed. ›[Vieh]hürde, Gestell‹, der Ort muß also wesentlich älter sein als seine schriftliche Bezeugung.

Laingruben →Benediktbeuern.

Lampertheim, Stadt n. von Mannheim, HE, entstand wohl in der Frankenzeit, kam zum Bistum Worms und 1803 zu Hessen. Stadtrecht 1951. Der Name 1198 *Lampertheim,* 9. Jh. *Langbardheim,* 832 *Langobardonheim* enthält wohl den Genitiv Plural des westgermanischen Stammesnamens der *Langobarden.* Der Ort L. kann also als Ansiedlung von Langobarden entstanden sein, vgl. Namen benachbarter Orte wie →Dürkheim und →Frankenthal und den von **Lampertheim** bei Straßburg (1190 *Lambertheim,* 828 *Lancpartheim*). Doch kann zumindest bei dem elsässischen Ort auch ein einzelner Siedler mit dem Ruf- oder Beinamen *Lancbart* ›Der Langobarde‹ die Benennung des Ortes verursacht haben.

Lampertheim (Elsaß) →Lampertheim.

Landau a. d. Isar, Stadt in Niederbayern, BY, wurde 1224 von Herzog Ludwig I. gegründet und in der wittelsbachischen Rechteckform auf dem rechten Ufer angelegt; Stadtrecht 1304. Der Name 1429 *Landau,* 1237 *Landawe,* 1231/1237 *Landov* ist mit mhd. *lant* ›Land, Gebiet, Heimat‹ und mhd. *ouwe, owe* ›von Wasser umflossenes Land‹ gebildet, wobei *ouwe* wohl als ›befestigte Insel, Wasserburg‹ gemeint war. Eine ältere Siedlung gleichen Namens lag auf dem linken Isarufer, sie wird Anfang des 14. Jh.s als *Alten Landaw* genannt und 1567 auf einer Karte verzeichnet.

Landau in der Pfalz, Stadt an der Queich, RP, entstand Mitte des 13. Jh.s auf einer Flußinsel (Aue) der Queich, war seit 1274 freie Reichsstadt, 1679 bis 1815 aber französische Festung, danach bis 1871 deutsche Bundesfestung. Der Name 1510 *Landau,* 1468/70 *Landauwe,* 1286 *Landowe* beruht auf einem Flurnamen. Mit *Land...* war entweder der entwässerte, urbar gemachte Teil der benachbarten *Fröschaue* (= Froschwiese) gemeint, oder *Landau* ist eine Klammerform für **Land(tags)au.* Auf einem Dingplatz vor der Stadt (früherer Flurname *An dem Landtag*) wurde nachweislich 1277–1349 ein Landgericht des Speyergaus gehalten, das vermutlich schon vor der Stadtgründung bestand.

Ländchen Bellin →Fehrbellin.

Landeshut in Schlesien →Landshut.

Land Ruppin →Neuruppin.

Landsberg bei Halle →Landsberg a. Lech.

Landsberg a. Lech, Stadt in Oberbayern, BY, entstand im Schutz einer um 1160 von Herzog Heinrich dem Löwen erbauten Burg, die den Lechübergang der Salzstraße von Bad Reichenhall nach Memmingen schützen sollte. Die Siedlung erhielt um 1260 Stadtrecht und kam 1268 an die Wittelsbacher. Der Name 1366 *Landsberg,* 1261 *Lansperch,* 1162 *in castro* (= in der Burg) *Landespurch* bezeichnet urspr. die Burg als Festung des Landesherrn und wurde dann auf die Stadt übertragen. Orte gleichen Namens gibt es mehrfach, bes. in ostdeutschen Gebieten, sie standen ebenfalls meist im Besitz der Landesfürsten. Als Beispiele seien hier genannt: **Landsberg** ö. von Halle, SAN, um 1170 *castrum Landesberc,* Burg des Markgrafen Dietrich von der Lausitz, erbaut am Platz einer slawischen Burganlage; **Alt-Lạndsberg,** BR, um 1230 Burg und Burgflecken der askanischen Markgrafen Johann I. und Otto IV., 1324 *Antiqua Landesberg* genannt im Gegensatz zu **Landsberg/Warthe,** das 1257 als *Landisberch Nova* durch Markgraf Johann I. in der Neumark gegründet wurde und heute als Gorzów Wielkopolski zu Polen gehört; weiterhin **Landsberg O. S.** (Oberschlesien), jetzt Gorzów Śląski, zuerst 1294 als *Landesberch stat und hus* (= Stadt und festes Haus) genannt.

Landsberg O. S. (ehem. Schlesien); **Landsberg/Warthe** (ehem. Neumark) →Landsberg a. Lech.

Landschlacht, Kanton Thurgau, →Haßloch.

Landshut, Stadt an der Isar, BY, wurde 1204 von Herzog Ludwig I. zum Schutz einer neuen Isarbrücke gegründet (frühere Datierungen sind unsicher). 1255–1503 war die Stadt Residenz von Niederbayern bzw. dem Teilstaat Bayern-L. Der Name 1339 *Landshut,* 1205 *castrum* (= die Burg) *Landeshvote* spricht den Zweck der Gründung aus: ›Behütung, Bewachung (mhd. *huote*) des Landes‹. Einen entsprechenden Namen hat z. B. die Stadt **Landeshut in Schlesien,** jetzt poln. Kamienna Góra, Polen, die durch ihre Lage in der Landeshuter Senke zwischen Riesengebirge und Waldenburger Bergland mehrere Straßen nach Böhmen zusammenfaßte; sie wurde Ende des 13. Jh.s gegründet: 1292 *civitas* (= die Stadt) *Landishute.*

Landshut (Burg), →Bernkastel-Kues.

Landskrone (Burg) →Oppenheim.

Land Sternberg →Sternberg.

Landstuhl, Stadt w. von Kaiserslautern, RP, entstand aus einem fränkischen Königshof und kam mit der seit 1189 genannten Burg **Nanstein** Ende des 15. Jh.s in den Besitz der Herren von Sickingen. Der Name 1603 *Landstul,* 1554 *Lanstul* ist durch Dissimilation von *n* zu *l* und anschließende Umdeutung hervorgegangen aus 1535 *Nanstul,* Anf. des 9. Jh.s *Nannenstul.* Die Burg (1189 *apud Nannensteine*) liegt auf steilem Berg über der Talsiedlung. Das Bestimmungswort ist der alte deutsche PN *Nanno, Nando,* eine Kurzform von Namen wie *Nanthari.* Der ON bedeutet also ›Stuhl des Nanno‹, wobei offenbleiben muß, ob damit der Wohnsitz dieses Mannes im Tal gemeint war oder der auffällige Berg (vgl. den Artikel →Kaiserstuhl).

Langen, Stadt s. von Frankfurt am Main, HE, entstand aus einer Wildhube (Försterei) in der →Dreieich, die im 9. Jh. dem Kloster →Lorsch gehörte und später ein Lehen der Grafen von Hagen-Münzenberg war. Im 16. Jh. fiel L. an die Landgrafen von Hessen-Darmstadt; Stadtrecht 1883. Der Name 1275 *Langen,* 1107 *Langunga,* 834 *Langungon* ist wohl als Insassenname mit der Endung *-ung* (→-ing) zum Adjektiv ahd. *lang* ›lang[gestreckt]‹ gebildet; möglich wäre eine Klammerbildung *Lang⟨aha⟩ungen* ›bei den Leuten am langen Wasser‹ oder ähnlich.

Langenargen →Argen, die.

Langenau, Stadt nö. von Ulm, BWÜ, entstand bei einem Hof und einer Eigenkirche der Pfalzgrafen von Dillingen aus drei Siedlungskernen entlang dem Lauf der Nau (l. zur Donau). Die drei Kerne *Ostheim (Unterdorf), Mitteldorf* und *Westheim (Oberdorf)* hatten im 14. Jh. vorübergehend Stadtrecht, wurden aber 1377 an Ulm verkauft. Erst im 16. Jh. wuchsen die drei Dörfer zusammen. Der Name 17. Jh.

Naw, Langennaw, 1576/85 *Lanngenaw* bezieht sich in seinem ersten Glied auf die langgestreckte Form des Ortes, das zweite Glied stand urspr. allein: 1515 *Naw,* 1301 *villa* (= der Hof) *Nav,* 1003 *cortem* (= den Hof) *nomine Navua* (*vu* = *w*). Die Siedlung ist nach dem Fluß *Nau,* 1150 *Nawa* benannt. Zur weiteren Herkunft des Flußnamens vgl. den Artikel → Nahe. Die Anlehnung an die ON auf *-au* geschah bei *Langenau* nur durch die vereinfachte Schreibung (*nn* wurde *n*).

Langenbochum (zur Herten) → Bochum.

Langeneß → Nordmarsch-Langeneß.

Langenfeld (Rheinland), Stadt im Bergischen Land, sö. von Düsseldorf, NRW, entstand 1910 durch die Vereinigung zweier ehemaliger Rodungsdörfer und erhielt 1936 den Namen *Langenfeld,* der für den Ortsteil *Altlangenfeld* schon früher bezeugt ist (1396 *de Langevelt*). Für die Verdichtung von Gewerbe und Verkehr in diesem Gebiet ist es kennzeichnend, daß man 1784 an der Fernstraßenkreuzung in L. eine große Station der Pferdepost eingerichtet hat und daß 1845 hier die Bahnlinie Köln–Düsseldorf gebaut wurde.

Langenhạgen, Stadt im nördlichen Vorortbereich von Hannover, NDS, wurde vor 1248 als Hagenhufendorf (→ -hagen) planmäßig angelegt und hieß zuerst *Nigenhagen* (lat. *Nova indago,* zu mnd. *nie, nige* ›neu‹). Der zuerst 1312 bezeugte jetzige Name bezieht sich auf die langgestreckte Form der mit zwei anderen Dörfern vereinigten Siedlung. L. ist seit 1959 Stadt, seit 1952 besteht der Flughafen Hannover-L.

Langensạlza, Bad, Stadt n. von Gotha, TH, entstand an der Mündung der **Salza** in die Unstrut, war um 800 Reichsgut und kam Ende des 12. Jh.s an die Landgrafen von Thüringen; Stadtrecht vor 1222, die Neustadt und die Jakobsstadt wurden 1356 mit der Altstadt vereinigt. 1485 kam L. an die Albertiner. Die 1811 entdeckten Schwefelquellen machten es zum Badeort (seit 1956 *Bad L.*). Der Name 13. Jh. *Salza, Salcza,* 932 *Salczaha,* 876 *in Salzahu,* 776/779 *Salzaha* entspricht dem Flußnamen, er bedeutet ›Ort an der *Salza, Salzaha*‹ (zu ahd. *salz* ›Salz‹ und *aha* ›Wasser‹; → [1]-ach). Der Zusatz *Langen-* (zuerst in 1579 *Langensalza*) unterscheidet L. von gleichnamigen Orten, z. B. **Salza** an der *Salza* l. zur Helme, 802 *Salzaha* (jetzt Stadtteil von Nordhausen).

Langeoog [...'o:k], ostfriesische Insel zwischen Baltrum und Spiekeroog, NDS. Der Name 1398 *Langoch* bezieht sich auf die langgestreckte Gestalt der Insel, der zweite Bestandteil ist mnd. *ō, oie, ōch* ›Insel, feuchte Wiese‹, das mit ahd. *ouwa, ouwia* ›Land am Wasser, Insel‹ (→ -au, -aue) verwandt ist. → Wangerooge, → Norderney, → Hiddensee.

Langwạrden, Gemeinde an der Nordküste von Butjadingen, NDS, entstand um eine Hauptkirche des bremischen Archidiakonats Rüstringen und war im 14. Jh. ein wichtiger Hafen- und Marktort. Der Name *L.,* 1307 *Langwerthe,* 1200 *Longoworthe,* enthält das Adj. *lang* und afries. *wurth, werth* ›Insel, Erdhügel‹ in der pluralischen Ablautform *-warden.* Zu weiterem vgl. den Artikel → Wursten. Die Höfe wurden im Küstengebiet auf künstlich erhöhten Plätzen angelegt.

-lar, GW von Siedlungs- und Flurnamen, das besonders im mittel- und niederdeutschen Raum, von Thüringen und Hessen, Westfalen bis zum Niederrhein und weiter in den Niederlanden vorkommt und zu den ältesten germanischen ON-Wörtern gehört. Im deutschen Süden ist es selten, vgl. aber ON wie → Lahr am Schwarzwald und → Lohr am Main. Oft ist *-lar* mit Flußnamen verbunden (→ Wetzlar, → Goslar) und die Bestimmungswörter einiger Flurnamen weisen deutlich auf frühe Formen der Viehzucht hin (rheinisch *Osselar, Orselar,* zu *oss* ›Ochse‹, *ors* ›Pferd‹, *Varselar,* zu *varse* ›Färse, junges Rind‹). Man hat ahd. **[h]lār, *[h]lāri* zur idg. Wurzel **k̑lei-* ›neigen, lehnen‹ gestellt und als ›Gerüst, Gestell, Hürde‹ gedeutet. Dabei ist wohl an altertümliche Großhürden zur Viehhaltung zu denken; aber auch kultische Bezirke konnten durch solche Hürden geschützt werden, vgl. den Artikel → Fritzlar.

Laucha → Lauchhammer.

Laucha, die, l. zur Saale, → Lauchstädt, Bad.

Lauchhammer (sorb. Železaŕnja), Stadt an der Schwarzen Elster, BR, entstand 1953 durch Vereinigung mehrerer Gemeinden mit dem Industrieort L. Dieser wurde 1725 als Eisenhütte bei der *Lauchmühle* des damaligen Ritterguts **Mückenberg** (1353 *Mugkenberg,* zu mhd. *mücke, mucke* ›Mücke, Fliege‹) gegründet und hieß 1791 als Hochofen mit fünf Hammerwerken *Lauchhammer.* Der Name *Lauchmühle* ist wohl falsch verhochdeutscht aus *Luchmühle,* d. h. ›Mühle im Luch‹, zu obersorb. *ɫuh,* asorb. *lug* ›Grassumpf, Moor‹, das als Lehnwort mnd. *lūch* ›sumpfige Wiese‹ ergab. Zu dem gleichen Wort gehört der Name von **Laucha** bei Nebra, SAN, 1350 *Luchow,* 1186/90 *in Luchowe;* vgl. ferner → Doberlug-Kirchhain.

Lauchstädt, Bad, Stadt w. von Merseburg, SAN, entstand vor dem 9. Jh. als Dorf an der **Laucha** (l. zur Saale) und kam 1444 zum Bistum Merseburg; Stadtrecht 1430. Im 18. Jh. war L. Modebad des kursächsischen Adels (Goethes Theaterbau 1802). Der Name 1357 *Louchstete,* 1270 *Locstede,* 1206 *Louchstide,* 9. Jh. *Lochstat* ist ebenso wie der Name des Baches (1217 *Loucha,* 1039 *rivulus Louchaha*) mit ahd. *louh,* asächs., mnd. *lōk* ›Lauch‹ gebildet und bedeutet ›Stelle bzw. Bach, wo Lauch wächst‹; → -statt, -stedt, -stätten; → [1]-ach.

Lauenburg (ehem. Pommern) → Lauenburg/Elbe.

Lauenburg/Elbe, Stadt an der Mündung der Stecknitz in die Elbe, SH, entstand als Schiffersiedlung unter der 1282 von dem Askanier Bernhard I. erbauten gleichnamigen Burg, die namengebend für das askanische **Herzogtum Lauenburg** wurde. Dieses kam 1689 an die Welfen und wurde 1865 preußisch. Seit 1876 gehört das Herzogtum L. als Landkreis zu Schleswig-Holstein (vgl. den Artikel → Ratzeburg). Der Ort L. erhielt erst 1872 Stadtrecht. Sein Name geht zurück auf 1224 *Lovenburg,* 1217 *castri* (= der Burg) *Louenburc,* 1182 *Lavenborch,* er enthält im ersten Glied mnd. *louwe, lauwe* ›Löwe‹, das hier heraldisch zu verstehen ist. Entsprechende Burg- und Stadtnamen haben z. B. **Lauenburg** in Pommern (poln. Lębork), mit Deutschordensburg von 1363, oder mit anderm Grundwort die Burg **Lauenstein** in Sachsen, 1372 *Lauwenstein,* 1320 *Lewenstein.*

Lauenstein, Burg, → Lauenburg/Elbe.

Lauf a. d. Pegnitz, Stadt ö. von Nürnberg, BY, entstand als Mühlen- und Hammersiedlung bei einem Wasserfall der Pegnitz, im Schutz einer Burg von Reichsministerialen, die auch die Handelsstraße nach Böhmen zu sichern hatte. Der Ort gehörte zeitweise den Wittelsbachern (Marktrecht um 1250), dann dem König von Böhmen (Stadtrecht) und 1504–1806 der Reichsstadt Nürnberg. Der Name 1389 *Lauf,* 1279/1284 *Lauffen, Lavffe,* 1168/1178 *Lovfe* entspricht dem schwachen Maskulinum mhd. *loufe* ›Stromschnelle‹, einer Bildung zu mhd. *louf* ›Lauf, Umlauf‹. Der Ort ist also nach dem technisch genutzten Wasserfall benannt. Gleicher Herkunft sind z. B. die Namen von **Laufen** an der Salzach, BY, nw. von Salzburg (12. Jh. *Loufen,* um 1050 *apud urbem* [= bei der Stadt] *Loufun,* um 790 *Lovffi*) und von **Lauffen am Neckar** bei Heilbronn BWÜ, 1013 *Loufen,* 889 *Loufin, Louffa,* 823 *Hlauppa.* Auch bei diesen Orten waren Stromschnellen der Anlaß der Namengebung.

Laufen an der Salzach; **Lauffen am Neckar** → Lauf a. d. Pegnitz.

Lauingen (Donau), Stadt w. von Dillingen, BY, entstand als alemannische Siedlung des 6./7. Jh.s und erhielt um 1200 Stadtrecht. 1268 kam L. an Bayern. Der Name 1279/1284 *Laugingen,* 12. Jh. *Logingen,* 750/802 *Lougingen* zeigt erst im 18. Jh. die heutige Form mit Ausspracheerleichterung: 1749/1753 *Lauingen.* Der Name wird auf einen PN **Lougo* oder auf ahd. *louga* ›Lauge, Wasch-, Badewasser‹ zurückgeführt.

Lauscha, Stadt (seit 1958) im südöstlichen Thüringer Wald, TH, entstand um 1595 als Glashüttensiedlung im Tal des **Lauschabachs** (l. zur Steinach zum Main), die der Ausgangspunkt der Glasindustrie im Thüringer Wald wurde. Der Name des Ortes entspricht dem Bachnamen: 1720 *auf der Alten Lautzsche,* 1601 *in der Lau-*

scha, 1595 *gegen der fauhlen Lauschaw.* Diese eingedeutschten Formen gehen zurück auf den Bachnamen 1545 (zu 1366) *die Lutzscha,* der wohl eine Bildung zu asorb. *luka* ›Wiese‹ ist.

Lauschabach, der, l. zur Steinach zum Main, → Lauscha.

Lausick, Bad, Stadt sö. von Leipzig, SAC, entstand aus einem altsorbischen Weiler, der nach Gründung einer Mönchszelle des Klosters Pegau (1096) von mainfränkischen Siedlern ausgebaut wurde; 1105 Marktflecken, um 1200 Städtchen. Nach 1820 wurde L. Bade- und Kurort. Der Name 1913 *Bad Lausick,* 1473 *Lausigk, Lausg,* 1414 *Lußigk,* 1218 *Luzich,* 1104 *Luziki,* 1096 *Luzke* geht zurück auf asorb. *lužk* ›sumpfige Wiese‹ zu gleichbed. asorb. *lug* (→ Lauchhammer). Gleicher Herkunft ist der Name von **Lausigk** bei Köthen (1330 *Luszk,* 1302 *Luzic*).

Lausigk b. Köthen → Lausick, Bad.

Lausitz, die, Gebiet beiderseits der Lausitzer Neiße und der oberen und mittleren Spree, in Deutschland und Polen. Es besteht aus den historischen Landschaften Nieder- und Oberlausitz. Die **Niederlausitz** umfaßt den südöstlichen Teil der alten Mark Brandenburg, die **Oberlausitz** den östlichen Teil Sachsens und den westlichen Teil Niederschlesiens. Historischer Kern der Lausitz war das Gebiet um Cottbus, Guben und Sorau (heute poln. Żary), wo seit dem 6. Jh. westslawische Stämme siedelten, die als mlat. *Lunsici, Lusizi* (für asorb. *Łǫžici, *Łužici*) bezeugt sind. Ihr Name ist eine Bildung zu asorb. *lǫg, lug* ›Sumpf‹, das in Brandenburg und Mecklenburg als *Luch* (mnd. *lūch* ›Grassumpf‹) ins Deutsche entlehnt wurde (→ Lauchhammer). Die Nachkommen dieser *Lusizi* sind die heutigen Niedersorben. Aus dem Landschaftsnamen mlat. *Lusiza* entstand für ihr Siedlungsgebiet der Name *Lausitz.* Eine andere westslawische Gruppe waren die *Milzane, Milzeni* im Gau *Milsca* um Bautzen, die Vorfahren der heutigen Obersorben. Beide Gruppen kamen seit dem 12. Jh. in enge Berührung mit der deutschen Ostsiedlung, konnten aber ihre Sprache und Kultur weitgehend bewahren. Politisch gehörten sie schon seit dem 10. Jh. unter verschiedenen Herren zum Reich. Nachdem 1367 die Niederlausitz als *Markgrafschaft Lausitz* unter böhmische Oberherrschaft gekommen war (Kaiser Karl IV.), dehnte sich der Name *Lausitz* auf das gleichfalls zu Böhmen gehörende Land um Bautzen und Görlitz aus, und die beiden Landschaften wurden nun als *Nieder-* und *Oberlausitz,* lat. *Lusatia Inferior* und *Lusatia Superior* unterschieden. 1815 fielen die Niederlausitz und mehr als die Hälfte der Oberlausitz an Preußen und wurden zu Schlesien geschlagen. 1945 kam der Osten der Oberlausitz an Sachsen zurück, das Gebiet wurde 1950 auf die Bezirke Cottbus und Dresden verteilt. Bei der Wiederherstellung der Länder im Jahre 1990 wurde diese Maßnahme wieder rückgängig gemacht.

Lausitzer Neiße, die (auch: *Görlitzer N.,* poln. *Nysa Łużycka,* tschech. *Lužická Nisa*), linker Nebenfluß der Oder, entspringt am SW-Hang des Isergebirges, mündet n. von Guben; der Fluß war seit 1945 der südliche Teil der Grenze zwischen der DDR und Polen und damit der heutigen deutsch-polnischen Grenze. 1241 *Niza, Nizza* geht wohl zurück auf eine *-s*-Bildung zu idg. **neid-* ›fließen, strömen‹ (→ Nidda), die dann zu *Nisa* slawisiert und später eingedeutscht wurde. Den gleichen Namen hat die **Glatzer Neiße** (poln. *Nysa Kłodzka*), 1096 *Niza,* 1248 *Nisa.* Sie entspringt im Glatzer Schneegebirge und mündet nw. von Oppeln in die Oder. Bei einer slaw. Siedlung *Nyza* am Mittellauf des Flusses wurde vor 1223 die deutsche Stadt **Neisse** gegründet (poln. *Nysa*), die im 14. Jh. Hauptstadt des ›Breslauer Bistumslandes‹ und fürstbischöfliche Residenz wurde.

Lauter, die, linker Nebenfluß des Oberrheins, entspringt im Pfälzer Bergland, mündet als deutsch-französischer Grenzfluß unterhalb von Lauterburg im Elsaß (vgl. dazu den Artikel → Murg, am Ende). 11. Jh. *Hlūtra,* 837 *Lūtaraha,* 693 *Hlūtraha* bedeutet ›helles, klares Wasser‹, es gehört zu ahd. *[h]lūttar,* mhd. *lūter* ›rein, klar, hell‹ (nhd. *lauter*). Das GW *-aha* ›Wasser‹ (→ ¹-ach) kann bei diesem häufigen Flußnamentyp auch fehlen, vgl.

z. B. die **Lauter,** r. zum Glan bei →Lauterecken (9. Jh. *Lutera* ›die Lautere, Helle‹; dazu →Kaiserslautern), die **Lauter,** r. zum Neckar bei Wendlingen (1290 aquam [= das Wasser] *Lūterun*), die **Lauter,** l. zur Schlitz zur Fulda (→Lauterbach) und die **Lüder,** l. zur Fulda bei Lüdermünd (822 *Lūdera*). Die oben erwähnte elsässische Stadt **Lauterburg** (frz. *Lauterbourg*) heißt wie der Fluß 1086 *Lūtera,* im 12. Jh. aber *Lutterburg.* Für weitere Beispiele des Flußnamens vgl. die Artikel →Lauterberg, →Königslutter und →Saarlouis. – Der Mittel- und Oberlauf der oben als erste genannten Lauter heißt zur Unterscheidung von gleichnamigen Bächen **Wieslauter** (1441 von *Wieslutern*). Eine Gemeinde *Wieslautern* entstand 1970 durch Vereinigung mehrerer Orte im Zuge der Verwaltungsreform, doch wurde inzwischen auf Wunsch der Bevölkerung der alte Name *Bundenthal* wiedereingeführt.

Lauter, die, r. zum Glan; **Lauter,** die, r. zum Neckar; **Lauter,** die, l. zur Schlitz; →Lauter, die.

Lauterbach, Stadt am Vogelsberg, an der Lauter, l. zur Schlitz, HE, entstand bei einer Kapelle des Klosters Fulda, die im 9. Jh. Sitz eines Kirchspiels wurde. Um 1265 erbaute Fulda die Burg L. und erhob den Ort zur Stadt. Die Vogtei des Kirchspiels hatten seit 1429 die Freiherren Riedesel zu Eisenbach als Lehen der Grafen von Ziegenhain inne, sie konnten Burg und Stadt bis 1684 vollständig erwerben, die dann 1806 an Hessen-Darmstadt kamen. Den Namen *Lauterbach,* 9. Jh. *Luterenbach, Luderenbah,* trägt die Stadt nach dem Fluß, der heute *Lauter* genannt wird; vgl. den Artikel→Lauter.

Lauterberg im Harz, Bad, Stadt an der Oder (r. zur Rhume), NDS, entstand im 15. Jh. als Bergbauort unter einer seit 1190 bezeugten Burg der Grafen von Lutterberg; Stadtrecht 1929. Der Name 1906 *Bad L.,* 1530 *Lautherbergk* beruht auf mhd. Formen wie 1206 *Lūterberge,* 1183 *de Lūterberch;* häufiger aber sind Formen mit *-tt-*: 1204 *Luttereberc,* 1296 *Lutterberg.* Sie sind erhalten im Namen des Baches **Lutter** (r. zur Oder in Bad L.), 1601 *in der Lutter.* Dieser im Leinegebiet häufige Flußname ist substantiviert aus mnd. *lutter* (= mhd. *lūter*), ahd., asächs. *hlūttar* ›hell, rein, klar‹ (→Lauter); darauf weist z. B. der Name von **Lutter am Barenberge** (nw. von Goslar, NDS; der dortige Bach heißt heute Mühlenbach): 956 *in Lutheria marcu,* um 1001 in *Lutterun.* Vgl. auch →Königslutter.

Lauterburg (Elsaß)→Lauter, die.

Lauterecken, Stadt nw. von Kaiserslautern, RP, entstand im 12. Jh. bei einer Wasserburg der Grafen von Veldenz, kam 1409 an Pfalz-Zweibrücken und 1733 an die Kurpfalz. Der Name 1537 *Lautereck,* 1387 *Luterecken,* 1343 *Futereckin* bezeichnet urspr. die Burg nach ihrer Lage an der Mündungsspitze, die hier die Lauter mit dem Glan bildet. Zum Flußnamen *Lauter* →Lauter, die, l. zum Oberrhein.

-leben, GW von Siedlungsnamen mit der Bed. ›erblich hinterlassenes Gut, Grundeigentum‹. Die Formen and. *-leta, -levo,* ahd. *-leiba* entsprechen got. *laiba,* anord. *-leif* ›Überbleibsel, Erbhinterlassenschaft‹; die Form *-leben*, mit Anlehnung an die deutsche ON-Endung *-en,* tritt erst nach 1100 auf. Die echten ON auf *-leben* enthalten im ersten Glied einen germanischen Männernamen im Genitiv. Ein Name wie *Günthersleben* (bei Gotha, TH), 1196 *Gunderichesleiben,* 9. Jh. *Gunderichesleba,* bedeutet also ›erbliches Grundeigentum des Gunderich‹. Siedlungsnamen auf *-leben,* dän., schwed. *-lev* treten in zwei räumlich getrennten Gebieten auf: in Südschweden, Dänemark, Ostschleswig und im mitteld.-niederdeutschen Raum w. der Saale und mittleren Elbe. Das deutsche Verbreitungsgebiet entspricht etwa dem Umfang des von den Franken 531 zerschlagenen altthüringischen Reiches. Man nimmt an, daß der Namenstyp von einwandernden Angeln und Warnen aus Skandinavien mitgebracht worden ist. Jüngere Siedler haben ihn dann an die Havel und an den oberen Main übertragen; er blieb bis ins 9. Jh. produktiv. In vielen Fällen sind die Namen benachbarter *-leben*-Orte durch Alliteration (Stabreim) ihrer PN miteinander verbunden, was auf gegenseitige Verwandtschaft der Ortsgründer schließen läßt (bei dem erwähnten *Gunderichesleba* lagen z. B. die Orte *Graveslebe* und *Gisbotisleyben*, heute *Grabsleben* und *Gispersleben*). Ähnliche Alliterationsgruppen hat man bei den ON auf → -inghausen festgestellt.

Lech, der, rechter Nebenfluß der Donau in Bayern und Österreich, entsteht als Abfluß des Formarinsees im W. der Lechtaler Alpen (Vorarlberg) und mündet ö. von Donauwörth. Auf langer Strecke ist er die historische Stammesgrenze zwischen Baiern und Alemannen. 8. Jh. *Lech, Lecha* steht neben Formen wie 1059 *Licus,* 570 *Licca* und im 2. Jh. griech. *Líkios, Likía.* Der Name wird zu kymr. *llech* ›Steinplatte‹ und breton. *lec'h* ›Grabstein‹ gestellt, und die bei Ptolemäus griechisch überlieferten Formen gelten als substantivierte keltische Adjektive mit der Bedeutung ›Der Steinige‹. Bekannt ist das **Lechfeld,** eine bis 7 km breite Schotterebene, die sich s. von Augsburg bis gegen Landsberg hinzieht. In ihrem nördlichen Teil fand 955 die große Ungarnschlacht statt, in der König Otto der Große die nach Bayern und Schwaben eingefallenen Reiterheere der Ungarn endgültig zum Rückzug zwang. Der Name 12. Jh. *Lechuelden, Lechfeld* ist mit ahd. *feld* ›Feld; freies, offenes Land, Flußbereich‹ gebildet; → -feld, -felden.

Lechfeld, das, → Lech, der.

Leda, die, r. Nebenfluß der Ems, entspringt als *Sagter-Ems* (→ Saterland) im Westermoor, mündet s. von Leer. Die junge Namensform *Leda* steht für altes *Lade* (Ende des 15. Jh.s), um 1150 *Lathe,* 9. Jh. *Lade;* dies wird (mit asächs. Vokalwechsel *ē* > *ā*) zu asächs. *lēda* ›Leitung‹, mnd. *lēide* ›Leitung, Wasserlauf‹ gestellt, das damit schon früh als Gewässername gedient hätte. Vgl. den ON Lehe (→ Bremerhaven).

Leer (Ostfriesland), Stadt an der Mündung der Leda in die Unterems, NDS, entstand bei einer um 783 vom hl. Liudger erbauten Missionskirche des Bistums Münster und entwickelte sich bes. seit dem 16. Jh. zu einer wichtigen Hafen- und Gewerbestadt des Fürstentums Ostfriesland; Marktrecht 1508, preuß. Stadtrecht 1823. Der Name 11. Jh. *Leri,* 890 *Hleri* entspricht afries. **hlēri* aus westgerm. **hlēria* (→ -lar), er wird als ›Großhürde (für Vieh)‹ gedeutet, müßte also älter sein als die Kirchengründung des 8. Jh.s.

Lehe → Bremerhaven.

Leichlingen (Rheinland), Stadt an der unteren Wupper, im Bergischen Land, NRW, entstand in fränkischer Zeit und gehörte mit einem Fronhof dem Erzbischof von Köln, seit 1019 dem Kloster Deutz. Nach der Industrialisierung im 19. Jh. erhielt L. 1856 Stadtrecht. Der Name 12. Jh. *Leichlinga,* 1074 *Lechelingon,* 969/99 *Leigelingon* enthält eine Koseform **Leichilo* zu dem PN *Laico;* vgl. → -ingen.

Leine, die, linker Nebenfluß der Aller, entspringt auf dem Eichsfeld w. von Worbis, TH, mündet n. von Schwarmstedt, NDS. 1347 *bi der Leyne,* 1241 *prope Lainam,* 1075 *fluminis Leinę* geht zurück auf 1001 *Lagena,* 1013 *Lagina.* Daneben erscheint 1069 *Loyna,* 1062 *Loina,* das, wie die ältesten Belege für den oberen Leinegau (um Göttingen), 835 und 950 *in pago Logni,* zeigen, auf **Logina* zurückführt (vgl. auch 892 *in Lohinga,* um 800 *ex Lohingao* für den unteren Leinegau um Neustadt a. R.). Dieses Nebeneinander von *Logina* und *Lagina* spricht dafür, daß der Flußname *L.* vorgerm. Herkunft ist (idg. *o* wird zu germ. *a*). Er könnte mit *-n-*Suffix zu einer Wurzelform **log[h]-* aus idg. **leg-/*log-* ›tröpfeln, sickern, langsam rinnen‹ gebildet sein. Anders zu erklären ist der ON → Leinefelde.

Leinefẹlde, Stadt am Oberlauf der Leine, TH, entstand im 11./12. Jh. als Dorf an einer alten West-Ost-Straße; im 19. Jh. Straßen- und Eisenbahnknotenpunkt, Stadtrecht 1961. Der Ort wurde erst spät nach dem Fluß *Leine* benannt: 1600/08 *Leinefelde.* Die älteren Namensformen 1534 *Leukenfelde,* 1312 *Leuckenefeld,* 1290 *in Lokinevelde,* 1227 *Loykene-, Lockinefelde, Lokenvelt* enthalten vielleicht einen früheren Teilnamen des oberen Flußabschnitts, der in einem großen Bogen verläuft. Ein vorgerm. **lougina* ›Flußbiegung, gebogener Fluß‹ kann zu idg. **leug-/*loug-/*lug-* ›biegen‹ gestellt werden. Vgl. den Artikel → Lahn.

Leinfelden → Leinfelden-Echterdingen.

Leinfẹlden-Ẹchterdingen, Stadt s. von Stuttgart, BWÜ, entstand 1975 durch Zusammenschluß der Stadt Leinfelden mit mehreren Gemeinden auf den Fildern. **Leinfelden** ist zuerst 1269 bezeugt, es gehörte seit 1363 den Grafen von Württemberg und erhielt 1965 Stadtrecht. Sein Name 1527 *Leinfelden, Linfelden,* 1476 *Linfild* ist erst nachträglich an ahd., mhd. *līn,* nhd. *Lein* ›Flachs‹ angelehnt worden. Die ältere Namensform 1446 *Lengfeld,* 14. Jh. *Lengenfelt, Lengefelt,* 1269 *in Lenginvelt* enthielt den Dativ Singular von ahd. *lang* ›lang‹. Der Name besagte also ›Siedlung auf der langgestreckten Ebene‹; →-feld, -felden. Der Ort **Echterdingen,** zuerst 1185 genannt, gehörte urspr. den Grafen von Calw und kam im 13. Jh. an Württemberg. Sein Name 1417 *Ächtertingen,* 1383 *Ehterdingen,* 1185 *Ahtertingin, Hahtertingin* ist mit dem Zugehörigkeitssuffix →-ingen zum PN *Ahthard* gebildet. Der Doppelname *L.-E.* wurde 1975 entgegen der amtlichen Tendenz, solche Namen bei der Gebietsreform zu vermeiden, durchgesetzt und auf diese Weise historisches Namengut bewahrt.

Leipzig, Stadt an der Mündung von Pleiße und Parthe in die Weiße Elster, SAC, 1953–1990 Hauptstadt des gleichnamigen Bezirks der DDR. In einem sorbischen Weiler am NW-Rand der Flußterrasse wurde im 10. Jh. eine deutsche Burg errichtet, die einen Übergang über die sumpfige Flußaue sicherte. Von dieser Stelle aus, dem Burgmarkt am Brühl, der bald den Fernverkehr aus dem Westen und die von Halle kommende Salzstraße an sich zog, entwickelte sich unter der Herrschaft der Markgrafen von Meißen, später der Herzöge und Kurfürsten von Sachsen seit dem 12. Jh. die Kaufmanns- und Messestadt Leipzig. 1409 wurde die Leipziger Universität gegründet. Der Name 1459 *Leipczigk,* 1350 *Lipzcik,* 1213 *Lipzc, Lipz* ist eingedeutscht aus slaw. **Lipć* bzw. **Lipsk[o],* dem Namen der sorbischen Siedlung (1012/18 *in urbe Libzi vocata* = in der Libzi genannten Stadt). Dieser Name gehört zu asorb. *lipa* ›Linde‹ und bedeutet ›Ort, wo Linden wachsen‹. Ein entsprechender ON ist z. B. **Liepz** bei Schivelbein, Pommern (Polen), 1394 *Lypcze.*

Lek, der, → Rhein, der.

Lẹmgo, Stadt im Lipper Bergland, NRW, entstand um 1200 als planmäßige Gründung der Edelherren zur Lippe und wurde nach dem umliegenden Gau benannt: 1231 *Lymego,* um 1220 und 1298 *Lemego.* Der Gau (1005 *Limgauwe,* 1011 *Limga*) heißt wahrscheinlich nach dem Dorf **Lieme** w. von L., 12. Jh. *Lime,* in dessen Namen man eine Nebenform *līm* von asächs. *lēmo* ›Lehm‹ vermutet. Das Dorf – nicht der ganze Gau! – liegt auf Lehmboden.

Lengerich, Stadt am Teutoburger Wald, NRW, entstand bei einer Pfarrkirche des Stiftes Herford, die bis zur Einführung der Reformation 1527 Ziel einer bedeutenden Margaretenwallfahrt war. 1644–46 fanden Gruppenberatungen der Friedensgesandten aus Münster und Osnabrück in L. statt. Der Ort hatte wohl schon im 14. Jh. Marktrecht und wurde 1727 zur Stadt erhoben. Der Name *Lengerich,* 12. Jh. *Lenkerike,* 1149 *Lengerike,* um 1030 *Lengriki* war urspr. eine Stellenbez. ›lange Reke‹, zu mnd. *reke, recke* ›Reihe, Dornhecke, Gebüschstreifen‹. Ein gleichnamiger Ort ist **Lengerich** im Emsland, ö. von Lingen, um 1000 *Lengirichi,* 891 *Lengreke.*

Lengerich im Emsland → Lengerich.

Lenggries, Ort an der Isar, s. von Bad Tölz, BY, entstand wohl als Siedlung von Dienstleuten der alten **Hohenburg** (1129 *Hohenburch;* 1707 abgebrannt) und war als Flößerdorf bekannt. Der Name 1684 *Lenggrieß,* 1300 *Lengries,* 1279/1284 *Lengriez, Lengengriez* ist mit ahd. *lang, lengi* ›lang‹ und *gries* ›Kies, Sand‹ gebildet. Das Dorf ist nach den ausgedehnten Kiesflächen des Isarufers benannt; vgl. den Artikel → Griesheim.

Leonberg, Stadt w. von Stuttgart, BWÜ, entstand bei einer Burg der Grafen von Calw, die diese nach ihrem Wappen *Löwenberg* (1248 *Lewinberck*) genannt hatten. Der Burgname ging auf die Siedlung über, die 1318 aus dem Besitz des Klosters Hirsau an die Grafen von Württemberg kam. Diese errichteten auf dem Engelberg eine neue Burg und legten L. in planmäßiger Gitterform neu an. 1457 fand hier der erste württembergische Landtag statt.

Leuk, die, l. zur Saar, → Loccum.

Leuna, Stadt an der Saale s. von Merseburg, SAN, entstand seit 1917 aus dem Zweckverband mehrerer Gemeinden, die von der Gründung der Ammoniakfabrik L. betroffen waren. Die Errichtung einer Werkssiedlung führte 1930 zur Großgemeinde L., die 1945 Stadt wurde. Das alte Dorf war urspr. eine sorbische, nach 1200 eingedeutschte Siedlung, sein Name um 1600 *Leuna,* 1545 *Lunaw, Lůna,* 1169 *Lunowe* wird zu asorb. *lun* ›Raubvogel, bes. Gabelweihe‹ oder zu einem entsprechenden sorb. PN *Lun* gestellt; → -ow.

Leunen (Niederlande) → Haselünne.

Leutkirch im Allgäu, Stadt nö. von Wangen, BWÜ, entstand im 8. Jh. als Siedlung bei einer Pfarrkirche alter Art, deren Sprengel einen ganzen Gau umfaßte. Der Ort war nicht nur Sitz dieser Pfarrei, sondern auch Gaugerichtsstätte, er wird zuerst 797 als *Ufhova* (= die oberen Höfe) genannt. 827 erscheint der Name *Chirichun* (= bei der Kirche) und 848 *ad Liutchirichun* (= bei der Leutkirche, zu ahd. *liut* ›Volk, Leute, Menschen, Menge‹); der Begriff steht im Gegensatz zu dem der Eigenkirche, die ein Grundherr auf seinem Besitztum errichtet, vgl. den Artikel → -kirchen. Im 13. Jh. wurde L. zu einem befestigten Marktflecken, erhielt 1293 die Rechte der Stadt Lindau und stieg im 14. Jh. zur Reichsstadt auf. 1802 fiel L. an Bayern, 1810 an Württemberg. Ein Ort gleichen Namens ist der Weiler **Leutkirch** bei Überlingen, 1472 *Lúkirch,* 1180 *Liutkilche.*

Leutkirch b. Überlingen → Leutkirch im Allgäu.

Leverkusen ['le:vɐkʊ:zn̩], Stadt am rechten Ufer des Niederrheins bei Köln, NRW, entstand 1930 durch Vereinigung mehrerer Landgemeinden mit der Stadt Wiesdorf, die dann den Namen L. übernahm. 1862 hatte der Chemiker Karl Leverkus (1805–1889) das Werksgelände seiner neuen Ultramarinfabrik in Wiesdorf *Leverkusen* genannt, nach dem Stammsitz seiner Familie, dem Hof *Leverkusen* bei Wermelskirchen (der Hofname, 1487 *Leverkusin,* 1247 *Laverinckhusen,* ist mit dem Doppelsuffix → -inghausen zu einem unbekannten PN gebildet). 1892 kam die Fabrik in den Besitz der Farbenfabriken Bayer AG, die aus Barmen hierher verlegt wurden, sie hieß nun *L.-Bayer-*

werk. – Der Name **Wiesdorf,** 1393 *Wistorp* ist volksetymologisch umgedeutet aus 12. Jh. *Widstubbe,* 1150 *Wistubbe,* das zu mnd. *wid,* asächs. *widu* ›Wald‹ und mnd. *stubbe* ›Baumstumpf‹ gestellt wird.

Lichtenfels, Stadt am Main, in Oberfranken, BY, entstand als Marktsiedlung unter einer Burg, die im 12. Jh. zwischen Kaiser Friedrich I. und den Bischöfen von Bamberg strittig war und 1248 endgültig an Bamberg fiel. Der Name 1348 *Lichtenfels,* 1149 *Liechtenuels,* 1143 *Lihtenuels* ist als typischer Burgenname mit mhd. *lieht* ›hell, strahlend, blank‹ und dem GW mhd. *vels* ›Fels, Felsenschloß, Feste‹ gebildet und bedeutet ›Burg auf dem hellen, blanken Felsen‹. Den gleichen Namen hat z. B. **Lichtenfels (Hessen),** eine Stadt n. von Frankenberg-Eder, die 1971 durch Vereinigung mehrerer Gemeinden entstand und nach einer Burg benannt wurde, die Abt Widukind von Corvey um 1200 zum Schutz des dortigen Klosterbesitzes erbaut hatte.

Lichtenfels (Hessen) → Lichtenfels.

Lichtenstein, Burg, → Lichtenstein i. Sa.

Lichtenstein i. Sa., Stadt im Zwickauer Hügelland, SAC, entstand bei einer wohl im 12. Jh. erbauten Burg der Herren von Schönburg und wurde im 15. Jh. als ›Städtlein‹ ausgebaut. Der Ortsteil **Callenberg** wurde 1708 als Neustadt planmäßig angelegt und nach der Gattin des damaligen Grafen von Schönburg, einer geborenen Gräfin von Callenberg, benannt. 1920 vereinigte man beide Orte unter dem Namen L. Dieser Name, 1411 *zu Lichtinstein,* 1280 *Lichtenstein,* 1240 *de Lychtenstein,* ist mit dem Adjektiv *licht,* mhd. *lieht* ›hell, strahlend‹ gebildet, er benannte urspr. die Burg auf dem ›leuchtenden Fels‹. Weitere Beispiele für diesen typischen ritterlichen Burgennamen sind etwa die Burg **Lichtenstein** bei Reutlingen, BWÜ, ein romantischer Neubau von 1840/41 an Stelle einer zerstörten Burg des 14. Jh.s, bekannt geworden durch W. Hauffs Roman von 1826, ferner die Burg **Liechtenstein** ['lıçtn̩...] bei Judenburg (Steiermark), Stammburg des gleichnamigen Adelsgeschlechts, das seit 1699/1719 das unabhängige Fürstentum **Liechtenstein** am Alpenrhein regiert.

Liebenstein, Bad; **Liebenwalde** → Liebenwerda, Bad.

Liebenwẹrda, Bad, Stadt an der Schwarzen Elster, BR, entstand Ende des 12. Jh.s bei einer deutschen Wasserburg, wurde um 1230 Stadt und kam 1260 an Kursachsen, 1815 an Preußen. Der Name 1924 *Bad Liebenwerda,* 1301 *Liebenwerde,* 1231 *Livenwerde* enthält mnd. *lēf, līf* ›lieb, angenehm, geliebt‹, und mnd. *werde* ›Insel, Halbinsel‹, er bezeichnet urspr. wohl die Wasserburg auf der ›geliebten, angenehmen Flußinsel‹. Einen entsprechenden Namen hat Bad **Liebwẹrda** (tschech. Lázně Libverde) im Isergebirge, Nordböhmen, Tschechische Republik. Ähnliche kosende Namen haben z. B. **Bad Liebenstein** am Südwestrand des Thüringer Waldes, TH, 1360 *(Burg) Liebenstein,* oder **Liebenwạlde** bei Oranienburg, BR, das nach einer Burg der Markgrafen von Brandenburg benannt ist: 1244 mnd. *Levenwalde,* 1270 *in Levenwolde,* 1500/36 *Liebenwald.*

Liebwerda (Tschechische Republik) → Liebenwerda.

Liechtenstein, Burg (Steiermark); **Liechtenstein,** Fürstentum → Lichtenstein i. Sa.

Lieme → Lemgo.

Liepz (ehem. Pommern) → Leipzig.

Lieser, die, linker Nebenfluß der Mosel, entspringt in der Hohen Eifel, mündet bei **Lieser** w. von Bernkastel-Kues. 1172 *Lisura,* 1152 *Lesere,* 4. Jh. lat. *Lēsura* ist wahrscheinlich ein vorkeltischer (illyrischer) Flußname. Vgl. die **Lieser,** links zur Drau bei Spittal (Kärnten), um 1142 *Lisara,* mit **Lieserhofen,** um 1065 *Lisrahovun,* und den *Mont Lozère,* lat. *Lesura,* in den Cevennen (Südfrankreich).

Lieser; Lieser, die, l. zur Drau (Kärnten); **Lieserhofen** → Lieser, die.

Limbach → Limbach-Oberfrohna.

Lịmbach-Oberfrọhna, Stadt im Mittelsächsischen Hügelland, SAC, entstand 1950 durch Vereinigung zweier Städte, die, um 1170 als Bauerndörfer angelegt, seit dem 18. Jh. Standorte der Textilindustrie geworden waren. **Limbach** (Stadt seit 1883), 1351 *Limpach,* ist nach dem gleichnamigen Bach benannt, dessen Name eigtl. ›Lindenbach‹ bedeutet (**Lind[en]-bach* wurde zu *Limbach*). **Oberfrohna** (Stadt seit 1935) , 1501 *Obir Frone,* hieß 1459 *Querchfrone,* um 1390 *Twerchfrohne,* d. h. ›querliegendes Frone‹ zur Unterscheidung von dem älteren Ort **Niederfrohne.** Die Namen gehören zu mhd. *vrōne* ›Herrschaft, Herrendienst, Frondienst‹, verweisen also auf alte Besitzrechte und Dienste in diesen Orten.

Limburg (Belgien); **Limburg,** Kloster, →Limburg a. d. Lahn.

Limburg a. d. Lahn, Stadt in Hessen, entstand am Lahnübergang mehrerer vor- und frühgeschichtl. Fernstraßen und war in der Frankenzeit Hauptort des Niederlahngaues. 1420–1803 stand L. im Besitz der Kurfürsten von Trier und kam dann zu Nassau. Der Name 1122 *Limburc,* 910 *in monte quodam* (= auf einem gewissen Berg) *Lintburc* betraf wohl urspr. die fränkische Gauburg auf dem steilen Kalkfelsen über der Lahn, neben der 910 das Georgenstift gegründet wurde (Erbauung des Doms 1212/35). Der Name ist wahrscheinlich eine Kürzung aus **Lintaraburc* und enthält den alten Namen **Lintara* des *Linterbachs* (heute *Kasselbach,* l. zur Lahn), der beim Dorf **Linter** (1305 *Lyntere*) entspringt. In **Lintara* kann, wenn es nicht vordeutschen Ursprungs ist (vielleicht zu kelt. **lind* in air. *lind* ›Flüssigkeit‹?), ahd. *lint* ›Schlange‹ (vgl. *Lindwurm*) oder ahd. *lint* ›Linde‹ enthalten sein. Vgl. noch den Namen der Klosterruine **Limburg** bei Bad Dürkheim, RP (1035 *Lintburg*) und des belgischen Ortes **Limburg** bei Verviers (11. Jh. *Lemburch, Lintburch*).

Lindau (Kanton Zürich) →Lindau (Bodensee).

Lindau (Bodensee), Stadt am Bodensee, BY, entstand auf einer Insel vor dem NO-Ufer aus einer fränkischen Fischersiedlung mit kleiner Peterskirche und einem im 9. Jh. gegründeten Kanonissenstift. Um 1180 wurde der Ufermarkt des Stiftes auf die Insel verlegt und dort eine Bürgersiedlung mit Pfarrkirche planmäßig angelegt; Stadtrecht vor 1216. L. wurde um 1275 Reichsstadt und blühte bes. durch den Salz- und Kornhandel in die Schweiz. 1805 kam L. an Bayern. Der Name 1399 *Lindau,* 1351 *Lindow,* 1172 *Lindouwe,* 882 *Lintoua* (neben 10. Jh. latinisiert *Lintaugia*) ist mit dem Baumnamen ahd. *linta* ›Linde‹ und ahd. *ouwa* ›Insel‹ gebildet, er bezeichnet also urspr. die Insel im See als natürliche Landschaft. Einen entsprechenden Namen hat z. B. **Lindau** bei Winterthur, Kanton Zürich, Schweiz, das 1027 *Lindunowa,* 822 *Lintowa* und 774 *Lintawia* heißt.

Lindenberg i. Allgäu, Stadt nö. von Lindau (Bodensee), BY, entstand wohl als Ansiedlung des Klosters St. Gallen und kam 1523 durch Kauf an die habsburgische Herrschaft Hohenegg und 1805 an Bayern; Stadtrecht 1916. Im 18. Jh. war L. durch seine Strohhutherstellung bekannt. Der Name 1210 *Lindenberg,* 857 *Lintiberc* (zu ahd. *linta* ›Linde‹ und *-berg*) ist als Stellenbez. für den Platz der ersten Ansiedlung entstanden.

Lindenfels, Stadt im vorderen Odenwald, HE, entstand als Burgflecken des Klosters Lorsch bei einer Burg, die der Lorscher Vogt Bertolf von Hohenberg erbaut hatte, der sich 1123 Graf *de Lindenvels* nannte. Burg und Ort fielen 1156 durch Erbschaft an Pfalzgraf Konrad von Staufen, der die Burg neu erbaute und vergrößerte. Der Flecken erhielt 1336 Stadtrecht; 1803 kam L. an Hessen-Darmstadt. Der Name 1208 *castrum* (= die Burg) *Lindenvels,* 1130 *Lindenveles* ist mit dem typischen Burgennamen-GW mhd. *vels,* ahd. *felis* ›Fels, Felsenschloß‹ gebildet, das die Lage der Burg über dem Ort treffend kennzeichnet. Erstes Glied ist mhd. *linde,* ahd. *linta* ›Linde‹.

Linge, die (Niederlande), →Lingen (Ems).

Lingen (Ems), Stadt im Emsland, NDS, entstand im Schnittpunkt alter Fernstraßen um einen Haupthof der Grafen von Tecklenburg, der vor 1150 vom n. benachbarten **Altenlingen** (1150 *Aldenlingen*) an das Emsufer verlegt worden war und im 13. Jh. zur gräflichen Burg ausgebaut wurde; Stadtrecht vor 1306. Im 16. Jh. fiel L. an die Niederlande, 1702 an Preußen und gehörte 1815–66 zu Hannover. Der Name 15. Jh. *Linge, Linghe,*

1177 *(Conradus de) Linge* wird zu niederl. mdal. *linge* ›Kanal‹ gestellt, vgl. die **Linge,** 1108 *Lingia,* einen Wasserlauf zwischen den Rhein- und Waaldeichen im niederländ. Gelderland. Die weitere Herkunft des Wortes ist nicht gesichert.

Linter →Limburg a. d. Lahn.

Lippe, die, rechter Nebenfluß des Rheins in NRW, entspringt n. von Paderborn bei Bad Lippspringe (s. u.), mündet bei Wesel. Mnd. 1319 *de Lippe,* ahd. im 8.–11. Jh. *Lippa, Lippia,* im 1.–3. Jh. lat. *Lupia,* griech. *Loup[p]ia, Loupias.* Der Flußname ist erst nach der 1. Lautverschiebung ins Germanische entlehnt worden. Der Stamm **lup-* kommt auch in west- und südeurop. Flußnamen vor, ist aber nicht sicher gedeutet. Vgl. noch die **Luppe,** r. zur Saale in Sachsen, und den Ort **Lupnitz** (bei Eisenach, 778 *Lupentia*). Der Name **Lippspringe,** 1240 *Lipespringe,* 780 *Lippiogyspringiae curte* (= von dem Hof L.) *in Saxonia,* zu ahd. *gispringi* ›Quelle‹, bezeichnete urspr. eine sächsische Siedlung der Karolingerzeit.

Lippe, Kreis im Weserbergland, NRW, bis 1947 Land des Deutschen Reiches. Die Grafschaft L. (1798–1918 Fürstentum L.[-Detmold]) entstand im 13./14. Jh. durch Städtegründungen und den Ausbau von Herrschaftsrechten der Edelherren (seit 1528 Grafen) zur L. zwischen dem Teutoburger Wald und der Weser. Den Namen *Lippe* haben die Edelherren um 1200 von ihrem ursprünglichen Eigenbesitz an der oberen Lippe (→Lippstadt) in ihr neues Territorium übertragen: 1129 *Bernhardus* [I.] *de Lippia,* 1470 *Herr zu der Lipp.* Sie nennen sich *zur Lippe* (= an der Lippe), obwohl ihr Territorium abseits des Flußgebiets liegt.

Lippspringe →Lippe, die.

Lippstadt, Stadt an der oberen Lippe, NRW, wurde um 1185 durch den Edelherrn Bernhard II. zur Lippe auf eigenem Grundbesitz an einem wichtigen Flußübergang planmäßig angelegt (älteste Gründungsstadt in Westfalen!). Eine ältere Marktsiedlung sw. davon wurde erst später einbezogen. Der Name um 1680 *die Lippstadt,* 1624 *Lipstatt,* steht für ältere Fügungen wie 1611 *stadt Lippe,* 1366 *stat zu der Lippe,* 1256 *in oppido Lippie,* in denen ursprüngliches *Lippia* (so 1193) durch den Zusatz ›Stadt‹ vom Flußnamen unterschieden wird. →Lippe (Fluß), Lippe (Land).

Löbau (sorb. Lubij), Stadt im Oberlausitzer Bergland, SAC, wurde durch den böhmischen König um 1200 als Handelsplatz an der Straße von Bautzen nach Reichenberg/Liberec gegründet; Stadtrecht vor 1268, um 1350 königliche Stadt und Mitglied des Oberlausitzer Sechsstädtebundes. Der Name 1565 *Löbaw,* 1495 *Loebaw,* 1306 *czur Lobaw,* daneben mit *-u-* 1356 *Lubow,* 1221 *oppidum* (= Städtchen) *Lubaw* geht zurück auf den asorb. PN *L'ub[a],* eine Bildung zum Adjektiv *l'uby* ›lieb‹. L. ist also eigtl. der ›Ort des L'ub[a]‹; vgl. die Artikel →Lübben und →Lübbenau.

Lobdengau, der, →Ladenburg.

Loccum, ehemalige Zisterzienserabtei w. des Steinhuder Meeres, NDS, seit 1974 Teil der Stadt Rehburg-Loccum. Die 1163 auf Eigengut der Grafen von Lucca gegründete Abtei, seit 1252 freies Reichsstift, wurde 1592 lutherisch und bestand als evangelisches Kloster weiter (jetzt Akademie). Seit 1924 ist der jeweilige evangelische Landesbischof von Hannover Abt von L. Der Name L. (mit *-o-* für altes *-u-*) geht zurück auf 1187 *Lucha,* 1185 *Lucke, Luca,* 1129 *Lucca, Lucken.* Die Endung *-en* wurde schon früh fälschlich als verkürztes *-hēm* verstanden: 12. Jh. *Burchardus de Luckenheim;* ebenso in der heutigen Form auf *-um,* →-heim. Wahrscheinlich liegt ein alter Gewässername **Luka* zugrunde; vgl. die **Leuk,** l. zur Saar bei Saarburg, 1220 *Luca.*

Lohne bei Lingen; **Löhne** bei Herford →Lohne (Oldenburg).

Lohne (Oldenburg), Stadt im Oldenburgischen Münsterland, NDS, entstand als Gogerichtsort auf einem Geestrücken w. des Großen Moors; Stadtrecht 1907. Der Name 980 *Laon* ist wohl ein altes Gewässerwort **lōn[a], *luna,* das zu idg. **leu-, *lu-* ›Morast‹ gestellt wird. Den gleichen Namen haben z. B. **Lohne** bei Lingen, NDS, 1154 *Lone,* um 1100 *Lon,* mit den Ortsteilen **Nord-** und **Mittellohne** (1174 *Nortlon et Methelon*) und **Südlohne** (1189 *Sutlon*); ebenso, mit dem wieder abgefallenen Kollektivsuffix *-ithi* (→-ede): **Löhne** bei Herford, NRW, 12. Jh. *Lenithe.* Nicht verwandt sind →Iserlohn, →Stadtlohn.

Lohner Heide, die, →Stadtlohn.

Lohr, die, r. zum Main, →Lohr a. Main.

Lohr a. Main, Stadt am Ostrand des Spessarts, BY, entstand als frühe fränkische Siedlung am Main und seinen Zuflüssen Lohr und Rechtenbach und wurde im 13. Jh. Hauptort und Residenz der Grafschaft Rieneck. Der Name 1526 *Lor, Lohr,* 1331 *Lore,* 1296 *Lare* gehört trotz der späten Bezeugung zu dem unter →-lar behandelten germanischen Wort für ›Hürde, Gestell‹, er bezieht sich also auf altertümliche Viehhaltung; vgl. die Artikel →Lahr und →Leer. **Lohr** ist auch der Name des bei L. von rechts in den Main fließenden Bachs. Eine andere Lohr mündet weiter unten bei dem Ort **Hafenlohr** in den Main und ist nach diesem Ort benannt: zuerst im 16. Jh. [die] *Hafen Lohr, Hafenlohr.* Der Ort erscheint mit den Namen 1324 *inferius Lare,* 1365 *Niderlar,* 15. Jh. *Heffnerlore, Hafenlore.* Unterscheidender Zusatz ist hier die landschaftliche Berufsbez. *Häfner* ›Töpfer‹, bzw. landsch. *Hafen* ›Topf‹. In dem Ort waren viele Töpfer ansässig.

Loisach, die, linker Nebenfluß der Isar, entspringt in Österreich am SW-Fuß des Wettersteingebirges, durchfließt den Kochelsee und mündet bei Wolfratshausen, BY. 1536 *Loysach,* 1332 *Leusach,* 1301 *Levbsach* geht zurück auf 1258 *Liubsaha,* 12. Jh. *Livbisaha,* 1003 *Liubasa.* Der Name ist mit dem Suffix *-sa* zu idg. **leubh-* ›lieb, angenehm‹ gebildet und nachträglich an die Gewässernamen auf ahd. *-aha,* mhd., nhd. →¹-ach angeglichen worden.

Lorch, Stadt an der Rems, w. von Schwäbisch Gmünd, BWÜ, entstand am Platz eines römischen Limeskastells bei einem 1102 durch Herzog Friedrich I. von Schwaben gegründeten Benediktinerkloster, dessen Vogtei im 13. Jh. von den Staufern an die Grafen von Württemberg kam. Das Kastell am Limesknie bezeichnete zugleich die Grenze zwischen den römischen Provinzen Obergermanien und Rätien. Das Dorf L. besaß eine alte Marienkirche und hatte Marktrecht, es wurde aber erst 1865 zur Stadt erhoben. Der Name *Lorch,* 1189 *Lorke* ist die Eindeutschung des alten römischen Namens, der erst 1139 bezeugt ist: *locus qui dicitur Laureacus* (= ein Ort, der Laureacus genannt wird). Es handelt sich um einen keltisch-lateinischen ON, der das Römerkastell und urspr. wohl ein römisches Landgut benannt hat; vgl. den Artikel →-acum. Einen Namen gleicher Herkunft hat der Ort **Lorch** an der Mündung der Enns in die Donau, jetzt Stadtteil von Enns, Oberösterreich. Hier bestand seit dem 2. Jh. n. Chr. ein römisches Legionslager *Lauriacum,* das seinen Namen wohl von einer keltischen Vorgängersiedlung übernommen hatte. Über 791 *Lorahha,* 1156 *Loricha* ist die heutige endungslose Form des ON entstanden.

Lorch (zu Enns, Oberösterr.) →Lorch.

Lorel_e_y, die, fast senkrechter Schieferfelsen am r. Rheinufer oberhalb von St. Goarshausen, RP. Der Name, auch *Lorelei,* älter *Lurley, Lurlei,* ist gebildet mit rheinisch mdal. *Lei* ›Fels, Stein, Schiefer‹ (mhd. *lei[e]* ›Fels‹; vgl. die **Erpeler Ley** bei Erpel gegenüber Remagen); sein erster Bestandteil gehört viell. zu mhd. *lûren* ›im Hinterhalt liegen, spähen‹ (nhd. *lauern*). *Lurlei* wäre also ›Felsen, von dem man Ausschau hält‹. – Die junge, erst von Clemens Brentano (Ballade von der Lore Lay, 1801) geschaffene und dann von Eichendorff, Heine u. a. gestaltete Sage von der Hexe oder Fee *Loreley* beruht auf einer romantischen Umdeutung des Namens in Anlehnung an den Frauennamen *Lore.*

Lörrach, Stadt an der Wiese, nö. von Basel, BWÜ, wird zuerst um 1100 als alemannisches Dorf genannt, dessen Kirche dem Kloster St. Alban in Basel gehört. Im 14. Jh. wurde eine Burg erbaut, der Ort erhielt 1403 Marktrecht und 1682 Stadtrecht. Der Name 1403 *Lörrach,* 1301/1308 *Lorra,* 1237 *Loraha,* 1102/1103 *Lorracho* ist wahrscheinlich ein alter Gewässername (vgl. →¹-ach), im ersten Glied hat man alem. *Lore, Lortanne* ›Lärche‹ vermutet.

Lorsch, Stadt im Landkreis Bergstraße, HE, entstand aus einem um 764 von dem fränkischen Gaugrafen Cancor gegründeten, mit Mönchen aus Gorze bei Metz besetzten Benediktinerkloster (seit 772 Reichsabtei), das bald große politische und kulturelle Bedeutung gewann (das Güterregister des Lorscher Kodex [Codex Laureshamensis] ist eine wichtige Quelle für Siedlungsgeschichte und ON-Kunde). Der Name *Lorsch,* 1364 *Lorsche,* um 1220 *Lōrse,* geht zurück auf *Lauresham, Laurisheim, Laurissa, Lauressa[m]* (alle 8. Jh.). Er bezeichnet schon den Gutshof des Gründers an der Weschnitz, ist aber nicht eindeutig erklärt. Vielleicht enthält er einen mit dem Grundwort →-heim verbundenen westfränkischen PN, der mit gall. **louros* ›genug; viel‹ gebildet ist.

Lübbecke ['lybəkə], Stadt am Wiehengebirge, NRW, entstand aus einer altsächsischen Siedlung an der Straße Minden–Osnabrück und gehörte seit 974 dem Bischof von Minden (Stadtrecht 1279). Der Name 1524 *Lübbecke,* 1033 *Lippeke* geht zurück auf 8. Jh. (775) *Hlidbeki* und enthält die asächsische Entsprechung von ahd. *[h]līta* ›Berghang‹ und das GW asächs. *-beki* ›Bach‹.

Lübben/Spreewald (sorb. Lubin), Stadt an der Spree, BR, entstand bei einer altsorbischen Siedlung am einzigen Übergang über die sumpfige Spreewaldniederung, im Schutz einer 1150 genannten Burg der meißnischen Markgrafen, und war vom 15. Jh. bis 1815 Hauptort der sächsischen Niederlausitz. Der Name 14. Jh. *Lubben, lůbin,* 1218 *de Lubin,* 1150 *urbs* (= Burg) *Lubin* geht zurück auf asorb. *L'ubin* ›Ort des L'uba‹. Zu diesem PN vgl. den Artikel → Löbau.

Lübbenau/Spreewald (sorb. Lubnjow), Stadt am SW-Rand des Spreewaldes, BR, entstand um 1300 bei einem altsorbischen Burgwall als deutsche Burg und kleine Stadt und entwickelte sich zu einer adligen Standesherrschaft. Der Name 1597 *Luebenau,* 1484 *zcu Lobenaw,* 1336 *hus tzu Lubenowe,* 1301 *castrum* (= Burg) *Lubbenowe* gehört zu einem altsorbischen PN *L'uben.* Zu weiterem vgl. die Artikel → Lübben und → Löbau.

Lübeck, Hafenstadt an der unteren Trave, SH, bis 1937 als **Freie und Hansestadt L.** Land des Deutschen Reiches; wurde 1143 durch Graf Adolf II. von Schauenburg und Holstein als deutsche Kaufmannsstadt gegründet und am Platze eines verlassenen slawischen Burgwalls *Bucu* auf einem Hügel zwischen der Trave und ihrem Nebenfluß Wakenitz erbaut. Nach einem Brand und zeitweiser Verlegung folgte 1158/59 unter Herzog Heinrich dem Löwen die großzügige Neugründung an der alten Stelle. L. gewann maßgeblichen Einfluß auf den gesamten Ostseehandel, wurde 1226 freie Reichs-

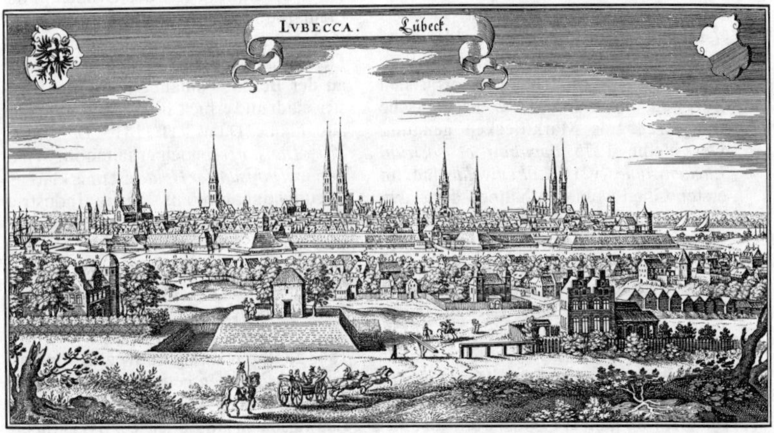

stadt und 1358 Vorort der Hanse. Vorläufer L.s war die etwa 6 km n. gelegene, 1138 zerstörte slawische Siedlung *Liubice* gewesen, ein Burgwall mit offener Kaufmannssiedlung an der Trave. Ihr Name um 1080 *civitas Liubice,* zu slaw. *L'ubici* ›Leute des [Ansiedlers] L'ub‹ wurde unter Anlehnung an mdal. *-bize* für mnd. *-beke* ›Bach‹ eingedeutscht zu 12. Jh. *Lubeke (u = ü)* und in dieser Form auf die Neugründung von 1143 übertragen, die damit die Tradition der alten Kaufmannssiedlung (1248 *Oldenlubeke*) übernahm.

Lübz, Stadt an der Elde (r. zur Elbe) im mittleren Mecklenburg, MV, entstand als slawisches, später deutsches Dorf neben der zuerst 1308 genannten Eldenburg an der Straße Lübeck–Berlin und gehörte bis 1316 zu Brandenburg; Stadtrecht um 1460. Der Name 1342 *Luptz,* 1322 *hus* (= Burg) *to Lubcze* geht zurück auf 1328 *Lubitze,* 1274 *Loubze*, 1224 *Lubizc.* Er ist wohl abgeleitet von dem altpolabischen PN *L'ubek,* einer Nebenform des unter → Löbau genannten PN *L'ub[a].*

Lüchow ['ly:ço, 'lyço], Stadt im Wendland, NDS, entstand bei einer frühen Burg an der Straße Hamburg–Magdeburg und wurde unter Heinrich dem Löwen Sitz einer Grafschaft. Der Name 1293 *civitas Luchow* (mit Stadtrecht), 12. Jh. *de Luchowe, Lichowe, Lychowe* u. ä. geht wohl zurück auf slaw. **L'uchov,* eine Ableitung aus der slaw. PN-Kurzform *L'uch* oder *L'ucha.*

Lucka; Luckau → Luckenwalde.

Luckenwalde, Stadt im S. der Mittelmark, BR, entstand bei einem sorbischen Burgwall und wurde 1216 als deutsche Burg, 1285 als Marktflecken genannt. Der Name 1275 *oppidum et castrum Luckenwalde,* 1216 *Lukenwalde* hat im ersten Glied wohl den Namen der slawischen Siedlung übernommen; dieser könnte asorb. **Lukov* gelautet und zu asorb. *luk* ›Lauch‹ gehört haben (→ Lauchstädt). Entsprechende Namen haben z. B. die Stadt **Luckau** (sorb. Łukow) in der Niederlausitz, BR, 1429 *Luckaw,* 1275 *in Luckov,* und die Stadt **Lucka** bei Altenburg, SAC, 1666 *Luccau,* 1383 *Luckaw,* 1320 *Luckowe.* Die heutige Form *Lucka* (zuerst 1748) beruht auf amtlicher Regelung, wohl zur Unterscheidung von dem lausitzischen Luckau.

Lüdenscheid, Stadt im Sauerland, NRW, entstand als Rodungsort im 11. Jh. und erhielt im 13. Jh. Stadtrecht. Der Name 1278 *Ludenscheit,* 11. Jh. *Liudolvesscetha,* 1067 *Luidolvessceith* enthält den PN *Ludolf, Liudolf;* → -scheid.

Lüder, die, l. zur Fulda, → Lauter, die.

Lüdinghausen, Stadt im südlichen Münsterland, NRW, entstand bei einer von Bischof Liudger von Münster im Jahre 800 gegründeten Kirche, die nach seinem Tod an das Kloster Werden überging. Stadtrecht 1308. Der Name 1150 *Ludinchusen,* 890 *Liudinghusun* enthält den PN *Liudo,* der als Kurzform des Namens von Bischof *Liudger* angesehen wird. → -inghausen.

Ludwigsburg, Stadt n. von Stuttgart, BWÜ, entstand bei dem 1704–1733 von Herzog Eberhard Ludwig von Württemberg erbauten Schloß, das 1705 nach dem Erbauer den Namen *Ludwigsburg* erhielt. Das zunächst als Jagdschloß genutzte Gebäude war nach prunkvollem Ausbau 1724–1734 und nochmals unter Herzog Karl Eugen 1764 bis 1775 Residenz des Herzogtums. Die beim Schloß entstandene Siedlung erhielt 1718 Stadtrecht.

Ludwigsfẹlde, Stadt in der Mittelmark, s. von Berlin, BR, wurde um 1750 durch den preußischen Kammerpräsidenten Ernst Ludwig von der Gröben in der Gemarkung der Wüstung Damsdorf als Kolonie angelegt und nach ihm benannt. Der Ort entwickelte sich dank seiner Lage an der Berlin–Anhalter Bahn zur Industriestadt und erhielt 1965 Stadtrecht. Der alte Name **Damsdorf** (1413 *Damstorff,* 1375 *Danstorff*), noch erhalten im Waldnamen *Damsdorfer Heide,* ist unerklärt.

Ludwigshafen am Rhein, Industriestadt am linken Oberrheinufer, RP, wurde 1607 als Brückenkopf der Festung Mannheim (sog. *Rheinschanze*) erbaut, und fiel 1816 mit der linksrheinischen Pfalz an Bayern. Die aufstrebende Siedlung (Rheinhafen seit 1822/24) wurde 1843 zu Ehren König Ludwigs I. von Bayern *Ludwigshafen* genannt und 1859 zur Stadt erhoben. Der gleichnamige Ort **Ludwigshafen** am Bodensee, BWÜ (heute

Bodman-Ludwigshafen), wurde 1826 nach Großherzog Ludwig von Baden benannt, sein alter Name *Sernotingen* (zuerst 1145) gehörte wohl zu einem sonst unbekannten PN *Saranot.*

Ludwigshafen am Bodensee → Ludwigshafen am Rhein.

Ludwigslụst, Stadt im südwestlichen Mecklenburg, MV, entstand aus dem urspr. slawischen Dorf **Klenow,** bei dem Herzog Christian Ludwig von Mecklenburg 1724 ein Jagdhaus erbaute, das später zum Jagdschloß und seit 1764 zum herzoglichen Residenzschloß ausgebaut wurde. Es erhielt 1754 nach seinem Erbauer den Namen *Ludwigslust.* Der beim Schloß angelegte Marktflecken (1793) L. wurde 1876 Stadt. Der alte Name 1724 *Klenow,* 1333 *Clenow* ist eine Ableitung von apolab. *klen* ›Ahorn‹ und bedeutet ›Ort, wo Ahornbäume wachsen‹.

Lugau/Erzgebirge, Stadt nw. von Stollberg, SAC, entstand Ende des 12. Jh.s als Waldhufendorf, betrieb seit dem 16. Jh. Weberei und Spinnerei und blühte 1844–1960 durch den Steinkohlenbergbau im Revier L./Oelsnitz. Der Name 1720 *Lugau,* 1552 *zum Lug, Lugaw* ist durch verschönernde Umdeutung aus Formen wie 1438 *zcum Luge* entstanden. Häufiger war die einsilbige Form: 1482 *dorff der Lugk genannt,* 1460 *Luck,* 1286 *Lugk.* Sie gehört wohl zu der Stellenbez. asorb. *lug* ›Grassumpf, sumpfige Wiese‹; vgl. den Artikel → Lauchhammer.

Lüneburg, Stadt am N-Rand der Lüneburger Heide, NDS, entstand am westl. Ufer der Ilmenau (l. zur Elbe) aus vier Siedlungskernen: einem Fischerdorf um die Taufkirche St. Johannis (8. Jh.) am Flußübergang, einem Burgflecken bei der um 950 von Hermann Billung erbauten Burg am Kalkberg im W, der ebenda seit 965 bezeugten Saline und dem Flußhafen im NO. Stadtrecht erhielt L. vor 1200 und wurde im 14. Jh. Hansestadt. Der Name 1229 *Liuniburch,* 965 *Luneburg,* 956 *Luniburc* bezeichnete urspr. nur die Burg, die ihrerseits nach einem zum Jahre 795 bezeugten Zufluchtsplatz *Hliuni* im Bereich des schroff aufsteigenden Kalkberges heißt. Asächs. **hliuni* ist wohl eine Bildung zu asächs., aengl. *hlēo* ›Schirm, Obdach‹, vgl. aengl. *hlēonad* ›Schutz, Lager‹. Gleicher Herkunft ist der Name von → Lünen.

Lünen, Stadt an der Lippe bei Dortmund, NRW, entstand auf dem rechten Ufer als Kirchdorf in der Bauerschaft Südlünen (9. Jh. *Sudliunon*), erhielt vor 1195 Markt- und vor 1265 Stadtrecht. 1336 verlegten die Grafen von der Mark die Stadt unter Beibehaltung ihres Namens auf das linke Ufer (1342 *van der Nienstadt to Luynen*); die Altstadt blieb als Pfahlbürgerdorf erhalten (Stadtteil **Altlünen,** 1467 *tho Alden Luynen,* 14. Jh. *in antiquo oppido Lunen*). Der Name 9. Jh. *[Sud]liunon* ist eine Bildung zu asächs., aengl. hlēo ›Schirm, Obdach‹; → Lüneburg.

Lünne → Haselünne.

Lupnitz; Luppe, die, r. zur Saale, → Lippe.

Lutter, die (l. zur Schunter zur Oker), → Königslutter am Elm.

Lutter, die, r. zur Oder; **Lutter am Barenberge** → Lauterberg im Harz.

Lützelkoblenz → Koblenz.

Lützelsoon, der, → Soonwald.

Lützen, Stadt sw. von Leipzig, SAN, entstand aus einer slawischen Siedlung an der Straße Frankfurt–Leipzig im Schutz einer deutschen Burg des 10. Jh.s (später Schloß der Bischöfe von Merseburg); 1281 Marktrecht, 1291 Errichtung eines Gerichtstuhls. In der Schlacht bei L. 1632 fiel der Schwedenkönig Gustav Adolf. Der Name 1545 *Lützen,* 1435 *Lutczin,* 1282 *Luzin, Lutzin,* 1269 *Lucin* geht zurück auf asorb. *Lučno, Lučina* ›Ort, wo Wiesen sind‹.

M

Maas, die, zur Nordsee, → Mosel.

Magdeburg, Stadt an der mittleren Elbe, Hauptstadt des Bundeslandes Sachsen-Anhalt (1952–1990 des Bezirks Magdeburg der DDR). M. entstand im 7./8. Jh. als Handelsplatz am linken Elbufer, wo wichtige von SW, W und NW herankommende Straßen auf der Niederterrasse über dem Fluß zusammentrafen, der hier in mehrere Arme getrennt fließt und in Furten gut zu durchfahren war. Zentrum der karolingischen Marktsiedlung (805 zuerst genannt) war der spätere Domplatz. Unter König Otto I. kam dann zum Handelsverkehr mit den Slawen auch die Slawenmission. Er stiftete 937 das Moritzkloster und errichtete 968 das Erzbistum Magdeburg, dem alle östlichen Bistümer des Reiches unterstehen sollten. Der ottonische Dom wurde nach dem Stadtbrand von 1207 in gotischen Formen erweitert und neu gebaut. Als Kaufmannsstadt wuchs M. zu europäischer Bedeutung heran. Sein Stadtrecht (1188) wurde zur Rechtsgrundlage für viele deutsche und nichtdeutsche Städte im Osten. Um 1524 führte der Rat die Reformation ein. Bei der Eroberung durch Tilly brannte die Stadt völlig nieder. 1680 fiel sie mit dem erzbischöflichen Territorium an Brandenburg und wurde in den folgenden Jahrzehnten zur stärksten Landesfestung ausgebaut. 1815 wurde sie Hauptstadt der preußischen Provinz Sachsen. – Der Name der Stadt blieb in Jahrhunderten unverändert: 805 *Magathaburg,* 1019 *Magadeburc* stehen neben 975 *Magedeburc, Magdeburg* und 993 *Magidiburg.* Sie zeigen nur lautliche Varianten des ersten Glieds ahd. *magad, magid,* asächs. *magath* ›Jungfrau, Mädchen‹. Der Name ist wohl kultisch zu verstehen, vgl. asächs. *ēkmagadi,* zu *ēk* ›Eiche‹, als Bez. von Baumnymphen.

-magen, GW von Siedlungsnamen kelt.-römischer Herkunft, das auf kelt. *magos* ›Feld, Ebene‹ zurückgeht. Hierher gehören bes. rheinische ON wie → Dormagen, → Remagen und die alten Städtenamen *Borbetomagus* (→ Worms) und *Noviomagus* (→ Speyer); vgl. auch den Artikel → Mayen.

Maifeld, das, → Mayen.

Main, der, rechter Nebenfluß des Rheins, kommt aus Oberfranken, mündet gegenüber von Mainz; seine Quellflüsse Weißer M., r., und Roter M., l., vereinigen sich sw. von Kulmbach. Der **Weiße Main** entspringt am Ochsenkopf im Fichtelgebirge, er galt urspr. als der eigentliche Main (14.–16. Jh. *Meyn, Mein,* 1316 *supra Mogum*), der junge Zusatz *weiß* (1553 *jenseits des Weisen Mains*) bezieht sich auf sein klares Gebirgswasser. Der **Rote Main** entspringt an der Fränkischen Alb n. von Pegnitz, sein Name (1371 *Rotmein,* 1223 *supra rufum Mogum*) weist auf die rötliche Färbung des Wassers durch den Keuperboden. Der Name *Main,* 14. Jh. *Mayn, Mein, Moin,* 779 *Moin,* lat. im 1. Jh. *Moenus* geht mit entsprechenden Flußnamen in Irland *(Main)* und Polen *(Mień)* vermutlich auf eine alteuropäische Wasserbez. **moin-* zurück; vgl. das Appellativ lett. *maiņa* ›Sumpf‹. Auch der Name der **Möhne** (r. zur Ruhr im Sauerland), 1226 *Moyne,* gehört wohl hierher. Die mlat. Nebenform *Mogus* (11.–14. Jh., s. o.) ist durch volksetymologische Anlehnung an den nicht verwandten ON lat. *Moguntia* für → Mainz entstanden.

Mainau, die, Insel im Bodensee, BWÜ (seit 1971 zu Konstanz), kam im 8. Jh. an die Abtei Reichenau und über Ministerialen des Klosters um 1260 an die Ritter von Langenstein. Diese übergaben die Insel 1271 dem Deutschen Orden, dessen Kommende M. bis 1805 bestand und dann an Baden fiel. An Stelle der Burg M. war im 18. Jh. ein Barockschloß errichtet worden. Großherzog Friedrich I. baute seit 1853 den Schloßpark aus, und der heutige Eigentümer Graf Lennart Bernadotte hat seit 1930 Schloß und Park zu einem kulturellen und gärtnerischen Zentrum gemacht. Der Name der Insel 1496 *Maynaw,* 1488 *Mayenaw,* 1272 *Maiginöwe,* 1242 *Maginouwe* enthält wohl den Genitiv des PN *Mago,* bedeutet also ›Insel des Mago‹ (vgl. →-au, -aue), doch zeigen Schreibungen wie 1396 *Meienow,* 1344 *Meyenowe,* 1293 *Meyenöwe,* daß man hier schon früh an den Frühlingsmonat Mai, mhd. *meie,* ahd. *meio,* gedacht hat und damit das südlich-milde Klima der Insel ansprechenn wollte.

Mainz, Stadt am Rhein gegenüber der Mainmündung, Landeshauptstadt (seit 1950) von Rheinland-Pfalz, bis 1945 Hauptstadt der hessischen Provinz Rheinhessen. Die urspr. keltische Siedlung war seit 13 v. Chr. römisches Legionslager und wurde später Hauptstadt der Provinz Obergermanien (Germania Prima). Ende des 5. Jh.s kam M. zum Frankenreich. Das seit 346 bezeugte Bistum Mainz wurde 782 unter Bonifatius zum Erzbistum erhoben; im mittelalterlichen Deutschen Reich war der Erzbischof Erzkanzler und Kurfürst (romanischer Kaiserdom; die Universität wurde 1477 gegründet und 1946 erneuert). Nach französischer Besetzung 1798–1814 kam M. 1816 an Hessen-Darmstadt und wurde Bundes-, später Reichsfestung. Der Name *Mainz* – so die offizielle Schreibung seit etwa 1550 –, 1494 *Mēntz,* 1346 *Mēncze,* 1362 *die stat zu Meintz,* 1322 *ze Maentze,* 13. Jh. *Megenze,* 9./10. Jh. *Máginza,* 7. Jh. *Magáncia* führt zurück auf mlat. *Mogontia, Moguntia,* eine seit dem 6. Jh. gebräuchliche Kurzform für lat. *Mogontiacum* (bei Tacitus im 1. Jh. *Moguntiacum*). Dieser Siedlungsname ist mit dem Zugehörigkeitssuffix →-acum zu dem keltischen PN *Mogontios* gebildet, er bedeutet also eigtl. ›Landgut des Mogontios‹. Möglich bleibt auch, daß der Ort unmittelbar

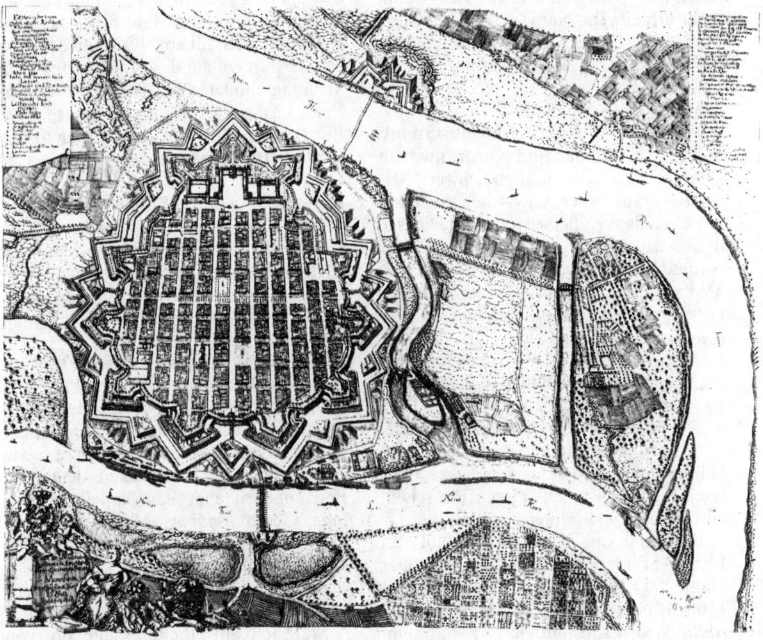

nach einer gallischen Gottheit benannt worden ist: ein Gott *Mogon[s]* und eine Göttin *Mogontia* sind inschriftlich in der Bretagne bzw. in Metz bezeugt. Die Verlagerung des Haupttons auf die erste Silbe (vgl. *Köln* aus lat. *Colōnia*) und der Ausfall des *-g-* zwischen Vokalen haben also aus der lateinischen Kurzform den deutschen ON werden lassen.

Malbergen → Georgsmarienhütte.

Malchen, der, → Melibocus, der.

Malchin, Stadt an der Peene, nw. von Neubrandenburg, MV, entstand aus einem slawischen Fischerdorf und wurde um 1220 durch die mecklenburgischen Fürsten von Werle planmäßig als Stadt angelegt; Stadtrecht 1236. Der Name 1257 *Malchin,* 1236 *Malchyn* ist verkürzt aus 1247, 1286 *Malechin,* 1215 *Malekin,* er ist zu dem altpolabischen PN *Maloch* gebildet und bedeutet eigtl. ›Ort des Maloch‹. Gleiches gilt für die Stadt **Malchow** [...ço] w. von Waren, MV, die bei einer im 12. Jh. wiederholt umkämpften slawischen Burg entstand und vor 1235 Stadtrecht erhielt. Ihr Name 1282 *Malchowe,* 1170 *Malechowe,* 1164 *Malachou, Malacowe* ist zu dem altpolabischen PN *Malach* gebildet.

Malchow → Malchin.

Malente (bahnamtl. Malente-Gremsmühlen), Gemeinde und Kurort nw. von Eutin in der Holsteinischen Schweiz, SH, entstand aus einer slawischen Siedlung zwischen dem Kellersee und dem Dieksee und wurde 1855 Kneippheilbad. Der Name 1345 *in parochia* (= in der Pfarrei) *Malente,* 1215 *Melente* geht auf eine Pluralbildung zu dem altpolabischen PN **Milęta* zurück und bedeutet eigtl. ›bei den Leuten des Milęta‹. Der früher selbständige Ortsteil **Gremsmühlen** ist nach einem slawischen Bachnamen benannt: 1367 *molendinum* (= die Mühle) *Gremetze,* 1215 *cum medietate aque* (= mit der Hälfte des Gewässers) *Gremenze.* Der Bach hieß wohl nach seinem Rauschen, vgl. poln. *grzmi* ›donnert, dröhnt‹.

Mangfall, die, linker Nebenfluß des Inns, Abfluß des Tegernsees, BY. Der Name 1711 *Mangfall,* 1470 *Mangfallt,* um 1168 *Manicvalt,* 1078/80 *Manachfialta, -valta* ist das substantivierte Femininum des Adjektivs ahd. *manachfalt* ›mannigfach, vielfach, mannigfaltig‹, er bezieht sich wohl auf die vielen Arme oder auf die Krümmungen des Flusses.

Mannheim, Industrie- und Hafenstadt an der Mündung des Neckars in den Rhein, BWÜ. Der seit dem 8. Jh. als Fischer- und Bauerndorf bezeugte Ort wurde 1606/07 durch Kurfürst Friedrich IV. von der Pfalz als befestigte Stadt im Schutze der Zitadelle **Friedrichsburg** – sie erhielt den Namen des Kurfürsten – neu gegründet. Nach zweimaliger Zerstörung (1622 und 1689) begann 1720 der Neubau nach dem noch heute gültigen Plan: Anlage der Stadt in ›Quadraten‹, die auf das große Barockschloß am Platz der früheren Zitadelle ausgerichtet sind. Zugleich wurde M. zur Residenz der Kurpfalz (bis 1778). Im Zuge der Napoleonischen Neuordnung Europas fiel es mit dem rechtsrheinischen Teil der Pfalz 1802 an Baden. – Der Name *Mannheim,* 877 *Mannenheim,* 764 *Manninheim,* enthält den alten deutschen PN *Manno* und bedeutet ›Wohnort des Manno‹ (→ -heim).

Mansfeld, Stadt am NO-Rand des Harzes, SAN, entstand als altthüringische Siedlung und kam 973 durch Tausch von Fulda an das Erzbistum Magdeburg. Eine Burg des 11. Jh.s wurde zur Residenz der **Grafschaft Mansfeld,** die infolge vieler Teilungen im 16. Jh. verfiel und 1780 an Kursachsen und Preußen aufgeteilt wurde. Die Stadt M. (Stadtrecht im 13. Jh.), die früher im Gegensatz zur Burg auch *Talmansfeld* hieß (1400 *vallis Mansfelt,* 1508 *in dem tale zu Mansfeld,* noch 1785 *Thal M.*), blühte bes. um 1500 durch den Kupferschieferbergbau. Eine Tochtersiedlung ist das ö. benachbarte **Klostermansfeld** (Benediktinerkloster 1170 von Albrecht dem Bären gegründet). Der Name 1482 *Mannsfeld,* 1254 *Mannesvelt,* 973 *Mannesfeld* enthält wohl nicht – wie → Mannheim – einen alten deutschen PN, sondern eher das Appellativ ahd. *man,* Genitiv *mannes* ›Mann‹, hier wohl im Sinne von ›Gefolgsmann‹. Zum zweiten Glied vgl. → -feld.

Marbach (Dorf); **Marbach,** der, r. zur Lahn, → Marburg a. d. Lahn.

Marbach am Neckar, Stadt nö. von

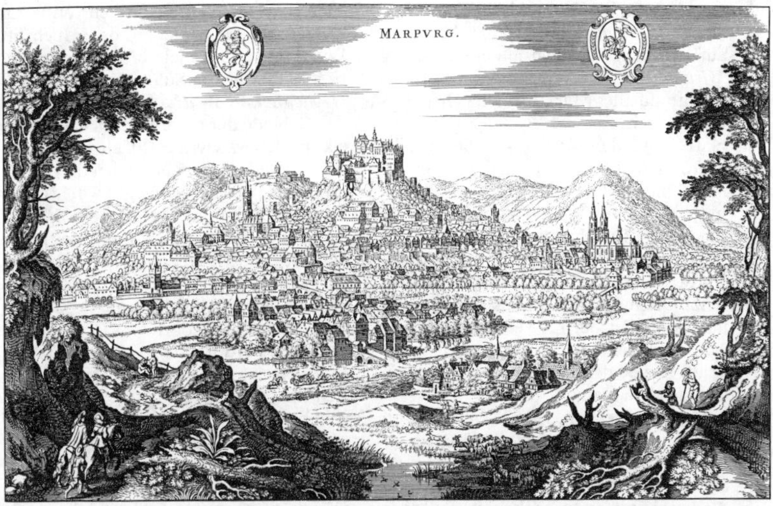

Ludwigsburg, BWÜ, entstand bei einem Fronhof und erhielt 1009 Marktrecht. Zwischen 1247 und 1282 wurde es s. der ersten Ansiedlung als Stadt neu angelegt. Als Geburtsstadt Friedrich Schillers (1759) ist M. Standort des Schiller-Nationalmuseums und des Deutschen Literaturarchivs. Der Name 1304/16 *Marpach,* 13. Jh. *Marbach, Marcbach,* 1009 *in villa* (= im Dorf) *Marcbach,* 972 *Marcbach* ist eigtl. ein Gewässername, und zwar der ältere Name des heutigen *Strenzelbachs* r. zum Neckar. Er ist mit ahd. *marca, marcha,* mhd. *mark* ›Grenze‹ gebildet und bezeichnete wohl die alte Diözesangrenze zwischen Speyer und Konstanz (vgl. →Ditzingen).

Marburg a. d. Drau (Slowenien) →Marburg a. d. Lahn.

Marburg a. d. Lahn, Stadt an der oberen Lahn, HE, entstand im 12. Jh. unter einer Burg der Landgrafen von Thüringen, dem heutigen Schloß. 1228 stiftete die hl. Elisabeth auf ihrem Witwengut in M. ein Spital. Sie starb 1231 und wurde 1235 heiliggesprochen (1235–83 Bau der frühgotischen Elisabethkirche). 1256 kam die Stadt an Hessen; 1527 gründete Landgraf Philipp der Großmütige in M. die erste evangelische Universität. Der Name 1233 *Marhpurc,* 1227 *Marcborch,* 1138 *Marburg* ist gekürzt aus **Marbachburg.* Der **Marbach** (an ihm das Dorf **Marbach,** 1272 *Marpach*) fließt nördl. des Burgbergs und war urspr. ein Grenzbach (zu ahd. *marca* ›Grenze‹, →Marbach am Neckar). – Eine unmittelbare Zus. aus *marca* und *burg* ist der Name von **Marburg a. d. Drau** (Slowenien): 1164 *Marchburch,* seit dem 19. Jh. slowen. *Maribor.* Diese Stadt entstand aus einer Grenzfeste der Markgrafen von Pettau (Untersteiermark, jetzt Slowenien).

Marienberg, Stadt im mittleren Erzgebirge, SAC, wurde 1521 durch Herzog Heinrich den Frommen von Sachsen als Bergbausiedlung angelegt und unter den Schutz der Jungfrau Maria gestellt. In der Stadtrechtsurkunde von 1523 erscheint erstmals der Name *St. Marien Bergk.*

Mark, Burg, →Hamm.

Markgröningen, Stadt w. von Ludwigsburg, BWÜ, entstand als alemannische Siedlung, war 1129 im Besitz der Grafen von Calw, erhielt um 1240 eine staufische Reichsburg und wurde selbst Reichsstadt; es kam aber 1252 als Reichslehen an die Grafen von Württemberg. Der Name 1667 *Marggrönningen,* 1540 *Markgröningen* steht für älteres *Grůningen, Grůnigen,*

Groninggen (13. Jh.), um 1090 *Gruningen,* 779 *Gruoninga.* Dies ist eine Ableitung auf →-ingen von dem altdeutschen PN **Gruoni, *Grōni.* Der Zusatz *Mark-* könnte auf altes Marktrecht des Ortes verweisen (schwäb. *markt, mark* ›Handelsplatz‹; vgl. den Artikel →Markneukirchen). Doch ist wohl eher an schwäb. *marg, markt* ›Grenze‹ zu denken, da unmittelbar ö. von M. die alte Grenze zwischen den Bistümern Speyer und Konstanz verlief. Durch den Zusatz *Mark-* wurde M. von dem Ort **Neckargröningen** (jetzt Ortsteil von Remseck am Neckar) unterschieden, der 1275 ebenfalls *Grůningen,* aber schon 1279 *Neckergruningen* heißt. Die beiden Orte haben nur zufällig den gleichen Namen.

Markneukirchen, Stadt im oberen Vogtland, sö. von Plauen, SAC, entstand um 1200 als deutsches Dorf mit Rittersitz an der Straße nach Eger, erhielt vor 1360 Stadtrecht und entwickelte sich seit Mitte des 17. Jh.s durch böhmische Glaubensflüchtlinge zum Zentrum des Musikinstrumentenbaus. Der Name 1791 *Mark-Neukirchen* entstand infolge Ausspracheerleichterung aus 1576 *Marckt Neünkirchen,* 1444 *Marckt zu Nuwenkirchen.* Auf einen älteren Namen weist der Beleg 1378 *Nuwenkirchin (dictum Nothaft),* d. h., der Ort war wohl urspr. nach seinem egerländischen Lokator *Nothaft* benannt; doch wechselte der Name nach dem Bau einer neuen Kirche (zuerst 1274 *[Chunradus de] Newenchirchen*).

Markranstädt, Stadt sw. von Leipzig, SAC, entstand wohl um 1200 an der Fernstraße nach Frankfurt a. M. und wurde 1287 und 1292 als Markt genannt; Stadtrecht 1791. Der Name 1531 *Margranstedt,* 1355 *Marktranstete,* 1287 lat. *in Ranstete forensi* ist von dem westlichen Nachbarort **Altranstädt** her übertragen, der heute zu Leipzig gehört. 1285 *Aldenranstete,* 1195 *antiquum Ranstete* ist wohl zu einem PN ahd. *Rano,* KF von *Hraban* oder *Ragan,* gebildet; →-statt, -stedt, -stätten.

Marktheidenfeld, Stadt am Main, nw. von Würzburg, BY, entstand als fränkische Siedlung, die der Reichsabtei Fulda und dem fuldischen Eigenkloster Holzkirchen gehörte. Über die Grafen von Wertheim kam M. 1612 an das Hochstift Würzburg und erhielt 1750 Marktrecht. Erst 1949 wurde es Stadt. Der Name 1342 *Heydenfelt,* 9. Jh. *Heidenefelt* bezeichnet das Gelände der ursprünglichen Siedlung als heidebewachsene Fläche (zu ahd. *heida* ›Heide‹ bzw. dem Adjektiv **heidīn* ›mit Heide bewachsen‹; vgl. →-feld). Der Zusatz *Markt-* in 1750 *Marktheidenfeld* ist eigtl. eine Beifügung (Apposition), die den Ort als Marktgemeinde kennzeichnet, sie wird deshalb in oberdeutschen ON vielfach getrennt geschrieben, vgl. den Artikel →Marktoberdorf.

Marktoberdorf, Stadt im Allgäu, s. von Kaufbeuren, BY, wurde in fränkischer Zeit als Ausbausiedlung von dem n. benachbarten, tiefer gelegenen Dorf Altdorf aus angelegt und gehörte seit dem 13. Jh. dem Hochstift Augsburg. Der Name um 1150 *Oberintorf,* 1312 *Oberndorf,* 1321 *Oberdorf* kennzeichnet die Siedlung als ›oberes Dorf‹, er blieb bis zum Ende des 19. Jh.s amtlich. Daß der Ort bereits 1453 Marktrecht hatte, wurde erst 1898 durch die Namensform *Markt Oberdorf* ausgedrückt (*Markt* = Marktgemeinde). Mit der Stadterhebung von 1954 wurde die Schreibung in *Marktoberdorf* geändert, so daß *Markt* nicht mehr als Bez. der Rechtsform abgesetzt ist, sondern als fester Namensbestandteil erscheint.

Marktredwitz, Stadt im Fichtelgebirge, BY, wird zuerst 1140 als Pfarrdorf genannt und erhielt vor 1314 Marktrecht. Es gehörte 1341–1816 zu der an Böhmen verpfändeten Reichsstadt Eger und erhielt 1384 eine Ratsverfassung nach Egerer Recht. 1816 kam M. zu Bayern, 1907 wurde es zur Stadt erhoben. Der Name 1279 *Redwitz,* um 1135 *Radewize* ist von dem slawischen PN *Rad* abgeleitet und bedeutet urspr. ›bei den Leuten des Rad‹. Der Zusatz *Markt-* (1904 in der Form *Markt-Redwitz*) erscheint zuerst als selbständige Beifügung: 1314 lat. *villam forensem* (= den Marktflecken) *Redwicz,* 1426 *um den Markt zu Redwitz,* 1441 *des Marckts Redwitz.*

Markt Schwaben, Marktgemeinde ö. von München, BY, gehörte im 10./11. Jh. den Grafen von Ebersberg und kam 1259 an die Wittelsbacher. Kurz vor 1310 wurde es Markt (1329 *Swaben burch und marcht*). Die heutige Form *Markt Schwaben* erscheint erst 1928. Der Name 1373 *Schwaben,* 1113/21 *Suabun* bedeutet ›bei den Schwaben‹, es bleibt aber offen, ob damit der Volksname gemeint war oder ob hier die Angehörigen eines Mannes namens *Swabo* gemeinsam siedelten.

Marl, Stadt im N des Ruhrgebiets, NRW, entstand nach 1900 als Industrie- und Bergbauort aus mehreren Bauerschaften um ein seit dem 9. Jh. bezeugtes Dorf. Der Name 1228 *Marle* ist verkürzt aus 1244 *Marlere,* 890 *Meronhlara,* er wird zu asächs. *meriha* ›Stute‹ gestellt und bedeutet danach ›Stutenhürde‹; → -lar.

Marne, Stadt in Süderdithmarschen, SH, entstand im 12. Jh. als Kirchdorf und entwickelte sich zum Mittelpunkt der Südermarsch; Stadtrecht 1891. Der Name 1559 *Merne, thor Roden Marnen,* 1286 *in Merne,* 1168 (1140) *Myrne* wird als Bildung mit *-n*-Suffix zu asächs. *meri* ›Meer, Binnengewässer‹ erklärt. Das Substantiv *Merne, Marne* bezeichnet das erhöhte Land am Rande eines Wasserlaufs in Küstennähe und kommt in dieser Bed. an der ganzen niederländischen und deutschen Nordseeküste vor. Als Beispiel sei hier noch die Häusergruppe **Marne** nö. von Garding (Eiderstedt) genannt, 1438 *Merne,* 1352 *Marne.*

Marne (Eiderstedt) → Marne.

Marschacht → Geesthacht.

Maursmünster (Unterelsaß) → Münster.

Mayen, Stadt w. von Koblenz, RP, Hauptort des **Maifeldes,** eines seit der Steinzeit besiedelten Ackerbaugebiets zwischen Rhein, Mosel und Eifel, und altes Herstellungs- und Handelszentrum für die schon in vorgeschichtlicher Zeit bezeugten Mühl- und Reibsteine aus Basaltlava. Der Name *Mayen* hängt eng mit dem des *Maifeldes* zusammen. 1291 *Meiene,* 1110 *Meina,* 1041 *Megena* bzw. 11. Jh. *Meinefelt,* 905 *Meginovelt,* 772 *Maginsis pagus* geht zurück auf kelt.-lat. **Magina,* eine Bildung zu kelt. *magos* ›Feld, Ebene‹, vgl. den Artikel → -magen. Wahrscheinlich ist *Meinefelt, Meginovelt* eine verdeutlichende Zusammensetzung, in der kelt. *magos* mit dt. *-feld* übersetzt wird.

Mecklenburg → Mecklenburg-Vorpommern.

Mecklenburg-Schwerin → Schwerin.

Mecklenburg-Strelitz → Neustrelitz.

Mẹcklenburg-Vọrpommern, seit 3. 10. 1990 Land der Bundesrepublik Deutschland, vorher unter dem Namen *Mecklenburg* Land der Deutschen Demokratischen Republik (1952–1990 aufgelöst in die Bezirke Rostock und Teile der Bezirke Schwerin und Neubrandenburg). Das alte Land **Mecklenburg** an der Küste der westlichen Ostsee war bis 500 n. Chr. von westgermanischen Stämmen (Langobarden, Sachsen) bewohnt und wurde nach deren Abzug um 600 von Slawen besiedelt. Die elbslawischen Obotriten waren mit Karl dem Großen verbündet und gehörten später zum Herzogtum Sachsen, nahmen aber mit ihren östlichen Nachbarn, den Liutizen, im 10. und 11. Jh. an den großen Slawenaufständen teil. Der Obotritenfürst Gottschalk hatte um 1060 die Missionsbistümer Mecklenburg und Ratzeburg gegründet, die aber schon 1066 untergingen. Erst im 12. Jh. wurde das Land endgültig christianisiert, und seine slawischen Bewohner gingen in der zahlreich zuwandernden deutschen Bevölkerung auf. Der Obotritenfürst Pribislaw erhielt 1167 sein Land von Heinrich dem Löwen als sächsisches Lehen zurück, seine vier Urenkel teilten die Gebiete unter sich auf, doch blieb nur der Zweig M.-Schwerin erhalten, der seit 1348 die reichsfürstliche Herzogswürde innehatte. Seit 1701 bestanden die Herzogtümer M.-Schwerin und M.-Strelitz (1815 bis 1918 Großherzogtümer), die 1934 zum Land M. vereinigt wurden. 1945 kam Vorpommern w. der Oder (bis dahin Teil der preußischen Provinz Pommern, s. u.) zu M. – Der Landesname *Mecklenburg,* mnd. *Mekelenborch,* 1171 *Mikelenburg,* 1154 *Michelinburc,* geht zurück auf den der gleichnamigen Burg s. von Wismar, die im 11. Jh. der Sitz des Bistums M. und im 13. Jh. der Stammsitz der fürstlichen Linie M.-Schwerin wurde. Der Burgname 12. Jh. *Mikilinburg,* 11. Jh. *Michilinburg,* 995 *Michelenburg* ist mit ahd. *michil,* asächs. *mikil* ›groß‹ gebildet, bedeutet also ›große Burg‹ (vgl. →Michelstadt). – Der Landesname *Pommern*, poln. *Pomorze* bedeutet eigtl. ›Land am Meer, Küstenland‹.

Medenheim →Northeim.

Meerane, Stadt n. von Zwickau, SAC, entstand um eine 1174 genannte Burg des Königs von Böhmen und kam um 1300 an die Herren von Schönburg in →Glauchau; 1361 Städtchen, 1565 Stadt. Der Name 1819 *Meerane,* 1592 *Mehran,* 1511 lat. *de Merania* ist eine latinisierende Erweiterung der alten Namensformen 1491 *Meraw,* 1418 *das Mehr,* 1413 *das stetlein zum Mere genant,* 1344 lat. *in Mari,* 1174 *Mer.* Er entspricht ahd. *mari, meri,* mnd. *mer* in der Bed. ›stehendes Gewässer, Sumpf‹, die sonst eher im deutschen NW vorkommt (→Steinhuder Meer, →Dümmer). Man beachte dazu den Gewässernamen 1488 *Merichen* ›kleines Meer‹ für den Zusammenfluß zweier Bäche bei M.

Meersburg, Stadt am Nordufer des Bodensees, BWÜ, gegliedert in die Unterstadt am Seeufer und die über einem Steilhang darüber liegende Oberstadt. Die möglicherweise schon merowingische Burg (Altes Schloß) wird zum Jahre 1113 genannt, der Ort erhielt 1299 Stadtrecht. Er war im Besitz der Konstanzer Bischöfe, die seit 1526 in M. residierten. (Neues Schloß 1740–80 erbaut.) Der Name lautet bis ins 15. Jh. *Mersburg,* 1265 *Merispurc,* 1211 *castrum Merisburch,* daneben 1142 *Mercesburc* und zum Jahre 1113 *Merdesburch,* es könnte also ein PN **Merti* (Kurzform von *Martin*?) zugrunde liegen. Die heutige Schreibung mit *-ee-* ist erst nhd.

Mehlis →Zella-Mehlis.

Meinberg, Bad, →Horn-Bad Meinberg.

Meiningen, Stadt an der oberen Werra, TH, entstand in fränkischer Zeit bei einem Königshof am Werraübergang der Straße von Würzburg nach Erfurt, kam 1008 an das Bistum Würzburg, im 14. Jh. an die Grafen von Henneberg und 1583 an die Wettiner. Von 1681 bis 1918 war M. Residenz des ernestinischen Herzogtums Sachsen-Meiningen. Der Name 1230 *Meiningen,* 1108 *Meinunga,* 1008 *Meininga* und *Meiningeromarcha* (= die Mark, Gemarkung M.), 982 *Meinunga* ist mit dem Suffix →*-ingen* (Variante *-ungen*) zu einem PN des Stammes ahd. *magan, megin* ›Kraft, Tüchtigkeit‹ gebildet. Bei einem Namen wie *Megino* konnte durch Schwund des *g* zwischen den Vokalen die kontrahierte Form *Meino* entstehen, die dann in den ON einging.

Meisa; Meisabach, der, l. zur Elbe, →Meißen.

Meisenbach →Meisenheim.

Meisenheim, Stadt am Glan, RP, zuerst im 12. Jh. als Mainzer Lehen der Grafen von Veldenz genannt, 1444–1796 im Besitz von Pfalz-Zweibrücken. Der Name 1154 *Meysinheim,* 1159 *Mesenheim,* mdal. *Meesenem, Meesem* gehört vielleicht zum Vogelnamen *Meise* (ahd. *meisa*). Flur- und Gewässernamen mit *Meisen-* gibt es mehrfach in der Pfalz, vgl. z. B. **Meisenbach,** Wüstung mit Kapellenruine bei Pirmasens, 1295 *Meisinbach.*

Meißen, Stadt an der Elbe am Nordrand der Dresdner Elbtalweitung, SAC, entstand als Burgflecken unter der 929 von König Heinrich I. erbauten Reichsburg und wurde vor 1150 als städtische Marktsiedlung ausgebaut; Ratsverfassung vor 1316. Vom 10. bis 13. Jh. war M. das Zentrum der Reichsgewalt im mittleren Elbegebiet, Sitz des Bistums (968–1581) und der Markgrafschaft M. (seit 1046). Dom und Burg beherrschen noch heute gemeinsam das Stadtbild. 1089 kam M. mit der Markgrafschaft an die Wettiner, die ihre Residenz als Kurfürsten von →Sachsen 1485 nach Dresden verlegten. Der Name 1428 *Meissen,* 1408 *Meißin,* 1378 *Mizsen* geht zurück auf 1350 *Myszne, Mysna,* 1064 *Misine,* 1046 *Missene,* 1012/18 *Misni* und 968 *Misina, Misna.* Die Burg ist wohl benannt nach dem **Meisabach** am Nordhang des Burgbergs: 1150 *rivulus qui dicitur Misne.* Ein slawisches Dorf **Meisa** an diesem Bach heißt 1392 *yn der Mysen.* Der Gewässername ist wahrscheinlich vorslawischer Herkunft, aber nicht sicher erklärt.

Meldorf, Stadt in Dithmarschen, SH, entstand um 800 auf einer von Marsch und Wattenmeer umgebenen Geestzunge. Es erhielt zu Anfang des 9. Jh.s die erste Taufkirche für Dithmarschen und wurde bald zum Hauptort des Landes; Stadtrecht 1265. Auch nach dem verlorenen Freiheitskrieg von 1559 blieb M. Vorort von Süderdithmarschen. Der Name 1196 *de Melthorpe,* 12. Jh. *ecclesiam* (= die Kirche) *Melenthorp,* Ende des 11. Jh.s *in Milindorp, in Melindorp* enthält den Flußnamen **Miele,** 1568 *Mihle,* 1539 *Myle* aus asächs. **Milina,* **Melina* (jetzt die *Norder-* und die *Süder-Miele* aus dem Meldorfer Moor). Diesen Flußnamen hat man mit ähnlichen Namen, z. B. **Miellen** an der Lahn, RP, 1138 *Miline,* oder **Mihla** bei Eisenach, TH, 1152 *Miela,* verglichen und zur Wortfamilie von nhd. *mahlen* und *Mehl* gestellt.

Melibọcus, (auch: Melibokus) oder **Malchen,** der; höchster Berg an der hessischen Bergstraße, bei Bensheim. Der deutsche Name *Malchen,* älter *Malschen,* 1012 *mons Malscus* gehört zu ahd. *malsc* ›stolz, hochragend‹. Den lateinischen Namen (1605 *Melibocus, ... von den Inwonern der Malcheberg genent*) erhielt der auffällige Berg durch einen Irrtum des Humanisten Beatus Rhenanus (1485 bis 1547), der den bei Ptolemäus überlieferten Namen griech. *Mēlíbokon óros* (wohl der → Harz) auf den Malchen bezog. Mēlíbokon gehört wohl zu germ. **melip* ›Honig‹ und der germ. Vorstufe von ahd. *buoh* (in Namen) ›Buchenwald‹, es bedeutet dann ›Wald mit Honigbienen‹.

Melle, Stadt im Osnabrücker Land, NDS, entstand bei einer alten Gerichtsstätte an der Straße von Herford nach Osnabrück um eine fränkische Taufkirche und erhielt um 1250 eine bischöfliche Burg; Markt- und Wigboldrecht 1443, Stadtrecht 1853. Der Name 1169 *Menele,* 13. Jh. *Menelo* enthält wohl mnd. *mē[i]ne,* asächs. *gimēni* ›allgemein, gemeinsam‹ und *lō* ›Gehölz, Hain‹ (→ Gütersloh) als Bez. der vorchristlichen Gerichtsstätte.

Melsungen, Stadt an der Fulda, HE, entstand vor dem 11. Jh. am Übergang der von Sooden-Allendorf kommenden ›Sälzerstraße‹ über die Fulda; planmäßige Neugründung nach 1200 durch die Landgrafen von Thüringen. Der Name 1074 *Milsungen,* um 1040 *pagus Milisunge* enthält wahrscheinlich einen alten Flußnamen; → -ingen, → Milseburg.

Memel → Dortmund.

Memmingen, Stadt nahe der mittleren Iller, BY, entstand als Alemannensiedlung an einer Straßenstation der Römerzeit, wo sich die Salzstraße mit der Italienstraße kreuzte. Ein fränkischer Königshof des 7. Jh.s mit Martinskapelle kam an die Welfen, und 1158 gründete Herzog Welf VI. im Anschluß an St. Martin die heutige Stadt M. Sie wurde vor 1286 freie Reichsstadt. Der Name 1160 *Memmingen,* 1128 *Mammingin* ist mit dem Zugehörigkeitssuffix → -ingen zu dem alten deutschen PN *Mamo, Mammo* gebildet.

Menden, zu Mülheim a. d. Ruhr; **Menden,** zu Sankt Augustin, → Menden (Sauerland).

Menden (Sauerland), Stadt nö. von Iserlohn, NRW, wird zuerst im 11. Jh. mit einem Haupthof des Erzbischofs von Köln genannt. Die Kirche von M. war eine der Urpfarrkirchen im südlichen Westfalen. Ende des 13. Jh.s erhielt M. Stadtrecht; es wurde mehrmals zerstört und 1349 planmäßig neu aufgebaut. Der Name 1170 *Menethen,* 1126 *Menethe,* 1067 *in Menethene* ist bisher nicht erklärt. Orte gleichen Namens sind **Menden,** Stadtteil von Mülheim a. d. Ruhr, 843 *Menithinne,* 811 *Menithinna,* und **Menden** an der Sieg, Ortsteil von → Sankt Augustin, NRW, 1064 *Menedon, Mendene.* Der zweite Teil dieser Namen ist als altes *-nn-*Suffix angesprochen worden, aber auch als GW im Sinne von ›Niederung, Tal‹. Die Namen können auch vordeutscher Herkunft sein.

Menne bei Warburg → Dortmund.

Meppen, Stadt an der Mündung der Hase in die Ems, NDS, entstand um 780 als Missionszelle auf fränk. Königsgut und kam 834 in den Besitz des Klosters Corvey, 1252 an das Bistum Münster; Stadtrecht 1360, seit dem 15. Jh. Hansestadt. Der Name 1410 *Meppe,* 11. Jh. *in Meppin,* 946 *duas villas Meppiun nominatas* (für M. und das gegenüberliegende **Altmeppen**), 834 *cellulam Meppiam* ist nicht sicher erklärt; kaum zu mnd. *mapeldorn,* asächs. *mapulder* ›Ahorn‹, da für den ON kein Beleg mit *-l-* vorkommt.

Mergentheim, Bad, Stadt an der Tauber, BWÜ, entstand auf schon vorgeschichtlich besiedeltem Boden bei einem fränkischen Königshof und war im 11. Jh. Marktort einer Grafschaft im Taubergau. Seit 1099 ist Ortsadel bezeugt, im 12. Jh. treten die Herren von Hohenlohe hier auf. Drei Brüder aus dieser Familie traten bei einem Kreuzzug 1217 dem Deutschen Orden bei, der dann eine Kommende in M. errichtete. 1340 erhielt der Ort Stadtrecht, und nach der Umwandlung des preußischen Ordensstaates in ein Herzogtum wurde M. Sitz des Hochmeisters für den katholisch gebliebenen Orden und blieb es bis 1809. Seitdem ist M. württembergisch. 1826 wurde die verschüttete Bittersalzquelle wiederentdeckt, M. wurde zur Bäderstadt. Den Namen 1099 *Mergentheim,* 1058 *Mergintaim comitatus* (= Grafschaft M.) hat man auf einen Frauennamen **Merginta* zurückführen wollen; eher gehört er wohl zum Namen der Gottesmutter *Maria.* Vgl. **Sankt Märgen** im Schwarzwald, ehemaliges Kloster ö. von Freiburg, 1275 *cella Sancte Marie in Nigra silva,* 1310 *Sante Merien.*

Merseburg, Stadt an der Saale s. von Halle, SAN, entstand auf einem langgestreckten Bergrücken am westlichen Ufer bei einer Saalefurt, im Schutz einer karolingischen Burg *(Altenburg),* zu der im 10. Jh. eine Königspfalz und nach 968 der Bischofssitz kamen (Dom 1021/1042 geweiht). Die älteste Bürgersiedlung lag wohl unter der Altenburg im NW, die eigentliche Marktstadt entwickelte sich im 11./12. Jh. sw. des Domes. Schon um 1200 entstand die Vorstadt *Neumarkt* am rechten Saaleufer. Der Name um 1012/18 *Merse-, Mersburg,* 992 *Mersaburg,* 933 *Mersiburg* ist nicht sicher erklärt. Belege wie 1043, 988 *Meresburg,* 966 *Mersburg* weisen vielleicht auf ahd., asächs. *meri* ›stehendes Gewässer, See, Meer‹, die Burg könnte also in der Frühzeit nach den zahlreichen Windungen und Altwässern der Saale benannt worden sein. Doch sind auch andere Deutungen des Namens möglich.

Merzig, Stadt an der Saar, SL, entstand aus einem fränkischen Königshof bei einer wüst gewordenen römischen Siedlung, kam im 9. Jh. an das Erzbistum Trier und war im 14. bis 18. Jh. gemeinschaftlicher Besitz von Trier und Lothringen. Der Name 1290 *Merzich,* 1189 *Marcei* geht zurück auf 949 *Marciacum,* 369 *praedium Martiaticum* ›Gut des Martius‹, enthält also einen römischen PN; vgl. →-acum.

Mẹschede, Stadt an der oberen Ruhr, NRW, entstand an einem Übergang alter Fernstraßen bei einem Kanonissenstift des 9. Jh.s, erhielt vor 958 Markt- und im 15. Jh. Stadtrecht. Der Name 1028 *Meschethi,* 913 *Mescede* ist wahrscheinlich mit dem asächsischen Kollektivsuffix *-ithi* gebildet, aber im Wortstamm unerklärt. Schreibungen wie 959 *Messcede* könnten auch für eine Bildung auf →-scheid sprechen.

Mettma, die, bei Bonndorf, →Mettmann.

Mettmann, Stadt im Bergischen Land, ö. von Düsseldorf, NRW, entstand bei einem karolingischen Königshof, der 1248 an Graf Adolf VII. von Berg verpfändet und nicht mehr eingelöst wurde. Das Dorf war seit 1363 Sitz eines Amtes und wurde 1414 zur ›Freiheit‹ erhoben (freie Rats- und Bürgermeisterwahl und niedere Gerichtsbarkeit). Auch in der Franzosenzeit (1806–1813) blieb M. zentraler Ort und wurde nach 1815 preußische Kreisstadt. Der Name um 1500 *in der Medemē,* 1072 *Medemeno,* 904 *Medamana* ist eigtl. ein Gewässername, der mit dem Suffix *-ana* von dem Adjektiv asächs. *medamo,* ahd. *metemo* ›der mittlere‹ abgeleitet ist: der heutige **Mettmanner Bach** wurde so als ›mittlerer Bach‹ benannt, er fließt in der Mitte zwischen der Düssel und dem Schwarzbach (beide r. zum Rhein). Ein entsprechendes Verhältnis ist bei Bonndorf im Schwarzwald, BWÜ, bezeugt, wo eine **Mettma** (1111 *Metima,* 1125 *Mettema*) als mittlerer Bach zwischen zwei anderen Gewässern fließt.

Mettmanner Bach →Mettmann.

Metzingen, Stadt im Vorland der Schwäbischen Alb, BWÜ, entstand als alemannisches Dorf und gehörte im 11. Jh. zwei Adelsfamilien. Mehrere Klöster erwarben im 13. und 14. Jh. Weinberge in der Gemarkung, so daß dort auf einem

›Kelterwasen‹ noch sieben alte Keltern stehen. Seit 1317 gehört M. zu Württemberg, es erhielt 1831 Stadtrecht. Der Name um 1100 *Metzingun,* 1075 *Metzingan* ist mit dem Zugehörigkeitssuffix →-ingen zu dem PN *Matzo* gebildet.

Meuselwitz, Stadt im östlichen Thüringen, nw. von Altenburg, entstand aus einem altsorbischen Dorf mit deutschem Rittersitz, wurde Ende des 16. Jh.s durch Ansiedlung niederländischer Tuchmacher zum Marktflecken und erhielt 1874 Stadtrecht. Der Name 1490 *Mewselwitz,* 1418 *Mußelbuß,* 1399 *Muselbicz* geht über verschiedene Schreibvarianten zurück auf 1139 *Mizleboze,* woraus als asorb. Form **Myslibuz* ›Ort des **Myslibud*‹ zu erschließen ist. Zur Bildung des ON vgl. →Cottbus.

Michelstadt, Stadt an der Mümling (l. zum Main), im hessischen Odenwald, wird zuerst im 8 Jh. genannt als Mittelpunkt der großen Mark Michelstadt, eines fränkischen Staatsgutbezirks an der Kreuzung der alten durch den Odenwald ziehenden Straßen Worms–Würzburg und Dieburg–Eberbach. Im 9. Jh. war M. Besitz des Klosters →Lorsch, später der Schenken (Grafen) von →Erbach. Berühmt ist das Fachwerkrathaus von 1484. Der Name 773 *Michlinstat,* 741 *Michilinstat* ist mit dem Adjektiv ahd. *mihhil,* mhd. *michel* ›groß‹, gebildet, er bedeutet etwa ›großer Wohnplatz‹; vgl. →-statt, -stedt, -stätten. Mit dem gleichen Adjektiv ist der Name →Mecklenburg gebildet.

Miele, die, zur Nordsee; **Miellen** →Meldorf.

Miesbach, Stadt n. des Schliersees, BY, entstand am Übergang der Salzstraße Rosenheim–Tölz über die Schlierach (r. zur Mangfall) und wurde nach Errichtung einer Burg zum Mittelpunkt der Reichsherrschaft Hohenwaldeck; Marktrecht vor 1367, Stadtrecht 1918. Seit 1734 gehört M. zu Bayern. Der Name 1557 *Miesbach* zeigt in älteren Belegen z. T. ablautende Formen: 1320 *Miespach,* 1140/52 *Muesbach,* 1114 *Muospach,* er ist urspr. ein Gewässername und mit ahd. *mos, muos* ›Moos, Sumpfland‹ bzw. mit dem gleichbedeutenden ahd. *mios* gebildet.

Mihla →Meldorf.

Milde, die, →Aland, der.

Milseburg, die, höchste Erhebung der nördlichen Rhön, ö. von Fulda, HE. Der auffällige Berg, eine von steilen Felsen umgebene geneigte Hochfläche, heißt seiner Gestalt wegen in der Umgebung auch *die Totenlade* (= Sarg). Ein Steinwall der La-Tène-Zeit (1. Jh. v. Chr.) umzieht den Gipfel. Auf diese Wehranlage bezieht sich der Name 980 *Milsiburg* (→-berg/-burg), dessen Bestimmungswort wohl ein verlorener keltischer Bachname **Milisa* ist. Ein *Milsibach* ist 1059 bei Hammelburg in der südlichen Rhön bezeugt; vgl. auch →Melsungen aus *Milisunge.*

Milspe →Ennepe.

Miltenberg, Stadt im Maintal zwischen Spessart und Odenwald, BY, entstand im 13. Jh. unter einer Burg der Erzbischöfe von Mainz, als wichtiger Zollplatz an der Straße Frankfurt–Nürnberg–Regensburg. Im 2. Jh. hatte hier der vordere Limes begonnen, gestützt durch zwei römische Kastelle; auf keltische Besiedlung weist der latènezeitliche Ringwall auf dem Greinberg. Der Name 1285 *Miltenberg,* um 1250 *Mildenberg,* 1226 *theloneum* (= der Zoll) *Miltinberg* bezeichnete urspr. die Burg (die heute *Mildenburg* genannt wird), er ist mit dem Adjektiv mhd. *milte* ›freundlich, liebreich; freigebig‹ gebildet und steht damit in einer Reihe mit Burgennamen der Ritterzeit wie *Stolzenfels, Liebenstein, Schöneck.*

Mindel, die, rechter Nebenfluß der Donau, entspringt nnö. von Obergünzburg, mündet bei Gundremmingen, BY. Der Name 1512 *Mindel,* 1471 *Mündel,* 1292 *apud fluuium* (= am Fluß) *Mindelam* ist nicht sicher erklärt, wahrscheinlich ist er eine Bildung mit *-l*-Suffix zu dem in air. *mend-, mind-* ›klar‹ bezeugten keltischen Adjektiv. Nach der M. ist die *Mindel-Eiszeit* benannt worden.

Mindelheim, Stadt an der oberen Mindel in Schwaben, BY, entstand bei einer alemannischen Siedlung und einem fränkischen Königshof, der 1046 von Heinrich III. dem Hochstift Speyer geschenkt wurde. Durch die Lage an der Salzstraße begünstigt, erhielt M. vor 1256 Stadtrecht. Der Name 1619 *Mündelhaimb,*

1266 *Mindelhain,* 1046 *Mindelheim* ist mit dem Flußnamen gebildet; vgl. → -heim.

Minden, Stadt an der Weser, NRW, wurde von Karl d. Gr. als befestigter Bischofssitz (Domburg) an der Weserfurt unterhalb der → Porta Westfalica gegründet. Die Stadt erhielt 977 Markt- und Zollrecht, trat Ende des 13. Jh.s der Hanse bei und kam 1648 mit dem Bistum an Brandenburg. Der Name um 1070 *Minda,* 961 *Mindun* geht zurück auf 874 **Mimidon* (im Adjektiv *Mimidonensis*), 852 *Mimida,* 798 *Mimthum,* das als Bildung zu germ. *Mime,* dem Namen eines Wassergeistes, gedeutet wird. Vielleicht hieß eine Stelle an der Weserfurt ›bei den Mimen‹. Vgl. den Artikel → Münster (Westf.).

Mittellohne → Lohne (Oldenburg).

Mittelwalde (ehem. Schlesien) → Mittenwald.

Mittenwald, Markt an der Isar, zwischen Wetterstein- und Karwendelgebirge, entstand im 11. Jh. als Rodungssiedlung und gehörte seit 1294 zur Grafschaft Werdenfels des Bistums Freising. Im frühen 14. Jh. erscheint es als *forum* (= Markt), als Umschlagplatz für den Straßenverkehr von und nach Italien auf der alten Römerstraße und für die Isarflößerei. Erst 1803 kam M. zu Bayern. Der Name 1315 *Mittenwald,* 1158 *Mittenuualde* geht zurück auf die im 12. Jh. für 1098 überlieferte Stellenbez. *in media silua* (= mitten im Wald). Dieser Grenzwald trennte auch die beiden Diözesen Freising und Brixen. Vergleichbar ist der Name von **Mittenwạlde** in Brandenburg, 1322 mnd. *Middenwolde,* 1295 *Middenwalde,* 1239 *Mittenwolde.* Diese Kleinstadt im südlichen Teltow entstand aus einer slawisch-deutschen Burgsiedlung an der Grenze zur Lausitz. Ähnlich gebildet ist der Name von **Mittelwạlde** (Schles.), poln. *Międzylesie,* das als mährisch-schlesischer Grenzort an der Glatzer Neiße zuerst 1294 genannt wird.

Mittenwalde → Mittenwald.

Mittweida, Stadt an der Zschopau, im Mittelsächsischen Hügelland, entstand um 1286 als planmäßige Stadtgründung an der Straße Rochlitz – Freiberg im unteren Teil des um 1160 angelegten Waldhufendorfs Alt-M. Seit dem 15. Jh. entwickelte sich in M. ein reiches Textilgewerbe. Der Name 1323 *Miteweide,* 1209 *Mideweide* bezeichnete die Lage des alten Dorfes ›in der Mitte der (Wald)weide‹, er gehört zu mhd. *weide* ›Futter, Weideplatz, Ort zu Jagd und Fischfang‹. Die Endung *-a* ist kanzleisprachlich bedingt, vgl. den Artikel → Apolda.

Moers [mø:ɐ̯s], Stadt w. von Duisburg, NRW, entstand bei einer Adelsburg des 11. Jh.s, wurde im 13. Jh. Sitz der gleichnamigen Grafschaft, erhielt 1300 Stadtrecht und kam 1702 zu Preußen. Älter als die Stadt ist das *Butendorf* (= Außendorf) am **Moersbach** (l. zum Rhein), der früher *Moerse* hieß. Nach dem Bach ist der Ort benannt: 1480 *Moerse,* 1147 *Mursa,* 855 *in Murse.* Der Name ist nicht sicher gedeutet, er kann zu ahd., mhd. *muor,* mnd. *mōr* ›Moor, Sumpf‹ gehören oder vordeutscher Herkunft sein. – Im Stadtteil **Asberg** lag das von Tacitus bezeugte römische Kastell *Asciburgium,* dessen germanischer Name ›Eschenburg‹ bedeutete (zu germ. **aski-* ›Eschengebüsch‹).

Moersbach, der, l. zum Rhein, → Moers.

Möhne, die, r. zur Ruhr, → Main, der.

Mölln, Stadt im Naturpark Lauenburger Seen, SH, entstand um 1200 am Schnittpunkt wichtiger Handelsstraßen. Es gehörte den Herzögen von Lauenburg, erhielt 1202 Stadtrecht, war aber 1359–1683 an Lübeck verpfändet, das die Stadt stark befestigte. In M. ist 1350 Till Eulenspiegel gestorben. Der Name *Mölln,* 1314 *de Molne,* 1212 *de Mulne,* 1188 *ad stagnum* (= am See) *Mulne,* ist urspr. wohl ein slawischer Gewässername, den man auf slaw. **mul* ›Schlamm, trübes Wasser‹ zurückführt.

Mönchenglạdbach, Stadt w. von Düsseldorf, NRW, bis 1951 *München-Gladbach,* 1951–60 *Mönchen-Gladbach* mit amtl. Abkürzung *M.Gladbach.* Die Schreibung mit *ü* hatte zu postalischen Fehlleitungen geführt. M. entstand um eine karoling. Kirche und ein 974 gestiftetes Benediktinerkloster, das erst 1802 aufgehoben wurde. Stadtrecht um 1365. Der Name 10.–14. Jh. *Gladebach,* 11. Jh. *Gladebacense monasterium* bezieht sich auf den **Gladbach** (l. zur Niers), oberhalb dessen das Kloster erbaut wurde (zum Bachnamen →Bergisch-Gladbach). Der Zusatz *Mönchen-* (svw. ›Gladbach der Mönche‹) unterscheidet den Ort von vielen gleichnamigen: 1300 *Monich Gladebach,* 1347 *dorp Munche-Glaydebach,* 1620 *München Gladbach.*

Monheim, Stadt am rechten Ufer des Rheins, gegenüber von Dormagen, NRW, entstand als fränkische Siedlung bei einem Fronhof des Kölner Gereonsstiftes und gehörte seit dem 13. Jh. zu Berg (Amt M.). Als Industriegemeinde schloß es sich 1951 mit Baumberg und 1960 mit der Stadt Hitdorf zusammen und erhielt darauf Stadtrechte. Der Name 1474/77 *tzo Monhem,* 1399 *Monheym,* um 1150 *Munheim* enthält den PN *Muno;* vgl. →heim. Der Stadtteil **Baumberg** heißt 1300 *Bomberg,* 1296 *Boimberg* (*oi* = *ō;* eigtl. ›mit Bäumen bestandener Berg‹). Der Name **Hitdorf,** um 1470 *Hyttorp,* 1225 *Hutdorp,* um 1170 *de Hittorp* geht wohl auf **Huttindorp* ›Dorf des Hutto‹ zurück, die Genitivendung *-in-* bewirkte den Umlaut zu *Hyt-,* entrundet *Hitdorf.*

Monschau, Stadt an der oberen Rur im Hohen Venn, NRW, entstand als Talsiedlung unter der gleichnamigen Burg; Stadtrecht vor 1353. Die Burg, 1217 als *castrum Munioie* genannt, aber schon im 12. Jh. erbaut, soll Graf Walram III. von Limburg nach einem Berg bei Jerusalem benannt haben (*Montjoie* ›Berg der Freude‹, weil die Kreuzfahrer von hier aus zuerst die heilige Stadt gesehen hatten). Der Name kommt aber in Frankreich mehrfach vor, kann also als ritterlicher Burgenname von dorther übertragen worden sein; seine Deutung als ›Freudenberg‹ (Mons gaudii) ist umstritten. Die heutige Form *Monschau* (seit 1918) beruht auf der örtlichen Mundartform *Monschauwe.* Ältere Schreibungen sind z. B. *Montjoie* (amtlich seit 1815), *Monjoie* (vor 1800), *Monyoie* (1294).

Mọntabaur (auch – –ˈ– –), Stadt im Westerwald, RP, entstand unter einer Burg an der schon frühgeschichtlichen ›Koblenzer Straße‹ vom Rhein nach Hessen (heute B 49) und hieß urspr. *Humbach* (959 *Humbacense castrum,* wohl zu germ. *hun* ›braun‹, vgl. entsprechendes **Humbeeck** bei Brüssel aus 1150 *Humbeka,* ferner →Honnef). Seit dem 11. Jh. gehörte Humbach zu Trier, und der Erzbischof Dietrich von Wied benannte die von ihm wiederaufgebaute Burg wohl in Erinnerung an den Kreuzzug von 1217 nach dem Berg Tabor bei Nazareth *(Mons Tabor):* 1227 *Muntabur,* 1319 *Humbach quae nunc Monthabur appellatur* (= ... das nun M. genannt wird).

Montroyal, Festung, →Traben-Trarbach.

Moor, das, →-moos/-moor.

Moosalbe, die, →Elbe, die.

Moosburg a. d. Isar, Stadt nö. von Freising, BY, entstand bei einem im 8. Jh. gegründeten Kloster, das nach Herzog Tassilos Sturz 788 Reichsabtei wurde, aber seit dem 9. Jh. Eigenkloster des Bischofs von Freising war und im 11. Jh. in ein Kollegiatstift umgewandelt wurde. Die beim Kloster entstandene Siedlung wird zuerst 1146 genannt, sie erhielt 1260 Marktrecht und 1311 Stadtrecht. Der Name 1627 *Moosburg,* 1157/63 *Mospurch,* 890 *Mosapurc,* 8./9. Jh. *Mosabyrga* bedeutet ›Burg im Sumpfland‹, zu ahd. *mos* ›Sumpf, Moos‹ und ahd. *burc, purc, burch* ›Burg, Stadt‹.

-moos/-moor: In Landschafts- und Flurnamen bezeichnet *-moos, Moos* nicht die Moospflanzen als solche, sondern Gelände mit sumpfigem, morastigem Boden (→Todtmoos; das Dachauer M., das Erdinger M.). Es steht bes. im Oberdeutschen für das heute standardsprachliche Wort **Moor** (das erst im 17. Jh. aus dem Niederdeutschen ins Hochdeutsche übernommen wurde). Die beiden Wörter sind etymologisch nicht verwandt. *Moos,* mhd., ahd. *mos,* mnd. *mos* gehört mit engl. *moss,* niederl. *mos* zur Wortgruppe von *Moder* ›Schlamm, verwesende Stoffe‹; dagegen kommt *Moor,* mnd., asächs. *mor,* mhd., ahd. *muor* aus der Gruppe um das Substantiv *Meer,* ahd. *meri,* in der sich z.T. die Bed. ›stehendes Gewässer, Binnensee‹ entwickelt hat (vgl. Seenamen wie →Dümmer und →Steinhuder Meer). Im heutigen Sprachgebrauch sind jedoch *Moor* und *Moos* nur noch geographisch unterschieden.

Mosbach, Stadt an der Elz (r. zum Neckar) am SO-Rand des Odenwaldes, BWÜ; entstand bei einer im 8. Jh. gegründeten Benediktinerabtei und erhielt im 13. Jh. Stadtrecht. Es gehörte 1362–1803 zur Kurpfalz und kam dann zu Baden. Der Name 1444 *Moßbach,* 13. Jh. *Musbach,* 1166, 976 *Mosebach* gehört zu ahd. *mos* ›Sumpfland‹; → -moos/-moor.

Mosel, die, frz. *Moselle,* linker Nebenfluß des Mittelrheins, entspringt am Col de Bussang in den Südvogesen, mündet bei → Koblenz. 8. Jh. *Mosela* (neben *Musila, Musula*) geht zurück auf lat. *Mosella* (1. Jh. n. Chr.). Dies ist eine Weiterbildung des Namens der **Maas,** lat. *Mosa* (1. Jh. vor Chr.), deren Oberlauf dem der Mosel in Lothringen benachbart ist. (Die Maas entspringt auf dem Plateau von Langres, durchfließt Frankreich, Belgien und die Niederlande und mündet zusammen mit dem Rhein in die Nordsee.) Die sprachl. Herkunft von *Mosa* ist ungeklärt, der Name ist aber sicher vorkeltisch. Während die Kelten das *-ŏ-* des Stammes bewahrt haben (danach frz. *Meuse*), wurde es im Germ. zu *-ă-* gewandelt: ahd. *Masa,* aengl. *Masu,* nhd., niederl. *Maas.* Die Germanen haben die Maas also (an ihrem Unterlauf im niederl.-belgischen Raum) schon früh kennengelernt. Die Mosel dagegen wurde ihnen so spät bekannt, daß das *-ŏ-* erhalten blieb bzw. zu *-ŭ-* wurde (s. o., vgl. auch 8. Jh. *Muselengowe,* 982 *Mosalgowe* = der *Moselgau* bei Trier). Erst im Neuhochdeutschen wurde der Vokal der Stammsilbe zu *ō* gedehnt.

Mössingen, Stadt s. von Tübingen, BWÜ, entstand als alemannische Siedlung und kam über die Grafen von Zollern nach 1415 an Württemberg. Der Name 1522 *Messingen, Mössingen,* 1275 *Messingen* geht zurück auf 789 *Masginga,* er ist mit dem Suffix → -ingen gebildet zu einem PN *Masco, Masgo* und wurde später an den häufigeren PN *Masso* angelehnt. Die gerundete Form mit *-ö-* für *-e-* ist nicht in die Mundart übernommen worden (vgl. → Böblingen und → Göppingen).

Mückenberg, Rittergut, → Lauchhammer.

Müden an der Aller; Müden an der Örtze → Emden.

Mühldorf a. Inn, Stadt in Oberbayern, BY, entstand als Pfarrdorf an einem schon in der Römerzeit vielbenutzten Innübergang und kam 798 an das Stift Salzburg. Um 1190 wurde w. des Dorfes die Stadt Mühldorf mit eigenem Salzstapelrecht gegründet, sie blieb bis 1802 eine Salzburger Enklave in Bayern; Stadtrecht 1343. Der Name 1702 *Mühldorf,* 1427 *Můldorf,* 1197 *Můldorf,* 10. Jh. *Mulidorf* ist mit ahd. *mulī* ›Mühle‹ gebildet, er bezeichnete urspr. das später **Alt[en]mühldorf** genannte Pfarrdorf (das heute Stadtteil von M. ist). Zur Fortdauer des GW *-dorf* trotz der Stadterhebung vgl. → Düsseldorf.

Mühleip → Eitorf.

Mühlhausen, Stadt an der oberen Unstrut, TH, entstand aus einer im 8. Jh. genannten fränkischen Siedlung am Unstrutübergang alter Straßen (jetzt Stadtteil *Alten-M.*) und im Schutze der von Ottonen, Saliern und Staufern oft besuchten Kaiserpfalz; es wurde im 12. Jh. Reichsstadt (1224/34 Mühlhausener Reichsrechtsbuch). An die Verbindung M.s mit Thomas Müntzer erinnert der amtliche Name *M. Thomas-Müntzer-Stadt* (seit 1975). Der Name 1180 *Molhusen,* 1107 *Mulehusen,* 974 *Mulenhusen,* 775 *Mulinhuso, ubi Franci homines commanent* (= wo Franken wohnen) bezieht sich auf eine Wassermühle, wie sie seit der Karolingerzeit immer häufiger wurden (ahd. *mulīn, mulī,* mnd. *mole[ne]* ›Mühle‹, entlehnt aus spätlat. *molīna* ›Mühle‹ zu lat. *molere* ›mahlen‹; vgl. dagegen → Querfurt). Aus dem 8. bis 11. Jh. sind etwa 20 Orte gleichen Namens bekannt, genannt seien hier nur **Mühlhausen** bei Höchstadt, BY (1285 *Mulhusen,* 1008 *Mulinhusun*) und die ehemalige Reichsstadt **Mülhausen,** frz. *Mulhouse,* im Oberelsaß, Haut-Rhin, 1186 *Mulihusen,* 9. Jh. *Mulehuson,* die im 8. Jh. bei einer Mühle an der Ill entstand. Die nach 1320 gegründete Stadt **Mühlhausen,** poln. *Mlynari,* s. von Braunsberg (Ostpreußen, Polen) heißt wohl nach einer vom Deutschen Orden angelegten Wassermühle (1338 *Molhusen*), sie könnte aber auch nach dem thüringischen M. benannt worden sein. Zum GW all dieser ON → -hausen.

Mühlhausen b. Höchstadt; **Mühlhausen** (ehem. Ostpreußen); **Mühlhausen** (Elsaß) → Mühlhausen.

Mühlheim a. Main → Mülheim a. d. Ruhr.

Mulde, die, linker Nebenfluß der Elbe, entsteht n. von Colditz durch Zusammenfluß der **Zwickauer Mulde** (l., entspringt ö. von Schöneck im Vogtland) und der **Freiberger Mulde** (r., entspringt im östl. Erzgebirge bei Moldau/Moldava, Tschechische Republik) und mündet bei Dessau. Die heutige Namensform *Mulde* geht zurück auf 1144 *Mulda,* 981 *Multha,* um 965 *Mōldawa.* Die ältere germ. Form 836 *Milda,* 967 *Milta* ist im Altsorbischen mit *-ul-* slawisiert und dann ins Deutsche rückentlehnt worden. Germ. **Milda* ist wohl eine Bildung zu idg. **mel-* ›mahlen, zerreiben; weich‹, vgl. ahd. *milti* ›milde, sanftmütig‹ (eigtl. ›zerrieben, fein, zart‹). Der Name konnte sich auf sanftes Fließen oder sandigen Untergrund beziehen. Erhalten blieb der Stammvokal *-i-* im Namen der *Milde,* des Oberlaufs des → Alands.

Mülheim (zu Köln) → Mülheim a. d. Ruhr.

Mülheim a. d. Ruhr, Stadt im Ruhrgebiet, NRW, entstand am rechten Ufer wohl auf karolingischem Königsgut bei dem durch die Burg **Broich** (1093 *de Brouche,* um 1180 *Bruke,* zu mnd. *brōk* ›Sumpfland‹) l. der Ruhr geschützten Übergang des Hellwegs und kam im 13. Jh. an die Grafen von Berg. Marktrecht 1252, Stadtrecht 1808. Der Name 1589/90 *Mulhem,* 1351 *Molenheym,* um 1000 *Mulinhem* bezieht sich auf alte Wassermühlen (zu ahd., asächs. *mulīn* aus spätlat. *molīna* ›Wassermühle‹). Gleicher Herkunft ist der Name von Köln-**Mülheim,** bis 1914 Stadt *Mülheim am Rhein,* 1098 *Mulenheym.* Mit anderen Schreibungen gehören noch hierher **Mühlheim a. Main,** bei Offenbach, HE, 815 *Mulinheim,* und **Müllheim** (im Breisgau), BWÜ, 758 *Mulinhaim,* → -heim.

Müllheim → Mülheim a. d. Ruhr.

Münchaurach → Herzogenaurach.

Münchberg, Stadt in Oberfranken, sw. von Hof, BY, entstand wohl im 10. Jh. als Gründung der Benediktiner an der Handelsstraße von Nürnberg nach Sachsen und wurde im 13. Jh. Mittelpunkt einer Herrschaft der Herren von Sparneck, die dem Ort 1364 Stadtrecht verliehen. Im

14. Jh. kam M. an die Burggrafen von Nürnberg und 1810 an Bayern. Der Name 1801 *Münchberg,* 1481 *Münchperg,* um 1224 *Munchiberc* ist zu mhd. *münech, münch, munch* ›Mönch‹ gebildet und bezieht sich auf die wahrscheinlichen Ortsgründer (›Berg, Burg der Mönche‹); vgl. → München.

München, Stadt an der Isar, Hauptstadt des Landes Bayern, wurde 1158 von Heinrich dem Löwen, dem damaligen welfischen Herzog von Bayern und Sachsen, gegründet, der zuvor die Zollbrücke des Bischofs von Freising in Oberföhring zerstört und den dortigen Markt in die Siedlung M. verlegt hatte, die er mit Zoll- und Münzrechten ausstattete. Der Ort ›bei den Mönchen‹ (1158 *apud Munichen,* 1310 *Mvͤnchen*) hatte also vor der Neugründung schon bestanden, doch weiß man nichts Näheres über eine klösterliche Niederlassung. Erst 1533 berichtet der bayerische Geschichtsschreiber Aventinus (eigtl. J. Turmair), die Stadt sei auf Grundbesitz des Klosters Schäftlarn erbaut und darum *München* genannt worden. – Die Anlage der Stadt entwickelte sich um den Marktplatz (heute: Marienplatz) und die Peterskirche, entlang der von O nach W hindurchziehenden Salzstraße von Reichenhall nach Augsburg (jetzt: die Kaufingerstraße); Salzhandel und Salztransport waren ein wichtiges Privileg der Münchner Bürger. Im Jahr 1271 kam die Frauenkirche als zweite Pfarrkirche hinzu. Seit 1240 sind die Wittelsbacher in München, das 1255 ihre Residenz für das Herzogtum Oberbayern wird und 1294 sein erstes Stadtrecht erhält. 1826 wurde die Universität von → Landshut nach M. verlegt, 1877 die Technische Hochschule gegründet.

Münchingen → Korntal-Münchingen.

Münden (post- und bahnamtlich: Hann[oversch] Münden), Stadt am Zusammenfluß von Fulda und Werra zur Weser, NDS, entstand als fränkische Siedlung mit Missionskirche an einer Werrafurt (seit dem 13. Jh. steinerne Brücke) und wuchs im 12. Jh. zur Kaufmannsstadt in thüringischem, später welfischem Besitz. Stadtrecht vor 1183. Der Name 1542 *Münden, Munden,* 1262 *Munden,* 1019 *Gimundin,* um 800 *Gamundi* entspricht ahd. *gimundi, mund* ›[Fluß]mündung‹. Gleicher Herkunft sind z. B. die Namen von **Gemünd** in der Eifel (1971 zu Schleiden), 1213 *Gemunde,* an der Mündung der Olef in die Urft; **Gemünden a. Main,** BY, 1289 *Gemunden,* an der Mündung von Sinn und Fränkischer Saale. Auch der Ausfluß von Seen kann so bezeichnet werden: **Gmund a. Tegernsee,** BY, 1078/1091 *Gimunda,* am Ausfluß der Mangfall (l. zum Inn); **Gmunden,** Oberösterreich, um 1280 *Gmunden,* am Ausfluß der Traun (r. zur Donau) aus dem Traunsee. Vgl. ferner → Neckargemünd, → Schwäbisch Gmünd, → Travemünde, → Emden.

Münder am Deister, Bad, Stadt nö. von Hameln, NDS, entstand wohl als Siedlung bei Solequellen, deren Nutzung zuerst 1033 bezeugt ist; Stadtrecht im 13. Jh. Der Name um 1160 *Mundere,* 1033 *Munnere* geht zurück auf 9. Jh. *Munimeri.* Wahrscheinlich liegt ein alter Gewässername zugrunde.

Münnerstadt, Stadt nö. von Bad Kissingen, BY, entstand im 8. und 9. Jh. als grundherrschaftliche Siedlung mit umfänglichem Königsgut und zentraler Ort des Grabfeldgaues und gehörte im 12. Jh. den Grafen von Henneberg, später dem Deutschen Orden; Marktrecht vor 1272, Stadtrecht 1335. Im Jahre 1580 kam M. an Würzburg, 1806 an Bayern. Der Name 1801 *Münnerstadt,* 1492 *Münerstat,* 1279 *Munerstat* geht zurück auf 1232 *Munrichstat,* 800 *Munirichestat* und 770 *Munrichestat.* Er enthält den altdeutschen PN *Munirich* und das GW ahd. *stat* ›Stätte, Stelle, Wohnstätte‹; → -statt, -stedt, -stätten.

Münster, Stadt im Münsterland, NRW, entstand um 790 auf altbesiedeltem Boden als karolingische Wallburg am Schnittpunkt alter Straßen, bei einer Furt über die Aa (l. zur Ems). In der Burg gründete der hl. Liudger ein Kloster (lat. *monasterium*) und wurde 804 erster Bischof von M. Eine nö. davon im 10. Jh. entstandene Marktsiedlung war die Keimzelle der Kaufmanns- und Hansestadt M., die nach dem Kloster genannt wurde: 1068 *Monasterium,* 1106 *Monestere,* 1173 *Munstre.* – Älter ist der Name

820 *Mimigernaford,* 890 *Mimigerne-, Mimigernoford* (im 11. Jh. auch mit *-garde-,* z. B. 1017 *Mimmigardevurdensis*). Er bezeichnete urspr. wohl die Furt und ging dann auf eine sächsische Siedlung und die ihr folgende karolingische Burg über. Im ersten Bestandteil hat man (wie bei →Minden) den Namen eines germanischen Wassergeistes vermutet, doch liegt eher ein PN **Mimigern* zugrunde. – Der Name *Münster* (zu mhd. *münster* ›Kloster[kirche], Dom‹, ahd. *munistri* ›Kloster‹ aus vlat. *monisterium*) kommt mehrfach in Verbindung mit alten Klostergründungen vor, z. B. **Münster** im Oberelsaß, Haut-Rhin, frz. *Munster* (1339 *Munster,* 675 *monasteriolum Confluentis* ›Klösterchen an der [Bach]mündung‹), **Münster** in Graubünden, Schweiz, rätoroman. *Müstair* (karolingisches Frauenkloster); als Grundwort ist er auch mit PN oder Flußnamen verbunden, z. B. **Beromünster** im Kanton Luzern, Schweiz (1050 *Peremunstere,* nach dem Gründer Graf *Bero* von Lenzburg), **Maursmünster** bei Zabern, Unterelsaß, Bas-Rhin, frz. *Marmoutier* (8. Jh. *Maurimonasterium,* 754 *Moresmunister,* nach dem Abt *Maurus,* um 724), [Bad Soden-] **Salmünster** an der Kinzig, HE (909 *Salchinmunstere,* 900 *Salechen monasterium,* nach einem Priester *Salucho*); **Kremsmünster** an der Krems (r. zur Traun), Oberösterreich (992 *Chremsamunistur*). Vgl. ferner →Münstereifel, →Neumünster.

Münster (Graubünden); **Münster** (Oberelsaß) →Münster.

Münstereifel, Bad, Stadt an der Erft in der nördlichen Eifel, NRW, entstand im 10./11. Jh. als Marktsiedlung bei einem um 800 von Prüm aus gegründeten Filialkloster und gehörte später zum Herzogtum Jülich. Stadtrecht vor 1291; die Bez. *Bad M.* wurde 1967 amtlich (Kneippkurort). Die Formen des Namens zeigen den Übergang vom Appellativ lat. *monasterium* ›Kloster‹ zum Eigennamen, vgl. den Artikel →Münster: 844 *novum monasterium in pago Eifle* (= neues Kloster im Eifelgau), 1115 *in villa que novum monasterium dicitur,* 1312 *die burg ind die stat zu Moenster in eyffelen;* seit dem 15. Jh. ohne Präposition vor dem Gebirgsnamen: 1425 *zo Münster Eiffel, zu Munstereyfflen.* Ähnliches gilt für **Münstermaifeld** sö. von →Mayen (mit alter Stiftskirche aus der Frankenzeit): 1259 *oppidum Monasteriense,* 1277 *Munster in dem Maynfeld,* 1335 *zu Monster Meynefelt.*

Münstermaifeld →Münstereifel, Bad.

Murg, die, rechter Nebenfluß des Oberrheins, BWÜ, entspringt in zwei Quellbächen (**Rote** und **Weiße Murg**) am Vogelskopf im Nordschwarzwald, mündet nw. von Rastatt. 1448 *die Murg ab* (= hinunter), 1326 *uffe die nidern Murge,* 1086 *Murga* geht zurück auf gall. **morgā* ›Grenze‹. Die Murg ist also als ›Grenzfluß‹ benannt. Sie bildet bis heute die Grenze zwischen den alemannischen und den fränkischen Mundarten in Baden, doch ist der Flußname sicher älter als die germanische Besiedlung der Oberrheingebiete. Entsprechende Namen haben z. B. die **Murg** r. zum Hochrhein ö. von Säckingen, 1326 *von der obern Murge,* 1155 *ortum fluminis Murgę* (= den Ursprung des Flusses Murga), und die **Murg** l. zur Thur zum Hochrhein im Kanton Thurgau, Schweiz, 837 *Murga.* Auch die →Lauter l. zum Oberrhein bei Lauterburg, deren Unterlauf die elsässisch-pfälzische Grenze bildet, wurde in einer weißenburgischen Urkunde mit diesem Namen belegt: 737 *super fluuio Murga seu Lutra* (= über dem Fluß Murg oder Lauter).

Murg, die, r. zum Hochrhein; **Murg,** die, l. zur Thur (Kanton Thurgau), →Murg, die.

Murnau, Markt im Alpenvorland sw. des Staffelsees, BY, entstand im Schnittpunkt alter Straßen bei einem Edelsitz des 12. Jh.s und erhielt von Ludwig dem Bayern Marktrecht, der den Ort 1332 dem Kloster Ettal schenkte. M. wurde besonders durch seine Zuchtviehmärkte bekannt. Der Name 1557 *Murnau,* 1399 *Murrnaw,* um 1150 *Murnowe* ist mit dem GW mhd. *ouwe* ›Land am Wasser‹ (vgl. →-au, -aue) gebildet; sein erstes Glied wird zu dem Alpenwort *die Mure* ›Schlammstrom, Gesteinschutt‹ gestellt, so daß hier vermutlich eine Stellenbez. ›von Muren verschüttetes Wiesenland‹ zugrunde liegt.

Murr, die, r. zum Neckar; **Murr** → Murrhardt.

Murrhardt, Stadt nö. von Backnang, BWÜ, entstand als alemannisch-fränkische Siedlung am Platz eines Limeskastells des 2. und 3. Jh.s und einer untergegangenen römischen Zivilsiedlung. Das Kastell hatte den Übergang des Limes über die Murr (r. zum Neckar) gesichert. Zu Anfang des 9. Jh.s wurde ein Benediktinerkloster gegründet, bei dem der Marktflecken M. entstand, der 1328 als Stadt genannt wird. 1395 kamen Kloster und Stadt an Württemberg, das Kloster wurde nach der Reformation als evangelische Abtei bis 1807 fortgeführt. Der Name *Murrhardt,* 1027 *Murrehart,* 873 und 788 *Murrahart* ist mit dem GW ahd. *hard,* mhd. *hart* ›Bergwald‹ gebildet, sein erstes Glied ist der Flußname **Murr,** 1027, 817 *Murra.* Der ON benannte also urspr. das Waldgebirge, das den Flußlauf am linken Ufer begleitet und das heute **Murrhardter Wald** heißt. – Kurz vor der Einmündung der Murr in den Neckar (bei Marbach) liegt die nach dem Fluß benannte Gemeinde **Murr,** 1350 *Murre,* 972 *Murra.* Deren älteste Bezeugung ist eine römische Inschrift um 180/192 *VICANI MURRENSES* (= die murrensischen Dorfbewohner). Der Flußname *Murr, Murra* kann über **Mursa* zu einer *-r*-Erweiterung der idg. Wurzel **meu-/*meu̯ə* ›feucht, modrig; unreine Flüssigkeit‹ gestellt werden, zu der vielleicht auch der Name des niederrheinischen *Moersbachs,* älter *Mursa,* gehört; vgl. den Artikel → Moers.

Murrhardter Wald, der, → Murrhardt.

N

Naab, die, linker Nebenfluß der Donau in Bayern, entsteht aus den Quellflüssen Haidenaab, Fichtelnaab und Waldnaab, mündet bei Regensburg. Die **Fichtelnaab** entspringt am Ochsenkopf im → Fichtelgebirge und vereinigt sich bei Windischeschenbach mit der **Waldnaab.** Dieser Fluß, 1743 *böhmische Waldnabe,* 1531 *Waldtnab,* kommt ö. von Tirschenreuth aus dem Böhmerwald. Beide Flußnamen weisen also auf die Quellgebirge hin. Unterhalb von Weiden kommt von r. die **Haidenaab** oder *Heidenaab* hinzu, die am Fichtelgebirge entspringt und nach ihrem Quellgelände, der 1796 bezeugten *Nassen Heide,* benannt ist (um 1285 *Heydnab,* 1340 *Haydnab*). Der Name *Naab* selbst ist vorgerm. Herkunft: 1546 *Naab,* 1245 *Nab,* 1199 *Nabe,* um 1006 *Naba,* 9. Jh. *Napa* gehen zurück auf eine Ablautform von idg. **nebh-* ›feucht; Wasser‹ (wozu u. a. ahd. *nebul* ›Nebel‹ gehört). Gleicher Herkunft ist z. B. *Nablis,* ein alter Name der → Unstrut. Nach dem Fluß *Naab* heißt die oberpfälzische Stadt **Nabburg** ö. von Amberg, die bei einer alten Burg über dem Naabtal entstand: 1472 *Nabpurgk,* 12. Jh. *Napurch,* 929 *Nabepurg* (→ -berg/-burg).

Naaf, die, l. zur Agger, → Nahe, die.

Nabburg → Naab, die.

Nablis, die, früherer Name der → Unstrut.

Nahe, die, linker Nebenfluß des Mittelrheins, entspringt nw. von St. Wendel, mündet bei Bingen. 1621 *Nohe* (Mundartform, dazu der Name des Ortes **Nohfẹlden,** n. von St. Wendel, SL), 12./13. Jh. *Nah[a], Naa.* Der Flußname geht zurück auf 8. Jh. *Nauua* und lat. im 1.–4. Jh. *Nava.* Er wird mit Entsprechungen in Spanien, England und Litauen als alteuropäische Bildung zu idg. **nāu̯-* ›Schiff, Gefäß (Trog); Tal, Rinne‹ gestellt und ist identisch mit den Namen der **Naaf** (l. zur Agger zur Sieg; 13. Jh. *Nafe*) und der **Nau** (l. zur Donau bei Ulm; 1150 *Nawa;* vgl. → Langenau). Nicht verwandt ist der Flußname → Naab.

Nanstein, Burg, → Landstuhl.

Nassau, Stadt an der unteren Lahn, RP, entstand aus einem fränkischen Königshof am Lahnübergang einer vom Rheingau kommenden Straße (im 19. Jh. ›Bäderstraße‹) und kam im 12. Jh. mit der gleichnamigen Burg als trierisches Lehen an die Grafen von Laurenburg, die sich seitdem Grafen von Nassau nannten. Nach der Landesteilung von 1255 blieben Burg und Stadt N. im gemeinsamen Besitz der Ottonischen und der Walramischen Linie des Grafenhauses, und so erhielt auch das 1806 gegründete (walramische) Herzogtum **Nassau** den Namen der Stammburg, der nach 1866 im Namen der preuß. Provinz **Hessen-Nassau** weitergeführt wurde (→Hessen). – Der ON *Nassau,* 1414 *Nassawe,* 915 *villa Nassowa* geht auf einen alten Bachnamen zurück; wahrscheinlich wurde der jetzige *Kaltbach* (r. zur Lahn) urspr. **Nassaha* genannt. Der erste Bestandteil des Namens ist nicht sicher erklärt. Er gehört wohl nicht zu ahd. *naȝ* ›naß‹, denn die danach zu erwartende Schreibung mit *-ȝȝ-* tritt erst im 14. Jh. vereinzelt auf: 1320 *de Naȝȝowe,* 1339 *von Naȝȝaw.*

Nassau, Herzogtum, →Nassau.

Nau, die, l. zur Donau, →Nahe, die.

Nauen, Stadt im östlichen Havelland, BR, entstand Ende des 12. Jh.s bei einem slawischen Dorf und einer deutschen Burg am Übergang über das sumpfige Luch; Stadtrecht um 1305. Im 14. Jh. war N. an allen märkischen Städtebünden beteiligt. Der Name 1305, 1336 *Nawen,* 1281 *Nowen,* 1086 *Nawen, Nauwen* enthält wohl einen altpolabischen PN **Noven* oder **Novan.*

Nauheim, Bad; Stadt bei Friedberg, HE, entstand im 13. Jh. auf seit der Steinzeit besiedeltem Gelände bei wichtigen Salzquellen. Es war Besitz der Herren von Münzenberg und von Hanau und kam 1736 zu Hessen-Kassel, 1866 zu Hessen-Darmstadt; Stadtrecht 1854. Seit 1858 ist N. ein weltbekanntes Herzbad. Der Name 1869 *Bad Nauheim,* 1262 *Nouheim,* 1236 *Nuweheim* bedeutet ›neue Wohnstätte‹; vgl. →-heim. Die Form *nuwe* für mhd. *niuwe* ›neu‹ ist mitteldeutsch, vgl. den Artikel →Naumburg und hessische ON wie **Nauheim** bei Groß Gerau und **Naunstadt** bei Usingen.

Nauheim b. Groß Gerau →Nauheim, Bad.

Naumburg (Saale), Stadt an der Saale gegenüber der Unstrutmündung, SAN, entstand 1028/1030 durch die Verlegung des Bischofssitzes von →Zeitz nach einer kurz vorher von den Eckehardinern, den Markgrafen von Meißen, erbauten Burg über der Saale. Die neue Bischofsstadt erhielt eine Kaufmannssiedlung (1033), zwei Klöster und den Dom (11.–13. Jh.); eine besondere Marktstadt entstand sö. davon im 12. Jh., sie wurde erst 1835 mit der Domstadt vereinigt. Der Name 1516 *Nawmborg,* 1305 *Nuenburc,* 1065 *Nuwenburg,* 1028 *Nuemburgum, Numburg* bezeichnete urspr. die ›neue Burg‹ der Markgrafen, er ist mit der mitteldt. Form *nūwe* von mhd. *niuwe,* ahd. *niuwi* ›neu‹ gebildet, vgl. Bad →Nauheim.

Naunstadt b. Usingen →Nauheim, Bad.

Neandertal, das, Naturschutzgebiet ö. von Düsseldorf, NRW, urspr. eine Klamm des Düsselbachs mit mehreren Höhlen, wo 1856 Skelettreste des altsteinzeitlichen ›Homo neanderthalensis‹ (Neandertaler) gefunden wurden. Die Klamm, früher *das Gesteins* oder *Hunsklippen* (wohl ›Hundsklippen‹) genannt, erhielt ihren Namen nach dem Kirchenlieddichter Joachim *Neander* (1650–80), der 1674–79 oft dort wanderte.

Nebra/Unstrut, Stadt s. von Querfurt, SAN, entstand an einem alten Unstrutübergang als Händlersiedlung im Schutz eines fränkischen Königshofes, der später *Altenburg* genannt wird und 1205–1341 Sitz der adligen Schenken von Nebra war. Die Siedlung wurde um 1200 an ihren heutigen Platz verlegt, 1207 gibt es eine Brücke auf Steinpfeilern. Der Name um 1500 *Nebra* (mit kanzleisprachlichem *-a*), 1350 *Nebre, Neber,* 1207 *Nevere,* 876 *Neueri* ist vielleicht ein alter Abschnittsname der Unstrut, er könnte zu idg. **nāu̯i-* ›Schiff; schiffbar‹ (vgl. den Artikel →Nahe) oder zu idg. **nebh-* ›feucht; Wasser[dunst]‹ (vgl. den Artikel →Naab) gehören.

Neckar, der, rechter Nebenfluß des Rheins, BWÜ, entspringt in einem Hochmoor bei Schwenningen, mündet in

Mannheim. Überlieferte Namensformen wie 1002 *Neccarus,* 823 *Necchar,* 8. Jh. *Neckar, Necker* und im 3. Jh. lat. *Nicar, Nicarus* führen zurück auf eine Grundform **Nikros,* die mit einem *-r*-Suffix zu idg. **nēik-/*nīk-/*nik-* ›anfallen, losstürmen, heftig beginnen‹ gebildet ist. Vergleichbar sind z. B. griech. *neīkos* ›Zank‹, lett. *nàiks* ›heftig, schnell‹ und *nikns* ›böse, grimmig‹. Der Neckar ist also seinen frühen Anwohnern als der ›heftige, böse, schnelle Fluß‹ aufgefallen.

Neckarelz →Elz, die, r. zum Neckar.

Neckargemünd, Stadt oberhalb Heidelbergs, BWÜ, wird zuerst 988 als *Gemundi* erwähnt, im 13. und 14. Jh. freie Reichsstadt, dann an die Kurpfalz und 1803 an Baden gekommen. Der Name 1475 *Neckergemünde,* 1302 *Necker-Gemonde,* 1286 *Gamundie juxta fluvium Neckarum* bedeutet ›Gemünden am Neckar‹ (zu ahd. *gimundi* ›Flußmündung‹) und bezieht sich auf die Mündung der →Elsenz. Vgl. den Artikel →Münden.

Neckargerach →Groß-Gerau.

Neckargröningen (zu Remseck) →Markgröningen.

Neckarsteinach, Stadt am Neckar oberhalb Heidelbergs, HE. 1465 *Neckersteynach,* 1328 *Steina an dem Necker,* 975 *Steinahe.* Der Burgflecken der Herren von Steinach (4 Burgen; der Minnesänger Bligger II. von Steinach ist 1150–1209 bezeugt) erhielt um 1377 Stadtrechte. Am Bach **Steinach** (rechts zum Neckar, eigtl. ›steiniger Bach‹, 773 *Steinhaha rivulus;* →¹-ach) liegen weiter oben die Dörfer **Heiligkreuzsteinach** (1283 *Heilecrutzsteina,* nach einer Kirche benannt) und **Ober-, Unterabtsteinach** (1376 *Aptsteinnache,* urspr. zum Kloster →Lorsch gehörend). Neckarsteinach ist gemäß dieser Namenreihe ›Steinach am Neckar‹, d. h., nicht der Bachname, sondern der Flußname ist der unterscheidende Zusatz, auch wenn es nach der Betonung umgekehrt erscheint. Vgl. ähnlich gebildete ON wie *Neckarelz* (→Elz zum Neckar), →Neckarsulm, und *Neckargerach* (976 *Geraha,* der dortige Bach heißt heute *Seebach*).

Neckarsulm [...'zʊlm], Stadt am Neckar bei Heilbronn, BWÜ, wurde durch die Herren von Weinsberg um 1310 als Stadt gegründet am Platz einer alten Siedlung an der Mündung der **Sulm** (r. zum Neckar): 1322 *Neckersulmen,* 1248 *Sulmen,* 771 *villa Sulmana.* Der Flußname *Sulmana* beruht wahrscheinlich auf einer Ablautbildung (Schwundstufe) zum Stamm des unter →Schwalm genannten altgermanischen Verbs **swellan* ›schwellen‹, die mit anderer Endung auch im Namen des **Solmsbachs** (l. zur Lahn bei Burgsolms, 788 *fluuio Sulmissa*) erscheint.

Neide, die, l. zur Soldau, →Nidda.

Neiße, die, l. zur Oder, →Lausitzer Neiße.

Nethe, die (Belgien) →Nidda, die.

Nette, die, linker Nebenfluß des Mittelrheins, entspringt in der Eifel, mündet s. von Andernach. Alte Namensbelege fehlen, doch beachte 943 *Nitissa* (jetzt die **Nitz,** r. zur Nette nw. von Mayen), das als Weiterbildung eines germ. **Neta,* vorgerm. **Neda* anzusehen, aber nicht sicher gedeutet ist. Vgl. die Nette zur Niers unter →Nettetal.

Nettetal, Stadt w. von Krefeld, NRW, entstand 1970 durch Zusammenschluß der Städte Kaldenkirchen und Lobberich mit andern Gemeinden und wurde nach der Lage an der **Nette** (l. zur Niers; vgl. die →Nette zum Rhein) benannt. Der Stadtteil **Kaldenkirchen** (1473 *Kaldenkirchen,* 1205/06 *villa Caldekirken*; vgl. den Artikel →Kaltenkirchen, SH) ist wohl als karolingische Siedlung an der Römerstraße Xanten–Roermond entstanden. Der Name von **Lobberich,** 1328 *Lobrecht,* 974 *Ludebracht,* ist mit dem GW *-bracht* (vgl. →Gummersbach) gebildet.

Neu-Augustusburg, Schloß, →Weißenfels.

Neubrandenburg, Stadt an der Tollense (r. zur Peene zur Ostsee), MV, wurde 1248 bei der Besiedlung des Landes Stargard (→Burg Stargard) von den askanischen Markgrafen von Brandenburg an einer wichtigen Straßenkreuzung planmäßig angelegt und nach ihrer Hauptstadt Brandenburg an der Havel benannt: 1248 lat. *civitas nostra* (= unsere Stadt) *Brandenborch Nova,* 1299 niederd. *Nygen Brandenburg,* 1304 *Nyen-Brandenborch,* 1439 *Nyenbrandenborch.* Mit der

Herrschaft Stargard kam N. 1298 an Mecklenburg und gehörte seit 1701 zu Mecklenburg-Strelitz. In der DDR war es 1952–1990 Hauptstadt des gleichnamigen Bezirks.

Neuburg a. d. Donau, Stadt w. von Ingolstadt, BY, entstand auf einem bereits von Kelten und Römern besiedelten Jurahügel rechts der Donau, der den wichtigen Flußübergang beherrschte, als bayerischer Herzogshof, der 788 fränkischer Königshof wurde. Im 10. Jh. erbauten die Liudolfinger 2 km w. davon eine Burg, die Kaiser Heinrich II. 1077 *Novum Burgum* nannte; sie hieß später *Alte Burg* und verfiel im 15. Jh. Eigentlicher Träger des Namens *Neuburg* war seit alters der Herzogshof auf dem Altstadthügel bei der Pfarrkirche St. Peter, die 798 *ecclesia Nivuinburcgensis* heißt. Die Siedlung erhielt vor 1000 Marktrecht und kam 1247 an die Wittelsbacher. 1505 bis 1808 war sie Residenz des Fürstentums Pfalz-Neuburg. Der Name der Stadt erhielt schon früh den Flußnamen als unterscheidenden Zusatz: 1520 *Neuburg an der Dona,* 1189 *Nuenburg super Danubium;* ein Beleg von 1012/18 zeigt, daß man *burg* hier als ›Stadt‹ verstand: *ad civitatem suam, quae Nova vocatur* (= zu seiner Stadt, die ›Neue‹ genannt wird) und *ad Novam urbem* (= zur neuen Stadt); vgl. den Artikel → -berg/burg.

Neuenahr, Burg; **Neuenahr,** Bad, → Ahr, die.

Neuenbeken → Altenbeken.

Neugẹrsdorf, Stadt an der Spreequelle im Lausitzer Bergland, SAC, entstand 1657 unter dem Namen *Neugersdorf* durch Ansiedlung böhmischer Glaubensflüchtlinge auf der Flur des nach 1200 gegründeten, im 15. Jh. wüst gewordenen Dorfes **Gersdorf** (1419 *Bösengerichsdorf,* 1306 niederd. *Gherardesdorpp,* 1241 *Gerhartesdorf,* zum PN *Gerhard;* der Zusatz *Bösen-* bezieht sich wohl auf schlechten Ackerboden). Auch (Alt)gersdorf wurde 1662 wieder besiedelt. Beide Orte schlossen sich 1899 unter dem Namen N. zusammen; Stadtrecht 1924.

Neuhaus am Rennweg, Stadt auf der Kammhöhe im östlichen Thüringer Wald, TH, entstand bei einem 1673 vom Grafen von Schwarzburg-Rudolstadt erbauten Jagdhaus als Waldsiedlung von Köhlern und Glasmachern, die 1729 Marktrecht erhielt. Die Glashütte *Schmalenbuche* war 1607 angelegt worden, die Köhlersiedlung *Igelshieb* 1624. Im Juli 1923 wurden die Orte unter dem Namen N. vereinigt und 1933 zur Stadt erhoben. Der Name hat sich aus einem Appellativ entwickelt: 1673 *das neue Haus;* die Fügung wird 1731 zusammengeschrieben (*Neuehauß*) und 1740 zu *Neuhauß* verschmolzen. Zum Namen *Rennweg* vgl. den Artikel → Rennsteig.

Neu-Isenburg, Stadt s. von Frankfurt am Main, HE, entstand um 1699 als Siedlung vertriebener französischer Hugenotten, denen Graf Johann Philipp von Isenburg-Birstein Waldland zur Rodung angewiesen hatte. Die Kolonie hatte bis 1768 französischen Gottesdienst, sie fiel 1816 an Hessen-Darmstadt und wurde 1894 Stadt. In den Anfangsjahren hieß sie *Welschdorf* (*welsch* = französisch) oder *Philippsdorf* (nach dem Landesherrn), später wurde sie in Anlehnung an den Namen der fürstlichen Familie *Neu-Isenburg* genannt. Den Namen trug zuerst der Stammsitz des Geschlechts, die Burg **Isenburg** bei Neuwied, RP, 1188 *Ysenburg,* 1093 *Isenburch;* sie liegt am **Iserbach,** r. zum Saynbach zum Rhein, ihr Name wird zu ahd. *isa[r]n* ›Eisen‹ gestellt.

Neumagen → Speyer.

Neumark, die, → Brandenburg (Land).

Neumarkt i. d. OPf., Stadt am Rand der Fränkischen Alb, BY, entstand nach 1100 auf dem bayerischen Nordgau, war 1235 Stadt und kam aus staufischem Besitz 1269 an die bayerischen, 1329 an die pfälzischen Wittelsbacher. 1410 bis 1448 und nochmals ab 1513 war es an Stelle von Amberg Residenz der Oberpfalz. 1628 fiel N. an Bayern zurück. Der Name 1458 *Neumarkt,* 1338 *Newenmarcht,* 1310 *Newmark,* um 1160 *Nuwenmarchet* ›[auf dem] neuen Markt‹ weist auf eine planmäßige Gründung hin, die auch in der regelmäßigen Anlage um einen langgestreckten Straßenmarkt, mit freistehendem Rathaus in der Mitte (15. Jh.), deutlich wird.

Neumụnster, Stadt in Holstein, SH, entstand als Ansiedlung eines *Wippo* oder

Wibo und wurde um 1130 von dem Priester Vizelin zur Basis seiner Missionsarbeit unter den Wenden in Wagrien gemacht. Er gründete ein Augustiner-Chorherrenstift, dessen lateinischer Name 1136 *Novum monasterium* (= neues Kloster) bald den alten Namen *Wippendorf* (1141 *Wipenthorp,* 1194 *Wippenthorp*) verdrängte. Untergegangen ist auch der altertümliche Name 1154 *Faldera,* mit dem N. und seine Umgebung bezeichnet wurden (1154 *Falderensis pagus*), seine Herkunft ist nicht sicher erklärt. Der Ort N. (1306 *thu Nyenmonstere*) war Mittelpunkt eines ausgedehnten Kirchspiels, er wurde 1870 Stadt.

Neumünster, Kloster, →Ottweiler.

Neunkirchen/Saar, Stadt an der Blies, SL, entstand als Rodungssiedlung in der Mark von →Wiebelskirchen und wuchs im 19. Jh. mit dem Ende des 16. Jh.s von den Grafen von Nassau-Saarbrücken gegründeten Eisenwerk zu einer großen Industriegemeinde zusammen. Der Name 1741 *Neinkirchen,* 1683 *Neukirch,* 1352 *Nunkirchen,* 1281 afrz. *Nonkirke* bedeutet ›bei der neuen Kirche‹ (als Gegensatz zu der alten Pfarrkirche von Wiebelskirchen).

Neuötting →Altötting.

Neuruppin, Stadt am Ruppiner See im nördlichen Brandenburg, wurde bald nach 1214 von den Grafen von Arnstein bei ihrer Burg **Alt Ruppin** planmäßig angelegt und erhielt 1246 ein Dominikanerkloster; Stadtrecht 1256. Nach dem Aussterben der Grafen fiel das **Land Ruppin** 1524 an Kurbrandenburg. Den Namen 1363 *Nova Ruppyn,* 1272 *Novum Repyn,* 1238 *Rapin* erhielt die Stadt nach der Burg, die um 1150 bei einem slawischen Burgwall erbaut worden war und zuerst 1256 als *Olden Ruppyn* bezeugt ist. Der Name wird zu apolab. *rupa* ›Grube‹ gestellt, er bezog sich urspr. vielleicht auf ein Wasserloch. Die bei der Burg Alt Ruppin entstandene gleichnamige Siedlung erhielt erst 1840 Stadtrecht.

Neusalza-Spremberg →Spremberg.

Neuß, Stadt am Niederrhein, NRW, entstand am Platz einer vorrömischen Siedlung n. der Erftmündung bei einem römischen Legionslager augusteischer Zeit, entwickelte sich als Kaufmannssiedlung und karolingische Zollstätte am Rheinübergang und kam im 11. Jh. an das Erzbistum Köln. Der Name *Neuß* ist die hochdeutsche Form von mdal. *Nūß* aus 1104 *Nuissa,* 1062 *Niusse,* 9. Jh. *castellum Niusa,* er geht zurück auf 1.–3. Jh. lat. *Novaesium, Novesium,* dessen sprachliche Herkunft (vorkeltisch?) ungeklärt ist.

Neustadt a. d. Aisch, Stadt am Ostrand des Steigerwaldes, BY, entstand im 13. Jh. bei dem Marktort (oppidum) *Rietvelt* (ein ehemals merowingischer Königshof, 889 *Reotfeld,* zu ahd. *riot* ›Ried, Schilf‹), als die Burggrafen von Nürnberg dort eine befestigte ›neue Stadt‹ gründeten: 13. Jh. *Rietvelt nunc Nuwenstatt dictum,* 1294 *de Nova civitate.* Der ON wird noch lange wie ein Appellativ mit dem Geschlechtswort gebraucht (vgl. die folgenden Artikel) und früh mit dem unterscheidenden Zusatz des Flußnamens versehen: 1349 *zu der Newen stad an der Eysche,* 1451 *zu der Newstat an der Aisch,* 1747 *Neustatt, an der Aysch.*

Neustadt a. d. Saale, Bad, Stadt an der Fränkischen Saale, BY, entstand im 13. Jh. vermutlich als Neugründung der Bischöfe von Würzburg im Bereich der alten Königspfalz Salz (878 *Salz,* 1058 *oppidum Obersalza*), an die noch der Name des benachbarten Dorfes **Salz** erinnert. Die ältesten Belege des Namens N. sind 1232 *nouam ciuitatem* (Akkusativ), 1294 *Nuwenstat;* zur Unterscheidung von gleichnamigen Orten dienen Zusätze wie 1309 *Nuwenstad na bi Lure* (= nahe bei [Burg]lauer), 1398 *Neuwenstat in dem Grabfelde* (= im Grabfeldgau), 1542/43 *N. vor der Rhön,* schließlich 17. Jh. *Neostadii ad Salam,* 1778 *N. an der Saale.* Die Heilquellen wurden 1853 erschlossen.

Neustadt a. d. Waldnaab, Stadt am linken Ufer der Waldnaab, n. von Weiden i. d. Oberpfalz, BY, wurde vor 1218 als grundherrliche Siedlung an der Fernstraße Nürnberg–Prag planmäßig angelegt, erhielt vor 1329 Stadtrecht und kam Mitte des 16. Jh.s an die böhmischen Herren von Lobkowitz und 1806 an Bayern. Der Name 1329 *Neunstat,* 1261 *Niwenstat,* 1218 lat. *Noua Ciuitas* erhielt seit dem 14. Jh. unterscheidende Zusätze:

1339 *Newstadt vor dem Waldt* (wohl der Oberpfälzer Wald), 1490 *zur Newstat gelegen an der Waldtnab,* 1603 *zum Neustädlein, an der Waldnab,* 1796 *Neustadt an der Nab, Neustädtl.* Das Gegenstück zu N. liegt am andern Ufer des Flusses und ist gar nicht viel älter: **Altenstadt an der Waldnaab.** Es wird zuerst 1218 als *Nivwenmarkit* (also ›Neumarkt‹) genannt, heißt aber um 1285 *in Antiqua Ciuitate* (= in der Alten Stadt), 1326 *Altenstaat* und um 1368 *Altenstadt.*

Neustadt am Rübenberge, Stadt an der unteren Leine, NDS, wurde um 1200 bei einem alten Leineübergang mit Zollstelle als fester Platz und Residenz der Grafen von Wölpe gegründet und kam 1302 an die Welfen. N. blieb bis 1584 fürstliche Residenz, erhielt aber erst 1825 förmliches Stadtrecht. Der Name, zuerst lat. 1215 *de nova civitate,* dann niederd. 1322 *Nyenstedt,* 1493 *Nyenstade,* erhielt im 15. Jh. den unterscheidenden Zusatz ›am Rübenberge‹: 1436 *Nienstadt vor dem Röuwenberg,* 1585 hochd. *Neustadt am Ruhweberg,* der wohl zu mnd. *rove, röve* ›Rübe‹ gehört, aber sachlich unerklärt ist.

Neustadt an der Weinstraße (früher: *an der Haardt*), Stadt am Austritt des Speyerbachs aus der Haardt, RP, entstand nach 1200 als Neugründung der Pfalzgrafen im Anschluß an die seit 1156 pfalzgräfliche Burg **Winzingen** (774 *Winzingas,* zum alten deutschen PN *Winzo*). Der ›redende‹ Name wurde lange mit dem Artikel gebraucht, also wie ein Appellativ (mdal. noch jetzt *die Naischtatt*). 1786 *Neustadt an der Hart,* 1601 *Zur Neustadt,* 1531 *zu der Nawenstatt,* 1376 *Nuwenstad,* 1235 *Nova Civitas.* Den Zusatz *an der Weinstraße* führte die Stadt 1936–45 und wieder seit 1950. →Haardt; →Weinstraße.

Neustadt b. Coburg, Stadt im südlichen Vorland des Thüringer Waldes, BY, entstand als grundherrschaftliche Anlage bei einer Zollstätte des 12. Jh.s, am Schnittpunkt der Straßen nach Erfurt und Leipzig. Der Ort erhielt vor 1317 Stadtrecht, kam im 14. Jh. an die Wettiner und mit Coburg 1920 an Bayern. Der Name, zuerst 1248 *forum* (= der Markt) *quod dicitur Nůwensthat,* erhält bald unterscheidende Zusätze wie 1295 *an der Nuwenstat vf der heide,* 1487 *Newstait uff der Heide* (nach der Lage auf einer heidebewachsenen Anhöhe), 1656 *N. ...vorm Wald...* (der Thüringer Wald), 1892 *N. (Herzogthum Coburg)* und 1921 *N. bei Coburg.*

Neustadt-Glewe, Stadt an der Elde (r. zur Elbe) bei Ludwigslust, MV, entstand vor 1248 als Gründung der Grafen von Schwerin bei dem im 12. Jh. bezeugten slawischen Dorf **Glewe** (zu apolab. *chlév* ›Stall‹). Der Name lat. 1248 *Nova Civitas,* niederd. 1317 *Nyenstat,* 1337 *Nigestat* (zu mnd. *nige, nie* ›neu‹) wird zur Unterscheidung von gleichnamigen Orten schon früh durch den slawischen ON ergänzt: 1253 *Nova Civitas Chlewa,* 1265 *Nova Civitas que Ghliwe dicitur* (= die Ghliwe genannt wird), 1300 *Nova Civitas Glewe.* Dieser Zusatz wird nach 1300 weggelassen und tritt erst 1926 wieder auf.

Neustadt in Holstein, Hafenstadt an der Lübecker Bucht, SH, wurde 1226 von Graf Adolf IV. von Holstein als Ersatz für das ungünstig gelegene Altenkrempe (s. u.) gegründet und erhielt 1244 lübisches Stadtrecht. Seehandel, Fischerei und Schiffbau blühten bis ins 19. Jh., doch blieb Lübeck im Wettbewerb stärker. Der Name *Neustadt* hat sich hier aus älteren Benennungen entwickelt: 1314 *in der Nygenstat to dher Crempen,* 1259 *Noua Crempe,* 1226 *de nighe stad by der Crempen.* Der Begriff ›neue Stadt‹ wurde betont im Gegensatz zu dem 1195 gegründeten Kirchdorf **Altenkrempe** (1222 *Crempa,* 1197 *Crempene*). Beide Orte waren urspr. nach dem Flüßchen *Crempe,* 12. Jh. *Crempine* benannt, das heute **Kremper Au** heißt. Dieser Flußname (aus apolab. *Krąpina*?) ist ungedeutet. Nicht verwandt ist die Kremper Au bei Glückstadt (→Krempe).

Neustadt (Orla), Stadt im östlichen Thüringen, entstand um 1250 als planmäßige Gründung der Herren von Lobdeburg-Arnshaugk an einem Orlaübergang der Straße von Gera nach Saalfeld und kam 1290/1300 an die Wettiner; Stadtrecht vor 1287. Dem lat. Namen 1287 *Nova Civitas* entspricht 1291 *Nuenstat,* 1331 *bi der Nuwenstad,* mit mitteld. *-au-* aus *-u-* 1480 *Nawenstad an der Orla,* 1493

Nawstat, mit hochd. *-eu-* zuerst 1521 *Newstat an der Orle.* Zum Gebrauch des Artikels → Neustadt a. d. Aisch.

Neustadt (Sachsen), Stadt im Lausitzer Gebirge, SAC, wurde nach 1300 als Bergbaustadt im Rodungsgebiet gegründet; Marktrecht 1333. Der Name erscheint mehrfach mit dem Artikel (vgl. → Neustadt a. d. Aisch): 1333 *zuo der Nuwenstad,* 1413 *Nuestad,* 1423 *uff der Newenstat,* 1437 *bei der Nawinstad,* 1446 *Nawstad,* 1483 *Newstad* (zu den Vokalen vgl. → Neustadt (Orla).

Neustrelitz, Stadt auf der Mecklenburgischen Seenplatte, MV, entstand aus einem slawischen, später deutschen Dorf im Schutz einer Burg der Markgrafen von Brandenburg, kam 1329 an Mecklenburg und erhielt 1349 Stadtrecht. 1701 wurde die Stadt *Strelitz* Residenz des neuen Herzogtums **Mecklenburg-Strelitz.** Nach einem Brand des Schlosses wurde das benachbarte Jagdhaus Glienecke 1726 bis 1731 zum Residenzschloß umgebaut, und 1733 ließ Herzog Adolf Friedrich III. um das Schloß eine Stadt in achtstrahliger Sternform anlegen, die den Namen *Neustrelitz* erhielt. 1932 wurden beide Städte unter dem Namen *Neustrelitz* vereinigt. Der alte Name 1824 *Altstrelitz,* 1329 *Streliz,* 1278 *Strelitz* wird zurückgeführt auf apolab. **Strěl'ci* ›bei den Schützen‹ (zu aslaw. *strěla* ›Pfeil‹).

Neu-Ulm, Nachbarstadt von Ulm am rechten Donauufer, BY, entstand 1810–1812 als Folge der Grenzregelung zwischen Württemberg und Baden, die die Gemarkung der ehemaligen Reichsstadt → Ulm entlang dem Donaulauf zerschnitt. Der neu gebildete Ort *auf dem rechten Donauufer* wurde 1812 *Ulm diesseits,* 1813 *Neuulm* und ab 1. April 1814 endgültig *Neu-Ulm* genannt. In den Bau der Bundesfestung Ulm (1844–1857) wurde Neu-Ulm als Brückenkopf einbezogen, erhielt aber 1869 eigenes Stadtrecht.

Neuwied, Stadt an der Mündung der Wied in den Mittelrhein, RP, entstand 1653 als planmäßige Neugründung bei dem um 1648 erbauten Schloß des Grafen Friedrich III. von Wied auf dem Boden der Wüstung *Langendorf* (1162 *Langendorph,* benannt nach seiner Lage auf einem länglichen Rücken im Hochwasserbereich des Rheins) und wurde von Glaubensflüchtlingen aller Konfessionen besiedelt. Den Namen 1653 *Newen Wiedt* erhielt die neue Residenz zur Unterscheidung von der 8 km oberhalb gelegenen alten Burg *Wied (Altwied);* → Wied.

Nidda, die, rechter Nebenfluß des Mains in der → Wetterau, HE, entspringt am Vogelsberg, mündet unterhalb von Frankfurt; 817 *Nita,* 800 *Nidda,* 782 *Nitta.* Dazu die Namen der römischen Siedlung *Nida* bei Heddernheim (2. Jh. n. Chr., jetzt zu Frankfurt) und der damit nicht identischen Stadt **Nidda** am Oberlauf (1036 *in Nide;* im 12.–15. Jh. Hauptort der gleichnamigen Grafschaft). Eine junge Gründung ist die Stadt **Niddatal** (1970 durch Zusammenschluß von drei Dörfern entstanden). Der Name *Nidda* geht mit verwandten Flußnamen (z. B. die **Nied,** links zur Saar, 1018 *Nita,* 1121 *Neda,* die **Nethe** in Belgien, 726 *Hnita*) auf ein alteuropäisches Wasserwort **Nida* zurück, das zu idg. **neid-/*nid-* ›fließen‹ gehört (vgl. aind. *nédati* ›strömt über, schäumt über‹ und den altpreußischen Flußnamen **Neide** (l. zur Soldau; 1343 *Nyda*). Ein linker Nebenfluß der Nidda ist die **Nidder** (1016 *Nitorn* < **Nidurna,* einer Weiterbildung zu **Nida*).

Nidda; Niddatal; Nidder, die, l. zur Nidda, → Nidda, die.

Niebüll, Stadt in Nordfriesland, SH, entstand wohl im 15. Jh. und war 1920–1970 Verwaltungssitz des nach der Abtretung von Nordschleswig an Dänemark gebildeten Kreises Südtondern (jetzt Kreis Nordfriesland); Stadtrecht 1960. Der Name 1509 *Nybul,* 1462 *Nigebul* enthält mnd. *nie, nige* ›neu‹ und das Ortsnamengrundwort niederd. **-büll,** nordfries. *-bel, -böl,* dän. -bøl[le], das mit einem *-ja-*Suffix von adän. *bol* ›Wohnung, Wohnstätte, Siedlung‹ abgeleitet ist. Die ON auf *-büll* sind bes. in Nordfriesland verbreitet. Genannt seien hier noch der Hafenort **Dagebüll,** 15. Jh. *Dagebull,* eigtl. ›Siedlung des Dago‹, und der Hof **Seebüll** (Sitz des Noldemuseums), eigtl. ›Siedlung am See‹.

Nied, die, l. zur Saar, → Nidda, die.

Niederaußem bei Köln → Euskirchen.

Niederfinow → Eberswalde-Finow.

Niederfrohne → Limbach-Oberfrohna.

Niedergandern → Gandersheim, Bad.

Niederkassel → Kassel.

Niederlahnstein → Lahnstein.

Niederlausitz, die, → Lausitz.

Niedernberg → Obernburg a. Main.

Niederolm → Ulm.

Niedersachsen, Land der Bundesrepublik Deutschland im NW des Bundesgebiets, entstand 1946 durch Vereinigung der ehemaligen preußischen Provinz Hannover mit ihren Nachbarländern Braunschweig, Oldenburg und Schaumburg-Lippe. Nur die Hansestädte Hamburg und Bremen blieben selbständig. Dieser Zusammenschluß hatte sich im 19. Jh. bereits angebahnt, als bei der Neuordnung Deutschlands nach Napoleons Sturz Hannover im Jahr 1814 zum Königreich erhoben und territorial vergrößert wurde (Angliederung Ostfrieslands und des Emslandes und der ehemals geistlichen Gebiete von Hildesheim und Osnabrück). Doch hatte man damals vor allem dynastische Ziele verfolgt. Ein niedersächsisches Bewußtsein, ein politisch-kultureller Gesamtbegriff des nordwestdeutschen Raumes war erst im Entstehen. Auch die weitere Entwicklung, die 1866 zur Annexion Hannovers durch Preußen führte, zum Norddeutschen Bund und zur Gründung des Deutschen Reiches von 1871, vollzog sich scheinbar im Rahmen der herkömmlichen deutschen Territorialgeschichte, allerdings unter wachsender kritischer Anteilnahme der Bevölkerung und der öffentlichen Meinung. So wuchs auch die Vorstellung von Niedersachsen über die von Hannover hinaus, und die Entscheidung für den neuen Landesnamen im Jahr 1946 war ein Bekenntnis zum gemeinsamen niederdeutschen Erbe in Nordwestdeutschland. Zu bemerken ist noch, daß der Name N. zuerst im 14. Jh. erscheint. Er bezeichnet damals das alte Sachsenland im Unterschied zum meißnischen Sachsen: Mnd. *Nēdersassen* steht neben älterem *sassenlant, dat lant to Sassen.* Aus dieser im Anfang nur geographischen Funktion hat der Name seinen heutigen Sinngehalt entwickelt; vgl. auch den Artikel → Sachsen.

Niederwildungen → Wildungen, Bad.

Nienburg (Saale) → Nienburg (Weser).

Nienburg (Weser), Stadt nw. von Hannover, NDS, entstand wohl Anfang des 11. Jh.s als befestigter Platz am Weserübergang der Mindener Heerstraße und gehörte 1215–1582 den Grafen von Hoya, danach den Welfen; Stadtrecht vor 1235. Der Name 1125 *Nienburch,* 1055 *Nigenburg,* 1029 *Nianburg* bedeutet ›(zur) neuen Burg‹ (mnd. *nie, nige* ›neu‹). Den gleichen Namen hat z. B. **Nienburg (Saale),** SAN, das im 10. Jh. als deutsche Burg und Mittelpunkt eines Burgwards an der Bodemündung entstand und 975 Sitz eines Reichsklosters an der damaligen Slawengrenze wurde; Stadtrecht um 1233; die Stadt heißt 1357 *Monkenyenborch* ›N. der Mönche‹, 12. Jh. *Nienburh, Nigenburh,* 961 *Nianburg.*

Niers, die, rechter Nebenfluß der Maas, entspringt w. von Grevenbroich, mündet als niederl. *Neers* bei Gennep. Die Belege 855, 866 *Nersa* und die röm. Inschrift *Matronis... Nersihenis* ›den Muttergottheiten der Niers‹ weisen auf einen vorgerm. Gewässernamen, der nicht sicher erklärt ist.

Niesky ['ni:ski] (sorb. Nizka), Stadt in der Oberlausitz, nw. von Görlitz, SAC, entstand seit 1742 auf der Flur des Ritterguts Trebus als Ansiedlung böhmischer Glaubensflüchtlinge und wurde im 18./19. Jh. ein bedeutendes Zentrum der Herrnhuter Brüdergemeine; Stadtrecht 1935. Der Name 1791 *Nißky,* 1768 *Nisky* gehört als Stellenbez. zu tschech. *nízký* ›niedrig gelegen‹.

Nimwegen (Niederlande) → Speyer.

Nitz, die, r. zur Nette, → Nette, die.

Nohfelden → Nahe, die.

Norden, Stadt in Ostfriesland, NDS, entstand als Hauptort des jetzigen **Norderlandes** (im 9. Jh. Gau *Nordwidu,* auch *Norditi, Nordedi,* eigtl. ›Nordwald‹, zu asächs. *widu* ›Holz, Wald‹); Stadtrecht um 1535, vom 14. bis 16. Jh. wichtiger Seehafen, später verlandet. Der Name 1408 *Norden,* 1255 lat. *Norda* ist wohl verkürzt aus 9. Jh. *Nordhunnwig* (zu asächs. *norðan*

›von, im Norden‹ und asächs. *wīk,* afries. *wīc* ›Wohnstätte, Siedlung‹; →Bardowick).

Nordenham, Stadt w. von Bremerhaven an der Unterweser, NDS, entstand seit 1857 aus einer Hafenanlage (Viehexport, Petroleumschlag) auf dem Nordenhamer Groden, dem Deichvorland am linken Ufer, und erhielt 1908 Stadtrecht. Der Name 1890 *N.,* 1745 *Nordenhamm* (zu niederd. *Hamm,* mnd. *ham,* fries. *hem* ›mit Gräben umfriedetes Weideland‹) bezeichnete urspr. eines von drei Gütern auf den eingedeichten Sänden der Gemeinde **Atens,** die zuerst 1312 als *Atens,* fries. *Attindse* (aus **Attinge,* zum PN *Atto;* →Esens) genannt wird.

Norderland, das, →Norden.

Norderney [...'naɪ], ostfries. Insel zwischen Juist und Langeoog, NDS, urspr. der östliche Teil (1398 *O[e]sterende*) der im 14. Jh. in zwei Teile zerrissenen Insel Buise, deren Westteil im 17. Jh. unterging. Ende des 18. Jh.s wurde N. Seebad, 1819 hannoversches Staatsbad. Der Name *N.,* 1616 latinisiert *Norderneya* ist eine fries. Mundartform, in der fries. *ey* ›Insel‹ für gleichbed. mnd. *ō, oie, ōch* steht (→Langeoog; vgl. nhd. *Eiland* ›Insel‹, das über das Mnd. auf gleichbed. afries. *eiland* zurückgeht). N. heißt um 1500 *Norderoog,* 1515 *Norderney Oog* (wobei fries. *ey* durch nd. *oog* verdeutlicht wurde). Der erste Bestandteil *Norder-* bezieht sich wohl auf die Zugehörigkeit der Insel zum *Norderland,* der Landschaft um →Norden.

Norderstedt, Stadt im nördlichen Vorortbereich von Hamburg, SH, wurde 1970 durch Vereinigung mehrerer Gemeinden als Stadt gebildet und nach ihrer Lage am Nordrand von Hamburg *Norderstedt* genannt. Der Stadtteil **Garstedt,** 1464/65 *Gharstede* ist vermutlich mit mnd. *gāre* ›Düngung, Triebkraft (des Bodens)‹ gebildet, sein GW mnd. *-stede* ›Wohnstätte, Siedlung‹ wurde in den Namen N. übernommen.

Nordhausen, Stadt am Westrand der Goldenen Aue, TH, entstand aus mehreren Siedlungskernen im Kreuzungsbereich alter Straßen bei einem karolingischen Königshof (später Burg Heinrichs I.) und war 1220–1802 freie Reichsstadt. Der Name 1105 *Northuson,* 964 *Northusun,* 929 *Nordhusa* bedeutet ›das nordwärts gelegene Hausen‹ (→-hausen). 5 km südlich entspricht **Sundhausen** a. d. Helme, 983 *Sunthuson* (zu ahd. *sund* ›Süd‹).

Nordhorn, Stadt im Emsland, NDS, entstand auf einer im 14. Jh. erbauten künstlichen Insel in der Vechte neben einer Wasserburg der Grafen von →Bentheim; Stadtrecht 1379. Die Grafen waren 1319 mit dem bischöflichen Gogericht in dem gleichnamigen Dorf auf dem rechten Ufer belehnt worden (jetzt Stadtteil *Altendorf*) und übertrugen dessen Namen auf die Siedlung im Flußtal. 1341 *Nordehorne* geht zurück auf 1184 *Northorne,* 890 *in Norhthornon.* Der Name enthält ahd. *nord,* asächs. *north* ›Norden‹ und ahd., asächs. *horn* in der Bed. ›Ecke, Landspitze‹; er könnte urspr. die Gerichtsstätte bezeichnet haben.

Nördlingen, Stadt im Ries, BY, entstand als alemannisches Dorf auf altbesiedeltem Boden am Platz einer römischen Zivilsiedlung des 2. Jh.s. Im 13. Jh. wurde es freie Reichsstadt und entwickelte sich zu einer bedeutenden Messestadt, die als Mitglied des Schwäbischen Städtebundes auch politischen Einfluß hatte. 1803 kam N. an Bayern. Der Name 1344 *Nördlingen,* 1240 *Noerdelingen,* 898 *Nordilinga in pago Retiensi* (= im Riesgau), 750/802 *Nordilingin* bezieht sich nicht auf die Himmelsrichtung, sondern ist als Ableitung auf →-ingen von einem altdeutschen PN **Nordilo* zu verstehen.

Nordlohne →Lohne (Oldenburg).

Nordmarsch →Nordmarsch-Langeneß.

Nordmarsch-Langeneß, größte der Halligen vor der Westküste Schleswigs, SH. Die langgestreckte Insel ist aus zwei Teilen zusammengewachsen, ihr Westende bildet **Nordmarsch,** 1509 *Nortmersk,* 15. Jh. *Nordermarsch,* d. h. ›die nördlich gelegene Marsch‹. Der Hauptteil **Langeneß,** 1488 *vppe deme Langeneße* heißt nach seiner Gestalt ›auf dem langen Vorsprung‹ (mnd. *nesse* ›Vorgebirge, Halbinsel‹, eine Nebenform von mnd. *nēse* ›Nase‹, das auch im Namen des Hamburger Stadtteils **Blankenese,** eigtl. ›weiße

[Berg]nase‹, erscheint. Vgl. auch den Artikel → Hooge.

Nordrhein-Westfalen, Land der Bundesrepublik Deutschland im W des Bundesgebiets, entstand im Juli und August 1946 unter Besatzungsrecht durch den Zusammenschluß der ehemaligen preußischen Provinz Westfalen mit dem Nordteil der ehemaligen Rheinprovinz. Dieser war von der britischen Militärregierung am 20. 6. 1945 aus den Regierungsbezirken Aachen, Düsseldorf und Köln als *Provinz Nordrhein* gebildet worden, während die südlichen Regierungsbezirke Koblenz und Trier Teile der französischen Besatzungszone wurden (→ Rheinland-Pfalz). Wirtschaftliches und politisches Zentrum des neuen Landes wurden das Ruhrgebiet und die Landeshauptstadt Düsseldorf. Der Name *Nordrhein* ist also als Kurzform für *Nordrheinprovinz* oder für die Fügung *nördliche Rheinprovinz* anzusehen. Er blieb auch weiterhin für den Landesteil *Nordrhein* üblich, doch kam auch der alte Name *Rheinland* wieder zu amtlicher Geltung, als 1953 die beiden Landschaftsverbände *Westfalen-Lippe* und *Rheinland* konstituiert wurden.

Nordstrand, nordfriesische Insel im Wattenmeer w. von Husum, SH. Eine große Insel erstreckte sich im Mittelalter von Pellworm bis Husum n. von Eiderstedt, sie hatte Verbindung mit dem Festland und umfaßte 22 Kirchspiele. Sie wurde *Strand* genannt (1198 und 1229 *de Strand,* zu mnd., mnl. *strant* ›flaches Meeresufer‹, hier: ›Land an der Küste‹). Nach 1427 hieß sie *Nordstrand* (in der Blickrichtung von Eiderstedt her). Eine große Sturmflut zerstörte 1362 die Insel, eine zweite kam 1634, dann aber wurden im 17. bis 19. Jh. durch neue Eindeichungen die Insel → Pellworm und das heutige N. wiederaufgebaut. Zu N. gehört noch die Hallig **Nordstrandischmoor,** 1634 *de Hoghe Moer* (= das hohe Moor), 1652 *Wöste* (= wüstes) *moer,* nfries. *Letj-Muur* (= kleines Moor) genannt.

Nordstrandischmoor → Nordstrand.

Northeim Stadt im Leinetal n. von Göttingen, NDS, entstand um einen fränkischen Hof am Rhumeübergang, wurde um 1000 Stammsitz der Grafen von N. und kam 1144 an Heinrich den Löwen; Stadtrecht 1252, bis 1556 Hansestadt. Der Name 1241 *Northem,* 1002 *Northeim* (zu asächs. *norð* ›im Norden, nordwärts‹) bezeichnete die Lage der fränkischen Siedlung im Verhältnis zu den Nachbardörfern **Sudheim** (4 km südlich, 1015/36 *Suthem,* zu asächs. *suð* ›im Süden‹) und dem um 1700 wüst gewordenen **Medenheim** (in der Mitte gelegen, um 800 *Metten-,* 982 *Medenheim,* zu ostfäl. *mede* für asächs. *middi* ›in der Mitte‹). → -heim.

Nümbrecht → Gummersbach.

Nürburg; Nürburgring → Adenau.

Nürnberg, Stadt an der Pegnitz in Mittelfranken, BY, entstand bei einer königlichen Burg der Salierzeit, deren Errichtung wohl durch das Zusammentreffen mehrerer wichtiger Fernhandelsstraßen an dieser Stelle veranlaßt war. Zwischen der Burg und dem rechten Pegnitzufer entwickelte sich im 11. Jh. um die Sebalduskirche die nördliche Stadthälfte, ihr folgte im 12. Jh. die planmäßige Erweiterung am linken Ufer um St. Lorenz. Friedrich Barbarossa baute die Burg als Kaiserpfalz aus. Anfang des 13. Jh.s war N. ein Mittelpunkt der Verwaltung des Reichsguts, und 1424–1796 hütete es in seinen Mauern die Reichskleinodien. 1525 wurde die Reformation eingeführt. In ständiger Auseinandersetzung mit den vom Reich eingesetzten Burggrafen hat sich N. zur freien Reichsstadt entwickelt. 1806 kam es zu Bayern. Burggrafen waren seit 1191 die Hohenzollern gewesen, sie wurden nach 1417 Markgrafen von → Brandenburg bzw. Markgrafen von → Ansbach und → Bayreuth. – Der Name 1420/22 *Nürnberg,* 1356 *Nurenberch,* 1142 *Nurinberch,* 1112 *Nuorenberc* geht zurück auf 1050 *Norenberc.* Seine Deutung ist umstritten. Man hat ihn zu mhd. *knorre* ›hervorstehender Knochen‹, *knūr* ›Fels, Klippe‹ bzw. zu mitteld. mundartlich *Nörr, Nürn* ›Fels‹ gestellt und als ›Felsberg‹ gedeutet. Der Name *Nürnberg* würde damit dem der *Nürburg* bei → Adenau in der Eifel entsprechen, die 943 als *Nore mons* bezeugt ist. Vgl. → -berg/-burg.

Nürtingen, Stadt am Neckar, im Vorland der Schwäbischen Alb, BWÜ, entstand als frühe alemannische Siedlung und wurde um 1260 württembergisch; Stadtrecht um 1300. Im 18. Jh. war N. besonders durch seine Lateinschule bekannt, 1783 wurde hier die erste Realschule Württembergs gegründet. Der Name 16. Jh. *Nürtingen, Nurtingen, Nirtingen,* 13. Jh. *Niurtingen, Niwirtingen,* 1158 *Niordinge,* 1046 *Nivritingen* führt auf einen zweigliedrigen PN **Niuwi-rīt* zurück.

O

Oberabtsteinach → Neckarsteinach.

Oberạmmergau, Pfarrdorf an der Ammer, im Ammergebirge, BY, kam mit dem Ammergau 1179 aus dem Besitz der Welfen an das Kloster Kempten. Die Lage an der im Mittelalter noch viel benutzten Römerstraße Augsburg–Venedig brachte dem Ort große Vorteile (1322 Stapelrecht für transportierte Waren). Seit 1634 werden alle zehn Jahre die Passionsspiele aufgeführt. Der Name 1832 *Oberammergau,* 1431 *in dem obern Ammerga,* 1405 *gem oberdarff im Ammergåw,* 1279/84 *Obernambergewe* steht neben 1679 *Ammergau,* 1315 *Ampergaew,* um 1150 *Ambergov.* Schon früh erscheinen hier beide Formen des Flußnamens → *Ammer/Amper.* Auch die Differenzierung gegenüber dem Dorf **Unterammergau** ist alt. Die Formen zeigen aber auch, daß die Nennung des Gaues für beide Dörfer wichtiger war als ein spezieller Dorfname.

Oberaußem bei Köln → Euskirchen.

Obere Argen, die, l. zur Argen, → Argen, die.

Obereip → Eitorf.

Oberfrohna → Limbach-Oberfrohna.

Obergünzburg → Günzburg.

Oberhausen, Stadt im westlichen Ruhrgebiet, NRW, entstand 1862 durch den Zusammenschluß von 7 Bauerschaften im werdenden Industriegebiet (Zechen, Gutehoffnungshütte) um die Bahnstation O., die 1847 nach dem Schloß O. an der Emscher benannt worden war. Stadtrecht 1874. Der Name, 1791 *Overhausen, Overhaus,* 1443 *dat Averhus,* 1392 *overhuys* ›höher gelegenes Haus‹ bezeichnete urspr. eine Wasserburg an der Emscher, die den wichtigen Flußübergang sicherte und nach 1791 abgerissen und durch ein 200 m unterhalb erbautes Schloß ersetzt wurde. → -hausen.

Oberkassel → Kassel.

Oberlahnstein → Lahnstein.

Oberlausitz, die, → Lausitz.

Obernburg a. Main, Stadt in Unterfranken, BY, entstand auf dem Boden eines römischen Grenzkastells des 1. u. 2. Jh.s n. Chr. am linken Mainufer gegenüber der Mündung des Spessartflüßchens **Elsava** (1248 *Elsaffe;* → -apa); seit dem 12. Jh. mainzisch (Stadtrecht 1313/17), 1816 an Bayern. Der Name 1317 *Obernburg,* 1183 *Ouerenburch* ›in der oberen Burg‹ bezieht sich auf die im frühen Mittelalter wohl noch sichtbaren Reste des Römerkastells, er steht im Gegensatz zum Namen der ›niederen Burg‹, 1095 *Niderenburc,* jetzt das Dorf **Niedernberg** 8 km mainabwärts, wo ebenfalls ein Römerkastell lag. → -berg/-burg.

Obernkịrchen, Stadt ö. von Bückeburg, NDS, entstand bei einem um 1167 gegründeten Augustinerinnenkloster des Bischofs von Minden. Der Name 1181 *Overenkirken,* 1182 *Overenkierken* ›bei der oberen Kirche‹ bezeichnete die erhöhte Lage des Klosters über der Kirche und dem Gogerichtsplatz von **Vehlen** (1055 *Velden,* zu ahd., asächs. *feld* ›unbewaldete Fläche‹). Über O. lag die alte → Bückeburg.

Oberolm → Ulm.

Oberpfalz, die, Regierungsbezirk des Landes Bayern mit der Hauptstadt → Regensburg. Die heutige O. entspricht etwa dem gleichnamigen historischen Gebiet, das 1329–1623 von der kurpfälzischen Linie der Wittelsbacher regiert wurde und dann an Bayern zurückfiel. Es umfaßte einen großen Teil des alten bayerischen Nordgaus links der Donau. Residenz dieser historischen O. war → Amberg, das als zweite kurpfälzische Hauptstadt (neben Heidelberg) Sitz des jeweiligen Kurprinzen war. Im 14. Jh. wurde das Gebiet als *Oberes Fürstentum* bezeichnet, erst seit Anfang des 16. Jh.s heißt es *Oberpfalz.* Der Name war geographisch gemeint, die Pfalz am Rhein wurde damals gelegentlich als *Untere* oder *Niedere Pfalz* oder als *Unterpfalz* bezeichnet.

Oberreichenbach → Reichenbach (Vogtland).

Obersee, der, → Bodensee.

Oberstdorf, Markt im oberen Allgäu, BY, entstand wohl in karolingischer Zeit und war seit dem 10. Jh. Pfarrei des Bistums Augsburg; Marktrecht 1495. Seit 1870 entwickelte sich O. zum Höhenkurort und Wintersportplatz. Der Name 1832 *Oberstdorf, Oberstendorf.* 1495 *Obersdorf im Algew,* 1350 *Obrostdorf,* 1141 *Obersdorff* ist mit mhd. *oberst* ›höchst‹, dem Superlativ von *ober,* gebildet, er bezeichnet den Ort als ›zu oberst gelegenes Dorf‹ im Illertal.

Oberstein → Idar-Oberstein.

Oberviechtach → Viechtach.

Oberwesel, Stadt am linken Ufer des Mittelrheins, RP, entstand aus einer Station an der römischen Rheintalstraße und war um 800 Mittelpunkt eines königlichen Fiskus, später Reichsstadt, aber seit 1312 an Kurtrier verpfändet. Der Name 1180 *Wesele,* 992 *Wesila,* 820 *Wasalia* geht zurück auf lat. *Vosolvia* (4. Jh.), einen ungeklärten keltischen Namen, der wahrscheinlich die keltische Vorsilbe *vo-* ›unten an etwas‹ enthält. Der amtliche Zusatz *Ober-* erscheint erst seit dem 14. Jh. zur Unterscheidung von → Wesel am Niederrhein, z. B 1532 *Oberwesell,* 1646 *Wesel zugenannt Oberwesel.* Unter den Einheimischen gilt bis heute nur *Wesel.*

Oberwinter → Königswinter.

Ochsenfurt, Stadt am Main oberhalb von Würzburg, BY, entstand am linken Ufer gegenüber einem im 8. Jh. von Bonifatius gegründeten Benediktinerinnenkloster (Theklakloster) und wurde nach 1150 zur Stadt ausgebaut. Die alte Mainfurt wurde im 13. Jh. durch eine Brücke ergänzt, die 1512 als Steinbrücke neu erbaut wurde. O. gehörte zum Tafelgut der Bischöfe von Würzburg, kam aber 1295 in den Besitz des Würzburger Domkapitels. 1802 wurde es bayerisch. Der Name um 1550 *Statt Ochsenfurt,* 1390 *Grossen Ochsenfürt,* 1297 *Ohsenvuord superior,* 1288 *Ohsenvurd* benennt den Ort nach der ›für Ochsen begehbaren Furt‹. Mit den zeitweilig verwendeten Beifügungen *groß* und *superior* wurde O. von dem gegenüberliegenden Dorf **Kleinochsenfurt,** 11. Jh. *Ohsnofurt,* unterschieden. Vgl. den Artikel → Schweinfurt.

Ochtrup, Stadt im nordwestlichen Münsterland, NRW, entstand bei einem Hof des Stiftes St. Mauritz vor Münster an einer Straßenkreuzung, wurde 1593 befestigt und 1696 zur Stadt erhoben (erneut 1949). Der Name 1298 *Ochtrup* ist durch Angleichung an die ON auf *-trup* (→ dorf) entstanden aus 1184 *Ochtepe,* um 1150 *Ühtepe.* Dies ist eigentlich ein mit → *-apa* gebildeter Gewässername und wird zu ahd., asächs. *ūhta* ›Morgenfrühe‹ gestellt und als ›gegen Morgen (= Osten) fließendes Gewässer‹ gedeutet.

Odenwald, der, Bergland zwischen Oberrhein, Main, Bauland und Kraichgau, zur Römerzeit durch den Limes in die obergermanische Provinz einbezogen, aber erst im Mittelalter allmählich erschlossen. Der Name 815 *Odonewalt,* 970 *Otenwald,* 1016 *in heremo* (= in der Einöde) *Odenwalt* ist nicht sicher gedeutet.

Oder, die (poln., tschech. *Odra*), Strom, der im Odergebirge der Ostsudeten (Tschechische Republik) entspringt und im Stettiner Haff mündet (Mündungsarme zur Ostsee: Peene, Swine, Dievenow). Seit 1945 war die Oder von der Mündung der → Lausitzer Neiße bis Swinemünde Grenzfluß zwischen der DDR und Polen und bezeichnet so noch heute die deutsch-polnische Grenze. Der Name 983 *Odera,* um 968 *Adora,* 892 *Odagra* geht zurück auf eine alteuropäische Bildung zu idg. **ad-ro-* ›Wasserlauf‹ (vgl. den Artikel → Eder), wobei *Ad-* zu *Od-* slawisiert wurde.

Oelsnitz (Erzgebirge), Stadt ö. von Zwickau, SAC, entstand vor 1200 an dem gleichnamigen Bach als deutsches Bauerndorf mit Herrensitz, wuchs seit 1843 durch den Steinkohlenbergbau im Revier Lugau-Oe. und erhielt 1923 Stadtrecht. Der Name 1438 *Olsnicz,* 1386 *Olzenicz,* 1219 *de Olsniz* wird erst seit Ende des 16. Jh.s mit Umlaut geschrieben, er entspricht dem Bachnamen asorb. *Olešnica* ›Erlenbach‹ (zu asorb. *ol'ša* ›Erle‹). Gleicher Herkunft ist der Name von **Oelsnitz (Vogtland)** an der Weißen Elster sö. von Plauen, SAC, das als deutsches Rodungsdorf bei einer slawischen Siedlung unter der um 1240 erbauten Burg **Voigtsberg** (*oi* = *ǫ*) der Vögte von Straßberg entstand und im 14. Jh. Stadt wurde. Es ist bezeugt als 1791 *Oelßnitz,* 1410 *Oelznitz,* 1378 *in Olsenicz* und 1200 *Olsnitz.*

Oelsnitz (Vogtland) → Oelsnitz (Erzgebirge).

Oetwil am See (Kanton Zürich) → Ottweiler.

Oeynhausen (zu Nieheim) → Oeynhausen, Bad.

Oeynhausen ['ø:n...], **Bad,** Stadt sw. von Minden, NRW, entstand bei einer 1751 errichteten staatlichen Saline *Neusalzwerk,* wo der preuß. Oberbergrat Karl Freiherr von Oeynhausen 1839 Heilquellen entdeckte. Ihm zu Ehren erhielt das neue Bad 1847 den Namen *Oeynhausen;* es wurde 1860 Stadt. Die Freiherren v. Oe. stammen aus dem Dorf **Oeynhausen** w. von Höxter (jetzt zu Nieheim; 1036 *Ogenhusen,* 11. Jh. *Aginhuson,* zum alten deutschen PN *Ago*). Die Beziehung zwischen den beiden ON ist also nur mittelbar.

Offenbach am Main, östliche Nachbarstadt von Frankfurt am Main, HE, gehörte im 10. Jh. zum Reichsforst → Dreieich und kam 1418 an die Herren (Grafen) von Isenburg, deren Residenz es 1556–1816 war. Um 1600 kamen wallonische und niederländische Reformierte, um 1700 französische Hugenotten in den Ort, die eine Textil- und Schmuckindustrie aufbauten. Seit dem 19. Jh. ist O. vor allem Standort der deutschen Lederindustrie (Deutsches Ledermuseum). Der Name 1485 *Uffenbach,* 1439 *Offenbach,* 1219, 977 *Ovenbach* enthält den Genitiv der alten deutschen PN *Ovo* oder *Offo.* Gleicher Herkunft sind z. B. die Namen von **Offenbach am Glan,** RP, 1259 *Uffinbach,* 1128 *Ouenbach,* und **Offenbach an der Queich,** RP, 763 *Offenbaci;* vgl. den Artikel → -bach.

Offenburg, Stadt an der Kinzig (r. zum Oberrhein), BWÜ, entstand an einer 1148 zuerst genannten zähringischen Burg, die den Austritt des Flusses aus dem Schwarzwald deckte. 1235 erhob Kaiser Friedrich II. O. zur Reichsstadt. Nach mehreren Verpfändungen kam die Stadt aber 1550 und nochmals 1771 zu Österreich. 1803 fiel O. an Baden. Der Name um 1388 *Offenburg,* 1237/1254 *Uffunburc,* um 1101 *Offinburc* enthält den Genitiv des PN *Offo,* bedeutet also ›Burg des Offo‹.

Ohm, die, linker Nebenfluß der Lahn, HE, entspringt am Vogelsberg, mündet n. von Marburg. 1553 *Ohme,* 1485 *Ome* ist verkürzt aus 1280 *Amene,* 8. Jh. *flumen* (= der Fluß) *Amana.* Der vorgermanische Flußname wird als alteuropäische Bildung zur idg. Wurzel **am-* ›Wassergraben, Flußbett‹ gestellt, vgl. den Artikel → Ems, die (zum Dollart). Das Suffix *-ana* erscheint auch in den Flußnamen → Lahn, → Eder, → Schwalm. Beachte auch den Artikel → Amöneburg.

Ohra, die, r. zur Apfelstaedt zur Gera; **Ohrdorf; Ohrdruf** → Ohre, die.

Ohre, die, linker Nebenfluß der Elbe, entspringt bei **Ohrdorf** (11. Jh. *Ordorp*) sw. von Wittingen, NDS, mündet n. von Wolmirstedt, SAN. 968 *Hora,* 9. Jh. *Ora* (neben 11. Jh. *Ara* und slaw. *Ure,* → Wolmirstedt) geht wohl mit verwandten alteuropäischen Flußnamen in Frankreich, Norwegen und dem Baltikum auf eine *r*-Bildung **Aura* zu idg. **av-,* **au-* ›Quelle, Flußlauf‹ zurück, vgl. aisl. *aurr* ›Wasser, Nässe, Kot‹. Den gleichen Namen hat die **Ohra** r. zur Apfelstaedt zur Gera, TH, 1378 *Ora,* 1276 *Hora,* mit der Stadt **Ohrdruf,** 1590 *Ohrdruffe,* 8. Jh. *Orthorp* (→ -dorf); vgl. ferner die *Ohrn,* 795 *Oorona,* unter → Öhringen.

Öhringen, Stadt in der Hohenloher Ebene nö. von Heilbronn, BWÜ, entstand am Platz zweier Limeskastelle, wo die vom Neckar nach O führende Römerstraße die Ohrn (l. zum Kocher; s. u.) erreichte. Ein 1039 dort gegründetes Kollegiatstift kam um 1250 unter die Vogtei und spätere Landesherrschaft der Grafen von Hohenlohe. Der Name Ö. geht zurück auf 1630 *Oeringaw,* 1157 *Orengowe,* 1037 *Oringowe,* das eigtl. ›Land an der Ohrn‹ bedeutet (zu mhd. *gou* ›Landschaft, Gegend‹, →-gau). Der Flußname **Ohrn,** 1235 *Oren,* 795 *Oorona* aus vorgerm. **Aurana* ist mit *n*-Suffix zu **Aura* (→Ohre) gebildet; vgl. den ähnlich gebildeten Namen der **Ahrn** (r. zur Rienz zum Eisack, Südtirol), um 1070 *Orino* aus **Aurina.* – Die bei Öhringen im 2. Jh. inschriftlich bezeugte römische Siedlung *vicus Aurelius* ist vermutlich unter Anlehnung an den römischen Kaisernamen *Aurelius* ebenfalls aus dem Flußnamen **Aurana* entstanden.

Ohrn, die, l. zur Kocher, →Öhringen.

Oker, die, linker Nebenfluß der Aller, NDS, entspringt am Bruchberg im Oberharz, mündet gegenüber von Müden. Der Name *Oker* ist zusammengezogen aus 1157 *Ovekare,* 1128 *Ovakara,* 10. Jh. *Ouekara,* 888 *Ovaccra,* das als *Ov-akara* ›die obere Acker‹ (zu asächs. otan ›oben‹) zu lesen ist und sich wahrscheinlich auf den rechten Nebenfluß der Oker, die **Ecker,** bezieht (entspringt am Brocken, mündet bei Schladen). Der Flußname *Ecker* aus **Akara* wird mit entsprechenden alteuropäischen Namen zu idg. **aĝ-* ›treiben; rasch‹ gestellt; vgl. den Artikel →Eger.

Olbernhau, Stadt an der oberen Flöha im Erzgebirge, SAC, entstand Ende des 12. Jh.s als deutsches Waldhufendorf und entwickelte sich seit dem 16. Jh. zum Gewerbeort; Marktflecken um 1800, Stadtrecht 1902. Der Name 1501 *Olbirhaw,* 1497 *Olbernhaw* zeigt mdal. *o* für *a*: 1495 *Albernaw,* 1434 *Albernhaw.* Er enthält den PN *Albero* und spätmhd. →-hau ›Schlag (im Forstbetrieb), geschlagener Waldteil‹, er bedeutet also ›Rodung des Albero‹.

Oldenburg, Herzogtum →Oldenburg (Oldenburg).

Oldenburg in Holstein, Stadt in Wagrien, SH, entstand im Anschluß an eine slawische Wallburg des 9. Jh.s, die Hauptfeste der Wagrier, und wurde um 948 Sitz eines Missionsbistums. Dieses war 1002–1149 infolge des großen Slawenaufstandes suspendiert und wurde 1163 nach Lübeck verlegt. 1235 erhielt O. lübisches Stadtrecht. Der Name *Oldenburg* geht zurück auf 1163 *Aldenburch,* 1154 *Aldenburc,* 11. Jh. *civitas* (= Stadt) *Aldinburg.* Er ist aus dem Slawischen übersetzt, wie es der Chronist Helmut von Bosau im 12. Jh. bezeugt: *Est autem Aldenburg ea quae slavica lingua Starigard, hoc est antiqua civitas, dicitur* (= Es ist aber *Aldenburg* dieselbe Stadt, die in slawischer Sprache *Starigard,* d. h. ›alte Stadt‹ genannt wird; vgl. dazu den Artikel →Burg Stargard). Die heutige Namensform *Olden...* beruht wohl auf mnd. *ōlt* (flektiert *ōld...*) für asächs. *ald* und nhd. *alt;* vgl. →Oldenburg (Oldenburg).

Oldenburgische Münsterland, das, →Oldenburg (Oldenburg).

Oldenburg (Oldenburg), Stadt an der Hunte, NDS, entstand im Grenzbereich zwischen Sachsen und Friesen bei der im 11. Jh. von den Grafen des damals friesischen →Ammerlandes erbauten *Omeresburg* (›Ammersche Burg‹), die die Straße von Bremen nach Jever beherrschte. Um 1150 wurde die Burg zum ständigen Wohnsitz der Grafen, die sich nun Grafen von *Oldenburg* nannten. Damit setzte sich statt des friesischen ein sächsischer Name durch: 1108 *Aldenburg,* 1186 *Altimburg* ›(zur) alten Burg‹. Die heutige Namensform beruht auf der mittelniederdeutschen Form *Ōldenborch* (in der Stadtrechtsurkunde von 1345, vgl. →Oldenburg in Holstein und →Altenburg). Die zugehörige Grafschaft **Oldenburg** (1777 Herzogtum, 1815 bis 1918 Großherzogtum) entwickelte sich seit 1180 besonders in Auseinandersetzung mit Ostfriesland und konnte 1803 Teile des Fürstbistums Münster erwerben **(Oldenburgisches Münsterland).** Seit 1774 bzw. 1813 gehörten auch die Fürstentümer Lübeck (Eutin) und Birkenfeld zu O. 1946 wurde der Freistaat O. ein Verwaltungsbezirk des Landes Niedersachsen.

Oldenstadt →Uelzen.

Oldesloe [...lo:], **Bad,** Stadt an der Trave, w. von Lübeck, SH, entstand auf schon vorgeschichtlich besiedeltem Boden an der Mündung der Beste in die Trave und war im Mittelalter durch seine günstige Lage zwischen Hamburg und Lübeck ein wichtiger Warenumschlag-

Dienheimer Pfort. 2 S. Sebastians. 3. Teutsch hauß. 5 S. Anthoni. 4 Gawport. 6. Barfüßer Clost. 7 Rahthauß 8. S. Catrinakirch 9. das Schloß. 10. Rheinport. 11. der Zoll. 12. S. Anna Closter. 13. Spital. 14. Fischerpördein.

platz; lübisches Stadtrecht 1238. Seit dem 12. Jh. wurde in O. auch Salz gewonnen, von 1813 bis 1830 war die Stadt ein beliebtes Heilbad. Der Name *Oldesloe* geht zurück auf 12. Jh. *Adesla, Adeslo,* 1188 *Odislo,* er bedeutet ›Hain des *Odo* oder *Odi*‹, die heutige Form ist wohl durch Anlehnung an mnd. *ōlt* ›alt‹ entstanden. In Belegen wie 1163 *Tadeslo* ist die Präposition *to* ›zu, in‹ mit dem Namen verschmolzen.

Olpe, Stadt am Biggestausee (Bigge l. zur Lenne zur Ruhr) im Sauerland, NRW, entstand aus einem Hof des Erzbischofs von Köln an der Straße nach Westfalen; Stadtrecht 1311. Der Name 1280 *Olpe,* 1120 *Olepe* ist eigentlich der des **Olpebachs** r. zur Bigge, ein vordeutscher Gewässername auf →-apa.

Olpebach, der, r. zur Bigge, → Olpe.

Onolzbach, der, zur Fränkischen Rezat, → Ansbach.

Oppenheim, Stadt am Oberrhein s. von Mainz, RP; war im 8. Jh. z. T. Besitz des Klosters → Lorsch, seit 1147 aber reichsfrei. 1226 wurde O. freie Reichsstadt (die alte Reichsburg **Landskrone** erhielt diesen Namen erst im 17. Jh.); 1375 kam O. an Kurpfalz, 1816–1945 war es hessisch. Der Name 1073 *Oppenheim,* 9. Jh. *Uppenheim,* 774 *Obbenheim* gehört wohl zu dem alten deutschen PN *Oppo, Ubbo;* →-heim.

Oranienbaum → Oranienburg.

Oranienburg, Stadt an der Havel n. von Berlin, BR, entstand als slawisches Dorf *Bötzow* an einem alten Havelübergang, der um 1200 durch eine markgräfliche Burg gesichert wurde. 1650 schenkte Kurfürst Friedrich Wilhelm das Amt Bötzow seiner Gemahlin Luise Henriette, einer geborenen Prinzessin von Nassau-Oranien, die dort das Schloß O. erbaute. Dessen Name ging 1652 auf die Stadt über. Der alte Name 1350 *Bötzow,* 1216 *Bothzowe* ist wohl zu einem altpolabischen PN gebildet. Eine ähnliche Entwicklung nahm die Stadt **Oranienbaum** sö. von Dessau, SAN. Hier wurde auf der Flur des wüst gewordenen Sorbendorfes *Nischwitz* (1512 *Nichtwitz,* 1179 *Nichaize,* wohl zum altsorbischen PN *Nich*) 1644/45 ein Jagdhof der Fürsten von Anhalt-Dessau angelegt, der seit 1683 zum Schloß ausgebaut wurde und 1673 nach der Fürstin Henriette Karolina, einer geborenen Prinzessin von Oranien, den Namen *Oranienbaum* erhielt. Die beim Schloß entstandene Siedlung wurde im 18. Jh. Stadt.

Orb, Bad; Stadt im Spessart, HE, an der **Orb** (l. zur Kinzig); entstand inmitten großer Waldungen (das **Orber Reisig,** zu mhd. *rīsech* ›Gebüsch, Niederwald‹) an reichen, seit der Karolingerzeit genutzten Salzquellen. Zuerst Königsgut, seit dem 11. Jh. Besitz des Erzbistums Mainz. Der Name 1064 *Orbaha,* 1299 *Urba,* 17. Jh.

Urb, 1909 *Bad Orb* ist identisch mit dem des Baches (1059 *Orbaha*), er beruht wohl auf einem mit ahd. *aha* ›Wasser‹ verdeutlichten vordt. Gewässernamen, vgl. *Orbe* an der *Orbe* im Schweizer Kanton Waadt (< lat. *Urba*) und den *Orb* (zum Mittelmeer bei Béziers, Südfrankreich).

Orb, die, l. zur Kinzig; **Orber Reisig,** das, → Orb, Bad.

Oschatz, Stadt ö. von Leipzig, SAC, entstand um 1150 als Marktsiedlung an der Döllnitz (l. zur Elbe), in der Nähe eines altsorbischen Burgwalls, und wurde um 1200 durch eine Neumarktsiedlung der Markgrafen von Meißen erweitert; Stadtrecht vor 1250. Der Name 1350 *Oschecz, Oschacz,* 1337 *Ossacz,* 1266 *Oszetz,* 1200 *de Ozzetz* bezeichnete urspr. den slawischen Burgwall; asorb. **Osěč* bedeutet ›Verhau‹ (zu asorb. *sěkati* ›hauen‹). Das schwer sprechbare Wort ist in deutschem Munde an dt. *Schatz* angelehnt worden, vgl. die Verkleinerungsform **Oschätzchen** als Name eines etwa 30 km nw. gelegenen Ortes bei Bad Liebenwerda. Man beachte dazu auch die Übersetzung von asorb. 1207 *Ozcek* zu dt. 1224 *Hagen* im Namen von → Großenhain.

Oschätzchen → Oschatz.

Oschersleben, Stadt am Westrand der Magdeburger Börde, SAN, entstand an einem alten Übergang über die Bodeniederung und das Große Bruch, der seit dem 11. Jh. im Schutz einer Burg der Bischöfe von Halberstadt stand; um 1200 Marktgründung, Stadtrecht vor 1235. Der Name 1184 *Oscherslove,* 994 *Oscheresleuo* wurde urspr. mit *-sk-* gesprochen, was Belege wie 1215 *Oskersleve,* 1065 *Osckerslevo,* 1010 *Oskeresleuo* zeigen. Er bedeutet ›Besitz, Erbe des *Ōskēr.* Dieser PN entspricht aengl. *Ōsgār* und ahd. *Ansgēr* (zu germ. **ans-* ›Gott‹ und ahd. *gēr* ›Speer‹). Im Rahmen der ON auf → -leben könnte der PN auf aus Holstein eingewanderte Angeln hinweisen.

Osnabrụ̈ck, Stadt an der Hase, NDS, entstand im Schnittpunkt alter Fernstraßen bei einem Haseübergang (Furt mit Knüppeldamm, → -brück) und wurde von Karl dem Großen zum Bischofssitz erhoben. Die Marktsiedlung des 9. Jh.s wurde zusammen mit dem Dom nach 1100 ummauert und drei Vorstädte schon bald in den Mauerring einbezogen. 1147 wird O. Stadt genannt, es löste sich von der Herrschaft des Bischofs und trat 1264 der Hanse bei. Seit 1543 evangelisch, war die Stadt 1643–48 Schauplatz der Friedensverhandlungen mit dem Kaiser. – Der Name *Osnabrück* ist nicht sicher erklärt: 12. Jh. *Asnabruggi, Asenbruggi,* 1149 *Osenbrugge,* 8. Jh. *Osnabruggi* stehen neben Adjektivformen wie um 1084 *Osinabruggensis,* 962 *Osnabruguensis.* **Osna* könnte ein alter Name der → Hase sein, die aber sonst stets ohne ein *-n*-Suffix erscheint.

Osning, der, mittlerer Teil des Teutoburger Waldes (NDS, NRW). Der Name 12. Jh. *Asnig, Osninge,* 1002 *Osnig,* 804 *Osning* bezeichnete ohne genaue Abgrenzung das Gebirge bei Bielefeld, er ist erst in der Neuzeit durch den Namen → Teutoburger Wald zurückgedrängt worden. Seine Erklärung ist nicht gesichert, wahrscheinlich liegt eine *-ing*-Bildung zu dem Flußnamen **Osna* vor, der im ersten Glied des ON → Osnabrück vermutet wird.

Oste ['ɔstə, 'o:stə], die, linker Nebenfluß der Unterelbe, NDS, entspringt bei Tostedt, mündet bei Otterndorf. 1184 *Hostia flumen,* 12. Jh. *ad Hostam, Ostam* ist wohl eine Bildung zu ahd., asächs. *ōstan* ›Osten‹. Der Fluß galt als östlicher Grenzfluß des alten Friesland.

Ọsterburg/Ạltmark, Stadt in der nördlichen Altmark, SAN, entstand aus einer urspr. slawischen Burg als Burgward und Grafensitz; Stadtgründung um 1200 durch die Markgrafen von Brandenburg. Der Name 1151 *Osterburch,* 1196 *Osterborch* ist mit ahd., asächs. *ōstar* ›östlich, nach Osten‹ gebildet, er bezeichnete die nach Osten vorgeschobene Lage der altmärkischen Grenzburg.

Osterhọfen, Stadt nw. von Vilshofen, BY, entstand als Pfalz der Agilolfinger und wurde 788 karolingische Königspfalz. Bei einem Anfang des 11. Jh.s gegründeten Kanonikerstift entwickelte sich die Marktsiedlung O., deren Name 1378 auf eine neu gegründete Stadt überging; der ältere Ort wurde seitdem **Altenmarkt** genannt und ist jetzt Stadtteil von

O. Der Name 1110/30 *Osterhoven,* 836 *Ostrenhoua,* 833 *Ostrehoua* ist mit dem Adjektiv ahd. *ōstar* ›östlich‹ gebildet und bedeutet ›bei den östlich gelegenen Höfen‹; vgl. → -hofen.

Osterode am Harz, Stadt an der Söse (r. zur Rhume), NDS, entstand wohl im 12. Jh. als Rodungssiedlung bei einer welfischen Burg, wurde 1238 durch eine Neustadt erweitert und war 1286–1596 Residenz der welfischen Herzöge von Grubenhagen. Der Name 1136 *Osterrode,* 1152 *Hosteroth,* 1247 *Osterode,* 1252 *Osterroth* enthält ahd., asächs. *ōstar* ›östlich; nach Osten‹, er steht wohl in Beziehung zu dem von **Suterode** bei Katlenburg, 1287 *Suthrode, Suterode* (zu asächs. *suthar* ›südlich; nach Süden‹). Der Name O. wurde sehr wahrscheinlich übertragen auf **Osterode i. Ostpr.,** das kurz nach 1300 im Schutz der gleichnamigen Ordensburg am Drewenzsee durch sächsische Siedler vom Harz entstand und 1329 durch den Christburger Komtur Luther von Braunschweig Stadtrecht erhielt. Sein polnischer Name *Ostróda* ist aus dem Deutschen entlehnt worden. Vgl. auch den Artikel → -rod, -reut, -ried.

Osterode i. Ostpr. (ehem. Ostpr.) → Osterode am Harz.

Österreich → Bayern.

Osterstade → Stedingen.

Ostfalen, historische Bezeichnung für den Ostteil des Stammesgebiets der alten Sachsen (→ Sachsen), zwischen Weser und Elbe, Harz und Lüneburger Heide; 1053 *Ostvala,* 990 *Astfala pagus.* Der sächsische Teilstamm ist zuerst im 8. Jh. als *Ostfalahi* bezeugt; vgl. den Artikel → Westfalen. Seit Ende des 11. Jh.s wird der Name O. ungebräuchlich, er gehört heute vor allem der wissenschaftlichen Fachsprache an.

Ostfildern, südwestliche Nachbarstadt von Esslingen, BWÜ, entstand 1975 im Zuge der Gebietsreform aus vier Gemeinden. Der Name *Ostfildern* wurde gewählt, um die Lage der Stadt auf den Fildern zu kennzeichnen; vgl. den Artikel → Filderstadt). Er sollte eigentlich den Namen *Westfildern* (für Leinfelden-Echterdingen) und *Mittelfildern* (für Filderstadt) entsprechen, die jedoch von den betreffenden Gemeinden nicht akzeptiert wurden.

Ostfriesland, Gebiet zwischen Dollart und Jadebusen, NDS. Der Name geht zurück auf die Reichsgrafschaft *Ostfriesland,* die im 15. Jh. (1464) entstand, als die Häuptlingsfamilie Cirksena die friesischen Landsgemeinden von Emden, Aurich, Leer und Norden zu einem Territorium vereinigt hatte. Die Cirksena wurden um 1660 in den Reichsfürstenstand erhoben. Nach ihrem Aussterben 1744 fiel das Land an Preußen, 1810 an Frankreich und 1814 an das Königreich Hannover, mit dem es 1866 wieder zu Preußen kam. Sprachlich und kulturell haben sich die Ostfriesen stärker an die niedersächsische Umgebung angeglichen als die Westfriesen in den niederländischen Provinzen Friesland und Groningen und die Nordfriesen in Schleswig-Holstein. In den ON jedoch gibt es noch manche Besonderheit: Namen auf *-um* aus *-heim (Ochtersum, Ditzum),* auf *-ens* aus *-ingi (Esens, Schortens)* oder mit *-inga-* als Pluralform von Bewohnernamen (*Beringafehn*).

Östliche Günz, die, → Günz, die.

Ottobeuren, Markt und Kloster sö. von Memmingen, BY, soll nach der Überlieferung 764 von einem schwäbischen Adelsgeschlecht gegründet worden sein und war bis 1802 Reichsabtei. Der beim Kloster entstandene Ort erhielt im 11. Jh. Marktrecht. Der Name 1698 *Ottobeuren,* 1437 *Ottennbeuren,* 1143 *Othenbuiron,* um 830 *Uttinbvrra,* 764 (Fälschung des 12. Jh.s) *Ovtinburra* enthält den altdeutschen PN *Uto, Utto* oder *Outo* und als GW den Plural von ahd. *būr* ›Wohnung, kleines Haus‹; vgl. → Benediktbeuern und → Büren.

Ottweiler, Stadt an der Blies (r. zur Saar), SL. Der erst 1393 mit einer Wasserburg der Grafen von Saarbrücken bezeugte Ort entstand wohl als Siedlung des ihm gegenüberliegenden Benediktinerklosters **Neumünster,** das seinerseits 1005 als Erneuerung eines karolingischen Stifts von 871 (daher *Novum Monasterium* = *Neumünster*) gegründet worden war (seit

1730 Stadtteil von O.). Der Name 1393 *Ottewiller,* 1483 *Otwiler* bedeutet ›Weiler des Otto‹, vgl. **Oetwil am See** (Kanton Zürich, Schweiz, 1130 *Ottwillare*) und **Ottweiler,** Kr. Zabern im Elsaß (Frankreich; 826 *Otenwylra,* 700 *Auduuine villeri,* zum PN *Otwin*); →-weiler.

Ottweiler (Elsaß) → Ottweiler.

Oudenaarde (Belgien) → Ganderkesee.

-ow [-o:]: In ON slawischer Herkunft steht deutsch *-ow* für die Nachsilbe slaw. *-ov,* die eine Zugehörigkeit ausdrückt. Die ON sind oft von einem slawischen PN abgeleitet, z. B. *Malchow* aus apolab. *Malachov* vom PN *Malach* (= Wohnort des Malach). Häufig sind auch Bildungen zu Tier- und Pflanzenbezeichnungen, z. B. *Güstrow,* eigtl. ›Ort, wo es viele Eidechsen gibt‹, zu apolab. *guščer* ›Eidechse‹.

P

Pachten → Dillingen/Saar.

Pader, die, l. zur Lippe, → Paderborn.

Paderbọrn, Stadt am Ostrand des Münsterlandes, NRW; seit dem 9. Jh. Hauptort des Bistums Paderborn, jetzt seit 1930 Erzbischofssitz. Der Name 1148 *Paderborne,* 1025 *Paderborna,* 777 *Padrabrunno, Padresbrunnon* bezieht sich auf die über 200 Quellen der **Pader** (linker Nebenfluß der Lippe), an denen Paderborn als altsächsische Siedlung entstanden ist. Das GW des Namens ist ahd. *brunno* bzw. (mit Umstellung des *r*) mnd. *born* ›Quelle‹. Der Flußname (1239 *Padhera,* 9. Jh. *Patra, Pathera*) ist nicht sicher gedeutet.

Palenz, die, → Pfalz.

Papenburg, Stadt im Emsland, s. von Leer, NDS, entstand nach 1630 als Fehnkolonie, die der münstersche Drost Dietrich von Velen nach niederländischem Muster bei seiner Wasserburg P. angelegt hatte, und entwickelte sich im 17.–19. Jh. dank guter Verbindung zur Ems zu einem zeitweise bedeutenden Seehafen; Stadtrecht 1860. Die alte Papenburg, 1379 zuerst erwähnt, war die nördliche Grenzburg des Bistums Münster, ihr Name bezieht sich vielleicht auf ein ostfriesisches Geschlecht *Papen* oder *Papinga,* eher aber als ›Pfaffenburg‹ auf den Landesherrn. Die alten niederdeutschen Namensformen *Papenborgh, Papenborg* wurden 1833 behördlich durch die halb hochdeutsche Schreibform *Papenburg* ersetzt.

Parchim, Stadt an der Elde (r. zur Elbe) sö. von Schwerin, MV, entstand aus einem slawischen Burgbezirk und wurde um 1200 als Stadt neu gegründet; Stadtrecht 1225 durch die Fürsten von Mecklenburg. Eine Neustadt entstand um 1250 (1269 *nova civitas P.*). Der Name 1170, 1248 *Parchim,* 1202, 1229 *Parchem* geht zurück auf apolab. **Parchoń,* eine Bildung zu dem PN *Parchom.*

Partenkirchen → Garmisch-Partenkirchen.

Partnach, die, r. zur Loisach, → Garmisch-Partenkirchen.

Pasewalk, Stadt in der nördlichen Ukkermark, MV, entstand bei einer pommerschen Burg am Ueckerübergang mehrerer Straßen und war 1178 Marktflekken. 1239 gründete der Herzog von Pommern die Oberstadt, die um 1250 Magdeburger Stadtrecht erhielt und im 14. Jh. Hansestadt wurde. Der Name 1288 *Pozewalk,* 1195 *Posduwolc,* 1168 *Pozdewolc* wird um 1150 in den Pegauer Annalen als ›Wolfsburg‹ gedeutet: *Posduwlc, id est urbs Wolfi.* Seine Herkunft ist aber nicht geklärt, das GW kann zu apolab. *volk* ›Wolf‹ gehören, aber auch zu apolab. *volk* ›Schleifstelle‹ (wo Schiffe über Land gezogen werden); vgl. → Pritzwalk.

Passau, Stadt am Zusammenfluß von Donau, Inn und Ilz, BY, entstand am Platz einer keltischen Siedlung zwischen Inn und Donau, deren Name *Boiodurum* (= Boierstadt; vgl. Böhmen im Artikel → Bayern) auf ein römisches Hilfstruppenkastell überging, das vom 1. bis 3. Jh.

am südlichen Innufer (im späteren Stadtteil Innstadt) bestand. Ein zweites Kastell wurde Mitte des 2. Jh.s auf dem Hügel zwischen den Flüssen (in der späteren Altstadt) errichtet, seine Besatzung war die *Cohors IX. Batavorum* (= Neunte Kohorte der Bataver). Neben beiden Kastellen entstanden Zivilsiedlungen, die aber nach dem Abzug der römischen Truppen im 5. Jh. untergingen. Im 7. Jh. ist ein bayerischer Herzogshof, später ein karolingischer Königshof bezeugt, und 739 wurde P. Sitz eines Bistums, dessen Missionsarbeit sich bis nach Mähren und Ungarn ausdehnte. Ebenso entwickelten sich Wirtschaft und Handel, P. erhielt 999 Markt- und Zollrecht und 1255 Stadtrecht, blieb aber bis zum Übergang an Bayern (1803) eine Bischofsstadt. – Der Name 1381 *Passau,* 1329 *Pazzau* geht auf die Römerzeit zurück: um 1020 *Patavium vel Interamnis* (= oder Zwischen-den-Flüssen) *Bazŏwa,* 791/803 *in Batauia civitate* (= in der Stadt Batavia), 786 *in civitate Pazauge,* 754 *Bazzauua,* 511 *Batavis… oppidum* und in einer amtlichen römischen Quelle des 5. Jh.s: *tribunus cohortis nonae Batavorum, Batavis* (= der Tribun der neunten Kohorte der Bataver in Batavis). Die Form *Batavis,* eigtl. ›bei den Batavern‹, ist der spätrömische Name der Stadt. Die Kohorte bestand aus Angehörigen des germanischen Stammes der Bataver, deren Heimat das Rheindelta zwischen Lek und Waal, die heutige Landschaft *Betuwe* in der niederländischen Provinz Geldern war. Als Bundesgenossen der Römer stellten die Bataver damals Hilfstruppen für das römische Heer.

Pauritz → Altenburg.

Pegau, Stadt an der Weißen Elster, s. von Leipzig, SAC, entstand am Flußübergang bei einer Burg des Grafen Wiprecht von Groitzsch, der 1091/92 das Benediktinerkloster P. stiftete (seit 1136 Reichskloster, 1150 Beginn der Pegauer Annalen). Der Ort erhielt Ende des 11. Jh.s Marktrecht und vor 1200 Stadtrecht. Der Name 1478 *Pegaw,* 1367 *Pegow,* 1181 *Bigowe,* 1160 *in Pigowe* lautet 1153 *de Bigouwe,* 1106 latinisiert *Bigowia,* ist aber wohl an ahd. *ouwa, ouwe* (→ -au, -aue) nur angelehnt. Da P. an einer Flußbiegung liegt, könnte sein Name zu slaw. *byg-* ›Biegung‹ gebildet sein.

Pegnitz, die, rechter Nebenfluß der Rednitz, BY, entspringt auf der Ostseite der Fränkischen Alb, fließt durch Nürnberg und mündet unterhalb von Fürth, wobei der Name der aufnehmenden *Rednitz* zu *Regnitz* wird. Der Flußname *Pegnitz,* 1196 *Begnitz,* 1119 *Begenz* geht zurück auf 912 *Paginza,* 889 *Pagniza* und wird als Ableitung mit einem *-nt*-Suffix zu idg. **bhog-* ›fließendes Wasser‹ gestellt. Nach dem Fluß benannt ist die Stadt **Pegnitz** auf der Fränkischen Alb, die 1329 *Pegnitz,* 1293 *Begniz,* 1119 *Begenz* heißt. Der Ort wird zuerst 1119 als brandenburgisches Lehen erwähnt, er wurde 1347 durch die Landgrafen von Leuchtenberg im Schutz einer Burg als Stadt neu gegründet und gehörte 1357–1402 der Krone Böhmen; Karl IV. nannte die Burg **Böheimstein** (vgl. → -stein). Sie kam dann an das Fürstentum Bayreuth und 1803 an Bayern.

Pegnitz → Pegnitz, die.

Peine, Stadt an der Fuhse (l. zur Aller), w. von Braunschweig, NDS, entstand um 1220 als Gründung der Grafen von P. im Anschluß an deren Burg in der Fuhseniederung, die eine wichtige N-S-Straße sicherte. Stadt und Burg fielen 1255 an die Bischöfe von Hildesheim. Der Name 1181 *Payne,* 1154 *(Bertold de) Pagin,* 1134 *(Bertolfo de) Paines* ist unerklärt. Vielleicht liegt ein vorgermanischer Gewässername mit *-n*-Suffix zugrunde.

Peiting, Markt sö. von Schongau, BY, entstand auf altbesiedeltem Boden als alemannisches Dorf und war um 1100 mit einer ›neuen Burg‹ *(nova arx Bitengoe)* das Zentrum der welfischen Stammgüter am Lechrain. 1167 fiel es an die Staufer, 1268 an Bayern. Der Name um 1583 *Peiting,* 1513 *Peytingen,* 1468 *Beytigä,* 1326 *Beytinggowe,* 1155 *Bitengowe,* um 1063 *Pitengouua* ist mit dem GW ahd. *gewi,* mhd. *gou* ›Gau, Landschaft‹ und einem PN **Bīdo, *Bīto* gebildet und bedeutet eigtl. ›Siedlungsraum der Bitinge, der Leute des Bito‹; → -ingen, → -gau.

Pellenz, die, → Pfalz.

Pellwọrm, nordfriesische Insel im Wattenmeer, SH, ist wie → Nordstrand ein wiederaufgebauter Rest der in der Sturmflut von 1634 untergegangenen Insel *Strand.* Aus dem 12. Jh. stammt die am Westende gelegene, mehrfach restaurierte *Alte Kirche.* Der Name 1462 *Pilworm,* 1431 *in Pilleworme,* 1344 *aff* (= von) *Pylwerum* enthält im zweiten Glied afries. *werum,* den Dativ Plural von *wēr* ›Wehr, Schutz‹ (das Wort soll den aus dem Gemeindeverband herausgenommenen, einem einzelnen zugewiesenen Besitz bezeichnen). Das erste Glied ist wohl eine Nebenform von nordfries. *piel* als Bez. des Knöterichs oder des Riedgrases.

Perleberg, Stadt in der Westprignitz, an der Stepenitz (r. zur Elbe), BR, entstand als Kaufmanns- und Gewerbesiedlung bei einer Burg der Edlen Gans zu Putlitz, die seit Mitte des 12. Jh.s den Flußübergang der zu den Seestädten führenden Fernstraße deckte; Stadtrecht vor 1239, um 1350 Mitglied der Hanse. Seit 1275 gehört P. zur Mark Brandenburg. Der Name 1239 *Perleberge,* 1298 *Perlebergh* neben 1294, 1303 *Parleberch* ist als Schmuck- und Prunkname zu verstehen, er enthält mnd. *perle,* mniederl. *pe[e]rle, parle* ›Perle‹. Perlen erscheinen auch im Wappen der Stadt und bereits um 1300 im ersten Stadtsiegel.

Pfaffenhofen bei Amberg; **Pfaffenhofen a. d. Roth** → Pfaffenhofen a. d. Ilm.

Pfaffenhofen a. d. Ilm, Stadt n. von München, BY, entstand um 1200 als Neugründung der Wittelsbacher inmitten eines älteren Siedlungsverbandes, der um 1280 als Altstadt *(vetus civitas)* bezeichnet wird und wohl ebenfalls den Namen P. führte. Der neue Ort erhielt 1318 Stadtrecht und kam 1368 an das Herzogtum Bayern-München (Münchner Stadtrecht 1410). Der Name 1332 *Pfaffenhofen,* 1140/70 *Phaphinhouin,* 1139/68 *Pfafenhouen* ist mit dem BW mhd. *phaffe* ›[Welt]geistlicher, Priester‹ und dem GW → *-hofen* gebildet und bezeichnet die Siedlung als kirchlichen Besitz. Es ist jedoch nichts Näheres hierüber bekannt. Orte mit entsprechenden Namen sind z. B. der Markt **Pfaffenhofen a. d. Roth** (r. zur Donau, ö. von Neu-Ulm), 1284 *Phafenhoven,* und **Pfaffenhofen** bei Amberg, Oberpfalz, 1109 *Phaphenhoven,* das bereits in dieser ersten Nennung als Eigenkirche des Klosters Kastl bestätigt wird.

Pfalz, die, südl. Teil von → Rheinland-Pfalz, bis 1945 als *Rheinpfalz* zu Bayern gehörend, bis 1801 Teil der linksrheinischen Gebiete des Kurfürstentums Pfalz *(Kurpfalz).* Der Name geht zurück auf die alte Pfalzgrafschaft. Im Frankenreich war der Pfalzgraf ein hoher Hofbeamter, der in Vertretung des Königs in dessen *Pfalz* (Hofburg) Gericht hielt. Mhd. *phalz[e], phalenze,* ahd. *p[h]alinza, p[h]alanza* ist entlehnt aus vlat. *palantia* für lat. *palātia,* (Plur. von) *palātium* ›fürstliche Wohnung, Palast‹. Zur Gebietsbez. wurde das Wort erst, als sich das Amt zu einem erblichen Lehen entwickelt hatte. Im 11. Jh. gab es vier regionale Pfalzgrafen in Bayern, Schwaben, Lothringen und Sachsen. Der von Lothringen (im 10. und 11. Jh. die Familie der Ezzonen) residierte im Raum Aachen–Zülpich–Köln und hatte besonderes Ansehen. Ein ehemals pfalzgräflicher Bezirk in Zülpich hieß bis ins 18. Jh. die **Palenz** (1209 u. 1382 *Palentz*), ein Landstrich mit 14 Dörfern im NW des Maifelds heißt bis heute die **Pellenz** (um 1100 in *Pelenze*); in beiden Namen steckt ahd. *palinza.* Die Pfalzgrafen allerdings mußten in ständiger Auseinandersetzung mit den Erzbischöfen von Köln und Trier ihren Machtbereich vom Niederrhein allmählich nach S verlagern; in den Eifel- und Moselraum (Maifeld, Cochem) und an den Mittel- und Oberrhein (Bacharach, Alzey). Seit 1093 nennen sie sich *comites palatini Rheni* (dt. später *Pfalzgrafen bei Rhein*). Auch das Moselland ging ihnen verloren, aber im 12. Jh. konnte der staufische Pfalzgraf Konrad, Halbbruder Kaiser Friedrichs I., ein Territorium aufbauen, das beiderseits des Oberrheins vom Hunsrück bis in den Odenwald und ins Neckartal reichte. Dies ist die spätere Kurpfalz mit der Residenz Heidelberg, die seit 1214 von Pfalzgrafen aus dem Hause Wittelsbach regiert wurde. Als einziger deutscher Staat ist die Pfalz nicht nach einem geographischen oder dynastischen Begriff benannt worden, sondern nach einem königlichen Amt, wobei die Bez. des Amtsgebäudes (s. o.) auf das Amt und weiterhin auf das Land übertragen wurde: 1228 *principatus palacie* ›Regierung der Pfalz‹, 1400 *unser pfaltz am Rin,* 1401 *der pfaltz by Ryne.* →auch Oberpfalz.

Pfalzgrafenstein, Burg, →Kaub.

Pfarrkirchen, Stadt an der Rott (l. zum Inn), BY, entstand bei einer im 9. Jh. genannten Kirche (874/97 *Pharrachiricha*) im Rottal und kam 1259 mit der Burg Reichenberg an das Herzogtum Niederbayern; Marktrecht vor 1257, Stadtrecht 1863. P. war Sitz eines Viztums (Stellvertreters des Herzogs). Der Ort ist nach seiner Kirche benannt: 1196 *Pfarrechirichen,* 1460 *Pfarrkirchen;* →-kirchen. Das erste Glied dieser Zusammensetzung geht zurück auf ahd. *pfarra, farra* ›Sprengel, [Pfarr]bezirk‹.

Pforzen an der Wertach→Pforzheim.

Pforzheim, Stadt an der Enz, am Nordrand des Schwarzwaldes, BWÜ, entstand am Platz einer römischen Militärsiedlung, die den Übergang der Straße von Straßburg nach Cannstatt über die Enz sicherte (sogenannte Altenstadt). 1125 kam der Ort an die Hohenstaufen und wurde vor 1195 Stadt. 1219 fiel Pf. an die Markgrafen von Baden, die auf dem Schloßberg gegenüber der Nagoldmündung eine Neustadt und ein Schloß erbauten und bis ins 15. Jh. in Pf. residierten. Der Name 1689 *Pforzen,* 1357 *Phortzhein,* 1257 *Phorzein,* 1338 *Portzheim,* 1067 *Pforzheim* geht mit z. T. mundartlichen Veränderungen (vgl. →-heim) zurück auf 7. Jh. *Porza.* Wahrscheinlich liegt hier lat. *portus* ›Hafen‹ zugrunde, das im Mittellateinischen auch Bedeutungen wie ›Landeplatz, Überfahrtstelle, Zollstation‹ entwickelt hat und sich hier auf den Enzübergang bezog. Man vermutet ähnliches für ON wie **Porz am Rhein,** oberhalb von Köln, NRW, um 1160 *Porze,* **Piesport** an der Mosel, RP, aus 1098 *Pizport,* 776 *Porto Pigontio,* und **Pforzen** an der Wertach, BY, aus 12. Jh. *Phorsheim,* 897 *Forzheim.*

Piemont→Füssen.

Piesport→Pforzheim.

Pinnau, die, r. zur Elbe, →Pinneberg.

Pinneberg, Stadt im nordwestlichen Vorortbereich von Hamburg, SH, entstand im 17. Jh. an der Pinnau (r. zur Elbe) bei einem Schloß der Schauenburger Grafen von Holstein-P. Die zugehörige Herrschaft P. fiel 1640 nach dem Aussterben der Grafen an den König von Dänemark und 1867 an Preußen; der Ort wurde 1826 Flecken und 1875 Stadt. Älter als diese Siedlung ist der heutige Stadtteil **Pinnebergerdorf** am rechten Ufer der Pinnau, 1652 *Pinnenberg das Dørff.* Der Name der Stadt, 1623 *Pinnenbergk,* 1622 *zu Pinneberg,* bezeichnete urspr. den Berg, auf dem das Schloß stand: 1505 *zum Pinnenbargk,* 1351 *in Pinnenberghe;* er ist gebildet mit mnd. *pin, pinne* ›Pflock, Holznagel‹ und bedeutet entweder ›Berg wie ein Pinn‹, d. h. ›spitzer Berg‹, oder ›mit Pflöcken besteckter Berg‹. Der Flußname **Pinnau** ist jung: 1717 *an der Pinn-Au,* 1650 *Pinnaw* ist wohl als Klammerform aus 1652 *Pinn[eberger]au* entstanden; vgl. →au, -aue.

Pinnebergerdorf→Pinneberg.

Pirmasens, Stadt am W-Rand des Pfälzer Waldes, RP, entstand im 8. Jh. als Hirtensiedlung der vom hl. Pirmin um 740 gegründeten Benediktinerabtei Hornbach bei Zweibrücken. Der Name 1436 *Pirmesens,* 1345 *Birmesense* geht zurück auf *Pirminishusna* (um 1000), *Pirminiseusna* (um 820). Die älteste Form gehört wohl nicht zu ahd. *-husun* (→-hausen), sondern ist verschrieben für **Pirminisēnsna* und wird als ›Einzelhof der Pirmin‹ (d. h. seines Klosters) gedeutet (ahd. **einsna, *einasna* ›Einzelanwesen‹ zu ahd. *ein* ›einzeln, allein‹).

Pirna, Stadt am Austritt der Elbe aus dem Elbsandsteingebirge, SAC, entstand als Fischersiedlung bei einem altsorbischen Burgwall an einer Elbefurt, war um 1100 in böhmischem Besitz und wurde um 1200 durch die Markgrafen von Meißen planmäßig als Stadt angelegt; Stadtrecht vor 1245. Der Name 14. Jh. *Pirne, Pirn,* 1292 lat. *Pirnis,* 1245 *Pirne,* daneben 1233–1292 mehrfach *Perne* ist nicht sicher erklärt, er kann auch vorslawisch sein. Mit dt. *Birne* hat er trotz des Birnbaums im Stadtwappen (zuerst im Siegel von 1299) nichts zu tun. Die kanzleisprachliche Form *Pirna* kommt erst im 16. Jh. auf (→Apolda).

Plau; Plaue→Plauen.

Plaue→Flöha.

Plauen, Stadt an der Weißen Elster im Vogtland, SAC, entstand im 12. Jh. als deutsche Burgsiedlung bei einem altsorbischen Dorf; Stadtrecht um 1224 durch die Reichsvögte von Weida und Plauen (→ Vogtland). Der Name 1360 *Plawen, Plauen,* 1260 *Plawe,* 1122 *vicus Plawe* ist eine Bildung zu asorb. *plav* ›Schwemme‹ bzw. *plaviti* ›schwemmen, flößen‹. Entsprechende Namen haben z. B. **Plau,** Bez. Schwerin, 1235 *Plawe,* am **Plauer See** (1307 *stagnum Plawe*), und **Plaue** bei Arnstadt, TH. 1411 *Plauwe,* 1222 *Plawe,* ferner *Plaue* bei → Flöha.

Plauer See, der, → Plauen.

Pleiße, die, rechter Nebenfluß der Weißen Elster, entspringt sw. von Zwickau, mündet in Leipzig. Am Oberlauf der Ort **Steinpleis** (1396 *Steynpleyß,* 1349 *Steinplissen*), am Mittellauf die Stadt → Altenburg, die um 1210 auch *Plisne* genannt wird nach dem **Pleißengau,** 1012/18 *Plisni,* 976 *in pago Plisina.* Der Flußname P. geht zurück auf 1118 *Plisna[m],* er wird als vorslaw. Bildung **Pleisa, *Pleisina* zu idg. **pel-/*pl.-, *plei-* ›fließen, rinnen, gießen‹ gestellt, das zu *Plis[in]a* slawisiert nhd. *Pleiße* ergab.

Pleißengau, der → Pleiße, die.

Plochingen, Stadt an der Mündung der Fils in den Neckar, BWÜ, entstand an einer alten Straßenkreuzung bei einer Adelsburg, die im 14. Jh. in den Besitz des Katharinenspitals in Esslingen kam. Der Name 13. Jh. *Blochingen,* 1157 *Plochingin* ist mit dem Suffix → -ingen abgeleitet von ahd. *bloh,* mhd. *bloch* ›Klotz, Block, Bohle‹, er bedeutet etwa ›bei den Leuten mit den Bohlen‹; wahrscheinlich war die Verwendung von Holzbohlen (beim Hausbau?) ein auffälliges Merkmal der ersten Ansiedlung.

Plön, Stadt am Großen Plöner See, Ostholstein, SH, wurde um 1156 durch die Schauenburger Grafen als Marktsiedlung planmäßig angelegt und erhielt 1236 lübisches Stadtrecht. Die Grafen hatten eine zerstörte slawische Inselburg im See wieder aufgebaut und errichteten 1173 eine neue Burg auf dem Schloßberg, aus der 1623/33 das Residenzschloß der Herzöge von Plön aus dem Hause Oldenburg wurde. Bis 1864 gehörte das Herzogtum zu Dänemark. 1868–1918 war das Schloß preußische Kadettenanstalt. Der Name *Plön,* 1221 *de Plone,* 1189 *in eastro* (= auf der Burg) *Plune*, Ende des 11. Jh.s *Plunie* wird auf apolab. *Plon'a, Plone* zurückgeführt und zu dem in niedersorb. *plony* ›eben, flach‹ bezeugten Adjektiv gestellt. Er kann urspr. ›ebener Ort‹ oder ›flacher See‹ bedeuten, also auch primär ein Gewässername sein. Der **Plöner See** wird 1288 *magnum stagnum* (= großer See) *Plone* und Ende des 12. Jh.s (im Akkusativ) *lacum Plunensem* genannt.

Pọrta Westfa̱lica, Stadt am rechten Weserufer sö. von Minden, NRW, entstand 1973 durch Vereinigung der Stadt Hausberge mit 13 Nachbargemeinden und erhielt ihren Namen nach dem Durchbruch der Weser durch den Rand des Weserberglandes, der *Westfälische Pforte* oder lat. *Porta Westfalica* genannt wird. **Hausbẹrge** war als Burgflecken unter der gleichnamigen Burg der Edelherren *vom Berge* entstanden, die 1019/20 *Hus tom Berge* und 1650 *Hauß zum Berg* genannt wird. Ihr Name wurde auf den Ort übertragen, die Burg wurde 1723 abgebrochen.

Porz am Rhein → Pforzheim.

Pößneck, Stadt nö. von Saalfeld, TH, entstand um 1300 als Gründung der Grafen von Schwarzburg-Blankenburg bei einem altsorbischen Dorf an der Orla; Stadtrecht vor 1324. Seit 1418 wettinisch, kam P. 1485 an die Ernestiner und gehörte seit 1826 zu Sachsen-Meiningen. Der Name 1757 *Pösneck* ist eingedeutscht aus 1529 *Pesnick,* 1346 *Pezcenik,* 1303 *Pesnic.* Er gehört zu asorb. *pěs* ›Sand‹ und bezeichnete eine sandige Stelle im Gelände.

Potsdam, Stadt an der Havel, sw. von Berlin, Hauptstadt des Landes (vor 1945 der preußischen Provinz) Brandenburg (1952–1990 des DDR-Bezirks P.). Die Stadt entstand aus einer slawischen Siedlung mit Ringwall, die am rechten Havelufer gegenüber der Nuthemündung lag. Im 12. Jh. kamen deutsche Ansiedler hinzu, und eine markgräfliche Burg sicherte den Flußübergang. 1317 wird P. als Städtchen *(oppidum)* bezeugt. Ab 1661 entstand das Stadtschloß als Residenz des

Großen Kurfürsten, und unter Friedrich Wilhelm I. wurde P. Garnisonstadt. 1745–47 ließ Friedrich der Große Schloß **Sanssouci** (frz. für ›Sorgenfrei‹) erbauen. – Der Name *Potsdam,* 1416 *Pottstamm,* ist eine im zweiten Glied ans Niederländische (*Amsterdam!*) angeglichene slawische Bildung: 1414 *Potstamp,* 1323 *Pozstamp,* 1317 *Postamp.* Den frühesten Beleg, 993 *Poztupimi,* hat man auf einen slawischen PN **Postąpim* zurückgeführt, doch gehört er eher als Fügung mit der Präposition slaw. *po* ›bei‹ zu dem in ahd. *stampf,* asächs. *stamp* ›Stoßgerät‹ bezeugten Verbalstamm germ. *stampa-* ›stampfen‹. Der Name könnte dann ›[Ort] bei der Stampfe‹ bedeutet haben. Ob hier eine frühe Entlehnung aus dem Germanischen ins Slawische vorliegt oder ob beide Sprachfamilien die Wurzel idg. **stembh-/ *stemp-* selbständig fortentwickelt haben, ist bisher nicht geklärt; man beachte aber Wörter wie tschech. *stoupati,* obersorb. *stupać* ›stoßen, treten‹ und obersorb. *stupa* ›Mörser‹.

Pratau → Wittenberg.

Preetz, Stadt an der Schwentine, sö. von Kiel, SH, entstand aus einem urspr. slawischen Dorf, in das um 1260 ein 1211 gegründetes Benediktinerinnenkloster verlegt wurde. Der Ort entwickelte sich im 14. Jh. zum Flecken und erhielt 1870 Stadtrecht. Das Kloster hatte bedeutenden Anteil an der Erschließung und Besiedelung Ostholsteins, seit der Reformation ist es ein evangelisches Damenstift. Der name *Preetz,* 1222 *de Poretze,* 1216 *Porez* bezeichnete urspr. das slawische Dorf nach seiner Lage ›am Fluß‹, d. h. an der Schwentine (apolab. **Poreče,* zu *po* ›bei‹ und *rěka* ›Fluß‹).

Premnitz, Stadt an der Havel, s. von Rathenow, BR, entstand aus einer slawischen Fischersiedlung, die seit Ende des 12. Jh.s in deutschem Adelsbesitz war. Sie wuchs seit 1915 zum Industrieort an und wurde 1962 zur Stadt erhoben. Der Name 1610 *Premenitz,* 1450 *Premcze,* 1375 *Predemitz* geht als apolab. **Predmici* ›Leute des *Predma*‹ auf einen slawischen PN zurück.

Prenzlau, Stadt an der Uecker in der Uckermark, BR, entstand als slawische Siedlung am Nordende des Ueckersees und kam im 12. Jh. an die Herzöge von Pommern, die deutsche Bauern und Kaufleute ansiedelten. 1235 wurde P. von Herzog Barnim I. als freie Stadt neu angelegt, kam aber 1250 und endgültig 1415 an Brandenburg. Der Name 1484 *Prentzlow,* 1426 *Prempßlaw,* 1316 *Prentslaw,* 1299 *Primizslaw,* 1237 *Premizlawe,* 1187 im Adjektiv *(Stephanus) Prinzlaviensis* ist von dem apolab. PN *Premislav* abgeleitet und bedeutet ›Ort des Premislav‹.

Preußen, bis 1945 Land des Deutschen Reiches, entstand als Königreich im Jahre 1701, als Kurfürst Friedrich III. von Brandenburg für sein außerhalb des Hl. Römischen Reiches liegendes nordöstliches Staatsgebiet den Titel *König in Preußen* annahm und sich als solcher in Königsberg krönte. Dieses Gebiet war das ehemalige *Ordensland Preußen,* ein geistlicher Staat, den der Deutsche Ritterorden im 13. und 14. Jh. aufgebaut und im Zusammenwirken mit deutschen Bauern und Bürgern, aber auch mit der einheimischen Bevölkerung, zu wirtschaftlicher und kultureller Blüte gebracht hatte. Das Land hieß nach seinen Bewohnern, den heidnischen *Pruzzen,* einem baltischen Volk, das der Orden in 50 Jahren (1231–1283) bekämpft und zum Christentum gebracht hatte. Der Name *Preußen,* um 1335 *Pruzinlant,* wurde von den deutschen Siedlern übernommen und erhielt damit einen neuen Inhalt. Als der Hochmeister Albrecht von Brandenburg-Ansbach 1525 die Reformation einführte, wurde der Ordensstaat ein weltliches *Herzogtum Preußen* unter polnischer Lehnshoheit. 1618 fiel es an Kurbrandenburg, und 1660 erreichte Kurfürst Friedrich Wilhelm im Frieden von Oliva die volle Souveränität für das Land. Der Weg zum Königtum war damit frei. Die 1701 gewonnene neue Würde ließ den Namen *Preußen* zum Namen des Gesamtstaates werden, und dieser nahm durch militärische Stärke und eine disziplinierte Verwaltung an Macht und Ansehen zu. So wurde P. trotz der Niederlage von 1806 zur führenden Kraft in den Befreiungskriegen gegen Napoleon und dominierte auch – nachdem die Einigungsversuche aus der Frankfurter Paulskirche (1849) gescheitert waren – durch die Errichtung des Bismarckreiches unter seiner Führung. Das Ende des zweiten Weltkrieges hat auch die Auflösung Preußens gebracht, wodurch die föderativen Kräfte im norddeutschen Raum wieder stärker zur Geltung kommen können.

Preußisch Stargard → Burg Stargard.

Prien a. Chiemsee, Markt ö. von Rosenheim, BY, entstand aus einem Meierhof des Klosters Herrenchiemsee am Übergang über den gleichnamigen Fluß, einen Zufluß des Chiemsees. Der Ort wurde im 12. Jh. Sitz einer Pfarrei, später eines Gerichts, und erhielt 1438 einen Jahrmarkt. Seit dem 19. Jh. entwickelte sich der Fremdenverkehr. Der Name um 1290 *Prien,* 12. Jh. *Brienne,* um 1189 *Priene, Prine* beruht auf dem Flußnamen 12. Jh. *Brienne rivulus* (= der Bach Brienna), der als Ableitung **Brigenna* von kelt. **brig[a]* ›Berg‹ erklärt wird, vgl. den Artikel → Breg.

Pritzwalk, Stadt in der östlichen Prignitz, BR, wurde im 13. Jh. bei einem altslawischen Dorf von den Herren von Putlitz als Stadt gegründet und kam um 1250 an Brandenburg; im 14. Jh. war P. Hansestadt. Der Name 1325 *Pritzwalc,* 1256 *civitas* (= Stadt) *Prizwalk,* 1267 *terra* (= Landbezirk) *Prezwalk* geht vielleicht zurück auf ein altpolabisches **prezvalk* ›Landenge zwischen Flüssen, Schleifstelle (für Schiffe)‹. Vgl. → Pasewalk.

Prüm, Stadt in der Eifel, RP, entstand bei einem am Oberlauf der **Prüm** (l. zur Sauer zur Mosel) 721 gegründeten Benediktinerkloster (Fürstabtei bis 1802), das in der Karolingerzeit reichen Grundbesitz in den romanischen und germanischen Reichsteilen erwarb und für die Kultivierung bes. der Eifel Großes geleistet hat. Stadt und Kloster, 1596 *Prüm,* 917 *Promia,* 721 *Prumia,* sind nach dem Fluß benannt (838 *Prumia fluvius,* 4. Jh. röm. *Promea*), dessen Name vorkeltisch, wohl illyrisch ist und zu dem röm. ON *Promona* in Dalmatien gestellt wird.

Prüm, die, l. zur Sauer, → Prüm.

Pulsnitz (sorb. Polčnica), Stadt nö. von Dresden, SAC, an der **Pulsnitz** (l. zur Schwarzen Elster), entstand um 1200 als Waldhufendorf mit Herrensitz und wurde vor 1318 als Städtchen planmäßig neu angelegt; Stadtrecht 1375. Der Name 1415 *zcur Pulssnicz,* 1375 *Polßnitz,* 1318 *Pols[e]nitz,* 1225 *de Polsnicz* ist – wie auch die Präposition *zur* (= an der) zeigt – vom Namen des Flusses übernommen: 1384 *die Polsenicz daz wasser,* 1228 *maior, minor Pols-, Polzniza;* er ist gebildet zu asorb. *polzati* ›kriechen, langsam fließen‹.

Pulsnitz, die, l. zur Schwarzen Elster, → Pulsnitz.

Pyrmont, Bad ['pyrmɔnt, 'pɪrmɔnt, ...'mɔnt], Stadt im Weserbergland, NDS, entstand im 17. Jh. bei den schon um Christi Geburt genutzten Heilquellen des *Hilligen Borns* (um 1350 *fons sacer* ›heiliger Brunnen‹ und *fons bulliens* ›Brodelbrunnen‹ genannt), die Fürst Georg Friedrich von Waldeck 1668 neu gefaßt hatte. P. wurde bald zum Bade- und Kurort des europäischen Adels; 1720 erhielt es Stadtrecht. Seinen Namen hat P. von einer ehemaligen, durch den Kölner Erzbischof Philipp von Heinsberg auf dem nahen Schellenberg errichteten Burg, die 1182 als *Pirremont,* 1185 als *Pyerremont* und 1191 als *Pierremont* (frz. für ›Petersberg‹) bezeugt ist und deren Namen der Erbauer selbst 1184 als *›Petri mons‹* erklärt hat. Er übernahm damit einen in NO-Frankreich als *Saint-Pierremont* mehrfach vorkommenden Berg- und Burgennamen. Vgl. den Artikel → Monschau. Andere Deutungen des Namens *Pyrmont* sind bisher nicht hinreichend gesichert. Das gleiche gilt für die etwas jüngere Burg **Pyrmont** in der Eifel (über dem oberen Elztal; 1255 *Pirremunt*).

Pyrmont, Burg, → Pyrmont, Bad.

Q

Quakenbrück, Stadt an der mittleren Hase, NDS, entstand als planmäßige Burg- und Marktsiedlung bei dem 1235 errichteten bischöflichen Kollegiatstift St. Sylvester; Stadtrecht im 14. Jh. Der Name 1188 *in Quakenbrucgen* wird zu aengl. *cwacian* ›zittern‹, *cweccan* ›schütteln, schwingen, bewegen‹ gestellt, er könnte einen schwankenden Brückendamm (→-brück) bezeichnet haben. Vielleicht liegt auch ein alter Gewässername zugrunde, vgl. den ON *Quakenbeek* in Brabant, 1185 *Quakenbeke* (zu niederd. *beke* ›Bach‹).

Quedlinburg, Stadt an der Bode im nördlichen Harzvorland, SAN, entstand im Anschluß an einen sächsischen Königshof und die von Heinrich I. ausgebaute Burg mit Königspfalz, in der seine Witwe Mathilde 936 das Servatiusstift gründete, das als weltliches Damenstift bis 1803 bestand und die Stadtherrschaft ausübte. Die Altstadt Q. wuchs im 10. Jh. aus drei Siedlungen unter der Burg zusammen und erhielt 994 Markt-, Münz- und Zollrecht. Eine Neustadt kam im 12. Jh. dazu, 1426 wurde Q. Hansestadt. Der Name 14. Jh. *Quedlinburg,* 1298 *Quedeligeborch* geht zurück auf 1085 *Quitelineburch,* 995 *Quitiliniburg,* 944 *Quidilingaburc,* 922 *Quitilingaburg,* er bedeutet ›Burg, feste Siedlung der *Quitilinge,* der Leute des *Quitilo*‹. Dieser PN ist mit dem kosenden Suffix *-ilo* zu asächs. *queðan* ›reden‹, *quiðian* ›wehklagen‹ gebildet, ist also wohl ein Bei- oder Übername. Der Königshof wird 961 *curtis Quitilinga* ›Hof der *Quitilinge*‹ genannt. Der Name weist auf jeden Fall in altsächsische Zeit zurück.

Queich, die, linker Nebenfluß des Oberrheins, entspringt bei Hauenstein im Pfälzer Wald, mündet in Germersheim. 15. Jh. *Queich,* 828 *Queicha* ist wohl verkürzt aus **Queichaha* und wird als ›sumpfiger Bach‹ gedeutet (vgl. älter engl. *queachy* ›moorig, schwammig‹, *queach,* mengl. *queche* ›Sumpfdickicht‹). → [1]-ach.

Querfurt, Stadt in der Querfurter Börde, SAN, entstand, wo eine von W kommende Straße das Flüßchen Querne (l. zur Weida zur Salza) überschritt, um in drei Strängen nach Halle, Merseburg und Naumburg zu ziehen, und entwickelte sich im Schutze einer Burg der Edlen von Q. seit dem 9. Jh. zum Marktflecken; Stadtrecht vor 1198. Der Name 1499 *Quernfurdt,* 1120 *Querenvorde,* 979 *civitas et castellum* (= Stadt und Burg) *Quernuordiburch,* 9. Jh. *Curnfurt, Curnfurdeburg* enthält asächs. *quern* (ahd. *quirna, churn*) ›Mühle‹. Dieses Wort bezeichnet die Handmühle und den Mühlstein, dann aber auch die Wassermühle (→ Mühlhausen), und geht mit got. *qaírnus,* engl. *quern,* schwed. *kvarn* und verwandten Wörtern anderer Sprachen auf idg. **guer-n* ›schwer; Mühlstein‹ zurück. Der ON *Q.* bedeutet wohl eigtl. ›Furt an der Mühle‹, und der Flußname **Querne,** für den alte Belege fehlen, ist wohl als **Querna, *Quernaha* im Sinn von ›Mühlbach‹ zu deuten, vgl. **Kürnach** bei Würzburg, BY, 844 *Quirnaha,* 845 *Kurnaha,* und mit anderm GW **Kürnbach** bei Bretten, BWÜ, 1181 *Quirinbach.*

Querne, die, l. zur Weida zur Salza, → Querfurt.

R

Radeberg, Stadt nö. von Dresden, SAC, entstand als deutsches Bauerndorf mit Rittersitz und wurde vor 1300 durch die Markgrafen von Meißen an einem Fernstraßenkreuz planmäßig als Stadt angelegt; Stadtrecht vor 1429. Der Name 1350 *Rad[e]berg,* 1233 *Radeberch* geht wohl auf das Familienwappen des 1233 genannten Ritters *Thimo de Radeberc* zurück, das Teile eines Rades enthielt.

Radebeul, Stadt nw. von Dresden, SAC, entstand im frühen Mittelalter als slawisches Dorf in der fruchtbaren Elbaue und wuchs im 19. Jh. mit mehreren anderen Gemeinden zu einer Großsiedlung zusammen; Stadtrecht 1923. Der erst spät überlieferte Name 1528 *Radebeul,* 1412 *Radebuͤle,* 1349 *Radebůl, -bul* gehört zu dem asorb. PN *Radobyl* und bedeutet eigtl. ›Siedlung des *Radobyl*‹. In entsprechender Weise geht der Name der Stadt **Radegast** bei Köthen, SAN, auf den asorb. PN *Radogost* zurück: 1547 *Radigast,* 1344 *dat dorp tu Radegast,* 1244 *de Radegiz.*

Radegast → Radebeul.

Radevormwạld, Stadt ö. von Remscheid, NRW, entstand um 1000 als Rodungssiedlung und erhielt vor 1327 Stadtrecht. Der Name *Rade vorm Wald* (so bis 1909), 1399 *Roede geheiten vor dem walde,* 1308 *Roide,* 11. Jh. *Rotha* ist ein typischer Rodungsname (→-rod, -reut, -ried). Der Zusatz *vorm Wald* (nach dem ö. anschließenden ehemals großen Wald *die Mark* [zu mhd. *marke* ›Grenze, Grenzwald‹]) unterscheidet R. von **Rath** (jetzt zu Düsseldorf, 1072 *Rothe,* 1375 *Roede under dem Aype,* d. h. vor dem Königsforst *Aap*).

Radolfzẹll, Stadt am NW-Ufer des Untersees (westlicher → Bodensee), BWÜ, entstand als Fischersiedlung und entwickelte sich bei einer Mönchszelle, die sich der alemannische Bischof Ratolf (auch: Radolt) von Verona († 847) als Alterssitz erbaut hatte. Der Flecken R. wurde ein wichtiger Handelsplatz, er erhielt 1100 Marktrecht und 1267 Stadtrechte und war 1415–1455 reichsfrei, fiel dann aber an Österreich und 1810 an Baden. Der Name 1536 lat. *Celleratolphi,* 1490 *Ratolfzelle,* 1433 *Ratolfzell in under Sew,* 1265 *Ratolfcelle,* 9. Jh. *Ratoltescelle* hält die Erinnerung an den Gründer der Zelle wach. GW ist ahd. *cella* ›Zelle, kleines Kloster‹, ein Lehnwort aus lat. *cella* ›enger Wohnraum‹.

Rappbode, die, r. zur Bode; **Rappbodetalsperre,** die, → Bode.

Rastatt, Stadt an der Murg im Oberrheinischen Tiefland, BWÜ, entstand als Dorf in verkehrsgünstiger Lage an der alten Rheintalstraße und kam im 13. Jh. an die Markgrafen von Baden, die es 1404 zum Marktflecken erhoben. Ludwig Wilhelm, der ›Türkenlouis‹, legte R. als Festungsstadt mit gitterförmigem Straßennetz neu an und erbaute das Schloß, das dann 1705–1771 Residenz der Linie Baden-Baden war. Der Name *Rastatt,* 1683 *Radstatt,* steht für älteres *Rastetten:* 1446 *dorf Rastetten,* 1213 *Rastede,* 1177 *in Rasteten,* er gilt als Zusammensetzung aus mhd. *rast* ›Ruhe‹ und *stete* ›Platz, Stelle‹ und würde sich damit auf die Lage des Ortes an der Fernstraße beziehen (→-statt, -stedt, -stätten).

Rath (zu Düsseldorf) → Radevormwald.

Rathenow, Stadt an der unteren Havel, nw. von Potsdam, BR, entstand Anfang des 13. Jh.s an einem wichtigen, mit vier slawischen Burgwällen gesicherten Havelübergang, im Schutz einer markgräflichen Burg, und wird 1216 als Burgward bezeugt. Um 1280 wurde R. planmäßig als Stadt ausgebaut. Der Name 1375 *Ratenow,* 1295 *Rathenow,* 1216 *Ratenowe* ist zu dem slawischen PN *Raten* oder *Ratna* gebildet und bedeutet ›Ort des *Raten/Ratna*‹.

Ratibor (ehem. Oberschlesien) → Ratzeburg.

Ratingen, Stadt nö. von Düsseldorf, NRW, entstand in fränkischer Zeit am Schnittpunkt zweier schon vorgeschichtlicher Straßen und erhielt 1276 durch die Grafen von Berg Stadtrecht. Der Name 1188 *Ratingen,* 10. Jh. *in Ratingon,* um 800 *Hratunga* enthält den PN *Hrado* (zu ahd. *hrad* ›schnell, geschwind‹).

Ratzebuhr (ehem. Pommern) → Ratzeburg.

Ratzeburg, Stadt sö. von Lübeck, SH, entstand auf einer Insel im Ratzeburger See bei der gleichnamigen, urspr. wendischen Burg, die 1062 dem Billungerherzog Otto von Sachsen geschenkt wurde und zur gleichen Zeit auch Sitz des Missionsbistums R. wurde. Seit Ende des 11. Jh.s Stadt, wurde R. 1616 Residenz des welfischen Herzogtums Sachsen-Lauenburg (→ Lauenburg/Elbe). Die 1693 kriegszerstörte Stadt wurde in planmäßiger Rechteckform wieder aufgebaut. Der Name 1154 *Racesburg,* 1062 *castellum* (= die Burg) *Razesburg* ist wohl eine Eindeutschung von apolab. *Ratibor'* ›Ort, Burg des *Ratibor*‹ und bezieht sich vielleicht auf den Polabenfürsten Ratibor (1030–1040) oder einen seiner Vorfahren. Vgl. den Namen der oberschlesischen Stadt **Ratibor** (poln. Racibórz), 1108 *Racibor,* und der Stadt **Ratzebuhr** (poln. Okonek) sö. von Neustettin, Pommern.

Rauhe Alb, die, → Schwäbische Alb.

Rauhe Ebrach, die, l. zur Regnitz, → Eberbach.

Rauxel → Castrop-Rauxel.

Ravensberg, Grafschaft, → Halle (Westf.).

Ravensburg, Stadt an der Schussen (zum Bodensee), entstand im 11. Jh. unter einer Burg der Welfen und wurde im 12. Jh. an die Staufer verkauft. Es erhielt 1152 Marktrecht und wurde vor 1267 Reichsstadt und Sitz des kaiserlichen Landvogts in Oberschwaben. Der Name 1323 *Ravensburc,* 1231 *Ravensberc,* 1088 *Ravenspurch* enthält den alten deutschen PN *Hraban* (= Rabe); zum Wechsel des GW vgl. → -berg/-burg. Gleicher Herkunft ist der Name der Burg *Ravensberg* bei → Halle (Westf.).

Recklinghausen, Stadt im Ruhrgebiet, NRW, entstand um eine alte Petruskirche und einen Hof des Erzbischofs von Köln und wurde im 13. Jh. Sitz eines kölnischen Gogerichts (*Vest R.,* benannt nach der den Gerichtsbezirk umgebenden Befestigung [Landwehr] mit Wall und Graben). Stadtrecht um 1230. Der Name *R.,* 1225 *Ricklinchusin,* 1166 *Richelinchusen* geht zurück auf 1017 *Ricoldinchuson* zum altdt. PN *Rikold, Richold;* → *-inghausen.*

Rednitz, die, linker Nebenfluß des Mains, entsteht bei Georgensgmünd s. von Schwabach aus den Quellflüssen Fränkische und Schwäbische Rezat (vgl. → Rezat), heißt von Fürth ab Regnitz und mündet bei Bamberg. Der Name 1393 *Rednitz,* 1304 *Redniz,* 1069 *Retneza,* 1002 *Ratenza* geht zurück auf 810 *Radantia,* eine Suffixbildung zu vorgerm. **rodhos* ›Flußlauf‹, das auch dem Namen der **Rhone** in Südfrankreich, lat. *Rhodanus* zugrunde liegt, deren Oberlauf im Schweizer Kanton Wallis deutsch *der Rotten* heißt. Die Variante **Regnitz** für den Unterlauf der Rednitz (zuerst 1348) ist vielleicht durch den Namen der → Pegnitz beeinflußt.

Rees, Stadt am Niederrhein, NRW, entstand um ein Marienstift der hl. Irmgardis, Tochter des Pfalzgrafen Richico († 973), das diese 1040 dem Erzbistum Köln vermachte. Stadtrecht 1228. Seit 1392 gehörte R. zum Herzogtum Kleve. Der Name 14. Jh. *Reys,* 1253 *Reysse (ey = ē),* 1138 *Reesa,* um 1070 *Rēssa* ist nicht sicher erklärt, vielleicht liegt ein alter Gewässername zugrunde.

Regen → Regen, der.

Regen, der, linker Nebenfluß der Donau, BY, entsteht bei Kötzting durch Vereinigung des **Weißen** mit dem **Schwarzen Regen,** mündet bei Regensburg. 1140 *Regen,* 1107 *Regan* geht zurück auf 1003 *Régino,* 882 *iuxta* (= an, bei) *Reganam,* die als Ableitung mit dem Suffix *-ina/-ana* zur Wurzel idg. **reĝ-* ›feucht; bewässern‹ gehören. In einem Beleg von 772 wird der Fluß lat. *Imber* genannt, wobei der deutsche Flußname *Regen* irrtümlich mit der Bez. der Witterungserscheinung ahd. *regan* verbunden wird, die im Lateinischen *imber* lautet (vgl. lat.-griech. *Ymbripolis*

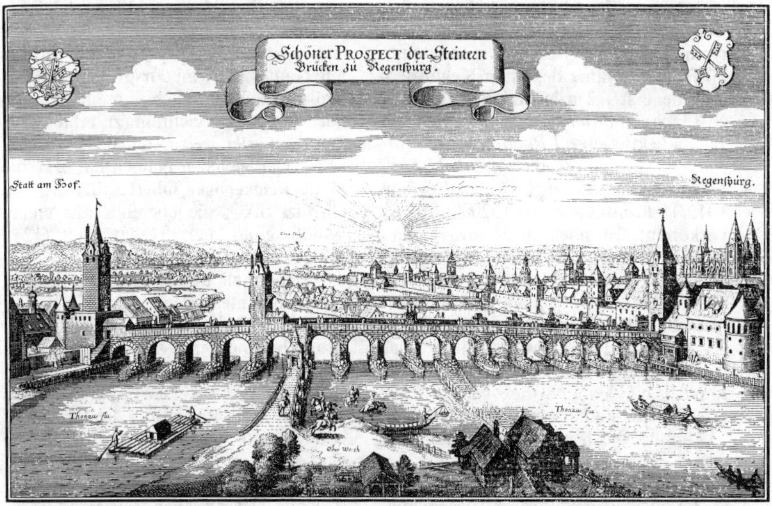

im Artikel →Regensburg). Die beiden Quellflüsse sind schon 1009 als *Albus Regin* und *Niger Regin* bezeugt. Ihre Attribute beziehen sich wohl auf die Färbung ihres Wassers. Am Schwarzen Regen liegt die nach dem Fluß benannte Stadt **Regen,** 1239 *Regen,* 1148 *Regn,* eine Rodungssiedlung des 12. Jh.s, die vor 1270 Marktrecht und 1932 Stadtrecht erhielt.

Regensburg, Stadt an der Mündung des Regens und der Naab in die Donau, seit 1837 Hauptstadt des Regierungsbezirks Oberpfalz, BY. Ein um 179 n. Chr. erbautes römisches Legionslager am rechten Donauufer, das den strategisch wichtigen Stromübergang zwischen Naab- und Regenmündung sicherte, wurde im 3. Jh. zu einer starken Festung ausgebaut, in deren Schutz mehrere römische Zivilsiedlungen entstanden. Ihr Name *Castra Regina* (s. u.) wurde die Grundlage des heutigen Namens der Stadt. Älter als dieses Kastell war ein Kohortenlager auf dem Königsberg im heutigen südlichen Stadtteil Kumpfmühl, das zur Zeit Kaiser Vespasians (69–79) errichtet worden war. In seiner Umgebung bestand eine jahrhundertealte Keltensiedlung, deren wahrscheinlicher Name *Radaspona* zuerst 772 n. Chr. belegt ist (s. u.). Die im 6. Jh. eingewanderten Bajuwaren machten R. zu ihrem Herzogssitz und bauten im Römerkastell eine Pfalz, die im 8. Jh. karolingische Königspfalz wurde. Der fränkische Wanderbischof St. Emmeram kam vor 700 in die Stadt, an seinem Grab entstand ein bedeutendes Benediktinerkloster, das in Verbindung mit den Bischöfen bis 973 in Böhmen missionierte. Das Bistum R. gab es wohl schon in der Römerzeit, es wurde 739 von Bonifatius neu organisiert. Als Handelsstadt entwickelte sich R. im 11. und 12. Jh. besonders im Verkehr mit dem Osten und Italien. 1245 wurde es Reichsstadt, 1286 Mitglied des Rheinischen Städtebundes, und 1542 schloß es sich der Reformation an. Von 1663 bis 1806 war die Stadt Tagungsort des Ewigen Reichstages, 1810 fiel sie schließlich an Bayern. – Der Name *Regensburg,* 1533 *Regenspurg,* 11. Jh. *Reganisburc,* 1008 *Reinesburch,* 831 *Reginesburg,* 772 *Reganespurch* ist eine Übersetzung des lateinischen Namens *Castra Regina* (= Lager, Kastell am [Fluß] Regen), der zuerst 425/30 bezeugt ist und neben einfachen lateinischen Ortsangaben wie 3. Jh. *Regino,* 5. Jh. *civitas* (= Stadt) *Regino* steht;

zum Namen des Flusses vgl. den Artikel →Regen. Neben diesem lat.-deutschen Namenpaar existierte, wie wir annehmen dürfen, der Name der alten Keltensiedlung, der erst 772 in der Akkusativform *ad* (= nach) *Radasponam* und im gleichen Jahr adjektivisch *ad Radasponensem urbem* (= zur Stadt Radaspona) belegt ist. Dieser Name, der auch in den Formen 1012/18 *Ratisbonam,* um 1020 *Ratispona* vorkommt, ist noch nicht ausreichend erklärt worden (vgl. auch den Artikel →Bonn). Von anderen, nur vorübergehend gebrauchten Namen der Stadt sei hier nur die gelehrte Bildung *Ymbripolis* (11. Jh. und 1373) erwähnt, in der das lateinische Substantiv *imber* ›Regen‹ irrtümlich auf den Fluß bezogen und mit griech. *pólis* ›Stadt, Burg‹ verbunden wird.

Regnitz, die, l. zum Main, →Rednitz, die.

Regnitz, die, r. zur Saale, →Hof.

Rehau, Stadt am Nordrand des Fichtelgebirges, BY, entstand aus einer Rodungssiedlung an der Regnitz, die zuerst im 13. Jh. genannt wird und mehrfach den Besitzer wechselte. Sie erhielt 1427 Markt- und Stadtrecht, kam 1482 an die Markgrafen von Ansbach-Bayreuth und wurde 1810 bayerisch. Der Name 1522 *Rehau,* 1497 *Rehaw* ist aus dem alten obersorbischen Namen des Ortes (1390 *Resau, Resa,* 1246 *Resawe*) volksetymologisch eingedeutscht worden: das 1427 verliehene Ortswappen zeigt ein Reh. Der slawische Name ist dagegen mit dem Zugehörigkeitssuffix *-ov* von obersorb. *rěz* ›Schnitt‹ abgeleitet, er bezog sich wohl auf die Rodung des Waldes. Vgl. aber den Artikel →Riesa.

Reiche Ebrach, die, l. zur Regnitz, →Eberbach.

Reichenbach/Oberlausitz →Reichenbach (Vogtland).

Reichenbach (Vogtland), Stadt sö. von Greiz, SAC, entstand um 1240 durch planmäßigen Ausbau am unteren Ende des gleichnamigen, langgestreckten Waldhufendorfs (1212 *Richenbach*), das in der Folge zur Unterscheidung **Oberreichenbach** heißt: 1317 *Obirrichinbach,* 1544 *Ober Reichenbach.* R. selbst erhielt vor 1274 Stadtrecht und ist belegt als 1260 *Richinbach,* 1330 *Rychenbach,* seit dem 15. Jh. als *Reichenbach.* Der bes. in Ober- und Mitteldeutschland verbreitete Name bezeichnet urspr. den im Dorf fließenden Bach nach seinem Wasser- oder auch Fischreichtum (zu mhd. *rīche, rīch,* ahd. *rīhi* ›reich, reichlich, ansehnlich‹). Den gleichen Namen hat z. B. die Stadt **Reichenbach/Oberlausitz,** w. von Görlitz, SAC, die ebenfalls aus einem Waldhufendorf hervorgegangen ist (1238 *Richenbach*).

Reichenhall, Bad, Stadt an der Saalach in den Berchtesgadener Alpen, BY, entstand in der Nähe der römischen Tauernstraße bei mehreren schon in der Hallstattzeit genutzten Salzquellen. Zahlreiche bajuwarische Reihengräber des 7. Jh.s weisen auf die Bedeutung des Ortes, der 996 Münzstätte war. Im 12. Jh. gehörte die Grafschaft R. den sogenannten Hallgrafen von Dießen-Andechs, später war R. lange Zeit zwischen Bayern und dem Erzstift Salzburg strittig, fiel aber 1587 endgültig an Bayern. 1509 wurde ein Salzbrunnenhaus, 1745 das erste Gradierwerk gebaut, seit Mitte des 19. Jh.s überwiegt der Bade- und Kurbetrieb die Salzgewinnung. Der Name 1390 *Reichenhall,* 1353 *Reichenhalle* (das Attribut *reichen-* weist auf die Ergiebigkeit der Quellen) steht für die älteren Namensformen *Hal, Halle, Halla,* die den Appellativen mhd. *hal* (Neutrum) ›Salzquelle, Salzwerk‹, *halle* (Femininum) ›Halle, Salzbereitungs- und Aufbewahrungsplatz, Siedehaus‹ entsprechen (vgl. auch ahd. *halhūs* ›Saline‹). Die weitere Herkunft dieser alten Fachwörter ist noch nicht geklärt; vgl. auch den Artikel →Halle (Saale). Als Belege für R. seien genannt: 744/47 *Halla,* 790 *ad Salinas, quod dicitur Hal* (= [der Ort] bei den Salinen, der Hal genannt wird), 1275 *apud Halle sive in coccione salium* (= bei Halle oder bei der Salzkochung).

Reinbek [...be:k], Stadt im südöstlichen Vorortbereich von Hamburg, SH, entstand bei einem bald nach 1260 erbauten Zisterzienserinnenkloster, das 1229 in Hoibeke (›Heubach‹, heute Mühlenbek) und später an der oberen Bille in Köthel gelegen hatte. Von dort nahm das Kloster vermutlich seinen Namen R. an den endgültigen Platz mit: 1238 *ville Reinebec* (= des [klösterlichen] Meierhofes R.), 1309 *in Reynebeke.* Der Name bedeutet entweder ›Grenzbach‹ (zu mnd. *rein* ›Rain, begrenzende Bodenerhöhung‹ und *beke* ›Bach‹) oder ›reiner Bach‹ (zu mnd. *rein* ›klar, sauber‹). R. kam 1528 durch Kauf an die Könige von Dänemark und vor 1575 an die Herzöge von Gottorf. 1867 wurde es preußisch, 1953 erhielt es Stadtrecht. Gleicher Herkunft ist wohl der Name der Stadt **Reinfeld** w. von Lübeck, SH, die auf ein Zisterzienserinnenkloster von 1186 zurückgeht. Der Name 1208 *de Reineuelde* (neben 1221 *de Rineuelde*), 1189 *Reyneuelt* wird als ›Feld an der Grenze‹ oder ›reines Feld‹ gedeutet.

Reinfeld → Reinbek.

Remagen, Stadt am linken Ufer des Mittelrheins, RP, entstand in fränkischer Zeit am Platz einer um 400 untergegangenen keltisch-römischen Siedlung mit römischem Kastell an der Rheintalstraße. Aus Reichsbesitz kam R. im 13. Jh. an die Grafen von Berg (und Jülich). Der Name 1144 *Rimagen,* 1109 *Rigemagon,* 1090 *Regimagum* geht zurück auf kelt.-lat. *Rigomagus* (356 n. Chr.), zu kelt. **rīg-* ›König‹ und *magos* ›Feld‹ (→-magen). Die Siedlung war also wohl schon in keltischer Zeit Königsland; vgl. noch **Riol** bei Trier, im 1. Jh. kelt.-lat. *Rigodulum* (vielleicht ›Königsforst‹).

Remigiusland, das, → Kusel.

Rems, die, rechter Nebenfluß des Neckars, BWÜ, entspringt ö. von Heubach auf der Schwäbischen Alb, mündet oberhalb von Ludwigsburg. 1486 *die Remsz,* um 1350 *an der Remse,* 1274 *fluvii, qui dicitur* (= des Flusses, genannt) *Raemse,* 1298 *fluvium Rames* geht zurück auf ahd. **Rāmisa, *Rāmisia,* eine Bildung mit *-s*-Suffix zur idg. Wurzel **rem-/*rom-/*rōm-* ›ruhen‹, die sich wohl auf das ruhig fließende Wasser des Flusses bezog.

Remscheid, Stadt im Bergischen Land, NRW, entstand um eine alte, auf hoher Bergkuppe über der Wupper gelegene Kirche und einen Fronhof der Grafen von Berg und wuchs aus vielen verstreuten Einzelhöfen zusammen. Stadtrecht 1808. Der Name 1496 *Remschet,* 1252 *Remescheit,* 1217 *curia Remissgeid* (der Fronhof) bezeichnet urspr. wohl die Bergkuppe (→-scheid). Im ersten Bestandteil *Remis-* wird ein bisher nicht nachgewiesener altdt. PN vermutet.

Rendsburg, Stadt zwischen Eider und Nord-Ostsee-Kanal, SH, entstand an einem schon frühgeschichtlich genutzten Eiderübergang als Handelsplatz auf einer Flußinsel und im Schutz einer Grenzburg der Grafen von Holstein; lübisches Stadtrecht vor 1253. Der Besitz der Stadt war lange Zeit zwischen Dänemark und Holstein strittig. Im 16. Jh. legte König Christian I. im Stadtteil *Neuwerk* eine starke Festung an. 1867 kam R. an Preußen. Der Name *Rendsburg,* 1323 *Reyndesborgh* geht zurück auf 1225 *Renolsburh,* 1199 *castrum* (= die Burg) *Reinoldesburch,* er bezeichnete urspr. die unter Graf Adolf II. von einem Edlen namens *Reinhold* erbaute Grenzburg.

Rennpfad, der, → Rennsteig.

Rennsteig, (auch:) *Rennstieg* oder *Rennweg,* der, Höhenweg im Thüringer Wald und Frankenwald zwischen Hörschel bei Eisenach und Blankenstein an der oberen Saale. Als alter Grenzweg zwischen Thüringen und Franken wird der R. seit 1330 erwähnt, mit anderm Namen heißt er 1144 *Franckenstic* (= Frankensteig, zu mhd. *stīc,* ahd. *stīg* ›Pfad‹). Höhenwege mit ähnlichen Namen kamen in deutschen Mittelgebirgen mehrfach vor, z. B. ein **Rennpfad,** 1131 *Rennephat,* bei Hattenheim im Rheingau oder ein **Rennweg,** um 900 *Rennewec via,* wahrscheinlich über die Orber Höhe ö. von Hanau, HE. Das erste Glied *Renn-* wird zu ahd., mhd. *rennen* ›laufen machen, antreiben, hetzen‹ (Bewirkungsverb zu *rinnen*) gestellt und der Rennweg als schmaler Reitweg und Eilbotenweg auf dem Gebirgskamm erklärt. Die früheren Deutungen des Namens als **Rainweg,* d. h. Grenzweg (zu ahd. *rein* ›Schutzwehr‹, mhd. *rein* ›begrenzende Bodenerhöhung, Ackerrain‹) wird heute abgelehnt; man beachte jedoch 1111 *Reinneuuech* als Namen eines Höhenwegs bei Fulda.

Rennweg, der, → Rennsteig.

Reuß, die, r. zur Aare (Schweiz), → Riß, die.

Reuß, Fürstentum, → Vogtland.

Reutlingen, Stadt im Vorland der Schwäbischen Alb, BWÜ, entstand wohl im 11. Jh. aus vier Einzeldörfern am Übergang der alten Königsstraße über die Echaz (r. zum Neckar), erhielt um 1182 Marktrecht und wurde von Kaiser Friedrich II. als *Neue Stadt* angelegt. Im 13. Jh. wurde R. Reichsstadt, 1803 kam es an Württemberg. Der Name 1600 *Reyttlingen,* 1555 *Reuttlingen,* 1534 *Rütlingen,* 1245 *in civitate* (= in der Stadt) *Rutilingen,* 1089/90 *Rutelingin* ist mit dem Suffix →-ingen von dem PN *Riutilo* abgeleitet.

Rezat, die, BY: Die beiden Quellflüsse der Rednitz, die **Fränkische** und die **Schwäbische Rezat,** vereinigen sich bei Georgensgmünd. Die Fränkische R. entspringt nw. von Ansbach, die Schwäbische R. bei Weißenburg i. Bay. Die unterscheidenden Zusätze begegnen erst im 19. Jh. (aber im 16. Jh. *Bairisch* oder *Ober Retzach* [so!] für die Schwäbische R.). Die heutige Namensform *Rezat* ist ebenfalls jung: 1571 *Retzet,* 1642 *Rezet* für die Schwäbische R., erst 1801 *Retzat,* 1868 *Rezat* für die Fränkische R. Ältere Namensformen für beide Flüsse entsprechen denen der →Rednitz, z. B. um 1434 bzw. um 1503 *Rednitz,* 1335/45 bzw. 1377 *Redentz* und – nur für die Fränkische R. – 1228 *Radancia,* 9. Jh. *Radentia* und 792/816 *Rehtratanze* (= rechte Radantia). Man hat wohl beide Flüsse als Oberläufe der Rednitz angesehen.

Rheda, Stadtteil von →Rheda-Wiedenbrück, entstand nach 1221 bei einer Wasserburg am Emsübergang der Straße Paderborn–Münster, die 1191 an die Edelherren zur Lippe gekommen war. Stadtrecht 1355. Die Herrschaft R. gehörte 1364–1808 den Grafen von Tecklenburg und Bentheim. Der Name 1185 *Rethe,* 1088 *Retha* (die Endung *-a* blieb kanzleisprachlich erhalten) gehört zu mnd. *rēt* ›Schilfrohr‹ (vgl. →Rheydt). Ähnlich gebildet ist z. B. **Rhede,** Kr. Borken, NRW, (Stadt seit 1975), 11. Jh. *Rethi.*

Rhe̱da-Wiedenbrụ̈ck, Stadt an der Ems im östlichen Münsterland, NRW, entstand am 1. 1. 1970 durch die Vereinigung der alten Städte →Rheda und →Wiedenbrück mit andern Gemeinden.

Rhede →Rheda.

Rhein, der; Strom, der aus den Schweizer Alpen (Graubünden) kommt und in den Niederlanden (Rhein-Maas-Delta) in die Nordsee fließt. Quellflüsse: **Vorderrhein** (links; rätoroman. *Rein Anteriur,* entfließt dem Tomasee am Gotthardmassiv) und **Hinterrhein** (rechts; rätoroman. *Rein Posteriur,* entspringt im Zapportgletscher des Adulamassivs); die beiden vereinigen sich bei Reichenau w. von Chur. Der Name *Rhein,* mhd., ahd. *Rīn* (frz. *Rhin,* niederl. *Rijn*) geht zurück auf vorgerm. (illyr.?) **Reinos* und bedeutet eigtl. ›Fluß, Strom‹ (zu idg. **erei-* ›fließen‹; vgl. mir. *rīan* ›Meer‹ <**rei-no* und mit anderer Bildung lat. *rivus* ›Fluß‹ und aengl. rīð-, mnd. *rīde* ›Bach‹). Ebenfalls auf **Reinos* geht gall. *Rēnos* zurück, das seinerseits die Grundlage für griech. *Rhēnos,* lat. *Rhēnus* wurde. Kelten und Germanen haben also beide den Flußnamen in seiner ältesten Form kennengelernt. Nur die Schreibung mit *Rh-* (vgl. frz. *Rhin*) ist von der griech.-lat. Form beeinflußt. Vgl. ferner die Flußnamen it. *Reno* (zur Adria bei Ravenna, lat. im 1. Jh. n. Chr. *Rhenus*), frz. *Reins* (zur Loire, 879 *Renus*). Die entsprechenden Namen deutscher Flüsse (z. B. der *Rhein* bei Bitterfeld, der *Rhin* rechts zur Havel) sind wohl als Übertragungen des westdt. Flußnamens *Rhein* zu erklären. Jedoch kommt das Wort auch als Gattungsbezeichnung vor: nordfries. *Rīn* ›Wasserlauf, Grenzgraben‹, alem. (in Graubünden) *Rīn* ›Hauptbach eines Tales‹. – Die wichtigsten Mündungsarme des Rheins im Delta sind die oder der **Waal** (lat. *Vacalus, Vahalis,* wohl zu einer kelt. Entsprechung von lat. *vacillare* ›wakkeln, wanken‹, eigtl. ›gekrümmt sein‹) und der **Lek** (1122 *Lecca,* um 866 *Laca,* wohl zu ahd. *lacha* ›Sumpf, Pfütze, Lache‹, mnd. *lake* ›seichte Stelle‹). Der dritte große Mündungsarm, die **Ijssel,** 814/15 *Hisla,* 765 *Isela* aus germ. *Īsla*, gehört zur Gruppe der unter →Isar behandelten Flußnamen.

Rheinbach, Stadt sw. von Bonn, NRW, entstand als Weiler um einen Hof des Klosters Prüm, wurde Ende des 13. Jh.s Stadt und kam 1342/43 an Kurköln. Der Name hat nichts mit dem

(13 km entfernten) Rhein zu tun. 1140 *Reinbach* ist kontrahiert aus 1066, 943, 762 *Reginbach*. Dies gehört entweder zu ahd. *regan, regin* ›Regen‹ (›Bach, der sich nur nach Regen füllt‹) oder als Genitiv *Regin* zu einem altdt. PN *Rago*.

Rheinberg, Stadt n. von Moers, NRW, entstand aus einem fränk. Königsgut mit Zollstelle und wurde im 13. Jh. kurkölnische Festung; Stadtrecht 1232. Die Altstadt lag bis 1714 auf dem Hochufer am Rhein, dann wurde das Strombett um 4 km verlegt. Der Name 1633 *Rheinberg*, 1590 *Rhein-Berck*, 1106 *Berke* ist vermutlich aus einem **Berkheim* (= ›Bergheim‹) der Frankenzeit verkürzt (Hochuferlage!). Der Zusatz *Rhein-* unterscheidet den Ort von **Wegberg** bei Mönchengladbach (1397/98 *Berck, Wegberck*, 1339 *Berke*, 966 *Berge*), das an einer Römerstraße *(Heerweg, Hochweg)* lag. Beide ON werden regional auf dem Grundwort betont *(Rheinbẹrg, Wegbẹrg)* und mdal. nur *Berk* genannt.

Rheindürkheim bei Worms → Dürkheim, Bad.

Rheine, Stadt an der Ems im nördl. Münsterland, NRW, entstand an einer wichtigen Emsfurt bei einem seit 838 dem Stift Herford gehörenden Königshof und kam im 14. Jh. an das Bistum Münster; Stadtrecht 1327. Der Name 1002 *Hreini*, 853 *Hreni* ist unerklärt.

Rheinfels, Burg, → Sankt Goar.

Rheingau, der, vom westlichen Taunuskamm und dem Rhein begrenzte Landschaft zwischen Wiesbaden und Bingen/Aßmannshausen, Hessen. Als politische Einheit (fränkische Gaugrafschaft) seit dem 8. Jh. bezeugt, seit dem 12. Jh. zum Erzbistum Mainz gehörend, bedeutend durch Weinbau und großen Waldbesitz. Der Name 788 *Rīnahgawe*, 795 *Rīnec-*, 1085 *Rīnegowe* ist unter Verwendung des häufigen Flußnamengrundworts → [1]*-ach* gebildet, das später wegfiel, weil es dem Namen des *Rheins* (ahd. *Rīn*) nicht zukam; zum GW *-gawe* → -gau.

Rheinhessen, Teilgebiet von Rheinland-Pfalz im Hügelland zwischen Mainz, Worms und der unteren Nahe; bis 1945 hessisch (1816–1937 hessische Provinz). Der Name *R.* wurde gegeben, als Hessen-Darmstadt 1815/16 für den Verlust des Herzogtums Westfalen mit ehemals vor allem kurpfälzischen und kurmainzischen Gebieten links des Rheines entschädigt wurde (daher der Titel ›Großherzog von Hessen und *bei Rhein*‹).

Rheinland-Pfạlz, Land der Bundesrepublik Deutschland im W des Bundesgebiets, entstand im August 1946 (30. 8.) als Teilgebiet der französischen Besatzungszone. Es wurde zusammengesetzt aus Teilen der preußischen Rheinprovinz (Regierungsbezirke Koblenz und Trier), der preußischen Provinz Hessen-Nassau (mit Montabaur), der hessischen Provinz Rheinhessen (mit Mainz und Worms) und der bayerischen Pfalz (mit Neustadt und Kaiserslautern). Die Wahl des Landesnamens *Rheinland-Pfalz* entsprach den historischen Gegebenheiten, indem *Rheinland* die alte Verbindung zum Mittelrhein, *Pfalz* aber die am Oberrhein nachwirkende Kraft der ehemaligen Kurpfalz ansprach. Das Land konnte sich nach anfänglichen Schwierigkeiten trotz der willkürlich gezogenen Grenzen stabilisieren.

Rheinsberg/Mark, Stadt n. von Neuruppin, BR, am Rhin (r. zur Havel), BR, entstand im 13. Jh. bei einer Adelsburg; Stadtrecht vor 1368. Die 1733 von König Friedrich Wilhelm I. gekaufte Herrschaft Rh. wurde zur Residenz des preußischen Kronprinzen Friedrich (Schloßbau 1734–39). Der Name 1524 *Reinßberg*, 1375 *Ryns-, Rinsberg*, 1291 *(Gerhardus de) Rynesberge* enthält den Flußnamen **Rhin** (1238 lat. *Renus*, 1336 niederd. *tussen* (= zwischen) *deme Rine*). Dieser ist wohl durch die ersten Ansiedler vom Niederrhein (mhd., mnd. *Rhīn*) her übertragen worden, wahrscheinlich in der appellativischen Bed. ›Wasserlauf, Fluß‹; vgl. den Artikel → Rhein. – Am gleichen Fluß Rhin liegt n. von Rathenow auch das Städtchen **Rhinow** (1375 *Rynow*, 1216 *Rinowe*).

Rheinzabern, Ort im Kreis Germersheim, RP; entstand im 1. Jh. n. Chr. als römische Zivilsiedlung mit großen Ziegeleien, später auch Terrasigillata-Fabrikation; im Mittelalter Besitz des Bistums Speyer. Der Name lat. *Tabernis, Tabernas*

(3./4. Jh.), dt. im 10. Jh. *Zabrena* ist urspr. der Plural von lat. *taberna* ›Krämerladen, Wirtshaus‹ und bedeutet ›bei den Tabernen‹. Erst im 14. Jh. wurde der Ort im Unterschied zu der jungen Stadt → Bergzabern nach seiner Lage nahe dem Rhein benannt: 1327 *Rinzabern.* Auf römerzeitliches *taberna* geht auch **Zabern** im Elsaß zurück: 4. Jh. *Tres Tabernae* ›Drei Kneipen‹. Dagegen entstanden die Namen von **Tafẹrn** bei Pfullendorf, BWÜ (1121 *Taverna*) und **Tawẹrn** Kr. Saarburg, RP, (1000 *Taberna*) erst in althochdeutscher Zeit durch Entlehnung des lat. Appellativs *taberna,* so daß hier lat. *t-* nicht zu *z-* verschoben wurde.

Rheydt, Stadtteil (seit 1975) von → Mönchengladbach, entstand als Kirchdorf bei einer Wasserburg (urspr. fränkischer Salhof) im Bruchgelände der Niers (r. zur Maas), kam um 1180 an das Erzstift Köln und 1307 an die Grafen von Jülich; Stadtrecht 1827/56. Der Name 15. Jh. *Rheydt, Reidt, Rede,* 12. Jh. *Reyde, Rethe,* um 988 *Reithe* bezeichnete urspr. den Salhof, er gehört als lokativischer Dativ zu mnd. *rēt, reit* ›Ried, Schilfrohr‹ und bedeutet ›[Siedlung] im Schilfgelände‹.

Rhin, der, r. zur Havel; **Rhinow** → Rheinsberg/Mark.

Rhön, die, Mittelgebirge in Hessen, Bayern und Thüringen zwischen der Werra, der Fränkischen Saale und der Haune. Der Name ist erst seit dem 14. Jh. bezeugt, als Zusatz zum Namen der Stadt Bischofsheim an der Rhön, n. von Bad Kissingen, BY: 1374 *Byschofesheym vor der Rône,* 1331 *Byschoffheim an der Röen.* Der Gebirgsname läßt sich sprachgeschichtlich nicht zuordnen, er ist aber vordeutsch.

Rhöndorf → Honnef am Rhein, Bad.

Rhone, die (Frankreich), → Rednitz.

Rhume, die, rechter Nebenfluß der Leine, NDS, entspringt aus einer starken Karstquelle bei **Rhumspringe** (um 1250 *in Rumespringe,* zu ahd. *gispringi* ›Quelle‹), mündet bei Northeim. 1602 *Rhume,* 1358 *uppe der Rume,* 1141 *Ruma* gehört wohl zu mnd. *rūm* ›geräumig, weitläufig, groß‹, got. *rūms* ›geräumig‹, der Name bezieht sich dann auf die Wassermenge und galt vielleicht urspr. für die starke Quelle. Doch ist beim Vergleich mit dem lit. Flußnamen *Rumè* auch eine vorgerm. *m*-Ableitung aus idg. **reu-/*rū̆-* ›aufreißen, graben, wühlen‹ zu erwägen (vgl. den Artikel → Ruhr).

Rhumspringe → Rhume, die.

Ribnitz → Ribnitz-Damgarten.

Rịbnitz-Dạmgarten, Stadt an der Mündung der Recknitz in den Saaler Bodden, nö. von Rostock, MV, entstand 1950 als Doppelstadt durch Vereinigung der beiden r. und l. der Recknitz gelegenen Städte. **Ribnitz** war am Westufer bei einer 1210 genannten Burg Heinrich Borwins III. von Mecklenburg-Rostock gegründet worden und erhielt vor 1250 Stadtrecht. Die Fischersiedlung **Damgarten** ö. des Flusses wurde durch Jaromar II. von Rügen 1258 zur Stadt erhoben und gehörte seit 1325 zu Pommern. Der Name 1311 *Ribbenitze,* 1252 *Ribeniz* ist eigtl. ein Gewässername: 1216 *rivus* (= der Bach) *Ribeniz;* er gehört zu apolab. *ryba* ›Fisch‹. Der Name 1359 *Damgarden* ist durch Anlehnung an dt. *Garten* eingedeutscht worden aus 1348 *Damgor,* 1286 *Dambegore,* 1225 *Dammechore;* dies führt auf einen Flurnamen apolab. **Dąbogora* ›Eichenberg‹ (zu *dąb* ›Eiche‹ und *gora* ›Berg‹).

Ried, das (auch: *Hessische Ried,* das), die Rheinniederung w. des Odenwaldes, die früher durch zahlreiche Niederungsmoore und alte Neckararme charakterisiert war. Der Landschaftsname geht zurück auf mhd. *riet,* ahd. *[h]riot* ›Sumpfgras, Schilf, Röhricht‹, ein westgermanisches Wort, das auch in niederl. *riet,* engl. *reed* und in mnd. *rēt* (vgl. *Reetdach*) erscheint. *Ried* ist also das mit Schilf bewachsene Gelände, das Sumpfland. Der Landschaftsname *Ried* kommt auch in Oberdeutschland vor; im bayerischen Raum berührt er sich mit dem gleichlautenden Wort *Ried* ›Rodung‹, vgl. den Artikel → -rod, -reut, -ried.

Riedöschingen → Donaueschingen.

Ries, das, Beckenlandschaft zwischen Schwäbischer und Fränkischer Alb, BY und BWÜ, entstanden vor 15 Millionen Jahren durch den Einschlag eines außerirdischen Körpers. Der von Löß überdeckte, fruchtbare Boden ist seit der Mittelsteinzeit besiedelt. In der Römerzeit, etwa 90–260 n. Chr., war das Ries ein Teil der römischen Provinz *Raetia,* (benannt nach dem Alpenvolk der Räter, lat. *Raeti*), seit dem 5. Jh. gibt es alemannische Siedlungen dort. Der Name *Ries,* 1188 *Riez,* 1030 *Rieze,* 760 *Rezi,* als Adjektiv 898 *Retiensis pagus,* läßt sich über 868 *Retia* auf lat. *Raetia* zurückführen. Daß der Name der großen römischen Provinz gerade hier erhalten blieb und eingedeutscht wurde, hat man damit erklärt, daß hier im 3. Jh. zum erstenmal an der Donau Germanen und Römer aufeinanderstießen und dies als entscheidendes Ereignis im Gedächtnis blieb.

Riesa, Stadt an der Elbe im nördlichen Sachsen, entstand als altsorbisches Dorf auf der Elbterrasse und wurde nach Gründung eines Benediktinerklosters um 1150 mit deutschen Siedlern als Straßenangerdorf ausgebaut. R. wurde 1542 Marktflekken und erhielt 1623 Stadtrecht. Der Name 1547 *Ryssa,* 1499 *Riesse,* 1445 *Rysaw* ist eingedeutscht aus 1378 *Rizow, Rissow,* 1214 *Rizowe,* 1186 *Rezowe,* 1119 *monasterium* (= das Kloster) *in Reszowa;* er wird zu asorb. *rěz* ›Einschnitt‹ gestellt und bezog sich wohl auf Rinnen und Wassereinbrüche in der Flußterrasse.

Riß, die, rechter Nebenfluß der Donau in BWÜ, entspringt nw. von Bad Waldsee, mündet sw. von Ulm. Nach ihr ist die Rißeiszeit benannt worden. Die Namensform *Riß* steht mit mundartlicher Entrundung von *ü* zu *i* für 1399 *Rüß,* 1293/95 *apud aquam* (= bei dem Wasser) *Russaiam.* Der Name wird zu der Wurzel idg. **reus-* ›eilige Bewegung‹ gestellt, zu der mit anderem Ablaut auch der Name der schweizerischen **Reuß** (r. zur Aare zum Rhein; 881 *Rusa*) gehört.

Rißtissen → Illertissen.

Riveris, die, r. zur Ruwer; **Riverisstausee,** der, → Ruwer, die.

Röbel/Müritz, Stadt am Westufer des Müritzsees, MV, entstand als Fischersiedlung bei einer slawischen Burg, neben der sich um 1200 eine Kaufmannssiedlung bildete, die durch die Grafen von Werle zur Stadt ausgebaut wurde; Stadtrecht vor 1207. Der Name 1347, 1261, 1237 *Robele,* 1249, 1227 *Robole* ist zu dem altpolabischen PN *Robol* gebildet und bedeutet eigtl. ›Ort des Robol‹.

Rochlitz, Stadt an der Zwickauer Mulde im mittelsächsischen Hügelland, SAC, entstand als Hauptort eines altsorbischen Kleingaues an einem alten Muldeübergang, wurde im 10. Jh. deutscher Burgward und Ende des 12. Jh.s von den wettinischen Grafen von R. planmäßig zur Stadt ausgebaut; Stadtrecht vor 1360. Der Name 1329 *Rochlitz,* 1174 *Rochelez, Rocheliz,* 1012/18 *Rochelinti, Rocholenzi,* 968 *Rochelinze* geht wohl auf den asorb. PN *Rochol[a]* zurück. Die Endung *-enzi, -inzi* könnte aus deutschen PN-Koseformen wie *Richinzo, Liubinzo* entlehnt sein.

Rockenhausen, Stadt an der Alsenz, RP, entstand in fränkischer Zeit auf schon römisch besiedeltem Boden und kam im MA aus Reichsbesitz zuerst zur Raugrafschaft, später zu Kurpfalz. Der Name 1600 *Rockenhawsen,* 1247 *Rockenhusen,* 897 *Rogkenhusen* bedeutet ›bei den Häusern des Rocco‹ (→-hausen). Der alte deutsche PN *Hrocco* erscheint mehrfach in ON, vgl. z. B. **Roggwil (Thurgau),** Schweiz, 904 *Rocconwilare,* und **Roggendorf** (zu Köln), 1140 *Rochendorf* (*ch* = *k*). Mit der Getreideart *Roggen* (ahd. *rocko*) haben diese Namen sicher nichts zu tun.

-rod, -reut, -ried, Grundwörter von Namen für Siedlungen auf ehemaligem Waldboden. Die drei Wörter sind Substantivbildungen zu entsprechenden Verben mit der Bed. ›abholzen und Wurzelstöcke entfernen; urbach machen‹: Mitteld., mnd. *roden* steht im Ablaut zu oberd., österreichisch, schweizerisch *reuten* aus mhd., ahd. *riuten,* und für *-ried,* mhd. *-riet,* ahd. *-reod, -riod* kommt als drittes mhd. *rieten* ›ausrotten, vernichten‹ hinzu. Die Namen auf *-rod, -rode* treten im Rheinland, in Hessen und Thüringen und in den Niederlanden auf *(Gernrode, Walsrode, Annerod),* eine Nebenform ist *-rath, -rad[e] (Benrath, Oberrad).* Die Namen auf *-reut* sind meist oberdeutsch *(Bayreuth, Tirschenreuth),* die Namen auf *-ried* finden sich bes. in Bayern *(Biebelried, Autenried).* Hier sind Verwechslungen möglich mit dem unter → *Ried* behandelten Wort für ›Sumpfgras, Schilf[gelände]‹.

Roda, die, r. zur Saale, → Stadtroda.

Roggendorf (zu Köln); **Roggwil (Thurgau),** Schweiz, → Rockenhausen.

Romanshorn → Friedrichshafen.

Ronneburg, Stadt in Ostthüringen, TH, entstand Ende des 12. Jh.s als deutsches Dorf bei einer Burg der Vögte von Weida und wurde nach 1250 planmäßig als Stadt ausgebaut; Stadtrecht vor 1304. Seit 1398 wettinisch, gehörte R. 1826–1918 zum Herzogtum Sachsen-Altenburg. Der Name 1550 *Ronneburg,* 1302 *Roneberg,* 1209 *Heinrich de Ronneberg* ist mit mhd. *rone, ron* ›umgestürzter Baumstamm, Baumstock‹ gebildet (dazu das Kollektivum mhd. *ronach* ›Windbruch‹); er läßt vermuten, daß die erste Siedlung in bergigem Gelände bei einem Windbruch angelegt worden ist.

Rosenheim, Stadt an der Mündung der Mangfall in den Inn, BY, entstand am Kreuzungspunkt zweier wichtiger Straßen bei der gleichnamigen, 1234 zuerst genannten Burg, erhielt 1328 Marktrecht und wurde 1864 Stadt. Grundlage des Wohlstandes war der Salztransport und der Getreideumschlag für die Innschifffahrt. Den Namen 1267 *Rosenheim,* 1232 *Rosinheim* hat der Ort wohl von der Burg übernommen; er ist heraldisch bestimmt nach dem Wappen der Grafen von Wasserburg, die drei Rosen auf einem Schrägbalken im Schilde führten.

Roßlau (Elbe), Stadt n. von Dessau gegenüber der Muldemündung, SAN, entstand an einem alten Elbübergang bei einer altsorbischen, seit Anfang des 13. Jh.s deutschen Burg; Stadtrecht um 1382. Der Name 1557 *Roßlow,* 1382 *Roßlaw,* 1215 *[Albert de] Rozelowe* ist wohl eingedeutscht, er könnte den asorb. PN *Roslaw, Rostislaw* enthalten.

Rostock ['rɔstɔk], Hafenstadt an der unteren Warnow, MV, entstand um 1170 bei einem slawischen Burgwall ö. der Warnow aus einer Siedlung dänischer Kaufleute, der w. des Flusses eine deutsche Siedlung entsprach. Diese erhielt 1218 lübisches Stadtrecht und wurde 1265 mit zwei jüngeren Teilstädten vereinigt. Seit 1229 war R. Hauptort des gleichnamigen Fürstentums und fiel 1314 an Mecklenburg. Im 13. Jh. wurde R. Hansestadt (Vorort des ›Wendischen Quartiers‹), 1419 wurde die Universität als erste norddeutsche Hochschule gegründet. Der Name 1240 *Rostok,* 1219 *Roztoc,* 1171 *urbs* (= die Burg) *Rozstoc* beruht auf apolab. *rostok* ›Ort, wo das Wasser sich spaltet, auseinanderfließt‹. Einen entsprechenden Namen hat z. B. **Rostok** (tschech. *Roztoky*) an der Moldau, n. von Prag, Tschechische Republik. Zum Flußnamen *Warnow* vgl. → Warnemünde.

Rostok (Tschechische Republik) → Rostock.

Rote Kliff, das, → Kleve.

Rote Main, der, l. zum Main, → Main, der.

Rote Murg, die, → Murg, die.

Rotenburg a. d. Fulda, Stadt in Hessen; gegründet um 1200 als Sperrfestung der Landgrafen von Thüringen und Hessen gegen die Abtei → Hersfeld. Den Namen 1170 *Rodenberc,* 1343 *Rotenburg* trug urspr. die schon 50 Jahre früher auf dem Hausberg rechts der Fulda errichtete landgräfliche Burg *Rotenberg,* er wurde dann auf die neue Siedlung am linken Ufer übertragen.

Rotenburg (Wümme) → Rothenburg ob der Tauber.

Roth, Stadt an der Rednitz, s. von Nürnberg, BY. Der im 11. Jh. zuerst genannte Ort kam 1199 an die Burggrafen von Nürnberg und erhielt vor 1340 Stadtrecht. Als Markt an der Straße von Nürnberg nach Italien kam R. zu Wohlstand. Der Name 1363 *Roth,* 1251 *Rot,* 1057/75 *Rott* ist von dem gleichnamigen Fluß übernommen, der hier von rechts in die Rednitz mündet und seinerseits wohl nach dem roten Untergrund des Flußbetts heißt; vgl. den Artikel → Rott.

Rothaargebirge, das, Gebirgszug im Sauerland mit Höhen um 700 bis 800 m, Rhein-Weser-Wasserscheide. Der Name *Rothaar* ist mit mnd. *hare* ›Anhöhe‹ gebildet (→ Haar), das BW *Rot-* könnte sich auf die Bodenfarbe beziehen, da am SW-Hang seit alters Eisenerz abgebaut wird.

Rothenburg ob der Tauber, Stadt im westlichen Vorland der Frankenhöhe, BY, entstand bei der gleichnamigen Burg der Grafen von Comburg, die 1116 an die Staufer fiel. Diese errichteten eine zweite Burg und bauten die zugehörige Siedlung

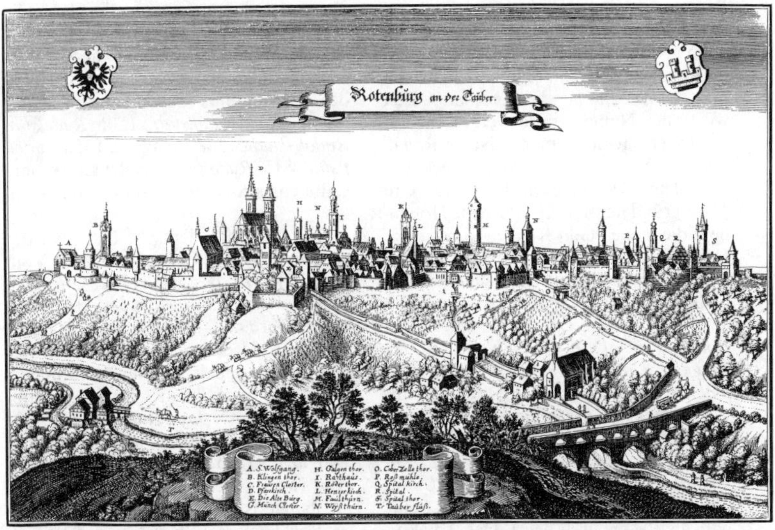

aus. Sie wurde vor 1200 ummauert, erhielt 1241 Stadtrecht und wurde 1275 zur Reichsstadt erhoben. Der Wohlstand R.s beruhte auf dem landwirtschaftlich genutzten Grundbesitz seines Patriziats, weniger auf dem Fernhandel. Doch war die Stadt auch eine Station an der europäischen Pilgerstraße von Dänemark nach Rom. Der Name 1188 *castrum* (= die Burg) *Rotenburch,* 1085 und 1079 *Rotenburc* benannte urspr. die alte, jetzt verschwundene Grafenburg und ging von ihr auf die Stadt über. Anlaß der Benennung war die weithin sichtbare rote Farbe der Burgmauern. Seit dem 14. Jh. wurde zur Unterscheidung von gleichnamigen Orten der Flußname *Tauber* hinzugefügt: 1384 *Rottenburg uff der Tawer,* 1396 *Rotenburg an der Twber,* 1672... *ob der Tauber,* seit 1801 mit *th Rothenburg ob der Tauber.* Die Präposition *ob* kennzeichnet hier die Lage der Stadt etwa 60 m über dem Fluß. Gleichnamige Orte sind z. B. → Rotenburg a. d. Fulda, → Rottenburg am Neckar und die norddeutsche Stadt **Rotenburg (Wümme),** die ö. von Bremen an der Wümme l. zur Lesum zur Weser liegt. Sie ist nach einer 1192 erbauten Wasserburg des Bischofs von Verden benannt, wurde 1929 Stadt und hieß bis 1969 *Rotenburg (Hannover).*

Rothenditmold (zu Kassel) → Detmold.

Rott, die, linker Nebenfluß des Inns in Bayern, entspringt s. von Vilsbiburg, mündet bei Schärding, Oberösterreich. 1395 *Rott,* 1270 *Roth,* 1246 *Rot* gehen zurück auf 795/805 *Raota,* 788/800 *Rota.* Der Flußname ist wohl die Substantivierung von ahd. *rota* ›die Rote‹, er bezieht sich auf die rotbraune Farbe des moorigen Wassers. Ähnliches gilt für den Namen des Pfarrdorfs **Rott am Inn,** n. von Rosenheim, BY, 1484 *Rott cis Enum* (= diesseits des Inns), 1180 *Rote,* 1126/27 *Rote.* Vgl. den Artikel → Roth.

Rott am Inn → Rott, die.

Rottenburg am Neckar, Stadt oberhalb von Tübingen, BWÜ, entstand in schon vorgeschichtlich besiedeltem Gebiet über den Trümmern der Römerstadt **Sumelocęnna,** die vom 2. bis 3. Jh. der wichtigste Ort im römischen Neckarland war. Der Name dieser Stadt ist keltisch, aber noch nicht eindeutig erklärt; vielleicht gehört er als Kollektivname einer

Personengruppe (Einwohnername) zu dem keltischen PN **Sumelos* und könnte dann ›Nachkommenschaft des Sumelos‹ bedeuten. Nach dem Einbruch der Alemannen um 260 lag die Stadt lange Zeit wüst, ihr Name wurde vergessen. Im 12. Jh. erscheint zuerst der Name *Rotenburg* für zwei Adelsburgen im Neckartal und dem benachbarten Bergland. Um 1280 gründeten die Grafen von Hohenberg die ›neue Stadt‹ R., die später an die Habsburger und 1806 an Württemberg kam. Sie wurde dann 1821 zum Sitz des katholischen Bischofs für das Land Württemberg erhoben. Der Name 14./15. Jh. *Roten-, Rotemburg, Rottenburg,* 1382 *ze Rotenburg an dem Negker,* 1330/35 *Routenburg* benannte urspr. die Burg (12. Jh. …*Waltherus de Rotenburg*) und nach ihr die Stadt: 1293 *in loco quondam antiqua civitas dicto, ubi nunc est civitas dicta Rotenburch* (= an dem Ort, der einst ›alte Stadt‹ genannt wurde, wo jetzt die Stadt namens Rotenburch liegt). Das Adjektiv ahd., mhd. *rōt* in dem Burgnamen bezieht sich entweder auf den roten Keuperboden im Gebirge (wo mehrfach der Flurname *Rotenberg* auftritt) oder auf die römischen Ziegelsteine, die beim Aufbau der mittelalterlichen Stadt wiederverwendet worden sind. Die Schreibung mit *-tt-* ist wohl aus einer Schreiberlaune entstanden (vgl. Formen wie *Stuttgart* und *Württemberg*), hat aber dann die kurze, offene Aussprache des *-o-* hervorgerufen.

Rüdesheim am Rhein, Stadt im Rheingau, HE, entstand in fränkischer Zeit an einem Rheinübergang, wo auch der Handelsweg zur Umgehung des für Schiffe oft unpassierbaren Binger Lochs begann. Seit dem 11. Jh. im Besitz der Erzbischöfe von Mainz, die den Ort durch mehrere Burgen ihres Dienstadels sicherten (Fuchs von R., Brömser von R.). Der Name *Rüdesheim* ist verkürzt aus 1128 *Rudensheim,* 1017 *Rudenesheim,* er enthält den alten deutschen PN *[H]ruodin,* eine Kurzform von Namen wie *Hruodolf/Rudolf, Hruodpert/Rupert.*

Rudolstadt, Stadt an der Saale, TH, entstand urspr. als Talsiedlung (Altstadt) um eine wohl schon fränkische Burg, zu der im 13. Jh. eine Höhenburg der Grafen von Orlamünde kam, die dann die rechteckige Neustadt gründeten. 1340 schwarzburgisch geworden, war R. 1599–1918 Hauptstadt der Grafschaft, seit 1710 des Fürstentums Schwarzburg-R. Der Name 1743 *Rudolstatt,* 1506 *Rudelstat, Rudolffstadt,* 1348 *Rudelstat,* 1258 *Rudolfistat,* 815 *Rudolfestat* bedeutet ›Wohnstätte eines *Rudolf*‹; → -statt, -stedt, -stätten.

Rügen, größte deutsche Insel, vor der vorpommerschen Ostseeküste, MV. Vom 12. bis 14. Jh. bestand auf R. ein slawisches Fürstentum, dessen Sitz der Burgwall Rugard bei → Bergen war. Als erster Fürst wird Jaromar I. genannt, der Stifter des Klosters und der Marienkirche in Bergen. Der Name *Rugard* ist eine Zusammensetzung aus slaw. *Ruja* ›Rügen‹ und *gard* ›Burg‹. Ob der Name *Ruja,* lat. **Rugia,* mit dem der ostgermanischen *Rugier* (Tacitus, Germania 44, *Rugii*) zusammenhängt, ist bisher nicht erwiesen. Dieses Volk kam im 2. Jh. v. Chr. aus Norwegen an die pommersche Küste und zog um 350 n. Chr. weiter zur Donau.

Ruhpolding, Pfarrdorf an der Weißen Traun in den Chiemgauer Alpen, BY, entstand im 14. Jh. durch den Ausbau einer mittelalterlichen Streusiedlung und entwickelte sich seit Ende des 19. Jh.s zu einem bedeutenden Fremdenverkehrsort. Der Name 1813 *Ruhpolding,* 1279 *Ruopoltingin,* 12. Jh. *Ropoldigin, Rvpoldingen* ist mit dem Suffix → -ingen abgeleitet von einem PN *Ruotpolth, Hrotbald* und bedeutet ›bei den Leuten des Ruotpolth‹.

Ruhr, die, rechter Nebenfluß des Rheins in NRW, entspringt am Ruhrkopf im Sauerland, mündet bei Duisburg-Ruhrort. Mit ihren Nebenflüssen (bes. Möhne u. Lenne) bildet sie die Grundlage der Wasserversorgung für das Ruhrgebiet, das größte Industriegebiet Europas. Der Name *Ruhr,* 1275 *Rure,* 796 *Rura* hat mehrere Entsprechungen in Westdeutschland und Belgien, z. B. die → *Rur* (r. zur Maas), die *Ruhr* bei Hofgeismar, die *Rulle* in Belgisch-Luxemburg (1066 *Rura*). Man hat ihn zu ahd. *[h]ruora,* niederl. *roer* ›heftige, eilige Bewegung‹ gestellt (vgl. nhd. *[sich] rühren*), doch ist er wahrscheinlicher eine vorgerm. *r*-Ableitung aus idg.

reu-/*ru-* ›aufreißen, graben‹ (vgl. den polnischen Flußnamen *Rurica*). – Das Grundwort von **Ruhrort (14. Jh. *Rureort, Rueroirt;* seit 1905 Stadtteil von Duisburg) ist mhd., ahd. *ort* ›Spitze, Ecke‹; gemeint ist die von Ruhr und Rhein gebildete Landzunge. Vgl. *das Ort* in Passau, wo Inn und Donau zusammenfließen.

Ruhrort (zu Duisburg) → Ruhr, die.

Rur, die, niederl. Roer [ru:r], rechter Nebenfluß der Maas in NRW und den Niederlanden, entspringt auf dem Hohen Venn in der Eifel, mündet bei Roermond (Provinz Limburg). Der Flußname geht zurück auf 820, 847 *Rura,* 8. Jh. *Rura,* er entspricht damit den alten Lautformen der → Ruhr, r. zum Rhein. Das *-u-* ist alt, eine Göttin *Rura* wird durch einen bei Roermond gefundenen römischen Altarstein um 200 n. Chr. bezeugt.

Rüsdorf → Heide.

Rüsselsheim, Stadt am unteren Main, HE, entstand in fränkischer Zeit an einer Mainfurt und wurde zuerst um 830 bezeugt. Als Lehen der Grafen von Katzenelnbogen kam R. vor 1323 an die Herren von Heusenstamm und erhielt 1437 Stadtrecht (erneuert 1937). Seit 1479 hessisch, wurde es im 16. Jh. zur starken Festung am Mainübergang ausgebaut, die aber 1689 von den Franzosen gesprengt wurde. 1862 begann die industrielle Entwicklung der Stadt in enger Verbindung mit der Firma Adam Opel (Autoproduktion seit 1898). Der Name *Rüsselsheim,* 1320 *Russillensheym,* 1130 *Ruoszelensheim,* 9. Jh. *Rucilesheim,* enthält den alten deutschen PN *Rucilo,* wohl die Kurzform eines mit germ. **hrop* ›Ruhm‹ gebildeten Namens.

Rüstringen → Wilhelmshaven.

Ruwer, die, rechter Nebenfluß der Mosel, entspringt im Osburger Hochwald (westlicher Hunsrück), mündet bei *Ruwer* unterhalb von Trier. 1135 *Ruvere,* 953 *Ruvera* entspricht lat. *Erubris* (4. Jh.). Der vorgermanische Name ist unerklärt. Ein Nebenbach ist um 1200 als *Ruverisse* ›kleine Ruwer‹ bezeugt, jetzt die **Riveris** mit dem **Riverisstausee.**

S

Saal → Fränkische Saale.

Saalach, die, l. zur Salzach, → Saale, die.

Saalburg, die, → Homburg vor der Höhe, Bad.

Saale, die (seit dem 18. Jh. auch: *Thüringische Saale*), linker Nebenfluß der Elbe, entspringt im nördlichen Fichtelgebirge (BY), mündet sö. von Barby, SAN. Der zuerst im 2. Jh. n. Chr. von Strabo griech. als *Sálas potamós* bezeugte Name, 791, 880 usw. *Sala,* 1369 *an der Sale,* 1520 *Sahle, Saale,* wird heute als alteuropäische Bildung **Sala* zu idg. **sal-* ›Bach, fließendes Wasser‹ gestellt (vgl. z. B. apreuß. *salus* ›Regenbach‹, lat. *salum* ›unruhiger Seegang, Flußströmung, hohe See‹). Gleicher Herkunft sind die Namen der → Fränkischen Saale, der **Saale** l. zur Leine bei Hildesheim (um 1080 *Sala*), der **Saalach** (älter *Saale*) l. zur Salzach bei Salzburg, 790 *Sala,* 1526 *Ach oder Sallach,* 1832 *Saale, Sale, Salach;* dazu noch die *Zala* (älter *Szala,* Zufluß des Plattensees in Ungarn, 860 *Sala).* Aus Weiterbildungen des gleichen Stammes kommen die Flußnamen → Salm und → Selz. Die früher meist angenommene Verbindung der hier genannten Namen mit idg. **sal-* ›Salz‹ oder idg. **sal-* ›schmutziggrau‹ gilt heute als weniger wahrscheinlich.

Saale, die, l. zur Leine, → Saale, die.

Saalfeld/Saale, Stadt am NO-Fuß des Thüringer Waldes, TH, entstand bei einem fränkischen Hof des 9. Jh.s in der Sorbenmark, am Saaleübergang der Straße Bamberg–Merseburg, und bei einem 1014 gestifteten Benediktinerkloster. Um 1190 gründete Kaiser Friedrich I. S. neu als Stadt, die dann 1208 an die Grafen von Schwarzburg und 1389 an die Wettiner kam. Der Name 1199 *villa regia Salvelt,* 1057 *Salavelt, Salaveldon,* 899 *curtis Salavelda* war urspr. wohl eine Landschaftsbez.: ›offenes Land an der Saale‹ (zum Flußnamen →Saale). Ein entsprechender Name ist **Saalfẹlden** an der Saalach (Land Salzburg, Österreich), 10. Jh. *Salaveldun,* 798 *Salafelda.* Nach dem thüringischen S. wurde 1305 die Stadt **Saalfeld** in Ostpreußen benannt (seit 1945 poln. *Zalewo*), deren Gründer, der Deutschordenskomtur Sieghart von Schwarzburg, aus Thüringen kam.

Saalfeld (ehem. Ostpr.); **Saalfelden** (Österreich) →Saalfeld/Saale.

Saar, die, frz. *Sarre,* rechter Nebenfluß der Mosel, entspringt als **Weiße** und **Rote Saar** *(Sarre Blanche, Sarre Rouge)* am Donon auf dem Vogesenkamm, mündet bei Konz s. von Trier. 1037 *Sara,* 802 *Sarouua,* 6. Jh. *Sara, Saroa* geht zurück auf lat. *Sarāvus* (3.–4. Jh.), eine Weiterbildung zu der idg. Wurzel **ser-/*sor-* ›fließen, strömen‹ (in altind. *sarā́* ›Fluß, Bach‹, lat. *serum* ›Molke‹), zu der viele alteuropäische Flußnamen gehören. Verwandt sind z. B. die *Serre,* links zur Oise, Frankreich, 867 *Sera,* der *Soar* in Leicestershire, England, 12. Jh. *Sora,* der *Serio,* links zur Adda, Lombardei, 7. Jh. *Sarius,* und die **Zorn,** links zum Rhein bei Hagenau, Elsaß, 724 *Sorna.*

Saarbrụcken, Hauptstadt des Saarlandes, entstand im 10. Jh. bei einer kaiserlichen Burg über dem linken Saarufer (am Platz des späteren Schlosses der Grafen von Nassau-S.), die die Kreuzung der Saartalstraße mit der Fernstraße Metz–Kaiserslautern–Worms kontrollierte. Beide Straßen waren schon römische Heerstraßen, die römische Brücke stand 2½ km oberhalb bei Brebach, wo bis Anfang des 5. Jh.s auch ein römischer Vicus unbekannten Namens lag. Nach der Brücke, die noch im 13. Jh. benutzt wurde, sind Burg und Ort benannt: 999 *Sarabruca,* 1009 *Sarebrugka,* 1317 *Sarbrücken.*

Saarburg, Stadt an der unteren Saar, RP, entstand unter einer im 10. Jh. von Graf Siegfried von Luxemburg erbauten Burg, die bald trierische Landesfestung wurde: 964 *Monticulum, qui antea nuncupabatur Churbelun, nunc autem Sareburch* (= den Berg, der früher Churbelum hieß, nun aber S.; der Bergname ist wohl romanisch). Den gleichen Namen trägt die Stadt **Saarburg** in Lothringen, frz. *Sarrebourg,* 713 *Saraburgum,* die im 4. Jh. lat. als *Pons Saravi* ›Saarbrücke‹ am Übergang einer Römerstraße von Metz nach Zabern bezeugt ist.

Saarburg (Lothringen) →Saarburg.

Saarland, das, Land der Bundesrepublik Deutschland im W des Bundesgebiets. Das durch den Versailler Vertrag 1919 aus preußischen und bayerischen Landesteilen konstruierte *Saargebiet* entstand als Folge des Annexionsbestrebens Frankreichs, das die Saarkohle und die Saarindustrie für sich gewinnen wollte. Da Großbritannien und die USA sich widersetzten, wurde das Gebiet nur dem Völkerbund unterstellt. 1935 konnte es nach einer Volksabstimmung ins Reich zurückkehren und wurde nun *Saarland* genannt. Nach dem zweiten Weltkrieg wiederholten sich die Vorgänge, doch begnügte sich Frankreich schließlich damit, nur die wirtschaftliche Einbeziehung des Gebiets anzustreben und in einigen Bereichen zu verwirklichen (französische Verwalter der Kohlengruben, Zollunion). Das zwischen Bonn und Paris ausgehandelte Saarstatut wurde in einer Volksabstimmung 1955 abgelehnt. Nach Abschluß des deutsch-französischen Saarvertrages am 27. Oktober 1956 konnte das Saarland in die Bundesrepublik eingegliedert werden.

Saarlouis [...'lu̯i], Stadt im Saarland, entstand 1680–86 als französische Festung im Sumpfgelände links der Saar bei Wallerfangen, auf damals lothringischem Boden, und blieb bis 1815 französisch. Die Stadt erhielt 1680 nach König Ludwig XIV. von Frankreich den Namen *Saarlouis* (frz. *Sarrelouis*), wurde 1793 vom Pariser Konvent in *Sarrelibre* ›freie Saar‹ umbenannt und heißt seit 1804 wieder *Saarlouis,* mit Ausnahme der Jahre 1936–45, in denen sie aus politischen Gründen *Saarlautern* hieß (nach dem 1936 eingemeindeten Stadtteil **Fraulautern,** der nach einem im 12. Jh. von dem

Ritter Adalbert von Lautern gegründeten Augustinerinnenstift benannt wurde; 1154 *Lutra*).

Sachsa, Bad, Stadt am Südrand des Harzes, NDS, entstand bei der 1074 zerstörten Burg **Sachsenstein** (11. Jh. *Sassenstein,* 1132 *Sassinburc*); Stadtrecht 1525. Der Name, seit 1905 *Bad Sachsa,* 1313 *Sachsa,* 1232 *de Sassa,* 1219 *de Saxa,* kann ein alter Gewässername sein, wenn der Beleg 9. Jh. *in Saxahu* (Dativ) hierhergehört; → [1]-ach. Im ersten Namensglied *Sax-* könnte ahd., asächs. *sahs* in der urspr. Bed. ›Stein, Fels‹ vorliegen.

Sachsen, bis 1945 Land des Deutschen Reiches, bis 1952 der Deutschen Demo-

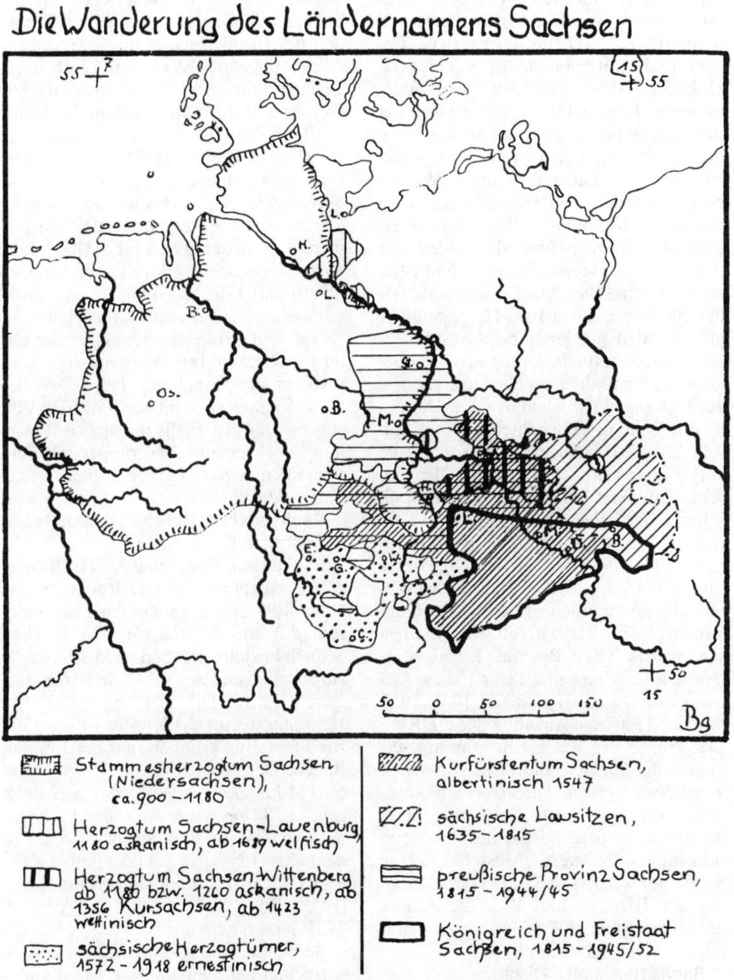

Nach D. Berger. ›Deutsche Ländernamen in der Geschichte‹, in: BNS N.F. 22, 129 ff.

kratischen Republik, 1952–1990 die DDR-Bezirke Leipzig, Karl-Marx-Stadt und Dresden. Der Name S. ist im Mittelalter infolge politisch-dynastischer Entwicklungen vom niederdeutschen Nordwesten in den mitteldeutschen Osten gewandert (vgl. die Karte auf S. 231). Das altdeutsche Stammesherzogtum S. entstand um 900 im Gebiet des alten Sachsenstammes (s. u.) mit den Bereichen → Westfalen, → Ostfalen, Engern (→ Enger) und Nordalbingien (→ Schleswig-Holstein). Als es nach dem Sturz Heinrichs des Löwen 1180 geteilt wurde, fiel der sächsische Herzogstitel an die Askanier, die ihn auf ihre rechtselbischen Besitzungen um → Lauenburg und → Wittenberg übertrugen. 1260 wurde das Herzogtum S.-Wittenberg selbständig und erhielt 1356 die Kurwürde, die seitdem mit diesem Gebiet verbunden blieb und 1422 an die wettinischen Markgrafen von Meißen als Erben der askan. Herzöge überging. Seitdem gilt der Name S. ausschließlich für das mitteldt. Land, das – im Gegensatz zum alten → Niedersachsen – auch *Obersachsen* genannt wird. Bei der wettin. Teilung 1485 behielt die ernestinische Linie Wittenberg und die Kurwürde, verlor aber beides 1547 an die albertinische Linie. Seit 1572 gibt es die ernestinischen *Sächsischen Herzogtümer* (→ Thüringen) und das albertinische Kurfürstentum (1806–1918 Königreich) S. Dieses mußte 1815 u. a. den ›Kurkreis‹ um Wittenberg an Preußen abtreten, der dann namengebend für die preuß. *Provinz Sachsen* wurde (Reg.-Bezirke Magdeburg, [Halle-]Merseburg und Erfurt); diese Gebiete (ohne Erfurt) bildeten 1947–1952 das Land **Sạchsen-Ạnhalt** in der DDR). – Der Name des westgerm. Stammesverbandes der *Sachsen,* ahd., asächs. *Sahsun,* aengl. *Seaxe,* griech.-lat. *Sáxones,* ist abgeleitet von dem germ. Substantiv ahd., asächs. *sahs,* aengl. *seax,* aisl. *sax* ›einschneidiges Schwert, Messer‹. Solche Schwerter werden als Waffen der ältesten Sachsen bezeugt. Das Wort bezeichnet urspr. ein Steinschwert, es ist verwandt mit lat. *saxum* ›Stein, Fels‹.

Sachsen-Anhalt → Sachsen.

Sachsenburg → Frankenberg.

Sachsenhausen → Frankfurt am Main.

Sachsenheim, Stadt nw. von Ludwigsburg, BWÜ, entstand 1971 durch Vereinigung der Stadt **Großsạchsenheim** mit der Gemeinde **Kleinsạchsenheim.** Beide Orte sind wohl gleichzeitig zur Frankenzeit entstanden, als Karl der Große nach Beendigung der Sachsenkriege Teile des besiegten Volkes in verschiedene Gegenden des Frankenreichs umsiedelte. Eine Adelsfamilie in S. ist seit dem 12. Jh. nachgewiesen; sie starb 1561 aus, worauf beide Dörfer an Württemberg fielen. Der Name 1110/25 *Sahsenheim* erscheint schon im 12. Jh. getrennt: 1138/52 *in Sahsenheim... in proxima villa eiusdem nominis Sachsenheim... in duobus Sachsenheim* (= im benachbarten Dorf gleichen Namens S. ... in den zwei S.). 1298 heißt es *ze Sachsenhein zem Minnren* (= in dem kleineren) und 1408 *zwüschen Grossen Sachsenhein und Klainen Sachsinhein* (zu *-n* für *-m* vgl. den Artikel → -heim). Da der Ort im fränkischen Teil Württembergs liegt, verdient die Annahme, daß der Volksname *Sachsen* gemeint war, wohl den Vorzug vor der gleichfalls möglichen Benennung nach einem Ortsgründer mit dem Beinamen *Sahso.* Vgl. auch den Artikel Bad → Dürkheim.

Sachsenstein, Burg, → Sachsa, Bad.

Sächsstadt → Freiberg.

Säckingen, Bad, Stadt am Hochrhein, BWÜ, entstand auf einer Rheininsel bei einem 878 zuerst genannten Frauenkloster, das auf die 522 von dem irischen Mönch Fridolin gegründete Missionszelle zurückging und seit 1173 den Habsburgern gehörte. Die Siedlung erhielt um 1250 Stadtrecht, das Kloster wurde 1307 zur Fürstabtei erhoben und fiel 1806 an Baden. Der Name *Säckingen,* 1978 *Bad S.,* 1510 *Segkingen,* 1341 *stat ze Seckingen,* 878 *monasterium, quod dicitur Seckinga,* ist mit dem Suffix → -ingen zu dem alten PN *Secco* gebildet (vgl. die Belege 1272 *castellum, quod Seconis dicitur* [= die Burg des Seco] und das Adjektiv 1275 *Sechoniensis*).

Salm, die, linker Nebenfluß der Mosel, entspringt bei **Salm** sw. von Daun, mündet bei Klüsserath. Der Name von Fluß und Ort hat nichts mit dem Fischnamen *Salm* zu tun, sondern geht zurück auf 11. Jh. *Salmo,* 794 *Salmana,* lat. im 4. Jh. *Salmōna,* eine Weiterbildung des alteuropäischen Wasserworts **sal-* ›Bach, fließendes Wasser, Strömung‹ (vgl. → Saale). Gleicher Herkunft sind die *Salm,* links zur Amblève in Belg.-Luxemburg mit dem Ort *Vielsalm,* älter *Vieilsalm* ›Altsalm‹, 1098 *Salmis,* und die **Salmsach** zum Bodensee (Schweiz), 1155 *Salmasa* (→ ¹-ach).

Salm; Salmsach, die, zum Bodensee (Schweiz), → Salm, die.

Salmünster → Münster.

Salz → Neustadt a. d. Saale, Bad.

Salza; Salza, die, l. zur Helme, → Langensalza, Bad.

Salzach, die, rechter Nebenfluß des Inns in Österreich und Bayern, entspringt in den Kitzbüheler Alpen, fließt durch Salzburg und mündet n. von Burghausen. 1338 *Salzach,* 1156/60 *Salzahe,* um 1020 *Salza,* 790 *Salzaha* ist eine Zusammensetzung aus ahd. *salz* ›Salz‹ und dem GW ahd. *aha* ›fließendes Wasser‹ (→ ¹-ach). Ein vordeutscher Name für den gleichen Fluß ist *Ivarus* oder *Juvarus:* 4. Jh. *fl.* (= Fluß) *Ivaro,* um 790 *ad fluvium Iuarum, qui alio nomine dicitur Salzaha* (= am Fluß Ivarus, der mit anderem Namen Salzaha genannt wird), 9. Jh. *fluvium Ivarum antiquo vocabulo Juvavensem vocato* (= den Fluß Ivarus, der mit einem alten Namen Juvavensis genannt wurde), ferner 8. Jh. *Juvarus, Juvaro.* Diese Namensformen hat man als Bildungen mit einem *-r-*Suffix zur idg. Wurzel **i̯eu-* ›vermengen‹ gestellt und als ›gemischtes‹ Wasser erklärt. Das Adjektiv *Juvavensis* bezieht sich auf den vordeutschen Namen *Juvavium* der Stadt Salzburg, der wohl auf den alten Flußnamen zurückgeht.

Salzburghofen → Freilassing.

Salzdetfurth, Bad, Stadt (seit 1949) s. von Hildesheim, NDS, entstand bei den Salzquellen im Tal der Lamme (l. zur Innerste) als Gemeinde von Salzsiedern (Pfännern), kam im 16. Jh. an die Welfen, wurde 1857 Heilbad und 1896 Sitz der Kaliwerke S. AG. Der Name bezeichnet von Anfang an die Saline (mnd. *solt* ›Salz, Salzwerk‹): 1391 *dat Solt to Detvorde,* 1195 *salina apud Thetforde.* Zur Stellenbez. *Thetforde* aus asächs. *thiod* ›Volk, Menge‹ und asächs. *ford* ›Furt‹ vgl. → Dietfurt a. d. Altmühl.

Salzelmen → Schönebeck (Elbe).

Salzgitter, Stadt im nördlichen Harzvorland, NDS, entstand 1942 unter dem Namen *Watenstedt-Salzgitter* durch Vereinigung von 28 Gemeinden im Bereich der 1937 gegründeten ›Reichswerke AG für Erzbergbau und Eisenhütten‹ und heißt seit 1951 *Salzgitter.* Der heutige Stadtteil Salzgitter-Bad (Stadtrecht um 1450, Solbad seit 1830) entstand im 14. Jh. um Solquellen in der Gemarkung des später aufgegebenen Dorfes Vepstedt (oder Vöpstedt). Die Quellen wurden nach dem s. benachbarten Dorf **Gitter** benannt: 1347 *up dem solte to Gytere* (zu mnd. *solt* ›Salz, Salzwerk‹), später *Soltgittere, Salzgitter.* Im ON *Gitter,* 1131 *Gethere,* 1108 *Jaitterem,* 1007 *Gaeteri,* 11. Jh. *Geizheres* ist vermutlich ahd. *geiȝ,* asächs. *gēt* ›Geiß, Ziege‹ enthalten. Der ON **Watenstedt,** um 1195 *Watenstide,* ist mit dem PN *Wado, Wetti* gebildet; → -statt/-stedt/-stätten.

Salzig, Bad, Ort am linken Rheinufer südl. von Boppard, RP, entwickelte sich aus einer römischen Straßenstation; seit dem 18. Jh. ist es bekannt durch seinen Kirschenanbau u. -export. Der Name *Bad Salzig* geht zurück auf 922 *Salzahu* ›an der Salzach‹ (→ ¹-ach) u. bezieht sich auf die allerdings erst Ende des 19. Jh.s für Badeanlagen genutzten Salzquellen; er ist vermutlich die germanische Umformung des vorrömischen (keltischen?) Namens *Salisio* (3. Jh.) der zu alteuropäisch **sal-* ›Bach‹ gehört, → Selz.

Salzschlirf, Bad, → Schliersee.

Salzuflen, Bad, Stadt an der Werre bei Bielefeld, NRW, entstand im 11./12. Jh. um die zur Abtei Herford gehörenden Salzquellen im Tal der Salze (l. zur Werre) und kam im 14. Jh. über die Grafen von Sternberg an die zur Lippe. Stadtrecht 1488, Bad seit 1818. Im Namen 1151 *Saltuflen,* 1048 *Uflon,* bezeichnet *Salt-* das Salzwerk (→ Salzdetfurth, → Salzgitter); der Zusatz unterscheidet S. von benachbarten, später wüst gewordenen Orten wie 1146 *Midelesten Uflen,* 8. Jh. *Med-*

ofulli ›das mittlere Uflen‹, 14. Jh. *Ridderufflen* u. *Quaduflen* (zu mnd. *ridder* ›Ritter‹ bzw. mnd. *quāt* ›böse, schlimm‹). Der in Nordhessen und dem nödlichen Westfalen verbreitete Name *Uffeln* < *Uflon, Uflahon* enthält den Dativ Plural von mnd. *lō* ›Wald, Gehölz‹ (→ Gütersloh), das Grundwort *uf-* ist aber nicht sicher erklärt.

Salzungen, Bad, Stadt an der Werra, s. von Eisenach, TH, entstand bei schon vorgeschichtlich genutzten Salzquellen um einen fränkischen Königshof, mit denen 775 das Kloster Hersfeld und 841 auch das Kloster Fulda beschenkt wurde; Stadtrecht vor 1289. S. kam 1366 an die Wettiner und gehörte 1680–1918 zu Sachsen-Meiningen. 1590 wurden Gradierwerke errichtet, seit 1821 ist S. Solbad. Der Name 1155 *Salzungen,* 929 *Salzungun,* 775 *Salsunga* ist mit dem Suffix *-ungen* zu ahd. *salz* ›Salz‹ gebildet und bedeutet eigtl. ›bei den Leuten an der Salzquelle‹; → -ingen.

Salzwedel, Stadt in der nördlichen Altmark, SAN, entstand als Marktsiedlung am Übergang des alten Lüneburger Salzweges über die Jeetze (l. zur Elbe) bei einer Burg der Markgrafen der Nordmark (Rudolf von Stade, Albrecht der Bär); Stadtrecht vor 1233. Eine 1247 gegründete Neustadt wurde erst 1713 mit der Altstadt vereinigt. 1263–1514 war S. Hansestadt. Der Name 1545 *Salzwedel,* mnd. 1499 *Soltwedel,* 1183 *de Zoltwedele,* um 1160 *Saltwidele* bedeutet ›Salz[weg]furt‹, er ist gebildet mit and. *-wedel, -widil* ›Furt‹; → Wedel (Holstein).

Sandbochum, Kr. Unna, → Bochum.

Sangerhausen, Stadt am SO-Rand des Harzes, nö. der Goldenen Aue, SAN, entstand in fränkischer Zeit an der alten Straße von Nordhausen nach Halle und war seit dem 11. Jh. ein wichtiger Stützpunkt der Thüringer Landgrafen; Stadtrecht im 13. Jh. 1372 kam S. an die Wettiner. Der Name *S.* (so seit Ende des 15. Jh.s), im 12. und 13. Jh. *Sangerhusen,* 991 *Sangirhuson,* 9. Jh. *Sangarhusen* wird zu ahd. **sangāri* ›Brandroder‹ gestellt, einer Bildung zu mhd., mnd. *sengen,* aengl. *sengan* ›brennen, in Brand setzen‹.

Sankt Augustin, Großgemeinde bei Siegburg, NRW, entstand 1969 durch Zusammenschluß von acht Gemeinden am Nordrand des Siebengebirges im Großraum Köln-Bonn. Ihren Namen erhielt die Gemeinde nach der Pfarrkirche des Ortsteils **Menden** an der Sieg (1064 *Menedon, Mendene*), die dem heiligen Augustin geweiht ist; vgl. → Menden (Sauerland).

Sankt Goar, Stadt am linken Ufer des Mittelrheins, RP, entstand bei einem zur Abtei Prüm gehörenden Kloster, das auf die Einsiedlerzelle des hl. Goar (wohl eines Westgoten aus Aquitanien, † um 600) zurückging. Schon in römischer Zeit war hier ein Rheinübergang. Seit 1190 besaßen die Grafen von Katzenelnbogen die Klostervogtei und den Rheinzoll von St. G., sie erbauten 1245–47 die Burg **Rheinfels,** die im 16. Jh. zur stärksten Festung am Rhein wurde. Der Name St. G., mundartl. *San-Gewär,* 1576 *St. Gewehr* lautet in lateinischen Urkunden um 1200 *villa sancti Goaris,* 820 *ad cellam sancti Goaris* neben *ad sanctum Goarem* ›beim hl. Goar‹. So ist hier der Heiligenname schon früh zum Ortsnamen geworden.

Sankt Goarshausen, Stadt am rechten Ufer des Mittelrheins, RP, entstand Anfang des 13. Jh.s als kleine Siedlung am Fuß der → Loreley und kam 1276/77 an die Grafen von Katzenelnbogen. Der Name 1378 und öfter *Husen* (= bei den Häusern), 1313 *Sant Gewershusen,* 1276 *Husen apud Sanctum Goarem,* Anfang des 13. Jh.s *Guereshusen* bezieht sich auf die Lage der ›Häuser‹ gegenüber von → Sankt Goar; → -hausen.

Sankt Ingbert, Stadt nö. von Saarbrükken, SL, entstand aus einem Walddorf an der alten Straße Metz–Mainz um eine Einsiedelei des fränkischen Glaubensboten St. Ingobert (6. Jh.), dessen Name, ahd. *Ingoberaht,* wohl den ursprünglichen Siedlungsnamen *Lendelfingen* (888 *Lantolvinga* ›bei den Leuten des Landolf‹, 1389 *Lendelvingen,* 1600 *Landerfang*) verdrängt hat: 1174 *S. Ingebrehtum,* 1294 *St. Ingbert,* 1651 *S. Imbert.* Nebenformen wie 1180 *de S. Engilberto,* 1235 *S. Angelbertum* beruhen auf Verwechslung mit dem PN *Angilberaht.*

Sankt Märgen → Mergentheim, Bad.

Sankt Wendel, Stadt an der oberen

Blies, SL, entstand um eine Wallfahrtskirche mit dem Grab des hl. Wendelin, eines schottischen Königssohns, der um 600 in dieser Gegend missioniert haben soll. Erste Erwähnung der Kirche 1180, seit 1228 im Besitz des Erzbistums Trier. Der Name 1358 *Sente Wendelin,* 1235 *S. Wandelin,* 1180 *de S. Wandalino* hat vielleicht einen älteren ON 11. Jh. *Basone villare,* um 800 *Basonis villam* verdrängt, der im Namen des **Bosenbergs** und des **Bosenbachs** bei St. W. fortleben soll und wohl auf einen fränkischen Siedler *Baso* zurückgeht (vgl. →Bensheim).

Sarstedt, Stadt sö. von Hannover, NDS, entstand bei einem Hof der Bischöfe von Hildesheim, die dort um 1222 eine Burg erbauten; Stadtrecht 1296. Der Name 14./15. Jh. *Tserstede,* 1225 *Zchiarstide,* 1221 *Scharzstede, Zerstede* ist durch Anlehnung an die ON auf -stedt für 1196 *Scardethe* eingetreten (vgl. →-statt, -stedt, -stätten); dies gehört wohl als Kollektivbildung mit dem Suffix →-ede zu mnd. *schard* ›Einschnitt, Spalte‹ (nhd. *Scharte*) und könnte sich auf Spalten und Brüche im Gelände beziehen.

Saßnitz, Hafenstadt an der Ostküste der Insel Rügen, MV, entstand als slawische Schiffer- und Fischersiedlung und wurde im 13. Jh. deutsch besiedelt; seit 1860 Badeort, Stadtrecht 1957. Der spätbezeugte Name, um 1300 dän. *Saszinz* (für **Sasznis*?), 16. Jh. *Sassenitz, Sassinitz,* ist nicht sicher erklärt; er könnte vielleicht mit dem slawischen Suffix *-ica* zu apolab. *sosna* ›Kiefer, Föhre‹ gebildet sein.

Sauer, die, frz. *Sûre,* linker Nebenfluß der Mosel, entspringt im belg. Teil der Ardennen, mündet bei Wasserbillig als deutsch-luxemburgischer Grenzfluß. 1023, 698 *Sura,* lat. im 4. Jh. *Sura* ist nicht sicher gedeutet, denn das altgermanische Adjektiv ahd. *sūr,* engl. *sour,* schwed. *sur* ›sauer‹ hat nur balt. u. slaw. Entsprechungen (lit. *sū́ras* ›salzig‹, russ. *syrój* ›feucht, roh, sauer‹), der Flußname aber begegnet auch in der Provence (die *Sure* zur Drôme). Vgl. auch die **Sauer,** links zum Rhein im Unterelsaß, 695 *fluvius Sura,* und die **Sur,** links zur Salzach n. von Freilassing, 798 *Sura.*

Sauer, die, l. zum Rhein (Unterelsaß), →Sauer, die.

Schaich, die, r. zur Aich zum Neckar, →Schönbuch.

Schaumburg-Lippe, Landkreis im Regierungsbezirk Hannover, NDS, bis 1946 Land des Deutschen Reiches. Die Grafschaft S.-L. (seit 1807 Fürstentum) entstand 1644 durch den Übergang von Teilen der alten Grafschaft Schaumburg nach dem Tode des letzten Grafen an eine Seitenlinie des Grafenhauses zur Lippe. Der Name *S.-L.* drückt diesen Wechsel der Dynastie aus, der aber nicht zu einer Vereinigung der Länder Lippe und S.-L. geführt hat. Die alten Grafen von Schaumburg, meist *Schauenburger* genannt, waren seit 1110 auch Grafen von Holstein (Adolf II., † 1164, gründete →Lübeck), sie nannten sich nach ihrer Stammburg bei Rinteln (1129, 1158 *Scowenburch*). Der im 12. Jh. weitverbreitete Burgenname ist zu mhd. *schouwen* ›sehen, schauen‹ gebildet, er wird als ›schauende Burg, Burg, von der man [weit] ausschaut‹ gedeutet.

-scheid, GW von Siedlungs- und Flurnamen im Mittelgebirge. Das aus mhd. *scheiden,* ahd. *sceidan* ›scheiden, trennen‹ abgeleitete Substantiv bezeichnet Grenzlagen, Höhenrücken und Wasserscheiden, es kann aber auch das aus dem Gemeindewald durch Rodung ausgeschiedene Besitztum eines Siedlers benennen; vgl. ON wie →Remscheid, →Lüdenscheid. Die ON auf *-scheid* sind vor allem im Rheinland und im südlichen Westfalen verbreitet.

Schifferstadt, Stadt in der Vorderpfalz, RP, entstand an der Kreuzung zweier Römerstraßen aus einem fränkischen Königshof und kam im 11. Jh. aus dem Besitz der Salier an das Bistum Speyer und das Kloster Limburg a. d. Haardt (Ortsteil **Limburgerhof,** seit 1930 selbständig). Der Name 1502 *Schifferstadt,* 1035 *Sciferstat,* 987 *Skeferstat,* 868 *Sciffestad* enthält wohl einen alten deutschen PN **Skifher* bzw. dessen Kurzform *Skiffo.* Zu ahd. *-stat* ›Wohnstätte‹ →-statt, -stedt, -stätten. Das Ortssiegel mit dem Schiff ist erst um 1600 bezeugt.

Schkeuditz, Stadt nw. von Leipzig,

SAC, entstand im 10. Jh. an einer Furt der Weißen Elster als deutscher Burgwardort am Platz einer altsorbischen Burgsiedlung und wurde im 12. Jh. durch die Markgrafen von Landsberg als Stadt neu gegründet. Der Name 1528 *Schkeudytz,* 1346 *oppidum Scudicz,* 1012/18 (zu 981) *urbs Scudici* wird zu asorb. *skudy* ›arm, dürftig, geizig‹ gestellt; er kann eine Stellenbezeichnung sein, aber auch den Beinamen eines Siedlers enthalten.

Schlangenbad, Ort im Taunus bei Wiesbaden, Hessen; entstand um 1700 durch die Anlage zweier Badehäuser in den Waldungen am *Warmen Bach* (r. zur Walluf zum Rhein), wo damals mainzisches und hessisches Gebiet aneinander grenzten. Den Namen *Schlangenbad* (1721) erhielt das Bad nach der dort vorkommenden braun-gelben Äskulapnatter (Elaphe longissima), einer ungiftigen Kletternatter.

Schlei, die, Förde an der Ostküste Schleswigs, zwischen den Landschaften Schwansen und Angeln. Der Gewässername 1325 *Sly,* um 1120 *fluminis qui Sleh dicitur* (= des Gewässers, das *Sleh* [adän. *Slæ*] genannt wird), Ende des 11. Jh.s *ad Sliam lacum* (= an den See *Slia*) bedeutet ›schlammiges Gewässer‹, er ist verwandt mit dem Fischnamen *Schlei, Schleie,* mhd. *slīe,* ahd. *slīo,* aengl. *sliw* (eigtl. ›schleimiger Fisch‹, vgl. aisl. *slȳ* ›schleimige Wasserpflanzen‹) und mit mhd. *slīm,* engl. *slime,* aisl. *slīm* ›Schleim, Schlamm‹. Vgl. den Artikel → Schleswig.

Schleiden, Stadt in der nördlichen Eifel, NRW, entstand als Burgflecken am Ostabhang unter der seit 1121 bezeugten Burg der Herren von S. (1140 bis 1435); Stadtrecht im 16. Jh. Der Name 16. Jh. *zur Schleyden,* 1220 *Sleidhe,* 1198 *Sleyda* bezieht sich auf die Hanglage des Ortes. Mhd. **sleide* ›geneigte Fläche, Abhang‹ kommt noch als rhein. Flurname *Schleide* vor, es gehört ablautend zu mhd. *slīten* ›gleiten‹. Vgl. **Schleitheim,** Kanton Schaffhausen, Schweiz, um 1030 *Sleitheim* (Siedlungskern in Hanglage).

Schleitheim (Kanton Schaffhausen) → Schleiden.

Schleiz, Stadt im Vogtland, TH, entstand im 12. Jh. bei einem sorbischen Dorf an der Straße von Nürnberg nach Leipzig (spätere Altstadt) und wurde im 13. Jh. durch eine Neustadt ergänzt. Diese erhielt 1297 Stadtrecht, die beiden Orte wurden 1482 vereinigt. S. kam 1318 an die Vögte von Gera und war 1616–1918 Residenz der jüngeren Linie der Reußen (→ Vogtland). Der Name 1516 *Sleutz, Schlaitz, Schlei[t]z* ist eingedeutscht aus 1297 *Slouwicz,* 1284 *Slewicz,* 1232 *Slowicz* und geht zurück auf den asorb. PN *Slava:* asorb. **Slavici* ist die ›Siedlung der Leute des Slava‹.

Schleswig, Stadt an der inneren Schlei, SH, entstand unter dänischer Herrschaft im 11. Jh., als nach der Zerstörung von Haithabu (vgl. den Artikel → Haddeby) ein neuer Handelsplatz am Nordufer der Bucht errichtet wurde. Dieser blühte bis in die Mitte des 12. Jh.s, wurde aber von Lübeck überflügelt; Stadtrecht um 1250. S. war Sitz eines im 10. Jh. in Haithabu gegründeten Bistums und seit Anfang des 12. Jh.s Vorort des gleichnamigen Herzogtums (vgl. den Artikel → Schleswig-Holstein). Residenz der Herzöge war seit 1268 die Inselburg *Gottorf* am Westende der Schlei. Der Name *Schleswig,* 1134 *Slieswic,* 1012/18 *Sleswic,* 9. Jh. *Sliaswich,* bedeutet ›Wik (= Handelsplatz) an der → Schlei‹ (zum GW vgl. den Artikel → Bardowick); er bezeichnet in den älteren Belegen den Handelsplatz Haithabu (der im 9. Jh. auch *Sliesthorp* ›Dorf an der Schlei‹ genannt wird). Bei der Gründung Schleswigs ist der alte Name dorthin übertragen worden.

Schlẹswig-Hợlstein, Land der Bundesrepublik Deutschland im N des Bundesgebiets, entstand 1946 unter Besatzungsrecht durch Umwandlung der gleichnamigen preußischen Provinz in ein selbständiges Bundesland. Im Gegensatz zu andern Ländern mit Doppelnamen waren für S.-H. keine Gebietsveränderungen erforderlich. Die Provinz war 1867 entstanden, als die sogenannten Elbherzogtümer S. und H. nach zwei deutsch-dänischen Kriegen von Preußen annektiert wurden. – Von **Holstein** erfahren wir zuerst aus der Karolingerzeit. Ende des 8. Jh.s gab es n. der Elbe außer den slawischen Obotriten drei sächsische Teilstämme: die Dithmarscher, die Stormarn und die Holsten. Letzere heißen (12. Jh.): *Holcete dicti, a silvis quas incolunt* (= die Holzsassen, nach den Wäldern genannt, in denen sie wohnen). Aus der Dativform *Holtsaten* hat sich über *Holsten* und mit Anlehnung an nhd. *Stein* der heutige Landesname *Holstein* entwickelt. (Zum Landesnamen *Schleswig* vgl. den Ortsartikel →Schleswig.) Grafen von H. waren 1110–1459 die Schauenburger (→Schaumburg-Lippe); sie besaßen seit 1386 als dänisches Lehen auch das Herzogtum Schleswig und zogen viele deutsche Siedler in das Land n. der Eider. Als die Schauenburger 1459 ausstarben, wurde König Christian I. von Dänemark (aus dem Hause Oldenburg) zum Herzog gewählt. Er gab im Vertrag von Ripen 1460 die Zusicherung, daß die beiden Länder ›up ewig ungedelt‹ bleiben sollten. Christian ließ auch die Grafschaft Holstein mit Stormarn, Wagrien und Dithmarschen durch Kaiser Friedrich III. zum Herzogtum erheben. Bestimmend für die Zukunft des Landes war also, daß Schleswig zu Dänemark und nur Holstein zum Deutschen Reich gehörte, die beiden Länder aber ungeteilt bleiben sollten. Das hat sich bis ins 19. Jh. ausgewirkt.

Schlierach, die, r. zur Mangfall; **Schlierbach** →Schliersee.

Schliersee, Markt bei Miesbach, BY, entstand am Ufer des gleichnamigen Sees bei einem vor 779 gegründeten Benediktinerkloster, das 1141 durch ein Kollegiatstift ersetzt wurde, welches 1493 nach München übersiedelte. Der Ort ist bis heute als Rheumabad bekannt. Sein Name 1680 *Schliersee,* 1490 *Slierssee,* 1287 *Slyers* ist von dem des Sees übernommen: 779 *Slierseo, Slerse.* Sein BW ist mhd. *slier* ›Lehm, Schlamm‹, es kehrt wieder im Namen der **Schlierach** (r. zur Mangfall), die aus dem See kommt und um 1078 als *Slieraha* bezeugt ist. Entsprechende Gewässernamen haben z. B. der Ort **Schlierbach** am Neckar bei Heidelberg, BWÜ, um 1150 *Slierbah,* und der Ort **Bad Salzschlirf** bei Fulda, HE, 1360 *Schlirefe,* 1278 *salina* (= Salzwerk) *in Slirffe,* 1067 *Slierapha,* 812 *in Slierofero marcu* (= in der Mark der Leute von Slierapha; zum GW dieser Zusammensetzung vgl. →-apa).

Schmalkalde, die, r. zur Werra, →Schmalkalden.

Schmalkạlden, Stadt am Südwestfuß des Thüringer Waldes, TH, entstand am Ufer der **Schmalkạlde** (r. zur Werra) in einem Talkessel, wo sich alte Straßen kreuzten, kam 874 an das Kloster Fulda, um 1100 an die thüringischen Ludowinger (Stadtrecht vor 1227), 1291 an Henneberg und 1521 an Hessen. In S. wurde 1531 der Schmalkaldische Bund der protestantischen Fürsten und Städte geschlossen. Der Name 1537 *Schmalkalden,* 1246 *Smalkaldin,* 1057 *Smalekaldun,* 874 *villa* (= der Hof) *Smalacalta* hat die Siedlung von dem Flüßchen übernommen, das 1330 als *Smalkalde,* 1039 als *super fluviolum Smalachaldon* bezeugt ist. Der Name bedeutet ›die kleine Kalte‹ (ahd. *smal* ›schmal, klein, dünn‹ und *kalt, chalt* ›kalt‹); noch heute heißt der Oberlauf *Kaltes Wasser.* Einen entsprechenden Namen hat die **Kahl,** r. zum Main bei Hanau, 1352 *Kalde,* 1298 *Kalda.*

Schmölln, Stadt in Ostthüringen, sw. von Altenburg, TH, entstand als altsorbisches Waldbauerndorf, bei dem um 1040 ein Benediktinerkloster gegründet wurde. Um 1200 wurden hier eine Burg und eine Stadt an der Straße Altenburg–Gera angelegt; Stadtrecht im 15. Jh. Der Name um 1550 *Schmöllen,* 1396 *Smoln,* 1140 *in Zmǒlne,* 1066 *abbatia* (= die Abtei) *Zmulna* geht zurück auf asorb. **Smol'no* ›Ort, wo Pech gesotten, Harz gewonnen wird‹.

Schnackenburg ['ʃna:...], Stadt an der Mündung des Aland in die Elbe, NDS, entstand als Fischersiedlung bei einer Burg an der Slawengrenze und wurde im 14. Jh. brandenburgische, später braunschweigische Zollstelle für die Elbschifffahrt (1854 aufgehoben, 1945–1990 Zonenkontrollpunkt). Der Name 1304 *Snakenborch,* 1218 *Snakenburch* bezeichnete urspr. die Burg, die auf einer 1728 abgetragenen Halbinsel im Aland gelegen hat. Das BW ist wohl mnd. *snake* ›Schlange‹, doch wird auch die Halbinsel 1699 *Schnacke* genannt.

Schnappenburg, die, bei Barßel →Cloppenburg.

Schneeberg, Stadt w. von Aue im westlichen Erzgebirge, SAC, entstand im 15. Jh. als Bergbausiedlung mit Silbererzgruben und entwickelte sich neben →Annaberg(-Buchholz) und →Marienberg zur wichtigsten sächsischen Bergstadt; Bergfreiheit 1481, Ratsverfassung 1665. Der Name 1521 *Schneberg,* 1487 *stetichen auf dem Schneeberg* bezeichnete urspr. den 470 m hohen Bergrücken, auf dem die Stadt liegt: 1471 lat. *Mons nivis,* 1446 *der Snehberg.* Als Bergname kommt er mehrfach vor, z. B. der **Schneeberg** w. von Wunsiedel, BY, höchster Gipfel des Fichtelgebirges, oder der **Schneeberg,** Gebirgsstock der nördlichen Kalkalpen sw. von Wiener Neustadt, Niederösterreich.

Schneeberg, der (Fichtelgebirge); **Schneeberg,** der (Alpen; Niederösterreich) →Schneeberg.

Schonach, die, l. zum Lech, →Schongau.

Schönbuch, der, Waldgebiet zwischen Tübingen, Böblingen und den Fildern, BWÜ, gehörte seit 1007 dem Bistum Bamberg und kam 1382 an die Grafen von Württemberg. Der Name geht zurück auf 1187 *Schaienbuch, Schainbuoch,* er enthält im ersten Glied wohl einen alten Gewässernamen, vgl. die **Schaich,** r. zur Aich zum Neckar, 1350 *Schayach.* Das GW ist oberd. *Buch* m., mhd. *buoch* m., n. ›[Buchen]wald‹.

Schönebeck (Elbe), Stadt sö. von Magdeburg, SAN, entstand um 1200 als erzbischöfliche Gründung an einem alten Elbübergang und wurde 1687 brandenburgisch. 1932 wurde S. mit den Nachbarstädten Frohse und Salzelmen vereinigt. Der Name 1352 *Schonebecke,* 1194 *Sconebeke* ›schöner Bach‹ ist mit mnd. *beke* ›Bach‹ gebildet. **Frohse** wird schon im 10. Jh. als Burg und Burgward mit ottonischem Königshof genannt, der Name 1225 *Vrose,* 973 *Frosa,* 961 *Frasa* ist nicht sicher gedeutet. **Salzẹlmen** hieß früher *Groß Salze* (1352 *Groszen Salcze,* 1334 *in salina Elmene*) nach im 12. und 13. Jh. dort entdeckten Salzquellen. Der alte Name 1221 *in Elmene,* 1124 *Elmen* (neben 1399 *Ilmene*) wurde erst 1926 als *Salzelmen* wiederaufgenommen. Das zugrundeliegende **Elmena* kann als Gewässername zu mnd. *elm,* ahd. *elm[boum]* ›Ulme‹ gehören, aber auch wie →Ilmenau vordeutscher Herkunft sein.

Schönfließ →Eisenhüttenstadt.

Schongau, Stadt am Lech, im oberbayerischen Alpenvorland, BY. Hier wurde ein ON im engeren Siedlungsbereich übertragen. Das ursprüngliche Schongau war etwa 2 km nw. bei einer alten Kirche und einem fränkischen Reichshof entstanden, es war im 11. und 12. Jh. im Besitz der Welfen, später der Staufer. Sein Name um 1080 *Scongova,* um 1100 *Sconingaw* ist mit ahd. *scōni* ›schön, angenehm‹ und ahd. *gewe* ›Gau, Land, Gegend‹ gebildet, bezieht sich also auf die Landschaft und vielleicht auch auf das Flüßchen **Schonach,** l. zum Lech. Nach 1225 wurde auf einem Hügel am linken Lechufer eine neue Siedlung angelegt, auf die der Name des alten Ortes überging, sie heißt 1227 *Schonengov,* 1312 *Schongaw.* Um 1240 wurde auch der Markt dorthin verlegt und damit der Anschluß an die wichtige Fernstraße von Augsburg zum Brenner gewonnen. Das alte Sch. wird nun ›alte Stadt‹ genannt: 1253 *ad veterem civitatem Sch.,* 1312 *ze der Alten Stat,* 1474 (in einem Wort geschrieben) *Altenstatt.* Dieses Pfarrdorf heißt heute noch **Altenstadt.** Das neue Sch. kam 1269 an Bayern und erhielt 1331 Münchner Stadtrecht. Es hatte seit 1435 Stapel- und Umladerecht auf der Fernstraße, die unmittelbar über seinen Markt lief. Die Neugründung und die Übertragung des Namens an einen günstigeren Ort kann man wohl als frühes Beispiel landesherrlicher Wirtschaftsförderung ansehen.

Schortens bei Wilhelmshaven →Esens.

Schreckenberg, der, →Annaberg-Buchholz.

Schrobenhausen, Stadt an der Paar (r. zur Donau), BY, wird zuerst im 8. Jh. mit Besitz des Bistums Freising genannt; es wurde 955 durch die Ungarn zerstört. Seit Ende des 12. Jh.s war Sch. wittelsbachisches Lehen der Marschälle von Schiltberg; Marktrecht vor 1329. Seit 1392 gehörte der Ort zu Bayern-Ingolstadt und wurde 1447 Stadt genannt. Der Name 1493 *Schrobenhausen,* 1207/14 *Schrofenhawsen,* 1192 *Scrobenhusin,* 790/94 *Scropinhusun* gehört zu einem PN **Scropo;* →-hausen.

Schwabach, Stadt in Mittelfranken, s. von Nürnberg, BY, entstand wohl als fränkischer Königshof an dem gleichnamigen Flüßchen, l. zur Rednitz, das um 800 als *Suapahe* bezeugt ist. Der Hof kam 1117 an die Staufer und wechselte mehrmals den Besitzer; Marktrecht um 1300. Im Jahre 1364 kam Sch. an die Burggrafen von Nürnberg und wurde Stadt. 1791 fiel es an Preußen und 1806 an Bayern. Der Name 1464 *Schwabach,* 1348 *Swabach,* 1117 *Suabach,* 1021 *Suabaha* ist mit dem GW →[1]-ach (ahd. *aha*) zum Volksnamen *Schwaben* (ahd. swābo ›der Schwabe‹) gebildet, wahrscheinlich galt er zuerst für den Fluß.

Schwaben, Gebiet in SW-Deutschland zwischen dem Schwarzwald und dem Lech, dem mittleren Neckar und dem Bodensee; dies ist der Kernraum des alten deutschen Stammesherzogtums *Schwaben*, das aber vor allem im S weit darüber hinausging und z. B. den schweizerischen Thurgau und das Gebiet von Chur in Graubünden einschloß. Das Herzogtum hatte sich im 8. Jh. herausgebildet und erlebte seine große Zeit unter den Stauferkaisern im 12. und 13. Jh. Nachfolger der Staufer waren dann die Grafen und Herzöge von →Württemberg. Der Landesname *Schwaben*, mhd. *Swābin*, *ze Swāben*, entspricht wie bei →Hessen, →Franken u. a. dem Dativ Plural des Volksnamens, der im Nominativ ahd. *Swāba*, lat. *Suēbi* lautet. Dieser geht zurück auf germ. **swēba-* aus idg. **su̯ēbho-* ›frei, zum eigenen Volk gehörend‹, einer Bildung zu dem Pronominalstamm idg. **su̯e-*, **su̯o-*, der auch in lat. *suus* ›sein‹ enthalten ist. – Die *Sueben*, lat. Suēbi, Suēvi, ein westgermanisches Volk, kennen wir aus Cäsars ›Gallischem Krieg‹. Sie kamen wahrscheinlich aus dem heutigen Land Brandenburg und wurden unter ihrem Heerkönig Ariovist 58 v. Chr. von Cäsar vernichtend geschlagen, als sie nach Gallien eingedrungen waren. Als Reste dieses Volkes gelten die Neckarsueben, *Suēbi Nicretes,* die vom 1. bis 3. Jh. in und bei →Ladenburg saßen. Erst im 8. Jh. taucht dann der Volksname *Schwaben* auf. – Noch ein dritter Name gehört hierher, der der *Alemannen*. Dieser große Stammesverband kam im 3. Jh. von der Elbe und drang seit 223 über den römischen Limes zur Donau und ins Elsaß vor. Ende des 5. Jh.s werden die Alemannen von den Franken besiegt und über die →Murg nach S gedrängt. Am Oberrhein und in der Baar bewahrten sie ihre Selbständigkeit und nahmen im 6. Jh. das Christentum an. Damals wurde frz. *Allemagne*, *les Allemands* in der Bed. ›Deutschland, die Deutschen‹ üblich. Und dieses Gebiet im Südwesten, zum alten Land Baden, zum Elsaß in Frankreich und zur deutschsprachigen Schweiz gehörend, ist es, wo Mundart und Volkstum *alemannisch* genannt werden, während sonst zwischen Oberrhein und Lech der Name *Schwaben* gilt.

Schwäbische Alb, die, Hochfläche mit nordwestlichem Steilrand (dem sogenannten Albtrauf) zwischen der Donau, dem oberen Neckar und dem Ries, BWÜ und BY. Das Gebirge setzt sich nach SW im Schweizer und französischen Jura fort und nach NO in der **Fränkischen Alb** (zwischen Wörnitz, Donau und Main). Früher gebrauchte man für alle drei Gebirge den Namen **Jura,** den zuerst Caesar für den Schweizer Jura bezeugt (Bell. Gall. I, 2) und den man als ligurisch angesprochen hat (zu ligur. **jurom* ›Wald, Bergweide‹?); er wurde um 1837 im gelehrten Sprachgebrauch neu belebt. Den Namen *Alb* führt man heute zumeist auf den voridg. Stamm **alb-* ›Berg‹ zurück, der auch dem pluralischen Namen der **Alpen** zugrunde liegt (lat. *Alpes,* griech. *Álpeis,* Dativ *Alpeíois,* ahd. *Albun, Alpun*) und der in vielen Orts-, Berg- und Ländernamen vor allem des Mittelmeerraums erscheint (z. B. die *Albaner Berge,* it. *Colli Albani,* in Latium, Italien; die antike Stadt *Alba Longa,* ebenda, wörtlich ›auf dem langen Bergrücken‹; ferner das Land *Albanien* an der Westküste der Balkanhalbinsel). Man beachte auch das Appellativ *Alp, Alpe* ›Bergweide‹ aus gleichbed. mhd.

albe, ahd. *alba.* Die schon in der Antike versuchte Verbindung des Gebirgsnamens *Alpen* mit der Sippe von lat. *albus* ›weiß‹ (wegen der Schneeberge; vgl. den Artikel → Elbe) wird heute als Volksetymologie beurteilt. – Alte Zeugnisse für die Schw. Alb sind unter andern 1125 *in pago Albae* (= im Bezirk der Alb), 1152 *super Albam,* 1261 *ufen* (= auf der) *Albe.* Der ebenfalls gebräuchliche Name **Rauhe Alb** bezieht sich wohl auf das rauhe Klima der Landschaft, jedoch kann *rauh,* mhd. *rūch* auch ›unfruchtbar, mit Buschwerk bewachsen‹ bedeuten.

Schwäbische Rezat, die, r. zur Rezat, → Rezat, die.

Schwäbisch Gmünd, Stadt an der oberen Rems, BWÜ, entstand bei einer Klosterzelle des 8. Jh.s und war im 12. Jh. ein Verwaltungsmittelpunkt des staufischen Hausgutes; Stadterhebung 1162 durch Kaiser Friedrich I. Um 1250 wurde Sch. G. Reichsstadt, 1802/03 fiel es an Württemberg. Der Name 1162 *Gimundin,* 782 *Gamundias* (Plural) zeigt wohl das Vorhandensein mehrerer Gewässermündungen an; vgl. den Artikel → Münden. Der Zusatz *Schwäbisch* tritt erst 1934 auf; vgl. den Artikel → Schwäbisch Hall.

Schwäbisch Hall, Stadt am mittleren Kocher, BWÜ, ist seit dem 11. Jh. als Marktort bei einer Saline bezeugt, doch wurden die Salzquellen schon in der Keltenzeit (3. bis 1. Jh. v. Chr.) genutzt. Nach den Grafen von Komburg waren die Staufer Stadtherren, nach ihrem Ende wurde Sch. H. 1276 Reichsstadt. Seit Kaiser Friedrich Barbarossa bestand die Münzprägstätte, aus der der *Heller,* der nach *Hall* benannte Silberpfennig, kam. 1522 bis 1534 wurde in Sch. H. die Reformation eingeführt. 1507 entstand die große Freitreppe vor der St.-Michaels-Kirche. 1802 kam die Stadt an Württemberg. Den Namen *Schwäbisch Hall* nahm die Stadt 1484 offiziell an, er kam schon um 1190 auf und bezog sich wahrscheinlich auf das staufische Hausgut; denn nach Mundart und Volksart ist Sch. H. fränkisch. Bei der ersten Erwähnung 1037 wurde die Stadt *Halle* genannt. Zu diesem Ausdruck vergleiche man den Artikel → Halle (Saale).

Schwalbach, Bad, Stadt im Taunus, HE. Das seit dem 9. Jh. bezeugte, später mainzische, hessische und nassauische Dorf *Langenschwalbach* entwickelte sich seit 1569 zum bekannten Stahl- und Moorbad. Der Name 893 *Sualbahc,* 1352 *Langinswalbach,* 1927 *Bad Schwalbach* bezeichnet urspr. den Dorfbach, der hier in die Aar (l. zur Lahn) mündet. Er enthält mhd. *swal[l]* ›Quelle, schwellendes Wasser‹, das sich hier wohl auf die kräftigen Mineralquellen bezieht (die Schwalbe im Ortswappen ist junge Umdeutung des ON). Der Zusatz *Langen-* (nach der langgestreckten Lage im Bachtal) unterscheidet das Dorf von Orten wie **Burgschwalbach** bei Diez a. d. Lahn, RP, und **Ketternschwalbach** bei Idstein, HE (nach der hl. *Katharina,* mdal. *Ketter,* genannt), die beide an kurzen, bei Regen anschwellenden Bächen liegen.

Schwalm, die, rechter Nebenfluß der Eder, entspringt am Vogelsberg, mündet bei Felsberg s. von Kassel, HE. Auch die durch ihre alten Bauerntrachten bekannte Landschaft beiderseits des Oberlaufs heißt die **Schwalm.** Der Flußname 1574 *Schwalm,* 1368 *Swalme* ist verkürzt aus 1290 *aqua* (= das Wasser) *Swalmene* bzw. aus 812 *Sualmana* für die Wüstungen *Nieder-* und *Oberschwalmen* bei Alsfeld. Der Name ist eine Bildung zu dem altgermanischen Verb ahd. *swellan* ›[an]schwellen, aufwallen‹, vgl. nhd. *schwellen,* engl. *to swell,* schwed. *svälla* sowie frühnhd. *swalm* ›[Wasser]schwall, Strudel‹. Entsprechende Gewässernamen kommen im nordwestdeutschen und niederländischen Gebiet mehrfach vor, z. B. die **Schwalm,** niederl. *Swalm,* r. zur Maas w. von Mönchengladbach, mit der Stadt **Swalmen** (Provinz Limburg, Niederlande), die Schwelm bei → Schwelm in Westfalen und mit anderer Ablautstufe die Sulm bei → Neckarsulm.

Schwalm, Landschaft; **Schwalm,** die, r. zur Maas, → Schwalm, die.

Schwalmstadt, Stadt an der → Schwalm, HE, entstand am 31. 12. 1970 durch die Vereinigung der alten Städte → Treysa und → Ziegenhain mit 11 anderen Orten. Der Name gehört zu dem durch die Verwaltungsreformen der sechziger und siebziger Jahre stark begünstigten Typ Flußname + *-stadt* oder *-tal*, vgl. z. B. Niddatal (→ Nidda).

Schwandorf i. Bay., Stadt an der Naab, in der Oberpfalz, BY, wird Anfang des 11. Jh.s zuerst erwähnt und kam 1255 an Herzog Ludwig II. von Oberbayern; Marktrecht 1283, Stadtrecht 1299. Sch. wurde 1505 dem neuen Fürstentum Pfalz-Neuburg zugesprochen und kam 1777 wieder zu Bayern. Der Name 1754 *Schwandorf,* 1473 *Schwandorff* geht über 1472 *Swaingdorf,* 1193/96 *Swainkendorf,* um 1048 *Sueinikindorf* auf 1006 *Suainicondorf* zurück, er enthält den alten deutschen PN **Sweinico,* eine Koseform zu ahd. *suein* ›Knecht, Hirt‹, aengl. *swān* ›junger Mann‹.

Schwanenburg, die, → Kleve.

Schwartau, Bad, Nachbarstadt von Lübeck, SH, entstand im 13. Jh. bei einer Wassermühle an der Schwartau (l. zur Trave) und einem Aussätzigenhospital und wurde 1720 durch Fürstbischof Christian August als Marktflecken ausgebaut. Seit 1804 gehörte der Ort zum Großherzogtum Oldenburg; Stadtrecht 1912. Durch eine 1899 erbohrte Jod-Natron-Quelle wurde S. 1913 zum Heilbad. Der Name 1422 *Swartow,* 1215 *molendini* (= der Mühle) *Zwartowe* beruht auf dem Flußnamen **Schwartau,** 1215 in *Szwartowe,* um 1200 *Zwartowe,* 12. Jh. *fluvius* (= der Fluß) *Swartow.* Dieser ist wahrscheinlich ein ins Slawische übernommener germanischer Name **Swartahva* ›Schwarzache‹.

Schwartau, die, l. zur Trave, → Schwartau, Bad.

Schwarza, die, linker Nebenfluß der Saale in Thüringen, entspringt am Rennsteig, mündet bei **Schwarza** s. von Rudolstadt. Der Flußname 1450 *Swarcza,* 1032 *Suarzaha,* 1074 *Swarza* (für das Dorf S.) bedeutet ›Schwarzwasser‹ (zu ahd., mhd. swarz ›schwarz‹), entweder nach der dunklen Färbung des Wassers oder nach dem dunklen Gebirgswald der Frühzeit. Dieser Namenstyp kommt im dt. Sprachgebiet mehrfach vor, z. B. die **Schwarza,** Quellfluß der Leitha in Österreich (1121 *Suarzahe,* 1073 *Suarzaha*) und die **Schwarzach,** links zur Naab, 1271 *Swarzach,* 1129 *Swarza;* → [1]-ach. An der thüringischen Schwarza liegt die **Schwarzburg** über dem gleichnamigen Ort, die Stammburg der Grafen (späteren Fürsten) von Schwarzburg(-Rudolstadt). Sie ist nach dem Fluß benannt, wenn auch der Name, wie die Belege zeigen, schon früh als ›schwarzer Berg, schwarze Burg‹ verstanden wurde: 1533 *Schwartzburg,* 1254 *Zwarceborg,* 1182 *Suarzcemberc,* 1071 *Swartzinburg.*

Schwarza; Schwarza, die, l. zur Leitha (Österreich); **Schwarzach,** die, l. zur Naab; **Schwarzburg** → Schwarza, die.

Schwarze Elster, die, r. zur Elbe, → Weiße Elster.

Schwarzenberg (Erzgeb.), Stadt im westlichen Erzgebirge, SAC, entstand als Siedlung bei der gleichnamigen Burg über dem Tal des Schwarzwassers (r. zur Zwikkauer Mulde) und wurde vor 1300 als Stadt ausgebaut. Die Burg war Mittelpunkt einer Rodungsherrschaft, die 1533 an Kursachsen kam. Der Name 1410 *Swarczenberg,* 1262 *Suarcenberg* bezeichnete urspr. die Burg nach ihrer Lage im dunklen Gebirgswald. Entsprechendes gilt auch für den Flußnamen **Schwarzwasser,** der zuerst 1118 als *Scurnica* (zu asorb. *čorny* ›schwarz‹) belegt ist. Man vergleiche auch den unter → Schwarza genannten Burgnamen *Schwarzburg.*

Schwarze Pumpe → Hoyerswerda.

Schwarze Regen, der, l. zum Regen, → Regen, der.

Schwarzheide (sorb. Čorny Hózd), Stadt ö. von Lauchhammer, BR, entstand als sorbisches Heidedorf und entwickelte sich seit den 1920er Jahren zum Arbeiterwohnort für Lauchhammer und das Braunkohlenrevier von Senftenberg; 1967 zur Stadt erhoben. Der alte Name *Zschornegosda* (1474 *zu Czornegosde,* 1449 *Cschörnegast*) wurde 1936 amtlich in *Schwarzheide* übersetzt, er beruht auf asorb. *čorny* ›schwarz‹ und *gozd* ›Heidewald‹.

Schwarzwald, der, südöstl. Randgebirge des Oberrheinischen Tieflandes zwischen Hochrhein und Kraichgau, BWÜ. Der Name mhd. *Swarzwalt,* ahd. 868 *Swarzwald* bezieht sich auf die in Höhen über 1000 m alteinheimischen Fichtenbestände. Frühere Namen sind lat. *Abnoba*

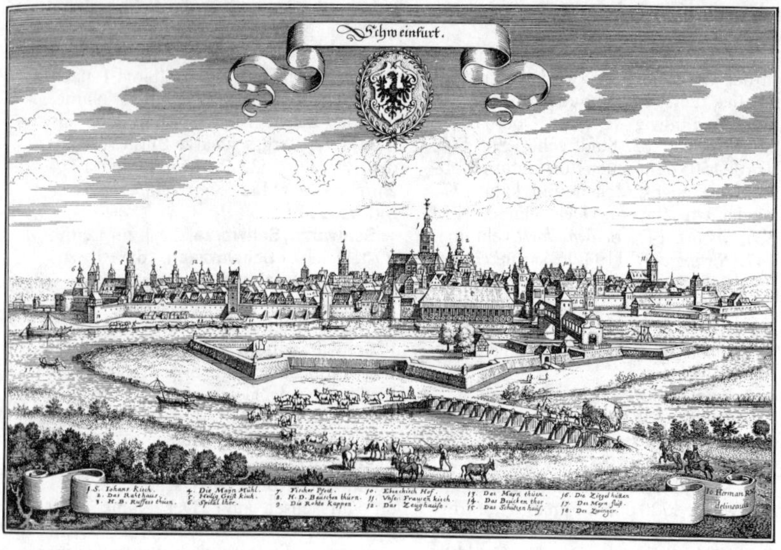

mons (1. Jh. n. Chr.), gr. *Abnobaîa órē* (2. Jh., ›Gebirge Abnoba‹ wohl zu alteurop. **ab-* ›Wasser, Fluß‹, nach den zahlreichen Gebirgsbächen?) und lat. *Marciana silva* (4. Jh., wohl zu germ. *marka* ›Grenze‹, also ›Grenzwald‹).

Schwarzwasser, das, r. zur Zwickauer Mulde, → Schwarzenberg (Erzgeb.).

Schwe̱dt/Oder, Stadt in der Uckermark, am Westrand der Oderniederung, BR, entstand an einem alten Oderübergang bei einer pommerschen Burg, die auch die Straße nach Stettin sicherte, und wurde nach 1250 als befestigte Stadt ausgebaut; Stadtrecht vor 1265. Von 1698 bis 1788 war S. Residenz einer hohenzollerschen Nebenlinie, der Markgrafen von *Brandenburg-Schwedt.* Der Name 17. Jh. *Schwedt,* 16. Jh. *Swedth,* 1295 *Zswet,* 1265 *Sczwet, Suuet* wird zu slaw. *svět* ›Licht‹ gestellt, vielleicht war er urspr. die Stellenbez. für eine Waldlichtung.

Schweinfurt, Stadt am Main, in Unterfranken, BY, entstand wohl im 7. Jh. als fränkische Siedlung an einer Mainfurt und wurde spätestens im 10. Jh. durch eine Burg der Grafen, späteren Markgrafen von Sch. gesichert. Die Stadt Sch. entstand vor 1003 unterhalb der alten Siedlung. Sie wurde mehrmals zerstört, aber wegen ihrer wichtigen Verkehrslage immer wieder aufgebaut. Als königliche Marktsiedlung wurde sie 1254 Reichsstadt und schloß sich 1542 der Reformation an. 1802, endgültig 1814 fiel sie an Bayern. Der Name 1508 *Schweinfurt,* 1352 *Sweinfurt,* 1033 *Suinvurt,* 1012/18 *Suinvordi castellum* (= die Burg Suinvordi), 791 in *Suuinfurtero marcu* (= in der Mark der Schweinfurter), um 720 *Suinuurde* ist mit ahd. *swīn* ›Schwein‹ und ahd. *furt* ›Furt‹ gebildet; gemeint ist wohl eine ›für Schweine gangbare Furt‹; vgl. den Artikel → Ochsenfurt.

Schwelm, Stadt ö. von Wuppertal, an der **Schwelm** (r. zur Wupper), NRW, entstand als Marktort bei einem Hof und einer Kirche des Erzbischofs von Köln und kam im 14. Jh. an Kleve-Mark; Stadtrecht 1496 bzw. 1590. Der Name 1466 *Schwelme,* 1085 *Suelme,* 9./10. Jh. *in uilla* (= auf dem Hof) *Suelmin* ist identisch mit dem des Baches, er gehört zu ahd. *swellan* ›anschwellen, aufwallen‹, → Schwalm.

Schwelm, die, r. zur Wupper, → Schwelm.

Schwenningen am Neckar →Villingen-Schwenningen.

Schwentine, die, Zufluß der Kieler Förde, SH, kommt aus dem Großen Plöner See und durchfließt mehrere Seen Ostholsteins. 1226 *Zwentine,* Ende des 11. Jh.s *in Zuentinam* geht zurück auf apolab. **Svętina* und bedeutet eigtl. ›die Heilige‹. Der Name gehört zu dem in kaschub. *sv'ąti* ›heilig‹ erhaltenen slawischen Adjektiv.

Schwerin, Stadt am Schweriner See, MV, bis 1952 Hauptstadt des Landes Mecklenburg, danach bis 1990 des Bezirks Schwerin der DDR; seit 3. 10. 1990 Hauptstadt des Bundeslandes →Mecklenburg-Vorpommern. Ein 1018 genannter Burgwall auf einer Seeinsel war bis 1160 der Sitz der slawischen Obotritenfürsten. Eine nahe dabei entstandene deutsche Kaufmannssiedlung erhob Heinrich der Löwe 1160 zur Stadt und machte sie zum Sitz des Bistums Schwerin (1160–1648, seit 1553 protestantisch). Mit der gleichnamigen Grafschaft (seit 1167) kam die Stadt 1358 an die Herzöge von Mecklenburg und wurde Ende des 15. Jh.s deren Residenz (1701 des Teilstaates **Mecklenburg-Schwerin**). Der Name *Schwerin* (so seit dem 16. Jh.), im 15. Jh. *Swerin,* um 1170 *Zuerin, Zwerin, Swerin,* 1012/18 *Zuarina* wird auf apolab. *zvěrin* ›Wildgehege, Tiergarten, Gestüt‹ zurückgeführt, eine Bildung zu apolab. *zvěř* ›wildes Tier‹. Den gleichen Namen hat z. B. **Schwerin (Warthe),** poln. *Skwierzyna,* Stadt an der Mündung der Obra in die Warthe (Neumark, Polen).

Schwerin (Warthe) (ehem. Neumark) →Schwerin.

Schwerte, Stadt sö. von Dortmund, NRW, entstand an einem Ruhrübergang um einen Hof, der 1050 an das Stift Xanten, später an die Grafen v. d. Mark kam; Stadtrecht 1397. Der Name, um 1400 *Swirte, Sweirte (ei = ē),* vor 971 *Sverte,* ist unerklärt.

Schwetzingen, Stadt w. von Heidelberg, im Oberrheinischen Tiefland, BWÜ, entstand in fränkischer Zeit aus zwei Siedlungen beiderseits des Leimbachs, r. zum Rhein, und gehörte im 8. Jh. zum Kloster Lorsch. Eine Wasserburg im Leimbach wurde von pfälzischen Ministerialen bewohnt, seit dem 16. Jh. aber von den Pfalzgrafen zum Jagd- und Lust-

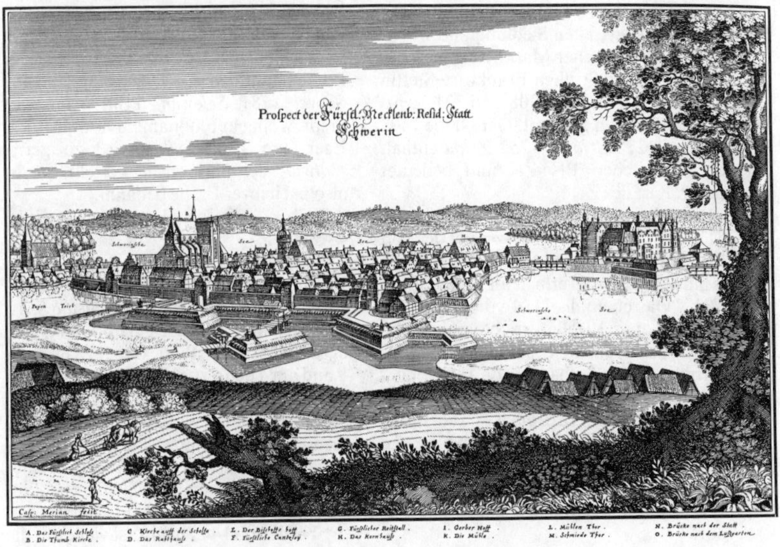

schloß ausgebaut. 1720 begann die Anlage des großen Schloßgartens, dessen Achse auf den Königstuhl bei Heidelberg und die Kalmit bei Neustadt ausgerichtet wurde. Kurfürst Karl Theodor (1742–1778) machte Sch. zu seiner Sommerresidenz. Das Dorf Sch. wurde 1759 zum Marktflecken erhoben; es kam mit dem Schloß 1803 zu Baden und wurde 1833 Stadt. Der Name 1071 *Swezingun,* 807 *Svezzinga,* 766 *Svezzingen* ist mit dem Suffix →-ingen von einem oberdeutschen PN *Swezzo* abgeleitet.

Sebnitz, Stadt am Ostrand des Elbsandsteingebirges, SAC, entstand als Waldhufendorf im Tal der **Sebnitz** (r. zur Elbe) und wurde um 1250 als Stadt ausgebaut. 1451 als *stetlin* genannt, kam S. im gleichen Jahr von Böhmen an Kursachsen. Der Name 1541 *Sebenitz,* 1423 *Sebnicz* geht wohl auf den des Baches zurück, wie die Angabe 1430 *zu der Sebenicz* zeigt. Der Bachname 1223/41 *Sabniza, Sebniza,* 1213 *Zabeniza* gehört als ›Froschbach‹ zu asorb. *žaba* ›Frosch‹.

Sebnitz, die, r. zur Elbe, →Sebnitz.

Seebüll →Niebüll.

Seegefeld →Falkensee.

Seelow, Stadt am SW-Rand des Oderbruchs, nw. von Frankfurt, BR, entstand aus einer slawischen Siedlung und wurde im 13. Jh. deutscher Marktflecken an der Kreuzung der Straßen Frankfurt–Stettin und Berlin–Küstrin. 1308 und 1317 wird S. als Städtchen genannt. Der Name 1308 *Seelow,* 1278 *Selowe,* 1252 *Zelou* enthält den slawischen PN *Žel* und bedeutet urspr. ›Ort des Žel‹.

Segeberg, Bad, Stadt in Ostholstein, SH, entstand als Burgflecken bei der von Kaiser Lothar um 1134 auf dem Kalkberg erbauten Burg und erhielt im 13. Jh. Stadtrecht. Das ebenfalls 1134 von dem Wendenmissionar Vizelin errichtete Augustiner-Chorherrenstift bestand bis zur Reformation. Ein Solbad wurde 1884 eingerichtet. Der Name 1158 *Segeberge,* 12. Jh. *Segebergh,* 1137 *castrum* (= die Burg) *Sigeburg* wird zu mhd. *sige,* mnd. *sēge* ›Sieg‹ gestellt und als ›Burg des Sieges‹ gedeutet; →-berg/-burg.

Seiffen im Erzgebirge →Seifhennersdorf.

Seifhẹnnersdorf, Stadt (seit 1974) im Lausitzer Gebirge w. von Zittau, SAC, entstand im 13. Jh. als deutsches Waldhufendorf und entwickelte sich im 19 Jh. zu einem langgestreckten Industrie- und Gewerbeort. Der Name 1836 *Seifhennersdorf,* 1777 *Hennersdorf in Seifen,* 1447 *Heynerstorff am Seyffe* geht zurück auf 1358 *Heinrichstorf,* 1352 lat. *Henrici villa.* Der Ort wurde also nach seinem Lokator benannt und zur Unterscheidung von gleichnamigen Orten mit dem Zusatz *Seif[en]-* versehen. In der Nachbarschaft waren Erzwäschen *(Seifen)* angelegt, d. h. Wassergerinne, in denen zutage liegendes Erz ausgewaschen wurde. Mhd. *sīfe* (zu *sīfen* ›tröpfeln, triefen‹) bedeutet eigtl. ›langsam fließender, sumpfiger Bach; Schlucht mit Rinnsal‹, es erscheint in dieser Bed. in westdt. ON auf *-seifen* u. ä. *(Schöneseiffen, Mühlensiepen)* und wurde im ostdt. Siedlungsgebiet in Sachsen, Böhmen und Schlesien frühzeitig zum bergmännischen Fachwort. Man vergleiche noch den Namen des Kurorts **Seiffen im Erzgebirge,** ö. von Olbernhau.

Selb, Stadt am Fichtelgebirge, sö. von Hof, gehörte im 16. Jh. zum Reichsland Eger und kam 1322 an König Johann von Böhmen, 1412 aber an die Burggrafen von Nürnberg; Stadtrecht 1426. Die Stadt ist seit dem 19. Jh. ein Schwerpunkt der Porzellanindustrie. Der Name 1412 *Selwe,* 1281 *Selewen,* 1188 *Selhwe* ist urspr. wohl ein Flußname: Die **Selb,** l. zur Eger, um 1360 *Selbe,* wird zu germ. **salwjō-* ›schmutziggrau‹ gestellt, sie ist also nach ihrer Farbe benannt.

Selb, die, l. zur Eger, →Selb.

Selfkant, der, westlicher Teil des Kreises Heinsberg, NRW, an der niederländischen Grenze. Der Name, mdal. *die S.,* ist identisch mit rheinisch *Selfkant[e],* niederl. *zelfkant* ›Webekante, gewebter Rand am Tuch‹ (zu mhd. *selp,* niederl. *zelf* ›selbst‹, eigtl. ›eigene Kante‹). Die Landschaft wird damit – urspr. scherzhaft – als Randgebiet gekennzeichnet. 1969 wurden mehrere Orte der Landschaft zu einer Gemeinde zusammengefaßt, die ebenfalls den Namen **Selfkant** erhielt. Der Hauptort **Tüddern,** 1144 *Tudere,* ist vielleicht die im 4. Jh. im Itinerarium Antonini genannte römische Straßenstation *Teudurum.*

Selfkant → Selfkant, der.

Selz, die, linker Nebenfl. des Oberrheins, entspringt bei Kirchheimbolanden, mündet bei Ingelheim. 1191 *Selsa,* 968 *Salisa,* 763 *Salusia,* im 4. Jh. lat. *Saliso* ist eine Weiterbildung des alteuropäischen Flußnamenworts **sal-* ›Bach, fließendes Wasser‹, das auch dem Namen der → Saale zugrunde liegt. Am Mittellauf der Selz liegt das Dorf **Selzen,** 1093 *Salsen marca,* 782 *Salusia.* Von gleicher Herkunft sind die Namen von Bad → Salzig und von **Selz,** franz. *Seltz* am **Selzbach,** l. zum Rhein im Unterelsaß, 742 *Saluxsia* (für **Salussa*), um 300 lat. *Saletio.*

Selz (Elsaß); **Selzbach,** der, l. zum Rhein; **Selzen** → Selz, die.

Siebengebirge, das, Berggruppe sö. von Bonn, NRW. Der Name ist jung, noch im 18. Jh. (z. B. 1777 Jung-Stilling) sagte man *die Sieben Berge.* Die Zahl *sieben* drückt (wie in ›seine sieben Sachen‹) eine unbestimmte größere Anzahl aus. Mit rhein. *Seif[en], Sief[en], Siep[en]* ›schluchtartiges Tal mit Rinnsal‹ hat der Name S. nichts zu tun.

Sieg, die, rechter Nebenfluß des Rheins, entspringt am Lahnkopf im Rothaargebirge, mündet gegenüber von Bonn. 1357 *Sieghe.* Die älteren Namensformen *Siga* (1071), *Sigin* (1048), *Sega* (1182), *Segen* (832) gehen zurück auf vorkelt. **Segina/*Segana,* das auch dem ON → Siegen (um 1080 *Sigena*) zugrunde liegt und nicht sicher gedeutet ist.

Siegburg, Stadt an der unteren Sieg, NRW. 1065 *Sigeburch,* 1069 *in monte Sigeberge.* Die auf einer Bergkuppe errichtete pfalzgräfliche ›Burg an der → Sieg‹ wurde 1064 durch Erzbischof Anno II. von Köln in ein Benediktinerkloster umgewandelt. Das zugehörige Dorf erhielt 1069 Marktrecht.

Siegen, Stadt an der oberen Sieg, NRW, Mittelpunkt der Eisenerzverhüttung und des Bergbaus (bis 1962) im Siegerland, im 13.–18. Jh. eine Residenz der Grafen von Nassau. 1239 *Sigin,* um 1080 *Sigena* ist die alte Form des Flußnamens → Sieg.

Sigmaringen, Stadt an der oberen Donau, BWÜ, entstand als Flecken bei einer Burg des 11. Jh.s und wurde 1250 zur Stadt erhoben. 1558 kam S. durch Erbschaft an die Grafen von Hohenzollern, deren Sigmaringer Zweig (1623 gefürstet) bis heute besteht. Der Name *Sigmarin-*

gen, 1183 *Sigemaringen,* um 1077 *Sigimaringin,* bedeutet ›bei den Leuten des *Sigimar*‹ (vgl. →-ingen). Er wurde vermutlich von der Gemeinde *Sigmaringendorf,* die 4 km unterhalb von S. liegt, auf die Burg übertragen.

Simmerbach, der, l. zur Nahe, →Simmern.

Simmern, Stadt im östlichen Hunsrück, RP, entstand im Quellgebiet des **Simmerbachs** (l. zur Nahe) am Platz eines römischen Straßenpostens an der Römerstraße Trier–Mainz und gehörte im 12. Jh. den Raugrafen, später den Pfalzgrafen bei Rhein (Herzogtum Pfalz-Simmern 1410–1673). Der Name 1072 *vicus Simera,* 1283 *Aldensymera,* um 1624 *Alten Simmern* ist urspr. identisch mit dem nicht sicher gedeuteten Bachnamen 1006 *Simera,* 1072 *rivus Simera.* Der Zusatz *Alten-* unterschied S. von dem an der Mündung des Simmerbachs liegenden Ort *Simmern unter Dhaun* (seit 1971: **Simmertal**), der 912 als *Simera,* 1515 als *Symern unter Dhun* belegt ist (→Daun). Nicht verwandt sind die Namen von **Simmern** im Unterwesterwald (1420 *Sivenburn,* 1216 *Syfenburne* = *ze dem sīfenden borne ›am tröpfelnden Brunnen‹, zu mhd. *sīfen* ›tröpfeln, triefen‹) und **Simmern** in Luxemburg (1396 *Siebenborn,* 13. Jh. *de septem fontibus* ›von den 7 Quellen‹).

Simmern (Westerwald); **Simmern** (Luxemburg); **Simmertal** →Simmern.

Sindelbach, der, r. zur Körsch zum Neckar →Sindelfingen.

Sindelfingen, Stadt sw. von Stuttgart, BWÜ, entstand bei einer Burg der Grafen von Calw und kam im 12. Jh. an die Pfalzgrafen von Tübingen. 1263 wurde S. als Stadt neu angelegt und 1351 an die Grafen von Württemberg verkauft. Der Name 1133 *Sindolvingin* ist mit dem Zugehörigkeitssuffix →-ingen von dem PN *Sindolf* abgeleitet. Er ist verkürzt auch im Namen des durch S. fließenden **Sindelbachs** (r. zur Körsch zum Neckar) enthalten.

Singen (Hohentwiel), Stadt im Hegau, BWÜ, entstand auf schon vorgeschichtlich besiedeltem Boden als alemannisches Dorf, gehörte verschiedenen ritterschaftlichen Familien und dem Haus Österreich und wurde durch die Nähe der seit 1521 württembergischen Festung →Hohentwiel in seiner Entwicklung behindert, bis der Bau der Bahnlinie Konstanz–Basel (1863/64) seine Verkehrslage verbesserte; Stadtrecht 1899. Der Name 1539, 1165 *Singen* ist durch den Schwund des *g* zwischen zwei Vokalen verkürzt worden aus 920 *Siginga,* 888 *in Sigingun,* 787 *Sisinga.*

Sinz; Sinzenich →Sinzig.

Sinzig, Stadt am Mittelrhein, RP, entstand im Mündungsgebiet der Ahr an der röm. Rheintalstraße, wo im Mittelalter die Heerstraße nach Aachen abbog. Im 8. Jh. fränkische Königspfalz, später Reichshof und staufische Kaiserpfalz. Der Name 1420 *Syntzich,* 1191 *Senzicha,* 828 *Sinciacus,* 762 *Sentiacum palatium* enthält den kelt.-römischen PN *Sentius;* →-acum. Vgl. **Sinzenich** bei Euskirchen, 1241 *Syncich* und **Sinz** bei Merzig, 1147 *Sencicho,* 1155 *Sanciacum.*

Soest [zo:st], Stadt am Hellweg sö. von Hamm, NRW, entstand seit merowing.-karolingischer Zeit um einen Hof und eine Kirche des Erzbischofs von Köln; im 11. Jh. Kaufmannssiedlung, Stadtrecht um 1120. Der Name 1350 *Soyst, Soist,* 1306 *Soest* (*y, i, e* sind nur Dehnungszeichen), 1014 *Suosat,* 985 *Sosat,* 836 *villa Sozat* ist nicht sicher erklärt.

Solingen, Stadt im Bergischen Land, NRW, entstand um einen Fronhof der Abtei Altenberg, erhielt vor 1420 Stadtrecht und wuchs im 19. Jh. mit mehreren Gemeinden der Umgebung zusammen, woraus 1929 die heutige Großstadt S. entstand. Der Name 1342 *Soleken,* 1155 *Solingen,* 1067 *Solonchon,* 965 *Solagon* ist der Dativ Plural von ahd. *solag* ›Suhle [der Schweine]‹, einer Bildung zu ahd. *sol* ›Suhle‹. Es liegt also kein ON auf →*-ingen* vor; vgl. den Artikel →Suhl.

Solmsbach, der, l. zur Lahn, →Neckarsulm.

Sömmerda, Stadt an der mittleren Unstrut, TH, entstand in althüringischer Zeit an einer Unstrutfurt, gehörte seit etwa 860 dem Kloster Fulda, seit 1342 als fuldisches Lehen den Grafen von Schwarzburg und wurde 1410 an Erfurt verkauft; Stadtrecht vor 1435. Der Name

16. Jh. *Sömerda* (zur Endung *-a* vgl. →*Apolda*), 1378 *Sömerde,* 1155/65 *Sumerde,* 876 *Sumiridi* ist mit dem Kollektivsuffix *-idi* zu ahd., asächs. *sumar* ›Sommer‹ gebildet und bedeutet soviel wie ›sommerlich warme Gegend‹. Daß dies urspr. ein Landschaftsname war, läßt sich aus den Namen westlich benachbarter Orte wie **Gangloffsömmern** (997 *Sumiringe;* zum PN *Gangolf*), **Hornsömmern** (alt *Nortsumeringen*), **Haussömmern** schließen, deren Grundwort etwa ›bei den Sommerleuten‹ bedeutet.

Sondershausen, Stadt an der Wipper (l. zur Unstrut), TH, entstand in fränkischer Zeit bei einer Burg, die den Übergang über die Hainleite sicherte, und kam um 1300 als Mainzer Lehen an die Grafen von Honstein und 1356 an die Grafen von Schwarzburg (1571–1909 Linie Schwarzburg-S., 1697 gefürstet). Der Name 1175 *Sundreshusun,* 1125 *Sundershusen* enthält wohl den alten deutschen PN *Sundar,* eine Kurzform von Namen wie *Sundarhari, Sundarrāt* (zu ahd. *suntar* ›abgesondert, einzeln‹).

Sonthofen, Stadt am Oberlauf der Iller, in den Allgäuer Alpen, BY, wurde wahrscheinlich im 9. Jh. durch das Kloster St. Gallen angelegt; zuerst bestand eine Höfegruppe weiter nördlich im gleichen Tal (839 *Nordhovun in pago Albegauge*), die aber gegen das Pfarrdorf S. (1145 *Sunthoven*) zurücktrat und später in einer anderen Siedlung aufging. S. erhielt 1429 Marktrecht und wurde erst 1963 Stadt. Die Namen beider Orte waren aufeinander bezogen, S. ist mit ahd. *sunt* ›Süden‹ gebildet; vgl. →-hofen.

Soonwald, der, (auch:) *der Soon,* Gebirgszug im südöstl. Hunsrück, RP, mit den Teilen **Bingerwald, Großer Soon** und **Lützelsoon** (= kleiner Soon, zu mhd. *lützel* ›klein‹). Den Gebirgsnamen 1295 *Sonia silva* (= der Wald Sonia), 1128 *Sone nemus* (= der Wald Sone), 868 *in silva Sana* hat man mit ahd. *swan, swaner* ›Schweineherde‹, afränk. *sonesti* ›(Schweine)herde‹ verbunden (= Wald, wo Schweine weiden). Es kann aber auch ein verlorengegangener Bachname **Sana* zugrunde liegen, vgl. den Idarwald über →Idar-Oberstein.

Spachbrücken (zu Rheinheim im Odenwald) →-brück, -brücken.

Spessart, der, Bergland im Mainviereck s. der Kinzig, BY und HE. Der Name bezeichnete zuerst den karolingischen Königsforst zwischen Aschaffenburg und Lohr, der Ende des 10. Jh.s an das Erzbistum Mainz kam und bis heute ein geschlossenes Wald- und Jagdgebiet geblieben ist. 839 *Spehteshart,* um 1000 *Speshart* bedeutet ›Spechtswald‹ (zum Vogelnamen ahd. *speht, speh* ›Specht‹ u. ahd. *hard* ›Bergwald; →Haardt). Diese Bildung erscheint auch mehrfach als Siedlungsname, vgl. z. B. **Spessart** bei Ettlingen (BWÜ), 1292 *Spehshart,* **Spetzgart** bei Überlingen/Bodensee, 1223 *Spehshart,* und **Spexard** bei Gütersloh (Westf.), 1088 *Spechtashard.*

Spessart; Spetzgart; Spexard →Spessart, der.

Speyer, Stadt am linken Ufer des Oberrheins, RP, entstanden im Zuge der vorgeschichtl.-römischen Straße Straßburg–Mainz an einem der wichtigsten Rheinübergänge. Die älteste Siedlung war ein keltisches Oppidum, das um 70 v. Chr. von germ. Nemetern aus dem Heer des Ariovist besetzt wurde und bald danach unter römische Herrschaft kam. Der keltische Name *Noviomagus* ›Neufeld‹ (zuerst 150 n. Chr. genannt) wurde im 3. Jh. durch *Civitas Nemetum* ›Stadt der Nemeter‹ abgelöst. (Als *Noviomagus* sind im 3. Jh. auch die Stadt **Nimwegen** a. d. Waal, niederl. *Nijmegen,* und der Ort **Neumagen** a. d. Mosel, RP, bezeugt.) Im 5. Jh. wurde die römische Stadt zerstört. Die fränkische Neubesiedlung begann außerhalb der Trümmer, besonders im N am Speyerbach, und der neue, dritte Name (6. Jh. *Civitas Nemetum id est Spira*) ist wohl von dorther auf den alten Platz übertragen worden, der um 600 Bischofssitz wurde (614 *Hildericus episcopus ex civitate Spira*) und seine Blüte im 11. Jh. unter den Salierkaisern und im 16. Jh. als freie Reichsstadt erlebte. Das erwähnte fränkische Dorf, um 1150 eingemeindet, heißt 969 *villa Spira,* 1212 *Alt Spira,* 1369 *Altspeier.* Es hieß wohl nach dem **Speyerbach,** der bei **Speyerbrunn** sö. von Kaiserslautern (1585 *unter dem Speyerbrunnen*) ent-

springt und durch die alten Namen der Dörfer **Speyerdorf** bei Neustadt, 774 *Spiradorpf,* und **Hochspeyer** (an der Quelle des gleichnamigen Nebenbachs, der 987 *Hohspira* heißt) als *Spīra* gesichert ist. Die Entstehung dieser Namensform bleibt ungeklärt. Eine Verbindung mit dem starken Verb ahd. *spīwan* ›speien‹ läßt sich nur vermuten, aber nicht beweisen. – Das *y* im Namen der Stadt S. (1111 *Spire,* 15. Jh. *Spier,* 1520–1836 *Speier*) ist erst im 19. Jh. fest geworden.

Speyerbach, der, l. zum Rhein; **Speyerbrunn; Speyerdorf** → Speyer.

Spiekeroog, ostfriesische Insel zwischen Langeoog und Wangerooge, NDS. Der Name 1398 *Spickeroch* enthält mnd. *ōch* ›Insel‹, → Langeoog. Sein erster Bestandteil *Spieker-* ist nicht sicher erklärt.

Spree, die, linker Nebenfluß der Havel, entspringt im Lausitzer Bergland, SAC, mündet bei Berlin-Spandau. Nhd. *Spree* geht zurück auf 1373 *Sprewa,* 965 *Sprewa* (slawisiert zu obersorb. *Sprěwa*), das entweder eine germanische Bildung zu dem in mhd. *sprǣwen, sprǣjen* ›spritzen, stieben‹ (aus **sprēwjan*) bezeugten Verb ist oder direkt auf dessen idg. Wurzel **spreu̯-* ›streuen, ausbreiten, spritzen, sprühen‹ zurückgeht. Nach dem Fluß ist → Spremberg benannt.

Spremberg, Stadt an der mittleren Spree, BR, entstand an einem schon in altsorb. Zeit genutzten Spreeübergang bei der um 1200 erbauten Burg der Herren von S., die nach 1250 die Stadt auf einer Spreeinsel gründeten. Der Name 1318 *Spremberg,* 1293 *Sprewenberch,* 1268 *(de) Sprewinberg* ist mit dem Flußnamen → Spree (1373 *Sprewa*) gebildet. Einen entsprechenden Namen hat **Neusalza-Spremberg** an der oberen Spree, SAC, 1397 *Spremberk,* 1242 *(de) Sprewemberch,* das 1920 durch Vereinigung der Gemeinden Spremberg und Neusalza entstand. Letzteres war 1670 durch die Herren von Salza (→ Langensalza) auf ihrem Rittergut *Neuen-Salza* als Siedlung böhmischer Exulanten gegründet worden und hatte 1673 Stadtrecht erhalten.

Sprendlingen bei Frankfurt am Main → Dreieich.

Springe, Stadt am Südfuß des Deisters, NDS, entstand als Rodungssiedlung in der Deisterpforte an der Straße Hameln–Hannover und war bis ins 15. Jh. Mittelpunkt der Grafschaft Hallermunt, die dann welfisch wurde; Stadtrecht im 14. Jh. Der Name *S.* (so seit dem 18. Jh.) ist verkürzt aus 1430 *Hallerspringe,* 1310 *Halrespringhe,* 1013 *Eleraegisprig,* 10. Jh. *Helereisprig,* er bezeichnet den Ort nach der Quelle (ahd. *gispringi*) der **Haller,** l. zur Leine, deren Name 1659 *Haller,* 1378 *by der Halre,* 10. Jh. *Helere,* aber 1069 *Alera,* als Bildung mit *-r-*Suffix zu idg. **el-/*ol-* ›strömen, fließen‹ gedeutet wird (→ Aller).

Stade, Stadt am Westrand der Elbmarschen, NDS, entstand um 800 als Kaufmannssiedlung (Wik) bei einem Fähr- und Umschlagplatz an der Schwinge (l. zur Elbe), wo die Handelsstraße vom Niederrhein her an die Elbe kam. Eine Burg der Grafen von St. und eine Taufkirche des Erzbistums Bremen kamen im 9. Jh. hinzu. Marktrecht 1038, Stadtrecht vor 1181, im 14. Jh. Hansestadt. Der Name 1143 *Staden,* 1038 *Stadun,* 1059 *Statho,* um 1015 *Stethu* entspricht asächs. *stath,* ahd. *stad, stado,* mhd., mnd. *stade* ›Ufer‹, weist also auf die Lage des Umschlagplatzes am Flußufer hin (ähnlich in → Buxtehude).

Stadthagen, Stadt im nördlichen Vorland der Bückeberge, NDS, entstand vor 1225 im Rodungsgebiet der schaumburgischen Hagendörfer (→ -hagen) als planmäßige Gründung Graf Adolfs III. von Schaumburg und war bis 1608 Residenz der Grafschaft. Der Name 1378 *Stadthagen* bezieht sich auf das 1344 verliehene Stadtrecht. Der ältere Name 1304 *Grevenalveshagen,* 1272 *indago comitis Adolphi,* 1230 *Ubdago comitis* ›Hagen des Grafen [Adolf]‹ hob mit dem Namen des Gründers die zentrale Siedlung von den umliegenden Hagendörfern ab.

Stadtilm → Ilmenau.

Stadtkyll → Kyll, die.

Stadtlohn, Stadt w. von Coesfeld, NRW, entstand um einen Haupthof mit alter Kirche des Bischofs von Münster; Stadtrecht im 14. Jh. Der Name 1152 *Lon,* 1085 *Laon* bezieht sich auf die Lage in einer von Gehölzen (mnd. *lō,* vgl. → Iserlohn, → Gütersloh) durchsetzten offenen Landschaft (jetzt die **Lohner Heide**); zur Unterscheidung von den südl. gelegenen Orten **Südlohn** (1260 *Lon,* 1231 *Suthlon*) und **Eschlohn** (wohl zu mnd. *ēsch, esch* ›offenes Ackerland‹) wurde S. um 1150 *Northlon,* 1313 *Nortloon* genannt und erst nach der Stadterhebung *Stadtlohn* (noch im 19. Jh. *Stadt Loen*).

Stadtroda, Stadt sö. von Jena, TH, entstand als Marktanlage bei einem vor 1246 gegründeten Zisterzienserinnenkloster an der **Roda** (r. zur Saale) und kam 1333 an die Grafen von Schwarzburg (Stadtrecht 1340) und 1396 an die Wettiner. Der Name des Klosters 1247 *monasterium Rode* ging auf die Stadt und wahrscheinlich auch auf den Bach über, er entspricht ahd. *rōd* ›Rodung‹ (→ -rod, -reut, -ried). Zur Unterscheidung von gleichnamigen Orten wurde er gewöhnlich mit dem Zusatz *Stadt* versehen: 1333 *stad zu Rode,* 1370 *Rode dy stat.* Die einfache Form *Rode* blieb in der Umgangssprache bis heute gebräuchlich, amtlich heißt die Stadt seit 1925 *Stadtroda;* zur Endung *-a* vgl. den Artikel → Apolda.

Stahleck, die, Burg, → Bacharach.

Stargard in Pommern → Burg Stargard.

Starkenburg, Oberamt, → Heppenheim.

Starnberg, Stadt am Nordende des Starnberger Sees, BY. Die Burg Starnberg der Grafen von Andechs-Meranien wurde 1225/26 zum erstenmal als *Starnberch* genannt. Sie enthält im BW ihres Namens den Vogelnamen mhd. *star* ›Star‹. Im 14. Jh. kam sie an die bayerischen Herzöge, und 1541 wurde sie durch einen Schloßbau ersetzt. Die Siedlung am Fuß des Schloßbergs ist wesentlich älter, sie erscheint 948/957 als *Ouviheim,* 1208/18 als *Ôheim,* 1440 als *Eham* und 1480 als *Ahaim.* Nach dem Bau des Schlosses wechselt sie den Namen: 1548 *zu Starnberg Im Vnnderdorff daselbs,* 1783 *Nieder Starnberg,* 1807 *Starnberg.* Der alte Name enthielt als BW wohl ahd. *ou, ewi* ›[Mutter]schaf‹, ein altes, mit lat. *ovis* ›Schaf‹ urverwandtes Hirtenwort. Der Ort St. wurde 1912 zur Stadt erhoben. Der **Starnberger See** erhielt diesen Namen erst im 18. Jh., früher hieß er nach dem Fluß, der ihn durchströmt: 1591 *Würmbsee,* 818 *Uuirmseo* (vgl. den Artikel → Wurm, die, l. zur Rur).

Starnberger See → Starnberg.

Staßfurt, Stadt an der Bode, SAN, entstand in altsächsischer Zeit bei Salzquellen am nördlichen Ufer (*Altstaßfurt* mit Petrikirche, 1868 eingemeindet); im 12. Jh. entstand eine zweite Siedlung bei neuen Salzquellen s. der Bode (Johanniskirche; Stadtrecht um 1265). Seit 1276 war S. magdeburgisch. Der Name 1477 *Stasfurt,* 1195 *Stasvurde,* 1024, 983 *Stesfordi,* 970 *Stasfurdi,* 9. Jh. (zu 805) *Staras-*

furt bezieht sich auf die Bodefurt (zu ahd. *furt,* asächs. *ford,* mnd. *vōrt, vōrde* ›Furt‹); sein BW ist aber nicht sicher erklärt.

-statt, -stedt, -stätten. Diese Grundwörter kommen in verschiedenen Formen und Schreibungen vor, sie gehen immer von der Grundbed. ›[Stand]ort, Stelle‹ aus, die auch bei den appellativischen Substantiven *Statt, Stätte* zugrunde liegt. Auch die häufige Schreibung mit *-dt* (*Altenstadt, Ballenstedt, Markranstädt*) besagt zunächst nichts anderes, denn die Bed. ›Siedlung mit Marktrecht und Selbstverwaltung‹ hat sich für mhd., ahd. *stat* erst seit dem 12. Jh. entwickelt (ältere Städtenamen wurden meist mit *-burg* gebildet). Und umgekehrt wird die Schreibung mit *-dt* in den Namen deutscher Städte erst im 17. und 18. Jh. allgemein üblich. ON mit *-statt* usw. sind oft sehr alt, die Orte liegen meist auf gutem Boden in waldfreier Landschaft. Die Formen mit *-e-, -ä-* sind meist durch *-i*-Umlaut zustande gekommen, bes. durch alte lokativische Dativformen wie *-steti, -stetin* (vgl. z. B. → Helmstedt).

Stauf (zu Eisenberg); **Staufen im Breisgau** → Hohenstaufen, der.

Stavenhagen […vn̩…] (seit 1949 amtlich *Reuterstadt St.*). Stadt sö. von Malchin, MV, wurde um 1250 bei einer deutschen Ritterburg angelegt und erhielt um 1260 durch die Herzöge von Pommern Stadtrecht. Ende des 13. Jh.s kam St. an die mecklenburgischen Fürsten von Werle. 1810 wurde hier Fritz Reuter geboren. Der Name 1353 *Stovenhage[n],* 1261 *Stouenhagen* (zum GW → -hagen) bezieht sich auf die Grundherren in der Burg. Ein Ritter *Reimbertus de Stoue[n]* wird 1252 genannt. Er kam wohl aus Niedersachsen, ein Ort **Stove** (zu mnd. *stōven* ›Badestube, heizbarer Raum‹) liegt z. B. auf einer Elbinsel w. von Geesthacht.

Stedingen, auch: *Stedinger Land,* Marschengebiet zwischen Hunte und Weser unterhalb von Bremen, NDS. Die Moore und Flußmarschen am linken Weserufer und an der unteren Hunte waren 1142/49 von sächsischen und friesischen Siedlern urbar gemacht worden. Als diese ihre Freiheitsrechte gegen den Erzbischof und den Grafen von Oldenburg verteidigten, wurden sie 1234 bei Altenesch vernichtend geschlagen. Der Name St., 1190 *Stedingi* ist eigtl. ein Insassenname, er bezeichnet die Bewohner des Uferlandes und ist mit dem Suffix → -ingen zu asächs. *stath,* Dativ *staðe* ›Ufer‹ gebildet; → Stade. Noch heute heißt das Marschenland am rechten Weserufer gegenüber Brake **Osterstade.**

Steigmühle → Geislingen an der Steige.

-stein. Wie *-fels* ist auch *-stein* ein typisches Burgennamen-GW. Es bezeichnet aber nicht nur den natürlichen Felsen (z. B. → Falkenstein, wie → Lichtenfels, → Weißenfels), sondern auch das feste Steinhaus als solches (→ Lahnstein, oder den Pfalzgrafenstein bei → Kaub).

Steinach, die, r. zum Neckar, → Neckarsteinach.

Steinalbe, die, → Elbe, die.

Steinfurt, Stadt im Münsterland, NRW, wurde 1975 durch Vereinigung der Städte Burgsteinfurt und → Borghorst gebildet. Burgsteinfurt, älter Steinfurt, entstand Anfang des 13. Jh.s bei der seit 1129 bezeugten Wasserburg der Edelherren von S., wurde 1495 Sitz einer Reichsgrafschaft der Grafen von Bentheim und fiel 1816 an Preußen. Den Namen 1129 *Stenvorde* ›mit Steinen gesicherte Furt‹ bekam die Burg nach ihrer Lage an einer alten Furt in der (Steinfurter) Aa (rechts zur Vechte). Als *Burgsteinfurt* (1816 amtlich, vgl. 1285 *Borchstenvorde,* 1313 *castrum Stenvorde*) wurde die Stadt von **Drensteinfurt** (an der Werse bei Hamm) unterschieden, das 851 *Stenvorde (in regione Dreni),* 1278 *Stenvorde super Drenum* heißt (nach dem alten *Dreingau,* 8. Jh. *Dragini,* dessen Name nicht sicher erklärt ist).

Steinhude → Steinhuder Meer.

Steinhuder Meer, das, See zwischen Weser und Leine, nw. von Hannover, NDS, benannt nach dem Ort **Steinhude,** der als Fischersiedlung im 13. Jh. zum Kanonissenstift Wunstorf gehörte und im 14. Jh. an die Grafen von Schaumburg kam. Der Name 1391 *Steinhude* enthält mnd. *hude* ›Stapelplatz, Fährstelle‹ (→ Buxtehude), das Substantiv *Meer* hat im nordwestdt. und niederländ. Gebiet auch die alte Bed. ›stehendes Gewässer‹ bewahrt (mnd. *mer[e],* mniederl. *mere,* asächs. *meri* ›Meer, Binnensee‹), z. B. im Namen des *Großen Meers* bei Emden oder des *Zwischenahner Meers* bei Oldenburg; vgl. den Artikel →Dümmer. – Die Inselfestung **Wilhelmstein** im S. M. ist nach ihrem Erbauer, Graf Wilhelm von Schaumburg-Lippe (1724–1777) benannt, der dort eine Kriegsschule errichtete, an der u. a. Gerhard Scharnhorst ausgebildet worden ist.

Steinpleis →Pleiße.

Stẹndal [...da:l, ...dal], Stadt in der Altmark, SAN, entstand als altsächsisches Dorf an einem Übergang über die Uchte (r. zur Biese, →Aland) und wurde um 1160 durch Markgraf Albrecht den Bären auf der nahegelegenen Uchteinsel als Marktsiedlung mit Stadtrecht neu gegründet. In die s. davon liegende markgräfliche Burg wurde 1188 das Tangermünder Domstift St. Nikolai verlegt, die geplante Gründung eines altmärkischen Bistums gelang den Askaniern aber nicht. Als wichtigste Fernhandelsstadt der Mark Brandenburg gehörte S. bis 1518 der Hanse an. Der Name 1336 *Steindal,* 1215 *Stendal,* um 1160 *villa Stendale,* 11. Jh. *Steinedal* ist mit asächs. *stēn* ›Stein‹ und *dal* ›Tal‹ gebildet, er bezeichnet also die Lage des alten Dorfes ›im steinigen Tal‹.

Sternberg, Stadt nö. von Schwerin, MV, wurde durch Fürst Pribislaw I. von Mecklenburg-Parchim an der Straße Schwerin–Rostock gegründet; Stadtrecht um 1260. Im 16. Jh. war St. ein bedeutender Wallfahrtsort, vom 15. Jh. bis 1918 tagten hier die mecklenburgischen Landtage. Der Name 1438 *tom Sterneberg,* 1322 *to Sterneberghe,* 1256 *Sterneberg* ist urspr. wohl ein Burgname gewesen. Man vergleiche den entsprechenden Namen von **Sternberg Nm.** (poln. Torzym) in der ehemaligen Neumark, das seinen Namen ebenso wie das zugehörige **Land Sternberg** nach Erzbischof Konrad von Magdeburg (1266–1276) aus dem Hause der lippischen Grafen von Sternberg erhalten hat.

Sternberg Nm. (ehem. Neumark) →Sternberg.

Stolberg/Harz, Stadt nö. von Nordhausen, SAN, entstand im 12. Jh. unter einer Burg der Grafen von Honstein, deren hier ansässiger Zweig sich seit 1210 *Grafen von Stalberg,* später *von Stolberg* nannte. Der Ort erhielt vor 1300 Stadtrecht. Silber- und Kupferfunde im 15. Jh. ließen eine Münzstätte entstehen; die Grafschaft bestand bis 1803 und kam 1815 an Preußen. Der Name S. (so seit dem 16. Jh.) hat sich – vielleicht unter Einfluß von bergmännisch *Stollen* ›in den Berg vorgetriebener Grubenbau‹ – entwickelt aus 1210 *Stalberg, Stahelberch,* das als ritterlicher Burgenname zu mhd. *stahel, stāl* ›Stahl‹ gehört, vgl. den Artikel →Stolberg (Rhld.). Einen entsprechenden Namen hat auch **Stollberg/Erzgeb.,** Stadt am Nordrand des Erzgebirges, das im 12. Jh. als deutsches Bauerndorf unter einer Adelsburg entstand und nach 1300 zur Stadt ausgebaut wurde. 1495 *Stolbergk,* 1478 *Stalberg* benennt urspr. die Burg: 1299 *castrum Stalburch,* 1294 *de Stahelburch,* 1244 *de Staleburc* (sie heißt seit dem 18. Jh. *Hoheneck*).

Stolberg (Rhld.), Stadt ö. von Aachen, NRW, entstand seit dem 14. Jh. um die auf steilem Kalkfelsen erbaute gleichnamige Burg der Edelherren von Stalburg (12. Jh.); Stadtrecht 1856. Der Name 1651 *Stolberg,* 1422 *Staelberg (ae = a),* 1324 *Stoilburg (oi = o),* 1234 *Stailburg,* 1118 *Stalburg* ist wohl mit mhd. *stahel, stāl,* ahd. *stahal* ›Stahl‹ gebildet und symbolisiert die Festigkeit der Ritterburg. Vgl. den Namen der Burg *Stahleck* bei →Bacharach. Die ursprüngliche Länge des Vokals spricht gegen eine Herleitung von mhd., ahd. *stal* ›Stelle, Standort‹; vgl. auch den Artikel →Stolberg/Harz.

Stollberg/Erzgeb. →Stọlberg/Harz.

Stör, die, rechter Nebenfluß der Unterelbe, SH, entspringt sö. von Neumünster, mündet nw. von Glückstadt. 1225 *de Store,* Ende des 11. Jh.s *Sturia,* 9. Jh. *super ripam Sturiae* (= am Ufer der *Sturia*). Der Name wird zu aisl. *styrr* ›Tumult, Kampf‹, aengl. *styrian,* engl. *stir* ›erregen, bewegen‹ gestellt, die im Ablaut zu mhd. *stœren,* niederl. *storen* ›stören, in Verwirrung bringen‹ stehen. Die Grundbed. des Flußnamens wäre dann ›bewegtes Wasser‹.

Stormarn, Landschaft zwischen Elbe und Trave im südlichen Holstein, SH. Das seit dem Mittelalter zwischen den Landesherren strittige Gebiet wurde 1867 ein preußischer Landkreis. In ältester Zeit bezeichnete der Name einen der drei nordelbischen Sachsenstämme *(Stormarn, Holsten, Dithmarscher)* und sein Wohngebiet: 1322 *to Stormaren,* 1318 *to Stormeren* ›bei den Stormarn‹ geht als Dativ Plural zurück auf asächs. **Stormwerun,* das mit dem germanischen Suffix *-warijōz ›die Bewohner‹ zu einem Landschaftsnamen **Sturma, *Sturmi* gebildet ist. Einen Gau *pagus Sturmi* gab es im 8. Jh. an der Allermündung (NDS), seine etwaigen Beziehungen zu der holsteinischen Landschaft sind ungeklärt. Aber die Reckengestalt des *Wate von Stürmen* im mittelhochdeutschen Kudrunlied gehört wohl nach Stormarn. Der Gauname *Sturmi* ist verwandt mit dem Appellativ *Sturm* ›heftiger Wind‹, ahd., mhd. *sturm,* engl. *storm,* eigtl. ›Verwirrung, Unruhe, Tumult‹. Wahrscheinlich liegt ein alter Gewässername zugrunde, vgl. den Flußnamen → Stör.

Stove → Stavenhagen.

Stralsund [ˈʃtra:lzʊnt, –ˈ–], Hafenstadt in Vorpommern, am Strelasund gegenüber der Insel Rügen, MV, entstand durch Ansiedlung deutscher Kaufleute bei einer altslawischen Küstensiedlung und erhielt 1234 durch die Fürsten von Rügen lübisches Stadtrecht. Stadterweiterungen folgten um 1250 und 1300. Als mächtige Handelsstadt gehörte St. seit 1283 der Hanse an. 1648 fiel es an Schweden, 1815 an Preußen. Der Name 1525 *Stralsundt,* 1248 *in Stralsunde,* 1240 *Stralesund* hat als slawisch-deutsche Mischbildung die altpolabische Namensform 1234 *Stralowe* abgelöst. Diese ist mit dem Suffix *-ov* abgeleitet von apolab. *strěla* ›Flußarm‹ und bezieht sich hier auf die Meerenge zwischen dem Festland und der Insel Rügen; das slawische Wort wurde durch mnd. *sunt* ›Meerenge‹ erläutert (verdeutlichende Zusammensetzung). Bis ins 16. Jh. tritt als Kurzform des Stadtnamens auch mnd. *sunt* mit dem Artikel auf: *de heren van deme Sunde* (= die Ratsherren von St.). – Einen vergleichbaren Namen hat die Stadt **Strehla** am linken Elbufer nw. von Riesa, SAC, die bei einer deutschen Reichsburg am Elbübergang einer alten Fernstraße entstand. Um 1000 war hier ein altsorbischer Burgwall: 1012/18 *Strela, Striela,* 1065 *Strale,* zu asorb. strěla ›Flußarm‹. Die Stadt heißt 1210 *Ztrele,* 1397 *Strel,* 1501 *Strehle,* später *Strehla* mit kanzleisprachlichem *-a* (vgl. → Apolda). – Im Stralsunder Stadtwappen steht als Hauptzeichen ein aufwärts gerichteter Pfeil, er schließt wohl an mnd. *strāl* ›Pfeil‹ an, das man volksetymologisch mit dem slawischen ON *Stralowe* zusammenbrachte. Ähnliches gilt für Strehla, wo der Pfeil als Beizeichen im Wappen erscheint.

Strasburg, Stadt in der nördlichen Ukkermark, MV, wurde um 1250 durch die Markgrafen von Brandenburg gegründet bei einer Burg an der Kreuzung der Straßen Lübeck–Stettin und Prenzlau–Anklam; Stadtrecht vor 1302. Der Name 1395 *stat czu Straßeburg,* 1323 *Strateborch,* 1302 *Strassborch,* 1277 *Straceburch* bezieht sich auf diese ›Burg an der Straße‹. Das elsässische **Straßburg** (8. Jh. *Strazburg,* 9. Jh. *Strasburg*) war dabei wohl Vorbild, doch kaum in direkter Namensübertragung. Zu vergleichen ist noch **Strasburg in Westpreußen,** amtlich poln. Brodnica, Stadt in Nordpolen, gegründet um 1290 an einem Übergang über die Drewenz (r. zur Weichsel), und **Straßburg** in Kärnten an der Gurk (l. zur Drau, Österreich), 1137 *Strazburch.*

Strasburg in Westpreußen (Polen); **Straßburg** (Elsaß); **Straßburg** (Kärnten) → Strasburg.

Straubing, Stadt an der Donau in Niederbayern, BY, entstand im 6. Jh. am Platz einer spätkeltischen, durch das Römerkastell *Sorviodurum* gesicherten Siedlung, die 233 von den Alemannen zerstört worden war. In der bayerischen Neusiedlung lag ein großer Königshof, den 1029 Bischof Bruno von Augsburg, ein Bruder Kaiser Heinrichs II., dem Augsburger Domkapitel schenkte. St. erhielt vor 1110 Marktrecht und wurde 1218 Stadt. Im 14. Jh. wurde es Residenz eines bayerischen Teilherzogtums und war auch später mehrfach Residenz. Der Name 1295

Straubing, 1184/88 *Strubing,* 912 *Strupingun,* 897 *Strupinga* ist mit dem Suffix →ingen, -ing von dem alten bayerischen PN *Strupo* abgeleitet. Der Name des Kastells ist mit dem GW kelt. *-durum* ›Tor, Öffnung‹ zu einem keltischen PN **Sorvius* gebildet worden.

Strehla →Stralsund.

Strunde, die, r. zum Rhein, →Bergisch Gladbach.

Strünkede →Herne.

Stuttgart, Stadt am Neckar, seit 1953 Hauptstadt des Bundeslandes →Baden-Württemberg, vorher des Landes →Württemberg. S. entstand bei einem Gestüt, das Herzog Hermann I. von Schwaben (926–949) angelegt hatte und das 950 durch eine Wasserburg gesichert wurde (Kern des heutigen Alten Schlosses). Die um 1160 erstmals bezeugte Siedlung wurde von Graf Ulrich I. von Württemberg bald nach 1250 zur Stadt erhoben. Älter als S. ist der jetzige Stadtteil Bad →Cannstatt, wo bereits im 1. Jh. n. Chr. ein römisches Kastell am Schnittpunkt wichtiger Römerstraßen bestand. Im 14. Jh. wurde S. Mittelpunkt der Grafschaft und war seit 1482 Haupt- und Residenzstadt des Landes, das 1495 Herzogtum und 1806 Königreich wurde. Der Name 1745/46 *Stuttgart,* 1632 *Stuettgardt[en],* 16. Jh. *Stuotgart,* 1229 *Stutgarten,* um 1160 *Hugo de Stukarten* bezeichnete urspr. das Gestüt, er entspricht dem Appellativ mhd. *stuotgarte* ›Gestüthof‹ und ist zusammengesetzt aus ahd., mhd. *stuot* in seiner ursprünglichen kollektiven Bed. ›Herde von Zuchtpferden‹ und mhd. *garte* ›Garten‹ (eigtl. ›umzäunter Platz‹).

Sudheim →Northeim.

Südkamen →Kamen.

Südlohn →Stadtlohn.

Südlohne →Lohne (Oldenburg).

Suhl, Stadt am SW-Rand des Thüringer Waldes, TH, entstand als Dorf an einer alten Paßstraße über den Thüringer Wald und gehörte im 13. Jh. den Grafen von Henneberg; Stadtrecht 1527. S. wurde bekannt durch seinen Eisenerzbergbau und seine Büchsenschmiede, die schon im 16. Jh. industriell arbeiteten. 1660 kam S. an die Albertiner und 1815 an Preußen, seit 1945 gehört es mit dem Regierungsbezirk Erfurt zu Thüringen und war 1952–1990 Bezirksstadt. Der Name 1527 *Suhla,* 1318 *by Sula* ist wohl ein alter Bachname, vgl. s. von Eisenach die **Suhl**, r. zur Werra, 1016 *Sulaha fluvius.* Diese Namen führen zurück auf ahd. *sol, sul* ›sumpfige Stelle, (Wild)suhle, Lache‹.

Suhl, die, r. zur Werra, →Suhl.

Sulm, die, r. zum Neckar, →Neckarsulm.

Sulzbach, der, r. zur Saar, →Sulzbach/Saar.

Sulzbach/Saar, Stadt nö. von Saarbrücken, SL, entstand wohl um 1300 als Dorf der Grafschaft Nassau-Saarbrücken am **Sulzbach** (rechts zur Saar). Der Name 1346 *Solzbach,* um 1800 frz. *Soultzbach* bezieht sich wohl auf eine jetzt versiegte Salzquelle, die nachweislich vom 16. bis 18. Jh. genutzt wurde (zu spätmhd. *soltz,* ahd. *sulza* ›Sole‹, einer Ablautbildung zu ahd. *salz* ›Salz‹). Der Bach- und Ortsname *Sulzbach* kommt in Mittel- und Süddeutschland häufig vor, bei seiner Deutung im einzelnen muß beachtet werden, daß *Sulz* in manchen Mundarten auch die Bed. ›Schmutz, Morast‹ (eigtl. wohl ›salziger Quellgrund‹) hat.

Sumelocenna →Rottenburg am Neckar.

Sundhausen →Nordhausen.

Sur, die, l. zur Salzach, →Sauer, die.

Suterode →Osterode am Harz.

Swalmen (Provinz Limburg, Niederlande) →Schwalm, die.

Sylt, nördlichste und größte der nordfriesischen Inseln, SH, war als Teil der Utlande (→Amrum) seit 1386 im vertraglich geteilten Besitz des dänischen Königs und des Herzogs von Schleswig, gehörte aber seit 1435 (bis auf das Listland im N) nur zu Schleswig. Der Name 1393 *Sylt,* 1226 *in Sild,* 1141 *de insula Sild* wird als altnordfriesische *-d*-Erweiterung zu niederd. *Süll, Söll* ›Schwelle‹ gedeutet, er hebt wohl die plastische Form der langgestreckten Insel und ihre Rolle als Brandungsdamm hervor. Weniger wahrscheinlich ist die ältere Erklärung aus dän. *sild* ›Hering‹, die eigtl. ein Vogelschaubild der Insel voraussetzt.

T

Tafern → Rheinzabern.

Tanger, die, l. zur Elbe, → Tangermünde.

Tangerhụtte, Stadt in der südöstlichen Altmark, SAN, entstand seit 1842, als bei dem Dorf **Väthen** eine Eisenhütte errichtet wurde, die man nach dem Tanger, einem linken Nebenfluß der Elbe (→ Tangermünde) benannte. Der Ort Väthen-T. heißt seit 1928 nur T. Der alte Name 1637 *Väthen,* 1375 *Veten,* 1233 *in Vethene* geht vermutlich auf einen altpolab. PN *Věta* zurück: * *Větin* würde dann ›Wohnort des Věta‹ bedeuten.

Tangermụ̈nde, Stadt an der Elbe, SAN, entstand bei einer ottonischen Reichsburg (urspr. slawische Wallburg), die einen wichtigen Elbübergang deckte, und wird 1136 als Zollstätte genannt; um 1200 Stadtgründung durch die askanischen Markgrafen von Brandenburg. Der Name 1196 *Tangermunde,* 1151 *Taggeremunde* (*gg* = *ng*) geht zurück auf 1012/18 *Tongeremuthi* und bezeichnet die Lage des Ortes an der ›Mündung des Tanger‹ (zu asächs. *mūth* ›Mündung‹, vgl. → Emden). Der **Tanger,** l. zur Elbe bei T., entspringt n. von Magdeburg. Sein Name 1012/18 *Tongera* wird zu mnd. *tanger* ›beißend, kräftig, frisch‹ gestellt. Der *t*-Anlaut im ON *Tangermünde* konnte als Verkürzung *t'* der niederd. lokalen Präposition *to, te* ›zu, in‹ mißverstanden werden. So entstand durch falsche Abtrennung die Form 1136 *Angermunde* für T., die dann durch Namensübertragung bei dem uckermärkischen → Angermünde fest wurde. Noch 1305 wurden die beiden Städte als *Angermunde upper eluen* (= auf der Elbe) und *Nien Angermunde* unterschieden.

Tauber, die, linker Nebenfluß des Mains, entspringt an der Frankenhöhe, mündet bei Wertheim. Die Namensformen 1392 *vff der Tauber,* 1346 *Tuber,* 1060 *in Tuberam fluuium* (= zu dem Fluß Tubera), um 800 im Gaunamen *Tubargevvi, Dubragoe,* 7. Jh. lat. *Dubra* gehen zurück auf kelt. **dubro-* ›Wasser‹; vgl. mir. *dobur,* breton. *dour* ›Wasser‹ und Flußnamen wie engl. *Dover* (Kent) mit der Stadt *Dover,* 4. Jh. *Dubris,* schott. *Dobhar (Dour)* und frz. *Douvre* mit dem Ort *Douvres* (Calvados), 11. Jh. *Dopra.*

Tauberbịschofsheim, Stadt an der unteren Tauber, BWÜ, entstand aus zwei alemannischen Siedlungen der Merowingerzeit und einem Königshof, den Karl Martell um 720/30 dem hl. Bonifatius schenkte. Dieser übergab den Ort dem Erzstift Mainz, das ihn bis 1803 besaß. Der Name *Bischofsheim,* um 800 *Biscofesheim,* weist auf diese Zugehörigkeit hin. Bonifatius errichtete im 8. Jh. die erste Martinskirche in T., das 1278/85 Stadtrecht erhielt. Die unterscheidende Voranstellung des Flußnamens kam wohl erst nach 1806 auf, als T. ebenso wie das ehemals wormsische *Neckarbischofsheim* an Baden gefallen war. In älteren Namensformen wird der Flußname angehängt: 1383 *Bischoffesheim uff der Duber,* 1453 … *an der Thauber,* lat. 1351 *in Bischofsheim ad Tuberam,* 978 *curtis* (= der Hof) *Piscofesheim in pago Tubercowe* (= im Taubergau).

Taucha, Stadt an der Parthe (r. zur Weißen Elster) nö. von Leipzig, SAC, entstand an einem alten Straßenknotenpunkt als Hauptort eines Burgwards, kam 974 an das Bistum Merseburg, 981 an das Erzbistum Magdeburg, erhielt 1170 Stadtrecht und stand bis ins 14. Jh. in Konkurrenz zu dem meißnischen Leipzig. Der Name 1551 *Taucha,* 1484 *Tauch,* 1378 *Tuch* ist verkürzt aus 1012/18 *Cothug, Cotug (g = ch).* Er geht vielleicht auf asorb. *kotuch* ›Stallung‹ zurück, wenn er nicht vorslawischer Herkunft ist. Die erste Silbe könnte als slawische Präposition *k, ko* ›zu‹ (niedersorb. *ku* ›nach, in Richtung auf‹) verstanden worden und deshalb abgefallen sein.

Taunus, der, südöstl. Teil des Rheinischen Schiefergebirges zwischen Lahn, Rhein, Main und Wetterau, HE. Der Name kommt im 18. Jh. auf, wird aber erst im 19. Jh. gebräuchlich, und zwar in gelehrter Wiederbelebung der römischen Bezeichnung *[castellum] in monte Tauno* (= Burg auf dem Berg Taunus; Tacitus), die wahrscheinlich den Burgberg von → Friedberg in der Wetterau betraf (vgl. griech. *Ár[k]taunon* aus lat. **Arx Taunon* ›Burg Taunon‹ bei dem Geographen Ptolemäus um 150 n. Chr.). *Taunus* ist wohl ein germ. Wort, das im Ablaut zu kelt. *dunum* ›Burg‹, germ. **tuna* ›Zaun, umhegter Raum‹ steht (vgl. den Artikel → Daun). Der alte Name des Taunuskamms ist *die Höhe* (mhd. *hœhe, hō[he]* ›Anhöhe, Erhöhung‹, wohl nach dem Anblick von der Rhein-Main-Ebene her): 1295 *[Fauerbach] vor der Hoin;* → Homburg v. d. Höhe.

Tavern → Rheinzabern.

Teck, Burg, → Kirchheim unter Teck.

Tegernau (Kanton St. Gallen) → Tegernsee, der.

Tegernsee, der, See ö. von Bad Tölz, BY, wird durch die Mangfall, l. zum Inn, entwässert. Am Westufer liegt das Pfarrdorf **Bad Wiessee** (1832 *Wiessee,* 1663 *Wessee,* 1157/1163 *Westense,* zu mhd. *west* ›Westen‹ und *westen* ›im Westen‹. Am Ostufer liegt die Stadt **Tegernsee** (Stadtrecht 1954), die als Dorf bei dem gleichnamigen Benediktinerkloster entstanden ist. Dies wurde 746 von St. Gallen gestiftet und wirkte in wechselvoller Geschichte als eine der bedeutendsten Abteien in Bayern bis zur Säkularisierung (1803). In seinem Namen 1313 *Tegernsee,* 1217/31 *Tegrinse,* um 1000 *Tegirinseo,* 804 *Tegarinseo* hat man ein erschlossenes althochdeutsches Adjektiv **tegar* ›groß, umfangreich‹ gesehen, das urspr. wohl den See kennzeichnete und mehrfach in bayerischen und alemannischen ON vorkommt, z. B. **Degerndorf** bei Rosenheim, 12. Jh. *Tegrendorf,* 814 *Tegardorf,* und **Tegernau,** Kanton St. Gallen, Schweiz, 898 *Tegarunowa.*

Tegernsee → Tegernsee, der.

Telte, die, l. zur Havel, → Teltow.

Teltow […to], Stadt im südwestlichen Vorortbereich von Berlin, am **Teltowkanal,** BR, wurde um 1230 von den Markgrafen an einer alten Straßenkreuzung gegründet; Stadtrecht 1232 bzw. 1265. Das umliegende Land, der **Teltow,** zuerst um 1230 genannt, war von Slawen besiedelt. Die Stadt, 1299 *Teltow,* 1265 *civitas Teltowe,* ist nach dem Land benannt, und dieses heißt nach dem Flüßchen **Telte** (1770 *die Bäke* [= der Bach] *Telte,* 1854 *Telte-Bäke*), das 1906 als *Teltowfließ* im Neubau des Teltowkanals aufging. Der Flußname ist wohl vorslawisch, er wurde mit dem slawischen Zugehörigkeitssuffix *-ov* zum Landesnamen umgebildet.

Teltow, der; **Teltowkanal** → Teltow.

Templin, Stadt in der westlichen Uckermark, BR, entstand aus einer altslawischen Fischersiedlung, die um 1250 von den Markgrafen zur Stadt erhoben wurde. Die Lage an alten Straßen nach Prenzlau und Mecklenburg, im Schutz der uckermärkischen Seen und einer starken Stadtbefestigung begünstigte T.s Entwicklung bis ins 16. Jh. Der Name 1317, 1287 *Templin, Templyn,* 1270 *Templyn* ist nicht sicher erklärt; apolab. **Tąplin* kann als Gewässername zu *tąpy* ›stumpf‹ gehören (nach der Gestalt eines Sees?) oder zu einem slawischen PN **Tąp-l-* gebildet sein.

Tenneberg, Burg, → Waltershausen.

Teterow […ro], Stadt im nordöstlichen Mecklenburg, MV, entstand aus einer altslawischen Siedlung mit Burgwall am Teterower See und wurde um 1200 von den Fürsten von Werle als Stadt planmäßig angelegt; Stadtrecht vor 1272. Der Name 1352 *Tetrow,* 1288 *Theterowe, in Thitterowe,* 1272 *Thiterow* wird zu apolab. *tetrev'* ›Wildhuhn; Birk-, Auerhahn‹ oder zu einem entsprechenden PN gestellt.

Teutoburger Wald, der, langgestreckter Höhenzug am NO-Rand des Münsterlandes, NDS/NRW. Im *Teutoburgiensis saltus* (Tacitus, Annalen 1,60) vernichtete Arminius im Jahre 9 n. Chr. das römische Heer des Varus. Der Ort dieser Schlacht ist unbekannt. Seit Melanchthon (1559) und Johann Piderit (1627) wird der lat. Name auf den Lippischen Wald oder

→Osning bezogen, seit 1672 auf den ganzen Gebirgszug. Allgemein bekannt wurde er erst Anfang des 19. Jh.s. Das lat. Adjektiv *Teutoburgiensis* ist abgeleitet von **Teutoburgium* ›Volksburg‹, dessen erstes Glied über kelt. *Teuto-* aus germ. **þeuða-*, ahd. *thiota* ›Volk, Menschen‹ entlehnt ist. Das Gebirge heißt also nach einer dort gelegenen germanischen Fluchtburg.

Thale (Harz), Stadt (seit 1922) an der Bode, am NO-Rand des Harzes, SAN, entstand wohl in karolingischer Zeit als slawische Siedlung und wurde vor 840 Sitz eines Frauenklosters, das bis zum Bauernkrieg bestand. Dessen Name **Wendhausen** (1181 *Wendehuse,* 1046 *in Winedhuson,* 840 *Vinithohus*) ist mit ahd. *Winidā* ›die Wenden, Slawen‹ gebildet (→Wendland) und bedeutet ›bei den Häusern der Wenden‹. Seit dem 13. Jh. wird der Ort nach seiner Lage im Bodetal benannt: 1231 *Dal,* 1311 *in dem Dale,* 1501 *thom Dale* (zu mnd. *dal* ›Tal‹); den allmählichen Namenwechsel zeigt ein Beleg von 1544: *Winedhausen, welches man itzo nennet Thael (ae = ā).* Vergleichbar ist der Name der Stadt **Thalheim** im Erzgebirge, SAC, die als Waldhufendorf im 12. Jh. entstand: 1447 *Talheim,* 1540 *Thalheim.*

Thalheim →Thale (Harz).

Thun (Schweiz) →Daun.

Thüringen, Land der Bundesrepublik Deutschland, bis 3.10. 1990 der Deutschen Demokratischen Republik (1952–1990 aufgelöst in die Bezirke Erfurt, Gera und Suhl). Das Land Th. wurde 1920 gebildet durch Vereinigung der vier ehemaligen *Sächsischen Herzogtümer* Sachsen-Altenburg, Sachsen-Coburg-Gotha, Sachsen-Meiningen und Sachsen-Weimar-Eisenach (dies seit 1815 Großherzogtum; →Weimar) mit den ehemaligen Fürstentümern Schwarzburg-Rudolstadt, Schwarzburg-Sondershausen und Reuß (ältere und jüngere Linie; →Vogtland). Dabei schloß sich →Coburg an Bayern an; die preußischen Gebiete um →Erfurt, →Suhl und →Schmalkalden kamen erst 1944 zu Th. – Seinen Namen erhielt das Land nach der historischen *Landgrafschaft Thüringen,* die vom 12.–15. Jh. die wichtigste Territorialmacht in diesem Teil des Reiches war und 1030–1247 von den Ludowingern (→Wartburg, →Friedrichroda), danach von den wettinischen Markgrafen von Meißen und Herzögen von Sachsen regiert wurde. Bei der Teilung von 1485 (vgl. den Artikel →Sachsen) kam Th. an die ernestinische Linie, und durch weitere wechselnde Teilungen in diesem und in anderen einheimischen Fürstenhäusern entwickelten sich seit 1572 die oben genannten Kleinstaaten. Letztlich geht aber der Landesname Thüringen (seit dem 7. Jh. lat. *T[h]oringia, T[h]uringia*) zurück auf den germanischen Stamm der *Thüringer,* deren Reich sich im 5. und 6. Jh. zwischen dem Thüringer Wald und der Elbe erstreckte und 531 von den verbündeten Franken und Sachsen besiegt und unterworfen wurde. Mhd. *da ze Duringen* ›bei den Thüringern‹, *Türingen daʒ lant,* 1074 *Duoringen,* 1073 *Dyringen* ist eigentl. der Dativ Plural des Stammesnamens mhd. *Duringe,* lat. *T[h]oringi, T[h]uringi,* der zuerst Ende des 4. Jh.s belegt ist. Man hat ihn als *-ing*-Bildung (→-ingen) zu einem in aisl. *þori* ›Menge, Masse‹ bezeugten germanischen Substantiv gedeutet, doch bleibt dies ebenso unsicher wie die Beziehung von *Thuringi* zum Namen der germanischen *Hermunduren* (lat. *Hermunduri,* griech. *Ermóndoroi, Ermoúndouroi,* zu germ. **ermana-*, **irmino-* ›groß, umfassend‹), die im 1. und 2. Jh. n. Chr. an der mittleren Elbe saßen.

Tiengen (zu Freiburg); **Tiengen**/Hochrhein →Waldshut-Tiengen.

Timmendorfer Strand, Ostseeheilbad an der Lübecker Bucht, SH, benannt nach der Zugehörigkeit zu den Dörfern *Groß-* und *Klein-Timmendorf,* die 1426 als *Tymendorpe slauicum* (für Klein-Timmendorf), und 1382 als *villa* (= Meierhof) *Dudesche Tymmendorpe* (für Deutsch- oder Groß-Timmendorf) und 1260 als *villa Tymmendorp* bezeugt sind. Der Name bedeutet ›Dorf des *Timmo*‹.

Titisee, der, See im südlichen Schwarzwald, BWÜ. 1365 *Titise,* 1326 *an dem sewe, der da haisset der Tittense,* um1150 *Titinse,* 1111 *lacus* (= See) *Titunse* enthält den schwachen Genitiv des PN *Dido* oder

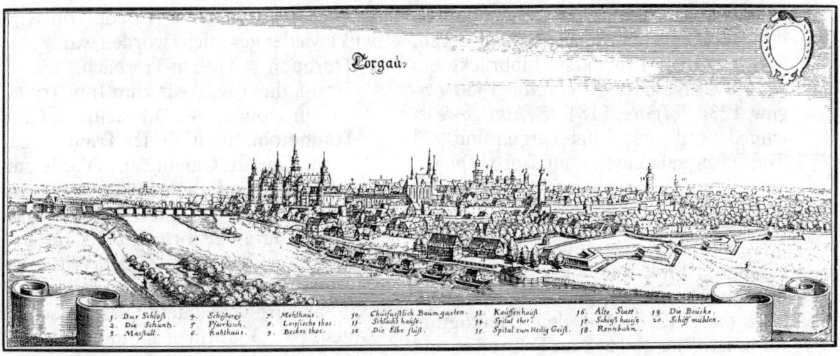

Didi, einer Kurzform von PN, die mit *Diet-* (ahd. *Diot-* ›Volk‹) gebildet sind. Der See heißt also nach einem frühen Anwohner. Der gleichnamige Luftkurort am Nordufer ist seit 1971 mit der benachbarten Stadt *Neustadt im Schwarzwald* und andern Gemeinden zur Stadt **Titisee-Neustadt** vereinigt. Neustadt wurde um 1250 von den Grafen von Fürstenberg als ›neue Stadt‹ gegründet (1296 *Nuwenstatt,* 1508 *... gelegen uff dem Swartzwalde*), es hatte jedoch nie größere Bedeutung erlangt, bis im 18. Jh. die Uhrenherstellung und der Uhrenhandel zu blühen begannen (→ Furtwangen).

Titisee-Neustadt → Titisee, der.

Todtmoos ['tɔtmoːs, tɔt'moːs], Ort im südlichen Schwarzwald, im Tal der Wehra, r. zum Hochrhein bei Säckingen, BWÜ. Die als Wintersportplatz bekannte Gemeinde heißt nach dem sie umgebenden Wald, der als ›totes Sumpfgebiet‹ bezeichnet wird: 1585 *in Dottmoß,* 1488 *daz Tottmoß,* 1267 *silvam que Totmůs dicitur.* Das GW ist mhd., ahd. *mos* ›Sumpf, Moor‹ (vgl. → -moos/-moor). In den ältesten Belegen heißt der Wald nach dem Fluß: 1260 *silva Werra.* Der Flußname **Wehra**, älter Werra, kann über vorahd. **Varja* mit Entsprechungen in französischen und litauischen Flußnamen auf idg. **u̯er-/*u̯or-* ›Wasser, Regen, Fluß‹ zurückgeführt werden.

Tölz, Bad, Stadt an der Isar, im oberbayerischen Alpenvorland, entstand am Isarübergang der alten, von Miesbach kommenden Salzstraße unter einer um 1180 wiederaufgebauten Burg. Etwa zur gleichen Zeit wurde ein *Heinrich von Tolnze* urkundlich erwähnt, dessen Familie dann bis 1265 in T. ansässig war. Er kam aus Döllnitz im heutigen Kreis Neustadt a. d. Waldnaab und hat wohl seinen Herkunftsnamen auf den neuen Wohnsitz an der Isar übertragen. Dieser ist wie folgt belegt: um 1175 *Tollinz,* 1180 *Tolence,* 1257 *Tolnz,* 1279/84 *Toelntze* und nach 1286 *Tǒlz.* Der urspr. slawische ON *Döllnitz* ist mit dem Suffix *-nica* zu slaw. *dol* ›Tal‹ gebildet. Der Ort Tölz erhielt 1331 Marktrecht und wurde 1906 zur Stadt erhoben. Eine 1846 entdeckte Jodquelle ließ ihn zum Heilbad werden.

Tönning, Hafenstadt an der Eidermündung auf der Halbinsel Eiderstedt, SH, entstand aus einer in karolingischer Zeit angelegten Wurtensiedlung (vgl. den Artikel → Dithmarschen) und wird um 1187 als Kirchdorf und Hauptort einer Harde (eines Verwaltungsbezirks) genannt; Stadtrecht 1590. Als holsteinische Festung wurde T. im 17. und 18. Jh. mehrmals zerstört, blieb aber ein wichtiger Nordseehafen. Der Name 1378 *Thynnynghen,* 1196 *de Tunnige,* um 1187 *Tunnighen hæret* (= die Harde Tunnighen) ist mit dem Suffix *-ing* (→ -ingen) zu mnd. *tūn* ›Zaun, Gehege, Garten‹, aengl., aisl. *tūn* ›Zaun, Hof, Garten, Ortschaft‹ gebildet.

Torgau, Stadt an der mittleren Elbe, SAC, entstand am Elbübergang mehrerer Fernstraßen als altsorbischer Marktort im Schutz einer wohl schon slawischen Burg. Die Furt wurde durch einen natürlichen Felsriegel im Fluß gestützt. 973 kam T. an das Erzbistum Magdeburg, 1131 an die

Markgrafen von Meißen, die um 1200 w. der Burg eine deutsche Stadt anlegten; Stadtrecht vor 1267, erste Elbbrücke um 1450. Der Name 1382 *Turgaw,* 1350 *Torgow,* 1234 *Torgove,* 1181 *de Thurugowe* ist eingedeutscht aus 1004 *Turgua* und 973 *Turguo,* er geht zurück auf asorb. *Torgov,* eine Bildung zu asorb. *torg* ›Marktort‹.

Torgelow, Stadt an der Uecker in Vorpommern, MV, entstand als altslawisches Fischerdorf mit einer Burg der Markgrafen von Brandenburg; deutsche Zusiedlung nach 1250. Mit dem Herzogtum Pommern fiel T. 1648 an Schweden und wurde 1720 preußisch; Stadtrecht 1945. Der Name 1301 *Torgelow,* 1298 *Turgelow,* 1281 *castrum* (= die Burg) *Turglowe* bezeichnete urspr. auch die umliegende Heide: 1270 *in merica* (in der Mark) *Turglowe*, 1320 *in der Heide tů deme Tuchglowe.* Er wird zurückgeführt auf apolab. **Turoglovy,* zu *tur* ›Auerochs‹ und *glova* ›Kopf‹, und als Spottname der Einwohner erklärt: ›bei den Auerochsenköpfen‹.

Traben; Trabener Bach, der, r. zur Mosel, → Traben-Trarbach.

Traben-Trarbach, Stadt an der Mosel, RP, zur Doppelstadt vereinigt 1904, nachdem beide Gemeinden schon früher zusammengehört und ursprünglich e i n e Gemarkung gebildet hatten. Über keltisch-römischen Siedlungsresten war Traben am linken Ufer aus einem fränkischen Königshof entstanden; die Tochtersiedlung Trarbach am schmalen rechten Ufer wird erst im 12. Jh. genannt, sie wurde dann zum Hauptort der hinteren Grafschaft Sponheim. Der Name **Traben,** 1183 *Travene,* 1161 *Travina,* 888 *Trabana* ist wohl der urspr. Name des am rechten Ufer mündenden **Trabener Bachs** (jetzt Kautenbach). Der Name **Trarbach,** 1413 *Trarebach,* 1248 *Travinerebach,* 1144 *Travendrebach* bedeutet ›Bach der Leute von Traben‹ (*d* ist hier Gleitlaut zwischen *n* und *r*). Zur Grundform **Travana* vgl. Flußnamen wie → Trave mit Drau und → Dhron. Über Traben liegen die Reste der durch die große Moselschleife gesicherten mächtigen französischen Festung **Montroyal** [mõroa'ja:l] ›königlicher Berg‹, die unter Ludwig XIV. 1687 begonnen, aber schon 1697 (Friede von Rijswijk) wieder geschleift worden war.

Trarbach → Traben-Trarbach.

Traun, die, r. zur Alz zum Inn; **Traun,** die, r. zur Donau, → Traunstein.

Traunstein, Stadt an der **Traun**, r. zur Alz zum Inn, im Chiemgau, BY. Sie entstand, zuerst auf dem linken Ufer, am Traunübergang der alten Straße Augsburg–Salzburg, gehörte im 12. Jh. den Herren von Traun, später den Wittelsbachern. Das ebenfalls erbberechtigte Erzstift Salzburg verzichtete 1275 auf seinen Anteil. Vor 1328 erhielt T. Stadtrecht, und 1346 ließ Ludwig der Bayer von Reichenhall her die Güldene Salzstraße bauen, an der T. Stapelrecht hatte. 1619 wurde sogar eine Soleleitung von Reichenhall nach T. angelegt. Der Name 1376 *Traunstein,* 1245 *Trauwenstain* bezieht sich vermutlich auf ein festes Haus (vgl. → -stein; eine Burg am Stadtplatz brannte 1704 ab). Mit den älteren Namen 12. Jh. *Trůn,* 1130/35 *Trune,* 1110/30 *Truna* war der Ort nach dem Fluß benannt, der 1506 *Trawn,* 959 *Truna* und 790 *Druna* heißt und damit der österreichischen **Traun**, r. zur Donau, 1048 und 7. Jh. *Truna,* entspricht. Diese Flußnamen gehören als alteuropäische Bildungen zur idg. Wurzel **dreu-/*-dru* ›laufen, eilen‹; vgl. den Artikel → Trave.

Trave ['tra:və], die, Küstenfluß zur Lübecker Bucht der Ostsee, SH, entspringt s. von Eutin, fließt durch Lübeck und erweitert sich vor der Mündung in → Travemünde zur Pötenitzer Wiek. Der Name *Trave,* 1649 *Traue,* 1537 *in der Traven,* 1444 *vor de Trauen* ist verkürzt aus Formen mit *-n*-Suffix: 1449 *vppe der Trauene,* 1311 *apud* (= bei) *Trauenam,* um 1200 *ad* (= zur) *Travenam,* 12. Jh. *fluvius Travena,* 11. Jh. *Travenna.* Man hat ihn als apolab. **Travna* zu apolab. **trava* ›Gras‹ gestellt, doch gehört er eher zu einer Gruppe alteuropäischer Flußnamen aus idg. **drouos* ›Flußlauf‹, vgl. z. B. die → Dhron (r. zur Mosel) und die **Drau** (r. zur Donau; slowen., serbokroat., italien. *Drava,* ungar. *Dráva*) aus 890 lat. *Travus,* älter griech. *Drábos.*

Travemünde, Fährhafen und Seebad an der Lübecker Bucht, Stadtteil von → Lübeck, entstand als Burgflecken bei einer 1187 erbauten Burg Graf Adolfs III. von Holstein an der Travemündung; Stadtrecht 1317. 1802 wurde die Seebadeanstalt gegründet, 1913 wurde T. nach Lübeck eingemeindet. Der Name 1230 *in Treuenemunde,* Ende des 12. Jh.s *Travenemunde* enthält neben dem Flußnamen →Trave das GW mnd. *-munde, -münde* ›Flußmündung‹, vgl. den Artikel →Münden.

Treene, die, rechter Nebenfluß der Eider, SH, entspringt sö. von Flensburg, mündet bei Friedrichstadt. 1621 *de Treen,* 1595 *Tren vel* (= oder) *Treya,* 1500 *de Treen* stehen für 1509, 1345 *Treya,* 1404, 1323 *Trea.* Die alten Namensformen fußen auf dän. *Trǣå* ›Waldfluß‹ (zu dän. *trǣ* ›Holz, Gehölz‹ und *å* ›Bach, kleiner Fluß‹). Die heutige Form *Treene* wird erklärt als Rückbildung aus einem Siedlungsnamen wie *Treenstade* (wüst am Unterlauf, 1462 *Treenstat,* eigtl. ›Treagestade‹, mit dem schwachen Genitiv *Tre-en* der alten Namensform *Trea.*

Treptow an der Rega, →Altentreptow.

Treuenbrietzen, Stadt am Nordrand des Flämings, BR, entstand am Platz eines slawischen Dorfes bei einer nach 1200 errichteten deutschen Burg und wurde vor 1217 Burgward. Nach Vereinigung mit der benachbarten deutschen Marktsiedlung erhielt der Ort vor 1290 von den Markgrafen das Stadtrecht. T. war an allen märkischen Städtebünden beteiligt und hielt sich in den Kämpfen nach dem Aussterben der askanischen Markgrafen stets an der Seite der wittelsbachischen Landesherren. Darauf bezieht sich wohl der Name 1436 *Trewenbriessen,* 1499 *in Trewn Britzen,* der ›das treue Brietzen‹ meint. (Die Deutung ›das trockene Brietzen‹, zu mnd. *dröge, dröje* ›trocken‹, ist weniger wahrscheinlich.) Der ursprüngliche Name 1444 *Britzen,* 1360 *tzur Brytzen,* 1216 *Bricene,* 1208 (Ortsadel) *de Brezne, Briezne* fußt auf apolab. **Brezno,* **Brezina* ›Birkenort‹, zu slaw. *breza* ›Birke‹.

Treysa, Stadtteil von →Schwalmstadt, HE, entstand nach 1186 unter den Grafen von →Ziegenhain durch Zusammenfassung einer alten Streusiedlung auf dem Höhenrücken zwischen Schwalm und Wiera. Der Name 1564 *Dreysa,* 1317 *Treiss,* um 800 *Treise* ist eine Nebenform von mnd. *drēsch, drīsch,* nhd. landsch. *Driesch* ›Brach-, Ödland‹ (hess. mdal. *Treis*). Ahd. *Treise* bedeutet also ›Siedlung im Ödland‹.

Triberg im Schwarzwald, Stadt an der Schwarzwaldbahn, BWÜ, wird zuerst um 1200 als Teil der Herrschaft Hornberg genannt, erhielt im 14. Jh. Stadtrecht und kam 1355 an Österreich, wurde aber mehrmals verpfändet. Um 1700 kam eine vielbesuchte Wallfahrt zur Kapelle *Maria in der Tanne* auf. Bekannt sind die Triberger Wasserfälle in der Gutach (l. zur Kinzig zum Oberrhein). Der Name 1493 *Tryberg,* 1385 *Triberg,* 1325 *stat und burg ze Triberg* enthält das Zahlwort mhd. *drī* ›drei‹ und bezieht sich auf die Lage des Ortes zwischen den drei Bergen *Kapellenberg, Kroneck* und *Sterenberg* (vgl. den Artikel →Trifels).

Trier, Stadt an der Mosel, RP. Eine vorrömische Siedlung der keltisch-germanischen Treverer an der Moselfurt wurde unter Augustus um 15 v. Chr. zur römischen Etappenstadt im Schnittpunkt mehrerer Fernstraßen ausgebaut (bes. Lyon–Metz–T.–Köln und Reims–T.–Mainz). T. entwickelte sich zur Weltstadt und war im 3. und 4. Jh. Kaiserresidenz, seit Mitte des 3. Jh.s Bischofssitz; im MA wurde der Erzbischof von T. einer der drei geistlichen Kurfürsten. Der Name *Trier,* 13. Jh. *Triere,* 10. Jh. *Triera,* geht zurück auf lat. *in Treviris* (633), *ad Treveros* (um 300) ›bei den Treverern‹, das ist die volkstümliche Form des amtlichen röm. Stadtnamens *(Colonia) Augusta in Treveris* bzw. *Treverorum.* Diese Benennung der Stadt nach ihren Einwohnern zeigt sich auch im französ. Namen T.s *Trèves,* afr. *Trièves.*

Trifels, der, Burg bei →Annweiler, RP, entstand im 11. Jh., seit 1081 wichtige Reichsburg an der Straße von Metz nach Oberdeutschland (heute Bundesstraße 10), Staatsgefängnis und Reichsschatzkammer. Seit 1330 gehörte die Burg zur Kurpfalz. Der Name 1230 *Trivels,* 1114 *Drivils,* 1081 *Drivels* bedeutet ›Dreifels, dreifacher Fels‹. Damit ist vielleicht die auffällige Dreiheit der Burgen T., Anebos und Scharfenberg gemeint,

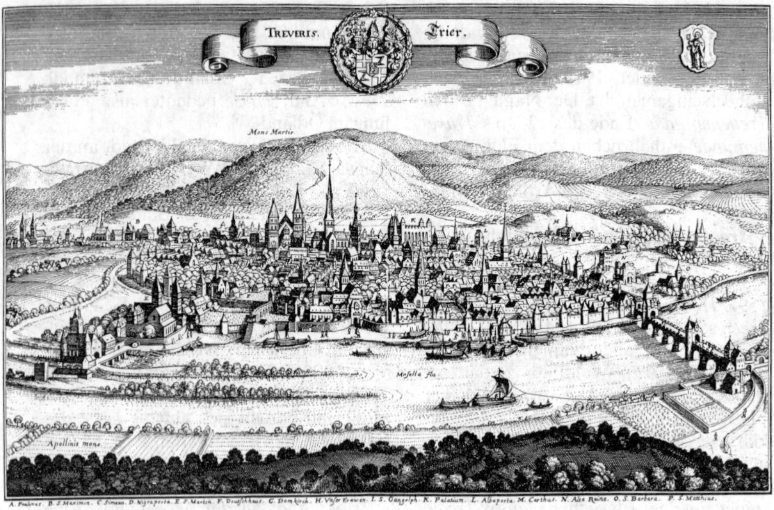

wahrscheinlicher aber der bei den Ausgrabungen der 1930er Jahre erkennbar gewordene dreifache Fels unter der Hauptburg. Die Nebenburgen hatten immer eigene Namen: **Anebos** (12.–13. Jh.) heißt 1249 *Aneboz,* 1591 *Felsen genant Anpoß* (= mhd. *aneboz* ›Ambos‹, nach der Gestalt des Burgfelsens). **Scharfenberg** (11. Jh., zerstört 1525) heißt 1125 *Scharpinberg,* 1285 *Scharphenberg* nach dem schmalen, scharf zulaufenden Felskamm des Burgbergs. Ihr zweiter Name *die Münz* entstand erst nach 1800 in Erinnerung an das früher dort ausgeübte Münzprägungsrecht der Stadt Annweiler. – Die drei Burgennamen waren also ursprünglich Bergnamen.

Troisdorf ['tro:s...], Stadt am Zusammenfluß von Agger und Sieg, NRW, entstand um eine Pfarrkirche des Klosters Siegburg, kam 1676 an die Grafschaft Berg, wurde seit 1825 Industrieort und 1952 Stadt. Der Name 15. Jh. *Droistorp (oi = o),* 1102 *Drůzdorp,* 1076 *Truhtesdorf* enthält einen alten deutschen PN des Stammes *Druht-* (zu ahd. *truht-* ›Schar, Gefolge‹). Den gleichen Namen führen **Kirch-** und **Kleintroisdorf** bei Bedburg/Erft, 1314 *Troystorp,* 1131 *Trosthorp.*

Tübingen, Stadt am Neckar, BWÜ, 1945–1952 Hauptstadt des Landes Württemberg-Hohenzollern (→ Baden-Württemberg), entstand als alemannisches Dorf, bei dem im 8. Jh. ein Fronhof angelegt wurde. Um 1050 wurde die Burg T. erbaut, die König Heinrich IV. 1078 erfolglos belagerte. Ihre Inhaber nannten sich seit 1087 Grafen von T., sie waren seit 1146 auch schwäbische Pfalzgrafen. Vor 1150 bekam T. Marktrecht, vor 1231 Stadtrecht. 1342 kam die Stadt zu Württemberg, galt aber bis in die Neuzeit als zweite Hauptstadt des Herzogtums. 1477 gründete Graf Eberhard im Bart die Universität. Der Name 16./17. Jh. *Tübingen, Tüwingen, Tuwingen,* 1360 *Tübingen,* 1231 *infra civitatem* (= innerhalb der Stadt) *Tuwingen,* 1149/52 *palatinus de* (= Pfalzgraf von) *Twingen,* 1139 *comes Hugo de Duingen,* 1078 lat. *Tuingia* ist mit dem Suffix → -ingen abgeleitet von einem alten deutschen PN **Tuwo,* einer zweistämmigen Kurzform von Namen wie **Dunwin, *Dunwald* o. ä. Die unterschiedliche Schreibung der ON-Belege wurde durch die Ähnlichkeit des Vokals *-u-* und des Halbvokals *-w-* beeinflußt. Die Form mit *-b-* ist wahrscheinlich durch hyperkorrekte Aussprache des *-w-* in den Kanzleien begünstigt worden.

Tüddern → Selfkant, der.

Türkheim, Kr. Colmar im Elsaß, → Bad Dürkheim.

Tuttlingen, Stadt an der oberen Donau, in der Schwäbischen Alb, BWÜ, entstand als alemannische Siedlung und kam um 800 in den Besitz des Klosters Reichenau. Um 1250 wurde es als Stadt neu gegründet und kam vor 1377 an Württemberg; es wurde bald Verwaltungsmittelpunkt für die oberen Lande des Herzogtums. Nach einem großen Stadtbrand 1803 verlegte man das Flußbett, legte die Stadt höher und baute sie auf einheitlich klassizistischem Grundriß wieder auf. Der Name 12. Jh. *Dudelingen,* 819 *Tuttilinga,* 803 *Tuttiliningas* ist mit dem Suffix → -ingen von einem PN *Tuttilo* abgeleitet.

U

Überlingen, Stadt am Überlinger See (nordwestlicher Teil des → Bodensees), BWÜ, entstand als frühalemannische Siedlung und war im 7. und 8. Jh. Sitz der alten alemannischen Herzöge und ihrer Nachkommen, der Grafen von Pfullendorf; Stadtrecht um 1180. Die durch Weinbau, Getreide- und Salzhandel wohlhabende Stadt war 1268–1803 freie Reichsstadt und kam dann an Baden. Der Name 1282 *Überlingen,* 1213 *Ubirlingen* ist durch Angleichung an mhd. *über, uber* ›über‹ umgewandelt aus 7. Jh. *Iburninga,* 773 *Iburinga,* bedeutet also urspr. ›bei den Leuten des Iburin oder Iburn‹. Dieser PN ist verkürzt aus der Vollform *Iburwin* (mit kurzem *i* in der dritten Silbe, zu ahd. *wini* ›Freund, Geliebter‹) und ahd. *ebur, ibur* ›Eber‹.

Überlinger See, der, → Bodensee.

Uckermark, die, Gebiet im N von Brandenburg, beiderseits der oberen und mittleren Uecker (zum Stettiner Haff), BR, mit den Städten → Prenzlau, → Strasburg, → Templin und → Angermünde. Die U. gehörte seit 1172 den Herzögen von Pommern und wurde 1250 brandenburgisch. Ihr Name 1250 *terra Vkera,* 1178 *provincia Vcra (V = U)* entspricht bis auf den Umlaut dem Flußnamen **Uecker,** 1195 *Vccre,* 1183 *Vkra,* 1179 *Vkere.* Dieser ist wohl eine alteuropäische Bildung auf *-ara/-ira,* die aber bisher nicht sicher erklärt ist. Die slawischen Anwohner des Flusses werden im 10. Jh. als *Uchri, Vucrani* bezeugt. Vgl. auch → Ueckermünde.

Uecker, die, zum Stettiner Haff, → Uckermark.

Ueckermụnde, Stadt nahe bei der Mündung der Uecker ins Stettiner Haff, BR, entstand bei einer altslawischen Fischersiedlung und einer pommerschen Burg des 12. Jh.s; Stadtrecht um 1260. Der Name 1284 *Vkermund,* 1223 *Vcramund (V = U)* wird 1168 umschrieben als *super introitum fluminis Vcrensis* (= oberhalb der Mündung des Flusses *Uecker*). Er enthält den Namen der Uecker, nach der auch die → Uckermark benannt ist. Zum GW vgl. den Artikel → Münden.

Uelzen, Stadt an der Ilmenau l. zur Elbe, NDS. Um 970 wurde in dem Bardengaudorf *Ullishusun* ein Frauenkloster gestiftet, das König Heinrich II. 1006 bestätigte. 1133/37 wurde es mit Corveyer Benediktinern neu besetzt. Bei dem Kloster entstand ein Handelsplatz, der dem Bischof von Verden gehörte und nach 1200 Stadtrechte erhielt. Doch schon 1260 trennten sich die Bürger von ihrem Grundherrn und bauten auf einer Ilmenauinsel eine neue Stadt, auf die sie den Namen der alten übertrugen. Sie wurde auf ovalem Grundriß mit drei sich T-förmig kreuzenden Marktstraßen angelegt. Die alte Stadt (1269 *antiqua civitas*) heißt seitdem **Oldenstadt** (zuerst 1347). Das neue Ue. entwickelte sich schnell und trat vor 1374 der Hanse bei. Seit 1269 gehörte es zum Herzogtum Braunschweig-Lüneburg, 1270 erhielt es Lüneburger Stadtrecht. Der Name *Uelzen,* 1162, 1197 *Ullesen, Ultzen,* 973 *Ullesen* geht zurück auf 1006 *Ullishusun,* er ist mit dem PN *Uli* gebildet; vgl. den Artikel →-hausen.

Uerdingen → Krefeld.

Uetersen, Stadt an der Pinnau, SH, nw. von Hamburg, entstand im 13. Jh. bei einer Burg der Herren von Barmstede und einem 1234 von ihnen gestifteten Zisterziensernonnenkloster und kam vor 1308 an die Grafen von Holstein. Das Kloster ist seit der Reformation evangelisches Damenstift. Ue. entwickelte sich im 19. Jh. zum Industriestandort und erhielt 1870 Stadtrecht. Der Name *Uetersen* (so seit dem 16. Jh.) geht zurück auf 1285 *in Vtersten,* um 1234 *in Utersten.* Man kann dies als scherzhafte Lagebezeichnung für das Kloster verstehen (mnd. **to/in deme ütersten* ›im Äußersten, Entferntesten, weitab‹), wobei allenfalls mnd. *ende* (**to deme ütersten [ende]*) ausgefallen sein könnte.

Ufer → Deggendorf.

Ulm, Stadt an der Mündung der Blau in die Donau, BWÜ, entstand an einem wichtigen Donauübergang bei einer karolingischen Königspfalz und wurde in der Salierzeit ein Hauptort des Herzogtums Schwaben. Unter den Staufern erhielt U. vor 1181 Stadtrechte, im 12. und 13. Jh. blühte es als Freie Reichsstadt und Vorort des Schwäbischen Bundes. Im 17. und wieder im 19. Jh. war es Festung. 1810 kam die Stadt zu Württemberg. Die rechts der Donau liegenden Teile des Stadtgebiets fielen jedoch an Bayern, hier entstand die Gemeinde →Neu-Ulm, die 1869 Stadtrecht erhielt. 1967 wurde die Universität U. gegründet. – Der Name der Stadt blieb im ganzen unverändert: 1429 *stat zu Ulm,* 1402 *Ulme,* 14. Jh. *Ulma, Vlma,* mit lateinischer Flexion z. B. 1217 *apud* (= bei) *Vlmam, datum Ulmae* (= gegeben zu U.), 856 *in villa* (= auf dem Hof) *Ulma.* Dieser Name hat nichts mit der Baumbez. *Ulme* oder ihrer lateinischen Entsprechung *ulmus* zu tun, sondern er ist als Gewässername zu verstehen. Entweder ist er eine germanische Bildung zur Wurzel idg. **u̯el-* ›drehen, winden, wälzen‹; er könnte dann urspr. den Wasserschwall bezeichnet haben, mit dem die Blau in die Donau einmündet. Oder er stellt sich zu der Wurzel **el-/*ol-* ›fließen, strömen‹ (vgl. den Flußnamen →Ilmenau, l. zur Elbe). Dann könnte *Ulma* urspr. den ›Zufluß‹ (der Blau zur Donau) bezeichnet haben. Vergleichbare Orts- und Flußnamen, z. T. mit zusätzlichem *n*-Suffix, sind z. B. **Ulm** am **Ulmbach** bei Wetzlar, HE (1321 *Ulmina,* 1286 *de Olmene*); **Ober-** und **Niederolm** an der Selz, RP (1182 *Olmena,* 1143/53 *Vlma*), **Ulm,** Stadtteil von Renchen, BWÜ (1270 *Ulmen,* 1070 *Ulmena*).

Ulm (zu Renchen); **Ulm** bei Wetzlar; **Ulmbach,** der, r. zur Lahn, → Ulm.

-ungen → -ingen.

Unna, Stadt am Hellweg ö. von Dortmund, NRW, entstand bei einem Königshof und einer Urpfarrkirche des Erzbistums Köln, kam im 13. Jh. an die Grafschaft Mark und erhielt nach 1278 Stadtrecht; später Hansestadt. Der Name 1295 *Unneha,* 1237/1303 *Unha,* 1032 und 1019 *Unna* ist unerklärt (kaum mit verneinendem *un-* aus **Un-aha* ›Ort ohne Gewässer‹!).

Unstrut, die, linker Nebenfluß der Saale, entspringt auf dem südlichen Eichsfeld, mündet bei Naumburg. Der Name 1520 *Unstrodt,* 1348 *Unstrůt,* 1120 *Unstruth,* 979 *Unstroda* enthält als zweites Glied ahd. *struot* ›Sumpf‹. Die Vorsilbe *un-* kann hier im Sinn von ›schlimm, übel‹ gemeint sein oder einfach verstärkend wirken (›schlimmer Sumpf‹, ›endloser Sumpf‹). Wahrscheinlich ist ein alter Abschnittsname auf den ganzen Flußlauf ausgedehnt worden. – Ein im 6. Jh. bezeugter vordt. Name der U. ist **Nablis;** er wird zu idg. **nebh-* ›feucht; Wasser‹ gestellt, vgl. den Flußnamen → Naab.

Unterabtsteinach → Neckarsteinach.

Unterammergau → Oberammergau.

Untere Argen, die, r. zur Argen, → Argen, die.

Untersee, der, → Bodensee.

Urach, Stadt in der Schwäbischen Alb, ö. von Reutlingen, BWÜ, entstand wohl als Marktsiedlung bei der heute verschwundenen Wasserburg im Tal der Erms r. zum Neckar, wo mehrere Aufstiege zur Alb kontrolliert werden konnten. Etwa zur gleichen Zeit wurde die Burg *Hohenurach* von den Grafen von

U. erbaut (1228/1261 *Bertholdus comes de Vrach… in castro Vrach*). Die Burg ist heute Ruine. Die Grafen von U. waren 1218 Erben der Zähringer und nannten sich dann Grafen von Freiburg. Der Name *U.,* 1137/38 *Uraha,* 12. Jh. *Vraha, Urah* ist mit ahd. *aha* ›fließendes Wasser‹ und mhd. *ur*[*e*], ahd. *uro* ›Auerochse‹ gebildet und bedeutet wohl ›Bach, wo ich den Auerochsen traf‹. Der Name erinnert also an ein Jagderlebnis. Möglich bleibt auch, daß der Name nicht an dieser Stelle entstanden ist, sondern von einem anderen Ort dorthin übertragen wurde.

Usa, die, r. zur Wetter, → Usingen.

Usedom, Stadt im SW-Teil der gleichnamigen, zwischen dem Stettiner Haff und der Pommerschen Bucht gelegenen Ostseeinsel, MV, entstand als slawische Burgwallsiedlung im 10. Jh. und wurde um 1250 von den Pommernherzögen als Stadt gegründet; 1298 lübisches Stadtrecht. Der Name 1420 *Usedum,* 1321 *Uzdem* geht auf ältere Formen mit *-n-* zurück: 1331 *Vzenym,* 1256 *Vsnoym,* 1159 *Uznam,* 1128 *Uznoim.* Er bezeichnete urspr. wohl die Insel, seine sprachliche Herkunft ist noch ungeklärt.

Usingen, Stadt im Taunus, HE, an der **Usa** (r. zur Wetter); im 8. Jh. zum Kloster Fulda, später zu den Grafschaften Diez und Nassau gehörend, 1659–1744 Residenz der Linie Nassau-Usingen. Der Name 8. Jh. *Osinga, Osanga, Osungen,* 1292 *Usungen,* 1389 *Usingen* bedeutet ›bei den Leuten am Bache Usa‹ (→ -ingen). Der erst im 14. Jh. als *Usa, Use* bezeugte Bachname ist wohl vordeutsch, → Oos.

Uslar, Stadt am Solling nw. von Göttingen, NDS, entstand bei einem Edelhof, der im 13. Jh. an die Herzöge von Braunschweig kam; Stadtrecht vor 1269. Der Name 1368 *Uslar,* 1230 *Uslere,* 10. Jh. *Husleri* ist mit → -lar ›Großhürde (für Vieh)‹ gebildet. Die Bed. des ersten Bestandteils ist ungeklärt.

Utbremen → Bremen.

Utlande, die, → Amrum.

V

Vaake → Vacha.

Vacha, Stadt an der Werra w. von Bad Salzungen, TH, entstand als Fischerdorf am Flußübergang der Straße nach Eisenach und gehörte seit dem 9. Jh. dem Kloster Fulda; Stadtrecht und erster Brückenbau vor 1186. Seit 1406, endgültig seit 1648, war V. hessisch, kam aber 1815 an Sachsen-Weimar. Der Name 1186 *Vache,* 1172 *Facha,* 9. Jh. *Fahche* gehört zu ahd. *fah,* mhd. *vach,* nhd. *Fach* ›Fischwehr‹ (zum Fischfang eingezäunte Stelle in einem Gewässer). Man beachte auch die Angabe von 817 *Zwisgenfacchon in Fahhonoro marca* ›zwischen den Fachen in der Vachener Mark‹, die sich wahrscheinlich ebenfalls auf V. bezieht. Entsprechende Namen haben z. B. **Vaake** an der Weser, Kr. Hofgeismar, HE, 9. Jh. *Facam,* **Fachdorf** an der Werra, Kreis Meiningen, TH, 840 *Fachkedorp,* 838 *in Vahhadorphero marcu,* ferner **Fachingen** bei Diez an der Lahn, RP, 1330 *Vechingen,* eigtl. ›bei den Leuten am Fischwehr‹ (→ -ingen).

Vaihingen (zu Stuttgart) → Vaihingen an der Enz.

Vaihingen an der Enz, Stadt nw. von Stuttgart, BWÜ, entstand als Siedlung und Burg in fränkischer Zeit und wurde Anfang des 13. Jh.s durch die Grafen von V. als Stadt angelegt, fiel aber 1339 an Württemberg. Der Name 1286/91 *Vahingen, Vayhingen,* 12. Jh. *Vehingen, Veingen,* 779 *Feinga, Feingen, Fehinge* ist mit dem Suffix → -ingen zu dem PN *Faho* gebildet. Die heutige Form des Namens ist durch den Umlaut *(a > e)* und durch Ausfall des *h* zwischen Vokalen entstanden, wobei die Lautung [feːɪŋən] zu ['faɪŋən] diphthongierte. In der amtlichen Schreibung *Vaihingen* ist das *-h-* zwar konserviert worden, es wird aber nicht gesprochen. Ein anderes **Vaihingen,** bis 1942 als *V. auf den Fildern* selbständige Gemeinde (vgl. den Artikel →Filderstadt) ist heute ein Stadtbezirk von Stuttgart. Seine historischen Namensformen 1528/29 *Vöhingen,* 1275 *Vógingen,* um 1080 *Fúgingen* führen auf einen PN **Fogo, *Vogo* zurück, dessen Stamm auch dem Appellativ ahd. *fogal* ›Vogel‹ zugrunde liegt.

Varel ['fa:rəl], Stadt s. des Jadebusens, NDS, entstand im 12. Jh. um mehrere Höfe des Klosters Rastede und war im 13. Jh. Vorort des Rüstringer Landesviertels Bovajatha (→Butjadingen). Seit 1386 gehörte es zur Grafschaft Oldenburg. Stadtrecht 1856. Der Name 1444 *Varel,* um 1200 *Farle,* 1124 *(curias) Varlas* (die Klosterhöfe) ist wohl mit mnd. *lō* ›Gehölz‹ gebildet (→Gütersloh); im ersten Bestandteil könnte eine Ableitung von afries. *fara,* asächs. *faran* ›fahren, gehen‹ vorliegen, vgl. nordfries. *fahre* ›Triftweg (für Viehherden)‹. Ein entsprechender ON ist z. B. **Varloh,** Bauerschaft s. von Meppen, NDS, 1146 *Varnla.*

Varloh →Varel.

Väthen →Tangerhütte.

Vecht, die (Provinz Utrecht, niederl.), →Vechta.

Vechta ['fɛçta], Stadt im Oldenburgischen Münsterland, NDS, entstand bei einer um 1150 erbauten Burg der Grafen von Calvelage-Ravensberg, die einen Moorpaß der Straße von Bremen nach Westfalen sperrte. Der Ort erhielt bald nach 1221 Stadtrecht. 1252 kam V. zum Bistum Münster. Sein Name 1231 *tor Vegte,* 1189 *Vehte,* 1188 *Vechta* bezeichnete früher den heutigen **Vechtaer Moorbach**, er ist also vom Gewässernamen zum Siedlungsnamen geworden. Als Gewässername erscheint er noch im Namen der **Vechte**, niederl. *Vecht* [vɛxt], die im Münsterland nö. von Coesfeld entspringt, bei Coevorden in die niederländische Provinz Drente eintritt und n. von Zwolle in das Zwarte Water (zum Ijsselmeer) mündet. Eine weitere **Vecht** fließt in der Provinz Utrecht, an ihr liegt der Ort **Vechten**, in dem man den im 7. Jh. genannten römischen Hafenplatz *Fectione* vermutet. Alle diese Namen hat man mit dem westgermanischen Verb *fechten* (ahd. *fehtan,* niederl. *vechten,* engl. *to fight*) zusammengestellt; die *Vechte* wäre danach der ›streitende Fluß‹, vielleicht weil die Flußarme im Flachland sich immer wieder kreuzen, mischen und trennen?

Vechtaer Moorbach, der; **Vechte,** die, r. ins Zwarte Water; **Vechten** (Provinz Utrecht, Niederl.) →Vechta.

Vehlen →Obernkirchen.

Velbert, Stadt nw. von Wuppertal, NRW, entstand als karolingische Ausbausiedlung an der alten Höhenstraße zwischen Wupper und Ruhr und gehörte zum Kloster Werden. Der Name 13. Jh. *in Velbrecht,* 875 *Feldbrahti* ist mit ahd. *feld* ›Fläche, Feld‹ und *brahti* ›abgegrenztes Geländestück‹ gebildet, vgl. das benachbarte **Bracht** (zu Ratingen, 10. Jh. *Braht*) und →Gummersbach.

Venusberg, der, →Hohe Venn, das.

Verden (Aller) ['fe:ɐdn̩], Stadt an der unteren Aller, NDS, entstand am Flußübergang der Fernstraße vom Rhein nach Skandinavien um eine altgermanische Kult- und Gerichtsstätte und einen karolingischen Königshof, wurde im 9. Jh. Bischofssitz, erhielt 985 Marktrecht und 1259 Stadtrecht. Der Name 12. Jh. *Verden,* 932 *Ferdiun* ›bei den Leuten an der Überfahrtsstelle‹, 810 *Verdi* gehört zu asächs. *fard,* Dativ *ferdi* ›Weg, Übergangsstelle‹, einer Bildung zu ahd., asächs. *faran* ›sich fortbewegen, fahren‹.

Vetera castra →Xanten.

Viechtach, Stadt am Schwarzen Regen im Bayerischen Wald, BY, entstand als Siedlung und Verwaltungsmittelpunkt im nördlichen Teil der Grafschaft →Bogen; Marktrecht vor 1270. Nach dem Aussterben der Grafen 1242 fiel V. an die Herzöge von Bayern; 1953 wurde es Stadt. Der Name 1832 *Viechtach, Unterviechtach,* 1593 *Nidern Viechtach,* 1299, 1167/1168 *Viehta* gehört wohl – trotz des ältesten Beleges 1086/1104 *Viedaha, Vietha* – nicht zu [1]*-ach* aus ahd. *aha* ›fließendes Wasser‹, sondern zu der Kollektivbildung mhd. *viehtach* ›Fichtenwald‹; →[2]-ach. Die heute nicht mehr üblichen Zusätze *Unter-* und *Nidern* sollten V. von der oberpfälzischen Stadt **Oberviechtach**

bei Schwandorf unterscheiden, die 1685 *Oberviechtach,* 1488 *Obern Viechtach,* aber 1360 *Viechtach,* 1272 *Vichta* und 1237 *Viehta* heißt und ebenfalls zu mhd. *viehtach* ›Fichtenwald‹ gestellt wird. Vgl. auch den Artikel → Feuchtwangen.

Viernheim, Stadt im Landkreis Bergstraße, HE; im 8. Jh. Besitz des Klosters → Lorsch, kam V. später zum Erzstift Mainz und gehörte zeitweise zur Kurpfalz, 1803 fiel es an Hessen; Stadtrecht 1948. Der Name 1396 *Viernheim,* 906 *Firnunheim,* 777 *Virnheim* gehört nicht zum Zahlwort *vier* (ahd. *fior*), sondern zu ahd. *firni* ›alt‹, er bedeutet also ›Altheim, altes Dorf‹; vgl. die **Virneburg** im Kreis Mayen, RP (1061 *Virninburch,* 1052 *Virneburg* = alte Burg). Das ›redende‹ Wappensiegel mit der gotisch gestalteten Ziffer 4 ist erst seit 1615 belegt.

Viersen, Nachbarstadt von Mönchengladbach, im westlichen Niederrheinischen Tiefland, NRW, entstand in fränkischer Zeit an der alten Römerstraße von Neuß nach Venlo und wurde zum erstenmal Ende des 12. Jh.s als Besitz des Klosters St. Gereon in Köln genannt. Es war Sitz eines Vogteigerichts. Landesherren waren im 14. und 15. Jh. die Grafen und Herzöge von Geldern, seit 1543 die Könige von Spanien und seit 1713 die Preußenkönige; Stadtrecht 1856. Der Name 1849 *Vierssen,* 1269 *Verschen,* 1246 *Virschene,* 1182 *Versene* geht wohl auf einen Bachnamen **Versina* zurück (jetzt der *Dorfer Bach* l. zur Niers), der mit Umsprung (Metathese) des *-r-* zu ahd. *frisc* ›frisch, kühl‹ gebildet ist (vgl. mnd. *versch* ›frisch, trinkbar, süß‹ (vom Wasser). Gleicher Herkunft ist der Name von **Versen** bei Meppen an der Ems (NDS), 12. Jh. *Versene, Virsene,* um 1000 *Fersne,* 890 *Firsni.*

Ville, die, → Eifel.

Villingen im Schwarzwald → Villingen-Schwenningen.

Villingen-Schwenningen, Doppelstadt am Ostrand des Schwarzwaldes bei der Neckarquelle, BWÜ, entstand 1972 durch Vereinigung der bis dahin selbständigen Städte **Villingen im Schwarzwald** und **Schwenningen am Neckar.** Beide Orte bewahren die Namen ihrer alemannischen Gründer: Aus 817 *ad Filingas* ›bei den Leuten des *Filo*‹ (wohl eine Kurzform zu PN wie *Vilmar*) wird über 1179 *Vilingin,* 1337 *Vylingen* die heutige Namensform *Villingen;* aus 895 *Suaninga* ›die Leute des *Swano*‹ (Kurzform zu *Swanagēr* o. ä.) wird *Schwenningen.* Aber jeder Ort hat seine eigene Geschichte. Villingen erhielt 999 von Kaiser Otto III. Markt- und Zollrecht an den Fernstraßen von Offenburg und Frankfurt nach Süden, es wurde 1119 von dem Zähringer Berthold III. als Handelsstadt mit zentralem Marktstraßenkreuz neu gegründet und schloß sich 1326 an den österreichischen Breisgau an. 1806 kam es zu Baden. Schwenningen dagegen kam bereits 1449 zu Württemberg, es war ein Handwerks- und Gewerbeort und betrieb schon früh das Fuhrgeschäft auf der Paßstraße in die Schweiz. Erst 1907 erhielt es Stadtrecht.

Vils, die, rechter Nebenfluß der Donau in Bayern, entsteht nö. von Vilsbiburg aus den Quellflüssen **Große** und **Kleine Vils,** mündet in Vilshofen. 1243 *Vils,* nach 1139 *Vilse* geht zurück auf 863/85 *Filisa,* 776 *fluenta Uilusae* (= die Fluten der Vilusa). Gleicher Herkunft ist der Name der **Vils** r. zur Naab bei Kallmünz, 12. Jh. *Vilsa,* 1010/20 *Vilisa,* 777 *Nord Filusa* (= nördliche Filusa). Ob diese Flußnamen wie der des gleichnamigen schwäbischen Flusses → Fils auf germ. **Felwisa* und damit auf die in ahd. *felawa* ›Salweide‹ bezeugte germanische Baumbez. zurückgehen, muß offenbleiben, da für die bayerischen Namen keine Formen mit *-w-* belegt sind. Gemeinsam aber ist wohl allen Namen und Appellativen dieser Gruppe die Wurzel idg. **pel-*/**pol-* ›fließen, gießen‹.

Vils, die, r. zur Naab, → Vils, die.

Vilsbiburg, Stadt an der Großen Vils, sö. von Landshut, BY, wird zuerst 990/1000 erwähnt und war im 12. Jh. Adelssitz. Als Zollstelle kam es um 1230 an die bayerischen Herzöge; Marktrecht vor 1300, Stadtrecht 1929. Der Name 1179/80 *Biburch,* 990/1000 *Pipurch* enthält als BW das althochdeutsche Adverb *bi* ›um herum, nahe‹, er bezeichnet urspr. eine ringförmig angelegte (vorgeschichtliche) Burg, vgl. got. *bibaurgeins* ›Befestigung, Lager‹. Schon früh wurde zur näheren Bestimmung der Flußname hinzugesetzt: vor 1253 *Vilspiburch,* 1372 *Piburg, gelegen an der Vilse,* 1797 *Vilsbiburg* neben einfachem *Biburg.* Der Name ist für kleinere Orte nicht selten, z. B. **Biburg** bei Kelheim, BY, 1106/20 *Biburc,* und **Biebrich,** Stadtteil von Wiesbaden, HE, 992 *Biburc.*

Vilshofen, Stadt an der Mündung der Vils in die Donau, BY. Die älteste Ansiedlung auf dem rechten Vilsufer war um 1100 als Passauer Lehen im Besitz der Grafen von Ortenburg. Diese errichteten auf dem linken Ufer einen ummauerten Markt, wurden aber um 1241 von den Wittelsbachern verdrängt; Stadtrecht um 1250. Der Name 1260 *Vilshofen,* 1111 *Filsehouen,* 1067 *Uilsehoven* ›bei den Höfen an der Vils‹ (→-hof, -hofen, vgl. →Vils) verdrängte den einfachen Flußnamen, der um 776 als *Uilusa* auf die Siedlung übertragen worden war.

Virneburg, die, →Viernheim.

Vlotho, Stadt am l. Weserufer s. von Minden, NRW, entstand bei einer Wasserburg an der Weserfurt (Fähre bis 1928!) und kam 1215 an die Grafschaft Ravensberg. Stadtrecht um 1250, erneut 1719. Der Name 1188 *Vlotowe,* 1186 *Flotuwe* gehört wohl als ›flache Au‹ zu mnd. *vlōt* ›flach, seicht‹ (vgl. -au, -aue). Der von S her bei Vlotho mündende Forellenbach hieß im Mittelalter *Vlote.*

Voerde →Ennepe.

Voerde (Niederrhein) →Bremervörde.

Vogtland, das, Bergland beiderseits der oberen Weißen Elster und der oberen Saale, zwischen Frankenwald, Fichtelgebirge und Erzgebirge (SAC, TH, BY). Das seit dem 6. Jh. von Sorben besiedelte Land wurde seit der Ottonenzeit allmählich ins Reich einbezogen. Unter den Staufern wurde der umfangreiche Reichsbesitz von Ministerialen verwaltet, wobei das Geschlecht der Vögte von Weida hervortrat, die ihren Titel vermutlich als Vögte (d. h. weltliche Vertreter) des Reichsstifts Quedlinburg für →Gera erworben hatten. Auf sie vor allem bezieht sich der Name *V. (terra advocatorum).* Die 1244 begründete Plauener Linie der Vögte von Weida nahm den Beinamen **Reuß** an, zuerst Heinrich I. († 1292), der sich als Schwiegersohn eines wolhynischen Fürsten *Henricus Ruthenus,* zu deutsch *Heinrich der Reuße* (mhd. *Riuze* = Russe) nannte. Die Reußen, seit 1673 Grafen, 1778 bzw. 1806 gefürstet, residierten nach zahlreichen Erbteilungen bis 1918 in →Greiz und →Gera als *Fürsten Reuß ältere* und *jüngere Linie.* Ihre Länder gingen 1920 im Land →Thüringen auf.

Voigtsberg, Burg, →Oelsnitz (Erzgebirge).

Völklingen, Stadt an der Saar, SL, entstand 1937 durch Vereinigung mehrerer Dörfer mit dem Dorf V., das im 9. Jh. Mittelpunkt des fränkischen Königsgutes an der Saar war und später zur Grafschaft Saarbrücken gehört hatte. Der Name 1212 *Volkelinga,* 999 *Fulkolinga,* 822 *Fulcolingas* bedeutet ›bei den Leuten des *Folko* oder *Fulko*‹; →-ingen.

Vorderrhein, der, l. zum Rhein, →Rhein, der.

Vreden, ['fre:dn̩], Stadt w. von Ahaus, NRW, entstand um 1250 als Gründung des Kölner Erzbischofs bei dem gleichnamigen, Anfang des 9. Jh.s errichteten adligen Kanonissenstift und kam im 14. Jh. an das Bistum Münster, bei dem es bis 1806 verblieb. Der Name 1147 *Vrethen,* 10. Jh. *Fredenna, Frethenna* ist wohl eine Bildung zu asächs. *frithu, frethu* ›umhegter Raum‹, ebenso wie der von **Freden,** Kr. Alfeld, NDS, 1180 *Friethen,* 1068 *Fredenon.* Vgl. auch **Freren,** Kr. Lingen, NDS, das bis ins 16. Jh. Sitz eines Gogerichts war. Sein Name 1152 *Vrederen,* 9. Jh. *in Friduren* ist eine *-r-*Ableitung von asächs. *frithu* ›umhegter Raum‹. Vgl. die beiden Artikel →Friedberg.

W

Waag, die, l. zur Donau (Tschechische Republik) →Kösen, Bad.

Waal, der oder die, →Rhein, der.

Wagrien, Teil des Ostholsteinischen Hügellandes zwischen der Kieler und der Lübecker Bucht, SH, im 8. Jh. Siedlungsgebiet der slawischen Wagrier, eines Teilstammes der Obotriten. Ihre Missionierung begann unter Otto I. (um 940 Gründung des Bistums →Oldenburg). Nach mehreren Slawenaufständen setzte 1143 unter Graf Adolf II. von Schaumburg endgültig die deutsche Besiedlung des Landes ein. Der Landesname *Wagrien* fußt auf 12. Jh. lat. *Wagria, Wagira.* Daneben steht der Stammesname: lat. im 11. Jh. *Wagiri,* 1012/18 *Wari,* 10. Jh. *Waaris* und deutsch 1150 *Waghere,* 1418 *to Wageren* (= bei den Wagriern). Die letztgenannten Formen gehen zurück auf germ. **Wagwarijōz,* anord. **Vágverjar* ›Meeresanwohner‹ (zu anord. *vágr* ›Meer‹, asächs. *wāg* ›Wogen, Flut‹) und germ. *warjan* ›wehren, hüten, bewohnen‹ (vgl. die Erklärung von *Baivarii* im Artikel →Bayern). Der slawische Stamm hat demnach seinen Namen von den früheren germanischen Bewohnern der Landschaft übernommen.

Waiblingen, Stadt an der unteren Rems, nö. von Stuttgart, BWÜ, entstand bei einer karolingischen Pfalz, die urspr. wohl alemannischer Herzogsbesitz war und auch den Saliern und Staufern als Verwaltungsmittelpunkt diente. In der Stauferzeit wurde der Bewohnername *Waiblinger* für die Angehörigen und Anhänger der staufischen Familie üblich (bekannter in der italienischen Form *Ghibellinen*). Vor 1250 kam W. an die Grafen von Württemberg, die es zur Stadt erhoben und zeitweise zur Residenz machen wollten; doch wurde dann Stuttgart vorgezogen. Der Name W., 1331 *Waibelingen,* 1279 *Wabelingen,* 1262 *in Waibilingen,* 1086 *in Weibelingon,* 887 *in villa dicitur Ueeibilinga* (= in dem W. genannten Hof) enthält wohl die Amtsbez. ahd. *weibil* ›Gerichtsbote‹ (eine Bildung zu ahd. *weibōn* ›sich hin und her bewegen‹) oder einen zum gleichen Verbalstamm gebildeten PN *Weibilo.* Der ON ist mit dem Zugehörigkeitssuffix →*-ingen* abgeleitet, er bedeutet also eigtl. ›bei den Angehörigen des Gerichtsboten (bzw. des Weibilo)‹.

Waldalbe, die, →Elbe, die.

Waldbrọ̈l [auch: 'valt...], Stadt im südl. Bergischen Land, NRW, entstand als Kirchdorf im Rodungsgebiet (Waldland), wurde im 19. Jh. Kreishauptort und erhielt 1957 Stadtrecht. W. liegt am **Waldbrölbach** (l. zum Brölbach, 1575 *die Waldtbruill,* 1464 *die Waltprulle*) und ist nach ihm benannt: 1575 *Waldtbruill,* 1212 *Waltprule,* 1131 *Waltprugele.* Der **Brölbach** (r. zur Sieg) heißt 1555 *die groisse* (= große) *Broel, die Broelbach,* 1464 *die Bruelle, Broelle.* Dem weibl. Bachnamen liegt vielleicht ein vordt. **Brogila* zugrunde, das als ›Grenzbach‹ gedeutet worden ist (zu kelt. **brog-* ›Bezirk, Land, Grenze‹). Zum gleichen Stamm (vordt. **Brogala*) werden gestellt der **Brohlbach** l. zum Rhein bei *Brohl* (877 *Brule*) und der **Brohlbach** l. zur Mosel bei Karden mit dem Ort *Brohl* (926 *Brůla*). Anders gebildet ist gall.-mlat. *brogilus* im ON →Brühl.

Waldbrölbach, der, l. zum Brölbach, →Waldbröl.

Waldeck, Stadt am Edersee, HE, entstand im 13. Jh. bei der schon 1120 genannten gleichnamigen Burg, die 1180 Residenz der Grafen von Schwalenberg wurde, die sich darauf ›von Waldeck‹ nannten. Die Burg wurde also namengebend für das spätere Fürstentum Waldeck, das als Freistaat 1927 in Preußen aufging. Der Name 1120 *Waldekke,* 1180 *Waltecke* ist ein typischer Burgenname, er kennzeichnet die Burg nach ihrer Lage auf dem vorspringenden Bergkegel über der Eder; →-eck. Burgen gleichen Namens gibt es z. B. in der Oberpfalz, im Odenwald und Hunsrück, im Rheingau sö. von Kaub (erbaut um 1200), bei Tegernau im südlichen Schwarzwald (*Neuwaldeck,* 1113 *Waldegge*) und am Schliersee (*Hohenwaldeck,* 12. Jh. *Waldekke*). Ein niederdeutsches Beispiel ist *Woldegk* in Mecklenburg (1440 *Woldegge,* 1230 *de Woldegen*).

Waldheim, Stadt an der Zschopau, im Mittelsächsischen Hügelland, SAC, entstand als deutsches Dorf mit Ritterburg am Flußübergang der Straße von Leisnig nach Böhmen, wurde nach 1200 Marktflecken und 1324 Stadt. Der Name 1455 *Waltheym,* 1286 *Waltheim* erscheint zuerst 1198 im Namen eines Ritters *de Woltheim* und ist mit mhd. *walt,* mnd. *wold* ›Wald‹ gebildet. Er bedeutet ›Wohnstätte im Walde‹; →-heim.

Waldmụnchen, Stadt im südlichen Oberpfälzer Wald, n. von Cham, BY, entstand aus einer von Zisterziensern angelegten Rodungssiedlung und kam um 1204 an die Wittelsbacher; Stadtrecht vor 1270. Die Namensgeschichte des Ortes zeigt die alte Auffassung des Begriffs →›Böhmerwald‹; 1256 *in Monaco* (etwa: ›bei den Mönchen‹), 1298 *in Monaco iuxta saltum Bohemorum* (= beim Wald der Böhmen), 1310 *Mvͤnchen vor Pehmaer wald,* 1321 *Mvͤnchen vor dem wald,* 1409/29 *Waltmünichen.* Jüngere Belege beziehen sich wohl auf die Ziegenhaltung der Einwohner: 1425 *Gasmünichen,* 1426 *Geismunichen* (zu bairisch *Gaiß* ›Ziege‹).

Waldnaab, die, l. zur Naab, →Naab, die.

Waldshut → Waldshut-Tiengen.

Waldshut-Tiengen ['tɪŋən], Stadt am Hochrhein, BWÜ, entstand 1975 durch Vereinigung der bis dahin selbständigen Städte **Waldshut** und **Tiengen/Hochrhein** mit der Gemeinde Gurtweil. Die Stadt Waldshut wurde vor 1240 von den Grafen von Habsburg gegründet und auf rechteckigem Grundriß als Festung angelegt. Der Name 1288 *Waltzhůt,* 1275 *Waldeshůt,* 1259 *Waldishute* war symbolisch gemeint, er wird 1638 so erklärt: *Oppidum Hercynianum, quod a custodia Sylvae nomen habet* (= eine Gebirgsstadt, die ihren Namen von der Bewachung des Waldes hat). W. blieb bis 1803 österreichisch und kam 1806 zum Großherzogtum Baden. – Die Stadt Tiengen entstand an der Mündung der Wutach in den Rhein bei der 858/67 bezeugten Gaudingstätte des Klettgaus. Sie wurde 1112 als *oppidum* (Flecken) genannt und war seit 1482 Residenz der Landgrafschaft Klettgau. 1806 fiel sie an Baden. Der Name *Tiengen* steht für ältere Formen mit *-ü-,* z. B. 1520 *Thüengen, 1336 Tůiwingen,* 858/867 *Tůingen,* er ist wohl von einem PN *Tugo, Togo* abgeleitet, vgl. den Beleg 888 *Tuginga* für das gleichnamige Dorf **Tiengen** bei Freiburg; wie beim ON →Singen ist das *-g-* zwischen Vokalen in der Aussprache geschwunden.

-wald, -walde: Unter *Wald* verstand man im älteren Sprachgebrauch vor allem den Bergwald, das Waldgebirge. Das zeigen die Gebirgsnamen *Odenwald, Schwarzwald, Pfälzer Wald* u. a. Daneben bedeutet *Wald* aber auch ›unbebautes Land, Wildnis‹, und dies gilt besonders für die Namengebung bei Rodungen, die ja nicht nur im Gebirge angelegt wurden. Namen auf *-walde* treten vor allem in Ostdeutschland auf: *Luckenwalde, Finsterwalde, Bad Freienwalde.* Wie bei den Namen auf *-feld[e]* gehen sie von der Dativform *[im] … walde* aus.

Walldorf (Baden), Stadt s. von Heidelberg, BWÜ, entstand aus einer merowingischen Siedlung des 8. Jh.s und kam 1230 an die Pfalzgrafen. Stadtrecht 1903. Der Name 1063 *Waldorf,* 771 *Waltdorf* enthält ahd. *walt* ›Wald‹ (nach der Lage am Hokkenheimer Hardtwald).

Walldụrn, Stadt am Ostrand des Odenwaldes, BWÜ, entstand in der Nähe eines Limeskastells und wurde zuerst 795 mit Besitz des Klosters Lorsch genannt. Um 1170 bauten die Edelherren von Dürne hier eine Herrschaft auf, die hundert Jahre später an das Erzstift Mainz kam; Stadtrecht erhielt der Ort um 1250. Der Name 1192 *Dorren,* 1191, 1172 *Durne,* 795 *in Turninu* gehört zu mhd., ahd. *dorn,* das auch den Dornstrauch und das Dorngebüsch bezeichnet (*in Turninu* = im Dornigen). Erst im 15. Jh. tritt der Zusatz *Walt-, Wall-* (= Wald-) auf, der sich wohl auf die Lage im Odenwald bezieht; vgl. die

Namensformen bei → Walldorf (Baden). – Bekannt ist die Heiligblutwallfahrt nach W., die seit dem 15. Jh. stattfindet. Seit 1806 gehört die Stadt zu Baden.

Walsrode, Stadt am SW-Rand der Lüneburger Heide, NDS, entstand aus einer Rodungssiedlung des 10. Jh.s (986 *Rode*) und einem vor 986 von dem Grafen Wala gegründeten Nonnenkloster; Stadtrecht 1383. Der Name 1197 *Walesrode,* 1176 *Walesroth, -rode* enthält den Namen des Gründers, der wohl als Kurzform eines mit ahd. *wal* ›Schlachtfeld, Walstatt‹ gebildeten zweigliedrigen Namens (z. B. *Wal[a]ram)* zu deuten ist; → -rod, -reut, -ried.

Waltershausen, Stadt am NO-Rand des Thüringer Waldes, TH. Der spät genannte Ort entstand wohl im 9. Jh. am Anfang einer alten Gebirgsstraße und wurde im 12. Jh. im Schutz der landgräflichen Burg Tenneberg planmäßig zur Stadt ausgebaut. Der Name 1289 *Waltershusen,* 1209 *Walterishusin* enthält den PN *Waltheri, Walter;* → -hausen. Die Burg **Tenneberg** (1168 *Heidenricus de Teneberc*) liegt auf dem gleichnamigen Berg (1186 *mons Deneberc*), ihr Name gehört wohl zu mnd. *denne* ›Bodenvertiefung, Lagerstätte von Tieren‹.

Waltrop, Stadt n. von Dortmund, NRW, entstand um eine Kirche des Erzstifts Köln und kam 1032 an die Abtei Deutz. Nach 1900 Industrie- und Bergbauort, 1939 Stadt. Der Name 1170 *Walttorpe,* 11. Jh. *Walthorpa* enthält wohl ahd. *walt* ›Wald‹. Zum GW westfäl. *-trop* vgl. → -dorf. Vgl. auch → Walldorf (Baden).

Wangen im Allgäu, Stadt an der oberen Argen, BWÜ, entstand am Schnittpunkt der alten Straßen Memmingen–Lindau und Ravensburg–Isny und wurde im 12. Jh. durch eine Marktsiedlung des Klosters St. Gallen ergänzt; Stadtrecht vor 1217 durch Kaiser Friedrich II. W. wurde 1347 Reichsstadt und trat 1488 dem Schwäbischen Bund bei. 1810 kam es an Württemberg. Der Name *Wangen,* 855 *Wangon,* 815 *Wangun* ist der Dativ Plural von ahd. *wang* ›Feld, Wiese, Weide‹. Dieses Wort entspricht aengl. *wang* ›Feld, Ebene, Land‹, aisl. *vangr* ›Feld, eingefriedeter Platz‹ und got. *waggs* ›Paradies‹, eigtl. ›Wiese‹. Man hat es mit ahd. *wanga* ›Backe‹ und seinen Entsprechungen zusammengestellt und beide Wörter auf eine Grundbed. ›Biegung, Krümmung‹ zurückgeführt, so daß also *wang* soviel wie ›geneigte Fläche, Abhang‹ bedeuten könnte. Es kommt bes. in oberdeutschen ON mehrfach vor, wurde aber schon früh nicht mehr verstanden; vgl. → Ellwangen, → Backnang und → Wangerooge.

Wangerland, das, → Wangerooge.

Wangerooge [...'o:gə, 'vaŋɐ...], östlichste der ostfries. Inseln, NDS, seit 1860 Nordseeheilbad. Der Name, früher auch *Wangeroog,* 1327 *Wangheroch,* 1306 *Wangerou* enthält mnd. *ōch* ›Insel‹, → Langeoog. Der erste Bestandteil *Wanger-* bezieht sich auf die Zugehörigkeit der Insel zu der ostfriesischen Küstenlandschaft **Wangerland,** 9. Jh. *Wanga,* zu asächs. *wang* ›Feld, Aue‹. → Wangen im Allgäu.

Warburg, Stadt an der Diemel, nw. von Kassel, NRW, entstand im 11. Jh. am Fuß der um 1000 erbauten Burg *Wartberg,* im MA wichtige Handels- u. Gewerbestadt des Bistums Paderborn an der Straße nach Frankfurt. Der Name 1015 *Wardbergi,* 1186 *Wartberg,* 1260 *Wartborg* enthält ahd. *warta* ›Ausguck, Spähplatz‹; vgl. die → Wartburg bei Eisenach; → -berg/-burg.

Waren, Stadt am Nordufer des Müritzsees, MV, entstand als altslawische Siedlung bei einer Burg und wurde um 1270 durch die Fürsten von Werle als Stadt gegründet; Stadtrecht vor 1292; 1347–1425 fürstliche Residenz. Der Name 16. Jh. *Waaren, Wahr[e]n,* 1399, 1230 *Warne,* 1218 *terra* (= das Land) *Warne* geht wohl zurück auf apolab. **varin[a]* ›Stelle mit wallendem Wasser, Quelle‹, eine Bildung zu aslaw. *variti* ›kochen‹. Gleicher Herkunft ist der Name der Stadt **Warin** am Wariner See, sö. von Wismar, MV, 1229 *Waryn,* 1178 *Warin.*

Warendorf, Stadt an der Ems ö. von Münster, NRW, entstand um eine Urkirche als Mittelpunkt und Gerichtsstätte des östlichen Münsterlandes, wurde um 1200 Stadt und im 14. Jh. Mitglied der Hanse. Der Name 12. Jh. *Warentorpe,* 11. Jh. *Waranthorpa,* 851 *Fharendorpe* ist unerklärt, vielleicht liegt ein Gewässername zugrunde; 1150 wird eine *piscina* (ein Fischteich) *Warebeke* genannt.

Warin → Waren.

Warme Bode, die, → Bode, die.

Warmenau, die, r. zur Else, → Aue, die.

Warnemünde, Hafen und Seebad an der Ostsee, Stadtteil von → Rostock. Der zuerst 1252 als *Warnemunde* bezeugte Ort wurde 1323 von der Stadt Rostock erworben. Er liegt an dem verbreiterten, daher *der Breitling* genannten Mündungsbecken des Küstenflusses **Warnow,** der n. von Parchim entspringt und 1186 *aqua* (= Gewässer, Fluß) *Warnow* heißt. Der Flußname wird zu slaw. *varn* ›Rabe‹ oder *varna* ›Krähe‹ gestellt; vgl. auch den Artikel → Münden.

Warnow, die, zur Ostsee, → Warnemünde.

Wartburg, die, Berg mit gleichnamiger Burg am Rande des Thüringer Waldes bei Eisenach, TH. Die von Graf Ludwig dem Springer vor 1080 erbaute Burg beherrschte die wichtige von Frankfurt am Main über Eisenach und Erfurt nach Leipzig ziehende Fernstraße (Hohe Straße), sie war bis ins 14. Jh. Hauptsitz der Landgrafen von Thüringen und kam dann 1485 an die Ernestiner. Der Name 12. Jh. *Wartburk,* 1138 *Wartberk* bezeichnete urspr. den Berg (→ -berg/-burg), er ist mit ahd. *warta,* mhd. *warte* ›Platz, von dem man ausspäht‹ gebildet.

Watenstedt → Salzgitter.

Wedel (Holstein), Stadt an der Unterelbe, SH, im westlichen Vorortbereich von Hamburg, entstand als Fähr- und Marktort an einer Kreuzung alter Ochsentriftwege und blühte bes. vom 15. bis 18. Jh. durch seine Viehmärkte; Stadtrecht 1875, Rolandsfigur von 1585. Der Name 1302 *Wedele,* 1212 *(Ritter) von de Wedele* entspricht anord. *vaðill, veðill* ›Watstelle, Furt‹, und dies ist wohl über gleichbed. adän. *vedel* ins Niederdeutsche entlehnt worden, kommt dort aber nur in ON vor, z. B. **Wedel** sö. von Stade, NDS, 1064 *Widila,* 986 *Widula,* und → Salzwedel. Das Wort gehört zur Familie von ahd. *watan* und anord. *vaða* ›waten, durchschreiten‹.

Wedel b. Stade → Wedel (Holstein).

Wegberg → Rheinberg.

Wehra, die, r. zum Hochrhein → Todtmoos.

Weida, Stadt s. von Gera, an der Weida (l. zur Weißen Elster), TH, entstand bei einer sorbischen Siedlung und einer deutschen Burg des 11. Jh.s, kam Mitte des 12. Jh.s an die sächsische Ministerialenfamilie von W. (später: Vögte von W.; → Gera) und im 16. Jh. an die Wettiner; Stadtrecht vor 1209. Der Name *W.,* 1342 *Wyda,* 1253 *Widen,* 1209 *Wida* ist zuerst um 1150 für das Jahr 1080 bezeugt: *territorium urbis Wida* (= das Gebiet der Burg W.). Er entspricht dem Flußnamen **Weida,** 1351 *Wyda,* 1320 *Wida,* der mit der Bed. ›Weidenbach‹ zu der Baumbez. ahd. *wīda,* mhd. *wīde* ›Weide (salix)‹ gehört.

Weida, die, l. zur Weißen Elster, → Weida.

Weihenstẹphan, Stadtteil von → Freising, BY, wurde 1021 als Benediktinerkloster gegründet und nach einer Stephanskapelle benannt, die der hl. Korbinian 725 vor den Toren Freisings als Bethaus (Oratorium) errichtet haben soll, die aber bei den Ungarneinfällen um 900 zerstört worden war. Das Kloster bestand bis 1803, in seinen Gebäuden wurde 1852 eine Landwirtschaftsschule eingerichtet, aus der die heutigen Fakultäten für Landwirtschaft und Brauerei der Technischen Universität München hervorgegangen sind. Der Name *Weihenstephan* geht zurück auf 1168 *Wihensteven,* 1003 *Wihanstephane,* er ist mit ahd. *wīh* ›heilig‹ (mhd. *wīch,* frühnhd. *weich*) zum Namen des ersten Märtyrers *Stephan* (Apostelgeschichte 6 und 7) gebildet. Dieses Adjektiv ist z. B. in dem Substantiv *Weihnacht,* mhd. *wīhenaht* ›heilige Nacht‹ enthalten; das Verb *weihen* aus mhd., ahd. *wīhen* ›heilig machen‹ ist von ihm abgeleitet.

Weil, die, l. zur Lahn, → Weilburg.

Weilburg, Stadt an der mittleren Lahn, HE, entstand im 10. Jh. bei einer Burg der fränkischen Konradiner über der Mündung der **Weil** (links zur Lahn); es war seit dem 12. Jh. Besitz der Grafen (später Fürsten) von Nassau-Weilburg und deren Residenz 1355–1816. Der Name *Weilburg* (16. Jh.), 1127 *Wileburg,* 912 *Wilina-*

burg entspricht dem Flußnamen (821 *Hwilina,* 1276 *Wile,* 16. Jh. *uff der Weiln*), dessen Herkunft unbekannt ist. Wie W. sind auch andere Lahnorte nach den dort mündenden Zuflüssen benannt (→Marburg, →Limburg, vgl. auch Bad→Ems).

-weiler, GW von Siedlungsnamen mit der Bed. ›kleine Ansiedlung‹. Das auch alleinstehend und als Appellativ gebrauchte Wort, mhd. *wīler,* ahd. *wīlāri,* wurde zur Merowingerzeit aus mlat. *villare* ›Gehöft, Vorwerk‹ entlehnt, das wie gleichbed. afrz. *viller* als Adjektiv zu lat. *vīlla* ›Landhaus, Landgut‹ gehört. Es bezeichnet eigtl. die zu einem Landgut gehörenden Gesindehäuser. Seit dem 7. Jh. tritt *-weiler* in deutschen und französischen ON auf, meist in Verbindung mit einem PN, z. B. *Annweiler* aus 1192 *Annewilre* ›Gehöft des *Anno*‹, *Duttweiler* aus um 965 *Dudenwilre* ›Gehöft des *Dudo*‹. Oft ist *-weiler* in jüngeren Belegen zu *-weil* oder *-wei[h]er* geworden, z. B. *Rothweil* im Breisgau, BWÜ, aus 763 *Rotwilare* oder *Appenweier* bei Offenburg, BWÜ, aus 1148 *Appinwilre*. Die Namen auf *-weiler* sind vor allem an Mittelrhein und Mosel, in Schwaben, Franken und im Elsaß verbreitet.

Weimar, Stadt an der Ilm, 1920–1948 Hauptstadt des Landes Thüringen. Die Stadt entstand als altthüringisches Dorf und wurde in der Karolingerzeit Sitz eines Grafen. Im 10. Jh. traten die Grafen von W. als Dynastie auf, ihre Erben seit 1060 waren die Grafen von Orlamünde. Diese gründeten um 1250 bei ihrer Burg W. eine Stadt, die 1254 als *civitas* (Bürgerschaft) bezeichnet wird. Um 1373 kamen die Wettiner in W. zur Herrschaft, und bei der Landesteilung von 1485 fiel W. an ihre ernestinische Linie (vgl. den Artikel →Sachsen). Nach der Niederlage und Gefangenschaft im Schmalkaldischen Krieg kam Herzog Johann Friedrich nach W. zurück, das dann bis 1918 ständige Residenz des Herzogtums (seit 1815 Großherzogtums) Sachsen-Weimar blieb. Das ›klassische‹ W. begann im 18. Jh. mit der Herzogin Anna Amalia, der Begründerin des Weimarer ›Musenhofes‹. Er kann hier durch die Namen Wieland, Goethe, Schiller und Herder nur kurz angedeutet werden, aber er gehört zum Begriff ›Weimar‹ ebenso wie die Weimarer Nationalversammlung von 1919 und die Weimarer Republik (1919–1933). – Der Name *Weimar* ist für die ältere Zeit fast ausschließlich in erzählenden Quellen überliefert: 1123/37 (Graf) *Ulrich de Wimare,* zu 1053 *Wymar,* 1012/18 zu 984 *Wimari,* 12. Jh. zu 965 *Wimmeri,* zu 1061 *Willehelmus de Wimare*. Die Formen lassen auf einen Gewässernamen schließen, der mit ahd. *wīh* ›heilig‹ (einem vorchristlichen Wort!) und ahd. *mari, meri* ›See, stehendes Gewässer, sumpfiges Gelände‹ gebildet ist, also ›heiliger See‹ oder ›heilige Quelle‹ bedeutet. Sachliche Überlieferungen dazu sind nicht bekannt.

Weinheim, Stadt an der Bergstraße, BWÜ, enstand im 6./7. Jh. als fränkische Siedlung und war seit 790 Besitz des Klosters →Lorsch, später des Erzbistums Mainz (Gründung der Neustadt im 13. Jh.). 1456 kam W. an Kurpfalz, 1802/03 an Baden. Der Name 1454 *Weynheim,* 1308 *Winheim,* 755 *Winenheim* enthält den alten deutschen PN *Wino* (Kurzform eines mit ahd. *wini* ›Freund‹ gebildeten PN); vgl. den Artikel →Weinsberg.

Weinstraße, die, Landschaft am Fuße der →Haardt, RP, benannt nach der 1936 als erste deutsche Touristikstraße festgelegten **Deutschen Weinstraße,** die von der elsässischen Grenze bei Weißenburg (Schweigen, Deutsches Weintor 1936) nordwärts über Neustadt a. d. Weinstraße – Bad Dürkheim – Grünstadt bis Bockenheim a. d. Weinstraße führt und die wichtigsten Pfälzer Weinorte berührt. Sie folgt einer alten Landstraße, die die Orte des Haardtrandes untereinander verband.

Weiße Elster, die, rechter Nebenfluß der Saale, entspringt im Elstergebirge (südliches Vogtland) und mündet unterhalb von Schkopau, SAN. 1154 *Elstra,* um 1150 *Elestra,* 1122 *Alestra,* 1060 *Elstera* ist wohl eine germanische Bildung mit *-str-*Suffix zu idg. **el-/*ol-* ›fließen, strömen‹. Entsprechende Namen führen die **Schwarze Elster** in der Lausitz (r. zur Elbe oberhalb von Wittenberg), 1177 *Alestra,* 1012/18 *Elstra nigra,* und die →Alster.

Im Quellgebiet der Weißen E. liegt **Bad Elster,** 1320 *Elster,* 1378 *Elstere, Elstir* (seit dem 19. Jh. Mineral- und Moorbad, Stadtrecht 1935); an der Schwarzen E. liegt sö. von Torgau **Elsterwęrda,** 1343 *Elstirwerde,* 1211 *(Rudolfus de) Elsternwerden,* entstanden bei einer Niederungsburg, die wohl auf einer Flußinsel (mhd., mnd. *wert, werde*) lag.

Weiße Main, der, r. zum Main, → Main, der.

Weiße Murg, die, → Murg, die.

Weißenburg (Elsaß) → Weißenburg i. Bay.

Weißenburg i. Bay., Stadt an der Schwäbischen Rezat, entstand bei den Resten eines römischen Limeskastells *Biricianis,* dessen Name von einem römischen PN **Biricius* abgeleitet und im 4. Jh. belegt ist. Im Jahre 867 wird W. zum erstenmal urkundlich genannt, es war damals ein Königshof der deutschen Karolinger. 889 erhielt das Bistum Eichstätt einen großen Teil des Königsforstes bei W. als Grundstock für sein künftiges Territorium. 1241 wird W. als *civitas* (Bürgerschaft) bezeichnet, im 14. Jh. war es Reichsstadt und blieb es bis zum Anfall an Bayern 1806. Der Name 1360 *Weyssenburg,* 1294 *Weizenbvrch, Weizzenbvrch* (man beachte den frühen Wandel von *ī* zu *ei* im Donauraum!), 1057/75 *Wizenburc,* 867 *Uuizinburc* benennt die Stadt nach den hellen Steinen ihrer Mauern; vgl. noch **Weißenburg** im Elsaß, Frankreich, frz. *Wissembourg,* 729 *Wizanburg,* und anderseits ON wie → Rothenburg ob der Tauber.

Weißenfels, Stadt an der mittleren Saale, SAN, wurde durch die Markgrafen von Meißen um 1185 als deutsche Stadt an einem Saaleübergang bei der altsorbischen Marktsiedlung Tauchlitz angelegt und nach der darüber liegenden Burg W. benannt. Tauchlitz, das noch im 19. Jh. ›die Altstadt‹ genannt wurde, blieb außerhalb der Mauern und wurde mit andern Vorstädten erst 1833 eingemeindet. Der Name 1445 *Weyssenvels,* 1378 *Wissinfels,* 1203 *Wizinvels* erscheint zuerst um 1197 im Namen des wettinischen Markgrafen *Dietrich von Wizen-, Wicinvels.* Er ist ein typischer Burgenname, der hier durch den hellen Sandsteinfelsen, auf dem die Burg liegt, veranlaßt wurde. Nach ihrer Zerstörung im 17. Jh. erbaute Herzog August von Sachsen-Weißenfels an ihrer Stelle das Residenzschloß **Neu-Augustusburg.**

Weiße Regen, der, r. zum Regen, → Regen, der.

Weißwasser (sorb. Bě*l*a Woda), Stadt in der Muskauer Heide, Oberlausitz, SAC, entstand als sorbisches Heidedorf und entwickelte sich seit 1872 zum Industrieort (Glas- und Porzellanwerke); Stadtrecht 1935. Der Name 1552 *Weißwasser,* 1459 *Weissenwasser,* 1351 *Wyzzenwazzer* ist wohl aus dem Sorbischen (1800 *Bjelawoda*) übersetzt, er bezieht sich auf mehrere kleine Teiche, deren Wasser wegen des Quarzsandbodens hell glänzte.

Wenden, die (Pl.), → Wendland.

Wendhausen → Thale (Harz).

wendisch → Wendland.

Wendland, das (auch: Hannoversches W.), Landschaft l. der Elbe im NO Niedersachsens. Der Name *Wendland* wurde zuerst 1705 für die lüneburgischen Landesteile mit damals noch polabisch sprechender Bevölkerung gebraucht und 1822 in der Form *Hannoversches Wendland* auf die Ämter Lüchow, Dannenberg, Wustrow und Hitzacker begrenzt. Als ›Land der Wenden‹ war mnd. *Wentland* nur für ostelbisches Gebiet gebraucht worden. Der Volksname **Wenden** war die deutsche Benennung der Slawen: mhd. *Wint,* mnd. *Wend[e]* (Plural: *Wende*), ahd. *Winid* (Plural: *Winidā*), mlat. *Winithi* (um 1170 in Helmolds Slawenchronik). Er geht zurück auf den Namen der idg. *Veneter* (lat. *Veneti, Venedi*), von denen Teile als östliche Nachbarn der Germanen an der Weichsel saßen. Die Übertragung ihres Namens auf die – nicht mit ihnen verwandten – Slawen geschah vermutlich im 6. Jh. nach Chr. Das Adjektiv **wendisch, windisch,** mhd. *windisch, windesch* steht als unterscheidender Zusatz bei ON urspr. slawischer Dörfer, z. B. 1283 *Wendisch Sula,* jetzt **Wünschensụhl** bei Eisenach, TH, oder **Windischẹschenbach** a. d. Waldnaab, BY, 1423 *zue windisch Eschenbach,* 1438 *Eschenbach Slavorum.*

Wendlingen am Neckar, Stadt nö. von Nürtingen, BWÜ, entstand als frühe alemannische Siedlung und erhielt 1230 Stadtrecht. Aus Adelsbesitz kam W. 1545 zu Württemberg. Der Name 1534 *zu Wendlingen,* 1137/38 *ad Wendilingen* ist mit dem PN *Wandilo* gebildet und bedeutet urspr. ›bei den Leuten des Wandilo‹; vgl. → -ingen.

Werdau, Stadt am Oberlauf der Pleiße, w. von Zwickau, SAC, entstand Ende des 12. Jh.s als deutsches Waldhufendorf und wurde Ende des 13. Jh.s als Straßenmarkt an der Straße von Leipzig nach Plauen ausgebaut; Stadtrecht vor 1304. Der Name 1551 *Werdau,* 1474 *Werdaw* geht zurück auf 1411, 1318, 1304 *Werde,* das als Stellenbezeichnung ›auf, an dem *Werde*‹ mit mhd. *wert* (Dativ *werde*) ›Flußinsel, erhöhtes Land zwischen Gewässern‹ gebildet ist. Die Endung → *-au* ist in Analogie zu *Zwickau* und ähnlichen Namen angefügt worden.

Werder/Havel, Stadt w. von Potsdam, BR, entstand aus einem slawischen Burgwall, der auf einer Havelinsel lag, und im 12. Jh. zu einer markgräflichen Burg ausgebaut wurde. Der Burgflecken wurde im 13. Jh. zum Städtchen erhoben (1317 *oppidum Werder*) und gehörte 1317–1542 dem Kloster Lehnin, das den Wein- und Obstbau stark förderte. Der Name 1540 *zum Werder,* 1469 niederd. *tu deme Werder,* 1317 *Werder* entspricht mnd. *werder,* der ostniederdeutschen Form für mnd. *werde* ›Flußinsel‹; vgl. → Bischofswerda und das ON-GW → *-werth.*

Werl, Stadt am Hellweg ö. von Unna, NRW, entstand aus einer schon vorgeschichtl. Siedlung um alte Salzquellen, war im 10./11. Jh. Sitz einer Grafschaft und kam 1089 an das Erzstift Köln. Stadtrecht vor 1246. Der Name 1136 *Werle,* 1089 *Werele,* 931 *Werlaha* wird zu ahd. *loh,* mnd. *lō* ›Gehölz, Hain‹ gestellt (→ Gütersloh), der erste Bestandteil könnte asächs., ahd. *wer* ›Mann‹ sein, so daß **Werloh* als ›Wald der Männerversammlung‹ zu deuten wäre. Den gleichen Namen hat die Königspfalz **Werla** bei Schladen, Kr. Goslar, NDS, die König Heinrich I. um 920 erbaut hat (1010 *Werela,* 939 *Werlaha*).

Werla, Königspfalz, → Werl.

Wẹrmelskirchen, Stadt s. von Remscheid, NRW, entstand als Kirchdorf an der Straße Köln–Hagen auf einem Höhenrücken zwischen Wupper und Dhünn. Der Name 1398 *Wermelskirchen,* um 1300 *Wermoltz-,* um 1230 *Wernboldskirgen* enthält den alten deutschen PN *Warin-, Werinbold.* Es bleibt fraglich, ob der 1080 genannte Kölner Dechant Werinbold der Stifter der Eigenkirche war.

Wernau (Neckar), Stadt sö. von Esslingen, BWÜ, entstand 1938 durch Vereinigung der Gemeinden Pfauhausen und Steinbach; Stadtrecht 1968. Den Namen *Wernau* erhielt die neue Gemeinde nach den Herren von Wernau, einer früheren Adelsfamilie, deren Stammburg bei dem gleichnamigen Weiler sw. von Ulm gelegen hatte und die 1420–1696 in Pfauhausen Besitz und eine Grablege gehabt hatten. Der Name *Wernau* benannte urspr. also eine heute verschwundene Wasserburg bei Ulm, er wurde zum FN und wurde dann im 20. Jh. als historische Erinnerung auf die neu gebildete Gemeinde am Neckar übertragen. – Daß der Burgname *Wernau,* 16. Jh. *Werdnow, Werrnau,* 1383 *Werdnaw,* 1264 *Werdinowe* mit dem PN *Werdo* und dem GW *-au,* mhd. *ouwe* ›[Land am] Wasser‹ gebildet ist, sei hier nur zusätzlich erwähnt, es ist für W. (Neckar) ohne Belang; vgl. aber den Artikel → -au, -aue.

Werne (zu Bochum) → Werne a. d. Lippe.

Werne a. d. Lippe, Stadt w. von Hamm, NRW, entstand am Lippeübergang der Straße Köln–Münster um einen Hof und eine Kirche des Bischofs von Münster. Stadtrecht vor 1400. Der Name 1188 *Werne,* 1088 *Werna,* 890 *Wirino,* 834 *Werina* ist wahrscheinlich ein alter Gewässername. Den gleichen Namen hat **Werne** (jetzt Stadtteil von Bochum), 890 *Werinun.*

Werneuchen → Bernau b. Berlin.

Wernigerọde, Stadt am Nordrand des Harzes, SAN, entstand als Rodungssiedlung wohl zu Anfang des 11. Jh.s und kam um 1112 in den Besitz einer Adelsfamilie, die seit 1121 als Grafen von W. auftrat; Stadtrecht 1229. Eine um 1270 angelegte

Neustadt blieb bis 1529 von der Altstadt getrennt. Der Name bedeutet ›Rodung der *Werninge,* der Leute eines *Werin*‹ (dies ist eine Kurzform von PN wie *Werinher*). Die heutige Namensform (zuerst 1535 *Wernigerode*) entstand durch Aussprachеerleichterung *(-ning-* zu *-nig-)* aus 1379 *Wernyngerode,* 1141 *Wereningeroth,* 1121 *de Werniggerode (gg = ng).*

Werra, die, rechter Quellfluß der Weser, entspringt nö. von Eisfeld am Kamm des Thüringer Waldes, vereinigt sich bei →Münden mit der Fulda. Die Werra ist eigentlich der Oberlauf der Weser, die Namen beider Flüsse sind urspr. identisch: 775 *Uuisera* ist die Werra bei Salzungen, in 933 *Vviseraha* ist ahd. *aha* ›Wasser‹ angefügt, (→ [1]-ach), daraus entwickelte sich 1014 *Werraha, Werra,* indem *-sr-* zu *-rr-* angeglichen wurde. Zu Weiterem →Weser.

-werth, GW von Siedlungs- und Flurnamen mit der Bed. ›Flußinsel‹, z. B. in den Namen der Rheininseln *Kaiserswerth* (zu Düsseldorf, NRW), *Grafenwerth* (zu Bad Honnef, NRW), *Nonnenwerth* (Gemeinde *Rolandswerth,* RP). Mhd. *wert,* ahd. *warid, werid* n. ›Insel‹ hat Entsprechungen in mnd. *werde,* niederl. *waard* ›eingedeichtes Land‹ und aengl. *waro* ›Ufer‹; vgl. auch →Langwarden. Eine oberdeutsche Form ist **Wörth,** z. B. *Donauwörth,* BY, *Wörth am Main,* RP, u. a. Im niederdeutschen Gebiet gilt die erweiterte Form *Werder* m., mnd., ostmd. *werder,* z. B. *Bodenwerder* an der Weser, *Finkenwerder* (zu Hamburg), *Werder/Havel.* Die Grundbed. dieser Wörter ist ›gegen Wasser geschütztes, erhöhtes Land‹, sie gehören zu der in nhd. *wehren,* ahd. *warian* enthaltenen idg. Wurzel **u̯er-* ›mit einem Flechtwerk, Schutzwall umgeben, schützen‹.

Wertheim, Stadt an der Mündung der Tauber l. zum Main, BWÜ. Das heutige W. ist im 12. Jh. unter der auf der Höhe zwischen Tauber und Main errichteten Burg der Grafen von W. entstanden. Eine ältere Siedlung gleichen Namens ist das Dorf **Kreuzwertheim** am rechten Mainufer (BY), das dem Bischof von Würzburg gehörte. Es wird 775/795 *Wertheim,* 1009 *Werdheim* genannt und heißt 1311 *Heiligen Cruceswertheim,* um es von dem inzwischen auf dem linken Ufer entstandenen Ort W. zu unterscheiden, der 1306 Stadtrecht erhalten hatte. Dieses W. war der Hauptort der Grafschaft, die 1556 nach dem Erlöschen der männlichen Linie an die evangelischen Grafen von Löwenstein-W.-Freudenberg und ihre katholischen Vettern von Löwenstein-W.-Rosenberg überging und 1806 links des Mains badisch und rechts des Mains bayerisch wurde. Der Name *Wertheim* ist mit ahd. *werid,* mhd. *wert* ›Flußinsel‹ gebildet (→-werth). Man hat dieses Namenwort auf die Landzunge zwischen der Taubermündung und dem linken Mainufer bezogen, doch bleibt offen, ob das auch für das ältere W. am rechten Ufer gelten kann.

Wesel, Stadt an der Mündung der Lippe in den Niederrhein, NRW, entstand aus einem fränkischen Reichshof, kam im 13. Jh. zu Kleve (Stadtrecht 1241) und 1614 zu Brandenburg. Seit 1407 war W. eine wichtige Hansestadt. Der Name 1153 *Wisela,* 10./11. Jh. *Wisilli,* 8. Jh. *Wesele* ist wohl germanischen Ursprungs, man hat ihn zu ahd. *wisa* ›Wiese‹ (eigtl. ›feuchtes Land‹?) gestellt. Zur Unterscheidung von →Oberwesel (dessen Name nicht verwandt ist!) heißt die niederrheinische Stadt im 17./18. Jh. auch *Unter-* oder *Nider-Wesel* (1647), *Wesel im Kleveschen* (1795).

Weser, die, Strom, der bei Münden, NDS, durch den Zusammenfluß von →Werra und →Fulda entsteht und bei Bremerhaven in die Nordsee fließt. Ahd. *Wesera, Wisara, Wisura,* mit angefügtem *-aha* ›fließendes Wasser‹ auch *Wiseraha,* führen auf die germanische Grundform *Wisara;* die latinisierte Form *Visurgis* (bei Tacitus u. a., auch griech. *Ouisourgis*) führt auf germ. **Visurī,* Genitiv **Visurjōs.* Im Vergleich mit Flußnamen wie frz. *Vézère* (r. zur Dordogne) aus 9./10. Jh. *Visera* und frz. *Vesdre* (r. zur Ourthe zur Maas in Belgien) aus 915 *Wesere,* 1153 *Wisera* – sie heißt übrigens auf Deutsch auch *Weser* – kommt man auf die idg. Wurzel **ueis-/*uis-* ›fließen, zerfließen‹. Sie liegt mit anderer Bildungsweise auch dem Namen der →Wiese, r. zum Oberrhein, 1240 *Wisen,* zugrunde. Den gleichen Namen wie die Weser hat ihr rechter Quellfluß → Werra; die älteren Belege gelten mehrfach für beide Flüsse, z. B. wird 795/800 *Wessera* für die Werra gebraucht und 1016 *Wirraha* für die Weser. Erst im Neuhochdeutschen werden die Namen deutlich unterschieden.

Wesermünde → Bremerhaven.

Westerburg, Stadt im Oberwesterwald, RP, entstand unter einer Burg der Grafen von Leiningen als Vögte des nahen Stifts St. Severus in Gemünden, die im 13. Jh. Sitz der Herren von W., späteren Grafen von Leiningen-W. wurde. Der Name 1218 *Westerburch,* 1287 *Westerburg* bezieht sich wohl auf die Lage der Burg im → Westerwald.

Westercelle → Celle.

Westerland, Stadt auf der Insel Sylt, SH, wurde im 15. Jh. als Nachfolgesiedlung des um 1436 in einer Sturmflut untergegangenen Fischerdorfes *Eytum (Eidum)* gegründet. Seit Mitte des 19. Jh.s entwickelte sich W. zum Seeheilbad und Modebad; Stadtrecht 1905. Der Name 1509 *Westerlanth,* 1462 *Westerlant* ist mit mhd. *wester,* ahd. *westar* ›westlich‹ gebildet, er bezeichnete urspr. wohl den westlichen Teil der Gemarkung des Nachbarorts Tinnum, auf dem W. angelegt worden ist.

Westerwald, der, Teil des Rheinischen Schiefergebirges zwischen Rhein, Lahn, Dill und Sieg. Der Name *Westerwald* (seit 1048 belegt) bezeichnete bis ins 14. Jh. nur das engere Gebiet des *Hohen Westerwalds* (zwischen Betzdorf, Hachenburg und Westerburg), das zum alten Reichsgut der Herborner Mark (→ Herborn) gehörte; es ist, von Herborn aus gesehen, der ›westliche Wald‹. Seitdem hat sich der Bereich des Namens ausgedehnt und wurde im 19. Jh. im heutigen Umfang festgelegt.

Westfa̱len, NO-Hälfte des Landes → Nordrhein-Westfalen, 1816/17–1945 preußische Provinz. Der Name geht zurück auf das Herzogtum *Westfalen* (mlat. *Westfalia*), das 1180 nach dem Sturz Heinrichs des Löwen (→ Sachsen) neu errichtet und dem Erzbistum Köln übergeben worden war. Dieses kurköln. Territorium um Arnsberg, Soest und Brilon mit dem alten Westfalengau (11. Jh. *Westfala pagus*) war aber nur ein Teil des westfäl. Gesamtraums, an dem auch die Bistümer Münster, Osnabrück, Minden und Paderborn und die Grafschaften Lippe, Mark und Ravensberg Anteil hatten. Dieser Raum heißt nach dem westgerm. Stamm der *Westfalen,* die die westliche ›Heerschaft‹ des altsächs. Stammesverbandes bildeten: 8. Jh. *Westfalahi,* 980 *Wesfalon,* 9. Jh. auch *Falhon ducatus* ›Herzogtum der *Falen*‹. Der Volksname ist unerklärt (vielleicht zu schwed. *fala* ›Ebene, Heide‹, vgl. aslaw. *polje* ›Feld‹?). – Ein großer Teil der oben genannten Territorien kam seit dem 17. Jh. zu Brandenburg-Preußen, das köln. Herzogtum W. selbst gehörte 1803–16 zu Hessen-Darmstadt und seit 1816 zu Preußen. Eine künstliche Bildung ohne Nachwirkung war das von Napoleon I. für seinen Bruder Jérôme errichtete Königreich **Westphalen** (1807–1813). Es reichte von Osnabrück und Kurhessen (Hauptstadt: Kassel) bis an Elbe und Saale.

Westliche Günz, die, → Günz, die.

Westphalen, Königreich, → Westfalen.

Wetter, die, r. zu Nidda, → Wetterau.

Wetterau, die, Senke zwischen Taunus und Vogelsberg, fruchtbares, altbesiedeltes Hügelland an der **Wetter** (rechts zur Nidda zum Main), das bereits im 1. Jh. n. Chr. in den römischen Limes einbezogen wurde. Der Name 1611 *Wetterau,* 13. Jh. *Weterouwe* (→ -au, -aue) ist umgebildet aus ahd. *Wettereiba* (zuerst 767). Das Grundwort ahd. *-eiba,* germ. **aiƀō-* ›Land, Wohngebiet‹ geht wahrscheinlich auf die Zeit der Völkerwanderung zurück, vgl. die (langobard.) Landschaftsnamen *Anthaib, Bainaib, Burgundaib* (5. Jh., Ostdeutschland). Burgunden haben um 400 am Mittelrhein gesessen (→ Worms). – Der Flußname *Wetter,* 774 *Wettera,* 772 *Wetteraha* ist eine wohl vorgermanische Bildung zu idg. **uédōr-* ›Wasser‹, die mit ahd. *-aha* (→ ¹-ach) erweitert wurde.

Wetti̱n, Stadt an der Saale, SAN, entstand als Burgwardort an einer Saalefurt unter der auf einer Porphyrplatte über dem rechten Ufer gelegenen Burg; Stadtrecht nach 1400. Nach der Burg nannte sich im 10. Jh. das Grafenhaus der **Wetti-**

ner, das hier den ersten Mittelpunkt seiner Territorien ausbildete. Der Name 1345 *Wettin,* 1116 *Witin,* 961 *Vitin civitas* bezeichnete urspr. wohl eine slawische Wallburg an der gleichen Stelle. Asorb. *Vitin* gehört zum slaw. PN *Vita,* einer Kurzform von PN wie poln. *Ziemowit* oder tschech. *Vítoslav;* vgl. ON wie tschech. Vitín (dt. **Wittine,** bei Aussig, Tschechische Republik) oder **Wittow** auf Rügen, 1232 *Wytowy.*

Wetzbach, der, l. zur Lahn, → Wetzlar.

Wetzlar, Stadt an der Lahn, HE, entstand gegenüber der Dillmündung um ein im 9. Jh. gegründetes Kanonikerstift; seit dem 12. Jh. (Kaiser Friedrich Barbarossa) Reichsstadt, 1693–1806 Sitz des Reichskammergerichts. Der Name 1141 *Witflaria,* 1180 *Wetflare,* 1300 *Wetzlaria* ist wohl älter als die Siedlung, er bedeutet ›Weideplatz, Großhürde an der *Wettifa*‹ (→ -lar). Der heutige **Wetzbach** (links zur Lahn in W.) heißt im 9. Jh. *Wettiffa,* 1262 mit anderer Endung *Wetsa* (< **Wetisa*), 1300 *Wetzefe* (Mischung beider Endungen; → -apa).

Wevelinghoven → Wiebelskirchen.

Wiebelskirchen, Ort an der Blies oberhalb von Neunkirchen, SL, entstand um eine Eigenkirche der Merowingerzeit und gehörte seit dem 12. Jh. zur Grafschaft Saarbrücken. Der Name 1005 *Wibelskirga,* 893 *Wibiliskirica* bezieht sich auf einen Mann namens *Wibil,* wahrscheinlich den Stifter der Kirche. Der PN bedeutet ›der Bewegliche, Sich-Tummelnde, Geschäftige‹ (zu *weben* in der Grundbed. ›sich rasch hin und her bewegen‹, vgl. auch *Wiebel,* ahd. *wibil* ›Kornkäfer‹). Dieser Name – offenbar ein Beiname – kommt mehrfach in ON vor, z. B. **Wieblingen** (zu Heidelberg; 8. Jh. *Wibilinga*), **Wevelinghoven** bei Grevenbroich, NRW (835 *Wibelinchoven*); → -ingen, → inghausen.

Wieblingen (zu Heidelberg) → Wiebelskirchen.

Wied, die, rechter Nebenfluß des Mittelrheins, entspringt im Dreifelder Weiher (Oberwesterwald), mündet bei Neuwied. 1449 *die Wiede,* 1300 *de Weide,* 1263 *super Widam,* 857 *Uuida* gehört vielleicht als **Wid-aha* ›Wald-, Holzbach‹ zu ahd. *witu,* mnd. *wid, wede* ›Wald, Gehölz‹. Am Unterlauf des Flusses lag die Grafschaft **Wied** mit der Stammburg **Altwied,** 1129 *Widhe,* 1331 *Nydderwydde,* 1429 *Weda,* 1533 *Altenwidde,* die im 17. Jh. als Residenz von → Neuwied abgelöst wurde.

Wied, Grafschaft → Wied, die.

Wiedenbrụck, Stadtteil von → Rheda-Wiedenbrück, entstand um eine Urkirche (St. Ägidius) des Bistums Osnabrück und erhielt 952 durch König Otto I. Markt- und Stadtrecht. 1249 kam die Neustadt mit der Marienkirche hinzu. Der Name 1189 *Widenbrukke,* 952 *Witunbruca* enthält mnd. *wīde,* ahd. *wīda* ›Weide[nbaum]‹. Der Ort ist vermutlich nach einem durch Weidengeflecht befestigten Knüppeldamm benannt; → brück. Den gleichen Namen hat **Wiedenbrụgge** bei Bad Rehburg, NDS, 1247 *Winbrugge.*

Wiedenbrügge → Wiedenbrück.

Wiefelstede → Ammerland, das.

Wiek auf Rügen → Wyk auf Föhr.

Wiesaz, die, r. zur Steinlach zum Neckar, → Wiese, die.

Wiesbaden, Stadt am Taunus, seit 1945 Hauptstadt des Landes Hessen; entstand Ende des 1. Jh.s n. Chr. als römische Siedlung und Vorort der germanischen Mattiaken (eines Teilstamms der Chatten), wurde in der fränkischen Zeit Reichsbesitz und Mittelpunkt des Königssondergaus (819 *Kuningessuntera* ›königseigenes Land‹), war seit dem 13. Jh. Besitz der Grafen (im 19. Jh. Herzöge) von Nassau und seit 1866 preußisch. Der Name 829 *Wisibada,* 965 *Wisibadun* bedeutet ›in den Wiesenbädern‹, sein Grundwort entspricht lat. *aquae* im römischen Namen des Ortes *Aquae Mattiacae, Aquae Mattiacorum* ›die Wasser der Mattiaken‹. Die warmen Quellen im Gebiet der späteren Altstadt, z. B. der **Kochbrunnen** (umgedeutet aus ahd. **quecbrunno* ›sprudelnde Quelle‹, zu ahd. *quek,* nhd. landsch. *quick* ›lebendig, lebhaft‹) wurden schon von der Besatzung des römischen Kastells auf dem Heidenberg genutzt. Vgl. auch die Artikel → Aachen u. → Baden.

Wiesdorf → Leverkusen.

Wiese, die, rechter Nebenfluß des

Oberrheins, entspringt am Feldberg im Schwarzwald, mündet in Basel (Schweiz). 1276 *Wisa,* 1234 *flumen* (= der Fluß) *Wisen.* Das Tal der Wiese im Schwarzwald, heute das **Wiesental,** ist zuerst 1249 als *Wisetal* belegt. Der Flußname geht mit verwandten Bildungen, z. B. aschwed. *Visa,* it. *Bisenzo* (r. zum Arno), frz. *Vesonze* (l. zur Rhone) auf idg. **u̯eis-/*u̯is-* ›fließen, zerfließen‹ zurück. Vgl. noch die **Wiesaz** in Württemberg, 1484 *Wysentzbach,* aus vorgerm. **Visantia* und den Artikel → Weser.

Wiesental, das, → Wiese, die.

Wieslauter, die, → Lauter, die.

Wiessee, Bad, → Tegernsee, der.

Wilde, die, r. zur Eder, → Wildungen, Bad.

Wildeshausen, Stadt an der Hunte sw. von Bremen, NDS, entstand bei einem Hof des Grafen Waltbert, eines Enkels von Widukind, der hier 850/51 eine Alexanderkirche stiftete. Über die Billunger kam W. um 1100 an die Grafen von Oldenburg (Linie Oldenburg-W.) und 1270 an das Erzstift Bremen (Stadtrecht). Der Name 11. Jh. *Wildas-, Wildishusin,* 891 *Wialdeshusen* geht zurück auf 872 *Wigaldeshusen,* 851 *Wigaldinghus,* er bedeutet eigtl. ›bei den Häusern der *Wigaldinge,* [der Leute] des *Wigald*‹.

Wildungen, Bad, Stadt am Kellerwald, HE, an der Wilde, r. zur Eder (s. u.), wurde vor 1242 durch Landgraf Heinrich Raspe von Thüringen gegründet, auf einer Anhöhe gegenüber der etwa 100 Jahre älteren Burg. Die Grafen von Waldeck übernahmen Burg und Stadt bald danach. Im 14. Jh. wurde die Burgsiedlung **Altwildungen** (1359 *alden Wildungen*) von der Stadt **Niederwildungen** (1350 *Niederstadt zu Wildungen,* seit 1906 *Bad Wildungen*) getrennt, erst 1940 wurden die beiden wieder vereinigt. Die Burg heißt seit dem 18. Jh. Schloß **Friedrichstein** (nach Fürst Friedrich Anton Ulrich von Waldeck). Der Name 1258 *Wildungen,* 9.–12. Jh. *Wildungun* bezeichnete urspr. ein ö. der späteren Stadt gelegenes, im 16. Jh. wüst gewordenes Dorf, er hat also nacheinander drei Orte benannt: das später wüst gewordene Dorf, die Burg mit Burgsiedlung und dann die Stadt (Bad) Wildungen. Urspr. bedeutet der Name wohl ›bei den Leuten in der Wildnis‹ (zu ahd. *wildi* ›wild, unkultiviert‹; → -ingen; vgl. auch mhd. *wilde* ›Wildnis‹). Der Bachname **Wilde** ist erst um 1800 zum ON *Wildungen* gebildet worden.

Wilhelmshaven [...'ha:fn̩], Hafenstadt am Jadebusen, NDS, entstand seit 1856 durch den Bau eines preußischen Kriegshafens auf dafür abgetretenem oldenburgischem Gebiet. Bei der Einweihung 1869 wurden Hafen und Ort zu Ehren König Wilhelms I. von Preußen *Wilhelmshaven* genannt; Stadtrecht 1873. Die wachsende Bevölkerung wohnte zumeist in den umliegenden oldenburgischen Ortschaften, die 1902 zu einem Amt **Rüstringen** vereinigt wurden, das 1911 Stadtrecht erhielt. Erst 1937 wurden R. und W. zur oldenburgischen Stadt *Wilhelmshaven* vereinigt. Sie ist heute der größte deutsche Ölhafen. – Der 1902 wiederbelebte Name *Rüstringen* hatte im Mittelalter das von der Jade durchflossene friesische Land w. der Wesermündung bezeichnet, das im 14. und 15. Jh. zum großen Teil im Jadebusen versank (→ Jade, → Butjadingen). Der Gau- und Landesname 1190 (latinisiert) *Rustringia* ist abgeleitet von dem Einwohnernamen **Hriustringe* und dieser von dem ursprünglichen Gaunamen 8./9. Jh. *Hriustri,* 9. Jh. *Riustri* (→ -ingen). Er gehört vielleicht zu einer friesischen Entsprechung von anord. *hrjōstr* ›magerer Grund, rauher Boden‹.

Wilhelmstein, Festung, → Steinhuder Meer.

Wilkau → Wilkau-Haßlau.

Wilkau-Haßlau, Stadt (seit 1934) an der Zwickauer Mulde, s. von Zwickau, SAC, wuchs durch die Industrialisierung seit 1850 aus dem ehemaligen Bauerndorf **Wilkau** und dem im 16. Jh. entstandenen Rittergut **Haßlau** zusammen. Während W. schon im 13. Jh. als Waldhufendorf entstand und seinen Namen 1551 *Wilckau,* 1432 *Wilkaw* aus asorb. *vil'k* ›Wolf‹ oder einem entsprechenden PN *Vil'k* herleitet, ist H. (1593 *in der Haßlaw,* 1540 *die Hasel, Haßel*) als Stellenbezeichnung ›[im, am] Haselbusch‹ zu erklären.

Willich, Stadt s. von Krefeld, NRW, entstand um einen fränkischen Herrenhof mit Kirche, kam 1318 an Kleve, 1378 an das Erzstift Köln. 1970 wurde es Stadt. Der Name 1298 *Wilike,* 1244 *Wileke* geht wohl auf eine lateinische Genitivform des alten deutschen PN *Wil[l]iko* zurück: **Wiliki [curtis]* ›[Hof] des Wiliko‹.

Wilster, Stadt in der Wilstermarsch w. von Itzehoe, SH, entstand als Wurtsiedlung und Kirchdorf am nördlichen Ufer der schiffbaren Wilsterau (r. zur Stör) und entwickelte sich bes. im 16. Jh. zur wohlhabenden Handels- und Seefahrerstadt; Stadtrecht 1282/1283. Mit dem Herzogtum Holstein kam W. 1866 an Preußen. Der Name des Ortes, 1447 *tor Wilster,* 1319 und 1221 *Wilstria* ist von dem Flußnamen **Wilsterau** abgeleitet, der 1141 *Wilstera,* 1139 *Wilstra* lautete. Erst später wurde ihm das GW *-au* ›Wasserlauf‹ angefügt, in Anlehnung an andere Flußnamen der Landschaft wie *Pinnau, Mildau, Kremper Au* (vgl. →-au, -aue). Der Stamm **u̯il-* des Gewässernamens ist nicht sicher erklärt. Das wohl vorgermanische *-str-*Suffix erscheint auch in Namen wie → Alster und → Weiße Elster.

Wilsterau, die, r. zur Stör, → Wilster.

Wimpfen, Bad, Stadt am Neckar gegenüber der Jagstmündung, BWÜ. Die Stadt besteht aus zwei Teilen: *W. im Tal* und *W. am Berg.* Das erste wurde auf den Trümmern eines Kastells des römischen Neckarlimes angelegt und war im 6. Jh. fränkisches Königsgut. Um 1000 gründeten die Bischöfe von Worms dort ein Ritterstift, bei dem sich eine Talstadt entwikkelte; sie ging im 15. Jh. in der jüngeren Bergstadt auf. 1803 wurde das Stift aufgelöst, aber 1948 fanden schlesische Benediktiner aus Grüssau hier eine neue Heimat. W. am Berg wurde um 1200 von den Staufern mit einer Kaiserpfalz gegründet und war seit dem 14. Jh. freie Reichstadt. 1803 kamen beide Teile als Exklave zu Hessen-Darmstadt. 1836 wurde das Solbad der Saline Ludwigshalle eröffnet. 1952 schloß sich die Stadt an Baden-Württemberg an. – Der Name 969 *Wimphina,* 856 *Wimpina* beruht vielleicht auf einem alten Gewässernamen, dessen Herkunft und Bedeutung aber unbekannt ist.

windisch; Windischeschenbach → Wendland.

Winterberg, Stadt im Rothaargebirge, NRW, wurde um 1250 an einer Kreuzung alter Fernstraßen von dem kurkölnischen Marschall Arnold von Hochstaden als Stadt gegründet und gehörte bis 1802 zum Herzogtum Westfalen. Der Name um 1300 *Wintirberch,* 1276 *Wynterbergh* bezieht sich wohl auf die unwirtliche Höhenlage (670 m) und die langen, schneereichen Winter auf der Hochfläche.

Winzenburg → Friedberg (bei Augsburg).

Wipper, die, l. zur Saale; **Wipper,** die, l. zur Unstrut; **Wipper,** die, zur Ostsee, → Wupper, die.

Wipperfụ̈rth, Stadt an der oberen Wupper (Wipper) im Bergischen Land, NRW, entstand im Schnittpunkt alter Fernstraßen am Flußübergang und entwickelte sich seit Anfang des 13. Jh.s zum Fernhandelsplatz. Stadtrecht um 1240. Der Name 1580 *Wipperfuert,* 1267 *Wippelvurde,* 1189 *Wippereuorde,* 1127–31 *Weperevorthe* enthält die alte Form des Flußnamens → Wupper (die heute noch für den Oberlauf gilt). Zum 2. Bestandteil vgl. den Artikel → Fürth.

Wismar, Hafenstadt an der Wismarbucht der südwestlichen Ostsee, MV, entstand aus einem wohl schon vorslawischen Fischerei- und Seehandelsplatz, der seit dem 7. Jh. von den slawischen Obotriten besiedelt war und durch die mecklenburgischen Fürsten um 1200 planmäßig als Stadt ausgebaut wurde; Stadtrecht vor 1229 (Neustadt um 1250). Seit 1358 war W. eine bedeutende Hansestadt. 1648–1803 gehörte es zu Schweden, seitdem zu Mecklenburg-Schwerin. Der Name 1443 *Wismar* tritt auch mit dem weiblichen Artikel und als lateinisches Feminin auf: 1257 mnd. *stat to der Wissemar[e],* 1246 lat. *Wismarie,* 1229 *Wissemaria, Wyssemaria,* 1211 *in portu* (= im Hafen) *Wissemer.* Man hat vermutet, daß der Name urspr. die Wismarbucht bezeichnet habe und als Zusammensetzung aus germ. *wisu-, wisi-* ›gut, vortrefflich‹ und germ. *-mari* ›Meer‹ zu erklären sei. Wegen der späten Bezeugung einer so altertümlichen Namensbildung bleibt die Deutung unsicher.

Wittelsbach, Burg, → Aichach.

Witten, Stadt an der Ruhr, NRW, entstand an einem alten Ruhrübergang als Kirchdorf bei einem Adelshof (Herrschaft W. bis 1806); Stadt seit 1825, im 17.–19. Jh. bedeutender Kornmarkt. Der Name 1263 *Withene,* 1214 *Wittene* gehört wohl zu mnd. *wit* ›weiß‹ (→Wittenberg), ist aber sachlich unerklärt.

Wittenberg (amtlich: *Lutherstadt W.*), Stadt an der mittleren Elbe, SAN, wurde nach 1160 von Albrecht dem Bären als befestigter Stützpunkt (Burgward) an einem Elbübergang angelegt (gegenüber liegt das Dorf **Pratau,** dessen Name zu slaw. *brod-* ›Furt‹ gehört) und entwickelte sich auf der Niederterrasse über dem rechten Ufer beiderseits einer am Fluß entlang laufenden Straße. Nach 1260 (Stadtrecht 1293) wurde W. zur Residenz der askanischen Herzöge (ab 1356 Kurfürsten) von Sachsen-W. und kam 1422 an die Wettiner. Kurfürst Friedrich der Weise gründete 1502 die Universität, an der dann Martin Luther gelehrt hat. Deren griech.-lateinischer Name *Leucorea* (zu griech. *leukós* ›hell, klar, weiß‹ und *óros* ›Berg‹) schließt an den Namen der Stadt an. 1370 *Wittinberk,* 1313 *Wittenbergh,* 1230 *Wittenberge,* 1187 *Wittenberg* ist mit mnd. *wit* ›weiß, leuchtend‹ gebildet und bezeichnet urspr. die Burg ›[auf dem] helleuchtenden Berg‹. Dieser typische Burgenname (vgl. →Weißenburg, →Weißenfels) erscheint in der niederd. Form auch in →Wittenberge und mit anderem GW im Namen der Stadt **Wittenburg,** MV, 1222 *Wittenborch,* die um 1150 als deutsche Burg mit zugehörigem Landbezirk (1154 *provincia Wittenburg*) entstanden ist.

Wittenbẹrge, Stadt an der Mündung der Stepenitz in die Elbe, MV, entstand am Elbübergang zwischen Altmark und Prignitz bei einer Burg der Edelherren Gans von Putlitz, die nach 1147 an Stelle einer slawischen Burg errichtet worden war. Die 1 km w. davon nach 1200 angelegte Stadt gehörte den Markgrafen von Brandenburg. Der Name 1239 *Uittenberge,* 1300 *in Wittenberge* hat im Gegensatz zu →Wittenberg das *-e* des lokativischen Dativs beibehalten.

Wittenburg →Wittenberg.

Wittine (Tschechische Republik) →Wettin.

Wittlage →Lage.

Wittlich, Stadt an der Lieser, RP, entstand um einen Hof der Erzbischöfe von Trier und wurde im 14. Jh. Mittelpunkt eines kurtrierischen Amtes. Der Name 1171 *Wittlich,* 1114 *Witeliche,* 1065 *in marca Villiacensi* (für **Vitliacensi*) geht zurück auf kelt.-röm. **Vitelliacum,* womit kaum der röm. Kaiser *Vitellius,* sondern eher ein örtlicher Gutsbesitzer gleichen Namens gemeint war; →-acum. Andere rheinische ON auf -ich/-ig sind z. B. →Jülich < *Iuliacum* und →Sinzig < *Sentiacum.*

Wittmund, Stadt in Ostfriesland w. von Jever, NDS, entstand als Hafenort an der Harlebucht (→Harlinger Land), die später verlandete. W. war seit 1420 Sitz der Häuptlingsfamilie Kankena, später der Familie Attena; Stadtrecht 1567, erneut 1929. Der Name 12. Jh. *Witemunt-, Widimuntheim,* 9. Jh. *Witmundi* enthält wohl einen PN *Widimunt;* →-heim.

Wittow →Wettin.

Wittstock, Stadt an der Dosse, in der östlichen Prignitz, BR, entstand als Burgflecken in der Dosseniederung unter einer urspr. slawischen Burg, die Otto I. 948 dem Bistum Havelberg schenkte, die aber im Wendenaufstand 983 verlorenging. Erst um 1150 kam die Burg an die Bischöfe zurück und war 1270–1548 deren Residenz. Der Ort erhielt 1248 Stadtrecht. Der Name 1441 *Witstock,* 1284 *Wizstock,* 1271 *Wiztok* ist volksetymologisch an niederd. *witt* ›weiß‹ und *stock* ›Wurzelstock‹ angeglichen worden, er geht aber zurück auf apolab. *vysoky,* feminin *vysoka* ›hochgelegen‹: 948 und 1150, 1179 heißt die hochgelegene Burg *Wizoca, Wizoka,* der Name ist dann auf die Siedlung im Tal übertragen worden.

Woldenhorn →Ahrensburg.

Wolfen, Stadt n. von Bitterfeld, SAN, entstand im Zuge der Ostsiedlung als Bauerndorf am Rande eines Waldgebiets und wurde im 19. Jh. durch Braunkohlenfunde und die Anlage einer Farbenfabrik zum Industrieort; seit 1910 Herstellung fotografischer Filme. 1958 wurde W. Stadt. Der Name 1492 *Wolffen,* 1485

Wulffin, um 1400 *Wulffen* gehört zu mnd. *wulf,* niederl. *wolf* ›Wolf‹ und bedeutet eigtl. ›bei den Wölfen‹. Vermutlich ist er aber von niederländischen Siedlern mitgebracht worden, vielleicht als Namensübertragung von **Wulven** bei Utrecht (1196 *Wulvenne,* 1200 *Woluenne*).

Wolfenbụttel, Stadt an der Oker s. von Braunschweig, NDS, entstand seit dem 15. Jh. bei einer Wasserburg der Herzöge von Braunschweig und Lüneburg, die 1283 an Stelle einer zerstörten Adelsburg erbaut und im 16. Jh. zur Festung ›auf dem Damme‹ (1602 *Thamfestung*) erweitert worden war. Bis 1753 war W. herzogliche Residenz, aber erst 1747 waren alle Teilstädte des Siedlungskomplexes rechtlich unter der Bez. *Stadt Wolfenbüttel* vereinigt worden (u. a. die *Heinrichstadt,* 1570 nach Herzog Heinrich dem Jüngeren benannt, und die von Herzog Julius 1576 angelegte *Neustadt*). Der Name 1602 *Wolfenbüttel,* 1533 *Wulfenbuttel,* 1169 *Wolverbutle,* 1130 *Wulferes buthele,* 1118 *de Wulferesbutle* benannte urspr. nur die Burg bzw. einen älteren Einzelhof als ›Anwesen des *Wolfher*‹. Das GW **-büttel,** alt *-butle, -gibutli* ›Anwesen, Haus, Wohnsitz‹ ist eine Bildung zu germ. **bhu-* ›bauen, wohnen‹, es bezeichnete meist kleine Einzelsiedlungen des 10.–12. Jh.s. Die ON auf *-büttel* treten vor allem von Holstein bis zur Unterweser und besonders dicht im Winkel zwischen Aller und Oker (im sogenannten Papenteich) auf.

Wolframs-Eschenbach in Mittelfranken → Eschenbach i. d. OPf.

Wolfsburg, Stadt an der Aller und am Mittellandkanal, NDS, entstand 1938 mit der Errichtung des Volkswagenwerks durch den Zusammenschluß der Gemeinden Rothehof und Heßlingen als *Stadt des KdF-Wagens* und erhielt 1946 den alten Namen *Wolfsburg.* Dieser bezeichnete urspr. eine Wasserburg an der Aller (Ende des 16. Jh.s Renaissanceschloß), die seit etwa 1300 Mittelpunkt einer selbständigen Herrschaft W. der Familie von Bartensleben, seit 1742 der Grafen von der Schulenburg gewesen war. Der Name der Burg ist mit mnd. *wulf* ›Wolf‹ gebildet.

Wolgast, Hafenstadt an der Peenemündung, gegenüber der Insel Usedom, MV, entstand als slawische Schiffer- und Fischersiedlung bei einer alten Kultstätte und wurde nach 1123 durch eine pommersche Burg gesichert; Stadtrecht durch die Herzöge von Pommern 1257, später Hansestadt und bis 1625 herzogliche Residenz. 1648 fiel W. an Schweden, 1815 an Preußen. Der Name 1250 *Wolgast,* 1229 *Wolgust,* 1140 *Wologost* führt zurück auf den altpolabischen PN *Voligost.*

Wolmirstedt, Stadt an der Ohre, SAN, entstand bei einer 1009 genannten Reichsburg am Flußübergang der Straße Magdeburg–Stendal, war seit dem 14. Jh. mehrfach Residenz der Erzbischöfe und kam 1680 an Brandenburg; Stadtrecht vor 1363. Der Name 1200 *Wolmerstede,* 1159 *Vulmer-, Wolmerstede,* 1012/18 *Walmerstidi* enthält den alten deutschen PN *Walahmar* (oder *Waldemar*?); → statt, -stedt, -stätten. Im Altsorbischen hieß W. 1012/18 *Ustiure* nach der nahegelegenen Mündung (slaw. *ust'e*) der → Ohre (slaw. *Ure*) in die Elbe.

Worbis, Stadt im Eichsfeld, an der Quelle der Wipper (l. zur Unstrut), TH, entstand um eine Burg (Paßsperre) an der alten Straße Duderstadt–Mühlhausen, wurde um 1250 Stadt und kam 1373 an das Erzbistum Mainz. Der Name 1389 *Worbes,* 1299 *Worbis* geht über 1289, 1350 *Wurbiz,* 1238 *Worbeze, Worveze* zurück auf 1162 *Wurbeke.* Dies ist urspr. ein Bachname, der mit mhd. *wuor,* mnd. **wōr* ›Damm im Wasser, Wehr‹ und mnd. *beke* ›Bach‹ gebildet ist, wobei *beke,* asächs. *-beki, -biki* durch Zetazismus (→ Celle) zu *-beze, -biz* gewandelt wurde. *Wurbeke* könnte ein alter Abschnittsname für die Wipper sein, der auf den Ort übertragen wurde.

Worms, Stadt am Oberrhein, RP, entstand als keltische Siedlung und wurde um 50 v. Chr. in das Römerreich eingegliedert. Im 1. Jh. nach Chr. wurde es Vorort der *civitas Vangionum* (s. u.), seit dem 4. Jh. war es Bischofssitz. Während der Völkerwanderung, im 5. Jh., war es nacheinander von Burgunden, Alemannen und Franken bewohnt. Der romanische Kaiserdom wurde im 11. und 12. Jh. erbaut, und von 1184 bis 1790 war W. freie Reichsstadt. 1816–1945 gehörte es zu

Hessen. Der Name 15. Jh. *Wormbs,* mhd. (im Nibelungenlied) *Wormeȝ, Wormȝe, Wormȝ,* im 9. Jh. lat. *Wormacia, Wormatia* geht auf eine Kurzform **Bormetia* des kelt.-römischen Namens *Bormeto-, Borbetomagus* zurück, der im 2. und 3. Jh. belegt, aber sicher älter ist. Dieser Name bedeutet wohl ›Feld am Flüßchen *Bormita* oder *Borbeta*‹, womit der heutige Eisbach oder die Pfrimm (l. zum Rhein) gemeint sein kann (zu kelt. *magos* ›Feld‹ vgl. → magen). Nach der lat. Bez. *civitas Vangionum* hieß W. in althochdeutscher Zeit auch *Wangia, Wangiona.* Die Vangionen waren ein keltisierter Germanenstamm, ihr Name gehört zu ahd. *wang* ›Feld, Wiese, Weide‹, vgl. den Artikel → Wangen im Allgäu.

Wülfrath, Stadt im Bergischen Land, NRW, entstand als alter Kirch- und Rodungsort um einen Fronhof im Quelltal des Angerbachs (r. zum Rhein). Stadtrecht 1827/65. Der Name 1413 *Wülfrade,* 1265 *Wulfrode,* 11. Jh. *Wulverothe, Wolverothe* enthält wohl den schwachen Genitiv **Wulfin-* des alten deutschen PN *Wulfo, Wolfo;* → -rod, -reut, -ried.

Wulven bei Utrecht (Niederl.) → Wolfen.

Wünschensuhl → Wendland.

Wunsiedel, Stadt im Fichtelgebirge, BY, wurde zuerst 1163 als Sitz eines Ministerialen Adelbertus erwähnt und gehörte zeitweise zum Reichsland Eger, wurde aber 1285 von König Rudolf von Habsburg den Burggrafen von Nürnberg zu Lehen gegeben. Der bei der Burg W. entstandene Markt erhielt 1326 Stadtrecht, das dann auf benachbarte Städte übertragen wurde. Im 15. Jh. gewann W. durch die Herstellung verzinnter Bleche wirtschaftliche Bedeutung. Der in W. und Eger tätige Großkaufmann Sigmund Wann soll mit ihrem Vertrieb ein großes Vermögen erworben und viele wohltätige Stiftungen errichtet haben. Sein Name war wohl die Grundlage für eine im 18. Jh. aufgekommene volkstümliche Erklärung des ON *Wunsiedel,* bei der man die mundartliche Form *Sigl Wohn* mit der üblichen Nachstellung des Rufnamens als *Wohn Sigl* in den ON hineindeutete. Natürlich war das ein untauglicher Versuch. Die Kurzform **Wūn* oder **Wōn* eines altdeutschen PN mit diesem Stamm ist zwar möglich, doch nicht in solcher Verwendung. GW des ON *Wunsiedel,* 1163 *Wunsidil* ist wohl mhd. *sidel* oder *sedel* ›Sitz, Wohnsitz‹.

Wunstorf, Stadt w. von Hannover, NDS, entstand als Handwerkersiedlung bei einem im 9. Jh. von Bischof Dietrich I. von Minden gegründeten Kanonissenstift. Der Ort war lange Zeit zwischen den Bischöfen und den Grafen von Roden als Inhabern der Vogtei strittig; Stadtrecht 1261. Im 15. Jh. kamen Stadt und Stift zum welfischen Fürstentum Calenberg. Der Name 1273 *Wunstorpe, Wunerstorp,* 1181 *civitas Wunstorpensis* ist verkürzt aus 1038 *Wongeresthorph,* 871 *Vuonheresthorp,* er bezeichnete urspr. das Eigengut des Bischofs, auf dem das Stift errichtet worden war, und enthält einen PN *Wuniger* oder *Wunheri;* → -dorf.

Wupper, die, rechter Nebenfluß des Niederrheins, entspringt am Westhang des Ebbegebirges, s. von Kierspe, mündet bei Leverkusen. Der Oberlauf bis etwa → Wipperfürth heißt heute noch *Wipper,* der Mittel- und Unterlauf seit dem 14./15. Jh. *Wupper:* 1390 *up der Wupperen.* Die ältere Form 1295 *Wippere,* 973/74 *Wippera* wird zu germ. **wip-* ›sich schwingend bewegen‹ in nhd. (aus mnd.) *wippen,* engl. *to whip,* schwed. *vippa* ›schwingen, hüpfen‹ gestellt. Das *u* in *Wupper* ist mundartlich bedingt, vgl. niederrhein., berg. *wuppen, wuppern* ›sich auf und ab bewegen‹. Die *Wipper, Wupper* ist also das ›hüpfende Wasser‹. Der Flußname erscheint mehrfach im dt. Sprachgebiet, z. B. die **Wipper** l. zur Saale bei Bernburg (979 *Uippera,* 881/99 *Vuipparacha*), die **Wipper** l. zur Unstrut s. von Bad Frankenhausen (979 *Wippera*), die **Wipper** (poln.: *Wieprza*) zur Ostsee bei Rügenwalde (Pommern).

Wuppertal, Stadt im Bergischen Land, NRW, entstand 1929 durch Zusammenschluß der Städte → Barmen und → Elberfeld mit einigen anderen Gemeinden. Nachdem kurze Zeit der Doppelname *Barmen-Elberfeld* (oder *Elberfeld-Barmen*) gebraucht worden war, erhielt die neue Stadt im Januar 1930 den Namen

W., der ihrer Lage (15 km lang im tief eingeschnittenen Tal der →Wupper) am besten entspricht.

Wurm, die, linker Nebenfluß der Rur, entspringt s. von Aachen, mündet bei Heinsberg. 1018 *Worm,* 973 *Wurm* ist wie verwandte Flußnamen in Norwegen *(Varma, Verma, Orma),* Litauen *(Vìrma)* und England *(Worm Brook)* eine alteuropäische Bildung mit *m*-Suffix zu idg. **uer-, *uor-* ›Wasser, Regen, Fluß‹. Gleicher Herkunft sind die Namen der **Würm** r. zur Nagold (BWÜ) und der **Würm** r. zur Amper (BY), Abfluß des Starnberger Sees (älter: **Würmsee,** um 980 *Wirmiseo,* →Starnberg), 1310 *Wirm,* 1056 *Wirmina,* 772 *Uuirma.* Nach diesem Fluß ist die Würm-Eiszeit benannt worden.

Würm, die, r. zur Nagold; **Würm,** die, r. zur Amper; **Würmsee,** der, →Wurm, die.

Würselen, Stadt (seit 1924) nö. von Aachen, NRW, entstand aus einem zur Aachener Pfalz gehörenden Sal- und Viehhof über dem Tal der Wurm (l. zur Rur) und war 1339–1801 ein Hauptort des sogenannten Aachener Reiches, des Territoriums der Reichsstadt. Der Name 1558 *Wurselen,* 1372 *Wörselden* geht zurück auf 1200 *Wormsaldia,* 870 *Wormsalt,* er enthält den Flußnamen →Wurm und ahd. *salida, selida* ›Haus, Wohnung, Herberge‹, bezeichnete also urspr. den Hof an der Wurm.

Wursten, (auch:) *Land Wursten,* Marschlandschaft an der Nordseeküste zwischen Bremerhaven und Cuxhaven, NDS. Das im frühen Mittelalter von Chauken und Sachsen und später von Friesen besiedelte Land wurde von S her erschlossen, wo große *Wurten* (aufgeschüttete Erdhügel) entstanden, die Platz für Höfegruppen und ganze Dörfer boten (vgl. den Artikel →Dithmarschen). Später entstanden Reihen von Wurten, die durch Deiche verbunden wurden. Im 12. Jh. schob man neue Deiche immer weiter in das Wattenmeer hinaus und lokkerte wohl auch alte Deiche zu Wurtenreihen auf. Die große Zahl von Wurten gab dem Land den Namen: 1255 *Wurthsati* ›die Wurtsassen‹, lat. 1187 *Wursatia.* Die heutige Form *Wursten* entstand ähnlich wie der Name *Holsten* aus *Holtsaten* (→Holstein). Das Wattenmeer vor der Küste wird nach den Bewohnern des Landes genannt, es heißt *Wurster Watt.*

Württemberg, östlicher Landesteil von →Baden-Württemberg, umfaßt die Regierungsbezirke Stuttgart und Tübingen. Bis 1945 war W. ein Land des Deutschen Reiches. Seine territoriale und politische Entwicklung hatte im 12. und 13. Jh. am mittleren Neckar und im Remstal begonnen, als die Herren (seit 1135 Grafen) von W. in Nachfolge der Staufer ihren Besitz vermehren und abrunden konnten und in ständiger Auseinandersetzung mit der schwäbischen Ritterschaft und den Reichsstädten ihr Land zur stärksten Territorialmacht zwischen Vorderösterreich (→Breisgau) und der Pfalz entwickelten. Die zeitweilige Teilung in die Linien Stuttgart und Urach (1442–1482) wurde durch Graf Eberhard im Bart überwunden, und 1495 erreichte dieser die Erhebung seines Landes zum unteilbaren Herzogtum. Der Name *Württemberg* wurde in seiner heutigen Schreibung 1802 amtlich festgelegt. Diese Form tritt seit dem 16. Jh. auf. Ältere Schreibungen sind z. B. 1475 *Wirtemperg,* 1153 *Lůdewicus de Werdeneberch,* 1139 *Wirdenberc,* 1092 *Conradus de Wirtinisberk.* Sie benennen urspr. das Stammschloß der Dynastie, die für 1083 bezeugte, 1819/20 abgebrochene Burg W. über Stuttgart-Rotenberg. Es ist ungeklärt, ob dieser Burgname einen alten deutschen PN **Wirtino* enthält oder ob der im antiken Gallien mehrfach vorkommende keltische Berg- und Burgname *Virodunum* (wohl zum keltischen PN *Viros* und zu gall. *-dūnon* ›Burg‹) zugrunde liegt. – Von großem Vorteil für das Herzogtum W. war die zentrale Lage seiner Hauptstadt →Stuttgart. Das zeigte sich besonders auch bei der Auflösung des Alten Reichs (1802/03), als Herzog Friedrich II. Gebiete wie die Reichsstädte Heilbronn, Ulm und Rottweil, die Propstei Ellwangen und die hohenlohischen Lande sowie Teile des Allgäus und Oberschwabens für W. gewinnen konnte, das dann 1806 zum Königreich erhoben wurde. Im 19. Jh. stand W. auf der Seite Österreichs, trat aber 1871 in das Deutsche Reich ein. 1918 wurde es Republik. Nach dem zweiten Weltkrieg mußte das Land zuerst die Aufteilung auf die amerikanische und die französische Besatzungszone dulden, was vorübergehend die Länder Württemberg-Baden und Württemberg-Hohenzollern entstehen ließ, bis 1952 das neue Land Baden-Württemberg geschaffen wurde.

Würzburg, Stadt am Main, in Unterfranken, entstand an einer Mainfurt bei der Burg des ostfränkischen Amtsherzogs Heden († um 716) und wurde zuerst 704 genannt. Knapp 40 Jahre später gründete Bonifatius hier in dem *castellum Uuirzaburg* das Missionsbistum Würzburg, das von den Karolingern Pippin und Karlmann mit reichem Königsgut ausgestattet wurde und vielfach herzogliche Funktionen in Ostfranken ausgeübt hat. Siedlungskern der Stadt war der Bezirk rechts des Flusses an der Furt, wo die von Mainz kommende Straße sich mit einer wichtigen europäischen Nord-Süd-Straße kreuzte. Die Königspfalz wurde im 12. Jh. zur Bischofspfalz, und die Salvatorkirche (heute das Neumünster) entstand als erster Dom. Es ist nicht eindeutig geklärt, ob der Name *Würzburg* in seinen ältesten Bezeugungen die Pfalz an der Mainfurt benannte oder den Marienberg links des Flusses, der im 8. Jh. die Burg des Herzogs trug und auch in vorgeschichtlicher Zeit schon besiedelt war. 704 *in castello Virteburch,* 741/742 *Wirzaburg* ist mit ahd. *wirz* ›Würze, Würzkraut‹ gebildet und meint den ›Berg‹ oder die ›Burg der Würzkräuter‹.

Wurzen, Stadt an der mittleren Mulde, SAC, entstand bei einer altsorbischen Burg am Flußübergang der Hohen Straße nach Schlesien, die sich hier mit einer Straße nach Böhmen kreuzte. Die sorbische Burgsiedlung wurde im 10. Jh. deutscher Burgward und nach 1150 durch den Bischof von Meißen zur Stadt ausgebaut, die seit 1489 bischöfliche Residenz war. Der Name 1939 *Wurzen,* 1219 *Wurzin,* 1050 *Wrein,* 1012/18 *urbs* (= Burg) *Vurcin,* 961 *Vurcine* ist wohl zu einem altsorbischen PN *Vorč/Vorc* gebildet, der zu asorb. *vorčeti* ›knurren‹ gestellt wird. Doch könnte auch ein Gewässername gleicher Bedeutung zugrunde liegen (›die Knurrende, Rauschende‹), vielleicht als alter Abschnittsname der Mulde.

Wusterhausen/Dosse → Königs Wusterhausen.

Wutöschingen → Donaueschingen.

Wyk auf Föhr [wi:k], Stadt auf der Nordseeinsel Föhr, SH, entstand um 1600 und wuchs durch Zuzug von Halligbewohnern nach der Sturmflut von 1634; seit 1819 Seebad, Stadtrecht 1920. Der Name 1652 *Wyck* entspricht niederd. *Wiek* ›kleine Bucht‹, mnd. *wīk,* adän. *wīk* (dän. *vig*), anord. *vík* ›Bucht‹. Diese Wörter gehören zur Wortfamilie von nhd. *weichen,* ahd. *wīhhen,* asächs. *wīkan* ›weichen, nachgeben‹ und anord. *víkja* ›weichen, wenden, bewegen‹. Die Grundbed. von wīk ist ›das Weichen, Zurückgehen‹, gemeint ist das Zurückweichen der Küstenlinie in den Buchten. Im Niederdeutschen ist *Wiek* wohl ein nordisches Lehnwort. Es kommt auch an der pommerschen Ostseeküste vor, z. B. im Namen des Hafenorts **Wiek** am Wieker Bodden auf Rügen; vgl. auch den Artikel → Flensburg. – Ein ganz anderes Wort ist *Wik* ›Siedlung, Handelsplatz‹, vgl. den Artikel → Bardowick.

XY

Xanten, Stadt im niederrheinischen Tiefland w. von Wesel, NRW, entstand als Kaufmannssiedlung um ein Stift *(Monasterium)* des 8. Jh.s, dessen Kirche über einem Märtyrergrab des 4. Jh.s erbaut war. Man hatte hier die Gräber des hl. Viktor und seiner Genossen aus der diokletianischen Christenverfolgung gesucht und war auf mehrere – in Wirklichkeit merowingische – Steinsärge gestoßen. Kirche und Stift erhielten daher den Namen *Ad Sanctos* ›bei den Heiligen‹, der dann auf die bürgerliche Siedlung überging (Stadtrecht 1228; das Stift war Sitz eines kölnischen Archidiakons). Die Veränderung des Anlauts (9.–11. Jh. *ad Sanctos,* um 967 *Xanctum,* 1104 *de Xancto,* 1144 *Xantum*) erklärt sich vielleicht aus dem Bemühen, das stimmlose lat. [s-] im Deutschen durch stimmloses [ks-] wiederzugeben. Doch steht daneben mhd. *ze Santen,* mnd. *to Santen* und niederl. *Santen* [s…]. – Älter als X., aber ohne Zusammenhang mit dem Stift waren die beiden römischen Plätze **Vetera castra** und **Colonia [Ulpia] Traiana.** Das erste war ein von Augustus gegründetes Standlager (lat. *castra*) auf dem Fürstenberg sö. der späteren Stadt. Sein Name *Vetera* stammt von einer vorröm. Siedlung und ist wohl zu germ. **watar-/*wetar-* ›Wasser‹ gebildet. Die *Colonia Traiana* (nw. von X.) war im Schutz des Lagers entstanden und wurde um 105 n. Chr. durch Kaiser Ulpius Traianus neu gegründet. Sie hatte zeitweise große Bedeutung und war noch im 4. Jh. römisch besiedelt. Ihr Name, gekürzt *Traiana* (Ptolemäus), wurde schon im Spätlat. zu *Troiana* umgedeutet und auf das homerische *Troja* bezogen. So erscheint auch das mittelalterliche X. zeitweise als ›Troja‹: 1047 *Troia quod et Sanctum dicitur,* 1284 *Troia Francorum,* und eine Sage des 8. Jh.s behauptete die Abstammung der merowingischen Franken von den antiken Trojanern.

Yberg, der, bei Bad Pyrmont →Driburg, Bad.

Z

Zabern (Elsaß) →Rheinzabern.

Zähringen →Baden.

Zarten →Kirchzarten.

Zehdenick, Stadt an der oberen Havel, BR, entstand an einem Havelübergang bei einem altslawischen Burgwall und wird 1216 als deutscher Burgward genannt; Stadtrecht vor 1281 durch die askanischen Markgrafen. Ein um 1250 gegründetes Zisterzienserinnenkloster wurde 1541 in ein Fräuleinstift umgewandelt. Der Name 1541 *Zehdenick,* 1273 *Zedenic,* 1216 *Cedenic* ist slawischer Herkunft, aber nicht sicher erklärt. Vergleichbar ist der Name der Stadt **Zehden/Oder** in der ehemaligen Neumark, jetzt poln. Cedynja, 1187 *Zedin,* 1012/18 *Cidini.*

Zehden/Oder →Zehdenick.

Zeitz, Stadt an der Weißen Elster, n. von Gera, SAN, entstand als Zentrum eines altsorbischen Gaues und erhielt Mitte des 10. Jh.s eine deutsche Königsburg, die ab 976 dem Bischof gehörte. Das 967 gleichzeitig mit →Merseburg und →Meißen gegründete Bistum Z. wurde zwar 1028/30 nach →Naumburg verlegt, doch blieb die Kaufmannssiedlung am Elsterübergang erhalten (Unterstadt bei der Burg). Eine planmäßig angelegte bischöfliche Oberstadt (Marktzoll 1135) erhielt vor 1147 Stadtrecht. Bis ins 14. Jh. war Z. ein Zentrum des europäischen Fernhandels. Der Name 1480 *Zceitz,* 1468 *Czeicz,* 1443 *Cicz,* 1223 *Cice,* 1135 *Zyza* geht zurück auf 995 *Zitici,* 968 *Citice;* er ist nicht sicher erklärt (vielleicht ›Gelände mit vielen Binsen‹, zu asorb. *sit* ›Binse‹?); er könnte auch vorslawischer Herkunft sein.

Zella →Zella-Mehlis.

Zella-Mehlis, Stadt im Thüringer Wald, TH. Die 1919 vereinigte Doppelstadt ging aus zwei im 12. Jh. gegründeten Siedlungen hervor. **Zella** war bei einer Mönchszelle des Klosters Reinhardsbrunn an der Straße nach Erfurt entstanden, es erhielt im 17. Jh. Stadtrecht. Sein Name 1642 *Zella,* 1581 *von der Zehl,* 1111/12 *Cella Sancti Blasii* geht zurück auf mlat. *cella* ›Kammer, Klause, Kloster‹. **Mehlis** entstand wohl schon vor Zella als Bergbausiedlung, hatte um 1440 einen Eisenhammer und betrieb wie Zella die Rohr- und Büchsenmacherei; Stadtrecht 1892. Der Name 1642 *Melis,* 1512 *Melíß,* 1440 *der Hammer zu Mels,* 1210 *de*

(= von) *Mels* ist urspr. ein Waldname: 1111 wird dem Kloster Reinhardsbrunn ein Wald *Elisis* geschenkt. Der Anlaut *M-* könnte durch falsche Abtrennung von der Präposition *zum* entstanden sein (*zu Melis* für **zum Elis*). Man hat 1111 *Elisis* mit dem ahd. Namen des Elsaß (953 *Elisaza*) verglichen und wie dieses als ›Wohnsitz in der Fremde‹ (hier: im einsamen Wald) gedeutet.

Zellbach, der, r. zur Innerste, →Clausthal-Zellerfeld.

Zelle →Aue (Stadt an der Zwickauer Mulde).

Zellerfeld →Clausthal-Zellerfeld.

Zeller Hamm, der, →Zell (Mosel).

Zeller See, der, →Bodensee.

Zell (Mosel), Stadt s. von Cochem, RP, entstand um eine Filiale der schon merowingischen Peterskirche bei dem gegenüberliegenden älteren Ort **Kaimt** (jetzt Stadtteil von Z., 1305 *Kaimete,* 690 *Caimitae;* der vordeutsche Name ist nicht sicher erklärt). Um 1200 selbst Pfarrort, wird Z. schließlich kurtrierische Amtsstadt. Der Name 1761 *Zell im Hamm,* 1312 *Cellis in Hammone,* 1143 *Cella* deutet auf einen – hier allerdings nicht nachgewiesenen – klösterlichen Wirtschaftshof (aus lat. *cella* ›Vorratsraum, Klause‹). Der Zusatz *im Hamm* bezeichnet die Lage des Ortes außen an der großen Moselschleife, dem **Zeller Hamm.** Vgl. dazu den ON →Hamm in Westf.

Zerbst, Stadt nw. von Dessau, SAN, entstand aus dem Hauptort des altsorbischen Gaues *Cieruisti,* der 948 dem Bistum Brandenburg zugeteilt worden war. Eine deutsche Wasserburg mit Burgward des 10. Jh.s wurde 1007 zerstört, aber im 12. Jh. neu besiedelt, eine planmäßige Marktsiedlung erhielt vor 1209 Stadtrecht; seit 1307 gehörte Z. zu Anhalt. Der Name 1404 *Czerbst,* 1276 *Zerwist,* 1012/18 *Zirwisti* entspricht dem slawischen Gaunamen 948 *Cieruisti,* asorb. *Čirvišče,* einer Bildung zu *čirv', červ* ›Wurm, Made‹, die sich wahrscheinlich auf das Einsammeln von Schildlauslarven zur Gewinnung von rotem Farbstoff bezieht.

Zeulenroda, Stadt im Vogtland, TH, entstand als Rodungssiedlung der Vögte von Gera auf einem Landrücken über der Weida und kam im 15. Jh. an die Reußen zu Greiz (Reuß ältere Linie; →Vogtland). Der Name 1553 *zu Zeilenroda,* 1501 *Ul[l]enrode,* 1435 *zcu Czullinrode,* 1325 *Zulenrode* wird als **zu Eulenrode* (mit angewachsener Präposition *zu*) gedeutet, also zu mhd. *iuwel, iule* ›Eule‹ (*iu* = *ü*) gestellt.

Zeven ['tse:vn̩], Stadt (seit 1929) nö. von Bremen, NDS, entstand als Flecken bei dem 1141 von Heeslingen a. d. Oste hierher verlegten Benediktinerinnenkloster; doch war die Stelle schon lange vorher besiedelt. Die heutige Namensform geht zurück auf 1189 *Zceuena,* 1141 *Sciuena* (*u* = *w*). Daneben erscheinen Formen mit *k*-Anlaut, z. B. 12. Jh. *in Kevena,* 1188 *in Quiuena,* 986 *Kiuinaná.* Altes *k* ist also vor *i* zu *z* geworden (sog. Zetazismus, →Celle). Die Deutung ist ungewiß, wahrscheinlich liegt ein vorgermanischer Gewässername mit *-n*-Suffix zugrunde.

Ziegenhain, Stadtteil von →Schwalmstadt, Hessen, entstand bei einer wohl um 900 erbauten Burg, die einen alten Übergang über die Schwalm sicherte, wurde im 12. Jh. Hauptort der Grafschaft Ziegenhain, die 1450 an Hessen fiel, das den Ort zur starken Landesfestung ausbaute. Der Name 15. Jh. *Czigenhain,* 1318 *Ciginhan,* 1144 *Cigenhagen* enthält ahd. *ziga* ›Ziege‹ und bezeichnet urspr. wohl eine Hagensiedlung (→-hagen) kleiner Leute, die Ziegen hielten. Die Schwalmbrücke hieß um 1050 *Siggenbrucca,* 1360 *Seckenbrücke* (zu mnd. *sege* ›Ziege‹).

Zittau (sorb. Žitawa), Stadt an der oberen Lausitzer Neiße, SAC, entstand vor 1230 durch Ausbau eines Waldhufendorfes unter einer böhmischen Herrenburg an der Fernstraße von Böhmen in die Oberlausitz; Stadtrecht 1255; 1346 führendes Mitglied des Oberlausitzer Sechsstädtebundes. Der Name 1355 *Zittaw,* 1350 lat. *Zyttavia* geht zurück auf 1326 *von der Sytow,* 1290, 1250 *Sittaw,* 1238 lat. *Sitauia.* Er wird als asorb. **Žitava* ›Getreideort‹ (zu *žito* ›Getreide, Korn‹) erklärt. Der Anlautwechsel *s* > *z* ist vielleicht durch den in der Mundart verkürzten deutschen Artikel *die* veranlaßt: 1343 *die Sithe,* gesprochen *d[e] Sitte* ['dzɪdə].

Zọ̈rbig, Stadt w. von Bitterfeld, SAN, entstand um eine urspr. sorbische Burg, die seit dem 10. Jh. Besitz der Wettiner war, und wird 1259 Stadt genannt. Der Name 1465 *Czerbig,* 1242 *Zorbeke,* 1207 *Zurbeke* ist unter Anlehnung an mnd. *beke* ›Bach‹ (→ Lübeck) eingedeutscht aus 1009 *Zurbizi,* 961 *Zurbici,* das mit dem Suffix *-ici* (→ -itz) zum Volksnamen der Sorben (urslaw. **szrb-,* altsorb. **szrb-*) gebildet ist.

Zorn, die, l. zum Rhein (Elsaß), → Saar, die.

Zossen, Stadt im Teltow, s. von Berlin, BR, entstand bei einem altslawischen Dorf und einer im 13. Jh. erbauten Burg der Markgrafen von Meißen. 1355 als ›Städtchen‹ genannt, war Z. Mittelpunkt einer Herrschaft und seit dem 15. Jh. brandenburgische Amtsstadt. Der Name 1355 *czu der Czossen,* 1347 *in Zcosna,* 1320 *Szozne, Sossen* ist eine Bildung zu asorb. *sosna* ›Kiefer‹ und bezieht sich auf die Lage der ursprünglichen Ansiedlung im Kiefernwald.

Zschopau ['tʃo:pau], Stadt im Erzgebirge, SAC, an der **Zschopau** (l. zur Freiberger Mulde); entstand im 12. Jh. als deutsche Rodungssiedlung am Flußübergang der alten Straße nach Böhmen bei einer Burg des Reichsterritoriums Pleißenland und kam vor 1349 zur Mark Meißen; Stadtrecht vor 1292. Der Name 1527 *Zsoppaw,* 1454 *stat zcur Tschape,* 1406 *Czschope* geht zurück auf 1378 *Scape,* 1350 *dy Schape,* 1286 *Schape.* Die Stadt ist, wie auch Artikel und Präposition zeigen, nach dem Fluß benannt, der 1292 *Schapa,* 1226 *Scapa,* 1150 *Scapha* heißt. Die weitere Herkunft des Namens ist unsicher, er kann eine vorslawische, vielleicht auch erst altsorbische Bildung sein zu idg. **[s]kop-,* **[s]kap-* ›schneiden, spalten, graben‹.

Zschopau, die, l. zur Freiberger Mulde, → Zschopau.

Zülpich, Stadt w. von Euskirchen, NRW, entstand seit dem 6. Jh. um eine fränkische Königspfalz am Platze einer kelt.-römischen Siedlung, die am Treffpunkt der Römerstraßen von Metz nach Trier und Reims nach Köln lag. Stadtrecht um 1255. Im 13. und 14. Jh. war Z. zwischen Kurköln und den Grafen von Jülich strittig, blieb aber dann bei Kurköln. Der Name um 1200 *Czulpeche,* 11. Jh. *Zulpicha,* 975 *Zulbiche,* 7./8. Jh. *in Tulbiaco* geht zurück auf kelt.-lat. *Tolbiăcum* (Tacitus, Hist. IV, 79), eine Bildung zu dem keltischen PN *Tolbios;* → -acum.

Zweibrücken, Stadt im Westrich, RP, entstand bei einer Burg der Grafen von Saarbrücken, die die von Lothringen zum Rhein führende alte Salzstraße sicherte; seit dem 15. Jh. Residenz des Fürstentums (Herzogtums) Pfalz-Z. Da die Straße auf zwei Brücken über eine Insel des Schwarzbachs (links zur Blies) führte, ergab sich als Name von Burg und Stadt ›bei den zwei[en] Brücken‹: 1170 *Zweinbruckhen,* 1290 *Zweinbrücken,* 1559 *Zweibruck* (lat. 1180 *de Biponte,* 1198 *de duobus pontibus;* frz. 1255 *Deux-Pons,* seit dem 17. Jh. *Deuxponts*).

Zwenkau, Stadt an der Weißen Elster, SAC, entstand als Burgwardort in altbesiedeltem Gebiet (der **Zwenkauer Forst,** 997 *forestum Zuengouua*), kam 974 an das Bistum Merseburg und wurde im 12./13. Jh. ohne dauernden Erfolg als Konkurrenzmarkt gegen Leipzig ausgebaut; Stadtrecht 1475. Der Name 1548 *Zwenckaw,* 1195 *forum* (= Markt) *in Zwencowe,* 974 *civitas Zuenkouua* ist wohl zu einem slawischen PN **Zven[e]k* oder **Zvęk* gebildet.

Zwenkauer Forst, der, → Zwenkau.

Zwickau, Stadt an der Zwickauer Mulde, SAC, entstand als altsorbisches Dorf am Flußübergang der Straße Goslar–Leipzig–Böhmen, wurde im 12. Jh. Zollstätte und Fernhandelsplatz im Reichsland Pleißenland und kam um 1200 an die Markgrafen von Meißen; Stadtrecht vor 1258; im 15. und 16. Jh. wirtschaftliche und kulturelle Blüte. Die alten Schreibungen des Namens 1367 *Czwickaw,* 1350 *Zwickow[e],* 1121 *Zwiccowe* lassen vermuten, daß ein unbekannter altsorbischer ON in Anlehnung an mhd. *zwic* ›Nagel, Bolzen, keilförmiges Stück‹ eingedeutscht worden ist. Merkwürdig ist der Gebrauch des Artikels in der Mundartform des ON: *die Zwicke;* vgl. → Zittau.

Zwickauer Mulde, die, l. zur Mulde, → Mulde.

Zwiesel, Stadt im Bayerischen Wald, am Zusammenfluß des Großen und des Kleinen Regens zum Schwarzen Regen (→ Regen), entstand als Zollstation an einer der alten Salzstraßen nach Böhmen und wird 1254 als Besitz des nahen Klosters Rinchnach genannt. Seit dem 14. Jh. entwickelte sich in Z. die Glasmacherei. 1471 erhielt der Ort Marktrecht, 1602 kam er an Bayern und wurde 1904 zur Stadt erhoben. Der Name 1832 *Zwiesel, Zwisel,* um 1301 *ze Zwiseln,* 1254 *Zwisel* entspricht mhd. *zwisel, zwisele* ›Gabel, etwas Gabelförmiges‹, er bezieht sich auf die Gabelung der beiden Flußtäler und der darin laufenden Wege.

Zwingenberg, Stadt an der Bergstraße, s. von Darmstadt, HE. Der seit alters dem Kloster →Lorsch gehörende Ort liegt an einer Stelle, wo der Berghang des Melibocus nahe an die früher versumpften Talauen des ehemaligen Neckarlaufs herankam und die Straße leicht zu sperren war. Diese Stelle wird in einer Urkunde von 1012 *Getwinc* (= das Gezwing) genannt, womit vielleicht schon das alte Wasserschloß gemeint war, das dann König Albrecht I. 1308 zerstörte. Der Ort Z., 1331 *Twingenberg,* hatte 1274 Marktrecht erhalten, er gehörte damals den Grafen von Katzenelnbogen und kam 1479 an Hessen-Darmstadt; Stadtrecht 1481. Den gleichen Namen trägt der Ort **Zwingenberg** am Neckar nw. von Mosbach, BWÜ. Die dortige Burg war im 13. und 14. Jh. von Lehensleuten der Grafen von Hohenlohe bewohnt. Sie liegt beherrschend über einer Straßenenge am Fluß, wo auch ein Flußzoll erhoben wurde. 1364 wurde sie vom Pfalzgrafen und dem Schwäbischen Städtebund zerstört, aber später als Schloß wieder aufgebaut. Ihr Name spricht von der Gewalt, die einst von diesen Burgen ausging: 1253 *(Wilhelmus de) Twinginberc,* 1357 *hûs Twingenberg,* 1507 *Zwingenberg,* zu mhd. *twingen* ›drücken, beengen, drängen‹.

Zwingenberg (Neckar) → Zwingenberg.

Zwischenahn, Bad, Ort im Ammerland, NDS, entstand wohl im 11. Jh. am Sitz eines gräflichen Gogerichts und eines Bremer Sendgerichts am Südufer des *Zwischenahner Meers* (zu *Meer* vgl. → Steinhuder Meer); Heilbad (Moorbad) seit 1961. Der spätbezeugte Name um 1500 *to Twyschenahn,* 13. Jh. *Twischena* ist wahrscheinlich mit mnd. *twischen* ›zwischen‹ und dem Dativ Plural von mnd. *ā* ›Wasser, Bach, Strom‹ (aus asächs., ahd. *aha* ›Wasser‹) gebildet, er würde dann den Ort nach seiner Lage zwischen zwei Wasserläufen bezeichnen. Bei Z. fließt die **Aue** (r. zur Ems), 1190 *to der Oue,* 950 *Awi,* aus dem Zwischenahner Meer. Übergänge zwischen den Stämmen *aha* und *ouwa* sind nicht selten; vgl. den Artikel → -au, -aue.

Literaturverzeichnis

Das Schrifttum über die deutschen Ortsnamen ist so umfangreich wie vielfältig. Es umfaßt grundlegende Gesamtdarstellungen ebenso wie thematisch oder landschaftlich begrenzte Einzeluntersuchungen. Das folgende Verzeichnis kann nur einen Ausschnitt geben. Es ist alphabetisch nach den Verfassern geordnet. Deshalb sollen im voraus einige Titel herausgehoben werden.

Unter den Gesamtdarstellungen ist vor allem die große systematisch gegliederte Deutsche Namenkunde von Adolf Bach (1953–1956) zu nennen. Sie ist auch nach 40 Jahren die unumgängliche Grundlage namenkundlicher Arbeit im deutschen Sprachbereich und bietet zudem durch die zahlreichen bibliographischen Hinweise dem Benutzer die Möglichkeit, sein namenkundliches Wissen zu erweitern und zu vertiefen. Gesamtdarstellungen der Namenkunde (Onomastik) findet man auch bei Ernst Schwarz (1950) und in den neueren Einführungen von Gerhard Koß (1990) und Gerhard Bauer (1985).

Eine Sammlung von Quellenzeugnissen ist das Altdeutsche Namenbuch von Ernst Förstemann (2./3. Auflage 1900–1915). Es ist zwar in vielen Einzelheiten überholt und in der Wiedergabe der historischen Namensformen nicht immer zuverlässig, aber durch die große Zahl der von Förstemann gesammelten Personen- und Ortsnamen bleibt es unentbehrlich. Eine Neubearbeitung des Werkes ist seit langem geplant, konnte aber bisher nur in Ansätzen verwirklicht werden.

Die Gewässernamen werden in einer eigenen Sammlung, der Hydronymia Germaniae, erfaßt, die unter diesem Titel in unserem Verzeichnis steht. Als Sammeltitel erscheinen hier auch die Bände des Handbuchs der historischen Stätten Deutschlands und die des Deutschen Städtebuchs. Beide sind wichtige historische Hilfsmittel für den Namenkundler, der aus ihnen die topographischen Gegebenheiten für die Entstehungszeit der Siedlungen und die Baugeschichte der Städte erfährt. Das gleiche gilt für Publikationen wie den Rheinischen Städteatlas.

Die im Verzeichnis verwendeten Abkürzungen sind:

BNB = Brandenburgisches Namenbuch
BNF = Beiträge zur Namenforschung
Diss. = Dissertation
DS = Deutsch-slawische Forschungen zur Namenkunde und Siedlungsgeschichte
NF = Neue Folge

Abels, H.: Die Ortsnamen des Emslandes in ihrer sprachlichen und kulturgeschichtlichen Bedeutung. Im Auftrage der Kreise Meppen, Aschendorf, Hümmling, Lingen, Bentheim. Paderborn 1927.

Althochdeutsches Wörterbuch. Auf Grund der von Elias von Steinmeyer hinterlassenen Sammlungen im Auftrag der Sächsischen Akademie der Wissenschaften zu Leipzig bearbeitet und herausgegeben von E. Karg-Gasterstädt und Th. Frings. Band I: A und B. Berlin 1968. (Die folgenden Bände, herausgegeben von R. Große, sind im Erscheinen.)

Bach, A.: Die Siedlungsnamen des Taunusgebiets in ihrer Bedeutung für die Siedlungsgeschichte. Bonn 1927.

Bach, A.: Chatti-Hassi. In: Hessisches Jahrbuch für Landesgeschichte 4, 1954, S. 1–20.

Bach, A.: Zur Frankonisierung des deutschen Ortsnamenschatzes. In: Rheinische Vierteljahrsblätter 19, 1954, S. 30–44. Nachtrag mit 2 Karten, ebenda, S. 597–598.

Bach, A.: Deutsche Namenkunde. Heidelberg 1952–1956. 2., unveränderte Auflage 1981.
Band I, 1 und 2: Die deutschen Personennamen. 2., stark erweiterte Auflage 1952.
Band II, 1 und 2: Die deutschen Ortsnamen. 1953, 1954.
Band III: Sachweiser und Namenregister. Bearbeitet von D. Berger. 1956.

Bach, A.: Germanistisch-historische Studien. Gesammelte Abhandlungen. Dem Autor zum Goldenen Doktorjubiläum am 27. Februar 1964. Hrsg. von H. M. Heinrichs und R. Schützeichel. Bonn 1964. Wort- und Namenregister. Bonn 1965

Bauer, G.: Namenkunde des Deutschen. Germanistische Lehrbuchsammlung, Band 21. Bern / Frankfurt a. Main / New York 1985.

Beiträge zur Namenforschung. In Verbindung mit E. Dickenmann hrsg. von H. Krahe. 1–16 (1949/1950–1965). Neue Folge. In Verbindung mit E. Dickenmann und J. Untermann hrsg. von R. Schützeichel. 1 ff. (1966 ff.) (ab Jahrgang 20: in Verbindung mit R. Bergmann / E. Dickenmann / J. Untermann hrsg. von R. Schützeichel).

Belschner, M.: Das Stromgebiet des Mains. Eine flußnamenkundliche Untersuchung. Diss. (masch.). Würzburg 1943.

Berger, D.: Alte Wege und Straßen zwischen Mosel, Rhein und Fulda. Ein Versuch. Mit einer Karte. In: Rheinische Vierteljahrsblätter 22, 1957, S. 176–191. (Mit eingehenden Literaturangaben zur Römer- und Frankenzeit.)

Berger, D.: Stabende Gruppen unter den deutschen Ortsnamen auf -leben. Mit 2 Karten. In: BNF 9, 1958, S. 129–154.

Berger, D.: Zur Abgrenzung der Eigennamen von den Appellativen. In: BNF NF 11, 1976, S. 375–387.

Berger, D.: Ortsgeschichte und Ortsnamenkunde. Die Übertragung von Ortsnamen im engeren Siedlungsbereich. In: Name und Geschichte. Henning Kaufmann zum 80. Geburtstag. Hrsg. von F. Debus und K. Puchner. München 1978, S. 171–181.

Berger, D.: Motivierungen bei der Entstehung und beim Gebrauch von Ortsnamen. In: Proceedings of Thirteenth International Congress of Onomastic Sciences. Cracow, August 21–25, 1978, edited by K. Rymut. Volume 1, 1981, S. 197–203.

Berger, D.: Noviomagus – Civitas Nemetum – Speyer. Mit einer Karte. In: Ortsnamenwechsel. Bamberger Symposion, 1.–4. Oktober 1986. Hrsg. von R. Schützeichel. In: BNF NF, Beiheft 24. Heidelberg 1986, S. 255–263.

Berger, D.: Deutsche Ländernamen in der Geschichte. Mit sechs Karten. In: BNF NF 22, 1987, S. 129–150.

Bibliographie der Ortsnamenbücher des deutschen Sprachgebietes in Mitteleuropa. Unter Mitwirkung von J. Zamora hrsg. von R. Schützeichel. Heidelberg 1988.

Bischoff, K.: Sprachliche Beziehungen zwischen niederdeutschem Altland und Neuland im Bereich der mittleren Elbe. Mit 20 Abbildungen. Berichte über die Verhandlungen der Sächsischen Akademie der Wissenschaften zu Leipzig. Philologisch-historische Klasse 103, Heft 4. Berlin 1958.

Bischoff, K.: Sprache und Geschichte an der mittleren Elbe und der unteren Saale. Köln / Graz 1967.

Bittel, K.: Die Kelten in Württemberg. Berlin 1934.

Boesch, B.: Die Gewässernamen des Bodenseeraumes. In: BNF NF 16, 1981, S. 13–39.

Bohnenberger, K.: Die Ortsnamen Württembergs. Tübingen 1927.

Brandenburgisches Namenbuch. Berliner Beiträge zur Namenforschung. Hrsg. von H.H. Bielfeldt und T. Witkowski. Weimar 1967 ff.

Braun, J.: Landkreis Königshofen im Grabfeld. Historisches Ortsnamenbuch von Bayern. Unterfranken 1. München 1963.

Braune, W.: Althochdeutsche Grammatik. 14. Auflage bearbeitet von H. Eggers. Sammlung kurzer Grammatiken germanischer Dialekte A 5. Tübingen 1987.

Brechenmacher, J. K.: Etymologisches Wörterbuch der deutschen Familiennamen. Limburg a.d. Lahn 1957 ff.

Buck, M. R.: Oberdeutsches Flurnamenbuch. Zweite, verbesserte Auflage. Bayreuth 1931.

Christmann, E.: Die Siedlungsnamen der Pfalz. In: Veröffentlichungen der Pfälzischen Gesellschaft zur Förderung der Wissenschaften 29, S. 47–57. Speyer 1952–1964. (2. Auflg. von Teil I, 1 1968.)

Codex Laureshamensis. Bearbeitet und neu herausgegeben von K. Glöckner. Darmstadt 1929, 1933, 1936.

Crome, E.: Die Ortsnamen des Kreises Bad Liebenwerda. Berlin 1968. (DS 22).

Dallmeier, M.: Gemeindenamen und Gebietsreform in Bayern. In: Blätter für oberdeutsche Namenforschung 16, 1979, S. 2–22.

Dertsch, R: Schwäbische Siedlungsgeschichte. Schwäbische Heimatkunde 2. Kempten 1949.

Dertsch, R.: Landkreis Marktoberdorf. Historisches Ortsnamenbuch von Bayern. Schwaben 1. München 1953.

Dertsch, R.: Stadt- und Landkreis Kaufbeuren. Historisches Ortsnamenbuch von Bayern. Schwaben 3. München 1960.

Dertsch, R.: Stadt- und Landkreis Kempten. Historisches Ortsnamenbuch von Bayern. Schwaben 4. München 1966.

Dertsch, R.: Landkreis Sonthofen. Historisches Ortsnamenbuch von Bayern. Schwaben 7. München 1974.

Deutsches Städtebuch: Handbuch städtischer Geschichte. Im Auftrag der Konferenz der landesgeschichtlichen Kommissionen Deutschlands mit Unterstützung des Deutschen Gemeindetages hrsg. von E. Keyser. Stuttgart 1939 ff.
1. Nordostdeutschland. 1939.
2. Mitteldeutschland. 1941.
3,1. Niedersächsisches Städtebuch. 1952.
3,2. Nordwestdeutschland. Westfälisches Städtebuch. 1954.
3,3. Nordwestdeutschland. Rheinisches Städtebuch. 1956.
4,1. Hessisches Städtebuch. 1957.
4,2,1. Südwestdeutschland. Badisches Städtebuch. 1959.
4,2,2. Südwestdeutschland. Württembergisches Städtebuch. 1962.
4,3. Südwestdeutschland. Städtebuch Rheinland-Pfalz und Saarland. 1964.
5. Bayern. Bayerisches Städtebuch. 1971–1974.

Deutsch-slawische Forschungen zur Namenkunde und Siedlungsgeschichte. Begründet von Th. Frings und R. Fischer, hrsg. von E. Eichler, W. Fleischer, R. Große, A. Neubert und H. Walther. Halle 1956 ff., Berlin 1961 ff.

Diefenbach, L.: Glossarium Latino-Germanicum mediae et infimae aetatis. Frankfurt am Main 1857.

Die Kelten in Baden-Württemberg. Hrsg. von K. Bittel, W. Kimmig, S. Schiek. Stuttgart 1981.

Die Römer in Baden-Württemberg. Hrsg. von Ph. Filtzinger, D. Planck, B. Cämmerer. Stuttgart 1976.

Dittmaier, H.: Die stabreimenden Ortsnamen auf -inghausen zwischen Rhein und Weser. In: Rheinisches Jahrbuch für Volkskunde 2, 1952, S. 120–134.

Dittmaier, H.: Das apa-Problem. Untersuchung eines westeuropäischen Flußnamentypus. Bibliotheca Onomastica 1. Louvain 1955.

Dittmaier, H.: Siedlungsnamen und Siedlungsgeschichte des Bergischen Landes. Veröffentlichung des Instituts für geschichtliche Landeskunde der Rheinlande an der Universität Bonn. Neustadt an der Aisch 1956. (Auch in: Zeitschrift des Bergischen Geschichtsvereins 74, 1956, S. I–XIX, 1–400.)

Dittmaier, H.: Die (h)lar-Namen. Sichtung und Deutung. Mit einer Verbreitungskarte. Niederdeutsche Studien 10. Köln / Graz 1963.

Dittmaier, H.: Rheinische Flurnamen. Mit 44 Karten, 11 Abbildungen und Skizzen. Bonn 1963.

Dolch, M., Greule, A.: Historisches Siedlungsnamenbuch der Pfalz. Speyer 1991.

Du Cange, Ch.: Glossarium mediae et infimae latinitatis. 1–10. Graz 1954 (Reprint).

Duden. Ergänzungsband 1. Die Rechtschreibung der geographischen Namen Deutschlands. Bearbeitet und herausgegeben von dem Ständigen Ausschuß für geographische Namen unter dem Vorsitz von Prof. Dr. E. Meynen und unter Mitwirkung des Instituts für Landeskunde in der Bundesanstalt für Landeskunde und Raumforschung. Mannheim 1960.

Duden. Wörterbuch geographischer Namen. Europa (ohne Sowjetunion). Bearbeitet und herausgegeben von dem Ständigen Ausschuß für geographische Namen unter dem Vorsitz von Prof. Dr. E. Meynen und unter Mitwirkung des Instituts für Landeskunde. Duden-Wörterbücher. Herausgegeben von der Dudenredaktion unter Leitung von Dr. phil. habil. P. Grebe. Mannheim 1966.

Duden Etymologie. Herkunftswörterbuch der deutschen Sprache. 2., völlig neu bearbeitete und erweiterte Auflage von G. Drosdowski. Duden Band 7. Mannheim / Wien / Zürich 1989.

Eberl, B.: Die bayerischen Ortsnamen als Grundlage der Siedelungsgeschichte. Bayerische Heimatbücher 2. München 1925 f.

Eichler, E.: Die Orts- und Flußnamen der Kreise Delitzsch und Eilenburg. Halle (Saale) 1958. (DS 4).

Eichler, E.: Zur Etymologie und Struktur der slawischen Orts- und Flußnamen in Nordostbayern. In: Wissenschaftliche Zeitschrift der Karl-Marx-Universität Leipzig. Gesellschafts- und sprachwissenschaftliche Reihe 11, 1962, S. 365–395.

Eichler, E., Walther, H.: Die Ortsnamen im Gau Daleminze. Studien zur Toponymie der Kreise Döbeln, Großenhain, Meißen, Oschatz und Riesa. I Namenbuch, II Namen- und Siedlungskunde. Berlin 1966, 1967. (DS 20/21).

Eichler, E.: Die Ortsnamen der Niederlausitz. Bautzen 1975.

Eichler, E., Walther, H.: Ortsnamenbuch der Oberlausitz. Studien zur Toponymie der Kreise Bautzen, Bischofswerda, Görlitz, Hoyerswerda, Kamenz, Löbau, Niesky, Senftenberg, Weißwasser und Zittau. I Namenbuch, II Namen- und Siedlungskunde. Berlin 1975, 1978. (DS 28/29).

Eichler, E.: Alte Gewässernamen zwischen Ostsee und Erzgebirge. In: BNF NF 16, 1981, S. 40–54.

Eichler, E., Hellfritzsch, V., Richter, J.: Die Ortsnamen des sächsischen Vogtlandes. Herkunft – Entwicklung – Bedeutung. I Namenbuch. Vogtlandmuseum Plauen 1983.

Eichler, E., Walther, H.: Städtenamenbuch der DDR. Leipzig 1986. 2. Auflage Leipzig 1988.

Erlanger Ortsnamen-Kolloquium. Ortsnamen als Ausdruck von Kultur und Herrschaft. Hrsg. von R. Schützeichel. BNF NF, Beiheft 18. Heidelberg 1980.

Etymologisches Wörterbuch des Deutschen. Band 1–3. Erarbeitet unter Leitung von W. Pfeifer. Berlin 1989.

Finsterwalder, K.: Unsere ältesten Flußnamen. In: Das bayerische Inn-Oberland 27, 1956, S. 47–58.

Fischer, H.: Schwäbisches Wörterbuch. Band I–VI, 2. Tübingen 1904–36.

Fischer, R.: Ortsnamen der Kreise Arnstadt und Ilmenau. Halle (Saale) 1956. (DS 1).

Fischer, R., Elbracht, K.: Die Ortsnamen des Kreises Rudolstadt. Halle (Saale) 1959. (DS 10).

Fischer, R., u.a.: R. Fischer, E. Eichler, H. Naumann, H. Walther: Namen deutscher Städte. Wissenschaftliche Taschenbücher, Band 10. Berlin 1963.

Fischer, R. E.: Die Ortsnamen der Zauche. Weimar 1967. (BNB 1).

Fischer, R. E.: Die Ortsnamen des Kreises Belzig. Weimar 1970. (BNB 2).

Fischer, R. E.: Die Ortsnamen des Havellandes. Weimar 1976. (BNB 4).

Flechsig, W.: Beiträge zur Ortsnamenforschung in den ehemaligen Fürstentümern Göttingen-Grubenhagen. Northeimer Heimatblätter 1/2. Northeim 1953.

Flechsig, W.: Die Ortsnamen des Landkreises Gandersheim. In: Braunschweigisches Jahrbuch 40, 1959, S. 40–75.

Fleischer, W.: Wortbildung der deutschen Gegenwartsprache. Leipzig 1969.

Förstemann, E.: Die deutschen Ortsnamen. Nordhausen 1863.

Förstemann, E.: Altdeutsches Namenbuch. Erster Band. Personennamen. Zweite Auflage. Bonn 1900. Neudruck München / Hildesheim 1966.

Förstemann, E.: Altdeutsches Namenbuch. Zweiter Band. Orts- und sonstige geographische Namen (Völker-, Länder-, Siedlungs-, Gewässer-, Gebirgs-, Berg-, Wald-, Flurnamen und dgl.) Dritte, völlig neu bearbeitete, um 100 Jahre (1100–1200) erweiterte Auflage herausgegeben von H. Jellinghaus. 1. A–K. Bonn 1913. 2. L–Z. Bonn 1916. Neudruck München / Hildesheim 1967.

Fraenkel, E.: Litauisches etymologisches Wörterbuch. Indogermanische Bibliothek. 2. Reihe Wörterbücher. Heidelberg / Göttingen 1955, 1965.

Frank, H.: Stadt- und Landkreis Amberg. Historisches Ortsnamenbuch von Bayern. Oberpfalz 1. München 1975.

Frank, I.: Namengebung und Namenschwund im Zuge der Gebietsreform. 12. Internationaler Kongreß für Namenforschung. Bern, 25.–29. August 1975. Kongreßberichte, hrsg. von H. Draye. Band II. Sektionsvorträge. Leuven 1977, S. 323–357. (Auch in: Onoma 21, 1977, S. 323–337.)

Freydank, D.: Ortsnamen der Kreise Bitterfeld und Gräfenhainichen. Berlin 1962. (DS 14).

Fuchshuber, E.: Uffenheim. Historisches Ortsnamenbuch von Bayern. Mittelfranken 6. München 1982.

Gamillschegg, E.: Etymologisches Wörterbuch der französischen Sprache. 2. Auflage. Heidelberg 1969.

Geiger, Th.: Die ältesten Gewässernamenschichten im Gebiet des Hoch- und Oberrheins. In: BNF 14, 1963, S. 213–229; 15, 1964, S. 26–54, 123–141; 16, 1965, S. 113–136, 233–263.

Georges, K. E.: Ausführliches lateinisch-deutsches Handwörterbuch. Band 1–2. 14. Auflage. Hannover 1976.

Gießener Flurnamen-Kolloquium 1984. Hrsg. von R. Schützeichel. BNF NF, Beiheft 23. Heidelberg 1985.

Götze, A.: Frühneuhochdeutsches Glossar. 7. Auflage. Berlin 1967.

Graff, E. G.: Althochdeutscher Sprachschatz oder Wörterbuch der althochdeutschen Sprache. Berlin 1834ff.

Greule, A.: Vor- und frühgermanische Flußnamen am Oberrhein. Mit 8 Karten. BNF NF, Beiheft 10. Heidelberg 1973.

Greule, A.: Zur Schichtung der Gewässernamen im Mosellland. In: BNF NF 16, 1981, S. 55–61.

Grimm, J. u. W.: Deutsches Wörterbuch. Band 1–16. Leipzig 1854–1954.

Grimm, J. u. W.: Deutsches Wörterbuch. Neubearbeitung. Band 1. Leipzig 1983.

Guthausen, K.: Die Siedlungsnamen des Kreises Schleiden. Mit 8 Karten. Rheinisches Archiv 63, 3. A. Schleiden 1984. Nachdruck der Ausgabe Bonn 1967.

Guttenberg, E. Frhr. v.: Land- und Stadtkreis Kulmbach. Historisches Ortsnamenbuch von Bayern. Oberfranken 1. München 1952.

Gysseling, M.: Toponymisch Woordenboek van Belgie, Nederland, Luxemburg, Noord-Frankrijk en West-Duitsland (voor 1226). Deel 1 en 2. Brüssel 1960.

Haberkern, E., Wallach, J. F.: Hilfswörterbuch

für Historiker. Band 1–2. 6. Auflage. München 1980.
Hammel, H.: Namen deutscher Gebirge. Diss. Gießen 1933.
Handbuch der historischen Stätten.
Ost- und Westpreußen. 1966 (Neudruck 1981), hrsg. von E. Weise. Kröner Taschenausgabe 317.
Schlesien. 1. Aufl. 1977, hrsg. von H. Weczerka. Kröner Taschenausgabe 316.
Handbuch der historischen Stätten Deutschlands.
Bd. 1. Schleswig-Holstein / Hamburg. 3. Aufl. 1976, hrsg. von O. Klose. Kröner Taschenausgabe 271.
Bd. 2. Niedersachsen / Bremen. 5. Aufl. 1986, hrsg. von K. Brüning und H. Schmidt. Kröner Taschenausgabe 272.
Bd. 3. Nordrhein-Westfalen. 2. Aufl. 1970. hrsg. von F. Petri, G. Droege und F. von Klocke. Kröner Taschenausgabe 273.
Bd. 4. Hessen. 3. Aufl. 1976, hrsg. von G. W. Sante. Kröner Taschenausgabe 274.
Bd. 5. Rheinland-Pfalz und Saarland. 3. Auflg. 1988, hrsg. von L. Petry. Kröner Taschenausgabe 275.
Bd. 6. Baden-Württemberg. 2. Auflg. 1980, hrsg. von M. Miller und G. Taddey. Kröner Taschenausgabe 276.
Bd. 7. Bayern. 3. Auflg. 1981, hrsg. von K. Bosl. Kröner Taschenausgabe 277.
Bd. 9. Thüringen. 2. Auflg. 1989, hrsg. von H. Patze. Kröner Taschenausgabe 313.
Bd. 10. Berlin / Brandenburg. 2. Auflg. 1985, hrsg. von G. Heinrich. Kröner Taschenausgabe 311.
Bd. 11. Provinz Sachsen / Anhalt. 2. Auflg. 1987, hrsg. von B. Schwineköper. Kröner Taschenausgabe 314.
Bd. 12. Sachsen. 2. Auflg. 1990, hrsg. von W. Schlesinger und M. Gockel. Kröner Taschenausgabe 312.
Heimrath, R.-G.: Landkreis Mindelheim. Historisches Ortsnamenbuch von Bayern. Schwaben 8. München 1989.
Hengst, K.: Slawische geographische Namen im Deutschen vom 9. Jahrhundert bis zur Gegenwart. In: Studia Onomastica 5, S. 30–38. Leipzig 1987. Namenkundliche Informationen, Beiheft 11.
Hilble, F.: Landkreis Krumbach. Historisches Ortsnamenbuch von Bayern. Schwaben 2. München 1956.
Hilble, F.: Landkreis Pfaffenhofen a.d. Ilm. Historisches Ortsnamenbuch von Bayern. Oberbayern 4. München 1983.
Holder, A.: Alt-celtischer Sprachschatz. Leipzig 1896, 1904, 1907.
Höllerich, R.: Rehau-Selb. Ehemaliger Landkreis Rehau und ehemals kreisfreie Stadt Selb. Historisches Ortsnamenbuch von Bayern. Oberfranken 3. München 1977.
Holthausen, F.: Altsächsisches Wörterbuch. Niederdeutsche Studien 1. Köln 1954.
Holthausen, F.: Altfriesisches Wörterbuch. 2. Auflage von D. Hofmann. Heidelberg 1985.
Hydronymia Germaniae. Publikation der Akademie der Wissenschaften und der Literatur, Mainz. Reihe A. Begründet von H. Krahe, hrsg. von W. P. Schmid. Stuttgart 1962 ff.
Lieferung 1: Das Flußgebiet des Neckar. Bearbeitet von A. Schmid. 1962.
Lieferung 2: Die rechten Nebenflüsse des Rheins von der Quelle bis zur Einmündung des Mains (ohne Neckar). Bearbeitet von Th. Geiger. 1963.
Lieferung 3: Die rechten Nebenflüsse der Donau von der Quelle bis zur Einmündung des Inn. Bearbeitet von W. H. Snyder. 1964.
Lieferung 4: Rechtsrheinische Zuflüsse zwischen den Mündungen von Main und Wupper. Bearbeitet von M. Faust. 1966.
Lieferung 5: Die Nebenflüsse von Werra und Fulda bis zum Zusammenfluß. Bearbeitet von R. Sperber. 1966.
Lieferung 6: Die rechten Nebenflüsse des Rheins von der Wupper bis zur Lippe. Bearbeitet von D. Schmidt. 1967.
Lieferung 7: Das Flußgebiet des Mains. Bearbeitet von R. Sperber. 1970.
Lieferung 8: Die Leine und ihre Nebenflüsse bis unterhalb der Innerste. Bearbeitet von B.-U. Kettner. 1973.
Lieferung 9: Das Flußgebiet der Salzach. Bearbeitet von M. Straberger. 1974.
Lieferung 10: Das Flußgebiet der Oberweser. Bearbeitet von W. Kramer. 1976.
Lieferung 11: Die rechten Nebenflüsse des Rheins zwischen Lippe und Kromme Rijn. Bearbeitet von N. L. Zelders. 1977.
Lieferung 12: Die Zuflüsse zur Nord- und Ostsee von der Ems bis zur Trave. Bearbeitet von G. Kvaran. 1979.
Lieferung 13: Das Flußgebiet der Saar. Bearbeitet von R. Spang. 1984.
Lieferung 14: Der Inn und seine Zuflüsse (von Kufstein bis zur Einmündung in die Donau). Bearbeitet von F. und M. Dotter. 1987.
Lieferung 15: Die linken Zuflüsse des Rheins zwischen Moder und Mosel. Bearbeitet von A. Greule. 1989.
Lieferung 16: Zuflüsse zur unteren Elbe (von Seege und Stecknitz bis zur Mündung). Bearbeitet von J. Udolph. 1990.
Jänichen, H.: Zur Übertragung von Burgennamen. In: Alemannisches Jahrbuch, 1959, S. 34–53.
Jänichen, H.: Baar und Huntari. In: Grundfragen der alemannischen Geschichte. 4. Auflage 1976, S. 83–148.

Jänichen, H.: Ortsnamenbuch des Landkreises Böblingen. Veröffentlichungen der Kommission für geschichtliche Landeskunde in Baden-Württemberg, Reihe B, Band 94. Stuttgart 1978.

Jellinghaus, H.: Die westfälischen Ortsnamen nach ihren Grundwörtern. Osnabrück 1923. Dritte, vermehrte Ausgabe, zweiter Abdruck 1930. Neudruck Hildesheim / New York 1971.

Jungandreas, W.: Historisches Lexikon der Siedlungs- und Flurnamen des Mosellandes. Trier 1962 und 1963.

Kaspers, W.: Die ăcum-Ortsnamen des Rheinlandes. Halle (Saale) 1921.

Kaufmann, H.: Westdeutsche Ortsnamen mit unterscheidenden Zusätzen. Teil 1. Heidelberg 1958.

Kaufmann, H.: Genetivische Ortsnamen. Grundfragen der Namenkunde, Band 2. Tübingen 1961.

Kaufmann, H.: Untersuchungen zu altdeutschen Rufnamen. München 1965.

Kaufmann, H.: Ergänzungsband zu E. Förstemann, Altdeutsches Namenbuch, Band 1. Personennamen. München / Hildesheim 1968.

Kaufmann, H.: Pfälzische Ortsnamen. Berichtigungen und Ergänzungen zu E. Christmann, Die Siedlungsnamen der Pfalz. München 1971.

Kaufmann, H.: Die Namen der rheinischen Städte. München 1973.

Kaufmann, H.: Rheinhessische Ortsnamen. München 1976.

Kaufmann, H.: Bildungsweise und Betonung der deutschen Ortsnamen. 2. Auflage. München 1977.

Kaufmann, H.: Die mit Personennamen zusammengesetzten Fluß- und Ortsnamen auf ›aha‹. Grundfragen der Namenkunde, Band 5. München 1977.

Kehrein, J.: Nassauisches Namenbuch enthaltend alle Personen-, Orts- und Gemarkungsnamen. Neudruck der Ausgabe 1872 (= J. Kehrein, Volkssprache und Volkssitte in Nassau, Band III). Wiesbaden 1970.

Keinath, W.: Orts- und Flurnamen Württembergs. Stuttgart 1951.

Kellner, H.-J.: Die Römer in Bayern. München 1972.

Kettner, B.-U.: Flußnamen im Stromgebiet der oberen und mittleren Leine. Name und Wort. Göttinger Arbeiten zur niederdeutschen Philologie. Hrsg. von H. Wesche, Band 6. Rinteln 1972.

Kleinau, H.: Geschichtliches Ortsverzeichnis des Landes Braunschweig, I–III. Hildesheim 1967–1968.

Kluge, F.: Etymologisches Wörterbuch der deutschen Sprache. 22. Auflage von E. Seebold. Berlin 1989.

Koß, G.: Namenforschung. Eine Einführung in die Onomastik. Germanistische Arbeitshefte 34, hrsg. von O. Werner und F. Hundsnurscher. Tübingen 1990.

Krahe, H.: Alteuropäische Flußnamen (I–VI). In: BNF 1–6, 1949/50–1955.

Krahe, H.: Die Struktur der alteuropäischen Hydronymie. In: Abhandlungen der Akademie der Wissenschaften und der Literatur, Geistes- und Sozialwissenschaftliche Klasse. Mainz 1962, Nr. 5.

Krahe, H.: Unsere ältesten Flußnamen. Wiesbaden 1964.

Krahe, H.: Einige Gruppen älterer Gewässernamen. In: BNF 16, 1965, S. 221–229.

Krieger, A.: Topographisches Wörterbuch des Großherzogtums Baden. Herausgegeben von der Badischen Historischen Kommission. Zweite durchgesehene und stark vermehrte Auflage. 2 Bände. Heidelberg 1904, 1905. Neudruck Walluf bei Wiesbaden 1972.

Kühlhorn, E. K.: Orts- und Wüstungsnamen in Südniedersachsen. Northeim 1964.

Kuhn, H.: Vor- und frühgermanische Ortsnamen in Norddeutschland und den Niederlanden. In: Westfälische Forschungen 12, 1959, S. 5–44.

Lasch, A., Borchling, C.: Mittelniederdeutsches Handwörterbuch. Neumünster 1956 ff.

Laur, W.: Historisches Ortsnamenlexikon von Schleswig-Holstein. Gottorfer Schriften 8. Arbeitsgemeinschaft für Landes- und Volkstumsforschung Schleswig. Schloß Gottorf 1967.

Laur, W.: Gewässernamen in Schleswig-Holstein. Ein Überblick. In: BNF NF 16, 1981, S. 107–124.

Leithaeuser, J.: Bergische Ortsnamen. Elberfeld 1901.

Lexer, M.: Mittelhochdeutsches Taschenwörterbuch. 39. Auflage. Leipzig 1986.

Lexikon Städte und Wappen der Deutschen Demokratischen Republik. Leipzig 1979. 2., neubearbeitete und erweiterte Auflage. Leipzig 1984.

Löffler, H.: Stadt- und Landkreis Lindau. Historisches Ortsnamenbuch von Bayern. Schwaben 6. München 1973.

Löffler, H.: -ing-hova / -in-chova: Zu einem Ortsnamen-Doppelsuffix im Althochdeutschen. In: Althochdeutsch. Festschrift für R. Schützeichel, hrsg. von R. Bergmann / H. Tiefenbach / L. Voetz. Band II, 1987, S. 1342–1349.

Lohse, G.: Geschichte der Ortsnamen im östlichen Friesland. Ein Beitrag zur historischen Landeskunde der deutschen Küstengebiete zwischen Weser und Ems. Diss. Bonn. Oldenburg i. O. 1939.

Lübben, A.: Mittelniederdeutsches Handwörterbuch. Nach dem Tode des Verfassers vollendet von Ch. Walther. Norden / Leip-

zig 1888. Neudruck Darmstadt 1979.
Mainzer Gewässernamen-Kolloquium. 6.–7. Oktober 1980. In: BNF NF 16, Heft 1.
Maurer, F.: Oberrheiner, Schwaben, Südalemannen. Straßburg 1942.
Merwart, M.: Studien zu den Inselnamen der Nord- und Ostsee. Aus Hansischem Raum 12. Land und Leute 1. Diss. Hamburg 1940.
Mettke, H.: Mittelhochdeutsche Grammatik. Leipzig 1983.
Metzner, E. E.: Frühkarolingische Forstnamen im Mittelharzgebiet. In: Gießener Flurnamen-Kolloquium. 1.–4. Oktober 1984. Hrsg. von R. Schützeichel. Heidelberg 1985. S. 571–599.
Meyer-Lübke, W.: Romanisches etymologisches Wörterbuch. Sammlung romanischer Elementar- und Handbücher 3,3. Dritte Auflage. Heidelberg 1935.
Miller, K.: Die Peutingersche Tafel. Neudruck der letzten von K. Miller bearbeiteten Auflage einschließlich einer Neuzeichnung des verlorenen 1. Segments… Stuttgart 1962.
Mittellateinisches Glossar. Unter Mitwirkung von F. Gröbel herausgegeben von E. Habel. 2. Auflage. Paderborn 1931.
Möller, R.: Zum Alter der ostfriesischen Ortsnamen. Mit zwei Karten. In: BNF NF 3, 1968, S. 335–372.
Möller, R.: Zu den -sen-Namen in Niedersachsen. In: BNF NF 4, 1969, S. 356–375.
Möller, R.: Reduktion und Namenwandel bei Ortsnamen in Niedersachsen. In: BNF NF 10, 1975, S. 121–156.
Möller, R.: Niedersächsische Siedlungsnamen und Flurnamen in Zeugnissen vor dem Jahre 1200. Eingliedrige Namen. Mit einer Karte. In: BNF NF, Beiheft 16. Heidelberg 1979.
Möller, R.: Zur Bildung von Siedlungsnamen aus Gewässernamen in Niedersachsen. In: BNF NF 16, 1981, S. 62–83.
Müller, W.: Hessisches Ortsnamenbuch. Band I. Provinz Starkenburg. Darmstadt 1937.
Mürkens, G.: Die Ortsnamen des Kreises Euskirchen. Euskirchen 1958.
Mürkens, G.: Die Ortsnamen des Kreises Jülich. Jülich 1958.
Mürkens, G.: Die Ortsnamen des Landkreises Bonn. Bonn 1961.
Mürkens, G.: Die Ortsnamen des Landkreises Schleiden. Schleiden 1962.
Namenforschung in der Deutschen Demokratischen Republik (1949–1984). Ein Forschungsbericht, vorgelegt zum XV. Internationalen Kongreß für Namenforschung. Leipzig 13.–17. August 1984. Namenkundliche Informationen, Heft 45. Leipzig 1984.
Neumann, G.: Der niedersächsische Ortsname Göttingen. In: Nachrichten der Akademie der Wissenschaften in Göttingen. Phil.-hist. Klasse 1962, 5. Göttingen 1962.
Ortsnamenwechsel. Bamberger Symposion, 1.–4. Oktober 1986. Hrsg. von R. Schützeichel. BNF NF, Beiheft 24. Heidelberg 1986.
Paul, H.: Mittelhochdeutsche Grammatik. 22., durchgesehene Auflage von H. Moser, I. Schröbler und S. Grosse. Sammlung kurzer Grammatiken germanischer Dialekte A 2. Tübingen 1982.
Pfanner, J.: Landkreis Pegnitz. Historisches Ortsnamenbuch von Bayern. Oberfranken 2. München 1965.
Polenz, P. von: Landschafts- und Bezirksnamen im frühmittelalterlichen Deutschland. Untersuchungen zur sprachlichen Raumerschließung. 1. Bd. Namentypen und Grundwortschatz. Marburg 1961.
Polenz, P. von: Raumnamen und Personengruppennamen im frühmittelalterlichen Deutschland. In: Probleme der Namenforschung im deutschsprachigen Raum. Hrsg. von H. Steger. Darmstadt 1977, S. 375–382.
Puchner, Karl: Landkreis Ebersberg. Historisches Ortsnamenbuch von Bayern. Oberbayern 1, München 1951.
Rasch, G.: Die bei den antiken Autoren überlieferten geographischen Namen im Raume nördlich der Alpen vom linken Rheinufer bis zur pannonischen Grenze, ihre Bedeutung und sprachliche Herkunft. Diss. (masch.). Heidelberg 1950.
Rätisches Namenbuch. Begründet von R. v. Planta. Band 2. Etymologien bearbeitet und herausgegeben von A. Schorta. Romanica Helvetica 63. Bern 1964.
Reichardt, L.: Die Siedlungsnamen der Kreise Gießen, Alsfeld und Lauterbach in Hessen. Göppingen 1973.
Reichardt, L.: Ortsnamenbuch des Kreises Esslingen. Veröffentlichungen der Kommission für geschichtliche Landeskunde in Baden-Württemberg, Reihe B, Band 98. Stuttgart 1982.
Reichardt, L.: Ortsnamenbuch des Stadtkreises Stuttgart und des Landkreises Ludwigsburg. Veröffentlichungen der Kommission für geschichtliche Landeskunde in Baden-Württemberg, Reihe B, Band 101. Stuttgart 1982.
Reichardt, L.: Ortsnamenbuch des Kreises Reutlingen. Veröffentlichungen der Kommission für geschichtliche Landeskunde in Baden-Württemberg, Reihe B, Band 102. Stuttgart 1983.
Reichardt, L.: Ortsnamenbuch des Kreises Tübingen. Veröffentlichungen der Kommission für geschichtliche Landeskunde in Baden-Württemberg, Reihe B, Band 104. Stuttgart 1984.
Reichardt, L.: Zur Anlage und Herstellung land-

schaftlicher Namenbücher. In: BNF NF 19, 1984, S. 184–200.

Reichardt, L.: Ortsnamenbuch des Alb-Donau-Kreises und des Stadtkreises Ulm. Veröffentlichungen der Kommission für geschichtliche Landeskunde in Baden-Württemberg, Reihe B, Band 105. Stuttgart 1986.

Reichardt, L.: Ortsnamenbuch des Kreises Heidenheim. Veröffentlichungen der Kommission für geschichtliche Landeskunde in Baden-Württemberg, Reihe B, Band 111. Stuttgart 1987.

Reichardt, L.: Ortsnamenbuch des Kreises Göppingen. Veröffentlichungen der Kommission für geschichtliche Landeskunde in Baden-Württemberg, Reihe B, Band 112. Stuttgart 1989.

Reichardt, L.: Ortsnamenbuch des Rems-Murr-Kreises. Veröffentlichungen der Kommission für geschichtliche Landeskunde in Baden-Württemberg, Reihe B, Band 128. Stuttgart 1993.

Reimer, H.: Historisches Ortslexikon für Kurhessen. Marburg 1926.

Reitzenstein, W.-A. Frhr. v.: Ortsnamenforschung in Bayern. Ein Literaturbericht. Beiträge zur Volkstumsforschung XVII. (München) 1968.

Reitzenstein, W.-A. Frhr. v.: Untersuchungen zur römischen Ortsnamengebung. Diss. München 1970.

Reitzenstein, W.-A. Frhr. v.: Römische Ortsnamen auf ānum in Bayern. In: Blätter für oberdeutsche Namenforschung 14, 1975/77, S. 3–26.

Reitzenstein, W.-A. Frhr. v.: Lexikon bayerischer Ortsnamen. München 1986. 2. verbesserte und erweiterte Auflage München 1991.

Rheinischer Städteatlas. Hrsg. vom Landschaftsverband Rheinland, Amt für rheinische Landeskunde. Bon 1972 ff., jetzt Köln 1989. (Lieferung I, 1972, bis IX, 1989, erschienen.)

Richter, A.: Die Ortsnamen des Saalkreises. Berlin 1962. (DS 15).

Schenk, W.: Die Ortsnamen der Kreise Werdau und Zwickau. Halle (Saale) 1958. (DS 7).

Schiller, K., Lübben, A.: Mittelniederdeutsches Wörterbuch. Münster 1876–1881.

Schlimpert, G.: Die Ortsnamen des Teltow. Weimar 1972. (BNB 3).

Schlimpert, G.: Die Ortsnamen des Barnim. Weimar 1984. (BNB 5).

Schmeller, J. A.: Bayerisches Wörterbuch. 2. Auflage bearbeitet von G. K. Frommann. München 1872, 1877.

Schmid, A.: Die ältesten Namenschichten im Stromgebiet des Neckar. In: BNF 12, 1961, S. 197–214, 225–249; 13, 1962, S. 53–69, 97–125, 209–227.

Schmid, W. P.: Die alteuropäische Hydronymie. Stand und Aufgaben ihrer Erforschung. In: BNF NF 16, 1981, S. 1–12.

Schneider, H.: Die Ortschaften der Provinz Westfalen bis zum Jahre 1300. Münster/Westfalen 1936.

Schnelbögl, F.: Klosternamen. In: Fränkische Heimat (Nürnberg) 12, 1933, S. 53–55, 86–89.

Schnetz, J.: Flurnamenkunde. Bayerische Heimatforschung 5. München 1952.

Schomburg, D.: Geschichtliches Ortsverzeichnis des Landes Bremen. Hildesheim 1964.

Schönfeld, M.: Wörterbuch der altgermanischen Personen- und Völkernamen. Nach der Überlieferung des klassischen Altertums bearbeitet. Germanische Bibliothek 1, 4. Heidelberg 1911.

Schröder, E.: Die deutschen Burgennamen. Mit einem Anhang: Burg, Schloß und Feste. In: Göttinger Beiträge zur deutschen Kulturgeschichte. Göttingen 1927. (Auch in: Schröder, E.: Deutsche Namenkunde. 2. Auflage. Göttingen 1944, S. 200–211.)

Schröder, E.: Deutsche Namenkunde. Gesammelte Aufsätze zur Kunde deutscher Personen- und Ortsnamen. 2. stark erweiterte Auflage, besorgt von L. Wolff. Göttingen 1944.

Schuh, R.: Gunzenhausen. Ehemaliger Landkreis Gunzenhausen. Historisches Ortsnamenbuch von Bayern. Mittelfranken 5. München 1979.

Schuster-Šewc, H.: Historisch-etymologisches Wörterbuch der ober- und niedersorbischen Sprache. Bautzen 1978 ff.

Schützeichel, R.: Bezeichnungen für ›Forst‹ und ›Wald‹ im frühen Mittelalter. In: Zeitschrift für deutsches Altertum und deutsche Literatur 87, 1956/57, S. 105–124.

Schützeichel, R.: Zur Bedeutung der Quellenkritik für die Namenforschung. In: BNF 13, 1962, S. 227–234.

Schützeichel, R.: Althochdeutsches Wörterbuch. Vierte, überarbeitete und ergänzte Auflage. Tübingen 1989.

Schwarz, E.: Baiern und Walchen. In: Zeitschrift für bayerische Landesgeschichte 33, 1970, S. 857–938.

Seitz, R. H.: Land- und Stadtkreis Dillingen a. d. Donau. Historisches Ortsnamenbuch von Bayern. Schwaben 4. München 1966.

Siefert, F. (Hrsg.): Das Lexikon der deutschen Städte und Gemeinden. 2. Auflage. Stuttgart / Salzburg o.J. (1975).

Spang, R.: Die Gewässernamen des Saarlandes aus geographischer Sicht. Beiträge zur Sprache im Saarland, hrsg. von W. Haubrichs und H. Ramge. Band 3. Saarbrücken 1982.

Sprachgeschichte. Ein Handbuch zur Geschichte der deutschen Sprache und ihrer Erforschung. Hrsg. von W. Besch, O. Reichmann, S. Sonderegger. Halbband 1–2. Berlin 1984–1985.

Springer, O.: Die Flußnamen Württembergs und Badens. Stuttgart 1930.

Starck, T., Wells, J. C.: Althochdeutsches Glossenwörterbuch. Mit Stellennachweis zu sämtlichen gedruckten althochdeutschen und verwandten Glossen. Heidelberg 1971–1990.

Steger, H.: Probleme der Namenforschung im deutschsprachigen Raum. Wege der Forschung, Band CCCLXXXIII. Darmstadt 1977.

Strassner, E.: Land- und Stadtkreis Weißenburg in Bayern. Historisches Ortsnamenbuch von Bayern. Mittelfranken 2. München 1966.

Sturm, J.: Genealogie und Ortsnamenkunde. In: Zeitschrift für Ortsnamenforschung 2, 1926/27, S. 85-133.

Tabula Peutingeriana. Codex Vindobonensis 324. Vollständige Faksimile-Ausgabe im Originalformat. E. Weber: Kommentar. Graz 1976.

Trautmann, R.: Die elb- und ostseeslavischen Ortsnamen I, II. Berlin 1948–1949; III Register, bearbeitet v. H. Schall. Berlin 1956.

Trautmann, R.: Die slavischen Ortsnamen Mecklenburgs und Holsteins. Berlin 1950. (Register s. Trautmann 1948/49.)

Udolph, J.: Ex oriente lux. Zu einigen germanischen Flußnamen. In: BNF NF 16, 1981, S. 84–106.

Ulbricht, E.: Das Flußgebiet der Thüringischen Saale. Eine flußnamenkundliche Untersuchung. Halle (Saale) 1957. (DS 2).

Wagner, E.: Land- und Stadtkreis Schwabach. Historisches Ortsnamenbuch von Bayern. Mittelfranken 4. München 1969.

Walther, H.: Die Orts- und Flurnamen des Kreises Rochlitz. Halle (Saale) 1957. (DS 3).

Walther, H.: Orts- und Flurnamen des Rochlitzer Landes in namengeographischer Sicht. Leipziger Studien (DS 5) 1957, S. 80–96.

Walther, H.: Namenkundliche Beiträge zur Siedlungsgeschichte des Saale- und Mittelelbegebietes bis zum Ende des 9. Jahrhunderts. Berlin 1971. (DS 26).

Wartburg, W. von: Französiches etymologisches Wörterbuch. Band 1–24. Bonn 1928 ff.

Wenzel, W.: Die Ortsnamen des Schweinitzer Landes. Berlin 1964. (DS 16).

Witkowski, T.: Die Ortsnamen des Kreises Stralsund. Veröffentlichungen des Instituts für Slawistik 36. Berlin 1965.

Witkowski, T.: Die Ortsnamen des Kreises Greifswald. Berliner Beiträge zur Namenforschung 5. Weimar 1978.

Witt, F.: Beiträge zur Kenntnis der Flußnamen Nordwestdeutschlands. Kiel 1912.

Wrede, G.: Geschichtliches Ortsverzeichnis des ehemaligen Fürstbistums Osnabrück, I–II. Hildesheim 1975–1977.

Zur Geschichte der Alemannen. Hrsg. von W. Müller. Darmstadt 1975.